UTB 2259

Eine Arbeitsgemeinschaft der Verlage

Beltz Verlag Weinheim und Basel
Böhlau Verlag Köln · Weimar · Wien
Wilhelm Fink Verlag München
A. Francke Verlag Tübingen und Basel
Paul Haupt Verlag Bern · Stuttgart · Wien
Verlag Leske + Budrich Opladen
Lucius & Lucius Verlagsgesellschaft Stuttgart
Mohr Siebeck Tübingen
C. F. Müller Heidelberg
Ernst Reinhardt Verlag München und Basel
Ferdinand Schöningh Verlag Paderborn · München · Wien · Zürich
Eugen Ulmer Verlag Stuttgart
Vandenhoeck & Ruprecht Göttingen
WUV Facultas · Wien

Roland Burkart

KOMMUNIKATIONS-WISSENSCHAFT

Grundlagen und Problemfelder

Umrisse einer interdisziplinären Sozialwissenschaft

4., überarbeitete und aktualisierte Auflage

BÖHLAU VERLAG WIEN · KÖLN · WEIMAR

Roland Burkart ist a. o. Universitätsprofessor am Institut für Publizistik- und Kommunikationswissenschaft der Universität Wien, er ist als Gastdozent auch in Deutschland und in der Schweiz tätig.

Die Deutsche Bibliothek – CIP-Einheitsaufnahme
Ein Titeldatensatz für diese Publikation ist bei
Der Deutschen Bibliothek erhältlich

ISBN 3-8252-2259-4 (UTB)
ISBN 3-205-99420-5 (Böhlau)

Gedruckt auf umweltfreundlichem, chlor- und säurefreiem Papier.

Druck: Imprint, Ljubljana

Für Mo., Ju. und Jo.

INHALT

VORWORT ZUR 4. AUFLAGE

Die Geschichte des vorliegenden Buches reicht bis in das Jahr 1983 zurück. Die erste Fassung (als Habilitationsschrift) wurde seinerzeit mehrmals unverändert nachgedruckt, bis ich mich im Jahr 1995 zu einer groß angelegten Überarbeitung entschloß, die auch den Seitenumfang deutlich erhöhte. Daraufhin stieg die Nachfrage neuerlich, und so erschien 1998 eine dritte überarbeitete Auflage, der im Jahr 2000 auch eine Übersetzung in bulgarischer Sprache folgte.

Die aktuelle vierte Auflage steht ganz in der Tradition bisheriger Überarbeitungen: wie schon beim letzten Update vor vier Jahren galt es neben laufenden Ergänzungen vermehrt jene Entwicklungen zu berücksichtigen, die mit Stichworten wie „Informationsgesellschaft", „Internet", „Multimedia" etc. etikettiert werden und die unseren kommunikativen Alltag zu Beginn des dritten Jahrtausends immer stärker durchdringen. Zwar haben die guten alten Massenmedien, allen voran das Fernsehen, keineswegs ausgedient, doch die neuen „elektronischen Kommunikationsräume" sind Anlaß genug, etablierte Fachbegriffe (wie Medium, Massenkommunikation, Kommunikator, Rezipient) zu überdenken und soweit wie möglich zu präzisieren. Erst unter dieser Voraussetzung kann wissenschaftlicher Diskurs stattfinden. Damit ist aber schon ein Grundproblem der Kommunikation angesprochen – die Verständigung. Von ihr wird in diesem Buch vielfach die Rede sein.

Ich danke dem Böhlau Verlag in Wien wieder einmal für die Möglichkeit, Vertiefungen und Ergänzungen an den entsprechenden Stellen einzuarbeiten und vor allem Frau Ulrike Dietmayer für den sorgfältigen und geduldigen Umgang mit meinen Texten. Es entsteht dabei ja immer wieder ein ganz neues Buch. Nicht unerwähnt bleiben darf außerdem Frau Mag. Alexandra Schantel, die mich bei der Literaturrecherche hervorragend unterstützte.

Ein Buch hat wohl nur dann Sinn, wenn es auch gelesen wird. Daher habe ich last, but not least auch den vielen Studentinnen und Studenten der Publizistik- und Kommunikationswissenschaft und wahrscheinlich so manch anderer Fächer zu danken: sie machen den Erfolg dieses Buches immer wieder möglich und sorgen für die nötigen Motivationsschübe bei den Updates.

Wien, im Februar 2002 *Roland Burkart*

1. EINLEITUNG

Das Wort „Kommunikation" ist vom modischen Etikett längst zum selbstverständlichen Bestandteil der Alltagssprache geworden. In der Regel geht es dabei auch um etwas ganz Alltägliches: um Mitteilungen zwischen Menschen – um die Tatsache, daß wir einander mit Hilfe von Mimik, Gestik, Sprache, Schrift, Bild oder Ton, von Angesicht zu Angesicht bzw. über papierene oder elektronische Übertragungs- und Speichertechniken irgendwelche Botschaften vermitteln.

Gerade diese Alltäglichkeit verdeckt jedoch zum Großteil die Komplexität des Prozesses, der dabei inszeniert wird. Sie ist erst bei näherer Betrachtung erkennbar[1] und kommt unter anderem auch darin zum Ausdruck, daß Kommunikation in verschiedenen Wissenschaften aus unterschiedlichen Perspektiven als Erkenntnisobjekt auftaucht[2]. Und keines dieser Fächer kann für sich in Anspruch nehmen, dem Kommunikationsprozeß in allen seinen Dimensionen gerecht zu werden.

Das Fach, aus dessen Perspektive der Kommunikationsprozeß in diesem Buch betrachtet werden wird, ist die Publizistik- und Kommunikationswissenschaft. Dabei handelt es sich um eine realtiv junge Disziplin (wenigstens gemessen an so „klassischen" Naturwissenschaften wie Medizin oder Physik), deren Vorläufer die Zeitungskunde bzw. Zeitungswissenschaft war[3]. Auch wenn

---

1 Vgl. dazu z. B. Klaus Merten (1977), der die Komplexität des Kommunikationsprozesses dort systematisch analysiert und u. a. 160 (!) Definitionen von Kommunikation registriert.

2 So z. B. in der Soziologie, Psychologie bzw. Sozialpsychologie, Psychiatrie, Pädagogik, Politikwissenschaft, Sprachwissenschaft/Linguistik, um nur die wichtigsten jener Disziplinen zu nennen, die sich mit „sozialer" Kommunikation (zwischen Menschen) auseinandersetzen. Darüber hinaus sind naturwissenschaftliche (Biologie, Physik, Chemie) sowie mathematisch-technische Fächer (wie Informatik) zu nennen, in denen ebenfalls verschiedene Aspekte des Kommunikationsprozesses eine Rolle spielen.

3 Die Zeitungswissenschaft wurde erstmals im Jahre 1916 in Leipzig durch ein eigenes Institut universitär verankert. Sie erging sich jahrzehntelang vorwiegend in kulturhistorischen Deskriptionen, ehe sie in den 40er Jahren des 20. Jh.s (im Anschluß an die Vereinnahmung durch die Nationalsozialisten) und unter dem Diktat technologischer Innovationen (wie Hörfunk, Film und

die Kommunikationswissenschaft seit den 90er Jahren zweifellos eine Phase der Konsolidierung durchlebt, so darf an dieser Stelle nicht verschwiegen werden, daß eine eindeutige, allgemein akzeptierte Schwerpunktsetzung eigentlich nicht existiert. In den einschlägigen Fachzeitschriften flackert daher immer wieder die Diskussion um das wissenschaftliche Selbstverständnis auf[4], und böswillige Zungen behaupten gar, die Kommunikationswissenschaft hätte das „Syndrom der ‚Nabelbespiegelung' internalisiert" (Baum/Hachmeister 1982, S. 205). Zumeist geht es dabei um die Ab- bzw. Begrenzung des Forschungsgegenstandes. Mußte schon die „Zeitungswissenschaft" ihre durch das Materialobjekt „Zeitung" viel zu starren Grenzen überschreiten (nicht zuletzt deshalb, weil die seinerzeit „neuen Medien" Hörfunk und Fernsehen mit einzubeziehen waren), so sollte sich bald auch „Publizistik" als ein zu enges Korsett erweisen, dem die Disziplin im Verlauf ihrer sozialwissenschaftlichen Wende in den 70er Jahren zu entwachsen begann (vgl. dazu Wagner 1993). Die Einsicht, daß individuelle und gesellschaftliche Kommunikation im Grunde zwei Seiten einer Medaille darstellen, ließ das Fach schließlich in eine Situation geraten, die treffend mit dem „Zustand einer verzögerten Detonation" (Ronneberger 1978, S. 16) bezeichnet worden ist, denn ohne Zweifel haben sich die Konturen seither eher verdunkelt (ebd. S. 17).

Das Erkenntnisobjekt „Kommunikation" sperrt sich allerdings gegen herkömmliches wissenschaftliches Kästchendenken. Es

---

Fernsehen) bzw. deren massenhafter Verbreitung zur „Publizistik" mutierte. Die Bezeichnung „Kommunikationswissenschaft" kann erstmals im Jahre 1964 anläßlich des neugeschaffenen Lehrstuhls für Politik- und Kommunikationswissenschaft in Nürnberg registriert werden. Seither hat sich das Fach vielfach ausdifferenziert (vgl. Langenbucher 1994, Hömberg/Hackel-de-Latour 2000, Jarren/Bonfadelli 2001), auch Medien- bzw. Kommunikationsgeschichte konnte sich als Teildisziplin etablieren (vgl. Duchkowitsch 1985, Bobrowsky/Duchkowitsch/Haas 1987, Bobrowsky/Langenbucher 1987, Schmolke 1997). – Zur näheren Fachgeschichte siehe ausführlich Hachmeister 1987, kurz z. B. Pürer 1990, S. 9–15.

4 Vgl. dazu etwa Scharf/Schlie 1973, Noelle-Neumann 1975, Ronneberger 1978, Saxer 1980, Baum/Hachmeister 1982, Burkart 1983b, Fabris 1985, Rühl 1985, Glotz 1990, Wagner 1993, Renger/Siegert 1997, Bentele 1999, Brosius 2000, Theis-Berglmair/Kohring 2000.

wurden daher auch längst wieder die „Grenzen der Publizistikwissenschaft“ (Saxer 1980) eingeklagt, die sich nicht so sehr um den allgemeinen Kommunikationsprozeß, sondern vielmehr um ihr eigenes Materialobjekt – nämlich: die Medien – kümmern solle[5]. Zugleich wird aber auf der anderen Seite unter Verweis auf die Überwindung eben dieser Tradition argumentiert, Kommunikationswissenschaft dürfe ihre Problemstellungen nicht auf Massenkommunikation reduzieren, obwohl damit keineswegs der Anspruch verbunden sein kann, für jedwede Problematik aus dem Bereich der Humankommunikation zuständig zu sein (Rühl 1985).

Aus diesem scheinbaren Dilemma kann man entkommen, wenn man sich darauf besinnt, daß eine wissenschaftliche Disziplin eben nicht vor allem durch ein „Materialobjekt“ (wie z. B. die Massenmedien) definierbar ist (Glotz 1990, S. 250), sondern daß sie auch ein „Formalobjekt“ benötigt, nämlich eine Sichtweise, „eine besondere Blickrichtung auf das Material“ (Glotz ebd.) – oder in den Worten von Manfred Rühl: eine „spezifische Auswahl von Problemstellungen, -behandlungen und -lösungen“ (Rühl 1985, S. 241)[6].

So gesehen, ist das vorliegende Buch ein Schritt auf dem Weg zu einem Selbstverständnis der Publizistik- und Kommunikationswissenschaft. Es knüpft an die Tradition des Faches insofern an, als es „massenmedial vermittelte“ und damit „öffentliche Kommunikation“ zum zentralen Problemfeld erhebt. Es ist allerdings

---

5 Saxer (1998) ist zuzustimmen, wenn er beklagt, daß es die Publizistikwissenschaft bislang versäumt habe, sich auf einen theoriefähigen Medienbegriff zu einigen.

6 Glotz spricht sich zu Recht ganz grundsätzlich gegen die Möglichkeit aus, eine Wissenschaft vom pragmatischen Gegenstand her zu konstruieren: „Ein solches Vorgehen wäre vergleichbar mit dem Versuch, Anthropologie, Philosophie, Medizin und ein Dutzend weiterer Wissenschaften zu einer ‚Menschenwissenschaft‘ zusammenzufassen und diese dann mit der unbestreitbaren Wichtigkeit der Erforschung des ‚Menschen‘ zu begründen“ (Glotz 1990, S. 250). Und er verweist schließlich sogar auf einen der Väter der deutschen Zeitungswissenschaft, auf Otto Groth, der am Beginn seines siebenbändigen Grundlagenwerkes feststellt: „Der Forscher muß sich für eine spezifische Betrachtungsweise entscheiden, in der er die Erscheinungen sehen will, muß wählen, welche Seite dieser ihm wichtig ist, was er dementsprechend an ihnen herausheben, was er weglassen muß“ (Groth 1960, S. 4).

ebenso von der Auffassung geleitet, daß der Massenkommunikationsprozeß nur dann angemessen erfaßt werden kann, wenn man menschliche Kommunikation grundsätzlich ins Auge faßt, also auch relevante Aspekte der Individualkommunikation beachtet.[7] Zum einen, weil – wie zu zeigen sein wird – Parallelen bzw. Entsprechungen zwischen beiden Realitäten existieren, und zum anderen, weil Wechselbeziehungen nicht bloß evident sind, sondern auch in der bisherigen Fachgeschichte immer wieder eine Rolle gespielt haben.

Aus diesem Anspruch ergibt sich die Kapitelabfolge.

Zunächst muß es darum gehen, den Kommunikationsprozeß in seinen Grundzügen zu reflektieren und einen Kommunikationsbegriff zu entwickeln, der die spezifische Qualität der Humankommunikation zu erfassen vermag (2. Kapitel).

Dazu erscheint es notwendig, sich auch etwas näher mit dem für den Menschen typischen und zugleich am höchsten entwickelten Kommunikationsmittel, mit der Sprache (3. Kapitel), auseinanderzusetzen.

Im Anschluß an die damit bereitgestellten Einsichten in die Besonderheiten der Humankommunikation wird sodann die Bedeutung real stattfindender Kommunikationsprozesse für Mensch und Gesellschaft diskutiert (4. Kapitel). Dabei ist nicht nur der Stellenwert von Kommunikation im Verlauf der Anthropogenese zu beleuchten, Kommunikation muß ebenso als Sozialisationsfaktor erkennbar gemacht werden.

Erst auf dieser Basis soll die Bedeutung des Massenkommunikationsprozesses für Mensch und Gesellschaft im Mittelpunkt des Interesses stehen (5. Kapitel). Dabei wird es v. a. darum gehen, anhand empirischer Forschungsergebnisse den Wirkungen der Massenmedien nachzuspüren und sodann ein Bild von den Strukturen der modernen Massenkommunikationsgesellschaft zu entwerfen, in der unsere Vorstellungen von Wirklichkeit in hohem

---

7 Diese Auffassung vertritt übrigens auch die Deutsche Gesellschaft für Publizistik- und Kommunikationswissenschaft in ihrem Selbstverständnispapier (DGPuK 2001, S. 3).

Maß von den Medien geprägt sind. Fraglos ist in diesem Zusammenhang dem „Jahrhundertmedium Fernsehen" besondere Beachtung zu schenken, und ebenso wird dabei die Multimediazukunft des Fernsehens sowie der im 21. Jh. zunehmend alltägliche Kontakt mit dem Internet zu berücksichtigen sein.

Schließlich sollen anhand kommunikationstheoretischer Ansätze die Problemfelder einer Kommunikationswissenschaft entfaltet werden, wie sie als interdisziplinäre Sozialwissenschaft vorstellbar ist und wie sie sich zum Teil im Verlauf der letzten Jahrzehnte auch entwickelt hat (6. Kapitel). Dabei wird deutlich werden, daß in Entsprechung zum jeweils gewählten theoretischen Ansatz die kommunikativen „Materialobjekte" wie Zeitung, Hörfunk, Fernsehen etc., aber auch zwischenmenschliche Kommunikation aus immer unterschiedlichen Perspektiven in den Blick geraten und daß – wie oben erwähnt – der eigentliche „Objektbereich" der Kommunikationswissenschaft nicht aus der Summe der Erkenntnisgegenstände, sondern am ehesten noch aus der Summe der Perspektiven entsteht – präziser: im Entstehen begriffen ist. Denn auch nach gut einem Jahrzehnt fachlicher Konsolidierung ist unsere Disziplin wohl immer noch als „work in progress" zu bezeichnen.

Abschließend noch ein Hinweis zum Gebrauch des Buches: Es ist als Lehrbuch angelegt. Als solches hat es sich schon bisher sowohl in den einführenden Semestern wie auch als Vorbereitung für die Abschlußexamen bewährt. Es wendet sich aber auch an alle jene, die an den Massenmedien oder an menschlicher Kommunikation ganz allgemein Interesse haben. Für beide Zielgruppen erschien es mir wichtig, möglichst klare Begriffsdefinitionen anzubieten, um auf diese Weise ein behutsames Umgehen mit der Fachterminologie zu ermöglichen. Deshalb sind zentrale Begriffe nicht nur über ein Stichwortverzeichnis auffindbar, sondern an den entsprechenden Textstellen auch durch Fettdruck hervorgehoben. Dies geschieht nicht als Selbstzweck, sondern der Erkenntisqualität wegen: Ohne klare Sprache gelingt nur ein sehr trüber Blick auf die Wirklichkeit.

2. KOMMUNIKATION: ZUR KLÄRUNG EINES BEGRIFFES

Absicht der folgenden Ausführungen ist es, eine grundlegende Bestimmung des Kommunikationsbegriffes zu geben. Dabei wird allerdings *nicht* dem – sowohl in der Alltags- als auch in der Wissenschaftssprache anzutreffenden – inflationären Gebrauch dieses Wortes nachgegangen[8]; vielmehr soll versucht werden, v. a. jene Dimensionen der Begriffsrealität herauszuarbeiten, welche die *humanspezifischen* Qualitäten dieses Prozesses zu fassen vermögen und die daher für das Verständnis von Kommunikationswissenschaft, wie es in diesem Buch entwickelt werden soll, wesentlich erscheinen. Zu diesem Zweck kann man „Kommunikation" mit Maletzke zunächst ganz allgemein als „Bedeutungsvermittlung zwischen Lebewesen" (1963, S. 18) begreifen. Damit klammert man bereits all jene kommunikativen Vorgänge aus, die zwischen „Nicht-Lebewesen" (wie z. B. zwischen datenverarbeitenden Maschinen u. ä.) ablaufen, und rückt soziale Kommunikationsprozesse in den Mittelpunkt des Interesses. Die Implikationen dieses Anspruchs gilt es in der Folge zu untersuchen.

2.1. Kommunikation als soziales Verhalten

Mit dem Terminus **Verhalten** wird jede Regung eines Organismus bezeichnet. Neben rein motorischen Bewegungsabläufen (wie körperlich-muskulären Aktionen und Reaktionen eines Organismus auf Umweltreize) zählen dazu auch die Aktivitäten des Zentralnervensystems; beim Menschen sind dies v. a. die von Gehirn und Rückenmark gesteuerten nervösen Prozesse des Wahrnehmens, Fühlens und Denkens (vgl. Klima 1975,

---

8 Es wird daher hier weder ein Überblick noch eine synoptische Darstellung bisheriger Definitionsversuche gegeben. Diesbezüglich Interessierte seien nochmals auf die profunde Arbeit von Klaus Merten (1977) verwiesen, der dort (insbes. S. 42–89) 160 unterschiedliche Definitionen von „Kommunikation" anführt und miteinander vergleicht.

S. 724 f.). **Soziales** Verhalten meint dagegen bereits den Umstand, daß sich Lebewesen *im Hinblick aufeinander* verhalten. „Sozial" ist dasjenige Verhalten von Lebewesen (Menschen oder Tieren), welches eine Reaktion auf das Verhalten anderer Lebewesen darstellt und selbst wiederum die Reaktionen anderer Lebewesen beeinflußt (vgl. Klima ebd., S. 726). Als „sozial" gelten daher sowohl Verhaltensabläufe, im Rahmen derer Lebewesen miteinander agieren (z. B. das gemeinsame Abwehren eines Feindes), als auch solche, die gegeneinander gerichtet sind (z. B. das Einander-Bekämpfen). Ausschlaggebend für den sozialen Charakter von Verhaltensweisen ist also der Umstand, daß sie *aufeinander* bezogen sind. Auch „Einzelaktionen" (wie etwa das Sammeln von Futter für die Jungen) können damit durchaus sozialen Charakter besitzen. Werden nun im Rahmen solcher sozialer Verhaltensweisen auch *Bedeutungen* vermittelt, dann besitzen diese Verhaltensweisen auch *kommunikativen* Charakter.

Strenggenommen ist dies nahezu immer der Fall. Von den erwähnten Einzelaktionen (vorzustellen wäre etwa eine isoliert stattfindende Futtersuche) abgesehen, findet ja allein infolge der – etwa durch räumliche Nähe bedingten – sinnlichen Wahrnehmung eines anderen Lebewesens eine Bedeutungsvermittlung zwischen diesen beiden statt.

So „bedeutet" beispielsweise das Erscheinen eines Fuchses im Wahrnehmungsfeld eines Hasen für diesen das Signal zur Flucht; ebenso „bedeutet" für mich das Herannahen einer überfüllten Straßenbahn etwas, nämlich entweder mich auch noch hineinzwängen zu müssen, zu Fuß zu gehen, ein Taxi zu nehmen u. ä. In beiden Fällen vermag allein die sinnlich wahrgenommene physische Existenz anderer Lebewesen (bzw. deren Verhalten) Bedeutungen zu vermitteln.

Nicht nur „soziales" Verhalten, Verhalten überhaupt scheint sich damit in weiten Teilen als „kommunikativ" zu erweisen. Diese Ansicht vertreten auch Watzlawick (et al.), die im Rahmen ihrer Auseinandersetzung mit menschlicher Kommunikation die Begriff „Kommunikation" und „Verhalten" überhaupt gleichbedeutend verwenden (1969, S. 23 f.). Ausgehend von der plausiblen Einsicht, daß es eine grundlegende Eigenschaft des Verhaltens sei, kein Gegenteil zu besitzen („Man kann sich nicht verhalten"), gelangen sie zur Formulierung ihres vielzitierten Axioms „Man kann nicht nicht kommunizieren" (Watzlawick et al. 1969, S. 53).

Diese Position soll allerdings hier *nicht* vertreten werden. Obwohl es zunächst einsichtig erscheint (und auch gar nicht in Abrede zu stellen ist), daß jedes Verhalten gewissermaßen ein „kommunikatives Potential" besitzt, d. h. Bedeutungen vermitteln kann, so hieße es dennoch den Begriffsrahmen überspannen (was die inflationäre Verwendung des Wortes zudem nicht gerade mindern würde), wollte man jedes Verhalten mit Kommunikation gleichsetzen: wenn alles Verhalten Kommunikation ist, dann wäre ja z. B. auch das Betragen eines schlafenden Individuums bereits als „Kommunikation" zu bezeichnen. Darüber hinaus geraten durch eine derartig hypertrophe Verwendung des Kommunikationsbegriffes aber auch all jene Versuche, eine Bedeutungsvermittlung (trotz wechselseitiger Wahrnehmbarkeit) *nicht* stattfinden zu lassen oder abzubrechen, in den Bereich des Pathologischen: denn wenn jegliches Verhalten, also auch Schweigen, Absonderung, Regungslosigkeit oder irgendeine andere Form der Vermeidung von Kommunikation selbst eine Kommunikation ist, dann zeigt sich in dem Versuch, *nicht* zu kommunizieren, tatsächlich „ein wesentlicher Teil des schizophrenen Dilemmas" (Watzlawick et al. 1969, S. 52).[9]

Im Gegensatz dazu soll jedoch hier davon ausgegangen werden, daß es dem Menschen sehr wohl möglich ist, „Kommunikation" (bzw. Kommunikationsversuche) willentlich aufzunehmen oder auch abzubrechen, und dies soll in der Begriffsbestimmung auch zum Ausdruck kommen. Gerade *menschliches* Verhalten kann nämlich bewußt und zielgerichtet („intentional") ablaufen; gerade der Mensch kann sich in seinem Verhalten ausdrücklich auf etwas beziehen bzw. etwas bewußt anstreben (vgl. dazu etwa Graumann 1966, S. 115 f.): der

---

9 Dieses „schizophrene Dilemma" im Watzlawickschen Sinn entsteht aus der praktisch „unmöglichen Aufgabe, jede Mitteilung zu vermeiden und gleichzeitig zu verneinen, daß ...[dieses, R. B.] Verneinen selbst eine Mitteilung ist" (ebd.).

Mensch kann sich also nicht bloß verhalten, er kann auch „handeln".

Handeln ist als (alltäglicher) Spezialfall von „Verhalten" zu betrachten, eben als intentionales Verhalten, welches bewußt oder absichtsvoll auf ein Ziel hin ausgerichtet ist (Lenk 1978, S. 281). Oder wie es Max Weber in seiner klassischen Begriffsbestimmung ausdrückt: Handeln meint dasjenige menschliche Verhalten, welches der jeweils handelnde Mensch mit subjektivem Sinn verbindet. Dabei ist einerlei, ob es sich um ein äußeres (motorische Aktivitäten) oder innerliches „Tun" (Denken, Fühlen ...) handelt; auch ein *bewußtes Unterlassen* einer Aktivität (oberflächlich betrachtet: ein „Nichts-Tun") oder ein *bewußtes Dulden* (von Zuständen, von Verhaltensweisen anderer etc.) ist in diesem Sinn als menschliches Handeln zu begreifen (Weber 1964, S. 3 f.).

Der Handlungsbegriff ermöglicht also, aus dem Gesamtkomplex menschlicher Verhaltensweisen bestimmte Teile herauszugreifen. Mit Hilfe des Handlungsbegriffes läßt sich der *intentionale Charakter* menschlichen Tuns hervorheben: indem der Mensch seinen Handlungen „subjektiven Sinn" beimißt, ihnen also bestimmte Bedeutungen gibt, verbindet er *bewußt* ganz bestimmte Zielvorstellungen mit seinen Aktivitäten. Das bedeutet darüber hinaus, daß menschliches Handeln nicht Selbstzweck (ich handle nicht „um des Handelns willen"!), sondern stets *Mittel zum Zweck* ist. Was auch immer wir beabsichtigen (die Beeinflussung eines Prozesses, das Herstellen eines Zustandes, das Dulden bestimmter Mißstände ...) – unser Handeln ist stets zielgerichtet[10]. Ist unser Handeln in seinem Ablauf nun auch noch an anderen Menschen orientiert, dann spricht man von *sozialem* Handeln.

---

10 Diese Tatsache gilt natürlich für *alle* Verhaltensweisen. Jedes Verhalten (tierisches wie menschliches) ist zweck- bzw. zielgerichtet. Die hier mitzudenkende Intentionalität *menschlichen* Handelns bedeutet jedoch darüber hinaus, daß die jeweils angestrebten Ziele auch *bewußt* verfolgt werden (können), während die Zweck- und Zielgerichtetheit tierischer Verhaltensweisen als vorwiegend instinktgebunden gilt (vgl. stellvertretend dazu etwa Lorenz 1960).

Soziales Handeln ist ein Handeln, „welches seinem von dem oder den Handelnden gemeinten Sinn nach auf das Verhalten anderer bezogen wird und daran in seinem Ablauf orientiert ist" (W e b e r 1964, S. 3). Dieses Verhalten anderer (Menschen) kann bereits vergangen sein, gegenwärtig ablaufen oder auch erst für künftig erwartet werden – entscheidend ist, daß es überhaupt „mitgedacht" wird. Ein Mensch handelt also dann „sozial", wenn er – und sei es auch nur gedanklich – das Vorhandensein (bzw. die Verhaltensweisen) von (mindestens noch einem) anderen Menschen in sein Handeln mit einbezieht.

Bloßes Handeln liegt etwa vor, wenn Menschen bei Beginn des Regens den Regenschirm aufspannen. Hier Handeln sie intentional, denn es existieren konkrete Ziele für ihr Handeln (nicht naß werden wollen ...). Sie handeln dagegen nicht sozial: selbst wenn sie gleichzeitig und/oder auch gleichmäßig handeln, orientieren sie sich – was den Ablauf des Handelns betrifft – nicht an den anderen Menschen, sondern am Regen ... Auch wenn sie durch wechselseitig beobachtetes Aufspannen erst auf den Regen aufmerksam werden, handeln sie ausschließlich im Hinblick auf sich (und den Regen) und nicht im Hinblick auf irgendeinen anderen Menschen.

Soziales Handeln kann etwa am Beispiel des Geldverkehrs einsehbar gemacht werden: indem ein Mensch beim Tauschverkehr Geld akzeptiert, orientiert er sein Handeln an der Erwartung, daß (sehr viele) andere Menschen in Zukunft ebenfalls bereit sein werden, dieses Geld als Tauschmittel anzunehmen ... Damit ist sein eigenes Handeln (Geld annehmen) *an anderen Menschen* (bzw. an deren zukünftigem Verhalten) *orientiert:* er denkt eben deren zukünftiges Verhalten während seiner Handlung mit, der Handlungsablauf (Geld als Tauschmittel akzeptieren und auch annehmen) ist von diesem Mitdenken bestimmt.

2.2. Menschliche Kommunikation als soziales Handeln

Menschliche Kommunikation soll nun unter dem Aspekt des bisher Gesagten als ein Geschehen betrachtet werden, welches im Bereich des sozialen Handelns[11] anzusiedeln ist: Ein „kommunizierender" Mensch ist einer, der etwas im Hinblick auf (mindestens) einen anderen Menschen tut – er handelt also „zutiefst" sozial. Dies deshalb, weil er sein *kommunikatives* Handeln ja ganz ausdrücklich auf diesen/diese anderen hin ausrichten muß: Hatte es im o. a. Beispiel des Geldverkehrs noch „genügt", jene anderen (von welchen man erwarten konnte, daß auch sie in Zukunft Geld als Tauschmittel akzeptieren würden) mehr oder weniger unbewußt bei seinem eigenen Handeln „mitzudenken", so zeichnet sich kommunikatives Handeln ja gerade auch dadurch aus, daß es darüber hinaus (in der Regel) explizit und bewußt in Richtung auf (mindestens einen) andere(n) geschieht.

Wie für menschliches Handeln allgemein, so soll nun auch für soziales bzw. kommunikatives Handeln im besonderen der intentionale Charakter hervorgehoben werden. Fragt man unter diesem Aspekt der *Intentionalität* nach den möglichen Zielen kommunikativen Handelns, so gelangt man zu folgender Differenzierung:

---

11 Kommunikation zwischen Tieren hebt sich hier bereits durch die Einführung des Handlungsbegriffes ab: Tiere besitzen (zumindest nach dem gegenwärtigen Stand des Wissens – vgl. dazu etwa: Dienelt 1970, S. 78 f.; Schaff 1973, S. 159; Zdarzil 1978, S. 38 f.) kein „Bewußtsein" im menschlichen Sinn – d. h., sie verfügen nicht über die Möglichkeit zur Selbstreflexion – und können daher auch nicht (intentional) „handeln", sondern sich ausschließlich „verhalten". Animalische Kommunikation verharrt damit auf der Stufe „sozialen Verhaltens" (!). Auch wenn durch Meldungen in der Tagespresse oder in populärwissenschaftlichen Magazinen (über sog. „sprechende" Menschenaffen u. ä.) bisweilen der gegenteilige Eindruck entstehen mag: Der aktuelle Stand der Forschung besagt noch immer, daß nur der Mensch über jene Fähigkeit zur Metakommunikation verfügt, die mit Bewußtsein und Sprache untrennbar verbunden ist (vgl. dazu Bouissac 1993).

1. Jeder kommunikativ Handelnde besitzt zunächst eine *allgemeine Intention,* nämlich: den Mitteilungs-Charakter seiner kommunikativen Handlung verwirklichen zu wollen. Ein Mensch, der kommunikativ handelt, stellt darauf ab (mindestens einem), anderen *etwas Bestimmtes* mitzuteilen – genauer: bestimmte Bedeutungen „mit ihm teilen“ zu wollen[12]. Damit verfolgt er das *konstante Ziel* jeder kommunikativen Handlung: er will **Verständigung** zwischen sich und seinem Kommunikationspartner herstellen. Dieses Ziel wird dann erreicht (= Verständigung liegt dann vor), wenn die Kommunikationspartner die jeweils gemeinten Bedeutungen tatsächlich „miteinander teilen“.[13]

So liegt z. B. in der kommunikativen Handlung, „Monika, schließ das Fenster“, der Mitteilungscharakter darin, daß der kommunikativ Handelnde das Ziel verfolgt, die von ihm mit seiner Äußerung gemeinten Bedeutungen mit dem Empfänger (= Monika) teilen zu wollen: er will, daß Monika versteht, was er meint. Indem er dieses Ziel anstrebt, will er eben „Verständigung“ über die geäußerten Inhalte zwischen sich und Monika herstellen.

2. Jeder kommunikativ Handelnde besitzt darüber hinaus aber auch eine *spezielle Intention:* er setzt seine kommunikative Handlung aus einem *bestimmten Interesse* heraus. Erst die jeweils konkreten Interessen sind es ja, die kommunikatives Han-

---

12 Dies wird auch deutlich, wenn man sich an die etymologische Bedeutung von „Kommunikation“ erinnert: Das lateinische Verbum „communicare“ wird gewöhnlich mit „gemeinsam machen“, „teilen“, „mitteilen“, „teilnehmen lassen“ oder „Anteil haben“ übersetzt. – Ganz in diesem ursprünglichen Sinn will hier auch „kommunikatives Handeln“ verstanden werden: Ein kommunikativ handelnder Mensch will (mindestens einen) andere(n) an seinen zu vermittelnden Bedeutungen „Anteil haben“ lassen.
An dieser Stelle möchte ich darauf verweisen, daß der hier verwendete Begriff des „kommunikativen Handelns“ zwar nicht im Widerspruch zum Begriffsverständnis in der „Theorie des kommunikativen Handelns“ von Jürgen Habermas (1981) steht, sich aber nicht vollkommen mit diesem deckt. Auf die Habermas'sche Theorie wird weiter unten (vgl. S. 436 ff.) noch ausführlich eingegangen.

13 Diese Behauptung soll nicht darüber hinwegtäuschen, daß hier ein Idealzustand angesprochen ist, an den man sich bestenfalls annähern, den man aber (wahrscheinlich) niemals wirklich erreichen kann. An mehreren Stellen des vorliegenden Buches wird dies v. a. mit dem Blick auf die individuelle Interpretationsbreite von Symbolen deutlich werden.

deln überhaupt entstehen lassen. Indem ein Mensch nun mit seiner kommunikativen Handlung versucht, diesen (seinen) *Interessen zur Realisierung zu verhelfen,* verfolgt er das *variable Ziel* (Kommunikationsinteressen variieren naturgemäß personen- und situationsspezifisch) jeder kommunikativen Handlung. Dieses Ziel wird dann erreicht, wenn das konkrete Interesse des jeweils kommunikativ Handelnden tatsächlich realisiert werden kann, anders: wenn die konkret erwarteten Folgen tatsächlich eintreten.

So kann die oben genannte kommunikative Handlung, „Monika, schließ das Fenster“, z. B. aus dem Interesse heraus entstanden sein, die störende Zugluft beseitigen zu wollen. Dieses Interesse des kommunikativ Handelnden wird dann realisiert, wenn Monika das Fenster tatsächlich schließt.

Die folgende Graphik veranschaulicht die hier dargestellte Sichtweise kommunikativen Handelns:

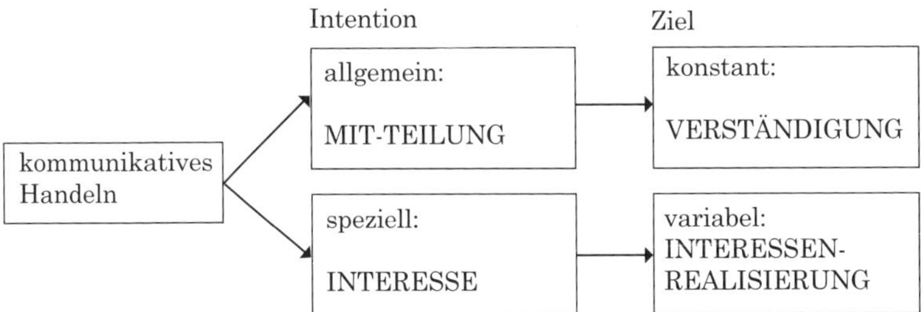

Abb. 1: Die Intentionalität kommunikativen Handelns

Weist die allgemeine Intention kommunikativen Handelns (= jemandem etwas mitteilen wollen) darauf hin, daß dies in (für den jeweiligen Kommunikationspartner) „verständlicher“ Weise zu geschehen hat[14], so gibt die spezielle Intention (= aus einem Interesse heraus kommunikativ handeln) Auskunft darüber, warum eine bestimmte kommunikative Handlung überhaupt gesetzt wird. Die *Kommunikations-Interessen* sind der *Anlaß* jeglicher Kommunikationsversuche; es soll allerdings nicht unbemerkt bleiben, daß diese Kommunikations-Interessen zwei grundsätzlich unterscheidbaren Dimensionen kommunikativen

14 Die Implikationen eines derartigen Anspruchs – insbes. für *sprachliche* Kommunikation – werden noch weiter unten (S. 78 ff.) ausführlich diskutiert.

Handelns zuordenbar sind und daher auch unterschiedlich „gewichtet" sein können:

- Sie können (eher) **inhaltsbezogen** sein, d. h., daß der Inhalt der kommunikativen Handlung (= alles, was mitgeteilt wird) unmittelbar aus dem zu realisierenden Interesse erwächst und daher mehr oder weniger von diesem bestimmt wird.

Für diesen Fall trifft das soeben erwähnte Beispiel zu: Die spezielle Intention bzw. das zu realisierende Interesse an Kommunikation (= „Beseitigung von Zugluft") bestimmt den Inhalt der kommunikativen Handlung („... schließ das Fenster"). Das konkrete (und jeweils variable) Ziel kommunikativen Handelns ist erreicht, wenn das Fenster tatsächlich geschlossen wird und damit die störende Zugluft ausbleibt.

- Sie können (eher) **situationsbezogen** sein, d. h., daß der Inhalt der kommunikativen Handlung nicht unmittelbar von dem zu realisierenden Interesse bestimmt wird, bzw. nur sehr mittelbar von diesem tangiert wird.

In diesem Fall hat der kommunikativ Handelnde in der augenblicklichen Situation vielmehr bloß ein Interesse, über *irgendwelche* Inhalte mit seinem Gegenüber (kommunikativ) in Beziehung zu treten. Das konkrete Ziel seines kommunikativen Handelns ist dann erreicht, wenn Kommunikation über *irgend etwas* zustande kommt. Darum geht es häufig z. B. beim sog. „small talk" auf Parties und bei ähnlichen Anlässen, wo kommunikative Handlungen gesetzt werden, ohne daß man eigentlich die Absicht verfolgt, etwas *Bestimmtes* mitzuteilen ...[15]

Die hier vorgenommene analytische Trennung[16] der beiden Ebenen kommunikativer Intentionalität sollte v. a. verdeutlichen, daß jedes kommunikative Handeln – über die allgemeine Intention des „Mitteilen-Wollens" hinaus – auch von jeweils ganz kon-

15 In sprachlicher Hinsicht ist damit die kommunikative Kontaktfunktion (oder auch: „phatische" Sprachfunktion) angesprochen – vgl. dazu S. 77, Anmerkung 57.

16 Der Terminus „analytische Trennung" will darauf verweisen, daß es sich bei der Differenzierung der beiden kommunikativen Intentionalitäten um ein „künstliches" – zum Zweck der Analyse vorgenommenes – Auseinanderteilen von Merkmalen handelt, die in der (kommunikativen) Realität immer gemeinsam auftreten.

kreten Interessen geleitet ist. Damit wird nunmehr der zentrale Aspekt allgemein-menschlichen Handelns – nämlich: dessen (potentiell auch *bewußt* verfolgte) Zweck- und Zielgerichtetheit – auf kommunikatives Handeln übertragen: So wie wir nicht „um des Handelns willen" handeln, so kommunizieren wir auch nicht „um des Kommunizierens willen", sondern verfolgen neben dem konstanten Ziel der Verständigung mit unserem Kommunikationspartner stets auch die Realisierung von (inhalts- und/oder situationsbezogenen) Interessen, die den eigentlichen Anlaß unserer kommunikativen Aktivitäten darstellen und diese überhaupt erst hervorbringen.

Diese Unterscheidung ist für die (alltägliche) Kommunikationsrealität von nicht zu unterschätzender Bedeutung: aus der vorgenommenen Differenzierung der kommunikativen Intentionalität geht nämlich hervor, daß konkrete Ziele (= jeweils spezielle Interessen), die über kommunikatives Handeln realisiert werden wollen, erst dann eine Chance auf Verwirklichung besitzen, wenn der kommunikativ Handelnde *auch* das *konstante* Ziel jedes kommunikativen Handelns verfolgt, nämlich: *Verständigung* zwischen sich und seinem Kommunikationspartner anstrebt.

Die bisher eingeführten Merkmalsbestimmungen kommunikativen Handelns stellen nun einen bereits konkret faßbaren Bereich menschlichen Verhaltens in den Mittelpunkt des Interesses. Allein: *kommunikatives Handeln ist noch nicht Kommunikation (!).* Kommunikatives Handeln ist zwar eine notwendige, aber keine hinreichende Bedingung für das Zustandekommen bzw. Ablaufen eines Kommunikationsprozesses. M. a. W. eine kommunikative Handlung ist „lediglich" ein (notwendiger) Anstoß, der Kommunikation entstehen lassen kann – aber nicht entstehen lassen muß.

2.3. Kommunikation als soziale Interaktion

Kommunikation wurde eingangs als *Prozeß* der Bedeutungsvermittlung zwischen Lebewesen beschrieben. Damit ist implizit bereits darauf hingewiesen, daß es sich dabei um ein *Geschehen* handelt. Kommunikation ist nicht etwas Statisches, das schlicht vorhanden ist, sondern ein dynamischer *Vorgang,* der *zwischen* (mindestens zwei) Lebewesen abläuft, der sich also *ereignen* muß. Ein kommunikatives Handeln (oder Verhalten) nur eines einzigen Menschen (oder Tieres) kann einen derartigen Prozeß bestenfalls initiieren, stellt ihn jedoch selbst noch nicht dar.

Damit Kommunikation überhaupt stattfinden kann, ist es notwendig, daß (mindestens zwei) Lebewesen zueinander in Beziehung treten – sozialwissenschaftlich formuliert: daß sie *interagieren.* Kommunikation als ein Ereignis, das zwischen Lebewesen abläuft, kann als eine *spezifische Form der sozialen Interaktion* begriffen werden.[17]

In seiner formalen Bedeutung weist der Terminus **Interaktion** auf Prozesse der Wechselbeziehung bzw. Wechselwirkung zwischen zwei oder mehreren Größen hin (vgl. Graumann 1972, S. 1111). Demgemäß soll unter **sozialer Interaktion** ein wechselseitiges Geschehen zwischen zwei oder mehreren Lebewesen verstanden werden, welches mit einer Kontaktaufnahme (aufgrund von/oder verbunden mit wechselseitiger Wahrnehmung) beginnt und zu (Re-)Aktionen der in Kontakt stehenden Lebewesen führt (vgl. Burghardt 1972, S. 42). Indem sich diese Aktionen/Reaktionen auf den/die an diesem Kontakt Beteiligten richten, sind sie ihrerseits wieder als soziales Verhalten zu klassifizieren. Dieses **doppelseitige Geschehen** ist das zentral Bedeutsame an jedem Interaktions-

17 Auch wenn die „Auffassungen, ob Interaktion oder Kommunikation der weitere Begriff ist, (auseinandergehen) ...“ (Graumann 1972, S. 1118), so scheint es im Hinblick auf das hier zu entwickelnde Verständnis von Kommunikation sinnvoll, Interaktion als den allgemeineren Begriff zu verwenden (vgl. dazu auch Lundberg 1939). – Einen Überblick diesbezüglich divergierender Auffassungen gibt Merten (1977, S. 64 f.).

prozeß: „Jedes (Individuum) erfährt *Einwirkungen vom anderen* oder von den anderen, und zugleich gehen von ihm selbst *Wirkungen auf den anderen* oder die anderen aus. Mit dem Begriff der Interaktion bezeichnen wir also das Insgesamt dessen, was zwischen zwei oder mehr Menschen [bzw. Lebewesen, R. B.] in Aktion und Reaktion geschieht" (Lersch 1965, S. 53).

Damit ist die Skala möglicher Interaktionsarten breit gefächert. Speziell was den hier v. a. interessierenden Bereich *menschlicher* Interaktion betrifft, reicht sie vom mehr oder weniger zufälligen Berührungskontakt in einer dichtgedrängten Menschenmenge bis zur Übermittlung einer Geheimbotschaft via Internet. In jeder dieser beiden willkürlich herausgegriffenen Extremsituationen treten Menschen zueinander in Beziehung, es liegt also soziale Interaktion vor.

- Die eine Situation (dichtgedrängte Menschenmenge) ist v. a. durch direkten Berührungskontakt gekennzeichnet. Unterstellt sei hier ein tatsächlich zufälliges und daher absichtsloses „Anstoßen" an den Nächsten (etwa beim Einsteigen in eines der häufig überfüllten öffentlichen Verkehrsmittel ...). In diesem Fall wird man (in der Regel wenigstens) dem anderen *nichts „bedeuten" wollen,* man verfolgt also mit dem Anstoßen *keinen bestimmten Zweck.* Trotzdem liegt „soziale Interaktion" vor, denn üblicherweise sind solche Situationen mit wechselseitiger Wahrnehmung verbunden und die Folge (-Aktion) ist meist der beiderseitige Versuch, diesem engen Berührungskontakt zu entkommen ...
- Die andere Situation (Übermittlung einer Geheimbotschaft via Internet) ist v. a. dadurch gekennzeichnet, daß die Interaktionspartner von einem direkten Berührungskontakt weit entfernt sind: sie befinden sich vielleicht sogar in verschiedenen Erdteilen und treten über eine (technische) Vermittlungsinstanz (= Internet) zueinander in Beziehung. Darüber hinaus tun sie dies auch nicht zufällig, sondern beabsichtigen, einander etwas Bestimmtes mitzuteilen. Es sei zusätzlich angenommen, daß sie damit auch bestimmte Interessen verfolgen (sie wollen beispielsweise eine bewaffnete Auseinandersetzung verhindern).

Die genauere Betrachtung dieser beiden Extremsituationen führt zu dem Schluß, daß es sich im einen Fall (dichtgedrängte Menschenmenge) um „bloße" (soziale) Interaktion handelt, während im anderen Fall (Übermittlung einer Geheimbotschaft via Internet) Kommunikation vorliegt.

- Tatsächlich kann im ersten Fall „nur“ ein doppelseitiges Geschehen registriert werden, mit dem – so wurde unterstellt – nicht das Ziel verfolgt wird, Bedeutungsgehalte zu vermitteln.
- Im zweiten Fall dagegen sind alle jene Merkmale auffindbar, die bisher für kommunikative Interaktion eingeführt wurden: Ein Mensch *handelt* sozial bzw. *kommunikativ* (= er will einem anderen etwas [= Geheimbotschaft] mitteilen, weil er ein Interesse an der Verhinderung einer bewaffneten Auseinandersetzung hat). Kommunikative *Interaktion* liegt vor, weil auch der Mensch, an den die Botschaft gerichtet ist (und der sie empfängt), kommunikativ (in Richtung auf den Sender der Botschaft) handelt (= er will die Mitteilung empfangen – also die Bedeutungsinhalte „mit dem Sender teilen“ – und tut dies ebenfalls aus einem Interesse heraus ...; im hier konstruierten Beispiel verfolgt er sogar dasselbe Interesse: er will auch einen Krieg verhindern ...).

Menschliche *Kommunikation* ist also erst dann möglich, wenn (mindestens zwei) Menschen ihre kommunikativen Handlungen wechselseitig aufeinander richten. Anders formuliert: Kommunikation kann erst dann stattfinden, wenn sich (mindestens zwei) Lebewesen *im Hinblick aufeinander kommunikativ verhalten.*

Jedoch: auch ein wechselseitig aufeinander gerichtetes kommunikatives Verhalten ist noch keine Garantie dafür, daß sich Kommunikation auch tatsächlich ereignet. Sie kann trotz gegenseitigem Bemühen dennoch nicht zustande kommen.

So hat Kommunikation beispielsweise nicht stattgefunden, wenn der Übermittler der Botschaft eine Sprache bzw. einen Geheimcode verwendete, welche(n) der Empfänger nicht verstehen bzw. entschlüsseln konnte ...

Menschliche Kommunikation liegt daher erst dann vor, wenn (mindestens zwei) Individuen ihre kommunikativen Handlungen nicht nur wechselseitig aufeinander richten, sondern darüber hinaus auch die allgemeine Intention ihrer Handlungen (= Bedeutungsinhalte miteinander teilen wollen) verwirklichen können und damit das konstante Ziel (= Verständigung) jeder kommunikativen Aktivität erreichen. Wird dieses Ziel nicht erreicht, kommt also Verständigung über die mitgeteilten Bedeutungsinhalte – wie im eben angenommenen Fall – nicht zustande, dann soll auch nicht von Kommunikation gesprochen werden. Erst der *wechselseitig (!) stattfindende Prozeß der*

Bedeutungsvermittlung soll als Kommunikation begriffen werden.[18]

Unter dem Aspekt des eingeführten Interaktionsmoments steht also v. a. das Kriterium der Wechselseitigkeit („Reziprozität“) im Mittelpunkt: Erst wenn (mindestens zwei) Individuen ihr jeweiliges kommunikatives Handeln *erfolgreich* aufeinander gerichtet haben, hat Kommunikation stattgefunden. Dies ist eben nur dann der Fall, wenn *beide* Kommunikationspartner die zu vermittelnden Bedeutungen auch tatsächlich (!) miteinander teilen.[19]

In der Tat ist Kommunikation somit als ein Begriff anzusehen, „den man genaugenommen nur *ex post,* nach Vollzug des Kommunikationsaktes verwenden kann. *Ex ante* läßt sich allenfalls ein Kommunikations*vorsatz* oder *-versuch* feststellen, denn die Verständigung kann ja ausbleiben“ (Schulz 1971, S. 90).

Begreift man Kommunikation derart als Verständigungsprozeß, dann meint man damit also den Prozeß der *vollzogenen Bedeutungsvermittlung.* „Auf den Vollzug kommt es dabei an, während die beabsichtigte Bedeutungsvermittlung ohne Ergebnis [= ohne Verständigung, R. B.] einen mißlungenen Akt des Kommunizierens, also eben nur den Versuch einer Kommunikation, aber nicht diese selbst darstellt“ (Reimann 1968, S. 75).

---

18 Es wurde bereits weiter oben darauf hingewiesen, daß dies nur annäherungsweise vorstellbar ist. Niklas Luhmann hat in diesem Zusammenhang die „Unwahrscheinlichkeit der Kommunikation“ (1993, S. 23) behauptet. Zugleich hat er aber auch festgestellt, daß „wir sie jeden Tag erleben, praktizieren und ohne sie nicht leben würden“ (ebd. S. 26) und daß es deshalb gelte, diese „unsichtbar gewordene Unwahrscheinlichkeit“ (ebd.) zu begreifen.

19 Im Sinn der oben eingeführten analytischen Trennung der beiden Ebenen kommunikativen Handelns kann natürlich auch der Kommunikations-„erfolg“ entsprechend differenziert werden: Neben dem hier angesprochenen *allgemeinen Kommunikationserfolg* (der infolge der Verwirklichung der Mitteilungsintention als die hergestellte Verständigung zu fassen ist) existiert auch ein *spezieller Kommunikationserfolg* (der als Folge der Realisierung je konkreter Interessen in jeweils bestimmten Konsequenzen bzw. Wirkungen zu sehen ist). – Im alltagssprachlichen Sinn meint „erfolgreiche“ Kommunikation sogar fast ausschließlich die spezielle Ebene. („Ich hatte mit meinen Drohungen Erfolg“ meint eben, daß die Drohungen „wirkungsvoll“ waren; daß jemand anderer sich aufgrund meiner Drohungen in bestimmter *Weise* verhalten hat ...) – Um jedoch von Kommunikation an sich sprechen zu können, genügt sinnvollerweise bereits das Vorliegen des allgemeinen Kommunikationserfolges.

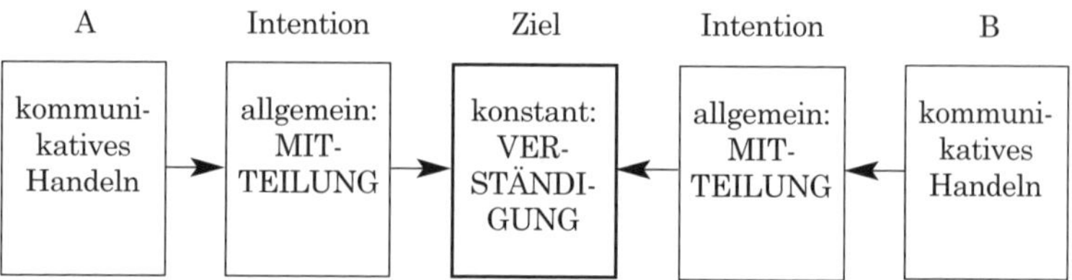

Abb. 2: Kommunikation als Verständigungsprozeß

Das dargestellte Schema soll eine Sequenz eines derartigen Verständigungsprozesses verdeutlichen: A und B verfolgen dieselbe allgemeine Intention (= sie wollen Bedeutungsinhalte miteinander teilen) und erreichen dadurch das ihnen gemeinsame (= das konstante, jeden Kommunikationsprozeß kennzeichnende) Ziel, nämlich: Verständigung über die miteinander zu teilenden Inhalte.

So kann A beispielsweise mit der kommunikativen Handlung, „Monika, schließ das Fenster", versuchen, ein Kommunikationsgeschehen zu initiieren. Seine kommunikative Handlung stellt darauf ab, bestimmte Bedeutungsinhalte *mitzuteilen;* A will, daß B (= Monika) versteht, was A meint. Handelt nun B (= Monika) ihrerseits kommunikativ in Richtung auf A, dann muß sie darauf abstellen, die von A vermittelten Bedeutungsinhalte *zu verstehen;* d. h., die kommunikative Handlung von B besteht in der Bereitschaft, erkennen zu wollen, was A mit seiner vermittelten Botschaft meint. Sind beide Kommunikationspartner (A + B) mit den allgemeinen Intentionen ihrer kommunikativen Handlungen (= Bedeutungen miteinander teilen wollen) erfolgreich, dann hat Kommunikation stattgefunden.[20]

Bisher – und auch im eben genannten Beispiel – wurde allerdings eine Besonderheit des Kommunikationsprozesses unausgesprochen vorausgesetzt, die nunmehr explizit thematisiert werden soll.

---

20 Die Frage, ob Monika das Fenster nun tatsächlich schließt oder nicht, ist die Frage nach den Folgen oder Konsequenzen eines abgelaufenen Kommunikations- bzw. Verständigungsprozesses. Diese Frage steht *hier* nicht zur Diskussion. In diesem Zusammenhang scheint aber der Hinweis wiederholenswert (vgl. dazu S. 29), daß ja das hier diskutierte *Zustandekommen* von Verständigung unbedingte Voraussetzung dafür ist, daß die – vom jeweiligen Kommunikationsinteresse angestrebten – Konsequenzen einer kommunikativen Handlung eintreten.

2.4. Kommunikation als vermittelter Prozeß

Schon in der Bestimmung von Kommunikation als Prozeß der Bedeutungs*vermittlung* zwischen Lebewesen ist implizit darauf hingewiesen, daß Kommunikation bzw. kommunikatives Handeln stets einer *Instanz* bedarf, über die das zwischen den Kommunikationspartnern Geschehende abläuft. Als eigentlicher Träger der jeweiligen Mitteilung ist eine derartige Vermittlungsinstanz – fachspezifisch formuliert: ein *Medium* – unbedingter Bestandteil eines jeden Kommunikationsprozesses. Das *Medium* ist das Ausdrucksmittel der kommunikativen Aktivität; es stellt die materielle „Hülse" für die zunächst immateriellen Bedeutungsinhalte bereit: erst mit seiner Hilfe wird es überhaupt möglich, daß Bedeutungen „mit(einander)geteilt" werden können.

So ist beispielsweise in der vorhin zitierten Kommunikationssituation das Medium „Sprache" die Instanz, über die das Kommunikationsgeschehen abläuft. Erst das Herstellen einer bestimmten Lautabfolge bzw. Buchstabenkombination (wie z. B. F-e-n-s-t-e-r) schafft die Möglichkeit, die gemeinten Bedeutungsinhalte be„greifbar", d. h. (sinnlich) wahrnehmbar zu machen.

Damit (mindestens zwei) Lebewesen miteinander kommunizieren können, müssen sie also über irgendwelche Ausdrucksmittel verfügen. Eine Mitteilung kann als solche ja überhaupt erst entstehen, wenn *Mittel* vorhanden sind, mit deren Hilfe Bedeutungsinhalte Gestalt annehmen können. Auf den ersten Blick sind Medien daher recht simpel als *Transportmittel* zu begreifen: es scheint, als würden sie die zu vermittelnden Bedeutungsinhalte – genauer: deren materielle Manifestationen (wie z. B. Ausrufe) – als Äußerungen der jeweiligen Lebewesen zwischen diesen hin und her befördern.

So verfügen etwa die Bienen mit ihrem vielzitierten Schwänzeltanz über ein Medium, mit dessen Hilfe sie Bedeutungsinhalte wie Entfernung, Menge und Richtung der Futterquelle „transportieren" können und dadurch wechselseitig wahrnehmbar machen (vgl. dazu Kainz 1961).

Diese Vorstellung vom Medium als bloßem Transportmittel wird heute kritisch als „Container-Metapher"[21] (Krippendorff

---

21 Mit der „Container-Metapher" ist die Vorstellung von der Botschaft als einem Behälter verbunden, der objektiv bestimmbare Bedeutungen enthält,

1994, S. 86) etikettiert. Sie hat sich längst als zu simpel herausgestellt, und man geht nicht mehr davon aus, daß Sinn oder Bedeutung einfach „übertragen", daß Informationen „ausgetauscht"[22] werden – im Gegenteil: Kommunikation wird heute als „Aktualisierung von Sinn" (Luhmann 1971, S. 32) begriffen: das heißt, daß in diesem Prozeß Bedeutungsinhalte (im besten Fall: ähnliche) im Bewußtsein der jeweiligen Kommunikationspartner wachgerufen werden.

Dennoch: es gibt keine unvermittelte Kommunikation (!), „alle Kommunikation bedarf eines Mittels oder Mediums, durch das hindurch eine Nachricht [...] aufgenommen wird" (Graumann, 1972, S. 1182). In diesem allgemeinen Sinn steht **Medium** daher – speziell was nun die *menschliche* Kommunikation betrifft – sowohl für personale (der menschlichen Person „anhaftende") Vermittlungsinstanzen als auch für jene technischen Hilfsmittel zur Übertragung einer Botschaft, die uns unsere Industriegesellschaft laufend beschert. Pross (1972) hat versucht, die mediale Vielfalt menschlicher Kommunikation zu differenzieren. Er unterscheidet „primäre", „sekundäre" und „tertiäre" Medien.

- *Primäre Medien:* Darunter versteht er die Medien des „menschlichen Elementarkontaktes" (Pross 1972, S. 10). Neben der Sprache in ihren vielgestaltigen Ausprägungen zählen dazu auch alle nonverbalen Vermittlungsinstanzen, die dem Bereich der Mimik und/oder Gestik angehören: So existieren Ausdrucksmöglichkeiten von Auge, Stirn, Mund, Nase; ebenso kann über Bewegungen der Extremitäten oder eine bestimmte Haltung der Arme und Beine, also: der Körperhaltung insgesamt, etwas mitgeteilt werden. All diese leibgebundenen Expressionsmöglichkeiten können als „Medien" fungieren (vgl. dazu etwa Cranach 1975, Mehrabian 1972).

---

die man nur zu entziffern brauche (vgl. dazu kritisch neben Krippendorff 1994 auch: Merten 1999, S. 54 ff.)

22 Auch die Vorstellung vom Austausch ist unsinnig, weil ein Tausch ja darin besteht, daß Güter ihre Besitzer wechseln: jemand hat etwas nicht mehr, was er vor dem Tausch noch hatte (und umgekehrt). Im Kommunikationsprozeß soll es dagegen (idealiter) um das Gemeinsam-Machen von Bedeutungen gehen, über die dann beide Partner verfügen können.

Gemeinsam ist all diesen Medien, „daß *kein* Gerät zwischen Sender und Empfänger geschaltet ist und die Sinne der Menschen zur Produktion, zum Transport und zum Konsum der Botschaft ausreichen" (Pross ebd., S. 145).

- *Sekundäre Medien:* Dazu zählt Pross all jene Medien, die auf der Produktionsseite ein Gerät erfordern, nicht aber beim Empfänger zur Aufnahme der Mitteilung. Vom Rauchzeichen über ein Flaggensignal bis zum Brief können darüber hinaus hier alle – seit der Erfindung des Druckverfahrens entstandenen – Manifestationen menschlicher Mitteilungen eingeordnet werden: so etwa das Flugblatt, das Plakat, das Buch und die Zeitung.
- *Tertiäre Medien:* Mit dieser Kategorie sollen schließlich all jene Kommunikationsmittel erfaßt werden, zu denen technische Sender und technische Empfänger gehören. Telefon, Fernschreiber, diverse Funkanlagen, aber v. a. die sog. elektronischen Massenmedien wie Rundfunk, Schallplatte, Film, Fernsehen sowie alle bereits entstandenen und noch entstehenden Videotechniken, Computer und Datenträger verschiedenster Art sind hier zu nennen. All diesen Medien ist eben gemeinsam, daß sie „ohne Geräte auf der Empfänger- wie auf der Senderseite nicht funktionieren können" (Pross ebd. S. 224).

Die technische Entwicklung hat gegen Ende des 20. Jh.s die **Konvergenz**, das Zusammenwachsen von Telekommunikation, Computer und Rundfunk gefördert (vgl. Latzer 1997)[23]. Als Konsequenz daraus können „Medien" immer weniger über Eigenschaften bestimmter Geräte definiert werden, sondern eher über die Dienste, für die man sie in Anspruch nimmt.[24] Und die Inan-

---

23 Latzer (1997, S. 60 ff.) unterscheidet (historisch) Stufen der Konvergenz: zunächst das Zusammenwachsen von Telekommunikationstechniken mit dem Computer (Telekommunikation + Informatik = Telematik), sodann die Verflechtung dieser Techniken mit dem Rundfunk (Telematik + elektronische Medien = Mediamatik). Analytisch spricht er von drei Ebenen der Konvergenz (ebd. S. 75 ff.): einer technischen (Netzebene), einer funktionalen (Dienste-Ebene) und einer unternehmensbezogenen (Firmenebene).

24 Der „Computer" als technisches Gerät kann zum Schreiben von Texten aber auch zum Ansehen von Fotos, Filmen, zum Fernsehen etc. verwendet werden.

spruchnahme dieser Dienste erfolgt immer häufiger im Rahmen computerbasierter Vernetzungen (z. B. via Internet)[25]. Als Bezeichnung für die dabei entstehenden (neuen) Medien beginnt sich der Name

- *Quartäre Medien* – (auch „Digitale Medien" oder „Online-Medien") einzubürgern. Sie beruhen auf der Technik der Digitalisierung und setzen die Existenz (bzw. die Nutzung) eines Computers (mit Online-Verbindung) voraus. Neu ist außerdem, daß bei diesen Medien die bislang eher starre Rollenzuschreibung in Sender und Empfänger durch interaktive Momente eine gewisse Flexibilität erfährt. Vielfach kann ein Aufweichen dieser traditionellen Sender-Empfänger-Beziehung beobachtet werden.[26] Im Hinblick auf die technische Ausdifferenzierung (Verbindung von Text, Grafik, Ton und animiertes Bild) ist auch von „Multimedia" (vgl. Lang 1998) die Rede – darauf wird später in diesem Buch noch näher eingegangen. Als quartäre Medien sind z. B. im publizistischen Bereich Online-Zeitungen (oftmals: Online-Versionen von real existierenden Printmedien) zu klassifizieren, Websites bzw. Homepages diverser Unternehmen und Organisationen im World Wide Web aber auch Diskussionsforen, Newsgroups, Chats, E-Mails etc.

Die jeweiligen Kommunikationsmittel verhelfen der Mitteilung also nicht nur dazu, überhaupt in Erscheinung zu treten, sondern sie bestimmen auch die *Form,* in der dies geschieht: eine Mitteilung kann gesprochen, geschrieben, gedeutet, gezeichnet (u. ä.) werden; sie kann darüber hinaus aber auch via Druck oder Funk Verbreitung finden.

Schließlich machen es die einzelnen Medien (wenn man über sie verfügen kann) aber auch möglich, daß eine mehr oder weniger große Anzahl von Ausdrucksformen existiert, durch welche vielerlei Bedeutungsinhalte die Chance erhalten, manifest –

---

25 So kann man Texte z. B. via E-Mail verschicken, in Chats oder Newsgroups posten, sich aus dem Internet downloaden etc.

26 Zur Begrifflichkeit vgl. Faulstich 1998, Winter 1998, zur wachsenden Interaktivität siehe ausführlich: Goertz 1995 und Höflich 1996 (S. 61 ff.), auf Unternehmenskommunikation bezogen: Krzeminski/Zerfaß 1998.

und damit sinnlich wahrnehmbar – zu werden. Die Variationsbreite der jeweiligen medialen Form wird in der Anzahl materieller Zeichen bzw. Zeichenkombinationen sichtbar, die sich jeweils herstellen lassen.

So ist es z. B. mit Hilfe des Mediums „Sprache“ möglich, eine Vielzahl (eine potentiell unbegrenzte Anzahl) sprachlicher Zeichen zu entwickeln bzw. zu kombinieren und damit ganz verschiedenen Bedeutungsinhalten zum Ausdruck zu verhelfen.
Ebenso verhält es sich mit der Mimik und Gestik: Gesichtsausdrücke und Bewegungsabläufe können zu Zeichen für vielerlei werden. In der Pantomimik ist das Ausdrücken von Bedeutungen via Grimassen und Gebärden sogar zur Kunst erhoben worden.
Ähnliches gilt für den Schwänzeltanz der Bienen: durch die Variation der medialen Ausdrucksform „Bewegung“ (z. B. große/kleine, schnelle/langsame Schleifen ...) werden unterscheidbare Zeichen hervorgebracht ...

Man kann also auch sagen, daß die jeweiligen Medien immer einen bestimmten Rahmen bereitstellen, innerhalb dessen dann jeweils ganz bestimmte Ausdrucksformen als Zeichen fungieren können.

Aus einer sozialwissenschaftlichen Perspektive, wie sie im vorliegenden Buch vertreten wird, soll diese bislang materiell-technische Definition von „Medium“ allerdings nicht genügen. Gerade vor dem Hintergrund aktueller Innovationen dieser Kommunikatonstechnik – die Reizwörter lauten: Multimedia, Datenautobahn, Internet, etc.[27] – ist der Blick für einen publizistik- und kommunikationswissenschaftlichen Medienbegriff zu schärfen.

2.4.1. Der Begriff „Medium“

Faulstich (1991) ist zuzustimmen, wenn er „Medium“ als ein Wort neueren Datums[28] bezeichnet, das in seiner vagen Alltagsbedeutung heute meist im Plural („die Medien“) als Sam-

27 Darauf wird weiter unten (S. 362 ff.) noch näher eingegangen.

28 Als erste nachweisbare Lexikoneintragung gilt Meyers Konversationslexikon von 1888: Medium wird dort als lateinisches Wort bezeichnet (mit der auch in unseren Kontext durchaus passenden Übersetzung: Mittel, etwas

melbegriff für die elektronischen Massenmedien[29] (Hörfunk und Fernsehen), immer häufiger aber auch für die diversen Erzeugnisse auf dem Printsektor (Zeitungen, Zeitschriften etc.) verwendet wird. Seit den 80er Jahren ist verstärkt von sog. „neuen Medien“ die Rede, gemeint waren damit v. a. Kabel- und Satellitenfernsehen, Telefax, Computer, neuerdings das Internet. Der begrifflichen Schärfe und damit einem relativ klaren Blick auf die Wirklichkeit, ist dieses Wirrwarr an möglichen Bedeutungen allerdings wenig zuträglich. Doch dies ist bedauerlicherweise nicht bloß in der Alltagssprache so.

Saxer (1987a) beklagt schon seit langem, daß es eigentlich kein genuin medienwissenschaftliches Konzept von „Medium“ gibt. Es existiert (noch) keine für die gesamte (Kommunikations-)Wissenschaftlergemeinschaft verbindliche Definition[30], vor allem keine, die mehr als die Materialität bzw. Technizität des jeweiligen Mediums ins Blickfeld rückt. Und in der Tat, einer der wenigen ernsthaften Versuche einer Begriffsexplikation stammt bereits aus den 70er Jahren, sie reicht jedoch auch – unbeschadet ihres hohen analytischen Potentials – über die bloß technische Perspektive kaum hinaus.

Gemeint ist damit der Versuch von Winfried Schulz (1974), die Geschichte der Medien als eine ständige Vervollkommnung medialer Techniken zu begreifen. Als elementares Ereignis auf diesem Weg gilt die Erfindung der Schrift, denn sie hat sowohl die Zeitgebundenheit als auch die Flüchtigkeit und Vergänglichkeit aller mündlichen Verständigungsversuche überwunden. Parallel mit dieser raum-zeitlichen Verfügbarkeit (Speicher- und

---

Vermittelndes), es gibt aber auch den Hinweis auf die spiritistische Bedeutung des Begriffes. Der Große Brockhaus von 1932 unterscheidet diese spiritistische Bedeutung dann im physikalischen (Klopflaute, Telekinese, Tischrücken) und im psychologischen Sinn (als willenloses Sprechen und Schreiben), in seiner Ausgabe von 1955 unterscheidet der Brockhaus dann eine grammatikalische, physikalische, spiritistische und parapsychologische Begriffsinterpretation. (Ausführlicher dazu: Faulstich 1991, S. 8 f.)

29 Die Begriffe „Massenmedium“ und „Massenkommunikation“ werden ab S. 166 ff. ausführlich behandelt.

30 Die Bedeutung von Definitionen wird weiter unten (S. 128 ff.) näher behandelt.

Tradierbarkeit) menschlicher Kommunikation erweiterten sich auch die verschiedenen Ausdruckstechniken. Zu denken ist an die sprachliche Vielfalt, aber auch an die Entwicklung der Bildmedien (Malerei, Grafik, Fotografie, Film, Fernsehen) bis hin zur heute bislang vollkommensten Speichermöglichkeit sowohl schriftlicher als auch audiovisueller Kommunikationsangebote in Form diverser digitaler Datenträger. Als „Medien" aus einer solcherart technischen Perspektive lassen sich daher „materielle oder energetische (elektrische, elektronische, opto-elektronische) Träger und Übermittler von Daten bzw. Informationseinheiten" (Hiebel 1997, S. 8) verstehen.

Alle diese rein technologischen Bewertungen reichen aber für einen publizistikwissenschaftlichen Medienbegriff nicht aus. Immer wenn von „Medien" aus unserer Perspektive die Rede ist, dann hat mehr als bloß die Technik im Spiel zu sein, darüber gibt es in der Fachdiskussion weitgehend Übereinstimmung. Auch das Internet ändert daran nichts (vgl. Burkart 1999). Zwar könnte man – so Weischenberg – auf den ersten Blick (nämlich: aus der Perspektive eines auf die technische Dimension reduzierten Medienbegriffes) gerade das Internet als das Massenmedium schlechthin bezeichnen, weil es sich mit allen möglichen Inhalten an alle möglichen Menschen zu wenden scheint – aber ein solcher Medienbegriff ist, „kommunikationswissenschaftlich untauglich" (Weischenberg 1998, S. 52). Techniken werden nämlich nur durch ihre Vergesellschaftung zum „publizistischen Medium", und dies geschieht erst dann, „wenn sie über die Funktion eines technischen Vermittlungssystems hinaus in einen spezifischen institutionalisierten Handlungskontext eingebunden sind" (Neverla 1998, S. 29/30). Wenn wir Medien bloß als Apparate, Kanäle, Leitungen etc. begreifen, können wir nämlich nicht erfassen, „was da vorgeht, wenn sich Publizistik oder Massenkommunikation, unter Mitwirkung von Internet, in und mit einer sozialen Umwelt ereignen" (Rühl 1997, S. 101).

An dieser Stelle ist nun abermals Ulrich Saxer zu erwähnen, der schon seit Jahrzehnten darauf hinweist, warum diese technizistische Medienperspektive sozialwissenschaftlich unergiebig bleiben muß: weil sie die „Doppelnatur des Systems Medium" (Saxer 1975, S. 209) nicht sichtbar macht. Diese Doppelnatur besteht darin, daß sich jedes publizistische Medium zunächst durch ein gewisses kommunikationstechnisches Potential auszeichnet (beim Medium Buch wären das z. B.: Materialität, Druck, Schrift, Schreib- und Lesefähigkeit). Aber es verweist zugleich auch auf bestimmte Sozialsysteme, die sich um diese Kommunikationstechnologie herum bilden (für das Buch z. B.: Autorenorganisationen, Verlag, Lesezirkel oder eine anonyme Lesergemeinde). Nach Saxer sind Kommunikationstechniken allein daher eher „aussageneutral" (ebd. S. 210). Ihre inhaltliche und formale Differenzierung wird vielmehr erst von ihrer jeweiligen „Institutionalisierung" bestimmt, d. h. von der „Art und Weise, wie Gesellschaften die Medien in ihren Dienst nehmen" (ebd.).

Im Anschluß an Saxer (1998) wären für einen publizistik- bzw. medienwissenschaftlich angemessenen Begriff von „Medium" nunmehr folgende Begriffsbestandteile charakteristisch:

– Zunächst der bereits erwähnte Umstand, daß Medien *„Kommunikationskanäle"* sind, die bestimmte Zeichensysteme[31] (auditive, visuelle, audiovisuelle) transportieren bzw. vermitteln. Unter diesem Aspekt ist zu beachten, daß es sich um die Bereitstellung jeweils bestimmter technischer Möglichkeiten handelt, wobei es jedoch keinesfalls so ist, daß alles medientechnologisch Machbare auch von der Medienwirtschaft verwirklicht und vom Publikum akzeptiert wird. Diesbezügliche Prognosen, die zumeist ausschließlich auf diesem technizistischen Medienverständnis beruhen, können zu beträchtlichen wirtschaftlichen Fehlinvestitionen führen, weil sich trotz der technischen Machbarkeit eben doch keine „Medien" im sozial- bzw. kommunikationswissenschaftlichen Sinn herausbilden.[32]

---

31 Auf den Zeichenbegriff wird im darauffolgenden Kapitel ausführlich eingegangen.

32 So geschehen z. B. im Fall von „Bildschirmtext" zu Beginn der 80er Jahre in Österreich.

– Es ist nämlich weiters zu bedenken, daß sich Medien organisieren müssen, um diese Medientechnik wirkungsvoll zum Einsatz zu bringen: bei Medien handelt es sich daher zumeist um *„Organisationen“*, die arbeitsteilig ein bestimmtes Programm herstellen und ihre (jeweils definierten) Organisationsziele dadurch erreichen wollen, daß sie diese Programminhalte durch Druck, Funk oder digital öffentlich zugänglich machen. Damit erbringen sie überdies auf vielfache Weise bedeutungsvolle *Leistungen/„Funktionen“* für die Gesellschaft (bzw. für ihre jeweilige Zielgruppe): sei es, daß sie zur Unterhaltung/Entspannung beitragen, gesellschaftliche Integration unterstützen, politische Sozialisation bewirken etc.[33]

– In diesem Zusammenhang darf nicht außer acht gelassen werden, daß Medienkommunikation aus „Herstellungs-, Bereitstellungs- und Empfangsprozessen“ (Saxer 1998, S. 55) resultiert und Medien daher mehr oder weniger *komplexe soziale Systeme* bilden: Eine Lokalzeitung wird z. B. weniger komplexe Strukturen aufweisen als ein großer Fernsehsender, eine Abonnementzeitung wird in bezug auf ihre Leserstruktur ein stabileres System darstellen als eine (Straßen-)Verkaufszeitung und dies wiederum wird die Auswahl und Thematisierung von Inhalten beeinflussen etc.

– Damit hängt schließlich das Kennzeichen von Medien als *„Institutionen“* zusammen: Weil die moderne Gesellschaft auf die Existenz von Massenmedien angewiesen ist, werden Medien „um ihres umfassenden Funktionspotentials willen in das jeweilige gesellschaftliche Regelsystem eingefügt, institutionalisiert“ (Saxer ebd.). Kommunikation via Medien wird kaum jemals dem Zufall überlassen: Je nachdem, wie Gesellschaften organisiert sind, also gemäß ihrer wirtschaftlichen und politischen Verhältnisse, nehmen sie die Medien unterschiedlich in ihren Dienst, d. h., daß diese Regelung stärker über Marktmechanismen oder eher in Abhängigkeit von der politischen Machtverteilung erfolgen kann: demge-

33 Das Kapitel 5.6. wird sich mit den verschiedenen Funktionen der Massenmedien auseinandersetzen.

mäß läßt sich zwischen einer autoritären, liberalen, totalitären und demokratisch kontrollierten Institutionalisierung unterscheiden (vgl. dazu Saxer 1987, 1987a).

Medien – so die Nominaldefinition von Saxer aus publizistikwissenschaftlicher Perspektive – sind somit als „komplexe institutionalisierte Systeme um organisierte Kommunikationskanäle von spezifischem Leistungsvermögen" (Saxer 1998, S. 54)[34] zu begreifen – man könnte mit Faulstich ergänzen „mit gesellschaftlicher Dominanz" (Faulstich 1998, S. 27) –, damit wäre noch die Geschichtlichkeit jedes Mediums betont, denn im Hinblick auf seine wirtschaftlichen, politischen, sozialen und kulturellen Steuerungs- und Orientierungsaufgaben unterliegt jedes Medium einem permanenten Wandel.[35]

Fazit dieser begrifflichen Differenzierung: Nicht jeder (technische) Kommunikationskanal, mit dem irgendwelche Signale gesendet werden (können), ist schon als „Medium" im publizistikwissenschaftlichen Sinn zu klassifizieren. So wird man Kabel- oder Satellitenfernsehkanäle nicht als „Medien", sondern eher als Übertragungstechniken, als eine Art kommunikative Infrastruktur[36] begreifen, mit der das „Medium Fernsehen" (auf vielen Kanälen mit verschiedenen Programmen) gesendet/empfangen werden kann. Ebenso wird das Internet (genauso wie der Computer) angemessener als kommunikative Infrastruktur zu erfassen sein, auf deren Basis sich dann neue „quartäre Medien" (wie Websites bzw. Firmen-Homepages, Online-Zeitungen, Diskussionsforen, Newsgroups, Chats etc.) oder auch alte (sekundäre) Medien (wie Briefe, Zeitungen, Bücher etc.) generieren lassen.

---

34 Saxer entwickelte und publizierte diese Definition bereits 1980 (Saxer 1980b, S 532)

35 So dominieren nach Faulstich seit dem Ende des 20. Jh.s die Quartär- oder digitalen Medien mit ihrem Trend zur Individualnutzung und globalen Vernetzung unseren Alltag immer deutlicher, wobei die Konsequenzen dieser Dominanz noch kaum abschätzbar sind. (vgl. ebd. S. 29 ff.).

36 Ich verwende diese Formulierung in Anlehnung an Langenbucher (1985, S. 272), der dort in der Druckindustrie die „kommunikative Infrastruktur" der Printkommunikation bzw. des drucktechnischen Kommunikationssystems sieht.

In diesem Zusammenhang soll ein sinnvoller (bislang aber kaum aufgegriffener) Vorschlag zur terminologischen Klärung nicht unerwähnt bleiben, nämlich zwischen Medien erster und zweiter Ordnung zu unterscheiden (Kubicek/Schmid/Wagner 1997, S. 32 ff.).

Als **„Medien erster Ordnung"** wären dann die soeben als „Infrastruktur" klassifizierten Vermittlungs- und Speichertechniken wie Telefon, Fax, TV- und Radiokanäle, CDs, aber auch das Internet und der Computer zu begreifen. Medien erster Ordnung eröffnen technische Möglichkeiten der Vermittlung, des Speicherns und/oder Abrufens von Mitteilungen. Ein Medium erster Ordnung wäre also nichts anderes als eine Technik, mit einer bestimmten Potentialität[37] – mit einer „Möglichkeitsbedingung für die Entwicklung von Medien zweiter Ordnung, im Sinne sozialer Institutionen" (ebd. S. 35). Von **„Medien zweiter Ordnung"** sollte dagegen erst dann gesprochen werden, wenn institutionalisierte Kommunikatoren am Werk sind, die diese technischen Mittel zur Herstellung und Verbreitung von Inhalten benützen, wenn also diese Vermittlungstechniken zur Selektion, Strukturierung und Präsentation von Aussagen im Hinblick auf ein Publikum eingesetzt werden. Deshalb ist das Internet lediglich als technische Infrastruktur zu begreifen, mit deren Hilfe Medien zweiter Ordnung entstehen können.[38]

Eine zentrale Ursache für Mißverständnisse liegt – so Kubicek/Schmid/Wagner (1997, S. 34) – genau darin, daß man die Unterschiede zwischen Medien erster und zweiter Ordnung vermischt, wenn man z. B. das „Telefonnetz", das „Inter-

37 Kubicek/Schmidt/Wagner (1997, S. 33) weisen darauf hin, daß bereits Bert Brecht diese Potentialität Anfang der 30er Jahre des vergangenen Jahrhunderts offenbar im Auge hatte, als er hinsichtlich des aufkommenden Rundfunks auf den fehlenden „Lebenszweck" dieser Technik hinwies: „Man hatte plötzlich die Möglichkeit, allen alles zu sagen, aber man hatte, wenn man es sich überlegte, nichts zu sagen. Und wer waren alle?" (Brecht 1968, S. 127).

38 Vgl. dazu auch Wirth/Schweiger (1999, S. 46 ff.), die dieses begriffliche Verständnis dort im Hinblick auf das Internet diskutieren. Ihrem Versuch, das World Wide Web als das „Massenmedium" unter den verschiedenen Internetmodi zu begreifen, kann (und will) ich aus den hier erwähnten Gründen allerdings nicht folgen.

net" oder eine „Tageszeitung" gleichermaßen als „Medium" bezeichnet. Dem ist vollinhaltlich zuzustimmen.

Nach diesem Exkurs zum Medienbegriff ist nun aber auf ein weiteres grundsätzliches Charakteristikum der menschlichen Kommunikation hinzuweisen, das die Art und Weise des *Gebrauchs* der verschiedenen Vermittlungsinstanzen betrifft und das die Voraussetzung für die Vielfalt menschlicher Kommunikationsmodalitäten darstellt: auf den *Symbol*-Charakter der menschlichen Kommunikation.

2.5. Menschliche Kommunikation als *symbolisch* vermittelte Interaktion

Der Terminus „symbolisch" nimmt nicht nur auf eine bestimmte Möglichkeit des Gebrauchs medialer Ausdrucksformen durch den Menschen Bezug; mit „Symbol" ist zugleich auch eine bestimmte Art von Zeichen angesprochen. Es erscheint daher notwendig, sich zunächst grundsätzlich mit dem Zeichenbegriff auseinanderzusetzen. Erst auf dieser Basis kann die Besonderheit des Symbolbegriffes eingeschätzt und seine Bedeutung für die menschliche Kommunikation diskutiert werden – denn: der Kommunikationsprozeß immer auch ein Zeichenprozeß (!).

Ein **Zeichen**[39] ist eine materielle Erscheinung, der eine Bedeutung zugeordnet (worden) ist. Indem es etwas *bedeutet,* verweist es auf etwas; d. h., es *deutet* auf etwas hin, das von ihm selbst verschieden (!) ist. Der Gegenstand/der Zustand/die Beziehung/das Ereignis usw., auf das/den das Zeichen verweist, fungiert dabei „lediglich" als die Quelle seiner Bedeutung; der eigentliche *Träger der Bedeutung* ist das Zeichen selbst. Ein Zeichen kann grundsätzlich alles sein, was (sinnlich) wahrnehmbar ist, kurz: alles, was in irgendeiner materiellen Form manifestiert wird. „Zeichen können materielle Gegenstände (z. B. ein Wegweiser aus Holz), deren Eigenschaften (z. B. die rote Farbe) oder mate-

39 Zum Zeichen-Begriff vgl. u. a.: Klaus/Buhr 1972, S. 1175; Menne 1973, S. 12; Pelz 1975, S. 37 f.; Schaff 1968, S. 27, und 1973, S. 145 f.; Steinmüller 1977, S. 62 f., Boeckmann 1994.

rielle Ereignisse (z. B. eine Handbewegung ...) sein" (Schaff 1968, S. 27).

Nach ihrem jeweiligen Verhältnis zur Realität kann man zwei Klassen von Zeichen unterscheiden: natürliche und künstliche Zeichen.

Als **natürliche Zeichen** gelten dabei all jene materiellen Entscheidungen, die für das Objekt/den Vorgang/den Zustand usw., auf den/das sie verweisen, selbst kennzeichnend sind. Natürliche Zeichen sind eigentlich nicht zum Zweck der Kommunikation entstanden, sondern existieren unabhängig davon als natürliche Prozesse. Sie werden von dem Objekt, welches sie anzeigen, „kausal verursacht; es besteht also eine naturhafte Verbindung zwischen dem Anzeichen und dem Objekt, auf das es hinweist" (Steinmüller 1973, S. 63). In diesem Sinn sind natürliche Zeichen daher auch „Anzeichen", „Kennzeichen" oder „Symptome" der Objekte, auf die sie hindeuten.

So ist beispielsweise der „Hof" um den Mond ein (An-)Zeichen für Wetterverschlechterung, der Rauch ist ein (Kenn-)Zeichen für brennendes Feuer, das Erröten ein Symptom von Scham oder Verwirrung usw ...

Als **künstliche Zeichen** gelten im Gegensatz dazu all jene materiellen Erscheinungen, die zum Zweck der Kommunikation entstanden bzw. geschaffen worden sind. Sie sind – was den *menschlichen* Kommunikationsprozeß betrifft – in der Regel auch „konventionelle Zeichen", d. h. ihre Bedeutung ist das Resultat einer sozialen Übereinkunft, einer Vereinbarung zwischen Menschen.[40] „Konvention" will hier speziell als *gesellschaftliche Konvention* verstanden werden. Es geht dabei also nicht so sehr darum, „daß die Übereinkunft von *gerade diesen sich hic et nunc* verständigenden Personen getroffen wird

40 Eine Ausnahme stellen hier v. a. die „ikonischen Zeichen" dar: sie erhalten bzw. „besitzen" ihre Bedeutung nicht aufgrund sozialer Konventionen, sondern aufgrund ihrer Ähnlichkeit zu dem Gegenstand, auf den sie verweisen (Fotos, Skulpturen, realistische Gemälde und Zeichnungen, aber auch eine Landkarte oder die topologische Skizze eines Eisenbahnnetzes sind Beispiele für solche ikonische Zeichen). Die vielerorts übliche (vgl. etwa Steinmüller 1973) Trennung in natürliche und konventionelle Zeichen wird derartigen Ausnahmen nicht gerecht und wurde daher hier nicht übernommen (vgl. dazu auch: Schaff 1973, S. 156, Fußnote 3).

(obwohl das möglich ist) ... Die künstlichen Zeichen können ... kraft einer zu einem beliebigen Zeitpunkt bewußt und zielgerichtet getroffenen Übereinkunft ins Leben gerufen werden (wie z. B. alle Kodes), sie können sich aber auch aus der historischen Praxis des gesellschaftlichen Prozesses der Kommunikation herleiten (klassisches Beispiel: die Lautsprache)" (Schaff 1973, S. 167).

Die Aneinanderreihung bestimmter Lautzeichen bzw. Buchstaben – wie etwa „t-i-s-c-h" – ist also so ein künstliches und zugleich auch konventionelles Zeichen. Es wurde zielgerichtet zum Zweck der zwischenmenschlichen Kommunikation gebildet und ist durch eine Übereinkunft von Menschen innerhalb einer – hier: der deutschen – Sprachgemeinschaft ins Leben gerufen, d. h. mit einer Bedeutung belegt worden ...

In gleicher Weise haben z. B. auch die „Handzeichen" eines Verkehrspolizisten Bedeutung erlangt: Bestimmte Bewegungen, die er mit seinen Armen macht, sind deswegen zu „Zeichen" geworden, weil sich eine Gruppe von Menschen – hier: die Verkehrsteilnehmer – auf bestimmte Bedeutungen geeinigt haben ...

Im Hinblick auf den hier interessierenden Kommunikationsprozeß muß nun aber noch eine weitere Differenzierung eingeführt werden, die sich auf die *Funktion* bezieht, welche die Zeichen im Rahmen des Kommunikationsprozesses erfüllen können. Zeichen können dort nämlich in einer „Signalfunktion" und in einer „Symbolfunktion" auftreten.

Als **Signal** tritt ein Zeichen dann auf, wenn seine Funktion in der unmittelbaren Einwirkung auf das Verhalten anderer Lebewesen besteht. Signale sind Zeichen *zu etwas;* d. h. Zeichen, die zu einer Aktivität drängen. Sie sind materielle Erscheinungen, die dem Zweck dienen, eine bestimmte Reaktion auszulösen. Diese Reaktion kann durch eine Vereinbarung zwischen Menschen vorherbestimmt worden sein; sie kann aber auch – v. a. bei Tieren – instinktiv angelegt oder durch Lernprozesse bedingt (= konditioniert) sein.

Im oben genannten Beispiel erfüllen die „Handzeichen" des Verkehrspolizisten eine typische Signalfunktion: Es existiert eine Vereinbarung von Menschen, wonach bestimmte Armbewegungen des Polizisten bei den jeweiligen Verkehrsteilnehmern bestimmte Reaktionen auslösen sollen ...

Auch der Schwänzeltanz der Biene – um ein Beispiel aus dem Tierreich zu geben – erfüllt eine Signalfunktion im hier gemeinten Sinn: die anderen Bienen reagieren in instinktiv festgelegter Weise auf die jeweils durch die Art der Bewegung vermittelten Zeichen bzw. deren Bedeutungen ...

Als **Symbol** tritt ein Zeichen dagegen dann auf, wenn es etwas (einen Gegenstand, einen Zustand, ein Ereignis usw.) *repräsentiert,* m. a. W., wenn es eine „Vertretungsfunktion" erfüllt. Symbole – oder auch: Repräsentationszeichen – vertreten den Gegenstand, auf den sie verweisen.[41] Das bedeutet, daß sie *anstelle* des jeweiligen Gegenstandes, Zustandes von Dingen oder Ereignissen auftreten und im Bewußtsein Anschauungen, Vorstellungen und Gedanken hervorzurufen imstande sind, die normalerweise nur jener Gegenstand, jener Zustand von Dingen oder jenes Ereignis selbst hervorruft (vgl. Schaff 1973, S. 167). Selbstverständlich ist das Auftreten eines Zeichens als „Symbol" nur auf konventioneller Basis möglich (eine Ausnahme bilden hier allerdings die ikonischen Zeichen – vgl. Anmerkung 40), d. h., die jeweilige Repräsentation muß sich auf eine Konvention stützen, von der die am Kommunikationsprozeß Teilnehmenden auch Kenntnis haben.

Im weiter oben genannten Beispiel erfüllt das sprachliche Zeichen „t- i-s-c-h" eine typische Symbolfunktion im hier gemeinten Sinn: Wenn ich diese Buchstabenkombination in einem sprachlichen Kommunikationsprozeß gebrauche – vorausgesetzt, mein Kommunikationspartner versteht Deutsch; wir kennen also beide die entsprechende Konvention und damit die Bedeutung des Zeichens –, so bin ich in der Lage, bei meinem Kommunikationspartner und auch bei mir selbst Gedanken und Vorstellungen wachzurufen, die normalerweise nur beim Anblick eines Tisches ins Bewußtsein treten ...

Ein weiteres (außersprachliches) Beispiel, das die Symbolfunktion eines Zeichens erläutert, ist die Fahne: Auch hier muß man wissen, daß die Fahne nicht bloß das Stück Stoff ist, aus dem sie besteht, sondern als „Fahne" z. B. stellvertretend für eine Gemeinschaft von Menschen (z. B. für eine Nation, einen Staat, einen Sportverein ...) erscheint und damit auch bestimmte Ansichten, Einstellungen, Haltungen usw. (z. B. Freiheit, Demokratie, Fairneß ...) repräsentiert. – Auf diese Weise ist ja auch das Mißachten einer Fahne der *symbolische* Ausdruck für die Mißachtung der jeweiligen Gemeinschaft, die die Fahne repräsentiert ...

---

41 Aliquid stat pro aliquo (= etwas steht – stellvertretend – für etwas anderes); so lautet auch die ursprüngliche Definition von „Zeichen", die man bis in die mittelalterliche Scholastik zurückverfolgen kann (vgl. Pelz 1975, S. 37).

Als was ein Zeichen jeweils fungiert – als Signal oder als Symbol –, hängt nun aber nicht so sehr von seiner Art bzw. Beschaffenheit ab, sondern in erster Linie von seinem *Gebrauch;* d. h. von dem Umstand, *wie* es verwendet wird. Außer Zweifel steht, daß grundsätzlich sowohl natürliche als auch künstliche Zeichen Signal- und Symbolfunktion erfüllen können.

Es ist ja einzig eine Frage der jeweiligen Konvention, ob z. B. Rauch ein bloßes (= natürliches) Zeichen für Feuer ist, ob er als Signal zur Flucht vor drohender Gefahr fungiert oder ob er – wie beispielsweise in religiösen Ritualen – als Symbol für Überirdisches auftritt und dadurch dieses repräsentiert ...
In gleicher Weise kann man übereinkommen, das Hissen einer Flagge (= künstliches Zeichen) z. B. als Signal zum Angriff auf den Feind zu verstehen; man kann aber auch übereinkommen – wie im oben zitierten Beispiel –, eine bestimmte Fahne als Symbol für einen bestimmten Staat (usw.) zu betrachten ...

Der Umstand, ob ein Zeichen als Signal oder als Symbol fungiert, hängt also grundsätzlich nicht von diesem selbst ab, sondern von den Möglichkeiten seines Benützers. An dieser Stelle hebt sich nun jedoch endgültig und fundamental die tierische von der menschlichen Kommunikation ab: Im Rahmen der *tierischen* Kommunikation können Zeichen – ob sie nun „natürliche" oder „künstliche" Zeichen sein mögen[42] – ausschließlich *Signal*funktion erfüllen. Wann immer Tiere miteinander kommunizieren, wirken ihre Zeichen als Signale; d. h., sie lösen damit bestimmte festgelegte Verhaltensweisen an ihren Partner-

---

42 Es lassen sich hier zwei Auffassungen vertreten: Einerseits kann man das tierische Signal der Klasse der natürlichen Zeichen zuordnen. In diesem Fall sieht man es als Anzeichen oder Symptom dessen, worauf es verweist: So könnte man das Ausstoßen von Angstlauten durch Tiere, die sich in Gefahr befinden, von ebendieser Gefahr kausal verursacht sehen. Obwohl diese Angstlaute für andere Tiere als Signal (z. B. zur Flucht) fungieren, sind sie aber eigentlich nicht zum Zweck der Kommunikation entstanden, sondern sind Teil eines instinktiv ablaufenden (= natürlichen) Prozesses (vgl. dazu z. B. Schaff 1973, S. 159).
Andererseits kann man argumentieren, daß tierische Signale der Klasse der künstlichen Zeichen zuzuordnen sind, weil sie im Laufe der Evolution gerade zum Zweck der Kommunikation entstanden sind: Erst die Möglichkeit, Signale produzieren zu können, eröffnet ja z. B. den Bienen die Chance, ihre Futtersuche zu koordinieren und dadurch überleben zu können ...

tieren aus.[43] Die Vermittlung von „Bedeutung“ geht dabei jeweils Hand in Hand mit einer *bestimmten* Reaktion bzw. ist mit dieser ident.

So röhrt etwa der Hirsch und treibt damit seine Herde zur Flucht an ...; ebenso schwänzelt die Biene und veranlaßt dadurch die anderen Bienen, eine entdeckte Futterquelle aufzusuchen, ... usw.

Erst im Rahmen der (zwischen-)*menschlichen* Kommunikation eröffnet sich dagegen die Möglichkeit, Zeichen nicht mehr nur als Signale, sondern auch – und vor allem – als *Symbole* einzusetzen. Erst der Mensch ist also dazu in der Lage, auf Zeichen bzw. die damit vermittelten Bedeutungen nicht mehr bloß zu reagieren, sondern diese (Bedeutungen) auch zu *verstehen*.[44] Dieses „Verstehen“ meint hier also ausdrücklich die Fähigkeit, einem Zeichen bestimmte Gedanken, Anschauungen, Vorstellungen usw. in Form von Bedeutungsinhalten zuordnen zu können.[45]

---

43 „Dies gilt für die einfachen Lock-, Warn- und Paarungsrufe der Vögel ebenso wie für die relativ differenzierte Tanzsprache der Bienen ... Dies gilt für den Fall, daß Signale, wie etwa die Tanzbewegungen der Bienen, angeboren sind, aber auch für den Fall, daß sie, wie der Artgesang der Amseln, durch Nachahmung erworben werden. Dies gilt auch, wenn das Tier im Zusammenleben mit dem Menschen lernt, menschliche Worte als Signale seiner eigenen Bedürfnisse zu gebrauchen oder auf menschliche Worte als Signale mit bestimmten Verhaltensweisen zu reagieren“ (Zdarzil 1978, S. 47).

44 Strenggenommen kann man ja bereits im Hinblick auf den *signal*haften Zeichengebrauch Unterschiede im Kommunikationsgeschehen zwischen Mensch und Tier anführen. Wenn ein Mensch mit einer Handbewegung einen Fußgänger auf der Straße zum Stehenbleiben veranlaßt, dann handelt er sicher ähnlich wie z. B. ein Hirsch, der durch Röhren seine Herde zur Flucht antreibt. Aber dennoch scheint die Qualität des Kommunikationsprozesses eine andere zu sein: denn hinter der signalhaften Handbewegung verbirgt sich ein bestimmter Inhalt (wie etwa: Halt! oder Stehenbleiben! u. ä.), den beide Menschen *verstehen* und sich dessen auch bewußt sind, während den Tieren diese Möglichkeit fehlt (vgl. dazu auch Schaff 1973, S. 159). Auch neuere Forschungsergebnisse erhärten diese Auffassung (vgl. dazu etwa Bouissac 1993).

45 Die Fähigkeit des Menschen, Symbole generieren zu können, ist eng mit seiner Sprachfähigkeit verknüpft (vgl. Griese 1976, S. 28 f.; Lindesmith/Strauss 1974, S. 59 f.), und diese wiederum setzt „begriffliches Denken“ – d. h. die Fähigkeit zur Abstraktion – voraus. Bis heute gilt die Gattung „Homo sapiens“ als die einzige Spezies, die – als Folge eines ganz besonderen Umweltdrucks (vgl. Soritsch 1974, 1975) – diese Fähigkeit im Laufe einer Million Jahre dauernden Evolution entwickeln konnte. Auf der Basis

Für den menschlichen Kommunikationsprozeß ist dabei v. a. die „Vertretungsfunktion“ der Symbole von Bedeutung: Gerade dadurch, daß man mit Hilfe von Symbolen in der Lage ist, Objekte repräsentieren – oder auch: „symbolisieren“ – zu können, wird es ja möglich, Gegenstände, Gedanken, Anschauungen, Vorstellungen usw. im Bewußtsein zu aktualisieren, die hier und jetzt – also im Augenblick der Zeichenverwendung überhaupt – keine reale Entsprechung besitzen. Das bedeutet zugleich, daß es dem Menschen – im Gegensatz zum Tier – möglich ist, „eine Haltung gegenüber den Gegenständen in absentia einzunehmen, welche als ‚denken an‘ oder ‚sich beziehen auf‘ bezeichnet wird“ (Langer 1965, S. 38); m. a. W., auf dem „Umweg“ über Symbole können Menschen über Objekte verfügen, ohne daß diese im jeweiligen Augenblick auch tatsächlich präsent sind.

Die signalhafte Kommunikation im Tierreich ist nämlich immer sowohl zeit- als auch situationsgebunden: der röhrende Hirsch zeigt die Gefahr an, vor der es hier und jetzt zu flüchten gilt ...; die schwänzelnde Biene zeigt die Futterquelle an, die sie hier und jetzt gefunden hat ... Der Mensch dagegen kann sich – um in diesen Beispielen zu bleiben – mit Hilfe von Symbolen eine gefährliche Situation vergegenwärtigen, ohne daß eine solche auch tatsächlich vorliegt; er kann an eine Nahrungsquelle denken, er kann sich auf die Verteilung von Nahrung beziehen, ohne daß diese hier und jetzt vorhanden ist ...

Unschwer einsehbar, ja geradezu selbstverständlich erscheint an dieser Stelle der Hinweis, daß der Mensch via Symbolbildung natürlich auch abstrakte Vorstellungen in sein Bewußtsein rufen kann; also Bereiche der Wirklichkeit, die als konkret wahrnehmbare „Gegenstände“ ja überhaupt nicht existent sind.[46]

---

dieses Wissens kann man die Fähigkeit zur Symbolbildung in der Tat als einen zentralen Unterschied zwischen Mensch und Tier begreifen (vgl. dazu auch S. 135 ff. d. vorl. Buches, wo auf den Stellenwert dieser Fähigkeit im Verlauf der Anthropogenese noch näher eingegangen wird).

46 „Religion, Kunst, Wissenschaft sind die größten Symbolsysteme der bisherigen Geschichte des Menschen“, schreiben Berger/Luckmann und meinen damit, daß gerade dies Beispiele für riesige Gebäude symbolischer Vorstellungen sind, die sich „über der Wirklichkeit ... zu türmen scheinen wie gigantische Präsenzen von einem anderen Stern“ (1970, S. 42).

So steht z. B. das sprachliche Symbol „Freiheit" nicht für ein konkretes Objekt (wie das etwa bei Wörtern wie „Baum", „Haus" u. ä. der Fall ist), sondern für eine Art bzw. Bedingung des Handelns, ein Gefühl, einen Gesellschaftszustand usw. also für einen Wirklichkeitsbereich, der nur über „Indikatoren" (= Ersatzgrößen) wahrgenommen werden kann. Ähnlich verhält es sich z. B. mit der olympischen Fahne und der damit symbolisierten „olympischen Idee": auch hier symbolisiert die Fahne nicht einen konkret wahrnehmbaren „Gegenstand", sondern eine Art und Weise des Verhaltens, eine Einstellung, eine Gesinnung u. ä ...

Gerade am Beispiel des Aktualisierens solcher abstrakter Vorstellungen wird aber deutlich, wie sehr der Bedeutungsgehalt eines Symbols mit der jeweils gemachten Erfahrung des Benützers zusammenhängt. Der Umstand, wie ein Zeichen zu seiner Bedeutung gelangt – also der Vorgang, im Zuge dessen diese Bedeutungszuweisung geschieht –, entscheidet ja v. a. darüber, welche Gedanken, Vorstellungen, Gefühle usw. bei dessen Gebrauch im Bewußtsein aktualisiert werden. Symbole – so könnte man es pointiert ausdrücken – sind „mehr" als bloß Zeichen, die für etwas Bestimmtes stehen: sie besitzen „für bestimmte Menschen einen zusätzlichen Inhalt", weil sie „als Etikette für andere, mehr oder weniger präzis umschreibbare Komplexe von Fakten oder Vorgängen benutzt werden" (Treinen 1965, S. 81).[47] Worin diese Komplexe von Fakten und Vorgängen bestehen, die durch die Verwendung des entsprechenden Symbols dann jeweils aktualisiert werden, das bestimmt eben der „Prozeß der Symbolisierung" (ebd. S. 82). Gemeint sind entsprechende Situationen bzw. Lebensabläufe, in denen sich die Bedeutungsinhalte jeweils konstituieren.

So wird das sprachliche Symbol „Freiheit" bei einem Angehörigen eines ehemaligen Ostblockstaates andere Bedeutungsinhalte aktualisieren als bei einem Bürger einer westlichen Demokratie ...; ebenso wird das „olympische Symbol" für das Mitglied einer olympischen Mannschaft etwas anderes (wenigstens etwas Zusätzliches) bedeuten als für den bloß Sportinteressierten ...

---

47 Treinen hat das Symbolphänomen am Beispiel der Bedeutung von Ortsnamen untersucht und dabei nachgewiesen, daß derartige Symbole „für verschiedene Kategorien und Gruppen von Menschen verschiedene Bedeutung haben" (Treinen 1965, S. 81).

Aus dem bisher Gesagten wird jedenfalls klar erkennbar, daß die Bedeutung eines Zeichens, das als Symbol fungiert, weder als etwas ein für allemal Feststehendes betrachtet werden darf, noch als etwas, das bei verschiedenen Menschen in genau gleicher Weise vorhanden ist. M. a. W., die Bedeutung eines Symbols ist immer vom jeweiligen raum-zeitlichen Kontext (mit-)bestimmt. Dies v. a. deshalb, weil ja auch die „Objekte", die durch die jeweiligen Symbole repräsentiert werden, nicht bereits „an sich" eine bestimmte Bedeutung oder einen bestimmten Stellenwert besitzen. Der jeweilige Stellenwert bzw. die jeweilige Bedeutung der Dinge – und damit auch die Bedeutung der entsprechenden Symbole – geht vielmehr erst aus der Art und Weise des Umgangs mit ihnen hervor; d. h. aus dem Umstand, *wie* Menschen in bezug auf diese Dinge handeln. Daraus resultiert eben, daß ein und dasselbe Objekt für verschiedene Individuen durchaus unterschiedliche Bedeutung besitzen kann.

„Ein Baum wird ein jeweils unterschiedliches Objekt darstellen für einen Botaniker, einen Holzfäller, einen Dichter und einen Hobbygärtner; der Präsident der Vereinigten Staaten kann ein sehr unterschiedliches Objekt sein für ein Mitglied seiner politischen Partei und für ein Mitglied der Opposition ..." (Blumer 1973, S. 90).

Es erscheint an dieser Stelle der Hinweis angebracht, daß die hier vertretene Position einer bestimmten Denkrichtung zuzuordnen ist: dem auf G. H. Mead (1968) zurückgehenden Konzept des „Symbolischen Interaktionismus".[48] Der **Symbolische Interaktionismus** ist ein Konzept menschlichen Handelns, welches v. a. das In-Beziehung-Treten des Menschen mit seiner Umwelt thematisiert: Die Ausgangsannahme lautet, daß der Mensch nicht nur in einer *natürlichen,* sondern auch – und das vor allem – in einer *symbolischen* Umwelt lebt. Die Dinge und deren Bezeichnungen repräsentieren gewissermaßen das jeweilige Verhältnis „Mensch – Umwelt"; sie symbolisieren für den jeweiligen Menschen die subjektive Wirklichkeit seiner gemach-

48 Da die posthum veröffentlichten Vorlesungen von G. H. Mead (1968) einer gewissen Unsystematik nicht entbehren, sei als Ergänzung auf übersichtliche Darstellungen des Ansatzes etwa bei Blumer 1973, Rose 1967 und Stryker 1976 verwiesen. Auf den Symbolischen Interaktionismus wird weiter unten (S. 153 ff., S. 432 ff.) noch näher eingegangen.

ten Erfahrung(en). Nach Herbert Blumer (1973, S. 81 f.) basiert das handlungstheoretische Verständnis des Symbolischen Interaktionismus im wesentlichen auf folgenden drei Prämissen:

1. Menschen handeln „Dingen“ gegenüber auf der Grundlage von Bedeutungen, die diese Dinge für sie besitzen.
2. Die Bedeutung dieser Dinge entsteht in/wird abgeleitet aus den sozialen Interaktionen, die man mit seinen Mitmenschen eingeht.
3. Diese Bedeutungen werden im Rahmen der Auseinandersetzung mit ebendiesen Dingen in einem interpretativen Prozeß benützt und auch abgeändert.

Im symbolisch-interaktionistischen Sinn existieren „Dinge“ nicht als isolierte Entitäten, sie besitzen keine geschichtslose „Wesenhaftigkeit“ u. ä., sondern sie existieren ausschließlich raum- und zeitgebunden. Es gibt somit kein Ding „an sich“, sondern vielmehr jeweils ein Ding „für mich“: Gegenstände entstehen im Hinblick auf ihre Bedeutung überhaupt erst dann, wenn sie von Menschen in deren Handlungen mit einbezogen werden. Die Bedeutung eines Gegenstandes ist als „soziale Schöpfung“ (Blumer 1973, S. 91) dann jeweils das Ergebnis mannigfaltiger Definitions- und Interpretationsprozesse, die zwischen Menschen ablaufen, wenn diese im Hinblick auf den jeweiligen Gegenstand handeln.

So ist z. B. ein Sessel nicht „von sich aus“ ein Sessel. Ein Kleinkind lernt die Bedeutung eines Sessels erst dann kennen, wenn andere Personen im Hinblick auf diesen Sessel handeln, indem sie z. B. darauf sitzen ... Dadurch „definieren“ und „interpretieren“ die handelnden Personen erst die Bedeutung des Gegenstandes „Sessel“ für das Kleinkind ...[49]

Ein Zeichen, das als Symbol fungiert, repräsentiert also nicht bloß einen bestimmten „Gegenstand“, sondern in Verbindung

---

49 Erwähnenswert scheint in diesem Zusammenhang die Unterscheidung von „Ding“ und „Gegenstand“: Nach Plessner nimmt das Tier nur „Dinge“ wahr, der Mensch dagegen erkennt „Gegenstände“, d. h., er ist in der Lage, die Brauchbarkeit, den Stellenwert u. ä. – eben: die Bedeutung der „Dinge“ gedanklich zu fassen (!) (zit. n. Zdarzil 1978, S. 43).

damit auch eine bestimmte *Beziehung* zu eben diesem Gegenstand.[50] Es symbolisiert somit immer auch eine *subjektiv erfahrene Wirklichkeit,* die für verschiedene Menschen nicht unbedingt die gleiche sein muß. Aufgrund unzähliger (sozialer) Interaktionen blickt ja jeder einzelne Mensch auf eine mehr oder weniger große Anzahl subjektiver Definitions- und Interpretationsleistungen zurück. Gleichsam als Summe dieser Erfahrungen „besitzt" somit jeder Mensch einen bestimmten (subjektiven) Vorrat an Symbolen – genauer: er verfügt über abrufbare (d. h. im Bewußtsein aktualisierbare) „Bedeutungskonglomerate".

Wenn Menschen nun im Prozeß der kommunikativen Interaktion im Hinblick aufeinander kommunikativ handeln, dann wollen sie – entsprechend der allgemeinen Intention ihres Handelns – Bedeutungen „miteinander teilen". Zu diesem Zweck müssen sie daher Zeichen als Symbole (für bestimmte Bedeutungen) gebrauchen; erst dadurch sind sie ja dazu imstande, wechselseitig vorhandene bzw. vorrätige Bedeutungen im Bewußtsein zu aktualisieren. Wenn zwei Menschen miteinander kommunizieren (wollen), dann treten sie also *symbolisch* vermittelt zueinander in Beziehung.

Die jeweils versuchte symbolisch vermittelte Interaktion ist allerdings nur dann erfolgreich, wenn die Kommunikationspartner auch das konstante Ziel ihrer kommunikativen Handlungen (vgl. S. 26 f.) erreichen: wenn sie *Verständigung* über die jeweils zu vermittelnden Bedeutungen erzielen. Diese Verständigung – und damit: Kommunikation – kommt jedoch nur dann zustande, wenn im Bewußtsein *beider* Kommunikationspartner *dieselben* Bedeutungen aktualisiert werden. M. a. W., menschliche Kommunikation setzt einen Vorrat an Zeichen voraus, welche für die jeweiligen Kommunikationspartner *dieselben* „Objekte" (Gegenstände, Zustände, Vorstellungen, Anschauungen, Ideen usw.) symbolisieren. Symbole, welche dieses leisten, hat G. H. Mead als „signifikante Symbole" bezeichnet. Ein **signi-**

---

50 Vgl. dazu auch Helle (1968, S. 18 f.), der dort einen ähnlichen Standpunkt vertritt.

fikantes Symbol ist demnach ein Zeichen, das eine dahinterstehende Idee (d. h. einen bestimmten Vorstellungsinhalt) ausdrückt und diese Idee auch beim Kommunikationspartner auslöst (vgl. Mead 1968, S. 85).

Im Anschluß an Mead läßt sich Kommunikation daher mit Luhmann als „gemeinsame Aktualisierung von Sinn" (1971, S. 42) begreifen und nicht – wie man bei unbedachter Verwendung des Begriffes zumeist meint – als ein Vorgang der „Übertragung" von Sinn oder Information. Die Vorstellung von der Übertragung scheitert nach Luhmann auch „schon daran, daß sie die Identität des zu Übertragenden und damit die Aufgabe des Besitzes bei Weitergabe (...) voraussetzt. Als Identisches fungiert in der Kommunikation indes nicht eine übertragene, sondern eine gemeinsam zugrunde gelegte Sinnstruktur" (Luhmann ebd., S. 43).

Wie kann es aber – so ist hier zu fragen – angesichts des engen Zusammenhanges von persönlicher Erfahrung und Symbolbildung überhaupt zur Entstehung solcher signifikanter Symbole kommen? Wenn Symbole nicht bloß einen Gegenstand, sondern auch eine Beziehung – und damit ja eine subjektiv erfahrene Wirklichkeit – aktualisieren, dann symbolisieren sie bei verschiedenen Menschen ja auch stets Unterschiedliches.

Man darf allerdings an dieser Stelle nicht einen Fehler begehen und unter dem (vermeintlichen) Deckmantel symbolisch-interaktionistischen Denkens einen extremen Subjektivismus vertreten. Es wäre zweifellos eine Über-(bzw. Miß-)Interpretation des theoretischen Ansatzes, wollte man aus diesem ableiten, ein Symbol- bzw. Bedeutungsvorrat eines bestimmten Menschen sei ausschließlich (!) „subjektgebunden" und besitze mit ebendem eines anderen Menschen so gut wie überhaupt keine Ähnlichkeiten. Sicher trifft es zu, daß jeder einzelne Mensch „seine" Symbole bzw. deren Bedeutungsinhalte aus einem ganz persönlichen, subjektiven Erlebnis- und Erfahrungszusammenhang heraus bildet und entwickelt. Genauso sicher scheint aber auch zu sein, daß diese Erlebniswelt grundsätzliche Gemeinsamkeiten zu jener der übrigen Mitmenschen aufweist. Diverse Sozialisationsmechanismen und -instanzen (von der Familie über Schule, Arbeitsplatz bis zu den Massenmedien) sorgen ja für weitreichende Ähnlichkeiten in der Erfahrungs- und Denkwelt einer mehr oder weniger großen Sozietät.

So werden verschiedene (vermutlich die meisten) Menschen einer Industriegesellschaft mit dem Symbol „Auto" ganz ähnliche Objektvorstellungen verbinden. Dieses (sprachliche) Symbol wird im Bewußtsein verschiedener Menschen also mehr oder weniger *ähnliche* Vorstellungsinhalte aktualisieren; es kann somit (für die Mitglieder derartiger Gesellschaften) als ein *signifikantes* Symbol bezeichnet werden.

Was jedoch von der symbolisch-interaktionistischen Position für das menschliche Kommunikationsgeschehen abgeleitet werden soll, das ist die Einsicht, daß verschiedene *Erlebnisdimensionen* derselben (natürlichen) Realität existieren. Die Tatsache, daß Menschen – wenigstens innerhalb eines bestimmten raum-zeitlichen Kontinuums – unter ähnlichen materiellen und sozialen Bedingungen leben, impliziert nämlich keineswegs, daß sie die „Gegenstände" dieser gemeinsamen Realität auch in ein und derselben Weise erfahren. Trotz dieser grundsätzlichen Gemeinsamkeiten in den Erlebniswelten verschiedener Menschen darf man nicht übersehen, daß ein und dasselbe reale „Objekt" von verschiedenen Menschen – oder auch von einem einzigen Menschen in verschiedenen Situationen – unterschiedlich wahrgenommen werden kann. Dieser Umstand bringt es eben mit sich, daß *derselbe* „Gegenstand" bzw. dessen Symbol im Bewußtsein verschiedener Menschen auch *verschiedene Erlebnisdimensionen* aktualisieren kann. Je unähnlicher der Erfahrungsbereich der jeweiligen Menschen ist, desto unähnlicher werden auch die jeweils aktualisierbaren Erlebnisdimensionen sein (und umgekehrt). Es erscheint plausibel, daß der je persönliche Tätigkeits- bzw. Erfahrungsbereich der Menschen bestimmte Erlebnisdimensionen mehr, andere dagegen weniger begünstigt. Generell kann man sagen, daß die Anzahl der Erlebnisdimensionen, die durch einen „Gegenstand" bzw. dessen Symbol überhaupt aktualisiert werden können, von der Anzahl der (subjekt) erfahrbaren Wirklichkeiten (und damit: von der Anzahl der möglichen Tätigkeits- und Erfahrungsbereiche) abhängt, welche die jeweilige Sozietät bereitstellt.

Um das Auto-Beispiel weiterzuführen: Man kann ein Auto als bloßen „Gegenstand zur Fortbewegung" erleben; man kann darin ein „hochentwickeltes technisches Industrieprodukt" sehen; es kann als „Sportgerät" oder „Vergnügungsmittel" empfunden werden; man kann es aber auch als „Statussymbol" oder „Fetisch" betrachten usw ... All diese – und wahrscheinlich noch mehr – Erlebnisdimensionen des Gegenstandes „Auto" stellt uns z. B. unsere Industriegesellschaft bereit; all das sind nachvollziehbare Möglichkeiten, den Gegenstand „Auto" subjektiv zu erfahren bzw. zu erleben.

Erlebnisdimension meint also nichts anderes als die *Qualität* der persönlichen Erfahrung, die im Umgang mit einem „Gegenstand" der Realität gewonnen wurde und die sich schließlich zu einer *subjektiven Bedeutung* ebendieses „Gegenstandes" verfestigt. **Bedeutung** kann in diesem Sinn als die Summe aller Erfahrungsqualitäten in Form mental gespeicherter Erlebnisdimensionen aufgefaßt werden.

Wenn nun also Menschen im Prozeß der kommunikativen Interaktion *symbolisch* vermittelt zueinander in Beziehung treten und dabei wechselseitig vorrätige Bedeutungen ins Bewußtsein rufen, dann aktualisieren sie ja genaugenommen jeweils bei sich selbst „gespeicherte" Erlebnisdimensionen. Sie rufen – indem sie Symbole gebrauchen – im eigenen Bewußtsein eine Ansammlung von (subjektiven) Erfahrungen mit jenen „Gegenständen" wach, welche durch die jeweiligen Symbole repräsentiert werden. Nur wenn wenigstens Teile dieser gespeicherten Erlebnisdimensionen bei *beiden* Kommunikationspartnern vorhanden sind, kann Kommunikation gelingen bzw. Verständigung zustande kommen:

Die graphische Darstellung (S. 60) veranschaulicht eine derartige Kommunikationssituation. A + B handeln kommunikativ im Hinblick aufeinander; d. h., sie versuchen durch den Gebrauch von Zeichen bzw. Symbolen Bedeutungen miteinander zu teilen. Dabei aktualisieren sie im Bewußtsein jeweils subjektiv vorhandene Bedeutungsvorräte in Form gespeicherter Erlebnisdimensionen. Im angenommenen Fall sind die wachgerufenen Bedeutungsvorräte einander ähnlich, denn die „Mengen" der auf beiden Seiten aktualisierten Erlebnisdimensionen überschneiden sich teilweise. In diesem Bereich kommt es daher zur Verständigung zwischen A + B. Jener Teil an Bedeutungsvorräten, der sich außerhalb der gekennzeichneten „Schnittmenge" befindet, soll die extrem subjektspezifischen Erfahrungsqualitäten andeuten, welche die

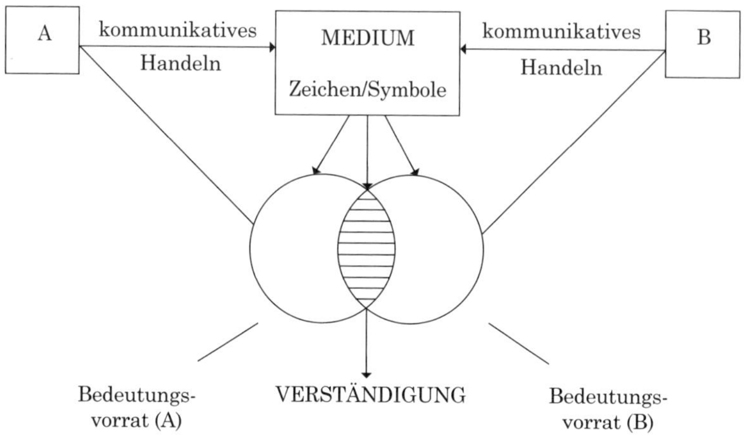

Abb. 3: Verständigung als Schnittmenge von Bedeutungsvorräten

beiden Kommunikationspartner *nicht* miteinander teilen. In diesem Bereich ist – wenigstens mit Hilfe der im Augenblick verwendeten Symbole – keine Verständigung zwischen A + B möglich. Je ähnlicher die Tätigkeits- und Erfahrungsbereiche sind, in denen die Erlebnisdimensionen „bereitgestellt" werden, desto größer wird die „Schnittmenge" sein, je verschiedener sie sind, desto kleiner wird sie. Die völlige Deckungsgleichheit der Mengen oder das völlige Fehlen einer „Schnittmenge" sind (theoretisch) denkbare, aber (praktisch) im Rahmen einer Sozietät nicht sehr wahrscheinliche Extremfälle.

Zwei Kommunikationspartner treten durch ihr wechselseitig aufeinander gerichtetes kommunikatives Handeln, also über *Symbole* vermittelt, zueinander in Beziehung. Sie verwenden ein ihnen gemeinsam zur Verfügung stehendes Medium dazu, um mit Hilfe (bewußt und zielgerichtet) produzierter Ausdrucksformen bestimmte Bedeutungen „miteinander zu teilen"; m. a. W., sie wollen beide an ein und demselben Bedeutungsinhalt in gleicher Weise „Anteil haben" – kurz: sie wollen die zu vermittelnden Bedeutungen in gleicher Weise *verstehen*. Diese Möglichkeit besitzen sie, indem sie *symbolisch* vermittelt agieren. Allerdings aktualisieren sie im Rahmen dieser *symbolisch vermittelten Interaktion* (in der Regel) jeweils bei sich selbst *auch* Vorstellungsinhalte bzw. Erlebnisdimensionen, die sie *nicht* miteinander teilen (können), weil die diesbezüglich gleichen Erfahrungen als Grundlage fehlen.

Die symbolisch-interaktionistischen Überlegungen sollten somit letztlich zur Einsicht verhelfen, daß selbst ein *identischer Zeichen- bzw. Symbolvorrat* verschiedener Menschen „nur" einen (mehr oder weniger) *ähnlichen Bedeutungsvorrat* impliziert. In diesem Sinn ist also auch für „signifikante Symbole" (in der Regel) eine „Grauzone" von Vorstellungsinhalten bzw. Erlebnisdimensionen mitzudenken, die von den jeweiligen Kommunikationspartnern *nicht* miteinander geteilt werden (können).

2.6. Symbolisch vermittelte Interaktion als humanspezifische Kommunikationsmodalität – Zusammenfassung und terminologische Ergänzung

In der folgenden Zusammenfassung gilt es zunächst, die bisher geleistete Begriffserklärung in komprimierter Form zu rekapitulieren, um im Anschluß daran die bereits eingeführte Terminologie noch um zwei zentrale – in der Fachsprache gebräuchliche – Begriffe zu erweitern.

- Kommunikation wurde zuallererst als ein grundsätzlich *soziales* Phänomen erkannt. Mit dem Attribut „sozial" gerieten all jene Verhaltensweisen in den Blick, die Lebewesen *im Hinblick aufeinander* verrichten.
- Für die *menschliche* Kommunikation wurde sodann mit dem Begriff der „sozialen Handlung" der *intentionale* Charakter menschlichen Tuns hervorgehoben: Die Tatsache, daß es dem Menschen möglich ist, mit seinem Handeln ganz *bewußt Ziele zu verfolgen,* ihm einen „Sinn" zu geben, hat zur Einsicht verholfen, daß auch *kommunikatives Handeln* nicht um seiner selbst willen gesetzt wird, sondern stets *Mittel zum Zweck* (intentional) ist.
- Dieser intentionale Charakter menschlichen Handelns führte im Hinblick auf kommunikatives Handeln schließlich zu folgender Differenzierung:

– Zum einen wurde eine *allgemeine Intention* kommunikativen Handelns erkannt: Sie besteht darin, *etwas mitteilen* zu wollen. Dieser Mitteilungsintention entspricht als *konstantes Ziel* kommunikativen Handelns *Verständigung* zwischen den jeweiligen Kommunikationspartnern. Eine solche Verständigung liegt immer dann vor, wenn die Kommunikationspartner die jeweils zu vermittelnden Bedeutungen wenigstens annäherungsweise „miteinander teilen".

– Zum anderen wurde eine *spezielle Intention* kommunikativen Handelns erkannt: Sie impliziert die Existenz spezifischer *Kommunikationsinteressen* und verweist auf den eigentlichen Anlaß jeglichen kommunikativen Handelns. Dieser speziellen Intention wurde als *variables Ziel* kommunikativen Handelns die *Interessenrealisierung* zugeordnet. Eine solche Realisierung kommunikativer Interessen liegt dann vor, wenn die mit der jeweils gesetzten kommunikativen Aktivität beabsichtigten Folgen auch tatsächlich eintreten.

- Als Konsequenz dieser Überlegungen rückte der „Prozeßcharakter" des Kommunikationsgeschehens in den Mittelpunkt: (menschliche) Kommunikation stellte sich als *doppelseitiges Geschehen* dar und wurde somit als spezifische Form der *sozialen Interaktion* begriffen. Dabei wurde „Kommunikation" aber auch als ein Begriff verdeutlicht, der eigentlich erst nach Ablauf bzw. Vollzug des entsprechenden (zwischenmenschlichen) Geschehens verwendet werden kann, weil erst eine *wechselseitig vollzogene Bedeutungsvermittlung* die Realisierung der allgemeinen Intention kommunikativer Handlungen (= Verständigung) mit sich bringen kann.

- Kommunikative Interaktion als wechselseitig aufeinander gerichtetes kommunikatives Handeln benötigt aber auch stets ein Ausdrucksmittel für die jeweilige kommunikative Aktivität; d. h. eine Instanz, über die das zwischen den Kommunikationspartnern Geschehende abläuft: Das Vorhandensein eines *Mediums* erwies sich als unbedingte Voraussetzung für kommunikatives Verhalten und damit als immanenter Bestandteil von Kommunikation.

- Das *Medium* als Vermittlungsinstanz zwischen den Kommunikationspartnern macht es erst möglich, eine Anzahl von

Ausdrucksformen zu bilden, innerhalb derer verschiedene Bedeutungsinhalte als unterschiedliche *Zeichen* manifest werden. Dieser Umstand führte dazu, daß der Kommunikationsprozeß auch als Zeichenprozeß betrachtet werden konnte.

- Für die *menschliche* Kommunikation konnte schließlich eine bestimmte Möglichkeit des *Gebrauchs* von Zeichen als Besonderheit hervorgekehrt werden: Menschen sind dazu in der Lage, Zeichen *stellvertretend* für etwas (Gemeintes) zu verwenden; Zeichen, die eine derartige Repräsentationsfunktion erfüllen, wurden *Symbole* genannt.
- Menschliche Kommunikation konnte somit als **symbolisch vermittelte Interaktion** begriffen werden. Damit ist ein In-Beziehung-Treten gemeint, das darauf abzielt, mit Hilfe gemeinsam verfügbarer Zeichen wechselseitig vorrätige Bedeutungsinhalte im Bewußtsein zu aktualisieren.

Aus der bisher dargestellten und eben hier resümierten Sichtweise von (zwischenmenschlicher) Kommunikation lassen sich nun vier Faktoren abstrahieren, die das grundlegende „Gerüst" *jedes* ablaufenden Kommunikationsgeschehens bilden. Ein Kommunikationsprozeß impliziert demnach:

- jemanden, der etwas mitteilen will,
- die Aussage/Botschaft (= die mitzuteilenden Bedeutungsinhalte) selbst,
- ein Medium (= eine Instanz, mit deren Hilfe der mitzuteilende Inhalt „transportabel" wird),
- jemanden, an den die Botschaft gerichtet ist.

Es sei in Erinnerung gerufen, daß die bloße Existenz eines derartigen kommunikativen „Gerüsts" natürlich noch nicht bedeutet, daß Kommunikation auch tatsächlich stattfindet. Die Tatsache, daß jemand an wen anderen eine Botschaft richtet, weil er diesem etwas mitteilen will, wurde ja weiter oben (vgl. S. 25 f.) bereits als „kommunikatives Handeln", aber (noch) nicht als Kommunikation begriffen. Von „Kommunikation" wurde vielmehr erst dann gesprochen, wenn (mindestens zwei) Menschen ihre kommunikativen Handlungen „erfolgreich“ aufeinander gerichtet haben, m. a. W., wenn sie im Rahmen ihrer kommunikativen Interaktion „Verständigung“ herstellen konnten.

Der Grund für das neuerliche Aktualisieren dieser bereits dargelegten Auffassung von (zwischen-)menschlicher Kommunikation ist darin zu sehen, daß hier nun zwei – in der kommunikationswissenschaftlichen Fachsprache gebräuchliche – Termini eingeführt werden sollen, die es möglich machen, die (beiden) Kommunikationspartner im Hinblick auf ihre – in der jeweiligen Phase der kommunikativen Interaktion gesetzten – kommunikativen Handlungen zu differenzieren. Es handelt sich dabei um die Termini „Kommunikator“ und „Rezipient“.

Als **Kommunikator** soll jener kommunikativ Handelnde gelten, der *etwas mitteilen* will und die allgemeine Intention seiner kommunikativen Handlung (nämlich: mit jemandem bzw. mehreren anderen Kommunikationspartnern Bedeutungen teilen wollen) zu realisieren versucht, indem er die mitzuteilenden Inhalte durch den (symbolischen) Gebrauch eines Mediums „entäußert“, d. h. manifest – und damit für (jemanden) andere(n) zugänglich – macht. Der Kommunikator ist somit jener Faktor im kommunikativen Gerüst, welcher die Quelle ausgesendeter Botschaften darstellt; er produziert (in der Regel) auch die Mitteilungen und adressiert sie an jemanden. Dementsprechend sind auch noch die Bezeichnungen *Quelle, Sender, Produzent, Adressant* gebräuchlich.

Als **Rezipient** soll dagegen jener kommunikativ Handelnde gelten, der *etwas verstehen* will und die allgemeine Intention seiner kommunikativen Handlung (nämlich: mit jemandem bzw. mehreren anderen Kommunikationspartnern Bedeutungen teilen wollen) zu realisieren versucht, indem er die medial vermittelte Botschaft aufnimmt und deren Bedeutung zu erkennen trachtet. Der Rezipient ist somit jener Faktor im kommunikativen Gerüst, an den die ausgesendete Botschaft adressiert ist; er ist derjenige, der sie empfängt oder konsumiert. Demgemäß findet man auch noch die Bezeichnungen *Empfänger, Konsument, Adressat.*

Die folgende Skizze will das vorgestellte kommunikative „Gerüst" (mit seinen Faktoren: Kommunikator, Aussage, Medium, Rezipient) schematisch vor Augen führen und daran einen (erfolgreich) ablaufenden Kommunikationsprozeß verdeutlichen:

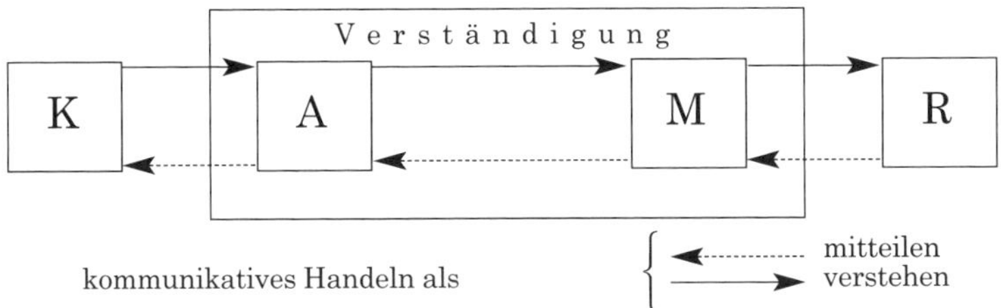

Abb. 4: Mitteilungs- und Verstehenshandlung

Die zwei Kommunikationspartner K (Kommunikator) und R (Rezipient) treten zueinander in Beziehung:

Die kommunikative Handlung des Kommunikators (K) besteht darin, daß er dem Rezipienten (R) mit Hilfe eines Mediums (M) eine Aussage (A) mitteilt. Die kommunikative Handlung des Kommunikators kann daher auch als *Mitteilungs-Handlung* bezeichnet werden. Die – in ein und derselben Phase des Kommunikationsgeschehens ablaufende – kommunikative Handlung des Rezipienten (R) besteht darin, daß dieser die vom Kommunikator (K) über das Medium (M) mitgeteilte Aussage (A) tatsächlich empfängt und auch zu verstehen versucht. Die kommunikative Handlung des Rezipienten kann somit auch als *Verstehens-Handlung* bezeichnet werden.

An dieser Stelle tritt deutlich die Doppelseitigkeit – oder auch: **Reziprozität** – des kommunikativen Geschehens zutage: Auch in kommunikativen Interaktionen findet sich damit das für soziale Beziehungen so typische „Prinzip des Gebens und Nehmens, des wechselseitigen Austausches von Leistung und Gegenleistung" (Vanberg 1975, S. 570). Pointiert formuliert: Ein Kommunikator kann nur „kommunizieren" (mitteilen), wenn ein Rezipient auch „rezipieren" (aufnehmen und verstehen) will. Damit ist neuerlich verdeutlicht, „daß im Kommunikationsprozeß prinzipiell eben *keine* einseitige Intention, Transmission und Rezeption möglich ist" (Merten 1977, S. 46). In diesem Sinn erweist sich (menschliche) Kommunikation als ein *implizit reziproker* Prozeß; d. h. als ein Geschehen, welches die Doppelseitigkeit bzw. das Aufeinander-bezogen-Sein kommunikativen Handelns mit einschließt. Oder anders – im Hinblick auf die oben verwendete Terminologie – formuliert: eine Mitteilungs-Handlung verlangt stets nach einer Verstehens-Handlung und umgekehrt.

Nur dann aber, wenn Verständigung über die mitgeteilte Aussage zustande kommt, wenn also die beiden Kommunikationspartner (K + R) in der Lage sind, die Bedeutungsinhalte der medial (M) „verpackten" Aussage (A) auch tatsächlich „miteinander zu teilen", hat Kommunikation stattgefunden.

Es liegt auf der Hand, daß real ablaufende Kommunikationsprozesse eine diesbezügliche Erfolgskontrolle dringend zu benötigen scheinen. Repräsentiert doch die hier im Mittelpunkt stehende Verständigungsdimension „bloß" die allgemeine Intention bzw. das konstante Ziel kommunikativen Handelns. Die – jeweils spezifische – Interessengebundenheit (= spezielle Intention) kommunikativen Handelns verweist ja bekanntlich darüber hinaus auf den Umstand, daß kommunikatives Handeln auch den Versuch der Realisierung jeweils spezifischer Interessen (= variables Ziel) impliziert.

Ein derartiger Kontroll„mechanismus" existiert in der Tat. Er hängt eng mit der ständig betonten „Doppelseitigkeit" (Reziprozität) jeglichen kommunikativen Geschehens zusammen bzw. folgt aus dieser. Seine Darstellung geht mithin über die hier geleistete Zusammenfassung hinaus.

2.7. Feedback: Eine Erfolgskontrolle kommunikativen Handelns

Mit der soeben verdeutlichten Doppelseitigkeit bzw. Reziprozität des Kommunikationsgeschehens steht also nichts anderes als das interaktionistische Moment derartiger Prozesse im Mittelpunkt, auf das weiter oben (vgl. S. 30 ff.) bereits ausführlich eingegangen wurde: Das wechselseitig aufeinander gerichtete kommunikative Handeln von (wenigstens zwei) Menschen wurde als fundamentale Voraussetzung für das Zustandekommen und den Ablauf von Kommunikation erkannt. Abb. 4 veranschaulicht, daß einem „Mitteilen(-Wollen)“ auf der einen Seite ein „Empfangen- bzw. Verstehen(-Wollen)“ auf der anderen Seite entsprechen muß. Damit macht sie nicht nur deutlich, daß Kommunikation ein *implizit reziproker Prozeß* ist; sie weist zugleich auch darauf hin, daß alle Faktoren des kommunikativen Gerüsts (Kommunikator, Aussage, Medium und Rezipient) in diesen reziproken Vorgang involviert sind. Diese implizite Reziprozität des kommunikativen Geschehens stellt den Ausgangspunkt für die folgenden Überlegungen dar.

Zur Darstellung der Erfolgskontrolle kommunikativen Handelns ist zunächst eine systemtheoretische Sichtweise[51] kommunikativer Prozesse notwendig. Etwas als **System** betrachten meint, bestimmte Dinge oder Sachverhalte als miteinander verbunden sehen (Giesen 1975, S. 158). Diese Dinge oder Sachverhalte – die „Elemente“ des Systems – besitzen dann im Hinblick auf dieses System bestimmte „Funktionen“, d. h., sie tragen zum Erreichen (oder zum Verfehlen) eines Zieles bei (Narr 1969, S. 118). Eine besondere – und im vorliegenden Zusammenhang v. a. interessierende – Systemkonzeption liegt im sog. **Input-Output-Modell** (vgl. Rühl 1969a, S. 190 f.) vor. Dieses Modell geht davon aus, daß Systeme mit ihrer Umwelt auf ganz bestimmte Weise in Verbindung stehen: Sie nehmen Leistungen aus dieser Umwelt in Form von „Inputs“ auf und werden dadurch von dieser beeinflußt, sie geben aber ihrerseits auch Leistungen an diese Umwelt in Form von „Outputs“ ab und beeinflussen dadurch wieder diese – ihre – Umwelt. Das Entscheidende dabei ist nun, daß ein Teil des Outputs des Systems wieder als Input in ebendieses System zurückwirkt. Dieser Vorgang, der auch als **Feedback** oder *Rückkoppelung, Rückmel-*

51 Stellvertretend für die umfangreich vorhandene systemtheoretische Literatur sei auf folgende eher einführende Darstellungen dieser Sichtweise verwiesen: Giesen 1975, Kurzrock 1972, Narr 1969, Rühl 1969a, Saxer 1992a.

dung, Rücksteuerung bezeichnet wird, beschreibt somit einen kreisförmigen Prozeß (einen sog. „Regelkreis")[52], der darüber hinaus dadurch gekennzeichnet ist, einen bestimmten Zustand herzustellen oder erhalten zu wollen. Die jeweilige Eingangsleistung (Input) ist damit zugleich ein Maß für den Erfolg, den die gesetzte Ausgangsleistung (Output) erzielen konnte – sie beeinflußt in diesem Sinn die neuerliche Ausgangsleistung des Systems.

Überträgt man diese systemtheoretischen Überlegungen auf den Menschen, so kann man ihn beispielsweise als ein Handlungssystem betrachten. Elemente des Systems „Mensch" sind dann dessen Handlungen, welche ganz bestimmte Funktionen erfüllen und damit jeweils zum Erreichen oder Verfehlen der Ziele beitragen, die ein Mensch verfolgt. Auch hier kann man die Verbindung des Handlungssystems mit seiner Umwelt über den Feedbackprozeß geregelt sehen: Auf menschliches Handeln übertragen, bedeutet das Prinzip der Rückkoppelung nämlich, „daß das Verhalten auf sein Ergebnis hin geprüft wird und daß der Erfolg oder Mißerfolg dieses Ergebnisses das zukünftige Handeln beeinflußt" (Wiener 1958, S. 55).

Das (allgemeine) Ziel, das ein Mensch nun mit seinen – hier interessierenden – *kommunikativen* Handlungen verfolgt, ist bekannt: sie sollen dazu dienen, Verständigung über zu vermittelnde Bedeutungsinhalte mit (mindestens noch einem) anderen Menschen herzustellen. Wird dies versucht, so treten daher – systemtheoretisch gesprochen – zwei Handlungssysteme zueinander in Beziehung. Diese beiden Handlungssysteme stehen mit ihrer Umwelt in Verbindung, indem sie Leistungen aus dieser erhalten (Inputs) und auch wieder Leistungen an diese abgeben (Outputs). Da nun aber die beiden Handlungssysteme nicht nur wechselseitige Bestandteile ihrer (jeweiligen) Umwelt sind, sondern auch noch explizit zueinander in Beziehung treten, sind sie auch durch gegenseitig vorhandene In- bzw. Outputs miteinander verbunden. Der Feedbackprozeß, der ja ein System mit sei-

52 Zur Struktur derartiger Regelkreise vgl. Prewo/Ritsert/Stracke 1973, S. 36 ff.

ner Umwelt verbindet, verbindet in diesem Fall die beiden Handlungssysteme direkt miteinander: der „Output“ des einen Handlungssystems wird zum „Input“ des anderen (und umgekehrt). Da die kommunikativen Handlungen beider Handlungssysteme auch auf ein gemeinsames Ziel (Verständigung) hin ausgerichtet sind, erscheint der Rückkoppelungsprozeß als Kontrolle bzw. Steuerung des gemeinsam angezielten „Verständigungserfolges“.

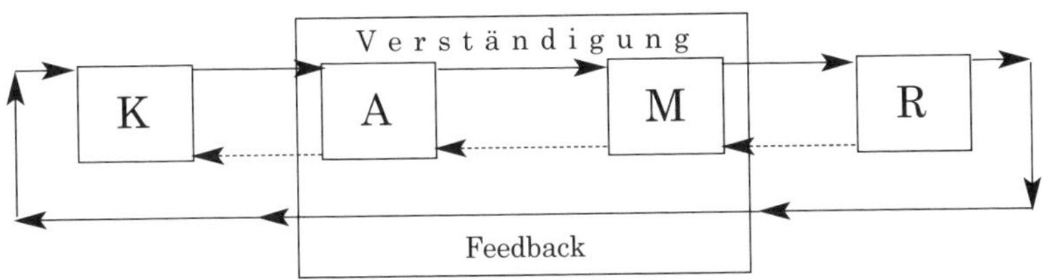

Abb. 5: Verständigung als feedbackgesteuerter Prozeß

Die Skizze veranschaulicht den soeben beschriebenen Stellenwert des Feedbackprozesses in der zwischenmenschlichen Kommunikation: Sie zeigt einen kreisförmigen Prozeß zwischen Kommunikator und Rezipient, in dem die implizite Reziprozität des Kommunikationsgeschehens in Form des „Feedback“ ihre explizite Ergänzung erfährt. Das Feedback stellt die wahrnehmbare Begleiterscheinung des kommunikativen Handelns des Rezipienten (= des Rezipierens, also des Empfangens und Verstehenwollens) dar. Durch das Feedback erhält der Kommunikator Hinweise auf die Qualität des Rezipierens, d. h. auf die „Verstehensleistung“ des Rezipienten. Das Feedback gibt Auskunft über den Erfolg des kommunikativen Handelns des Kommunikators und damit über den Grad der erreichten Verständigung zwischen den Kommunikationspartnern. Der diesbezüglich diagnostizierte Erfolg oder Mißerfolg beeinflußt bzw. korrigiert dann das neuerliche kommunikative Handeln des Kommunikators (= dessen „Mitteilungsleistung“) … usf.

In der kommunikativen Interaktion zwischen Menschen kann zu diesem Feedback alles zählen, was an „Output“ des Handlungssystems „Rezipient“ manifest wird. Das sind all jene

Handlungen bzw. Verhaltensweisen des/der Rezipienten, die vom (jeweiligen) Kommunikator wahrgenommen werden (können).

Denkt man beispielsweise an einen Vortrag, so sind hier etwa die beobachtbare Mimik (wie ein gelangweilter, verwirrter oder zweifelnder Gesichtsausdruck u. ä.) und Gestik (wie zustimmendes Kopfnicken oder Applaus u. ä.) des/der Rezipienten für den Kommunikator Hinweise auf die Qualität des Rezipierens seiner Mitteilung. Sie geben Auskunft darüber, *ob* und (vielleicht) auch *wie* die jeweilige Mitteilung „angekommen" ist, ob und wie sie verstanden wurde und beeinflussen auf diese Weise natürlich das (nachfolgende) kommunikative Handeln des Kommunikators ...

Im prototypischen Fall kommunikativer Interaktion – wie in einem zwischenmenschlichen Gespräch – besteht das Feedback in der Regel jedoch nicht bloß in den (manifesten) Begleiterscheinungen der kommunikativen Verstehens-Handlung auf der Rezipientenseite. In dieser üblicherweise zwischen Menschen ablaufenden kommunikativen Interaktion ist der Output des Handlungssystems „Rezipient" keineswegs auf die den Empfang (und gegebenenfalls das Verstehen) der Mitteilung begleitenden Erscheinungen wie etwa Mimik und Gestik beschränkt. Diese Begleiterscheinungen „verschmelzen" vielmehr meist mit der kommunikativen Mitteilungs-Handlung des in die Rolle des Kommunikators geschlüpften Rezipienten (!). Gerade für die persönliche Kommunikation von Angesicht zu Angesicht („face-to-face-communication") ist es charakteristisch, daß die Partner ständig ihre Rollen als Aussagende und Empfangende wechseln. Maletzke (1963, S. 23) bezeichnet diesen Vorgang auch als **gegenseitige** Kommunikation im Unterschied zur **einseitigen** Kommunikation (etwa bei einem Vortrag), wo ein derartiger Rollentausch nicht stattfindet.[53] Ein Gespräch zwischen Menschen

---

53 Neben dieser „gegenseitigen" und „einseitigen" Kommunikation unterscheidet Maletzke auch noch zwischen **direkter** (= die Partner begegnen einander leibhaftig von Angesicht zu Angesicht), **indirekter** (= die Partner sind räumlich oder zeitlich oder raum-zeitlich voneinander getrennt), **privater** (= der Aussagende richtet sich an eine begrenzte Anzahl von eindeutig definierten Personen) und **öffentlicher** Kommunikation (= der Empfängerkreis ist weder eng begrenzt noch klar definiert). – Siehe dazu auch die Kombinationsmöglichkeiten zwischen diesen Merkmalen bei Maletzke 1963, S. 21 ff.

stellt sich somit als eine Wechselrede zwischen den jeweiligen Kommunikationspartnern dar, welche mit dem gegenseitigen Tausch der Rollen „Kommunikator“ und „Rezipient“ verbunden ist. Es ist evident, daß dieser Rollentausch zugleich auch ein Wechseln der kommunikativen Handlungsform darstellt: Wenn ein Kommunikationspartner die Rolle des Rezipienten mit der Rolle des Kommunikators tauscht, dann wechselt er ja von der Verstehens-Handlung in die Mitteilungs-Handlung (und umgekehrt).

Im vorliegenden Zusammenhang ist an dieser Tatsache aber v. a. der Umstand von Bedeutung, daß dieser Rollenwechsel im Zuge eines zwischenmenschlichen Gesprächs zugleich auch die Funktion des Feedbacks erfüllt. Gerade in der prototypischen *gegenseitigen* Kommunikation ist der Rückkoppelungsprozeß also nicht auf die manifesten Begleiterscheinungen der kommunikativen Verstehens-Handlung(en) des/der Rezipienten reduziert, wie dies etwa in einer *einseitigen* Kommunikation tatsächlich der Fall ist.

Die graphische Darstellung veranschaulicht den Ablauf einer prototypischen kommunikativen Interaktion. Sie zeigt nicht nur, daß die beiden Kommunikationspartner „A“ und „B“ – die als

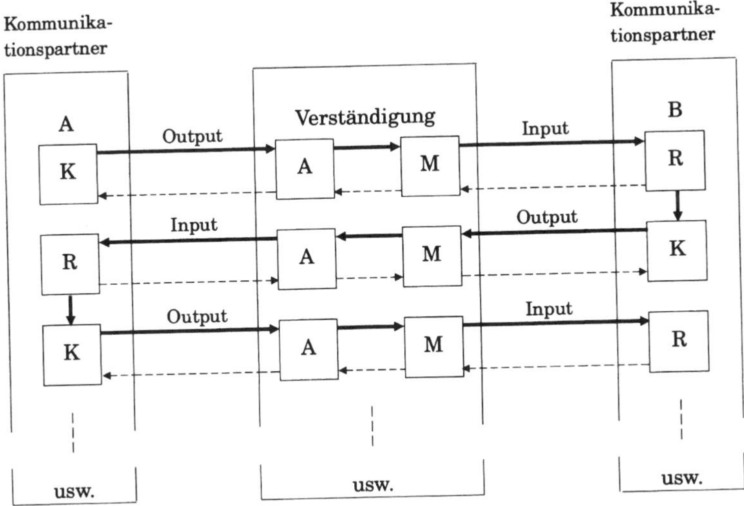

Abb. 6: Gegenseitige Kommunikation

Handlungssysteme durch die jeweiligen Outputs und Inputs zueinander in Beziehung treten – phasenweise die Rollen „Kommunikator" (K) und „Rezipient" (R) wechseln; es wird auch erkennbar, daß dieser Rollentausch mit einem Wechsel der kommunikativen Handlungs-Modalität verbunden ist: der Kommunikationspartner „A" initiiert die kommunikative Interaktion, indem er in der Rolle des Kommunikators (K) als Handlungssystem einen „Output" produziert, d. h., er setzt eine sog. „Mitteilungs-Handlung" (ungebrochener Pfeil). Dieser Output von „A" stellt zugleich den „Input" für das Handlungssystem bzw. den Kommunikationspartner „B" dar, der sich in der Rolle des Rezipienten (R) befindet und eine sog. „Verstehenshandlung" (gebrochener Pfeil) setzt. Da es sich um eine „gegenseitige" Kommunikation handelt, schlüpft daraufhin aber „B" in die Rolle des Kommunikators (K), produziert nun seinerseits einen „Output" bzw. eine „Mitteilungs-Handlung", welche wiederum der Kommunikationspartner „A", der nunmehr die Rolle des Rezipienten (R) bekleidet und als solcher eine „Verstehens-Handlung" setzt, als „Input" empfängt usw. ...

Betrachtet man das dargestellte Schema nun im Hinblick auf das hier v. a. interessierende Feedbackprinzip, so findet man verdeutlicht, daß die (implizite) Reziprozität des Kommunikationsgeschehens nicht mehr durch bloße Begleiterscheinungen der Verstehens-Handlung auf der Rezipientenseite explizit ergänzt wird (wie dies am Beispiel des Vortrages einsehbar gemacht wurde). Diese Begleiterscheinungen (wie etwa die erwähnte Mimik oder Gestik) „verschmelzen" vielmehr mit jener Mitteilungs-Handlung, welche jeweils auf eine Verstehens-Handlung ein und desselben kommunikativ Handelnden folgt. In einem gegenseitigen Kommunikationsprozeß ist der Rückkoppelungsvorgang also mit derartigen Mitteilungs-Handlungen identisch; d. h., das jeweilige kommunikative Handeln selbst erfüllt u. a. auch eine Feedbackfunktion: Wenn „B" von der Rolle des Rezipienten in die Rolle des Kommunikators (also von der Verstehens-Handlung in die Mitteilungs-Handlung) wechselt, dann besitzt diese Aktivität für „A" den Stellenwert einer Rückmeldung, die ihm Auskunft über die bei „B" abgelaufene Verstehens-Handlung gibt. Zugleich aber steuert nun diese von „A“ als Rückmeldung registrierte kommunikative Handlung des „B“ die neuerliche Mitteilungs-Handlung von „A“ und beeinflußt auf diese Weise den Ablauf und die Qualität des weiterhin stattfindenden Kommunikationsprozesses.

2.7.1. Massenkommunikation und Feedback

Im Hinblick auf den Prozeß der Massenkommunikation lassen sich mit Eurich (1981) zwei Formen von Feedback unterscheiden:

Zum einen *direkte,* gewollte und meist spontane Rückmeldungen von Rezipienten an die Kommunikatoren. Zu denken ist hier beispielsweise an Leserbriefe, E-Mails, Telefonanrufe bei Rundfunkanstalten oder Gespräche mit Programmverantwortlichen, Teilnahme von Hörern oder Sehern an bestimmten Sendungen, aber auch an die professionelle öffentliche Kritik und die formelle/informelle Kollegenkritik.

Zum anderen *indirekte* Rückmeldungen, wie z. B. die Kündigung eines Abonnements, aber auch die Antizipation der Rezipientenrolle durch den Journalisten und natürlich die in diversen Untersuchungen im Rahmen von Publikumsforschung (Mediaanalysen, Leser-, Hörer- und Zuschauerforschung) erhobenen Daten über das Rezeptionsverhalten des Publikums.

Freilich ist durch die strukturell bedingte Distanz zwischen Medium und Publikum sowie durch die Heterogenität der Rezipientenschaft und die damit zusammenhängende breite Streuung der kommunikativen Interessen das Feedback im Massenkommunikationsprozeß nicht bloß erschwert und verlangsamt, sondern überhaupt nur ansatzweise mit der Rückkoppelung im interpersonalen Kommunikationsgeschehen zu vergleichen.

Zunächst ist Eurich (ebd.) zuzustimmen, daß bei einem Leser, Hörer oder Seher das Bedürfnis, sich zu artikulieren, relativ intensiv sein muß, um ihm trotz der handlungshemmenden Faktoren (wie sie durch die Faszination des Mediums, durch das Recherchieren der Kommunikatoradresse bzw. -telefonnummer sowie durch den Schreib- und Telefonvorgang selbst entstehen) zu entsprechen. Meist ist dies durch spontane Verärgerung oder euphorische Zustimmung begründet, die nicht ohne weiteres verallgemeinerbar ist. Außerdem erreichen die Rückmeldungen in den seltensten Fällen den angesprochenen Kommunikator. In der Regel werden sie von eigens dafür zuständigen Redakteuren ausgewertet und z. B. im Rahmen von Live-Sendungen nur in komprimierter Form zur Sprache gebracht. Für die Leserbriefspalten einer Zeitung oder Zeitschrift gilt ähnliches.

Was schließlich die (quantitative) Publikumsforschung[54] betrifft, so wird daraus wiederum nur das Bild eines Rezipienten konstruiert, der sich aus statistischen Mittelwerten zusammensetzt und so in Wirklichkeit nicht anzutreffen ist.

Aber selbst wenn – sozusagen im Idealfall – der direkte Kontakt zwischen einem professionellen Kommunikator und einem Rezipienten zustande kommt (etwa in Live-Sendungen mit Hörer-, Seher- oder Publikumsbeteiligung), ist die Vorstellung einer Wechselseitigkeit, wie sie in einem echten Dialog vielleicht zustande kommt, wohl illusionär. Zu unterschiedlich sind die Positionen, die da zueinander in Beziehung geraten, denn der professionelle Kommunikator verfügt im Gegensatz zum Rezipienten über eine Rollenmacht, die spätestens dann zum Tragen kommt, wenn er mit Blick auf den Sendungsverlauf oder normative Regelungen (wie z. B. das Rundfunkgesetz) die Kommunikation steuert oder auch abbricht.

Mit der Vorstellung vom „Feedback" im Massenkommunikationsprozeß wird der Blick aber noch auf ein ganz anderes Phänomen gerichtet, das in den fünfziger Jahren erstmals empirisch untersucht worden ist: auf die Tatsache nämlich, daß allein die Übertragung oder Aufzeichnung eines Ereignisses (etwa durch das Fernsehen) das Ereignis selbst verändert. So etwa durch Maßnahmen, die das Aufnahmeteam für die Übertragung trifft, oder auch dadurch, daß sich die jeweils beteiligten Personen nicht mehr ganz unbefangen verhalten, weil sie

54 Auf die Publikumsforschung wird weiter unten (siehe Seite 226 ff.) noch näher eingegangen.

wissen, daß sie möglicherweise von einem Millionenpublikum beobachtet werden (Lang/Lang 1953). Daß solchermaßen „mediatisierte“ Ereignisse (Kepplinger 1992a) heute ohnehin einen Großteil der Berichterstattung ausmachen und daß sich in diesem Zusammenhang die Frage nach der Qualität der Wirklichkeit stellt, über die da eigentlich berichtet wird, davon wird weiter unten (insb. im Kapitel 5.4.2.) noch vielfach die Rede sein.

Auch die Frage, ob und inwieweit es sich bei Massenkommunikation um einen Kommunikationsprozeß im bislang definierten Sinn handelt, wird noch ausführlich diskutiert werden (vgl. S. 170 ff.). Am Beispiel des Feedback-Begriffes ist aber schon im vorliegenden Zusammenhang deutlich geworden, daß ein Übertragen allgemein kommunikativer Merkmale auf das öffentliche Kommunikationsgeschehen nicht ohne weiteres möglich ist.

3. DAS KOMMUNIKATIONSMEDIUM „SPRACHE“

Zwischenmenschliche Kommunikation ist in der Regel sprachliche Kommunikation. Üblicherweise sind es Wörter, die wir zur Bedeutungsvermittlung heranziehen. Damit will nicht gesagt sein, daß Kommunikationsprozesse ausschließlich verbaler Natur sind. Allein das weite Feld an leibgebundenen Ausdrucksmöglichkeiten (wie Mimik, Gestik, Körperhaltung, Kleidung u. ä.) verweist ja bereits auf die Existenz einer nonverbalen oder „extralinguistischen“ Dimension[55] menschlicher Kommunikation und läßt nicht wundern, daß „alle sprachliche Kommunikation auch an nichtsprachliche Kommunikation gebunden ist“ (Merten 1977, S. 133). In der Folge soll dennoch die *verbale* Kommunikation im Mittelpunkt der Betrachtungen stehen, weil Sprache „als das für den Menschen allein typische und bei weitem am höchsten entwickelte Kommunikationsmittel“ (Griese 1976, S. 28) angesehen werden kann.[56] Das Interesse an Spra-

55 Eine systematische Auflistung nichtsprachlicher Momente von Kommunikation gibt Graumann (1972, S. 1219 ff.). Er zählt zum Bereich außersprachlicher Medien neben den körperbezogenen Ausdrucksmitteln auch Kommunikationsräume (wie die Landschaft, das Klima, die Stadt, das Gebäude) und Kommunikationsobjekte (etwa alltägliche Gegenstände, wie einen Tisch, Blumen, ein Streichholz usw.). Alles, was uns umgibt, kann als Medium auftreten und damit Bedeutungen vermitteln (vgl. insbes. S. 1234 ff.). Einen komprimierten Überblick dieser Graumannschen Typologie gibt auch Schreiber (1990, S. 147 f.).

56 Als heute weithin anerkannt gilt die Auffassung, daß der Mensch die einzige Spezies ist, die im Verlaufe der bisher stattgefundenen Evolution die Fähigkeit zu verbaler Kommunikation entwickelt hat (vgl. dazu Soritsch 1975, S. 13. f., Bouissac 1993). Deshalb sollte man auch von „Tiersprache“ nicht oder „nur unter ständigem Bewußtbleiben der damit gesetzten Metaphorik“ (Kainz 1961, S. 20) reden. Ein grundsätzlicher Unterschied zwischen der menschlichen Sprache und der Tier„sprache“ scheint darin zu liegen, daß letzterer die *Bezeichnungs*leistung fehlt: „Die Lautäußerungen der Tiere sind keine nennenden und darstellenden Zeichen, sondern Ausdruckslaute“ (Kainz 1943, S. 215). So können beispielsweise die Bienen im Rahmen ihres Kommunikationssystems wohl zuverlässig „informieren über das ‚daß‘, das ‚wieviel‘ und das ‚wo‘ (in bezug auf Entfernung und Richtung), nicht hingegen über das ‚was‘. Hier versagt die motorische Symbolik und muß den Stoffproben Platz machen ...“ (Kainz 1961, S. 21). Der Mensch hingegen kann mit Hilfe sprachlicher Symbole nicht nur Bedeutungen, sondern eben auch

che konzentriert sich im vorliegenden Zusammenhang also auf ihre kommunikative Leistung; nicht sosehr die Sprache an sich, als vielmehr die Sprachlichkeit menschlicher Kommunikation ist zu untersuchen. In ihrer Eigenschaft als *Medium* symbolisch vermittelter Interaktion soll Sprache als eine Instanz gesehen werden, die dazu dient, Inhalte unseres Bewußtseins anderen Menschen zugänglich zu machen.[57] Damit steht Sprache als ein

---

Bezeichnungen vermitteln. (Zur Eigenart des sprachlichen Zeichens vgl. insbes. Schaff 1968a, S. 26 ff.) Ohne diese Bezeichnungsleistung der menschlichen Sprache könnte man sich in sämtlichen Mitteilungen „nur auf Gegenstände beziehen, die in dem Augenblick der Mitteilung im Wahrnehmungsraum von Sprecher und Hörer konkret anwesend sind ...", jede Mitteilung „wäre gebunden an das Hier und Jetzt; die Dimension der Vergangenheit und der Zukunft wäre ausgeschlossen" (Pelz 1975, S. 16). – Eine fundierte Darstellung weiterer relavanter Differenzierungskriterien gibt Schaff 1968b, S. 46 ff.
Was schließlich den Entwicklungsstand der dem Menschen zur Verfügung stehenden Kommunikationsmittel betrifft, so ist Sprache nicht nur die phylogenetisch jüngere Stufe – Merten zeigt anhand vieler Befunde auf, daß sich die verbale Kommunikation aus der nonverbalen Kommunikation entwickelt haben muß (vgl. Merten 1977, S. 122 ff.), wobei diese allerdings durch die verbale Kommunikation „nicht abgelöst, sondern nur ergänzt worden ist" (ebd. S. 82) –, Sprache erweist sich v. a. „allen anderen Medien der Kommunikation gegenüber unendlich überlegen" (Döhn 1979, S. 206). Diese Überlegenheit kommt u. a. darin zum Ausdruck, daß sie es ermöglicht, „aus einer begrenzten Anzahl von Lauten eine praktisch unbegrenzte Anzahl von Sätzen hervorzubringen" (ebd.). Erst dadurch kann man ja „eine praktisch unbegrenzte Anzahl verschiedenartiger Informationen übermitteln und miteinander verknüpfen" (ebd.).

57 Mit dieser auch als „dialogische Funktion" (Kainz 1954, S. 172) bezeichneten Leistung der Sprache ist zweifellos ihre Hauptfunktion angesprochen. Es darf allerdings nicht übersehen werden, daß Sprache auch andere Funktionen als vorrangig die des Mitteilens erfüllen kann. So läßt sich dieser dialogischen z. B. eine **monologische** Sprachfunktion (ebd. S. 185) gegenüberstellen: Gemeint ist die Leistung der Sprache als Denkhilfe oder auch als Möglichkeit, seine Gefühle vor sich selbst manifest werden zu lassen – auch: emotionell-expressive Leistung – (z. B. ein spontaner „Au"-Schrei, ein im Affekt geäußerter Fluch u. ä.). Desgleichen sei die **phatische** Sprachfunktion erwähnt: „Sie besteht im bloßen Kontakthalten mittels Sprache", sie „bestimmt auch weitgehend das, was als mehr oder weniger standardisierter *small talk* auf Partys und in vielen Alltagssituationen geäußert wird als „Geräusch um des Geräusches willen" – „Schöner Tag heute" – „So, auch schon auf?" – „Na, auch mal wieder in der Stadt?" usw. (Pelz 1975, S. 28). Hier geht es also weniger um mitzuteilende Inhalte als vielmehr um das Faktum der sozialen Begegnung mittels Sprache. Hayakawa hat diese auch als **Kontaktfunktion** (Steinmüller 1977, S. 52) bezeichnete Leistung der Sprache, die in hohem Maß soziale Relevanz besitzt, ausführlich diskutiert (vgl. Hayakawa 1967, S. 84 ff.).

Instrument zur zwischenmenschlichen Verständigung im Mittelpunkt; ihre kommunikative Funktion umfaßt jene Leistungen, die sie im Hinblick auf das Zustandekommen ebendieser Verständigung erbringt. Es gilt daher zunächst klarzustellen, wie sich Verständigung über den Weg sprachlicher Kommunikation überhaupt vollzieht.

3.1. Zum Problem sprachlicher Verständigung

Verständigung wurde ja schon weiter oben (S. 26 f.) als das – der allgemeinen (Mitteilungs-)Intention kommunikativen Handelns entsprechende – konstante Ziel symbolisch vermittelter Interaktionen ausgewiesen. Dieses Ziel wurde als erreicht angesehen, wenn die Kommunikationspartner, die im Zuge ihrer kommunikativen Interaktion zu vermittelnden Bedeutungen tatsächlich (bzw. annäherungweise) „miteinander teilten“. Man kann daher sagen: Verständigung liegt dann vor, wenn der Rezipient eine ihm mitgeteilte Aussage so versteht, wie sie vom Kommunikator gemeint ist. Im Zusammenhang mit *sprachlicher* Kommunikation bedarf dieses Verständigungs-„Ereignis“ allerdings einer Präzisierung. Zu diesem Zweck erscheint es notwendig, Grundsätzliches aus der Semiotik (der Lehre von den sprachlichen Zeichen) voranzustellen.

Im Anschluß an Peirce kann man mit Morris (1938) bei sprachlichen Zeichen die folgenden drei Dimensionen unterscheiden:

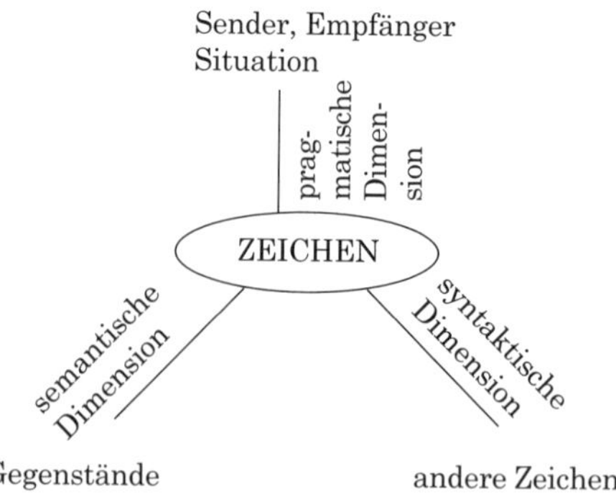

Abb. 7: Dimensionen sprachlicher Zeichen, Pelz 1975, S. 210

Die *semantische* Dimension meint die Beziehung zwischen den sprachlichen Zeichen und den außersprachlichen „Gegenständen“ (Personen, Dingen, Zuständen, Ereignissen, Ideen ... usw.), auf die sie verweisen, die sie „be-zeichnen“ sollen. Die Semantik untersucht demgemäß die *Bedeutung* sprachlicher Zeichen und Zeichenfolgen (vgl. dazu Pelz 1975, S. 163 ff.). Die *syntaktische* Dimension meint die Beziehung der Zeichen untereinander. Der Untersuchungsgegenstand der Syntaktik sind die grammatischen Regeln, nach denen sprachliche Zeichen miteinander verknüpft werden können (vgl. dazu Pelz 1975, S. 131 ff.). Die *pragmatische* Dimension schließlich meint die Beziehung zwischen den Zeichen und ihren Benützern. Die Pragmatik als „Lehre von der Zeichenverwendung“ (Schlieben-Lange 1975a, S. 10) fragt nach der Art und Weise des Gebrauchs sprachlicher Zeichen und Zeichenfolgen; sie untersucht, was mit sprachlichen Zeichen(-Kombinationen) „gemacht“ wird, wozu sie benützt werden.

Sprache ist ohne Sprachbenützer nicht denkbar. Sätze – also nach bestimmten syntaktischen Regeln kombinierte, bedeutungsvolle sprachliche Zeichen – gewinnen erst dann (sinnlich wahrnehmbare) Realität und können daher erst dann eine kommunikative (= Mitteilungs-)Funktion erfüllen, wenn sie zu Äußerungen eines Sprechers werden. Diese Tatsache macht die Bedeutung der *pragmatischen* Dimension sprachlicher Zeichen für sprachliche Kommunikationsprozesse erkennbar: Gesprochene (und natürlich auch geschriebene oder in irgendeine andere Form transponierte) Sprache ist stets eine zu irgend etwas „benützte“ Sprache. Diese Einsicht geht auf den englischen Sprachphilosophen John Langshaw Austin zurück, der als einer der ersten die Frage stellte, was wir mit Worten eigentlich „tun“.[58] Austin erkannte, daß die Bedeutung einer

58 Nicht zu vergessen ist in diesem Zusammenhang freilich das von Karl Bühler (1934) noch früher entwickelte „Organon-Modell“ der Sprache, das auch bereits neben der Darstellungs- bzw. Symbolfunktion eine (auf den Sender bezogene) Ausdrucks- bzw. Symptomfunktion und eine (auf den Empfänger bezogene) Appell- bzw. Signalfunktion unterscheidet (vgl. dazu näher: Pelz 1975, S. 44 f.).

sprachlichen Äußerung nicht schon allein dadurch feststellbar ist, „daß man die ‚Bedeutung‘ der einzelnen Wörter ermittelt und sie zu einer Gesamtbedeutung der Wörter addiert“ (Hennig/Huth 1975, S. 114).

Diese Tatsache kann man sich an einer ganz alltäglichen Äußerung vergegenwärtigen: „Betrachten wir also Franz, der zu Fritz sagt: *Morgen komme ich.* Wie gebraucht er seine Äußerung? Was tut er damit, daß er den Satz äußert? Erstens, und das ist schon einmal wichtig, äußert er einen deutschen Satz, der sprachlich bedeutungsvoll ist und den jeder versteht, der nicht weiß, wann er geäußert wird, und nicht weiß, wer ihn äußert, und der vor allem nicht weiß, wozu der Sprecher ihn äußert, wie er ihn gebraucht. Ja mehr als das: Auch wer den Sachverhalt, um den es geht, genau kennt, wer z. B. weiß, daß Franz den Satz äußert, und zwar am Donnerstag, so daß es um den Sachverhalt geht, daß Franz am Freitag kommt, weiß noch nicht, was er mit der Äußerung tut. Franz kann mit der Äußerung ganz verschiedene Dinge tun: Er kann Fritz mitteilen, daß er morgen kommen werde. Er kann Fritz versprechen zu kommen. Er kann Fritz warnen oder drohen, indem er das sagt. Und so weiter. All das ist noch in keiner Weise bestimmt, wenn die sprachliche und inhaltliche Bedeutung der Äußerung schon längst festliegt“ (Savigny 1972, S. 8).

Die Bedeutung einer Äußerung wird also erst dann erkennbar, wenn man weiß, *was* der Sprecher mit den sprachlichen Zahlen eigentlich tut, d. h., *wozu* er die geäußerten Worte tatsächlich benützt. Die von Austin begründete „Sprechakttheorie“ basiert auf ebendieser Erkenntnis. Sie geht davon aus, daß das Sprechen einer Sprache eine Form des menschlichen Handelns darstellt[59]: „Eine Sprache sprechen bedeutet, Sprechakte auszuführen – Akte, wie z. B. Behauptungen aufzustellen, Befehle zu erteilen, Fragen stellen, Versprechungen machen usw. ... Sprechakte ... sind die grundlegenden oder kleinsten Einheiten der sprachlichen Kommunikation“ (Searle 1971, S. 30).

---

59 Die Lehre vom sprachlichen Handeln – daher oft auch: Sprechhandlungstheorie – entwickelte Austin in seinen berühmten Vorlesungen an der Harvard University im Jahre 1955, die erst nach seinem Tode veröffentlicht wurden (in deutscher Übersetzung: Austin 1972). Eine knappe Einführung in sprechakttheoretisches Denken bzw. eine Darstellung der verschiedenen Sprechhandlungstypen geben Hennig/Huth (1975, S. 112–129). Als wichtige zeitgenössische Vertreter der Sprechakttheorie sind v. a. John Searle (1971), ein Schüler Austins, und Dieter Wunderlich (1976) zu nennen.

Die Konsequenzen des bisher Gesagten für den hier zur Diskussion stehenden Verständigungsbegriff liegen auf der Hand: Das Verstehen einer sprachlich vermittelten Aussage, also das Erkennen dessen, was mit einer sprachlichen Äußerung tatsächlich gemeint ist, hängt sowohl vom Erkennen des Bedeutungsgehaltes der sprachlichen Zeichen(folge) als auch von einer kommunikatorgerechten Interpretation der gesetzten Sprechakte ab. Verständigung zwischen zwei Gesprächspartnern setzt somit nicht nur eine Übereinstimmung von Sprecher und Hörer in bezug auf den semantischen Gehalt sowie die syntaktischen Kombinationsmöglichkeiten sprachlicher Zeichen voraus; Verständigung erfordert auch eine Einigung über den pragmatischen Verwendungssinn der jeweils geäußerten Zeichen bzw. Zeichenkombinationen. Eine Verständigung zwischen Sprecher und Hörer erfordert also eine Begegnung auf zwei „Ebenen" der Kommunikation (vgl. dazu Habermas 1971, S. 105):

– auf einer *Ebene der Gegenstände*[60], *über* die man sich verständigt; hier wird Verständigung über den mitzuteilenden Sachverhalt herbeigeführt;
– auf einer *Ebene der Intersubjektivität,* auf der die Sprecher/Hörer *miteinander* sprechen; hier wird Verständigung über den Typus des gesetzten Sprechaktes hergestellt.

Nur wenn *beide* Kommunikationspartner im Moment der Kommunikation in *gleicher* Weise *beide* Ebenen betreten, kommt Verständigung zustande.

Zur Verdeutlichung diene die Äußerung: „Ich verspreche dir, daß ich morgen komme." Analysiert man diese Äußerung im Hinblick auf die soeben eingeführten Ebenen der Kommunikation, so gelangt man zu folgendem Ergebnis: Mit dem Satzteil „Ich verspreche dir, daß ..." wird die *intersubjektive Ebene* betreten. Sprecher und Hörer stellen wechselseitig Klarheit darüber her, wie sie miteinander sprechen; d. h., sie einigen sich über den Typus des gesetzten Sprechaktes (hier: ein Versprechen) und damit über den pragmatischen Verwendungssinn der Äußerung. Im Fall von Verständigung besteht also Klarheit darüber,

60 Als „Gegenstände" werden hier sowohl Dinge, Ereignisse, Zustände, Personen als auch Äußerungen und Zustände von Personen verstanden (vgl. Habermas ebd.).

was der Sprecher mit den noch folgenden Worten tut, *wozu* er sie benützt. Mit dem Satzteil „... ich morgen komme" wird die *gegenständliche Ebene* betreten. Sprecher und Hörer stellen wechselseitig Klarheit über den mitzuteilenden Sachverhalt (hier: das Eintreffen des Sprechers am darauffolgenden Tag) her.

Die eben analysierte Äußerung war allerdings ein Beispiel für einen explizit verbalisierten Sprechakt. Das, was der Sprecher mit seiner eigentlichen Aussage (= der Ankündigung seines morgigen Kommens) tut (nämlich: ein Versprechen geben), war ausdrücklich in Worte gekleidet („Ich verspreche dir, daß ...") und damit manifester Bestandteil der Äußerung. Tatsächlich sind solche Äußerungen aber eher die Ausnahme als die Regel. Es liegt nämlich in der eigentümlichen „Doppelstruktur umgangssprachlicher Kommunikation" (Habermas 1971, S. 105), daß der eigentliche Sprechakt in der Regel nur impliziter Bestandteil der sprachlichen Äußerung ist, d. h., jener Satzteil, der den Hinweis auf den pragmatischen Verwendungssinn der sprachlich vermittelten Aussage enthält, wird gar nicht explizit formuliert. Völlig zu Recht weist Habermas darauf hin, daß diejenigen Bestandteile des Satzes, die den pragmatischen Verwendungssinn der Aussage deklarieren, auch wenn sie nicht ausdrücklich verbalisiert werden, im Sprechvorgang stets impliziert sind und daher in der Tiefenstruktur eines *jeden* Satzes auftreten müssen (ebd. S. 104).

Die weiter oben zitierte Äußerung, in der Franz zu Fritz sagt: „Morgen komme ich", wird in der alltäglichen Kommunikationspraxis also häufiger anzutreffen sein als Äußerungen wie „Ich verspreche dir, daß ich morgen komme" oder „Ich warne dich, morgen komme ich" oder „Ich gestehe dir, morgen komme ich" u. ä. Mit der Doppelstruktur umgangssprachlicher Kommunikation ist jedoch die Tatsache angesprochen, daß natürlich auch solche Äußerungen wie „Morgen komme ich", in denen nur die gegenständliche Ebene der Kommunikation sprachlich manifest wird, einen pragmatischen Verwendungssinn implizieren, d. h. Aussagen sind, mit denen der Sprecher etwas tut (sei es ein Versprechen geben, eine Warnung aussprechen, ein Geständnis ablegen usw.).

Die Schwierigkeit im Hinblick auf die herzustellende Verständigung besteht nun darin, daß der vom Sprecher intendierte pragmatische Verwendungssinn einer Botschaft vom Hörer auch dann erkannt werden muß, wenn er nicht in expliziter Form Bestandteil der jeweiligen sprachlichen Äußerung ist.

In der alltäglichen Kommunikationspraxis erfolgt diese Interpretationsleistung zumeist über den Kontext, in den eine Äußerung eingebettet ist. Kommunikative Handlungen bzw. sprachliche Äußerungen dürfen ja nicht als isolierte Geschehnisse betrachtet werden, sondern sind in der Regel Bestandteile konkreter sozialer Prozesse, in denen Menschen zueinander in Beziehung treten. Hier setzt Watzlawick (et al. 1969) mit der von ihm eingeführten Unterscheidung eines „Inhalts-" und „Beziehungsaspektes" von Kommunikation (ebd. S. 53 f.) an und stellt damit eine Lösungsmöglichkeit der vorliegenden Problematik bereit. Man kann in dieser Trennung eine Parallele zu den oben genannten kommunikativen Ebenen sehen. In analoger Weise unterscheidet Watzlawick das, *was* eine Mitteilung enthält, von dem Hinweis darauf, *wie* ihr Sender sie vom Empfänger verstanden haben will: „Der Inhaltsaspekt vermittelt die ‚Daten', der Beziehungsaspekt weist an, wie diese Daten aufzufassen sind" (Watzlawick et al. ebd., S. 55). Wie diese „Daten" nun tatsächlich aufgefaßt werden, das hängt nach Watzlawick davon ab, „wie der Sender die Beziehung zwischen sich und dem Empfänger sieht" (ebd. S. 53).

Zur Erläuterung diene wieder das Beispiel, in dem Franz zu Fritz sagt: „Morgen komme ich." Im vorliegenden Zusammenhang soll daran einsehbar gemacht werden, daß der pragmatische Verwendungssinn dieser sprachlichen Äußerung von der Art der Beziehung zwischen Franz und Fritz abhängt:

- Angenommen, Franz und Fritz sind Freunde, die sich für den darauffolgenden Tag ein Rendezvous ausgemacht haben, dann wird die Äußerung als ein Versprechen zu werten sein, den morgigen Termin auch einhalten zu wollen …
- Angenommen, Franz ist ein Steuerprüfer des Finanzamtes, der bei Fritz eine Betriebsprüfung durchführen soll. In diesem Fall kann die Äußerung eine Warnung sein, allfällige Dinge noch ins rechte Lot zu bringen …
- Angenommen, Franz ist ein Lehrer, der Fritz Nachhilfe gibt. Hier kann die Äußerung vielleicht als eine Aufforderung interpretiert werden, bis morgen noch die gestellten Übungsaufgaben zu erledigen …

Die Art der Beziehung stellt also in gewissem Sinn einen Rahmen für mögliche Sprechakte bereit. Von außen betrachtet, hat ja jeder dieser Interaktionsteilnehmer bereits eine bestimmte soziale Position, in der er in Erscheinung tritt (Lehrer, Schüler, Steuerprüfer, Firmeninhaber, Freund usw.). Soziologisch gesprochen, greifen in jeder Interaktion eigentlich soziale Positionen ineinander (vgl. Wunderlich 1976, S. 17): Es treten nicht „bloße“ Personen zueinander in Beziehung, sondern die Person „A“ als Lehrer mit der Person „B“ als Schüler, die Person „X“ als Steuerprüfer mit der Person „Y“ als Firmeninhaber usw. Von innen betrachtet, bieten diese sozialen Positionen den Gesichtspunkt, von dem aus das Verhalten des jeweiligen Interaktionspartners gedeutet werden kann. Man kann sogar behaupten, daß dieser Gesichtspunkt, von dem aus man seinen Interaktionspartner sieht, in gewisser Weise auch einen Rahmen für die *Inhalte* potentieller Aussagen bereitstellt. Dieser Auffassung ist auch Watzlawick: „Jede Kommunikation hat einen Inhalts- und Beziehungsaspekt, derart, *daß letzterer den ersteren bestimmt* ...“ (Watzlawick et al. 1969, S. 56, Hervorhebung im Original).

So wird man sich mit seinem Nachhilfelehrer also eher über entsprechende Schulprobleme unterhalten als über die letzte Tennisstunde; der Firmenchef wird mit dem Steuerprüfer eher Finanzfragen erörtern als familiäre Probleme ... usw.

Zusammenfassung

Mit dem bisher Gesagten wurde einsehbar gemacht, daß zum Verstehen einer sprachlichen Äußerung nicht bloß das Entziffern bedeutungstragender sprachlicher Zeichen genügt, sondern, daß sprachliche Kommunikation stets auf zwei Ebenen verläuft. Nachstehend sind die beiden Ebenen sprachlicher Verständigung noch einmal überschaubar dargestellt.

Einerseits werden auf einer symbolischen Dimension nach bestimmten grammatischen Regeln (Syntax) bedeutungstragende sprachliche Zeichen (Semantik) zu Sätzen kombiniert. Damit befindet man sich auf der gegenständlichen Ebene von Kommunikation (Habermas); es wird ein bestimmter Inhalt

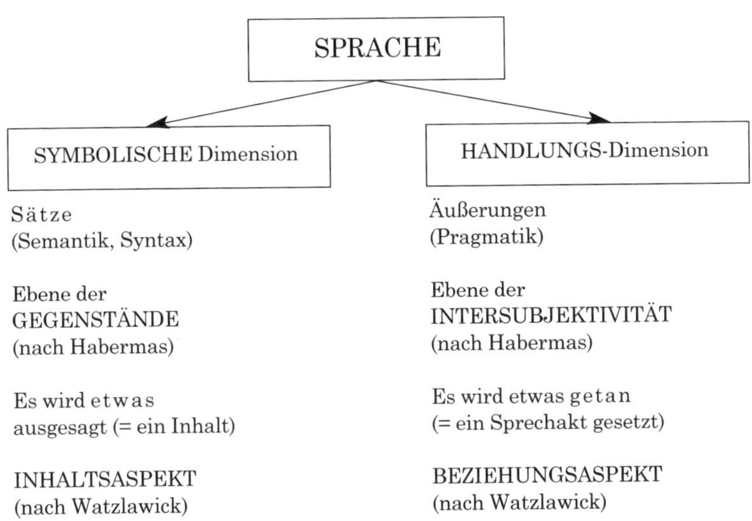

Abb. 8: Dimensionen sprachlicher Kommunikation

(Watzlawick) ausgesagt. – Andererseits werden *zugleich* auf einer Handlungsdimension die zu Sätzen kombinierten Symbole von einem Sprecher geäußert und damit zu etwas benützt (Pragmatik): Sprache wird gesprochen, indem Sätze zu Äußerungen eines Sprechers werden. Damit befindet man sich auf der intersubjektiven Ebene (Habermas), man spricht in ganz bestimmter Weise zu seinem Kommunikationspartner: man setzt bestimmte Sprechakte. Den Rahmen für derartige Handlungen – aber in gewissem Sinn auch den Rahmen für potentielle Aussageinhalte – beeinflußt die Art der Beziehung (Watzlawick) der beiden Kommunikationspartner zueinander.

Verständigung – darauf sei noch einmal hingewiesen – *kommt nur dann zustande, wenn beide Kommunikationspartner im Moment der Kommunikation sowohl die sprachlichen Zeichenkombinationen als auch die gesetzten sprachlichen Handlungen (wenigstens annäherungsweise) identisch interpretieren.* Ein in diesem Sinn „erfolgreich" ablaufendes kommunikatives Handeln impliziert daher einen Verständigungserfolg auf diesen beiden sprachlichen Dimensionen.

Zweifellos ist aber – dazu bedarf es kaum weitschweifiger Nachweise – ein derartiger Verständigungserfolg nicht unbedingt die Regel. Eine Wissenschaft von der menschlichen Kommunikation darf über diese Tatsache nicht nur nicht hinwegsehen, sie muß im Gegenteil versuchen, derartige Verständigungsschwierigkeiten zu ergründen und einsehbar zu machen. Nur eine *Einsicht* in mögliche Ursachen von Verständigungsschwierigkeiten kann für die Zukunft deren Minimierung bewirken – und dies sollte ja auch letztes praxisorientieres Ziel einer wissenschaftlichen Tätigkeit sein, die sich mit Verständigung(sproblemen) auseinandersetzt. Im folgenden werden daher Gründe dafür angeführt, warum eine wechselseitige Verständigung in sprachlichen Kommunikationsprozessen oftmals nur schwer, bisweilen sogar unmöglich ist.

3.2. Sprachbarrieren

Sprachliche Gründe dafür, daß die erwünschte Verständigung im Rahmen kommunikativer Prozesse nicht hergestellt werden kann, sind sog. „Sprachbarrieren" (Badura 1971). Solche Sprachbarrieren haben entweder ein Nichtverstehen oder ein Mißverstehen des Kommunikationspartners zur Folge. Eine solches Nicht- und Mißverstehen kann – in Entsprechung zu den oben eingeführten sprachlichen Dimensionen – sowohl auf der gegenständlichen als auch auf der intersubjektiven Ebene von Kommunikation auftreten.

Auf der *gegenständlichen* Ebene liegt ein *Nichtverstehen* dann vor, wenn Sprecher und Hörer über unterschiedliche sprachliche Zeichenvorräte verfügen. In diesem Fall verwendet der Sprecher Wörter, die der Hörer nicht kennt, weil sie aus einer ihm fremden Sprache stammen.

So kann eine Botschaft „teilweise oder ganz in Wörtern aus einer dem Empfänger unbekannten natürlichen Sprache verfaßt sein, oder sie kann teilweise aus Wörtern einer vom Empfänger nicht beherrschten Fach- oder Sondersprache bestehen" (Badura 1971, S. 154). Mit letzteren sind v. a. solche Sprachen gemeint, die nur von Gruppen von Individuen innerhalb einer Sprachgemeinschaft gebraucht und verstanden werden, „welche sich in speziellen Lagen" befinden (Lindesmith/Strauss 1974, S. 50). So ist z. B. die Sprache der Rechtsprechung eine (berufsspezifische) Sondersprache, die sich von der Alltagssprache schon sehr weit entfernt hat und die nur mehr von jenen Menschen angemessen gebraucht und verstanden wird, die Rechtsanwälte, Richter u. ä. sind ... Zu den Sondersprachen zählen aber auch alle Formen von Slangs, die sich innerhalb bestimmter sozialer Gruppierungen (etwa unter Studenten, unter Handwerkern ... usw.) ausbilden und die gruppenfremden Personen nicht verständlich sind.

Ein *Mißverstehen* auf der *gegenständlichen* Ebene von Kommunikation liegt dagegen dann vor, wenn beide Kommunikationspartner wohl mehr oder weniger gleiche Zeichenvorräte besitzen und dem Hörer daher auch die vom Sprecher verwendeten Wörter bekannt sind, wenn beide Kommunikationspartner aber dennoch unterschiedliche Bedeutungen mit den betreffenden Wörtern verbinden: Der Hörer ist einfach nicht in der Lage, diesen Wörtern in ihrem spezifischen Kontext die vom Sprecher gemeinte Bedeutung zuzuordnen. Hierbei handelt es sich in der Regel um historisch gewachsene Differenzen im Bereich der semantischen Zeichendimension zwischen Sprecher und Hörer, die nur unter Rekurs auf die individuelle Lebensgeschichte der jeweiligen Kommunikationspartner begründet werden können. Darauf wird weiter unten noch näher einzugehen sein.

Auf der *intersubjektiven* Ebene von Kommunikation liegt ein *Nichtverstehen* dann vor, wenn sprachliche Äußerungen gar nicht als solche erkannt werden. Die Gründe dafür liegen also im Unvermögen des Empfängers, die sprachlichen Manifestationen überhaupt zu identifizieren.

Dies mag an der kulturellen oder gesellschaftlichen Zugehörigkeit des „Empfängers" liegen – so ist es für einen Europäer durchaus nicht selbstverständlich, fernöstliche Schriftzeichen als solche überhaupt wahrzunehmen –, es mag dafür aber auch die Störung des entsprechenden Rezeptionskanals (z. B. Blind- oder Taubheit) auf der Seite des Empfängers dafür verantwortlich sein.

Ein *Mißverstehen* auf der intersubjektiven Ebene liegt hingegen dann vor, wenn die beiden Kommunikationspartner die gesetzten Sprechakte unterschiedlich interpretieren. Das bedeutet, daß der Hörer den vom Sprecher intendierten pragmatischen Verwendungssinn der Aussage nicht erkennt – diese Problematik wurde ja soeben ausführlich behandelt. Hierbei handelt es sich also um Differenzen im Bereich der pragmatischen Zeichendimension zwischen Sprecher und Hörer.

Versucht man nun, Einsicht in die Ursachen derartiger Sprachbarrieren herzustellen, so fällt dies für die beschriebenen Arten des Nichtverstehens leicht. Einerseits fehlt ein Mindestmaß an Deckungsgleichheit im Zeichenvorrat von Sprecher und Hörer (= gegenständliche Ebene). Sprache kann ihre kommunikative Funktion eben nicht erfüllen, wenn der Sprecher Zeichen verwendet, über deren semantischen Gehalt der Hörer nicht verfügt. Dies gilt nicht nur *inter*kulturell (Fremdsprache), sondern in gleicher Weise auch für den *intra*kulturellen Bereich (Fach- oder Sondersprache). – Andererseits fehlen die Voraussetzungen, eine sprachliche Manifestation überhaupt als solche zu erkennen (= intersubjektive Ebene), sei dies nun aus mangelndem Wissen heraus (anderer Kulturkreis) oder infolge eines physischen Gebrechens (Störung des entsprechenden Rezeptionskanals). Auch in diesem Fall kann Sprache natürlich ihre kommunikative Funktion nicht erfüllen; sprachliche Kommunikation bzw. Verständigung via Sprache ist nicht möglich. Weitaus weniger deutlich vor Augen liegen dagegen die Ursachen im Falle des Mißverstehens. Hier gilt es, einsehbar zu machen, warum trotz gleichem Zeichenvorrat zweier Kommunikationspartner Differenzen im Bereich der semantischen Zeichendimension auftreten; bzw. warum es trotz der Fähigkeit des Hörers, Sprechakte zu identifizieren, zu keiner kommunikatorgerechten Interpretation des pragmatischen Verwendungssinns der jeweiligen Aussage kommt. Die Ursachen für diese Art von Sprachbarrieren werden erst dann einsehbar, wenn man bestimmte Besonderheiten der Sprache sowie des Spracherwerbes beim Menschen kennt.

In der Folge werden daher derartige Besonderheiten der menschlichen Sprache grundsätzlich dargestellt und in ihrer Bedeutung für das zwischenmenschliche Kommunikationsgeschehen erläutert. Die Auswahl dieser Besonderheiten bemißt sich an ihrer Relevanz im Hinblick auf die kommunikative Funktion der Sprache; d. h., es werden v. a. jene sprachlichen Charakteristika hervorgehoben, die für die Funktion der Sprache als Verständigungsmittel von Bedeutung erscheinen.

3.3. Verständigungsrelevante Besonderheiten der menschlichen Sprache

3.3.1. Die verallgemeinernde Kraft der Sprache

Die Fähigkeit des Menschen, Zeichen in ihrer Symbolfunktion verwenden zu können, manifestiert sich im Fall der *sprachlichen* Zeichen auf ganz besondere Weise. Auf der einen Seite bezeichnen Wörter (außersprachliche) „Gegenstände" der Realität und treten damit als Repräsentationszeichen[61] auf; sie vertreten die bezeichneten Gegenstände im Rahmen zwischenmenschlicher Kommunikationsprozesse. Dadurch „gelingt es, die Objekte der Realität aus ihrer materiellen Existenzweise zu lösen, sie situations- und zeitunabhängig und damit zu Objekten geistiger Tätigkeit zu machen" (Steinmüller 1977, S. 64). Diese Bezeichnungsleistung[62] der menschlichen Sprache versetzt uns ja bekanntlich in die Lage, sowohl Objekte, die im Augenblick der Kommunikation nicht in unserem Wahrnehmungsraum vorhanden sind (z. B. einen Eiszapfen mitten im Sommer), als auch Bereiche der Realität, die als konkrete wahrnehmbare Gegenstände überhaupt nicht existierten (z. B. Werthaltungen), in unserem Bewußtsein zu aktualisieren.[63]

Andererseits hält aber das Wort in seiner Bedeutung stets auch das Allgemeine der Dinge und Erscheinungen fest. „Jedes Wort verallgemeinert. Dieser Behauptung stimmen die verschiedenen Richtungen der Sprachtheorie zu" (Schaff 1968c, S. 99). Eine solche Verallgemeinerung „ist sowohl ein Merkmal der Namen, die Dinge und Eigenschaften bezeichnen, wie z. B. ‚der Mensch', ‚der Tisch', ‚die Tugend', ‚das Rot' usw., wie auch der Namen von Tätigkeiten wie ‚gehen', ‚essen' usw., wie auch schließlich jeglicher Art von sonstigen Wörtern, Konjunktionen u. ä. m. wie ‚ist', ‚oder', ‚und' etc." (ebd. S. 100). Aus dieser mit den sprachlichen Zeichen verbundenen Abstraktionsmöglichkeit folgt, daß man mit Wörtern nicht nur in der Lage ist, einzelne

61 Zum Zeichenbegriff siehe S. 46 ff.
62 Siehe dazu die Fußnote 56.
63 Vgl. dazu auch die Ausführungen auf S. 52 ff.

konkrete Gegenstände zu benennen, sondern zugleich auch immer die jeweilige(n) Klasse(n) ebendieser Gegenstände bezeichnet. „Das sprachliche Zeichen umfaßt damit sowohl das konkrete Exemplar als auch seine Abstraktion in der Klassifizierung, in der es den Gegenstand von seinen konkreten Erscheinungsformen löst und so zum Gegenstand geistiger Tätigkeit machen kann“ (Steinmüller 1977, S. 64).

So bezeichne ich beispielsweise mit dem Wort „Tisch“ nicht nur den konkreten Gegenstand, an dem ich sitze und mein Buch schreibe, sondern zugleich auch die *Klasse* ebensolcher Gegenstände, die mir als Summe von Vorstellungen (wie z. B. senkrechte[r] Ständer mit waagrecht aufgelegter Platte, die zum Abstellen diverser Dinge dient ...) im Bewußtsein präsent ist.

Für diese durch das sprachliche Zeichen repräsentierte Abstraktion ist in der Sprachtheorie der Terminus „Begriff“ gebräuchlich. „**Begriffe** sind Klassen von Umwelterfahrungen“ (Göppner 1978, S. 63), sie sind also Vorstellungen von der Realität, die aus der Summe individueller Erfahrungen mit dieser Realität verallgemeinert worden sind. Begriffe sind eine grundsätzlich *dynamische* Größe; d. h., es ist möglich und wahrscheinlich, daß „neue Erfahrungen in das Begriffssystem der bisherigen Erfahrungen eingeordnet werden, bzw. dieses Begriffssystem erweitern können“ (Göppner ebd.). Es erscheint plausibel, daß dieser Prozeß ein lebensbegleitender Vorgang ist; d. h., die Begriffsbildung ist bei einer einzelnen Person eigentlich nie endgültig und abgeschlossen. Zweifellos kann man aber den Schwerpunkt der Begriffsentstehung in der Kindheit ansiedeln. Besonders für das Kind ist ein Begriff noch sehr stark mit einigen wenigen konkreten Wahrnehmungen verbunden, „aus dessen Verarbeitung er erst entsteht“ (Wygotski 1969, S. 104).[64]

64 Nach Wygotski vollzieht sich die Entwicklung von Begriffen in drei Stufen: Zunächst besteht die Bedeutung eines Wortes „in der völlig unbestimmten ... Verkettung einzelner Gegenstände, die sich auf irgendeine Weise in der Vorstellung und Wahrnehmung des Kindes miteinander zu einem einzigen zusammenhängenden Bild verbunden haben“ (Wygotski 1969, S. 120). In der darauffolgenden Phase kommt es zu einer Gruppierung, d. h. zu einer Vereinigung verschiedener Gegenstände, indem Beziehungen zwischen den konkreten Eindrücken hergestellt werden, es entsteht eine „komplexe Verbindung einer Reihe konkreter Dinge“; Wygotski spricht

Sehr deutlich tritt der Zusammenhang zwischen Sprache und Erfahrung bei der Analyse der kindlichen Sprachentwicklung aus der theoretischen Perspektive des Symbolischen Interaktionismus[65] hervor. Eine der Grundannahmen dieses Konzepts besagt ja, daß die Bedeutungen von Umweltobjekten (Personen, Gegenständen, Zuständen etc.) „soziale Produkte" (Blumer 1973, S. 83) sind, d. h. aus den sozialen Interaktionen abgeleitet werden, die man mit seinen Mitmenschen eingeht. Im Sinne des Symbolischen Interaktionismus ist daher beachtenswert, daß ein Kind mit dem Akt seiner Geburt nicht nur ein Teil der jeweils vorhandenen natürlichen Umwelt wird, sondern auch – und dies vor allem – „in einen bestimmten existenten Satz von sozialen Beziehungen" (Stryker 1976, S. 264) hineingeboren wird.

Im Moment des Eintritts in seine soziale Umwelt zeigt das Kind noch rein zufällige Bewegungsabläufe. Erste Reaktionen von Erwachsenen (Füttern, Hin- und Herwiegen, Trockenlegen u. ä.), die noch mehr oder weniger dem Prinzip von „Versuch und Irrtum" gehorchen, führen allmählich zu einer Abfolge von bestimmten Verhaltensweisen und Ereignissen, an die sich das Kind gewöhnt. „Wird diese Gewohnheit plötzlich unterbrochen – etwa beim Nichterscheinen der Mutter, wenn das Kind hungrig ist –, so entsteht in seinem Bewußtsein eine Vorstellung von der unvollendeten Handlung. Indem es dann diese Vorstellung mit einem Wort oder Worten bezeichnet (vielleicht zuerst nicht mit Worten der Umgangssprache, aber später doch ihr angepaßt), kann sich das Kind diese Vorstellung von da an ins Bewußtsein rufen, auch wenn es nicht in seiner Gewohnheit ‚blockiert' wird. In unserem Beispiel besteht diese Vorstellung aus dem Bild der Mutter, die das Kind füttert. Nach zahlreichen ähnlichen Ereignissen kann es dann ‚Mutter' als ein durch ein Symbol bezeichnetes Objekt unterscheiden" (Rose 1967, S. 276).

---

vom „Pseudobegriff" (ebd. S. 131). Erst auf der nächsten, dritten, Stufe entsteht schließlich der eigentliche Begriff „im Prozeß einer intellektuellen Operation ... dabei ist das zentrale Moment dieser ganzen Operation der funktionelle Gebrauch des Wortes als Mittel zur willkürlichen Lenkung der Aufmerksamkeit, der Abstraktion, der Herauslösung der einzelnen Merkmale, ihre Synthese und Symbolisierung mit Hilfe eines Zeichens" (ebd. S. 164).

65 Zum Symbolischen Interaktionismus vgl. auch weiter oben (S. 54 f.) die Überlegungen anläßlich der Klärung des Symbolbegriffes sowie dessen breitere Darstellung als Sozialisationskonzept weiter unten (S. 153 ff.).

Für die Bildung von Begriffen und deren spätere Symbolisierung durch sprachliche Zeichen erweisen sich also gerade die ersten Umwelterfahrungen des heranwachsenden Kindes als besonders bedeutsam. Sprachliche Zeichen und deren Bedeutung dürfen daher niemals losgelöst von ihrer Umwelt, in der sie bestehen und entstanden sind, betrachtet werden. Infolge der verallgemeinernden Kraft der Sprache drücken Wörter stets eine Summe klassifizierter Vorstellungen über diese Umwelt (= Begriffe) aus, die ihre Wurzel in den individuellen Erfahrungen der jeweiligen Sprachbenützer besitzen.

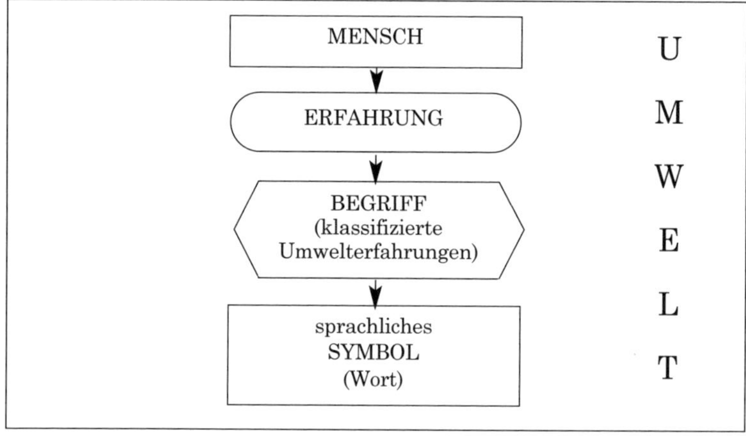

Abb. 9: Sprache und Umwelt

Die Skizze veranschaulicht diesen Zusammenhang: sie zeigt, daß der Mensch aufgrund von Erfahrungen, die er im Zuge der Auseinandersetzung mit seiner Umwelt macht, Begriffe ausbildet. Diese Begriffe stellen dann als verallgemeinerte Vorstellungen über die Realität (= Klassen von Umwelterfahrungen) Momente seines Bewußtseins dar, die er mit Hilfe von sprachlichen Symbolen (= Worten) bezeichnen kann.

Das Wissen um die verallgemeinernde Kraft der Sprache führte bislang also zur Einsicht, daß wir mit sprachlichen Zeichen nicht bloß Objekte der Realität raum- und zeitunabhängig zum Gegenstand unserer geistigen Tätigkeit machen können, sondern daß wir mit Wörtern immer auch auf *Begriffe* rekurrieren, die als mehr oder weniger individuell verallgemeinerte Umwelterfahrungen Bestandteil unseres Bewußtseins sind. M. a. W., die *Bedeutung* sprachlicher Symbole ist wesentlich von der Qualität der Erfahrung abhängig, die der jeweilige Sprachbenützer mit den „Dingen" machen konnte, auf welche die jeweiligen Wörter verweisen. Wörter können immer nur auf solche Begrifflichkeiten hindeuten, die im individuellen Bewußtsein bereits vorhanden sind. Mit diesem Hinweis auf die bedeutungsprägende Kraft der Erfahrung ist zugleich aber auch das Verhältnis der Sprache zur Wirklichkeit angesprochen. Dieses Verhältnis impliziert weitere Besonderheiten der menschlichen Sprache, die im Hinblick auf ihre kommunikative Funktion relevant sind und daher in der Folge näher beleuchtet werden sollen.

3.3.2. Sprache und Realität

Als Ausgangspunkt für die folgenden Überlegungen dient hier abermals der theoretische Ansatz des Symbolischen Interaktionismus. Diesmal mit seiner zentralen Annahme, wonach der Mensch nicht nur in einer natürlichen, sondern auch in einer symbolischen Umwelt lebt (Rose 1967, S. 267). In dieser Annahme kommt zum Ausdruck, daß der Mensch – im Gegensatz zum Tier – in der Lage war, sich eine Welt bedeutungsvoller Zeichen zu schaffen, die neben der (größtenteils ohne sein Zutun vorhandenen) Natur auch ein Teil seiner äußeren Umgebung geworden ist. Der Mensch ist ein „animal symbolicum", formuliert Mühlmann treffend und zieht daraus den Schluß, daß er mit seiner Umwelt eigentlich nicht direkt und unmittelbar, sondern durch das Medium eines künstlichen symbolischen Systems in Berührung steht (Mühlmann 1966, S. 16).

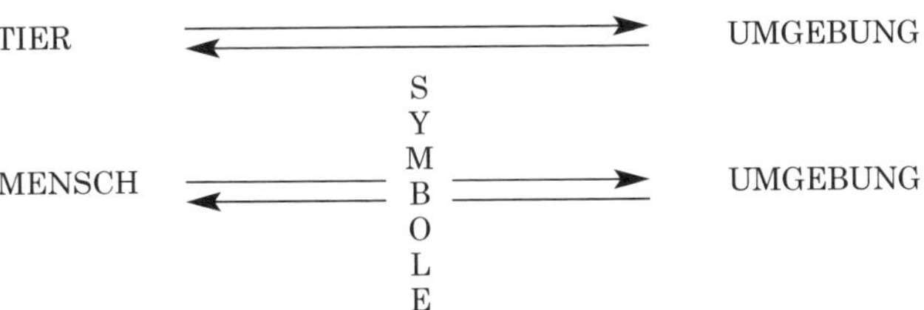

Abb. 10: Die symbolische Umwelt des Menschen, Lindesmith/Strauss 1974, S. 85

Abb. 10 verdeutlicht, wie der unmittelbare Zugang zur natürlichen Umgebung beim Menschen durch Symbole gebrochen ist. Man kann diese symbolische Umwelt als eine Art Ersatz-Umgebung denken, die gewissermaßen ein Filter zur natürlichen Umwelt bereitstellt, durch das hindurch wir die uns umgebende Realität erst betrachten und über sie verfügen können. Dabei ist allerdings „wichtig zu bemerken, daß diese Umgebung keine bloße Reproduktion oder Reflexion der Außenwelt ist. Sie ist eher eine *Rekonstruktion der Welt im Sinne der Erfordernisse der menschlichen Lebensführung*“ (Lindesmith/Strauss 1974, S. 85, Hervorhebung vom Verf.). Die symbolische Umgebung ist also kein Abbild, keine bloße Widerspiegelung der Wirklichkeit.

Im Hinblick auf sprachliche Zeichen verweist dieser Umstand v. a. auf zwei **„semantische Grundpostulate“:** auf das *Postulat der Nicht-Identität* (das Wort ist nicht die Sache, die es bezeichnet) und auf das *Postulat der Unvollständigkeit* (das Wort repräsentiert die Sache nicht zur Gänze) (vgl. Schaff 1968, S. 97). Alfred Korzybski, ein polnischer Sprachwissenschaftler, auf den die semantischen Grundpostulate zurückgehen, verdeutlicht diese in seinem vielzitierten Landkarten-Vergleich: Der Satz „eine Landkarte stellt nicht das ganze Gelände dar“ macht darauf aufmerksam, daß man, gleichgültig, wie gut die Landkarte ist, die man anfertigt, dennoch nicht alles von diesem Gelände darstellen kann. „In die gewöhnliche Sprache übertragen bedeutet dies, daß, gleichgültig, wieviel man über irgendeine ‚Sache‘, ‚einen Vorgang‘, eine ‚Eigenschaft‘ oder irgend etwas anderes aussagt, man nicht *alles* darüber aussagen kann“ (Rapoport 1968, S. 16). Wie sehr man sich auch bemüht, mit Hilfe von sprachlichen Symbolen die Wirklichkeit darzustellen; die Darstellung wird stets weniger sein als das Darzustellende. So wie eine Landkarte von Einzelheiten des Territoriums absehen muß, genauso wird auch die sprachliche Darstellung immer unvollständig bleiben (= Postulat der Unvollständigkeit). Wenn also die Landkarte „nicht einmal alles vom Gelände *darstellt,* dann ist es klar, daß sie nicht das Gelände *sein* kann“ (Rapoport ebd., S. 17). Daraus ergibt sich schließlich das Postulat der Nicht-Identität: Wenn man mit

Hilfe von Worten nicht einmal alles über die Wirklichkeit aussagen kann, dann können die Worte ja auch wohl niemals die „Gegenstände“ *sein,* die sie bezeichnen. Das Postulat der Nicht-Identität bezieht sich auf den grundsätzlichen Unterschied zwischen Sprache und Realität, der niemals aufgehoben werden kann (vgl. dazu Kutschera 1971, insbes. S. 280 ff.).

Erwähnenswert ist in diesem Zusammenhang das Zeichenmodell von de Saussure, dessen Vorstellung letztlich in alle Modelle sprachlicher Zeichen mit eingegangen ist (Pelz 1975, S. 42). Im Sinne de Saussures ist ein sprachliches Zeichen eigentlich psychischer Natur: es verbindet nämlich nicht eine Sache und einen Namen miteinander, sondern eine bzw. mehrere (gedankliche) Vorstellung(en) – in der hier eingeführten Terminologie: einen „Begriff“ – von einer Sache und ein Lautbild (Pelz ebd.).

Indem Sprache die Realität also nicht – einem Spiegel gleich – reflektiert, sondern immer *rekonstruiert,* kann man annehmen, daß Symbole bzw. deren Bedeutung niemals rein zufällig entstehen, vielmehr ist die Art und Weise, *wie* die natürliche Umwelt mit Hilfe eines Symbolsystems rekonstruiert wird, immer von der Qualität der Auseinandersetzung der Menschen mit ihrer Umwelt beeinflußt. Für sprachliche Symbolsysteme bedeutet dies, daß Menschen in unterschiedlichen (geographischen) Regionen nicht nur unterschiedliche Sprachen ausbilden, sondern dadurch auch die Wirklichkeit unterschiedlich rekonstruieren. Diese These von der sprachabhängigen Weltsicht ist in der neueren Sprachwissenschaft v. a. mit den Namen der beiden amerikanischen Ethnolinguisten[66] Edward Sapir und dessen Schüler Benjamin Lee Whorf verbunden.[67]

66 **„Ethnolinguistik“** ist jene Richtung der Sprachwissenschaft, die Zusammenhänge zwischen Sprache und soziokulturellen Gegebenheiten untersucht.

67 Die erste explizit sprachtheoretische Formulierung dieser Weltbildthese stammt von Wilhelm von Humboldt, eine Weiterentwicklung dieser Idee leistete Leo Weisgerber mit seiner Lehre von den „sprachlichen Weltbildern“; der Gedanke selbst läßt sich bis ins 15. Jh. zurückverfolgen (vgl. Gipper 1972, S. 5).

3.3.2.1. Sprachliche Relativität

Der Hauptgedanke Edward Sapirs bestand in der Auffassung, daß die Sprache wesentlichen Anteil an der Gestaltung unseres Weltbildes hat. Sapir bezeichnet die Sprache als eine „Führerin in die gesellschaftliche Wirklichkeit. (...) Menschliche Wesen leben ... sehr weitgehend in der Welt der besonderen Sprache, die für ihre Gesellschaft zum Medium des Ausdrucks geworden ist. Es ist durchaus eine Illusion, zu meinen, man passe sich der Wirklichkeit im wesentlichen ohne Hilfe der Sprache an ... Tatsächlich wird die ‚Reale Welt‘ sehr weitgehend unbewußt auf den Sprachgewohnheiten der Gruppe erbaut. Es gibt keine zwei Sprachen, die einander so ähnlich wären, daß man behaupten könnte, sie repräsentieren dieselbe gesellschaftliche Wirklichkeit“ (Sapir 1951, S. 162; dt. Übers. zit. von Schaff 1974, S. 71). Sprache determiniert demnach also das Wahrnehmen der (Um-)Welt. Indem der Mensch gezwungen ist, die Realität durch das (symbolische) Filter seiner Sprache zu sehen, kann er ja nur in jenen Kategorien wahrnehmen und auch denken, die ihm seine Sprachgemeinschaft[68] anbietet; er kann „nur die Erfahrungen machen, für die seine Sprache die Begriffe bereithält“ (Pelz 1975, S. 34). Damit kommt der Sprache gewissermaßen eine „gegenstandskonstituierende Funktion“ zu: Ein Gegenstand ist für uns erst dann existent, wenn wir ihn mit unserer Sprache durch eine Bezeichnung[69] aus der ungegliederten außersprachlichen Wirklichkeit herausprofilieren (Pelz ebd.).

---

68 Unter **„Sprachgemeinschaft“** wird üblicherweise jene Menge von Individuen verstanden, „die mittels eines gemeinsam geteilten Corpus sprachlicher Zeichen regelmäßig und häufig miteinander interagieren und durch signifikante Unterschiede im Sprachgebrauch von anderen Gemeinschaften unterschieden werden können ... Häufig fallen Sprachgemeinschaften mit nationalen Gemeinschaften zusammen“ (Handbuch der Linguistik 1975, S. 421).

69 In diesem Zusammenhang sei an Peter Handkes Schauspiel „Kaspar“ erinnert: Hier reflektiert Handke an der historischen Figur des Kaspar Hauser, eines sprachlosen Findlings, die Rolle der Sprache für den Menschen; er thematisiert v. a. auch die soeben erwähnte gegenstandskonstituierende Funktion der Sprache (: „Ohne den Satz kannst du keinen Gegenstand sehen“) – vgl. dazu eine Textprobe bei Pelz 1975, S. 18 f.).

Die auf der Basis dieser Gedanken angestellten vergleichenden Sprachstudien von Benjamin Whorf erhärteten diese sprachtheoretische Position. Whorf fand, daß jede Sprache „ein riesiges Struktursystem (ist), in dem die Formen und Kategorien kulturell vorbestimmt sind, aufgrund deren der einzelne sich nicht nur mitteilt, sondern die Natur aufgliedert, Phänomene und Zusammenhänge bemerkt oder übersieht, sein Nachdenken kanalisiert und das Gehäuse seines Bewußtseins baut" (Whorf 1963, S. 53)[70]. Dieses kulturell vorherbestimmte sprachliche Filter impliziert denn auch, „daß kein Individum die Freiheit hat, die Natur mit völliger Unparteilichkeit zu beschreiben, sondern eben ... auf bestimmte Interpretationsweisen beschränkt ist" (ebd. S. 12). Deshalb gelangt Whorf schließlich zur Formulierung eines **linguistischen Relativitätsprinzips:** es besagt, „daß nicht alle Beobachter durch die gleichen physikalischen Sachverhalte zu einem gleichen Weltbild geführt werden, es sei denn, ihre linguistischen Hintergründe sind ähnlich oder können in irgendeiner Weise auf einen gemeinsamen Nenner gebracht werden" (ebd.).

Das – meist auch als „Sapir-Whorf-Hypothese" bezeichnete – Prinzip der sprachlichen Relativität besagt also, daß verschiedene Sprachgemeinschaften die außersprachliche Realität auf unterschiedliche Weise erfassen.[71] Nach einer für diese Sicht-

70 Besonders bekannt wurde dabei die Untersuchung des „Hopi", einer Sprache des nordamerikanischen Stammes der Puebloindianer im Staate Arizona. Whorf erkannte, daß diese Indianersprache z. B. Zeitabläufe völlig anders erfaßt, als dies für die Gruppe der indoeuropäischen Sprache üblich ist. Während etwa das Deutsche (genauso wie das Englische) eine sprachliche Dreiteilung der Zeit (in Vergangenheit, Gegenwart und Zukunft) erlaubt, gibt es im Hopi sprachlich nur eine Zweiteilung: nämlich eine gemeinsame Form für bereits Geschehenes (= unsere Vergangenheit) und soeben Ablaufendes (= unsere Gegenwart) sowie eine zweite Form für Erwartetes, Erhofftes, Befürchtetes u. ä. (= unsere Zukunft) – vgl. dazu Whorf 1963, S. 84 f.

71 Es soll hier nicht unerwähnt bleiben, daß die Sapir-Whorf-Hypothese in der Sprachwissenschaft keineswegs unbestritten ist. Eine profunde Darstellung der Standpunkte sowie einen Überblick des Diskussionsstandes liefert Gipper (1972), der darüber hinaus selbst daranging, Whorfs empirische Ergebnisse zu überprüfen und dabei z. B. dessen berühmte Befunde über die Zeitauffassung der Hopi-Indianer einer Korrektur unterzog (vgl. Gipper ebd., S. 173 ff.).

weise oft verwendeten Metapher ist Sprache wie „ein Netz, das über die Wirklichkeit geworfen wird; die Maschen dieses Netzes sind nicht in allen Sprachgemeinschaften (und auch nicht für alle Teilbereiche der Wirklichkeit) gleich groß und verlaufen nicht überall gleich“ (Pelz 1975, S. 33). Als Konsequenz dieses bemerkenswerten Umstandes kann man eine Nichtdeckungsgleichheit im Wortschatz von verschiedenen Sprachen (= „lexikalische Inkongruität“) beobachten. So besitzen beispielsweise die Eskimos viel mehr Bezeichnungen für „Schnee“, als dafür etwa das Englische oder Deutsche bereitstellt; ähnlich verhält es sich, wenn man das deutsche Wort „Reis“ mit der Anzahl der dafür vorhandenen verschiedenartigen Wörter im Japanischen vergleicht:

japanisch	deutsch, englisch, französisch
ine (‚Reispflanze‘)	Reis (rice; riz)
momi (‚Reissamen‘)	
kome (‚geschälte Reiskörner‘)	
meshi	
gohan	
i-i	
mama	
kayu (‚weichgekochter Reis‘)	

Abb. 11: Lexikalische Inkongruität, Pelz 1975, S. 33

In diesem Zusammenhang sei an die oben (vgl. S. 89 f.) getroffene Feststellung erinnert, wonach die vom Menschen geschaffene symbolische Umwelt nicht einfach ein Spiegel der natürlichen Realität sei, sondern diese in der Weise *rekonstruiere,* wie dies im Hinblick auf die Erfordernisse der jeweiligen menschlichen Lebensführung nötig erscheint. Im Klartext und bezogen auf das symbolische Filter „Sprache“ heißt das: Für jene Lebensbereiche, die in einem Kulturkreis von zentraler Bedeutung sind, stellt die Sprache, die in diesem Kulturkreis entstanden ist, auch die entsprechenden Wörter und damit die Möglichkeiten einer Differenzierung der Wirklichkeit bereit, die für die jeweiligen Lebensverhältnisse notwendig sind.[72]

72 An dieser Stelle scheint das Quasi-Bonmot von Weisgerber erwähnenswert: „Ob in einem Land Unkraut wächst, hängt von der Sprache seiner Bewohner ab“ (zit. n. Pelz 1975, S. 34).

Es ist also mit Sicherheit kein Zufall, daß sich gerade im Japanischen und nicht in einer der europäischen Sprachen so viele unterschiedliche Bezeichnungen für „Reis“ entwickelt haben: in keiner europäischen Gesellschaft ist Reis ein so zentrales Element der Lebensführung wie in der japanischen (die Hälfte der landwirtschaftlich genutzten Anbaufläche ist dem Reis gewidmet); in keinem europäischen Land wurden daher im Laufe von Jahrtausenden so viele verschiedene Erfahrungen mit Reis gesammelt; für keine der europäischen Gesellschaften war es somit (über)lebensnotwendig (und auch gar nicht möglich), so viele unterschiedliche „Begrifflichkeiten“ von Reis auszubilden und die Summe dieser klassifizierten Umwelterfahrungen auch noch sprachlich manifest zu machen.

Man muß aber gar nicht fremde Kulturen strapazieren, um Hinweise auf das Prinzip der sprachlichen Relativität erhalten zu können. Auch innerhalb der eigenen Sprachgemeinschaft kann man entdecken, wie sich in vielen Bereichen des Lebens Fach- oder Sondersprachen entwickeln (Beispiele hiefür findet man etwa in berufsspezifischen Fachsprachen; in den Sprachen der verschiedenen Wissenschaften usw.), die schließlich auch eine differenziertere Wirklichkeitsbetrachtung ermöglichen, als dies mit Hilfe der üblichen Alltagssprache der Fall ist. Gemeinsam ist all diesen Lebensbereichen, daß sich die Sprache der jeweiligen Umwelt angepaßt hat: Im Zuge neuer Erfahrungen auf den einzelnen Gebieten wurden neue Begrifflichkeiten ausgebildet, die schließlich in neue Wortschöpfungen mündeten. Gemeinsam ist diesen Lebensbereichen aber auch, daß sie erst durch ihre sprachliche Symbolisierung kommunizierbar und damit auch für andere Menschen zugänglich werden. Dies ist v. a. die Konsequenz des hier kurz referierten Prinzips der sprachlichen Relativität: so wie ein Kind, wenn es die üblichen Bezeichnungen seiner Sprachgemeinschaft lernt, „dort zu unterscheiden (lernt), wo die Eltern unterscheiden, und dort nicht zu unterscheiden (lernt), wo dies nach dem Vorbild der Eltern und der anderen Sprachbenützer in diesem Kulturkreis nicht nötig ist“ (Göppner 1978, S. 111); genauso lernt ein Erwachsener, der innerhalb seiner Sprachgemeinschaft in einen weniger alltäglichen Lebensbereich eintritt, jene Erfahrungsdimensionen mit Worten zu bezeichnen und damit auch wahrzunehmen, die für sein jeweiliges Handeln von Belang sind.

Der Zusammenhang zwischen Sprache und Realität erweist sich nun, nach Kenntnis des Prinzips der sprachlichen Relativität, als ein wechselseitiger:

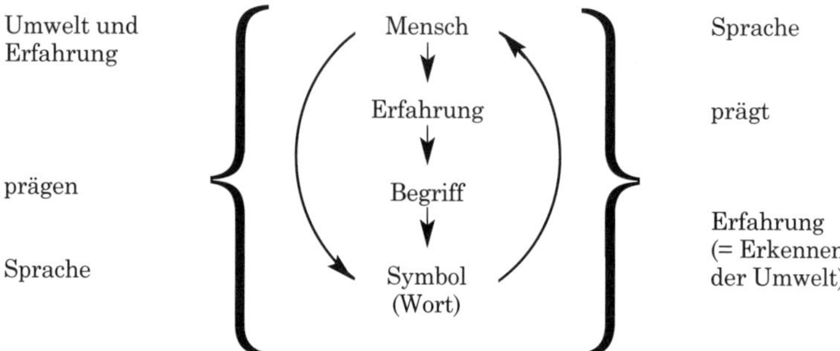

Abb. 12: Sprachliche Relativität

Einerseits prägen Umwelt und Erfahrung die Sprache. Damit ist gemeint, daß eine Sprache nicht zufällig bestimmte Differenzierungsmöglichkeiten von Realität bereitstellt, sondern daß ein sprachliches Symbolsystem stets jene Aspekte der Wirklichkeit rekonstruiert, die den Erfordernissen der menschlichen Lebensführung in ebendieser Umwelt entsprechen. Andererseits prägt aber auch die Sprache die menschliche Erfahrung und damit das Erkennen der Umwelt. Damit ist gemeint, daß eine bestimmte Sprache stets auch eine bestimmte Sichtweise der Wirklichkeit in sich trägt. Mit dem Erlernen einer Sprache erwirbt man also auch einen ganz bestimmten „Zugang“ zur Wirklichkeit: „Wörter sind nicht nur bloße Etiketten, die an fertige Gegenstände als Namen oder Bezeichnungen angeheftet werden, sondern die konstant sich wiederholenden Ereignisse unserer Umgebung, die uns als Gegenstände imponieren, entstehen dadurch, daß in das Universum der Ereignisse Ordnungskriterien hineinkonstruiert werden, und zwar mit Hilfe der Orientierungspunkte, die in der Sprache enthalten sind“ (Göppner 1978, S. 111).[73]

73 Die hier wiedergegebene Position, wonach Sprache die Wirklichkeit nicht bloß reflektiere, sondern (kulturabhängig) rekonstruiere, hebt sich radikal von jenen Bedeutungstheorien ab, die – der Tradition Platons folgend – in der Sprache bloß ein Werkzeug („Organon“) zur Bezeichnung von außersprachlichen Gegenständen sehen, welche auch sprachfrei erkennbar sind

3.3.2.2. Sprache und soziale Umwelt

Mit dem Hinweis auf das Entstehen bzw. die Existenz von Fach- und Sondersprachen wurde bereits angedeutet, daß man nach dem Prinzip der sprachlichen Relativität auch innerhalb einer einzigen Sprachgemeinschaft Besonderheiten der Sprache bzw. des Sprachgebrauchs diagnostizieren kann.

Derartige Zusammenhänge zwischen Sprache und sozialer Umwelt sind Gegenstand der **Soziolinguistik,** einer sprachwissenschaftlichen Richtung, die Ende der fünfziger Jahre entstand und v. a. mit dem Namen des Engländers Basil Bernstein verbunden ist, auf den sie zurückgeht. Bernstein transponierte die *inter*linguistische Sapir-Whorf-Hypothese in einen *intra*linguistischen Rahmen hinein, d. h. er übertrug die „allgemeine These des Zusammenhangs zwischen Sprache einerseits und Wahrnehmung, Denken usw. andererseits, die sich ursprünglich auf Unterschiede zwischen Kulturkreisen mit verschiedenen ‚Nationalsprachen' bezieht, auf die innerhalb einer Kultur und einer ‚National'sprache herrschenden Ungleichheiten" (Niepold 1972, S. 11). Er geht davon aus, daß der Spracherwerb sowie der Sprachgebrauch innerhalb einer Gesellschaft bzw. Sprachgemeinschaft von der sozialen Schicht abhängig ist. Nach Bernstein verwenden die Angehörigen der Mittelschicht und die der Unterschicht (Arbeiterschicht) nicht nur verschiedene Varianten der gemeinsamen Einheitssprache, sondern sie sind aufgrund dieser verschiedenen Sprachvarianten, über die sie verfügen, auch verschieden im Hinblick auf ihr Wahrnehmen und Denken: „Verschiedene Sozialstrukturen legen Nachdruck auf verschiedene, dem Sprachgebrauch inhärente Möglichkeiten. Und sobald dieser Akzent gesetzt ist, wird die daraus resultierende sprachliche Form eines der wichtigsten Mittel, bestimmte Gefühls- und Denkbahnen, die der betreffenden sozialen Gruppe funktional zugeordnet sind,

---

(vgl. dazu Schmidt 1969, S. 9 ff.). Sie steht vielmehr im Einklang mit den erkenntnistheoretischen Grundlagen Immanuel Kants, „der das Ding an sich zwar nicht leugnet, es aber nur in seinen Erscheinungsformen als erkennbar gelten lassen will, erkennbar nicht objektiv, sondern nur subjektiv durch die apriorische Bewußtseinsstruktur" (Bumann 1967, S. 327).

hervorzubringen und zu festigen“ (Bernstein 1967, S. 254). Bernstein unterscheidet zwei Sprachvarianten, die seiner Meinung nach schichtspezifisch zugeordnet werden können:

– zum einen den sog. **elaborierten Code** (lat.: elaborare = sorgfältig ausarbeiten, erweitern), den er der Mittelschicht zuordnet. Dieser Code „erlaubt individualisierte, nuancierte und abstrakte Mitteilungen, die sprachliche Repräsentation komplizierter Bedeutungsstrukturen und die jeweilige besondere Ausrichtung der Mitteilung auf den Empfänger. Die Verwendung des erweiterten Kodes führt zu vergleichsweise großen Unterschieden der individuellen Sprechweise“ (Göppner 1978, S. 161);
– zum anderen den sog. **restringierten Code** (lat.: restringere = beschränken, einschränken), den er der Unterschicht zuordnet. Dieser Code verfügt über einen nur geringen Wortschatz, enthält häufig feststehende Floskeln und ist weniger gut geeignet für differenzierte Mitteilungen, die den Notwendigkeiten, die bei einem Sprecher oder Hörer vorliegen, entsprechen. Der einfachere syntaktische Aufbau ist der Darstellung logischer und sachlicher Beziehung weniger förderlich (Göppner ebd.).

Im vorliegenden Zusammenhang ist an dieser Unterscheidung von verschiedenen Sprachvarianten innerhalb einer Sprachgemeinschaft v. a. wieder die Beziehung zwischen Sprache und Erfahrung bzw. zwischen sprachlichem Zeichen und „dahinterstehendem“ Begriff beachtenswert. Im Hinblick auf die verallgemeinernde Kraft der Sprache (vgl. S. 89 f.) und damit unter Berücksichtigung des Umstandes, daß Worte ja immer nur auf solche Begriffe verweisen (können), die bereits als verallgemeinerte Umwelterfahrungen im Bewußtsein der jeweiligen Sprachbenützer vorhanden sind, impliziert ein Verfügenkönnen über die von der Sprache (via Syntax, Semantik und Pragmatik) bereitgestellten Möglichkeiten der Bezeichnung und Vergegenständlichung – auch ein entsprechendes Wahrnehmungs- und Differenzierungsvermögen der Wirklichkeit. In diesem Sinn ist der restringierte Code nach Bernstein defizitär; beobachtet wird dieses Defizit als ein „Mangel an Verfügungsmöglichkeiten über [sprachliche – R. B.] Symbolmittel“ (Göppner 1978, S. 160).[74] Als Konsequenz der Verfügung über einen ausschließlich restringierten Sprachgebrauch werden zunächst schlechte Schulerfolge geortet – „Wenn Sprache nicht als elaborierte Form der Kommunikation gebraucht werden kann, dann verliert die Schule einen großen Teil ihres ... Unterrichtsvermögens“ (Deutsch 1972, S. 51) –, die dann in der Folge zu schlechteren sozialen und wirtschaftlichen Chancen im Laufe des weiteren Lebens führen. An dieser Auffassung vom defizitären Charakter des restringierten Codes entzündet sich eine bildungspolitische Diskussion, die bis heute im Gange ist.[75]

---

74 Was die Ausbildung der verschiedenen Sprachvarianten betrifft, so sieht Bernstein den Code als eine Funktion unterschiedlicher Formen sozialer Beziehungen: „Ein restringierter Code wird von einer Form sozialer Beziehung hervorgebracht, die auf einer Reihe gemeinsam geteilter Identifikationen beruht (...). Ein elaborierter Code erwächst aus einer Form sozialer Beziehung, die nicht notwendig solche gemeinsamen ... Identifikationen voraussetzt, was zur Folge hat, daß viel weniger sicher ist, viel weniger auch hingenommen wird. Die Codes regulieren den Ermessensspielraum, der dem einzelnen Sprecher zur Verfügung steht, und erzwingen so auf verschiedene Weise den verbalen Ausdruck des Unterschiedes. Da dem restringierten Code eine Gemeinsamkeit gleicher Interessen zugrunde liegt, fehlt das Bedürfnis, die Absicht verbal auszuarbeiten und explizit zu machen. (...) Ein restringierter Code kann *an jedem Punkt* in der Gesellschaft entstehen, wo seine Voraussetzungen erfüllt sind. Ein Spezialfall dieses Codes liegt jedoch vor, wo der Sprecher nur über diesen Code verfügt. Dies ist der Fall bei Angehörigen der unteren Arbeiterschicht (sowie ländlichen Gruppen). Ein elaborierter Code ist Teil der Lebenschancen von Angehörigen der Mittelschicht. Ein Mittelschicht-Individuum hat eben Zugang zu beiden Codes, ein Mitglied der unteren Arbeiterschicht nur Zugang zu einem“ (Bernstein 1972, S. 189/190).
In dieses von Bernstein gezeichnete Bild der Entstehung der Sprachvarianten fügen sich auch spätere Befunde von Kleinschmidt, der einen Zusammenhang zwischen Sprachvermögen und Erziehungsstil ortete: Danach verfügen Kinder mit einem demokratischen häuslichen Erziehungsstil zumeist auch über einen elaborierten Code; Kinder, die bloß über einen restringierten Code verfügen, sind dagegen meist einem autokratischen häuslichen Erziehungsstil unterworfen (Kleinschmidt 1970, zit. n. Gutt/Salffner 1972, S. 15).

75 So wird auf wissenschaftlicher Seite der „Defizit-These“ die sog. „Differenz-These“ entgegengehalten, die wohl eine Verschiedenartigkeit beider Sprachvarianten anerkennt, aber eine grundsätzliche Gleichwertigkeit von elaboriertem und restringiertem Code behauptet (vgl. z. B. Handbuch der Linguistik 1975, S. 396 f.). Im Sinne der „Differenz-These“ ist die Spra-

3.3.3. Sprachliche Reflexivität

Eine weitere für Verständigung relevante Besonderheit der menschlichen Sprache besteht in ihrer „Selbstreflexivität“[76]: Man kann mit Sprache über Sprache sprechen, d. h., man kann sprachliche Aussagen selbst wieder zum Gegenstand von Aussagen machen. Für diese beiden Arten von sprachlichen Aussagen sind auch die Bezeichnungen „Objektsprache“ und „Metasprache“ gebräuchlich.

Als **Objektsprache** sind all jene Sätze zu verstehen, „in denen inhaltlich Aussagen über einen Gegenstand oder über Verhältnisse gemacht werden“ (Prim/Tilmann 1973, S. 80). Objektsprachliche Sätze beziehen sich in ihrer Aussage also auf etwas Außersprachliches.

Z. B.: „Dem Gemeinderat von Siebenkirchen gehören zur Zeit 12 Mitglieder an.“

Zur **Metasprache** zählen dagegen all jene Sätze, mit denen etwas über objektsprachliche Sätze ausgesagt wird. Metasprachliche Sätze beziehen sich in ihrer Aussage also auf die Sprache selbst.

Z. B.: „Der Satz: ‚Dem Gemeinderat von Siebenkirchen gehören zur Zeit 12 Mitglieder an‘, ist richtig.“

---

che der Unterschicht also keineswegs defizitär, sondern lediglich anders; letzteres dürfe jedoch nicht darüber hinwegtäuschen, daß „die einzelnen Sprachvarianten bei aller Unterschiedlichkeit funktionell äquivalent sind“ (Gloy 1973, S. 140). Eine derartige Unterscheidung mündet schließlich auch in unterschiedliche Forderungen an die praktische (Schul-)Politik: der Ruf nach „kompensatorischer“ Spracherziehung steht einem Verlangen nach „emanzipatorischer“ Spracherziehung gegenüber. Statt einer Angleichung des Sprachverhaltens der Unterschichtsprecher an die Sprecher der Mittelschicht bzw. an deren elaborierten Code wird gefordert, „daß Sprache in direkt die Schüler betreffende Lebenssituationen erfahren und praktiziert werden sollte“ (Schlieben-Lange 1975a, S. 120). Zur Diskussion um Sprachcode und Spracherziehung vgl. u. a.: Dittmar/Klein 1972; Gloy 1973; Griese 1976, S. 127 ff.; Gutt/Salffner 1972; Holzer/Steinbacher 1972.

76 Mit der sprachlichen Selbstreflexivität ist zugleich auch das dritte (und letzte) semantische Grundpostulat nach Korzybski angesprochen; zu den ersten beiden Grundprinzipien (dem Postulat der Nicht-Identität und dem Postulat der Unvollständigkeit) vgl. S. 94 f.

Natürlich kann auch dieser metasprachliche Satz abermals Gegenstand einer Aussage werden, die dann als „metametasprachliche" Aussage zu bezeichnen wäre.

Z. B.: „Der Satz, in dem festgestellt wird, daß die Aussage: ‚Dem Gemeinderat von Siebenkirchen gehören zur Zeit 12 Mitglieder an', richtig ist, stellt nur ein Urteil über dessen grammatikalische Richtigkeit dar."

Manche Sprachwissenschaftler sehen in der sprachlichen Reflexivität eine Grundfunktion der Sprache überhaupt, weil sie deren zentrale Bedeutung in sprachlichen „Grenzsituationen" zu erkennen glauben: So vollzieht sich beispielsweise der Spracherwerb beim Kleinkind „weithin metasprachlich, nämlich durch Feststellungen der Art, daß Verfahren und Bedeutungen im eigenen Gebrauch nicht mit dem der Erwachsenen übereinstimmen" (Schlieben-Lange 1975b, S. 192).[77] Sprachliche Kommunikation selbst wird danach eigentlich erst durch grundsätzliche metasprachliche Fähigkeiten der Beteiligten möglich; dieses „Wissen" der Sprecher (und Hörer) um ihre Sprache (das sog. „metasprachliche Begleitbewußtsein") besteht in der impliziten Einsicht, daß Sprache etwas ist, das jederzeit Gegenstand einer Reflexion werden kann. Explizit wird dieses Wissen ebendann in metasprachlichen Äußerungen (vgl. Schlieben-Lange ebd., S. 193 f.).

Dieses Reflexivitätspotential der menschlichen Sprache, welches in Form von metasprachlichen Aussagen manifest wird, besitzt nun gerade für nicht erfolgreich ablaufende kommunikative Interaktionen besondere Bedeutung: Gerade dann, wenn Verständigung ausbleibt, d. h., wenn ein Mißverständnis als Konsequenz kommunikativen Handelns diagnostiziert werden muß, erwächst aus der Fähigkeit des Menschen, über seine Sprache und sein Sprechen sprechen zu können, die Möglichkeit, „Meta*kommunikation*" in Gang zu bringen. **Metakommunikation** ist Kommunikation über bereits stattgefundene oder soeben stattfindende Kommunikation. Als Kommunikation über

77 Ähnliches gilt – wenngleich auf einer anderen Ebene – auch für das Erlernen einer Fremdsprache.

Kommunikation unterscheidet sie sich von anderen Formen der Kommunikation nur durch ihren Gegenstand: „Metakommunikation ist die Form menschlicher Kommunikation, die sich selber thematisiert, und zwar auf der Inhalts- und Beziehungsebene" (Bock 1978, S. 207).[78]

Gerade die Fähigkeit zur Metakommunikation versetzt uns also in die Lage, mißverständliche bzw. mißverstandene sprachliche Äußerungen (sowie deren nonverbale Begleitphänomene) selbst zum Gegenstand einer Aussage und damit zum Objekt einer kommunikativen Interaktion zu machen. Dies gilt sowohl für die gegenständliche als auch für die intersubjektive Ebene von Kommunikation: Man kann die Metakommunikation zum einen als Mittel einsetzen, um Verständigung über die „Gegenstände" der (versuchten) Kommunikation (d. h. über den mitzuteilenden Sachverhalt) herbeizuführen; man kann die Metakommunikation aber zum anderen auch als Mittel einsetzen, um Verständigung über den Verwendungssinn der geäußerten Sätze (d. h. zumeist über die Art des Sprechaktes) herbeizuführen.

In Anlehnung an den vorher verwendeten Demonstrationssatz sei folgende Äußerung eines Gemeinderates von Siebenkirchen angenommen: „Ich finde den Bürgermeister nicht länger tragbar."

Hier könnte z. B. klärungsbedürftig sein, welcher Bürgermeister denn eigentlich gemeint sei ... Eine eventuelle Frage an den Sprecher „Meinst du den Bürgermeister von Siebenkirchen?" wäre dann ein metakommunikativer Versuch, Verständigung auf der gegenständlichen Ebene der Kommunikation (also über den mitzuteilenden Sachverhalt) herbeizuführen.

Klärungsbedürftig könnte aber auch die Art des Sprechaktes sein ... Eine eventuelle Frage an den Sprecher könnte daher lauten: „Ist das

---

78 Dieses Verständnis von Metakommunikation unterscheidet sich von jenem bei Baacke (1973, S. 347 f.) und Watzlawick et al. (1969), die in den Begriff der Metakommunikation auch nonverbale Begleitphänomene kommunikativer Interaktionen mit einbeziehen. Zweifellos kann sich Metakommunikation auf nonverbale Aspekte von Kommunikation beziehen – so leitet etwa die Frage „Warum hast du dich gestern so hastig verabschiedet?" eine derartige Metakommunikation ein (wobei die Antwort darauf wieder in verbaler und nonverbaler Weise zum Ausdruck kommen wird) –, aber die nonverbalen Elemente einer sprachlichen Kommunikation selbst stellen nicht bereits eine Metakommunikation dar (vgl. dazu auch Bock 1978, S. 175 ff.).

eine Feststellung, oder kündigst du damit einen Mißtrauensantrag an?" und wäre ein metakommunikativer Versuch, Verständigung auf der intersubjektiven Ebene der Kommunikation (also über den pragmatischen Verwendungssinn der mitgeteilten Aussage) herbeizuführen.

3.4. Zur Diagnose sprachlicher Kommunikationsstörungen

Anlaß für die breitere Darstellung ausgewählter Besonderheiten der menschlichen Sprache waren Hinweise auf Situationen, in denen Sprache ihre Funktion als Medium symbolisch vermittelter Interaktion nicht oder nur ungenügend erfüllt. Betrachtet man Sprache – und dies ist hier geschehen – in erster Linie als (humanspezifisches) Kommunikationsmittel, dann sieht man in ihr ja v. a. ein Mittel zur Erreichung des – der allgemeinen (Mitteilungs-)Intention kommunikativen Handelns entsprechenden – konstanten Zieles kommunikativer Interaktionen: Sie soll dazu dienen, Verständigung zwischen den Kommunikationspartnern herzustellen. Als Minimalvoraussetzung für derartig erfolgreich ablaufende (d. h. von wechselseitigem Verstehen begleitete) sprachliche Kommunikationsprozesse wurde neben der Fähigkeit zum grundsätzlichen Erkennen sprachlicher Manifestationen v. a. auch ein Mindestmaß an Deckungsgleichheit in den wechselseitig vorhandenen Zeichenvorräten genannt (vgl. dazu S. 60 f.): „Wenn sich zwei Sprecher eines sprachlichen Kodes bedienen, d. h. wenn sie ein Zeichen als Repräsentanten für etwas anderes setzen, so können sie bei den Kodier- und Dekodiervorgängen nur dann störungsfrei kommunizieren, wenn sie identische Kodesysteme besitzen" (Gröppner 1978, S. 109). Ist dies nicht der Fall – sind also dermaßen grundlegende Sprachbarrieren diagnostizierbar –, dann ist wechselseitiges *Nichtverstehen* der Kommunikationspartner die Folge etwaiger Kommunikationsversuche und (sprachliche) Verständigung wird unmöglich.

Weniger klar auf der Hand lagen dagegen jene Sprachbarrieren, die ein wechselseitiges *Mißverstehen* der Kommunikationspartner zur Folge haben und die in der alltäglichen Kommunikationspraxis auch häufig zu Verständigungsschwierigkeiten führen. Als Mißverstehen des Kommunikationspartners wurden jene Fälle klassifiziert, in denen trotz wechselseitiger Identität der Codesysteme den jeweiligen sprachlichen Symbolen unterschiedliche Bedeutungen zugewiesen werden; sowie jene Situationen, in denen unterschiedliche Auffassungen über den pragmatischen Verwendungssinn der jeweiligen sprachlichen Aussage bestehen. Unter Rekurs auf die vorhin selektiv dargestellten verständigungsrelevanten Besonderheiten der menschlichen Sprache können nunmehr die sprachlichen Gründe für das Zustandekommen derartiger Mißverständnisse einsehbar gemacht werden.

3.4.1. Zum Mißverstehen sprachlicher Symbole

Zunächst geht es also um Mißverständnisse, die auf der *gegenständlichen Ebene* sprachlicher Kommunikation anzusiedeln sind. D. h., es soll geklärt werden, wieso zwei Kommunikationspartner, die beide derselben Sprachgemeinschaft angehören, sprachlichen Symbolen unterschiedliche Bedeutungen zuordnen. Zu diesem Zweck muß man sich den Prozeß der Bedeutungszuordnung vergegenwärtigen, der bei zwei Gesprächspartnern im Moment des wechselseitigen Realisierens sprachlicher Symbole abzulaufen beginnt.

In diesem Augenblick werden bei beiden Interaktionspartnern jeweils subjektiv klassifizierte Umwelterfahrungen – d. h. aufgrund persönlicher Erfahrung[79] gebildete Begriffe – im Bewußtsein aktualisiert. Jede Sprache besteht ja aus einer riesigen Anzahl derartiger Symbole, denen im Bewußtsein jener Menschen, die ebendieser Sprachgemeinschaft angehören, jeweils bestimmte Inhalte entsprechen. Kommunikation wird jedoch nur dann möglich, wenn diese Symbole „einem bestimmten Inhalt entsprechen, der in der Erfahrung verschiedener Personen bis zu einem gewissen Grad identisch ist“ (M e a d 1968,

79 „Persönliche“ Erfahrung meint hier nicht unbedingt den direkten unmittelbaren Kontakt mit Dingen, Zuständen, Ereignissen … u. ä.; es ist evident, daß diese „Erfahrung“ auch symbolisch (z. B. sprachlich) vermittelt worden sein kann …

S. 94); m. a. W., Verständigung kommt nur dann zustande, wenn das sprachliche Symbol im Bewußtsein *beider* Kommunikationspartner die gleichen Begrifflichkeiten wachrufen kann. Ein solches Symbol, welches also eine „dahinterstehende Idee" ausdrückt und diese Idee auch im Bewußtsein des jeweiligen Kommunikationspartners wachzurufen imstande ist, wurde ja mit G. H. Mead ein sog. „signifikantes Symbol" (ebd. S. 85) genannt.

Jede Sprachgemeinschaft muß über solche signifikanten Symbole verfügen, damit Verständigung überhaupt jemals möglich wird. Für weite Bereiche der alltäglichen Erlebnis- und Erfahrungswelt existieren auch tatsächlich solche signifikanten Symbole[80] – und zwar trotz des Prinzips der sprachlichen Relativität: denn obwohl – oder besser: gerade *weil* – Sprache und (natürliche sowie soziale) Umwelt in einer unauflöslichen Wechselbeziehung zueinander stehen, ist sie ja auch immer Teil des „sozialen Erbes" (Lindesmith/Strauss 1974, S. 48) einer Gesellschaft[81] und beeinflußt dadurch auch das Erfahrungspotential ihrer Mitglieder: Wenn ein Kind sprechen lernt, dann lernt es ja die Sprache *seiner* Gesellschaft und damit auch die Denk- und Erfahrungsweisen, die in der Sprache seiner Gesellschaft aufgehoben sind – darauf wurde weiter oben (vgl. S. 92 ff.) bereits ausführlich Bezug genommen. Indem es sprechen lernt, lernt es aber auch, seine Umwelt zu strukturieren; d. h., diejenigen Realitätsaspekte, die das jeweils bereitgestellte „sprachliche Netz" einfängt, können nunmehr bezeichnet und schließlich selbst zum Gegenstand ganz subjektiver Erfahrungen gemacht werden.

Ab diesem Augenblick entsteht aber das, was man als die **nähere Umwelt** des Menschen bezeichnen könnte: Diese nähere Umwelt umfaßt jeweils einen Teil bzw. jene Teilaspekte der Realität, der/die dem einzelnen Menschen in seinem Denken und/oder Handeln unmittelbar zugänglich ist/sind. Hier ent-

---

80 Vgl. dazu die Überlegungen zur Symbolgenese S. 57 ff.

81 Unter dem „sozialen Erbe" einer Gesellschaft verstehen Lindesmith/Strauss die überlieferten Weisen des Handelns, Denkens und Sprechens, die insgesamt als „Kultur" begriffen werden können (ebd.).

steht das Insgesamt an persönlichen Erfahrungen, die ein Mensch im Zuge der ständigen Auseinandersetzung mit seiner Umgebung macht, hier bildet sich aber v. a. auch jene ganz spezifische (subjektive) Persönlichkeitsstruktur aus, welche die Qualität der Selektion beim Wahrnehmen der Wirklichkeit bestimmt.[82] Aus diesem Grunde müssen auch die Erfahrungen zweier Menschen in ein und derselben Situation nicht genau dieselben sein! Es ist also durchaus fraglich, ob „das, was ich in dieser Situation erfahre, das ist, was du erfährst" (Wiener/ Mehrabian 1968, S. 8).

Wohl kann und darf man diese nähere Umwelt nicht losgelöst vom gesamtgesellschaftlichen Umraum betrachten, in dem jeder Mensch (samt seiner näheren Umwelt) existiert. Von diesem stammen ja schließlich die basalen Strukturierungsmuster der Realität, die nicht zuletzt durch das Erlernen der Sprache – als Teil des erwähnten sozialen Erbes einer Gesellschaft – tradiert werden und zumindestens die Bahnen unseres Wahrnehmens, Denkens und Fühlens prägen.[83] Man könnte in diesem Sinn – und auch in Abgrenzung zur näheren Umwelt – von einer **weiteren Umwelt** sprechen, die allen Menschen in der jeweiligen Gesellschaft oder soziokulturellen Gruppierung gemeinsam ist, und von der – dies ist im vorliegenden Zusammenhang v. a. beachtenswert – die Bezeichnungen, also die (sprachlichen) Symbole bereitgestellt werden, mit denen jeder einzelne seine subjektiven Erfahrungen benennen und damit auch anderen Menschen zugänglich machen (= mit anderen Menschen teilen) kann. Als Teil dieser „weiteren Umwelt" sind die sprachlichen Symbole daher nicht nur allen Mitgliedern der jeweiligen

---

82 Es ist eine der grundlegendsten psychologischen Erkenntnisse, daß menschliche Wahrnehmung *selektiv* verläuft. Von allen möglichen Reizen, die unsere Sinnesrezeptoren in Erregung versetzen könnten, wird nur ein Bruchteil tatsächlich Gegenstand unserer Erfahrung. Dieser Bruchteil ist aber keine Zufallsstichprobe, sondern seine Auswahl ist geprägt von unseren früheren Erfahrungen, vom kulturellen Hintergrund sowie unserer gesamten Lerngeschichte und den dabei ausgebildeten Interessen und Motiven (vgl. Berelson/Steiner 1969, S. 70 f.).

83 Vgl. dazu das oben (S. 93 ff.) dargestellte Verhältnis von Sprache und Realität.

Sprachgemeinschaft grundsätzlich zugänglich[84], man *muß* sich umgekehrt ja gerade dieser – und nur (!) dieser bereitgestellten sprachlichen Symbole zum Zweck der Kommunikation bedienen. Im Moment des Gebrauchs von Sprache entpersönlicht man aber zugleich auch die eigene Erfahrung! Infolge der verallgemeinernden Kraft der Sprache (vgl. S. 85 ff.) wird meine ganz subjektive Qualität des Erlebten zu dem, was Berger/Luckmann die „typisierte Erfahrung" nennen. Diese typisierte Erfahrung kann dann „prinzipiell von jedem, der in die entsprechende Kategorie fällt, erfahren werden" (1970, S. 41).

Berger/Luckmann verdeutlichen das hier Gemeinte am Beispiel der Typisierung „böse Schwiegermutter": „‚Ich habe zum Beispiel Ärger mit meiner Schwiegermutter.' Diese konkrete, persönliche Erfahrung findet in der Sprache die Typisierung ‚die böse Schwiegermutter' vor. So allgemein formuliert, sieht sich mein Ärger ganz normal für mich, für andere Leute, ja, vielleicht sogar für meine Schwiegermutter an. Die Allerweltsredensart enthält aber auch das Moment der Anonymität. Denn nicht nur ich, sondern jedermann (genauer jeder, der zur Kategorie Schwiegersohn gehört) kann eine böse Schwiegermutter haben oder auch nicht. So subsumiert die Sprache spezielle Erlebnisse ständig unter allgemeine Sinnordnungen, die objektiv und subjektiv wirklich sind" (Berger/Luckmann 1970, S. 41).

Die typisierte Erfahrung ist gewissermaßen der kleinste gemeinsame Nenner aller – besser: aller bekannten – Möglichkeiten, einen „Gegenstand" der Realität erleben zu können. Im sozialen Erbgut „Sprache" ist in diesem Sinn also (bloß) das für (fast) alle Mitglieder dieser Sprachgemeinschaft Wirkliche, das allgemein Zugängliche aufgehoben. Dennoch ist man auf sprachliche Kommunikationsprozesse verwiesen, wenn man seine persönlichen Erfahrungen, die niemandem anderen als einem selbst zugänglich sind, einem anderen Menschen mitteilen will. Man kann der typisierenden Verallgemeinerung nicht

84 Um Mißverständnisse zu vermeiden: „grundsätzlich zugänglich" meint hier nicht, daß alle Mitglieder einer Sprachgemeinschaft auch tatsächlich über alle sprachlichen Symbole verfügen können: der Hinweis auf die Existenz verschiedener Sprachvarianten in einer Gesellschaft hat vielmehr zur Einsicht verholfen, daß dies keineswegs der Fall ist (vgl. dazu die Unterscheidung von elaboriertem und restringiertem Code S. 102 f.).

entgehen. Als Folge davon wird man sich – entsprechend dem Ausmaß des zur Verfügung stehenden Zeichenvorrates – bemühen, seine Erfahrung(en) durch möglichst vielfältige Symbolkombinationen sprachlich zu erfassen und darzustellen. Und Göppner hat recht, wenn er bemerkt, daß die „Entschlüsselung" der Bedeutung der verwendeten Zeichen für den Kommunikationspartner „ähnlich schwierig werden kann, wie die Entschlüsselung der Hieroglyphen" (Göppner 1978, S. 14).

Unschwer nachvollziehbar sind nunmehr Mißverständnisse zwischen zwei Kommunikationspartnern, die über unterschiedliche Sprachvarianten ein und derselben Einheitssprache verfügen: Infolge der Wechselbeziehung zwischen Sprache und sozialer Umwelt fehlt dem Besitzer eines ausschließlich restringierten Codes eine – mit dem elaborierten Code einhergehende – differenzierte Wirklichkeitserfahrung und damit vielfach auch die Möglichkeit, Symbolen und Symbolkombinationen aus dem Bereich des elaborierten Codes Bedeutungen zuzuordnen.

Relativ leicht einsehbar scheinen nun aber auch jene Mißverständnisse zu sein, welche zwischen Kommunikationspartnern entstehen, die sowohl im Hinblick auf das Codesystem als auch im Hinblick auf die Sprachvarianten einander entsprechen, die aber dennoch unterschiedliche Bedeutungen mit ein und demselben Symbol bzw. Ausdruck verbinden: hier bestehen Differenzen im persönlichen Erfahrungsbereich der beiden Kommunikationspartner; d. h., ihre näheren Umwelten sind einander so unähnlich, daß ein wechselseitiges Aktualisieren unterschiedlicher Begrifflichkeiten die Folge sein muß. Sie verwenden zwar dieselben Worte – eig.: Wort„hülsen" –, aber reden aneinander vorbei, weil ihre Sprachentwicklung von unterschiedlichen soziokulturellen Faktoren – Schraml (1972, S. 265) nennt hier z. B. Unterschiede im Hinblick auf den Lebensstil, die Weltanschauung und die Wertsysteme in einer Gesellschaft – beeinflußt wurde. Derartige Faktoren können dazu führen, daß die jeweiligen Wortrepräsentanten ganz verschieden erlebt werden – ebendeshalb, weil ihnen ganz unterschiedliche Erfahrungen zugrunde liegen.

Dies kann einmal mit dem unterschiedlichen Lebensalter der Gesprächspartner zusammenhängen. „So haben z. B. die Worte Pflichterfüllung, Ordnung und Moral für die Generation vor dem Ersten Weltkrieg, die der zwanziger Jahre, die der Hitler-Zeit und des Zweiten Weltkriegs und endlich die der Nachkriegszeit ganz verschiedene Bedeutungen. Für die drei älteren Generationen repräsentieren sie Werte. (…) Nach dem Zweiten Weltkrieg wurde in einem ‚Wörterbuch des Unmenschen' das Vokabular des Naziregimes veröffentlicht; für alle, die dieses Regime erlebt haben, hatten diese Begriffe eine Bedeutung. Für die einen waren sie Repräsentanten einer Ideologie, an die sie einst glaubten und die sie auch heute noch nicht ganz überwunden haben; vielen von ihnen hatte der Inhalt dieser Worte in den schlimmsten Jahren ihres Lebens, im Krieg, in Gefangenschaft und auf der Flucht, erst Sinn verliehen. Bei denen dagegen, die im Naziregime in der Verfolgung, in der inneren oder äußeren Emigration oder im KZ lebten, erwecken die Begriffe aus dem ‚Wörterbuch des Unmenschen' Angst, Grauen und ohnmächtige Wut. Bei der jungen Generation jedoch sind diese Wörter oftmals nur mehr Vokabeln aus einem Geschichtsbuch, die man diskutierend ablehnt oder belächelt" (Schraml 1972, S. 266).

Unabhängig vom Lebensalter kann dieses Aktualisieren unterschiedlicher Begrifflichkeiten aber auch mit gruppentypischen Wortinterpretationen zusammenhängen, die z. B. von unterschiedlichen Weltanschauungen gespeist sind. Auch hier hat man es mit verschiedenen (ideologiegeleiteten) Wirklichkeitserfahrungen zu tun: die jeweils bereitgestellten Bedeutungsinhalte der sprachlichen Symbole präformieren die Wahrnehmung der Realität und bestimmen auf diese Weise, wie die Mitglieder dieser Gesellschaft bzw. Sprachgemeinschaft die jeweiligen Wortrepräsentanten erleben (sollen). Solche institutionalisierten Bedeutungsunterschiede findet man beispielsweise, wenn man den in Westdeutschland verlegten Duden mit seiner ehemaligen ostdeutschen Ausgabe vergleicht (siehe dazu einen Auszug bei Badura 1971, S. 115 ff.).[85] Unterschiedliche Bedeutungszuweisungen zu ein und demselben sprachlichen Symbol werden aber auch erkennbar, wenn man die in den österreichischen Parteiprogrammen („linker" wie „rechter" Provenienz) so gern verwendeten Worte „Freiheit", „Gleichheit" und „Demokratie" auf ihren realpolitischen Gehalt überprüft (vgl. dazu Burkart 1979b).

In der nachfolgenden Graphik ist die gegenständliche Ebene der (sprachlichen) Kommunikation veranschaulicht. Sie zeigt – aus der hier relevanten Perspektive – das kommunikative In-

85 Ein gutes Beispiel für eine politisch motivierte Sprachlenkung gibt auch Bork (1970), der sich mit der Sprachregelung auseinandersetzt, die unter dem nationalsozialistischen Regime betrieben wurde.

Beziehung-Treten zweier Menschen mit Hilfe sprachlicher Symbole.

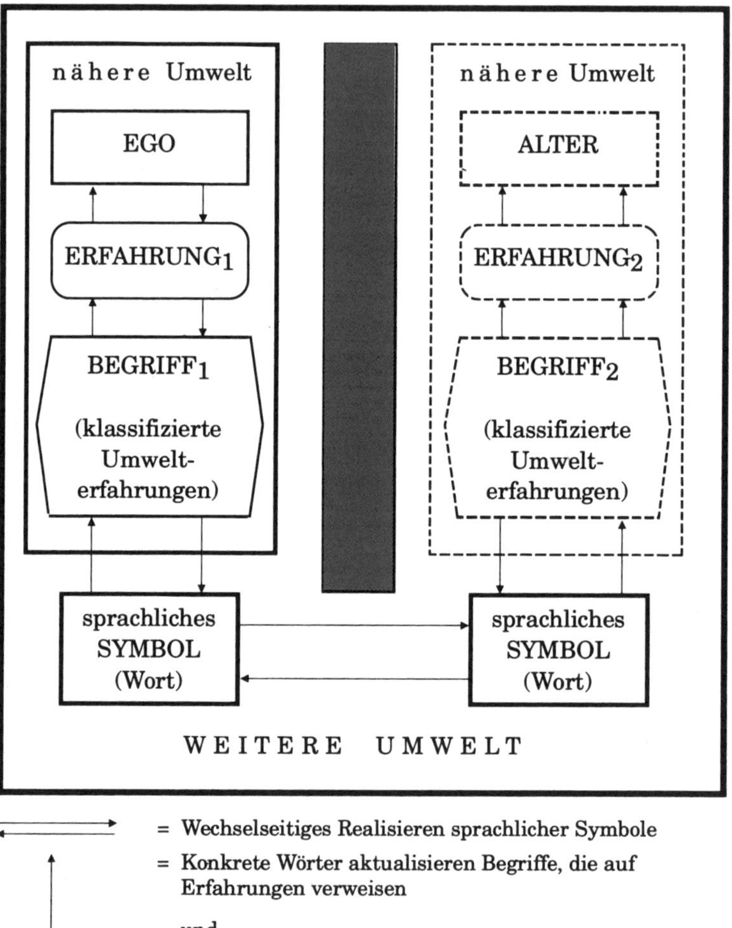

⇄ = Wechselseitiges Realisieren sprachlicher Symbole

↑ = Konkrete Wörter aktualisieren Begriffe, die auf Erfahrungen verweisen

und

↓ = rufen damit die (bis zu diesem Zeitpunkt erfolgten) subjektiven Klassifikationen von Umwelterfahrungen ins Bewußtsein

□ = Grenze zwischen den persönlichen Erfahrungswelten, die ein direktes (unvermitteltes) Zugänglichmachen subjektiver Erfahrung und Begriffe unmöglich macht, aber mit Hilfe von Sprache überbrückt werden kann

Abb. 13: Die gegenständliche Ebene sprachlicher Kommunikation

Das wechselseitige Realisieren der jeweiligen Worte bedeutet für beide Gesprächspartner ein Aktualisieren von Begriffen; genauer formuliert: beide rufen ihre bisher gebildeten Klassifikationen von Erfahrungen, die sie im Zuge der Auseinandersetzung mit der Realität machen konnten, ins Bewußtsein. Jeder dieser beiden Menschen lebt jedoch zunächst in *seiner* näheren Umwelt, d. h., er aktualisiert Begriffe, die er infolge mehr oder weniger *subjektiver* Erfahrungen ausgebildet hat. Die Bezeichnungen für diese Begriffe stammen jedoch aus der mit vielen anderen Menschen geteilten weiteren Umwelt; die Worte, die ein Mensch zum Mitteilen seiner Gedanken und Erlebnisse verwendet, gehören zu dem Symbolvorrat, der (grundsätzlich) *allen* Menschen innerhalb dieser Sprachgemeinschaft zugänglich ist. Nur der Gebrauch dieser sprachlichen Symbole ermöglicht es ja überhaupt, seine persönlichen – aus dem Bereich der eigenen näheren Umwelt stammenden – Begriffe (Gedanken, Vorstellungen, Erfahrungen ...) einem anderen Menschen wenigstens annäherungsweise vermitteln zu können. Sprache durchbricht bzw. überwindet in diesem Sinn die Grenze (in der Graphik durch den senkrechten Balken symbolisiert) zwischen den jeweils persönlichen näheren Umwelten und macht es dadurch möglich, jemanden anderen an seinen subjektiven Erfahrungen teilhaben zu lassen.

Indem nun zwei Menschen ein aus ihrer gemeinsamen Sprachgemeinschaft stammendes (sprachliches) Symbol verwenden, aktualisieren sie in ihrem Bewußtsein also ihre *subjektiven* Begriffe bzw. werden dadurch auf ihre *subjektiven* Erfahrungen verwiesen! Verständigung (auf der gegenständlichen Ebene) kommt aber nur dann zustande, wenn *beide* Menschen *gleiche* oder wenigstens sehr *ähnliche* Begriffe (und damit ähnliche Erfahrungen!) wachrufen können; nur dann kann man im oben erwähnten Sinn von „signifikanten" Symbolen sprechen. Dies muß aber – infolge des subjektiven Charakters der näheren Umwelt – durchaus nicht der Fall sein: „Verschiedene Ausdrücke oder auch derselbe Ausdruck, der gebraucht wird, um dasselbe Objekt zu kennzeichnen, können verschiedene Erfahrungen enthalten" (Bernstein 1972, S. 68).

Die graphische Darstellung verdeutlicht eine derartige Diskrepanz: ein und dasselbe sprachliche Symbol ruft im Bewußtsein zweier Gesprächspartner unterschiedliche Begriffe infolge unterschiedlicher näherer Umwelten bzw. Erfahrungen wach; ein – wenigstens teilweises – Mißverstehen – was die mitzuteilenden Inhalte betrifft – ist die Folge.

3.4.2. Zum Mißverstehen sprachlicher Handlungen

Hier stehen nun jene Mißverständnisse im Mittelpunkt, die auf der *intersubjektiven Ebene* sprachlicher Kommunikation anzusiedeln sind. Es soll klargelegt werden, wie es dazu kommen kann, daß zwei Kommunikationspartner, die beide derselben sprachlichen (und auch nationalen) Gemeinschaft angehören, den pragmatischen Verwendungssinn einer sprachlichen Aussage unterschiedlich interpretieren.[86] Zu diesem Zweck muß man also nach jenen Faktoren fragen, welche die Bedeutung einer sprachlichen Handlung bestimmen; m. a. W., es gilt zu klären, wovon die Interpretation eines gesetzten oder zu setzenden Sprechaktes abhängt.

Genauso wie sprachliche Symbole weder zufällig entstehen noch zufällig irgendeine Bedeutung besitzen, genauso sind auch sprachliche Handlungen stets „in eine Lebensform eingebettet“ (Schlieben-Lange 1975a, S. 30) und somit nur aus der Situation heraus verständlich, in der sie stattfinden.[87] Die Interpretation des pragmatischen Verwendungssinns einer Aussage darf daher niemals losgelöst vom jeweiligen sozialen Umraum

86 Im Sinn der analytischen Trennung zwischen gegenständlicher und intersubjektiver Kommunikationsebene steht hier ausschließlich die letztere zur Diskussion; das wechselseitige Verstehen sprachlicher Symbole wird daher in der Folge (naiv) vorausgesetzt.

87 Diese grundlegende Einsicht geht auf Wittgenstein (1967) zurück, der mit seinem Terminus „Sprachspiel“ ja hervorheben wollte, daß das Sprechen einer Sprache Teil einer (regelgeleiteten) Tätigkeit und damit einer Lebensform ist (vgl. Schlieben-Lange 1975a, S. 31).

erfolgen, in dem sie geäußert wird. Eben weil sprachliche Handlungen ja immer in konkrete soziale Prozesse integriert sind und nicht als isolierte Geschehnisse auftreten, werden sie erst aus ihrem *Kontext* heraus verstehbar. Dieser Kontext, in den eine sprachliche Handlung eingebettet ist, besitzt sowohl eine individuelle als auch eine gesellschaftliche Perspektive. Um ihn angemessen erfassen zu können, muß er von beiden Blickwinkeln aus betrachtet werden.

Von einer *individuellen Perspektive* aus steht v. a. das Verhältnis der beiden Kommunikationspartner zueinander im Mittelpunkt. Im Sinne des weiter oben erwähnten Watzlawickschen Beziehungsaspektes beeinflußt ja das Bild, das die jeweiligen Kommunikationspartner voneinander haben, nicht nur den Inhalt kommunikativer Interaktionen, sondern engt auch – und das interessiert hier vorrangig – die Palette möglicher Sprechakte wesentlich ein.[88] Die Art des jeweils gesetzten oder zu setzenden Sprechaktes hängt also in hohem Maße von der Beziehung zum jeweiligen Gesprächspartner ab. Der Gesichtspunkt, von dem aus man seinem Kommunikationspartner gegenübertritt – also die soziale Position, die man in ihm sieht (z. B. Freund, Lehrer, Steuerprüfer, Arzt ...) –, beeinflußt ja die Qualität der Kommunikationssituation[89]: So ist die jeweilige soziale Position des Gesprächspartners nicht nur für das eigene kommunikative Handeln (hier: die Art der potentiellen Sprechakte) von Bedeutung, sondern bestimmt v. a. auch die Erwartungen, die man seinem Gegenüber entgegenbringt.

Damit ist aber bereits die *gesellschaftliche Perspektive* des Sprechakt-Kontextes ausgesprochen: Hier stehen v. a. die

88 Vgl. dazu das Beispiel auf S. 83 f.

89 Mit dem Terminus **Kommunikationssituation** wird hier der Moment bezeichnet, in dem eine kommunikative Interaktion tatsächlich stattfindet. In diesem Augenblick betreten beide Kommunikationspartner sowohl die gegenständliche als auch – und das interessiert hier v. a. – die intersubjektive Ebene der Kommunikation. Eine Kommunikationssituation entsteht im Moment des Ablaufs (mindestens) einer kommunikativen Handlung (hier: im Moment eines stattfindenden Sprechaktes), wenngleich sie von den (potentiellen) Interaktionspartnern bereits mental (sei es bewußt oder unbewußt) vorweggenommen bzw. definiert wird.

wechselseitigen Erwartungen und das jeweilige Wert- und Normgefüge[90], aus dem diese erwachsen, im Mittelpunkt. Erst infolge der wechselseitigen Erwartungen sind die beiden Kommunikationspartner imstande, auch die eigentliche Kommunikationssituation, in der sie sich befinden, zu definieren und Sprechakte zu setzen, die dieser Situation angemessen erscheinen. Erst die wechselseitig vollzogene Definition der Kommunikationssituation schafft nämlich den Rahmen für potentielle sprachliche Handlungen (!).

Die Qualität dieser Situationsbestimmung hängt jedoch ihrerseits wieder von den Erwartungen ab, die man in das Verhalten des Gegenübers (aufgrund dessen wahrgenommener sozialer Position) setzt – und diese Verhaltenserwartungen wiederum können nicht unabhängig vom jeweils geltenden Wert- und Normgefüge einer Gruppe oder Gesellschaft gesehen werden. Dies wird einsehbar, wenn man sich vergegenwärtigt, daß die innerhalb einer Sozietät geltenden Handlungsmaximen (Werte) und Verhaltensregeln (Normen) ja elementares handlungsleitendes „Rüstzeug“ eines jeden Menschen sind, welches nicht zuletzt in der Sprache als Teil des sozialen Erbes einer Gesellschaft tradiert wird: denn die Begriffe, auf die die sprachlichen Symbole verweisen, stellen auch „Wege des Handelns und Denkens dar. (...) Jemandem die konventionelle Bedeutung eines Wortes beizubringen, heißt, ihn zu lehren, wie man dem Gegenstand oder Begriff gegenüber, worauf sich das Wort bezieht, zu handeln und zu denken hat“ (Lindesmith/

90 **Wert** meint eine „bewußte oder unbewußte Vorstellung des Gewünschten, die sich als Präferenz bei der Wahl zwischen Handlungsalternativen niederschlägt“. Ein Wert kann in diesem Sinn auch als „Maßstab, der das Handeln lenkt und Entscheidungen ermöglicht“ (Fuchs 1975, S. 756) bestimmt werden; das Wissen um Werte ermöglicht daher auch die Auswahl zwischen verschiedenen Handlungszielen (Dröge 1972, S. 71). – Unter **Norm** ist dagegen eine Verhaltensregel zu verstehen; Normen werden zumeist als mehr oder weniger verbindliche Forderungen bestimmter Verhaltensweisen (Treiber 1975, S. 470) manifest (z. B. in Form von Gesetzestexten). Im Wissen um Normen ist somit „Die Entscheidung enthalten, welche ... Wertalternativen in einer gegebenen Situation und in einer gegebenen Gesellschaft als richtig zu betrachten und mithin im Handeln zu realisieren sind“ (Dröge 1972, S. 71).

Strauss 1975, S. 9). Wir alle haben daher seit frühester Kindheit im Zuge der Begegnung mit der von unserer Sprachgemeinschaft strukturierten Umwelt nicht bloß die Bedeutung von Worten gelernt, sondern dabei auch erfahren, wie man die jeweils bezeichneten „Gegenstände" angemessen behandelt (!). Das bedeutet im vorliegenden Zusammenhang: wir alle haben im Zuge des Kennenlernens der Bezeichnungen für diverse soziale Positionen auch erfahren, wie „man" den Personen in ihrer jeweiligen sozialen Position gegenüberzutreten hat, welches „Verhältnis" man kommunikativ mit ihnen einzugehen hat ... u. ä.

Treten daher nun zwei Menschen kommunikativ zueinander in Beziehung, dann beeinflußt dieses normativ (vor)geprägte Verhältnis, das sie zueinander haben (oder zu haben glauben), und die sich daraus ergebende – wechselseitige (in der Regel) vorweg bereits definierte – Kommunikationssituation ihr jeweiliges kommunikatives Handeln, hier: die Wahl und die Interpretation gesetzter Sprechakte.

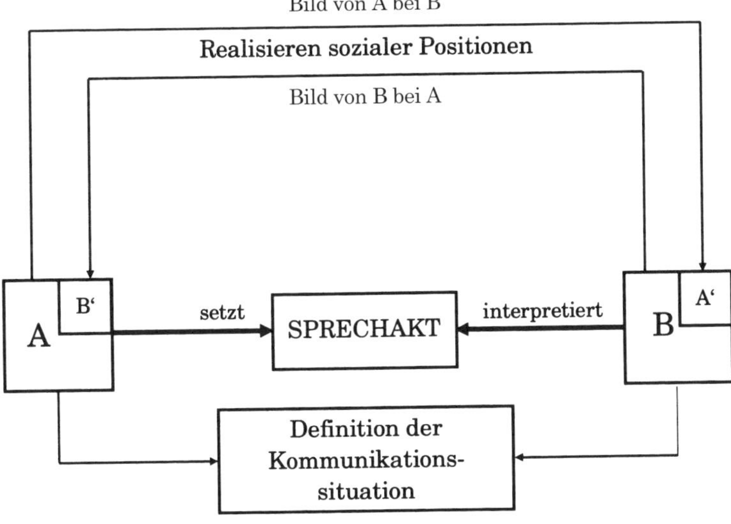

Abb. 14: Die Kommunikationssituation

Die Graphik verdeutlicht den beschriebenen Zusammenhang: Zwei Personen (A und B) treten zueinander in Beziehung und bestimmen zunächst ihr Verhältnis zueinander; indem A sich ein Bild von B und B sich ein Bild von A macht, realisieren sie wechselseitig ihre sozialen Positionen (A', B'). Aufgrund dieser wechselseitigen Positionsbestimmung kommt es in der Folge zur Definition der Kommunikationssituation. Dabei werden die vom jeweiligen (gesellschaftlich bereitgestellten) Wert- und Normgefüge geprägten Erwartungen aktiviert: man weiß ungefähr, mit welcher Art von Sprechakten (seines Gegenübers) man rechnen kann. Das wechselseitige Verhältnis der beiden Kommunikationspartner zueinander und die beiderseits vollzogene Definition der Kommunikationssituation stellen nunmehr den Rahmen für potentielle kommunikative Handlungen dar und erhalten schließlich in der Natur der tatsächlich auftretenden Sprechakte ihre (kommunikative) Manifestation.

Angenommen sei z. B.: „A“ kommt in der sozialen Position „Lehrer“ zu „B“ in der sozialen Position „Schüler“. Beide definieren nun die Kommunikationssituation beispielsweise als „Nachhilfeunterricht“. In diesem Moment wissen sowohl „A“ als auch „B“ infolge der beiderseitigen Kenntnis der für diese Situation geltenden Werte und Normen ziemlich genau, welche Arten sprachlicher Handlungen nun angemessen sind (etwa: Fragen, Antworten, Erklärungen, Ratschläge u. ä.) und erwarten daher auch ebensolche voneinander. – Ein wechselseitiges Mißverstehen beginnt dann, wenn Sprechakte gesetzt werden, die der jeweiligen Situationsdefinition des Gegenübers nicht angemessen erscheinen …

Der Interpretation eines Sprechaktes geht somit eine wechselseitige Deutung des Verhältnisses der beiden Kommunikationspartner zueinander voran: beide realisieren gegenseitig ihre sozialen Positionen, und erst auf der Basis dieser Deutung kommt es – unter Rückgriff auf das jeweils geltende Wert- und Normgefüge – zur Definition der Kommunikationssituation. Nur wenn diese Kommunikationssituation von *beiden* Kommunikationspartnern in *gleicher* Weise definiert wird, kann Verständigung über den pragmatischen Verwendungssinn der gemachten Aussage zustande kommen. Die Ursache für Mißverständnisse (auf der intersubjektiven Ebene) liegt somit in einer unterschiedlichen Definition der Kommunikationssituation durch die jeweils beteiligten Kommunikationspartner. Immer dann, wenn zwei Kommunikationspartner die Kommunikationssituation, in der sie sich miteinander befinden, verschieden deuten, ist ein wechselseitiges Mißverstehen der auftretenden sprachlichen Handlungen die Folge.

3.4.3. Sprachliche Kommunikation: Ein Modell ihrer Implikationen und deren Konsequenzen

Die bisher angeführten Ursachen von Verständigungsschwierigkeiten sollen nunmehr abschließend in einem Modell sprachlicher Kommunikation[91] überschaubar dargestellt werden. Dieses Modell versucht, die eigentlichen Sprachbarrieren auf beiden Ebenen der Kommunikation (auf der Ebene der Gegenstände und auf der Ebene der Intersubjektivität) zu erfassen und damit zugleich auch Möglichkeiten zur Reduzierung von Kommunikationsstörungen ablesbar zu machen.

Zwei Kommunikationspartner (ego und alter) – wechselseitig als Kommunikator und Rezipient zu interpretieren – treten durch eine sprachlich vermittelte Aussage in eine kommunikative Beziehung zueinander. Beide sind im Rahmen eines gesellschaftlichen Systems Mitglieder bestimmter sozialer Gruppen und in ihren Erfahrungen sowie in ihrem Verhalten von ihren jeweils individuell geprägten näheren Umwelten beeinflußt. Zum Zweck einer gegenseitigen Verständigung betreten sie sowohl die „gegenständliche Ebene“ (linke Hälfte der Graphik) als auch die intersubjektive Ebene der Kommunikation (rechte Hälfte der Graphik).

Auf der gegenständlichen Ebene versuchen sie, Verständigung über den mitzuteilenden Sachverhalt (= das Objekt der Kommunikation) herzustellen.

Im Moment der vom (jeweiligen) Kommunikator gesetzten kommunikativen Handlung werden – was den inhaltlichen Aspekt

---

91 Dieses Modell habe ich gemeinsam mit Ulrich Vogt im Jahre 1979 entwickelt.

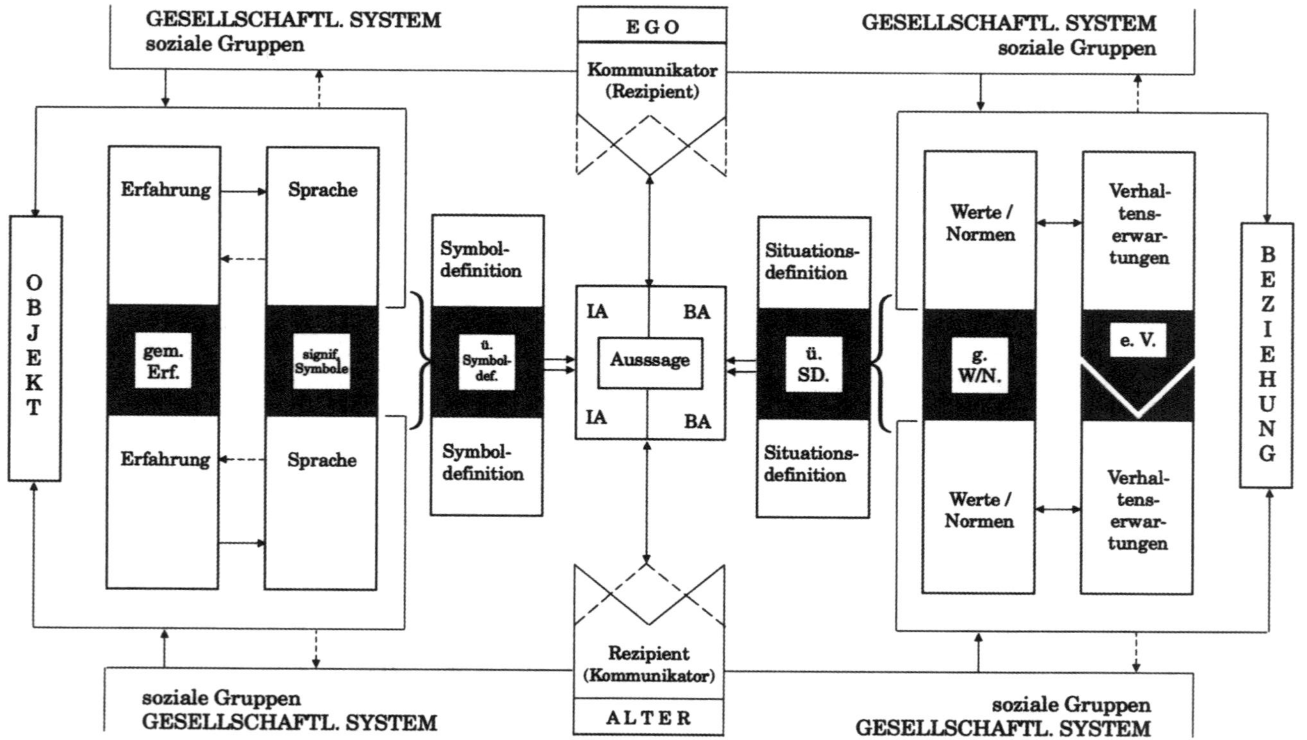

Abb. 15: Modell sprachlicher Kommunikation

der Aussage (IA) betrifft – durch die verwendeten Symbole im Bewußtsein beider Kommunikationspartner Erfahrungen bzw. Begriffe aktualisiert. Wechselseitiges Verstehen im Hinblick auf den mitzuteilenden Sachverhalt kommt jedoch nur dort zustande, wo die in der Äußerung verwendeten Symbole „signifikante Symbole" sind, d. h. Symbole, die imstande sind, einen Erfahrungsbereich ins Bewußtsein zu holen, der beiden Kommunikationspartnern gemeinsam (gem. Erf.) ist. Nur dort kommt es zu einer übereinstimmenden Symboldefinition (ü. Symboldef.).

Auf der intersubjektiven Ebene versuchen beide Partner, Verständigung über den pragmatischen Verwendungssinn der Aussage herzustellen. Zu diesem Zweck deuten sie wechselseitig ihr Verhältnis (= ihre Beziehung) zueinander. Im Moment des Ablaufes eines Sprechaktes werden – was den Beziehungsaspekt (BA) der Aussage betrifft – im Bewußtsein beider Kommunikationspartner Erwartungen an das wechselseitige Verhalten aktualisiert; hier: Erwartungen im Hinblick auf das *sprachliche* Verhalten des Gegenübers, die infolge des jeweils gültigen Wert- und Normgefüges mit der sozialen Position des anderen vereinbar erscheinen. Auf der Basis einer solcherart vollzogenen Deutung der Beziehung zueinander definieren beide Partner schließlich die stattfindende Kommunikationssituation. Wechselseitiges Verstehen im Hinblick auf den pragmatischen Verwendungssinn der Aussage (also: im Hinblick auf die Art des Sprechaktes) kommt aber nur dort zustande, wo beide Kommunikationspartner zu übereinstimmenden Situationsdefinitionen (ü. SD.) gelangen. Dies wiederum kann nur dann der Fall sein, wenn sie über ein Mindestmaß an geteilten Werten und Normen (g. W/N) sowie ein Mindestmaß an einander entsprechenden Verhaltenserwartungen (e. V.) verfügen.

Damit wären nunmehr die Ursachen von Kommunikationsstörungen, welche als Mißverständnisse auf der gegenständlichen und/oder auf der intersubjektiven Ebene von Kommunikation manifest werden, klar vor Augen geführt. Verständigung als das Ergebnis einer *erfolgreich* ablaufenden kommunikativen Interaktion glückt nur in jenem Maße, in welchem beide Kommunikationspartner über geteilte Erfahrungen und damit über eine gemeinsame Sprache sowie ein übereinstimmendes Wert- und Normgefüge und damit über einander entsprechende Verhaltenserwartungen verfügen.

Allfällige Versuche, derartige Kommunikationsstörungen zu beseitigen oder zu reduzieren, müssen daher v. a. die genannten Bereiche dieses wechselseitigen „Aufeinandertreffens“ vor Augen haben. Die Chancen zur Erhöhung des Kommunikationserfolges im Sinne einer *Optimierung des wechselseitigen Verstehens* liegen konsequenterweise auch hier: erst ein Mindestmaß an Wissen um die individuellen Erfahrungen seines jeweiligen Gegenübers und eine daraus erwachsende Sensibilität für dessen (sprachlichen) Symbolvorrat; eine grundsätzliche Kenntnis des Wert- und Normgefüges sowie der Verhaltenserwartungen des jeweiligen Kommunikationspartners schaffen die Basis für Verständigung.

Durch das der Sprache innewohnende Reflexivitätspotential und die damit verbundene Fähigkeit des Menschen zur Metakommunikation (vgl. S. 104 ff.) sind wir schließlich auch in der Lage, Kommunikation selbst zum Gegenstand von Kommunikation zu machen und verfügen damit über eine Möglichkeit, die Kommunikationsbarrieren zu thematisieren und bewußt zu machen.

3.4.4. Das Nachrichtenquadrat

Im Anschluß an das soeben präsentierte Modell sprachlicher Kommunikation läßt sich somit verallgemeinern: Sprecher und Hörer begegnen einander nicht bloß auf einer Sachebene, sondern auch auf einer Beziehungsebene. Als Abrundung und Ergänzung der damit verbundenen Einsichten soll noch ein weiterer Denkansatz erwähnt werden, den der Hamburger Kommunikationspsychologe Friedemann Schulz von Thun (1981/1994) entwickelt hat.

Ausgehend von der Tatsache, daß eine Nachricht stets mehr ist als bloß eine Mitteilung, die eine bestimmte Information enthält, verknüpft Schulz v. Thun zwei verschiedene theoretische Traditionen: die Funktionen der Sprache, die Karl Bühler (1934) in seinem „Organon-Modell“[92] herausgearbeitet hat (nämlich: die Darstellungs- oder Symbolfunktion, die Ausdrucks- oder Symptomfunktion und die Appellfunktion), mit dem auf Watzlawick/Beavin/Jackson (1969) zurückgehenden Beziehungsaspekt menschlicher Kommunikation.[93] Als Konsequenz daraus ergibt sich, daß man jede Nachricht als quadratisches Gebilde darstellen kann: als sog. „Nachrichtenquadrat“.

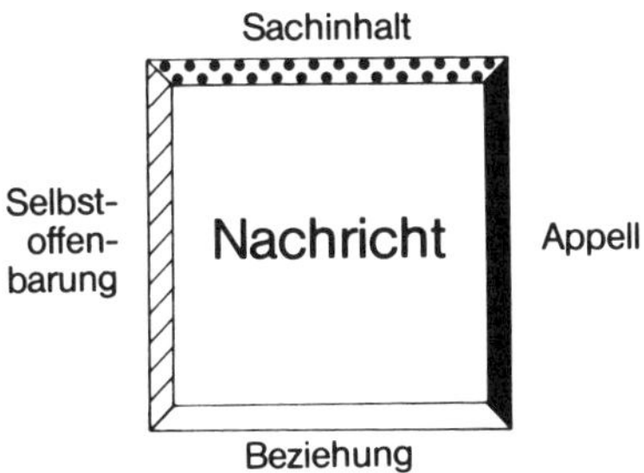

Abb. 16: Das Nachrichtenquadrat (Schulz v. Thun 1994, S. 14)

Ein und dieselbe Nachricht enthält also viele Botschaften: ob der Sender will oder nicht, er sendet immer zugleich auf allen vier Seiten. Jede Mitteilung verfügt demnach zunächst über einen **Sachinhalt**: sie teilt etwas Bestimmtes mit. Dieser Aspekt betrifft die vorhin als „gegenständliche Ebene“ bezeichnete Dimension von Verständigung bzw. (im Anschluß an Bühler) die Darstellungsfunktion von Sprache. Jede Mitteilung stellt aber zugleich eine **Beziehung** zwischen den jeweiligen Kommunikationspartnern her: sie teilt (z. B. durch Tonfall, Art der Formulierung, Wahl der Kommunikationssituation etc.) mit, was man von seinem Gegenüber hält. Dieser Aspekt betrifft die vorhin als „intersubjektive Ebene“ bezeichnete Dimension

92 Vgl. Fußnote 58. Mit der Bezeichnung „Organon“ (griech. = Werkzeug) nahm Bühler seinerzeit Anleihe bei Platon, der (im „Kratylos“) erstmals die Auffassung von Sprache als Werkzeug formulierte.

93 Auf den Ansatz von Watzlawick (et al.) wird weiter unten noch ausführlich eingegangen: Kap. 6.4.3., S. 479 ff.

von Verständigung.[94] Darüber hinaus ist in jeder Mitteilung stets noch eine **Selbstoffenbarung** enthalten: wenn jemand etwas von sich gibt, dann gibt er immer auch etwas von *sich selbst* preis. Er gibt uns eine „Kostprobe seiner Persönlichkeit" (Schulz v. Thun 1994, S. 14), seine Äußerung ist (im Sinn von Bühler) ein Symptom für Vorgänge in seinem Inneren (sie zeigt z. B. Selbstsicherheit, Angst, Authentizität etc. an). Und schließlich ist jede Mitteilung auch noch ein (versteckter oder offener) **„Appell"** an den Empfänger: Wenn jemand etwas von sich gibt, dann „will er in der Regel auch etwas bewirken" (ebd.), d. h., er will das Denken (oder auch das Handeln) seines Gegenübers beeinflussen.

Wenn z. B. ein Professor zu seinen Studenten (angesichts der nahenden Prüfung) sagt: „Schon seit Wochen finden Sie alle wichtigen Bücher in der Bibliothek", dann ist das zunächst ein Hinweis auf einen Tatbestand, nämlich auf das Vorhandensein wichtiger Literatur (= **Sachinhalt**). Zugleich gibt der Professor aber auch etwas von *sich selbst* preis – z. B.: Ich habe dafür gesorgt, daß die prüfungsrelevante Literatur wirklich vorhanden ist, es war mir wichtig, dies zu tun, damit alle an die Literatur herankommen (= **Selbstoffenbarung**). In der Mitteilung „versteckt" sich aber auch ein Hinweis darauf, wie der Professor die Studenten einschätzt (= **Beziehung**): der Tonfall oder auch der Kontext, in dem die Äußerung fällt, kann z. B. darauf hindeuten, daß er die Studenten als „lesefaul" einstuft (etwa weil er seit Wochen kaum jemanden in der Bibliothek beim Studium der Fachliteratur angetroffen hat). Und schließlich kann die mit der Äußerung verbundene Aufforderung lauten: Lest auch den einen oder anderen wissenschaftlichen Text, begnügt euch nicht mit euren Mitschriften (= **Appell**).

Das Bild vom Quadrat soll also dreierlei verdeutlichen. Erstens: die „Klarheit" einer Nachricht ist eine vierdimensionale Angelegenheit. Auch wenn der Inhalt sprachlich verständlich ist, kann man immer noch unsicher sein, was eigentlich gemeint ist. Zweitens: in ein und derselben Nachricht sind viele Botschaften

---

94 Und er verweist auf das 2. Watzlawick'schen Axiom, wonach jede Kommunikation sowohl einen Inhalts- als auch einen Beziehungsaspekt hat. Wobei der Watzlawick'sche Beziehungsaspekt vergleichsweise unscharf erscheint, denn er umfaßt alle drei hier noch verbleibenden Dimensionen der Nachricht: die Beziehung (im engeren Sinn), Selbstoffenbarung und Appell. Vgl. Kap. 6.4.3., S. 482 ff.

gleichzeitig enthalten, und drittens: die Seiten des Quadrates sind gleich lang, d. h., es wird unterstellt, daß alle vier Aspekte als gleichrangig anzusehen sind – auch wenn in jeder konkreten Situation der eine oder andere Aspekt mehr oder weniger im Vordergrund stehen mag.

Konsequenterweise kann man dieses Nachrichtenquadrat nicht bloß aus der Sicht des Senders betrachten, sondern man kann (und muß) dies auch aus der Sicht des Empfängers tun. Schulz v. Thun verdeutlicht dies graphisch mit seinem **„vierohrigen Empfänger“**:

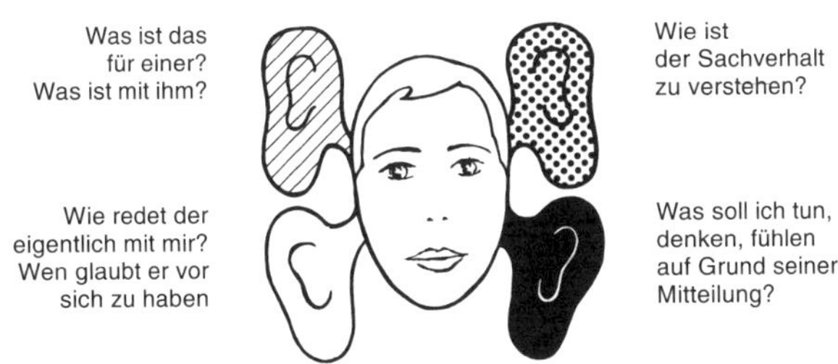

Abb. 17: Der vierohrige Empfänger (Schulz v. Thun 1994, S. 45)

Je nachdem, mit welchem Ohr der Empfänger besonders hinhört, ist auch seine (mentale) Empfangsaktivität eine andere: Den Sachinhalt sucht er zu verstehen. Wenn er die Mitteilung auf die Selbstoffenbarung hin auswertet, versucht er eine Persönlichkeitsdiagnose anzustellen: „Was ist das für eine/r?“ „Als wer will er/sie erscheinen?“ Wenn er den Beziehungsaspekt heraushört, fühlt er sich persönlich betroffen, etwa: „Was hält der/die von mir?“ Und wenn die Mitteilung auf den Appell hin wahrgenommen wird, dann geschieht dies mit der Frage: „Was will er/sie, daß ich tun soll?“

Was die zwischenmenschliche Kommunikation so kompliziert macht, das ist eben der Umstand, daß der Empfänger prinzipiell die freie Auswahl hat, „auf welche Seite der Nachricht er reagieren will“ (Schulz v. Thun 1994, S. 45). Und jede Nachricht hat tatsächlich eine Vielfalt von Botschaften in sich. Teilweise sind sie absichtlich vom Sender hineingepackt worden, teilweise sind sie unabsichtlich hineingerutscht – wie auch immer: das ganze Nachrichten-„Paket" kommt beim Empfänger an, aber im Unterschied zum Paket, das mit der Post kommt, ist der empfangene Inhalt in der Regel nicht identisch mit dem abgesendeten. Die ankommende Nachricht ist vielfach ein „Machwerk" des Empfängers (ebd. S. 61).

3.5. Exkurs: Wissenschaftssprache

Institutionalisierte Versuche, Mißverständnisse zwischen Kommunikationspartnern zu verhindern oder wenigstens zu minimieren, sind in den verschiedensten Wissenschaftssprachen anzutreffen. Die Sprache einer Wissenschaft unterscheidet sich von der gängigen Alltagssprache vor allem dadurch, daß sie über eine sog. **Terminologie** verfügt, d. h. über eine Anzahl von Symbolen („Termini"), deren Bedeutung möglichst eindeutig feststeht. Auf diese Weise wird versucht, insbesondere jene Sprachbarrieren, die auf der gegenständlichen Ebene von Kommunikation anzusiedeln sind, zu vermeiden bzw. gering zu halten. „Die Termini einer Wissenschaft sind Wörter oder zusammengesetzte Ausdrücke, die der eigenen oder einer fremden natürlichen Sprache entnommen oder künstlich geschaffen sind und deren Bedeutung und Gebrauch innerhalb dieser Wissenschaft durch Festsetzungsdefinitionen eindeutig festgelegt ist" (Segeth 1972, S. 1082).

Sieht man von den Formalwissenschaften – wie z. B. der Logik, Mathematik u. ä., die sich einer künstlich entwickelten Zeichen- bzw. Formelsprache bedienen – ab, dann begegnet man recht häufig dem Umstand, daß ein und dasselbe Wort (das womöglich noch aus der Alltagssprache stammt) in verschiedenen Wissenschaften oder Wissenschaftsbereichen als „Terminus" für ganz unterschiedliche Bedeutungen auftritt.

So bedeutet etwa das aus der deutschen (Alltags-)Sprache stammende Wort „Arbeit" als Terminus der Physik etwas anderes, als im Rahmen einer soziologischen Terminologie. Ähnlich verhält es sich mit dem Terminus „Medium": Wird etwa in der Chemie als „Medium" jeder Träger chemischer Vorgänge bezeichnet, so versteht man darunter in der Kommunikationswissenschaft das Ausdrucksmittel einer kommunikativen Aktivität.

In solchen und ähnlichen Fällen wurde also ein und dasselbe Wort mit unterschiedlichen Bedeutungen belegt und repräsentiert daher auch unterschiedliche Begrifflichkeiten. Das Verfahren, mit dem derartige Bedeutungszuweisungen erfolgen, nennt man den Vorgang des „Definierens". Eine **Definition** „ist eine Entscheidung darüber (...), daß ein bestimmtes sprachliches Zeichen nur noch in einer bestimmten Weise verwendet werden soll" (Prim/Tilmann 1973, S. 34). Mit einer Definition wird also ein Wort (oder sonst irgendein Zeichen bzw. eine Zeichenkombination) einer Summe von Vorstellungsinhalten (einem Begriff) zugeordnet. Damit wird nicht nur für intersubjektiv *klare Begriffe* gesorgt, es werden dadurch in der Regel auch *kürzere Aussagen* möglich: eine Reihe von Vorstellungsinhalten oder Einzelmerkmalen (= Definiens) werden auf ein Symbol bzw. eine Symbolkombination (= Definiendum) übertragen. Üblicherweise beansprucht das Definiendum eine geringere Zeichenanzahl als das Definiens.

So wurde z. B. im Rahmen dieses Buches der komplexe Begriff von dem zwischen (mindestens) zwei Menschen ablaufenden Prozeß, in dem diese unter Zuhilfenahme eines Mediums Bedeutungsinhalte miteinander teilen (= Definiens), mit dem Terminus „Kommunikation" (= Definiendum) gleichgesetzt.

Eine Frage, die sich im Zusammenhang mit Definitionen immer wieder stellt, ist die Frage nach ihrer *Gültigkeit*. Worin bestehen die Kriterien, nach denen diese Gültigkeit beurteilt werden kann, oder – anders gefragt – wie kann man entscheiden, ob eine Definition zu akzeptieren oder zu verwerfen ist? Die Auffassungen zur Beantwortung dieser Frage sind zwei grundsätzlich divergente.[95] Zunächst gibt es die Befürworter der sog. **Realdefinition**. Danach liegt das Kriterium für die Gültigkeit einer Definition in der Entscheidung darüber, ob das „Wesen" einer Sache durch das Definiens voll erfaßt wird. Realdefinitio-

95 Gerade für die Sozialwissenschaften ist mit der Definitionsproblematik eine elementare Dimension wissenschaftlichen Arbeitens angesprochen, hat man es doch hier in der Regel mit Begriffen zu tun, die nur über einen „indirekten empirischen Bezug" verfügen, d. h. als theoretische Konstrukte nur indirekt auf etwas Erfahrbares bzw. Beobachtbares verweisen (vgl. dazu Prim/Tilmann 1973, S. 40 f.).

nen zielen also darauf ab, „das ‚Wesen‘ oder die ‚Natur‘ von irgendwelchen Tatbeständen zu beschreiben“ (Prim/Tilmann 1973, S. 36) und können daher „wahr“ (wenn diese Beschreibung auf die Realität voll zutrifft) oder „falsch“ (wenn dies nicht der Fall ist) sein. Im Gegensatz dazu stehen die Befürworter der sog. **Nominaldefinition**. Dieser Auffassung zufolge liegt das Kriterium für die Gültigkeit einer Definition in ihrer Zweckmäßigkeit. Nominaldefinitionen nehmen nicht für sich in Anspruch, das „Wesen“ einer Sache oder eines Prozesses (etc.) voll darzustellen, sondern stellen bloß „eine Festsetzung über die *Verwendung* eines sprachlichen Ausdrucks“ (Prim/Tilmann ebd., S. 37) dar. Nominaldefinitionen sind also nichts anderes als Konventionen, von nun ab mit bestimmten Symbolen bestimmte Begrifflichkeiten zu verbinden. Nominaldefinitionen können daher weder wahr noch falsch sein (vgl. Opp 1970, S. 93 f.), sie können lediglich „zweckmäßig“ oder „unzweckmäßig“ (auch: „angemessen“ oder „unangemessen“) sein.

So wäre etwa die oben angeführte Definition von „Medium“ als Träger chemischer Vorgänge für den Kommunikationswissenschaftler nicht zweckmäßig, weil sie seinem Untersuchungsobjekt (der zwischenmenschlichen Kommunikation) nicht angemessen ist und daher seinen Forschungsintentionen nicht entspricht. Die „chemische“ Definition von „Medium“ ist deswegen aber nicht als falsch zu bezeichnen, sie entspricht vielmehr einem anderen Realitätsbereich und erscheint daher wieder für die Forschungsinteressen des Chemikers zweckmäßig, weil sie seinem Untersuchungsobjekt (den chemischen Vorgängen) angemessen ist. Nach dem „Wesen“ eines Mediums zu fragen, schiene hier irrelevant ...[96]

In diesem Zusammenhang sei darauf verwiesen, daß sämtliche in diesem Buch versuchte Begriffsbestimmungen als „Nominaldefinitionen“ zu begreifen sind. Sie nehmen also ausschließlich für sich in Anspruch, für den kommunikationswissenschaftlichen Forschungsbereich zweckmäßig zu sein und beanspruchen nur für diesen ihre Gültigkeit.

---

96 Nach Opp sind derartige Wesensdefinitionen jedoch auch nichts anderes als verschleierte Formen von Nominaldefinitionen ... (vgl. dazu Opp 1970, S. 104 ff.).

4. KOMMUNIKATION UND MENSCHLICHE EXISTENZ

Ziel des folgenden Abschnittes ist es, die zentrale Bedeutung von Kommunikation für den Menschen zu erhellen. Dabei soll von der Behauptung ausgegangen werden, daß Kommunikation – insbes. in ihrer soeben dargestellten verbalen Variante – als eine Grundbedingung menschlichen Daseins schlechthin angesehen werden muß: „Sowohl unter phylogenetischem als auch ontogenetischem Aspekt ist die Existenz des Menschen ohne seine eben spezifisch-menschliche Kommunikationsfähigkeit nicht zu denken" (Vogt 1979, S. 68).[97] Eine spezifische Qualität von Kommunikation wird damit als Conditio sine qua non von Menschsein betrachtet. Zur Abstützung einer derartigen Behauptung muß der Prozeß der Menschwerdung also aus zweierlei Blickpunkten gesehen werden:

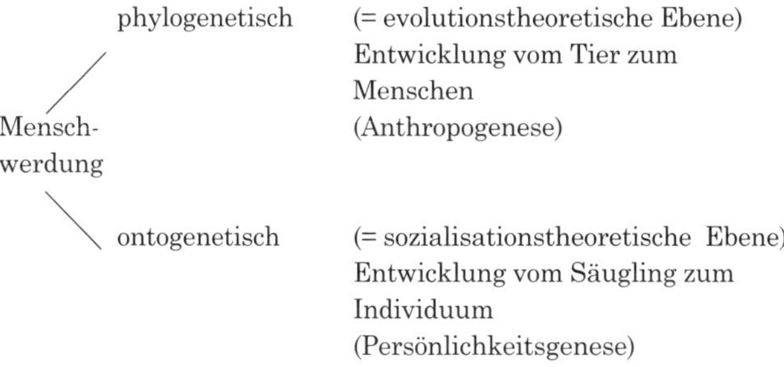

Abb. 18: Phylo- und ontogenetische Menschwerdung

Einmal sind Hinweise auf den fundamentalen Charakter „evolutionär-kommunikativer Errungenschaften" (Vogt ebd.) zu geben, d. h., es ist der Stellenwert aufzuzeigen, welcher der Kommunikation im Verlauf der Anthropogenese zukommt. Neben

97 Unter dem „phylogenetischen Aspekt" ist die stammesgeschichtliche Entwicklung zum Menschen, also die evolutionäre Herausbildung der menschlichen Gattung aus dem Tierreich (= Anthropogenese) gemeint; während der „ontogenetische Aspekt" die Entwicklung des einzelnen Individuums von seiner Geburt bis zum Tode ins Auge faßt.

dieser evolutionstheoretischen Dimension ist aber v. a. auch die sozialisationstheoretische Ebene von Kommunikation einsehbar zu machen, d. h., es muß dargelegt werden, welche Leistungen Kommunikation für den Prozeß der Persönlichkeitsgenese erbringt.

Der Angelpunkt jeweiliger Betrachtungen soll in beiden Fällen jene humanspezifische Kommunikationsfähigkeit sein, die v. a. auf der Möglichkeit zur Bildung und Verwendung von Symbolen beruht: Die Tatsache, daß der Mensch Zeichen (als Träger und Vermittler von Bedeutung) nicht nur bewußt und zielgerichtet „schaffen", sondern darüber hinaus auch noch in ihrer Repräsentationsfunktion verwenden kann, war ja weiter oben bereits als Voraussetzung für jene spezifisch menschliche Qualität von Kommunikation erkannt worden, welche als „*symbolisch* vermittelte Interaktion" begriffen und dargestellt wurde.[98] Ihre besondere Ausprägung findet diese symbolisch vermittelte Interaktion schließlich in ihrer Sprachlichkeit (vgl. Kap. 3): Hier ist es nicht nur die – mit der Repräsentationsfunktion eng zusammenhängende – Bezeichnungsleistung der menschlichen Sprache (vgl. S. 89 f.), sondern auch die – im Zuge sprachlicher Selbstreflexivität gegebene – Möglichkeit zur Metasprache und Metakommunikation (vgl. S. 104 f.), welche menschliche Kommunikationsprozesse von nichtmenschlichen (tierischen) Kommunikationsereignissen grundsätzlich unterscheidbar machen[99].

98 Zur Erläuterung des hier geltenden Symbol-Verständnisses vgl S. 49 ff. des vorliegenden Buches.

99 Der Vollständigkeit halber sei darauf hingewiesen, daß zumindest allen selbständig entwickelten Kommunikationsformen der Tiere auch noch jene Leistung der menschlichen Sprache fehlt, die als „doppelte Artikulation" (nach Hockett: „duality of patterning") bezeichnet wird. Darunter soll die in der Differenzierung von Morphemen und Phonemen aufgehobene Unterscheidung des Inhalts- und Aussageaspekts der Sprache verstanden werden, nach Schaff eine Folge sprachlicher Produktivität, d. h. der Tatsache, „daß man mit Hilfe der Sprache Aussagen formulieren kann, deren Inhalt neu ist" (Schaff 1968, S. 55.).

4.1. Kommunikation als anthropologische Grundkonstante

Die Frage nach dem Stellenwert der spezifisch menschlichen Kommunikationsfähigkeit im Rahmen der Anthropogenese fokussiert den Blick auf die evolutionäre Dimension menschlichen Lebens. **Evolution** kann allgemein bestimmt werden als der Prozeß „allmählich fortschreitende(r) Veränderungen in Struktur und Verhalten der Lebewesen, so daß die Nachfahren andersartig als die Vorfahren werden" (Rammstedt 1973, S. 187). Seit im 19. Jahrhundert der gebürtige Engländer Charles Darwin den Gedanken formulierte, daß der Mensch wie alle anderen Lebewesen das Produkt eines evolutionären Entwicklungsprozesses ist, war die – im vorliegenden Zusammenhang v. a. zu erwähnende – (Wechsel-)Beziehung zwischen Artentstehung (bzw. Entstehung artspezifischer Fähigkeiten) und Umweltdruck in den Vordergrund getreten[100]: Als Grundlage zumindest der biologischen (Weiter-)Entwicklung der Lebewesen waren nunmehr Veränderungen durch Umweltbedingungen erkannt worden (Schraml 1972, S. 88). Nur diejenigen Lebewesen, die sich an die jeweils vorhandenen Umweltbedingungen am besten anpassen konnten, überlebten und pflanzten sich schließlich auch fort. Die natürliche Selektion stellte sich damit als ein auf Anpassung (des jeweiligen Organismus an seine Umwelt) hin gerichteter Prozeß (Wezler 1972, S. 304) heraus, der zur Bildung neuer Fähigkeiten oder Fertigkeiten der jeweiligen Spezies führte, um deren Überleben zu gewährleisten.

100 In seinem 1859 entstandenen Werk über die „Entstehung der Arten" griff Darwin die Idee von der Abstammung innerhalb der Organismuswelt auf, die schon im 17. Jh. bei Leibniz sowie im 18. Jh. bei Saint-Hilaire und Lamarck zu finden ist. Die große Leistung Darwins war es jedoch, erstmals eine Theorie der Entstehung der Arten von Lebewesen entwickelt zu haben. „In ihrem Mittelpunkt stand das *Zusammenwirken zufällig entstandener erblicher Abweichungen* einzelner Individuen und Teilen einer Population ... und der *natürlichen Selektion* (Auswahl), die bestimmten Teilen einer ... Population unter bestimmten Umweltbedingungen eine höhere Chance des Überlebens einer relativ größeren Zahl von Nachkommen gibt" (Wezler 1972, S. 304; Hervorhebungen im Original).

Auf der Basis dieser Einsicht wird nunmehr die Frage nach dem Stellenwert der spezifisch menschlichen Kommunikationsfähigkeit im Verlauf der Anthropogenese zur Frage nach deren arterhaltender Funktion: Es ist, m. a. W., nach jenen Selektionsfaktoren zu suchen, welche bei vor- und frühmenschlichen Wesen zur Ausbildung ebendieser Fähigkeit geführt haben müssen (vgl. dazu Soritsch 1975). In Entsprechung zu einer infolge von Umweltdruck vorangetriebenen differenzierten Entwicklung der Organismen läßt sich ja „die Entwicklung verschiedener Prozeßtypen [von Kommunikation – R. B.] entlang einer evolutionären Zeitachse" (Merten 1977, S. 92)[101] verfolgen – dennoch: „So großartig und vielfältig die in der Natur vorhandenen Kommunikationssysteme auch sind, begriffliches Denken und verbale Kommunikation, Wissensakkumulation in einer Sprache hat im Verlauf der Evolution nur eine einzige Spezies entwickelt, nämlich der Mensch" (Soritsch 1975, S. 13).

Worin bestanden nun jene Umweltbedingungen, aufgrund derer es zur Ausbildung von begrifflichem Denken und Sprache kam? Was waren die Umstände, welche die Entwicklung ebendieser besonderen kommunikativen Fähigkeit (über)lebensnotwendig machten? Zur Beantwortung dieser Frage muß man entlang der „evolutionären Zeitachse" etwa 20 Millionen Jahre zurückschreiten, als sich irgendwo auf der Welt die biologische Entwicklung der Affen aufspaltete (Darlington 1971, S. 16) und eine neue Entwicklungslinie entstand: die der Hominiden, der Menschenartigen.[102] Diese hatten (vermutlich infolge des

101 Merten weist auf eine „zeitliche Ordnung evolutionärer Hierarchien von Kommunikationsprozessen" hin, in der er eine Richtschnur für die Analyse der Entwicklung von Kommunikation sieht. Einen Indikator für die Richtigkeit der Annahme einer derartigen hierarchischen Ordnung findet er in der Tatsache, daß „alle höheren Kommunikationsprozesse Eigenheiten und Leistungen der niederen voraussetzen und diese auch übernehmen" (Merten 1977, S. 92). Merten versieht seine Ausführungen mit stufentheoretischen Implikationen, die bereits in anderen humanwissenschaftlichen Bereichen (wie etwa von Piaget, Kohlberg und Habermas) erfolgreich entwickelt wurden – darauf hat Vogt (1979, S. 68, Anmerkung 2) hingewiesen.

102 Nur um einen Eindruck evolutionärer Zeitdimensionen zu geben: Nach dem gegenwärtigen Stand des Wissens dauerte die Evolution von einem dem heutigen Spitzenhörnchen ähnlichen Tier bis zum Menschen etwa 75 Milli-

Zurückweichens der Urwälder und der Ausbreitung der Steppen) die Bäume des Waldes verlassen und bevölkerten nunmehr die offene Landschaft.[103] Forderte der durch diesen Umweltdruck erzwungende Nahrungswechsel – anstatt nach pflanzlicher mußte nunmehr nach tierischer Kost Ausschau gehalten werden – den aufrechten Gang („bipede Fortbewegung") sowie stereoskopisches Sehen (zur besseren Abstandsschätzung) heraus, so regten die allmählich entwickelten Jagdtechniken ihrerseits wieder die geistige Aktivität und damit die Vergrößerung des Gehirns an, was schließlich – begünstigt durch die infolge der aufrechten Körperhaltung für andere Tätigkeiten frei gewordenen Hände – zur Ausbildung echter Werkzeuglichkeit[104] führte. Diese nachgewiesene Werkzeuglichkeit der Hominiden ist jedoch bereits eng an begriffliches Denken, an die Fähigkeit zur Abstraktion gebunden: Erst wenn situationsgebundene Leistungen von ihren zufälligen Begleitumständen abgrenzbar sind, werden konstant hervorgerufene Wirkungen (z. B. eines Werkzeuges) erkennbar. Nicht zuletzt die Notwendigkeit zur Tradition der Produktions- und Verwendungsweise derartiger Geräte mag schließlich auch die Ausbildung jener Kommunikationsfähigkeit forciert haben, die in der Sprache ihre angemessene Entsprechung erfuhr: denn Sprache abstra-

---

onen Jahre! (Bresch 1977, S. 264). – Der nun folgende kurze Ausflug in die Paläoanthropologie hält sich im wesentlichen – wenn nicht anders vermerkt – an die bei Soritsch (1974, S. 275 f.; 1975, S. 14 f.) gegebene Darstellung.

103 Soritsch weist darauf hin, daß der für die weitere Evolution so wichtige Übergang vom Wald in die offene Landschaft bis heute ein nicht ganz erklärbarer Vorgang ist. „Einige Autoren meinen, es sei die direkte Folge verringerten Regenfalls gewesen, der die Ausdehnung des tropischen Waldes einengte und einen erhöhten Populationsdruck auslöste. Andere deuten ihn einfach als das Ergebnis des normalen Wettbewerbs im Bereich des Lebendigen, das die Erschließung aller erschließbaren Umwelten begünstigt" (Soritsch 1975, S. 15).

104 Wohl können Ansätze von Werkzeuglichkeit auch bei Tieren festgestellt werden; „echte" Werkzeuglichkeit liegt nach Narr (1973) jedoch erst dann vor, wenn die Hinzufügung neuer, nicht vorgegebener Qualitäten hinsichtlich Form und Funktion des jeweiligen Gegenstandes beobachtbar ist – eine Eigenschaft, die schließlich auch mit neuen Erzeugungsweisen (Herstellung von Werkzeugen durch Werkzeuge) einhergeht (vgl. Soritsch 1974, S. 278).

hiert stets vom unmittelbaren Konkreten, ein „Wort hält … in seiner Bedeutung stets das Allgemeine der Dinge und Erscheinungen fest (…). Es ist folglich auch eine Eigenart des Denkens, daß es sich dieser [sprachlichen – R. B.] Zeichen als Instrumente bedient" (Schaff 1968c, S. 100).

Kann der bisher angedeutete evolutionäre Entwicklungsprozeß noch überwiegend als eine Reaktion auf Umweltdruck interpretiert werden, so darf spätestens seit der Ausbildung der Sprache „jenes ihm immer schon innewohnende Potential an Eigendynamik nicht übersehen werden, das sich in einer stetig zunehmenden Umweltveränderung durch gezielt-aktive Anpassungsleistungen der Hominiden (und noch mehr: des Menschen!) äußerte und äußert" (Vogt 1979, S. 70). Im Hinblick auf die hier im Mittelpunkt stehende Kommunikationsfähigkeit bedeutet dies, daß Sprache – bisher vornehmlich als *Resultat* biologischer Evolution angesehen – nunmehr als *Voraussetzung* für wesentliche Markierungen der mit ihr einsetzenden kulturellen Evolution betrachtet werden muß: „Sprache allein ermöglichte Abstraktionsniveaus, die zur Entwicklung der materiellen Kultur und der menschlichen Gesellschaft notwendig waren" (Campbell 1972, zit. n. Soritsch 1974, S. 278). Und man kann mit Talcott Parsons (der den Biologen Alfred Emerson zitiert) ergänzen: „Innerhalb der menschlichen Anpassungswelt ist das ‚Gen' weitgehend durch das ‚Symbol' ersetzt worden. Deshalb bestimmt nicht allein die genetische Konstitution der Spezies Mensch die ‚Bedürfnisse' gegenüber der Umwelt, sondern diese Konstitution *plus* der kulturellen Evolution" (Parsons 1971, S. 57). So wie Parsons in der Sprache eine der Grundvoraussetzungen der Evolution von Kultur und Gesellschaft – ein sog. „evolutionäres Universalium"[105] – sieht,

105 Unter einem evolutionären Universalium versteht Parsons „jede in sich geordnete Entwicklung oder ‚Erfindung', die für die weitere Evolution so wichtig ist, daß sie nicht nur an einer Stelle auftritt, sondern daß mit großer Wahrscheinlichkeit mehrere Systeme unter ganz verschiedenen Bedingungen diese ‚Erfindung' machen" (Parsons 1971, S. 55). Als einen „zusammenhängenden Satz von evolutionären Universalien" schon seit den frühesten menschlichen Entwicklungsphasen sieht Parsons Religion, Kommunikation durch Sprache, soziale Organisation durch Verwandschaftsordnungen und Technologie an (Parsons ebd. S. 58).

genauso benennt auch Habermas „umgangssprachliche Kommunikation“ als eine der Eingangsbedingungen gesellschaftlicher Evolution[106].

Nun sind aber jene – dem postulierten Abstraktionsniveau entsprechende – Bewußtseinsleistungen, welche – durch Sprache möglich geworden – die kulturelle bzw. soziale Evolution erst initiierten, nur dann angemessen zu erfassen, wenn man mit Vogt (1979, S. 71) dem Umstand Rechnung trägt, daß sowohl Werkzeuglichkeit als auch Sprache ihren Entstehungszusammenhang in der gesellschaftlichen Organisation menschlicher Arbeit besitzen (vgl. dazu auch Rossi-Landi 1972). Gesellschaftlich organisierte Arbeit – als „die spezifische Weise, in der Menschen im Unterschied zu Tieren ihr Leben reproduzieren“ (Habermas 1976a, S. 145) – tritt bei den Frühmenschen in der für sie charakteristischen Ausprägung der kooperativen Jagd (Habermas ebd., S. 149) auf. „Diese spezifische Art gesellschaftlicher Produktion, Substrat und zugleich auch Ergebnis des ... Zusammenhangs von Werkzeug- und Sprachentwicklung“ (Vogt ebd.) war für die Ausdifferenzierung interpersonaler Kommunikation ein außerordentlich fruchtbarer Boden. „Es ist klar: Je besser eine jagende Männergruppe sich über den Stand eines Tieres beim Umzingeln und beim Angriff verständigen konnte, je mehr Einzelheiten sich die Mitglieder einer solchen Gruppe mitteilen konnten, desto erfolgreicher mußte sie sein, desto größer war die Überlebenschance einer Horde. Dasselbe gilt für die Techniken, die zur Jagd entwickelt wurden und die an die Nachkommenschaft mitgeteilt werden mußten. Das an die Jagd anschließende Verteilen der Beute, das die ersten Fähigkeiten zur Quantifizierung entwickelt haben dürfte, hatte eine überaus wichtige Bedeutung für die Denk- und Sprachentwicklung“ (Soritsch 1975, S. 17).

Erforderte das Verteilen der Beute „Interaktionsregeln, die auf dem Niveau sprachlicher Verständigung intersubjektiv als

---

106 Habermas nennt (in expliziter Anlehnung an Marx) vier kulturelle Universalien als Ausgangsbedingungen gesellschaftlicher Evolution: Produktion, Verkehrsform, umgangssprachliche Kommunikation und Ideologie (Habermas 1971b, S. 277 ff.).

anerkannte Normen oder Regeln kommunikativen Handelns von einzelnen Situationen abgelöst und auf Dauer gestellt werden können“ (Habermas 1976a, S. 146); so war bereits im Zuge des kooperativen Jagens eine Rollendifferenzierung notwendig geworden, die eine Sprengung jener eindimensionalen Rangordnung notwendig machte, in der jedem Tier nur *ein* Status zukommt: ein und dasselbe Individuum mußte ja in verschiedenen Situationen (der Jagd) einen unterschiedlichen Status einnehmen können. „Zusätzlich dürfte schließlich aus der Existenz zweier sozialer Teilsysteme (egalitäre Jagdhorden der Männer und sammelnde Gruppen der Frauen und Kinder) ein Integrationsbedarf entstanden sein, der erst durch die Ausprägung der Vaterrolle befriedigt werden konnte: Dies bedeutete aber die Ersetzung des tierischen Statussystems durch ein System sozialer Normen, das Sprache voraussetzt“ (Vogt 1979, S. 71).

Darauf verweist auch Habermas, für den drei Bedingungen erfüllt sein müssen, bevor ein System sozialer Normen überhaupt entstehen kann: Die Interaktionspartner müssen 1. die Teilnehmerperspektive gegen die Beobachterperspektive austauschen können, sie müssen 2. über einen Zeithorizont verfügen, und sie müssen 3. in der Lage sein, die Existenz von Sanktionsmechanismen (auf der Grundlage ambivalent besetzter Deutungen von Normen) anzuerkennen. „Aus verschiedenen Gründen können diese drei Bedingungen nicht erfüllt werden, bevor nicht Sprache voll ausgebildet ist. Wir dürfen annehmen, daß sich in den Strukturen von Arbeit und Sprache erst die Entwicklungen vollzogen haben, die zur spezifisch menschlichen Reproduktionsform des Lebens und damit zum Ausgangszustand der sozialen Evolution geführt haben. Arbeit und Sprache sind älter als Mensch und Gesellschaft“ (Habermas 1976a, S. 151).

Die Ausbildung von Sprache – und damit der Erwerb der Fähigkeit zu *symbolisch* vermittelter Interaktion – wird mithin als ein zentrales Fundament der Anthropogenese erkennbar. Erst Sprache schuf die Voraussetzung für das Entstehen sozialer Normen (sowie deren Anerkennung) und trug damit wesentlich zur Entwicklung von Kultur[107] bei: Denk- und Handlungsweisen (Wertvorstellungen und entsprechende Verhaltensformen) wurden tradierbar. Sprache ließ also „einen neuen Typ der Evolution entstehen, der sich in keiner anderen Art finden läßt" (Beach 1960, S. 3; zit. n. Berelson/Steiner 1969, S. 34). Folgerichtig sieht Habermas daher auch in der Hominisation eine organisch-kulturelle Mischform der Evolution: der Weg vom Tier zum Menschen „ist durch das *Ineinandergreifen organischer* und *kultureller Entwicklungsmechanismen* bestimmt" (Habermas ebd., S. 147) – und man kann mit Merten ergänzen, daß Menschwerdung somit als eine *Folge* (und nicht als eine Voraussetzung) kultureller Leistungen begriffen werden muß (Merten 1977, S. 126). Oder anders – deutlicher im Hinblick auf den vorliegenden Zusammenhang – formuliert: *Menschwerdung ist die Jahrmillionen währende*[108] *Konsequenz von Bewußtseinsleistungen, die auf einem Abstraktionsniveau erfolgten, welches allein durch die Erlangung jener symbolischen Kommunikationsfähigkeit möglich geworden war, die in der Sprache ihre intersubjektiv wahrnehmbare Manifestation erfuhr.*

Warum aber erlangte ausschließlich der Mensch diese spezifische Kommunikationsfähigkeit; warum bestand (und besteht) für das Tier offenbar kein existentieller Zwang zur Ausbildung von Sprache?[109] Antwort auf diese Frage gibt die Anthropo-

---

107 Als **„Kultur"** wird hier die Gesamtheit von Denk- und Handlungsweisen einer Gesellschaft begriffen, die durch Symbole von einer Generation auf die nächste übertragen werden. Sie werden in Wertvorstellungen bewußt und nehmen in Werkzeugen und hergestellten Produkten Gestalt an (vgl. dazu Fuchs 1975, S. 382).

108 Die ersten Lebewesen, die einen Übergang vom Tier zum Menschen darstellen (die sog. Australopithecinen), traten vor etwas 2 bis 4 Millionen Jahren auf; der Mensch, der anatomisch von uns praktisch ununterscheidbar ist, scheint vor 40- bis 50.000 Jahren das erste Mal registrierbar zu sein (vgl. Soritsch 1975, S. 14 f.; sowie entsprechende Daten bei Campbell 1972 oder Darlington 1971). Nach neueren Untersuchungen des Hamburger Anthropologen Jürgen Bräuer sollen aber bereits vor 300.000 Jahren in Afrika Menschen gelebt haben, deren Körperbau sich nur in Details vom heutigen Menschen unterschied. Seiner Meinung nach bildeten sich die ersten Formen des „Homo sapiens sapiens" ebendort bereits vor ca. 600.000 Jahren. (Diesen Hinweis gab mir Alois Soritsch im März 1998).

109 Es sei an dieser Stelle vermerkt, daß hier keineswegs die *grundsätzlichen*

logie[110], die den Unterschied zwischen Mensch und Tier zunächst an einer unterschiedlichen Qualität in der Beziehung zur Umwelt festmacht. Danach existiert für den Menschen im Unterschied zum Tier keine „artspezifische Umwelt“: Während für das Tier aus der Fülle der in der Welt vorhandenen Gegebenheiten nur eine begrenzte Anzahl existiert, innerhalb derer es gewissermaßen als ein Gefangener lebenslang bleibt und stirbt, hat der Mensch keine so einförmige und enge Sphäre.[111]

Möglichkeiten zur Sprachentwicklung bei Tieren – wie sie bisweilen in aufsehenerregenden Tierexperimenten nachzuweisen versucht wurde (vgl. etwa Premack 1973) – in Abrede gestellt werden sollen! Der Umstand, daß bis heute nur der Mensch die Fähigkeit zur Sprache entwickeln konnte, darf nicht dazu verleiten, die Möglichkeit eines neuerlichen Evolutionsschubs prinzipiell auszuschließen: „Wir haben keinen Grund, etwa den jetzigen Zustand als das Ende der Evolution aufzufassen“ (Portmann 1972, S. 128).

110 **Anthropologie** (eig.: Lehre vom Menschen) ist nach Portmann jeder Versuch, zu einer umfassenden Wesensbestimmung des Menschen zu gelangen (1956, S. 129). Zu diesem Zweck sind neben den naturwissenschaftlich-biologischen und ethnologischen aber auch die philosophischen Versuche einer solchen Wesensbestimmung zu Rate zu ziehen (Habermas 1973a, S. 89). Ausgangspunkt einer Anthropologie ist „die Frage nach den Wesensunterschieden von Mensch und Tier“ (Griese 1976, S. 15). Unter biologischen Gesichtspunkten steht hier v. a. die Naturgeschichte des Menschen (seine Abstammung aus dem Tierreich) zur Diskussion; aus ethnologischer Perspektive gilt das Interesse primitiven Gesellschaften und Kulturen (Kulturanthropologie); die philosophische Anthropologie schließlich soll jener Bereich sein, in dem die Forschungsergebnisse aller (Human-) Wissenschaften zu einem Bild vom Menschen verarbeitet werden. „Philosophische Anthropologie muß, was die einzelnen Wissenschaften gegenständlich vom Menschen wissen … sinnverstehend deuten“ (Habermas 1973a, S. 91). In diesem Sinne „philosophisch“ sind daher auch die nachstehenden anthropologischen Anmerkungen zu begreifen. Sie stützen sich – wenn nicht anders vermerkt – auf Habermas 1973a.

111 Die Bezeichnung **„artspezifische Umwelt“** stammt von Jakob v. Uexküll, dessen Beschreibung der Umweltbeziehung der Zecke ein (oft zitiertes) Beispiel für die Verdeutlichung des hier Gemeinten gibt: „Die Zecke ist nur fähig, Licht und Wärme zu empfinden sowie den Geruch der Buttersäure wahrzunehmen. Das genügt, um sich nach oben zu orientieren (auf Bäume oder Sträucher zu klettern) und sich auf warmblütige Tiere fallen zu lassen (Wahrnehmung des einzigen Geruchs, den alle Säuger ausströmen) … Dort bohrt sie sich in die Haut, pumpt sich voll Blut, läßt sich wieder zu Boden fallen, legt ihre Eier und stirbt. Die Lebensweise der Zecke entspricht ihrem organischen Bau. Zwischen Organausstattung, Lebensweise und Umwelt besteht Harmonie; Wahrnehmungsfähigkeiten entsprechen den ‚Lebensinteressen‘ des Tieres, beide sind der biologischen Ausstattung angepaßt“ (zit. n. Griese 1976, S. 24).

„Der Mensch lebt nicht in einer spezifischen Umwelt, in die er aufgrund seiner Sinnesausstattung verwiesen wird; er ist nicht organisch oder instinktiv an eine spezifische Umwelt gebunden, in der er allein lebensfähig wäre“ (Griese 1976, S. 24). Dieser Umstand läßt den Menschen als den ersten „Freigelassenen der Natur“ (Herder) begreifen; er ist im wahrsten Sinn des Wortes „weltoffen“ (Scheler), denn er besitzt weder eine spezialisierte Organausstattung, noch verfügt er über jene instinktiven Absicherungen, die dem Tier in seiner artspezifischen Umwelt das Überleben ermöglichen.

Der Mensch als ein **„Mängelwesen“** (Herder)[112] in der Natur konnte daher nur überleben, indem er diese seine Unspezialisiertheit kompensierte: die Ausbildung von Sprache und begrifflichem Denken, die Tradition von Erfahrungen und das Entstehen von Kultur werden allgemein als die Antwort auf jene biologischen Mängel interpretiert[113]: „Der Mensch kann nur überleben, wenn er sich Kultur schafft, d. h., wenn er arbeitend die Natur bewältigt und verändert, wenn er seine Mangelausstattung und Unspezialisiertheit durch soziales Handeln kompensiert. **Kultur** ist also die von Menschen handelnd veränderte Natur, seine zweite Natur, seine ‚künstliche‘ Natur, seine menschliche Welt. Unspezialisiertheit, Weltoffenheit und Mangelausstattung einerseits und das Angewiesensein auf Kultur andererseits bedingen sich wechselseitig“ (Griese 1976, S. 25). „‚Kultur‘ ist daher ein anthro-biologischer Begriff, der Mensch von Natur ein Kulturwesen“ (Gehlen 1966, S. 80).

Die unspezialisierte Organausstattung und die geringe instinktive Absicherung[114] menschlichen Verhaltens sowie das

---

112 Solche „Mängel“ bestehen z. B. im Fehlen eines natürlichen Witterungsschutzes in Form eines Haarkleides, im Nichtvorhandensein spezialisierter Angriffs- oder Verteidigungsorgane; desgleichen werden die Sinnesorgane des Menschen an Leistungsfähigkeit von vielen Tieren übertroffen (vgl. Griese 1976, S. 16 f.).

113 „Der Mensch ist das einzige Lebewesen, das sich durch sein begriffliches Denken und das traditionell angehäufte Wissen der grausam bewahrenden Selektion entzogen hat“ (Konrad Lorenz, in einem Vortrag an der Univ. Wien, gehalten im Jänner 1981).

114 Zweifellos sind Instinkt*residuen* auch beim Menschen beobachtbar: beim

Nichtvorhandensein einer dem Menschen artgemäßen Umwelt determinieren ihn also zu einem Wesen, „das sich zu dem, was es ist, erst selbst machen muß" (Griese 1976, S. 21).

Damit richtet sich der Blick nunmehr aber von der phylogenetischen auf die ontogenetische Perspektive der Menschwerdung. Auch hier nimmt der Mensch eine Sonderstellung[115] in der Natur ein, auf die als erster der Zoologe Adolf Portmann hingewiesen hat. Portmann (1956) erkannte in einem morphologischen Vergleich mit den höheren Wirbeltieren, „daß der Mensch seiner Naturgeschichte nach zu den Nestflüchtlern gehört, daß er aber ungefähr ein Jahr früher auf die Welt kommt, als seinem Zerebralisationsgrad angemessen wäre und folglich zu einem sekundären Nesthocker wird – darin einzigartig unter allen Tieren" (Habermas 1973a, S. 99).[116] Das erste Lebensjahr des Menschen, der vom Standpunkt der Zoologie somit als eine „physiologische Frühgeburt" erscheint, hat Portmann daher auch treffend als **„extrauterines Frühjahr"**[117]

Säugling z. B. angeborene Reflexe, wie der Greif-, Such-, Saug- und Augenlidreflex, oder angeborene Verhaltensmuster der Kontaktaufnahme, wie Lächeln, Plappern, Weinen etc. (vgl. Griese 1976, S. 21 f.); was jedoch fehlt, sind „echte" Instinkthandlungen, als deren Kennzeichen Angeborensein (auch bei später Reifung), Artspezifität, Starrheit und Zielgerichtetheit, reaktionsspezifische Energie und Taxis angeführt werden (vgl. dazu Lorenz 1960).

115 Die Auffassung, der Mensch besitze eine „Sonderstellung" in der Natur, steht nicht im Widerspruch zu der bisher vertretenen evolutionstheoretischen Position, nach der die Übergänge vom Tierreich zum Menschen kontinuierlich sind; sie berücksichtigt lediglich den Umstand, daß gerade dann, „wenn man den Menschen in die Nähe des Tieres rückt, die Sonderstellung bzw. das einmalige Wesen des Menschen wieder unwiderruflich sichtbar werden" (Griese 1976, S. 15).

116 Portmann konnte zeigen, daß das Neugeborene aller hochentwickelten Säugetiergruppen, mit denen der Mensch verglichen werden kann, ein Nestflüchter ist, „mit weit ausgebildeten, leistungsfähigen Sinnesorganen ... sein Verhalten wie seine Bewegungsweise entsprechen weitgehend dem Gebaren der Eltern. Auch verfügt es über die Elemente der für die Art kennzeichnenden Kommunikationsmittel" (Portmann 1956, S. 49).

117 Mit dem Terminus „extrauterines Frühjahr" will Portmann verdeutlichen, daß der Mensch im ersten Jahr nach seiner Geburt erst jenen Ausbildungsgrad erreicht, den ein seiner Art entsprechendes Säugetier noch im Mutterleib (im „Uterus") verwirklicht. Das bedeutet, daß die menschliche Schwangerschaft wesentlich kürzer ist, als dies für eine typische Säugetierentwicklung anzunehmen wäre. Auf der Basis von Wachstums- und

bezeichnet. Geradezu hilflos, kommunikations- und bewegungsunfähig wächst der Säugling in engster physischer und auch emotionaler Abhängigkeit von seinen Eltern auf; die „physiologische Frühgeburt“ bzw. das „extrauterine Frühjahr“ stempeln ihn zu einem „Lernwesen“[118], welches auf andere Menschen angewiesen ist, um überhaupt menschlich werden zu können (Griese 1976, S. 20). Von biologischer Warte aus zeigt sich der Mensch somit als ein Lebewesen, das infolge mangelnder genetischer Verhaltensdeterminanten erhöhte Lernbereitschaft besitzt (Aselmeier 1973, S. 101). Anders als das Tier wird der Mensch – sieht man von den erwähnten Instinktresiduen ab – ohne durch Vererbung (oder Reifung) konkret festgelegte Verhaltensmuster geboren; er ist vielmehr dazu genötigt, derartige Verhaltensweisen im Zuge der Begegnung bzw. Auseinandersetzung mit der ihn umgebenden Welt erst zu erwerben.

Von der hier interessierenden sozialen Perspektive aus stellt sich diese Begegnung mit der Umwelt, in welcher jeder Mensch zunächst hineingeboren wird, als ein In-Kontakt-Treten mit anderen Menschen dar. Aufgrund seiner Pflegebedürftigkeit benötigt jeder Säugling ja lebensnotwendige Hilfe und Betreuung durch Personen in seiner nächsten Umgebung; man kann darin auch eine „biologische Garantie“ für erste Sozialkontakte sehen. In diesen frühen Interaktionsprozessen entfaltet sich aber zugleich auch jenes Humanspezifikum, das als „Soziabilität“ oder „Anlage zur Geselligkeit“ (Burghardt 1972, S. 28)

Gewichtsvergleichen kommt Portmann zu dem Schluß, daß „am Ende des ersten Lebensjahres der Moment (liegt), der bei einem echten Säugetier von menschenartiger Organisation als Geburtszeit angenommen werden muß“ (Portmann 1956, S. 52).
Es soll und darf hier allerdings nicht der Eindruck entstehen, die menschliche Frühgeburt sei eine „Panne“ der Natur: „Die Vorverlegung der Geburt beschert uns nicht ein armseliges und schwächeres, sondern ein aufgeschlosseneres und bildsameres Wesen, sie schafft die Voraussetzung zu einer Menschwerdung, die sozusagen erst mit dem Tag seines Weltdaseins beginnt“ (Dienelt 1970, S. 60). – Man spricht in diesem Zusammenhang daher auch von der „normalisierten“ Frühgeburt des Menschen!

118 Statt der bei Tieren vorhandenen „Erbmotorik“, besitzen wir Menschen eine „Erwerbsmotorik“ in einer Variabilität und Nuancierungsfülle, die von keinem Tier erreicht wird (vgl. dazu Plessner 1964, S. 29; Gehlen 1961, S. 110).

begriffen werden kann. **Soziabilität** ist die „Möglichkeit, Fähigkeit und Notwendigkeit des Angewiesenseins auf andere" (Wössner 1970, S. 39). Dieses Angewiesen- und zugleich Ausgerichtetsein auf andere Menschen ist eine notwendige Bedingung zur Erhaltung und Entfaltung der menschlichen Existenz (Wössner ebd.). Mit dieser Soziabilität ist aber auch die grundsätzliche Formbarkeit des Menschen durch soziale Einflüsse angesprochen bzw. seine Fähigkeit, sich an andere Menschen oder soziale Bedingungen anpassen zu können (Klima 1975, S. 619). Die Entfaltung dieser Soziabilität erscheint nicht nur im organisch-biologischen Sinn für den Menschen (über)lebensnotwendig[119] zu sein; sie stellt – zusammen mit der Ausbildung seiner erhöhten Lernfähigkeit – v. a. auch eine unabdingbare Voraussetzung für seine (spätestens) ab dem Moment der Geburt beginnende Sozialisierung dar.

4.2. Sozialisation und Kommunikation

Sozialisierung oder auch: **Sozialisation** ist der „weitgefaßte Begriff für den [ontogenetischen, R. B.] Prozeß der Menschwerdung des Menschen, der Vergesellschaftung und Individuierung gleichermaßen umfaßt" (Mühlbauer 1980, S. 25). Sozialisationsforschung versucht nachzuweisen, „daß sich die menschliche Persönlichkeit in keiner ihrer Dimensionen gesellschaftsfrei herausbildet, sondern stets in einer konkreten Lebenswelt, die gesellschaftlich-historisch vermittelt ist" (Hurrelmann 1976, S. 16). Mit dem Sozialisationsbegriff wird also v. a. der „Prozeß der Persönlichkeitsgenese in Abhängigkeit von der Umwelt" (Geulen 1973, S. 87) umschrieben. So durchschreitet der nur mit rudimentären Instinkten geborene Säug-

---

119 Spätestens seit den Forschungen von René Spitz und dem von ihm erkannten „Hospitalismus" (= Bezeichnung für pathologische Folgen eines längeren Aufenthaltes in Krankenhäusern u. ä. Anstalten als Folge mangelnder persönlicher Zuwendung) weiß man um die Bedeutung der sozialen Kontakte zwischen Kind und Erwachsenem. Der mit wenig Sozialkontakt einhergehende Mangel an „affektiver Zufuhr" (Spitz 1980, S. 279) führt zu schweren und teils irreversiblen Schädigungen im organisch-biologischen, psychischen, geistigen und sozialen Dasein des Kindes.

ling in seiner Entwicklung vom Kind bis zum Erwachsenen nicht nur Stadien der biologischen Reifung[120], sondern macht auch individuelle und soziale Lernvorgänge durch. Sowohl individuelles als auch soziales Lernen[121] dauert jedoch im Prinzip das ganze Leben hindurch an.

Von dieser Perspektive aus erscheint Sozialisierung als ein permanenter, lebensbegleitender Prozeß der Persönlichkeitsentwicklung, der erst durch den Tod abgebrochen wird. Es gibt daher eigentlich keine endgültige, abgeschlossene Sozialisierung, sondern nur einen jeweiligen Stand der Sozialisierung: die Sozialisation (Burghardt 1972, S. 141). Der Mensch – als Produkt von (zu reifenden) Anlagen und Umwelteinflüssen – steht mit dem Akt seiner leiblichen Geburt somit erst am Beginn seines „eigentlichen" Geborenwerdens in einem erweiterten Sinn des Wortes: Erst durch seine „zweite soziokulturelle Geburt" (Claessens 1962) wird der Mensch zum Menschen – und in Wahrheit ist „das ganze Leben des Individuums ... nichts anderes als fortwährend an der eigenen Geburt schaffen" (Fromm 1974, S. 28).[122]

---

120 Unter „Reifung" ist der endogene (genetisch gesteuerte) Anteil der menschlichen Entwicklung zu verstehen (vgl. Schraml 1972, S. 91 ff.). Schenk-Danzinger (1969, S. 18 ff.) benennt z. B. das starke Anwachsen des Gehirnvolumens in den ersten drei Lebensmonaten als wesentlichen Faktor der strukturellen Reifung (Altersreifung): Einerseits können erst dadurch neurophysiologische und neuromuskuläre Entwicklungen in Gang kommen, die zu neuen Verhaltensformen im motorischen Bereich (Greifen, Gehen) führen; andererseits ergeben sich daraus zu jeweils bestimmten Zeitpunkten optimale Lernbedingungen für bestimmte Angebote der Umwelt, was wiederum Veränderungen im kognitiven Bereich (Sprach- und Denkfähigkeit) zur Folge hat.

121 Mit „sozialem Lernen" sind Lernvorgänge gemeint, die im Rahmen sozialer Interaktionen ablaufen und in denen sich der Lernende bestimmte Denk- und Verhaltensformen aneignet, gleichgültig, ob eine Lernneigung besteht oder nicht (vgl. Burghardt 1972, S. 138).

122 Fromm verdeutlicht diesen Grundgedanken seines hier zitierten Werkes anhand einer tiefgreifenden Analyse der menschlichen Existenz, als deren Resultat er zu grundlegenden humanspezifischen Bedürfnissen gelangt, die im Sozialisationsprozeß – vom Standpunkt des zu sozialisierenden Individuums aus – nach Realisierung drängen. Fromm verbindet seine Überlegungen an dieser Stelle auch mit ernstzunehmender Kulturkritik: Gerade in den westlichen Industriegesellschaften scheint ein nach seinem Maßstab „gesunder" Sozialisationsprozeß eher die Ausnahme denn die Regel zu sein,

Worin besteht nun diese (eigentliche) soziokulturelle Geburt des Menschen, wie kann seine „vergesellschaftete Individuierung" näher bestimmt werden, und welchen Stellenwert besitzt Kommunikation in diesem Prozeß? Eine Antwort auf diese Frage läßt sich immer nur vom Standpunkt des jeweils zugrunde gelegten sozialisationstheoretischen Konzepts geben. Eine umfassende Sozialisationstheorie, die alle bisher vorhandenen Positionen und Erkenntnisse integriert, existiert nicht; sie ist nach Geulen (1977, S. 12) – wenigstens was die nahe Zukunft betrifft – auch nicht in Sicht. Aus diesem Grunde liegt es nahe, zunächst eine überblicksartige Darstellung der unterscheidbaren sozialisationstheoretischen Auffassungen zu geben.

4.2.1. Sozialisationstheoretische Positionen

Nach Geulen (1977, S. 43 ff.) können fünf abstrakte Dimensionen sozialisationstheoretischen Zugriffs unterschieden werden, die zu fünf unterscheidbaren Modellen vom sozialisierten Menschen führen: Geulen spricht von einem „anthropologisch-funktionalistischen Modell", einem „Wissensmodell", einem „Integrationsmodell", einem „Repressionsmodell" und einem „Individuationsmodell".

Das anthropologisch-funktionalistische Modell

Konzeptionen, die dieser Gruppe zuzuordnen sind, betrachten „die gesellschaftlichen Momente vornehmlich unter dem Aspekt der Erfüllung der vitalen Bedürfnisse des Menschen" (Geulen ebd., S. 45); der Mensch, der als konstitutionelles „Mängelwesen" (Gehlen) gar nicht (über)lebensfähig wäre, benötigt die soziale Dimension seiner Ontogenese in erster Linie als Ergänzung zu seiner lebenserhaltenden biologischen Ausrüstung.

Sozialisation wird von dieser Position aus also als Notwendigkeit zur physischen Existenzsicherung gesehen: Infolge unzu-

---

weshalb es auch „das tragische Schicksal der meisten Menschen ist, vor ihrer ‚Geburt' zu sterben" (Fromm ebd.).

reichender biologischer Ausstattung bedarf der Mensch ergänzender Sozialisierung.[123] (Neben Gehlen werden hier als Vertreter auch noch Durkheim und Malinowski angeführt.)

Das Wissensmodell

Die gesellschaftlichen Momente werden hier als Voraussetzung für die intentionale Handlungsorientierung (in der man ein Humanspezifikum sieht) betrachtet: Der Mensch handelt auf der Grundlage der „Bedeutung", die die Dinge für ihn besitzen; diese Bedeutungen erscheinen „im Modus von Vorstellungen, Erwartungen, Annahmen – kurz: Wissen – über die gesellschaftliche Wirklichkeit bzw. die Welt" (Geulen ebd., S. 53). Ein sozialisiertes Individuum verfügt nicht nur über ein gewisses Maß an Wissen über seine alltägliche Lebenswelt (Schütz, Berger/Luckmann), sondern kann dieses auch sprachlich vermitteln (Mead).

Sozialisation erscheint hier als jener Prozeß, in dem Wissen von der gesellschaftlichen Wirklichkeit über Sprache bzw. Symbolinterpretationen erworben wird.

Das Integrationsmodell

Im Mittelpunkt steht die menschliche Persönlichkeitsentwicklung, für welche die gesellschaftlichen Momente als besondere Voraussetzung erachtet werden: Der Mensch wird als Persönlichkeit den gesellschaftlichen Einflüssen entsprechend gebildet; er geht – gleichsam als ein Ebenbild seiner Gesellschaft – restlos in ihr auf (Geulen ebd., S. 68). So sieht etwa Brim die menschliche Persönlichkeit als ein „Rollenbündel" (Geulen ebd.); bei Parsons erscheint der Mensch (bzw. das „Persönlichkeitssystem") als System von Bedürfnispositionen, die sich infolge der Verinnerlichung von Wertorientierungen ausbilden, welche das Individuum im Zuge seines Rollenhandelns erwirbt (vgl. dazu Geißler 1979, S. 268 f.).

---

123 Dieses Modell wurde ja implizit weiter oben (vgl. S. 136 ff.) bereits angesprochen.

Sozialisation ist in diesem Verständnis der Vorgang, in dem Mensch und Gesellschaft miteinander „integriert" werden, bzw. in dem der Mensch in die Gesellschaft integriert wird.

Das Repressionsmodell

Vertreter dieser Sichtweise legen ihr Hauptgewicht auf den „Konflikt zwischen gesellschaftlich vermittelten und anderen Persönlichkeitsmomenten innerhalb des Individuums" (Geulen 1977, S. 81). Geulen unterscheidet zwei Typen dieses Repressionsmodells: So wird Sozialisierung etwa als ein „Prozeß der Entpersönlichung (gesehen), in dem die Individualität und Freiheit des einzelnen in der Kontrolle und Allgemeinheit sozialer Rollen aufgehoben wird" (Dahrendorf 1974, S. 164). Bei diesem ersten Typ des Repressionsmodells „wird als unterdrückte Instanz ein als ursprünglich autonom angenommenes Ich, der Träger des Individuell-Persönlichen, angenommen, beim zweiten sind es die im Organischen fundierten Triebe der Menschen" (Geulen ebd.): So läßt etwa nach Freud jede Gesellschaft nur einen jeweils recht schmalen Ausschnitt an sich breitgefächerter Triebregungen zu (vgl. Geulen ebd., S. 87 ff.).

Sozialisation erscheint in diesem Horizont somit als Prozeß der Verinnerlichung gesellschaftlicher Instanzen, die zum Teil zur „eigentlichen" Individualität des Menschen im Widerspruch stehen und humanspezifische Triebregungen einengen bzw. unterdrücken.

Das Individuationsmodell

Die Tatsache der Gesellschaft wird im Rahmen derartiger Konzeptionen als Voraussetzung für die Menschwerdung des Menschen angesehen: Nicht trotz Sozialisation, sondern erst *infolge* konkret ablaufender Sozialisationsvorgänge kann sich menschliche Individualität entwickeln. Neben Durkheim, Simmel, Plessner und Habermas rechnet Geulen auch den Ansatz von Mead (der persönliche Identität als sozial vermittelte Reflexion begreift) diesem Modell zu.

Sozialisation ist für diese Ansätze also jener Prozeß, in dem die gesellschaftliche Vermittlung von Individualität stattfindet, in dem sich Identität und „Selbst-Bewußtsein" im Rahmen der Interaktion mit anderen Menschen (und im Rahmen von Rollenübernahme) überhaupt erst bilden kann.

Es würde Rahmen und Umfang dieses Buches sprengen, wollte man das ontogenetische Werden des Menschen aus jeder der hier angesprochenen sozialisationstheoretischen Perspektiven verfolgen und dann den Stellenwert von Kommunikation im jeweils skizzierten Prozeß der Persönlichkeitsgenese orten. Dies kann nur Aufgabe einer eigenen Arbeit sein. Statt dessen soll aus der Fülle der vorhandenen Konzeptionen[124] *ein* Ansatz näher betrachtet und auf seine „kommunikative Dimension" hin befragt werden: der auf G. H. Mead zurückgehende Ansatz des sog. „Symbolischen Interaktionismus".

Die Wahl gerade dieses Konzepts hat mehrere Gründe: Zum einen entspricht es meiner persönlichen Auffassung, daß „Gesellschaft" nicht bloß notwendiges Übel, sondern elementare Bedingung für die (ontogenetische) Menschwerdung ist. Die symbolisch-interaktionistische Perspektive von Sozialisation geht von ebendiesen Prämissen aus und ist – der Geulenschen Einteilung gemäß – daher vorrangig dem „Individuationsmodell" (aber auch dem „Wissensmodell") zuzurechnen. Sie entspricht also der Vorstellung, daß menschliche Subjektivität ohne soziale Umwelt – hier insbes.: ohne die Kenntnis und Übernahme sozialer Rollen bzw. die Auseinandersetzung mit konkreten rollenspezifischen Erwartungen – nur als irreale Fiktion denkbar ist. Zum anderen ging der zu Teilen diesem Interaktionismus entlehnte Symbolbegriff bereits in das – im Rahmen des vorliegenden Buches entwickelte – Verständnis von Humankommunikation ein. Der interaktionistische Ansatz besitzt damit zweifellos eine „Nähe" zum bisherigen Denken. Schließlich kommt dem Symbolischen Interaktionismus aber auch des-

124 Einen guten Einblick in die wichtigsten sozialisationstheoretischen Konzepte vermittelt neben der erwähnten Arbeit von Geulen (1977) auch Mühlbauer (1980).

halb besondere Bedeutung zu, weil er der kommunikationswissenschaftlich orientierten Rezeptionsforschung zu entscheidenden Impulsen verhalf (vgl. dazu etwa Burkart 1979a sowie S. 222 ff. d. vorl. Buches).

Einer genaueren Betrachtung des symbolisch-interaktionistischen Perspektive von Sozialisation sowie einer näheren Bestimmung des Stellenwerts von Kommunikation im Rahmen dieses Prozesses soll jedoch Grundsätzliches zum Begriff der „sozialen Rolle" vorangestellt werden. Dies scheint deshalb vonnöten (und somit an dieser Stelle günstig), weil die Kenntnis basaler rollentheoretischer Implikationen dem Verständnis des Sozialisationsgeschehens überhaupt, seiner symbolisch-interaktionistischen Betrachtungsweise aber im besonderen förderlich ist.

4.2.2. Exkurs: Zum Begriff der „sozialen Rolle"

Mit dem Begriff von der **sozialen Rolle** wird die Summe von Verhaltenserwartungen bezeichnet, die dem Inhaber einer sozialen Position von anderen Menschen entgegengebracht werden (vgl. Dahrendorf 1974, S. 144; Dreitzel 1980, S. 43; Wiswede 1977, S. 18). Als **Position** gilt dabei der „Ort im differenzierten Gefüge sozialer Beziehungen (...), der, ohne Rücksicht auf die jeweilige konkrete Person, für einen Funktionsträger (‚an sich') bestimmt ist und diesen sozial qualifiziert" (Burghardt 1972, S. 76). Rollen beziehen sich also immer auf Positionen (und nicht auf einzelne Menschen!); die Verhaltenserwartungen betreffen immer Erwartungen, die in das Verhalten von Positionsinhabern gesetzt werden. Wir Menschen bekleiden üblicherweise eine Vielzahl derartiger sozialer Positionen, in denen wir ganz unterschiedliche Rollen spielen.

Ehemann, Vater, Universitätsprofessor, Mitglied eines Sportvereines ... u. ä., damit sind beispielhaft soziale Positionen in unserer Gesellschaft symbolisiert, die ein einzelner einnehmen kann. In jeder dieser Positionen schlüpft er aber zugleich auch in bestimmte Rollen, d. h., er sieht sich Erwartungen (im Hinblick auf sein Verhalten) gegenüber, die ihm von „außen", d. h. von der Gesellschaft in Gestalt jeweiliger Interaktionspartner, entgegentreten. So wird seine Frau andere Erwartungen in sein Verhalten setzen als etwa seine Tochter; er selbst wiederum wird seinen Studenten an der Universität anders gegenübertreten als seinen Kollegen im Sportverein usw. Obwohl es sich immer um ein und denselben Menschen handelt, so tritt er dennoch einmal als Ehemann, dann wieder als Vater, Universitätsprofessor oder Sportvereinsmitglied auf und ruft dadurch bei seinen jeweiligen Interaktionspartnern ganz unterschiedliche Erwartungen (im Hinblick auf sein Verhalten) wach.

Zentral an der rollentheoretischen Perspektive menschlichen Verhaltens ist also der Umstand, daß die *Erwartungen* in den Mittelpunkt rücken, die im Rahmen interaktiver Beziehungen zum Tragen kommen oder entstehen (vgl. Wiswede 1977, S. 8). Es geht immer und ausschließlich (!) um derartige Erwartungshaltungen, die Menschen in ihren jeweiligen sozialen Positionen von anderen Menschen entgegengebracht werden: „Wenn wir von sozialen Rollen sprechen, dann ist stets nur von erwartetem Verhalten die Rede, d. h. von dem einzelnen, der sich außer ihm bestehenden Ansprüchen gegenübersieht, bzw. der Gesellschaft, die den einzelnen mit gewissen Ansprüchen konfrontiert" (Dahrendorf 1974, S. 145).

Soziale Rollen sind demnach nichts anderes als „wiederkehrende Verhaltensforderungen" (Fürstenberg 1974, S. 21), die dem Individuum als Inhaber einer sozialen Position von „der Gesellschaft" (in Gestalt jeweiliger Interaktionspartner) entgegengebracht werden.

Nicht beantwortet ist damit freilich die Frage, ob sich ein Mensch in seiner jeweiligen sozialen Position auch *tatsächlich* so verhält, wie „man" es von ihm erwartet. Der Umstand, daß dies dennoch in weiten Bereichen der Fall ist, daß also eine Vielzahl von Menschen die an ihre soziale Position herangetragenen Rollenerwartungen (mehr oder weniger) erfüllen (oder wenigstens zu erfüllen trachten)[125], findet seine Erklärung im Verweis auf das Sozialisationsgeschehen. Vom rollentheoretischen Blick-

125 Selbstverständlich gibt es keine Gesellschaft, in der sich alle Mitglieder in allen Handlungsbereichen stets rollenkonform verhalten. Gerade die Alltagserfahrung zeigt ja, daß neue soziale Rollen entstehen, sich verändern und auch auflösen können. Das bedeutet, daß man es hier nicht mit einem statischen Phänomen, sondern mit einem dynamischen Prozeß zu tun hat, der sozialen Wandel stets impliziert.

winkel aus stellt sich der Sozialisationsprozeß ja im wesentlichen als der Prozeß des Kennenlernens bzw. Übernehmens von positionsadäquaten Verhaltensmustern dar: Wir lernen, welche Verhaltenserwartungen (Rollen) den jeweiligen sozialen Positionen entsprechen, und erfahren, „was nicht akzeptables bzw. was akzeptables Verhalten ist" (Cardwell 1976, S. 126).

Im Regelfall werden im Sozialisationsprozeß also die mit einer sozialen Position zu verknüpfenden Rollen „internalisiert" (verinnerlicht); damit wird die Fügsamkeit gegenüber den normativen Erwartungen der Gesellschaft erworben: „Mit ihrer Verinnerlichung werden viele Rollen selbstverständlich, man läßt sich von ihnen leiten, ohne daß die Rollenhaftigkeit des Verhaltens zum Bewußtsein käme" (Dreitzel 1980, S. 46).

Neben dieser „inneren Kontrolle" der Gesellschaft über menschliches Verhalten gibt es aber auch noch eine „äußere": Sie besteht in den Sanktionen, welche die Verletzungen bestimmter Rollenerwartungen nach sich ziehen. **Sanktionen** sind die Mittel, die eine Gesellschaft zur Verfügung hat, um für die Einhaltung ihrer Vorschriften zu sorgen. Sanktionen sind Reaktionen der Gesellschaft bzw. ihrer Institutionen sowohl auf rollenkonformes als auch auf rollenabweichendes Verhalten. „Es gibt positive und negative Sanktionen: Die Gesellschaft kann Orden verleihen und Gefängnisstrafen verhängen, Prestige zuerkennen und einzelne Mitglieder der Verachtung preisgeben" (Dahrendorf 1974, S. 147). An der Existenz und am Ausmaß sozialer Sanktionen kann man letztlich den Grad der Bedeutung ablesen, die der jeweiligen Rolle in einer Gesellschaft beigemessen wird.

Bisweilen findet sich in der Literatur ein Vergleich zwischen sozialer Rolle und der Rolle des Schauspielers in einem Theaterstück. In der Tat lassen sich derartige Parallelen ziehen: sowohl die soziale Rolle als auch die Rolle des Schauspielers ist a) etwas ihrem Träger Vorgegebenes, etwas außer ihm Vorhandendes; sie läßt sich in beiden Fällen b) als ein Komplex von Verhaltensweisen beschreiben, die ihrerseits c) Teil eines Ganzen sind (daran erinnern u. a. die Termini „pars" [lat.] und „part" [engl.] für „Rolle"); sowohl die soziale Rolle als auch die Schauspielerrolle muß d) gelernt werden, damit man sie auch spielen kann, und schließlich kann das Individuum wie der Schauspieler e) eine Vielzahl von Rollen lernen und spielen (vgl. dazu Dahrendorf 1974, S. 135).

Dahrendorf selbst verweist an dieser Stelle allerdings auch auf die Grenzen dieser Schauspielermetapher: „Hinter allen Rollen, Personen und Masken bleibt der Schauspieler als Eigentliches, von diesen letztlich nicht Affiziertes. Sie sind für ihn unwesentlich. Erst wenn er sie ablegt, ist er ‚er selbst'" (Dahrendorf ebd.). Und genau in dieser Hinsicht täuscht das Bild des Schauspielers und Theaters, wird es auf den Menschen und die Gesellschaft übertragen: Gerade die soziale Rolle kann nämlich *nicht* mit einer „Maske" gleichgesetzt werden, die der Rollenträger nur fallen zu lassen braucht, um in seiner wahren Identität zu erscheinen. Der Mensch wird eben nicht – dem Schauspieler gleich – nach dem Ende der Vorstellung in die „eigentliche" Wirklichkeit entlassen, sondern die sozialen Rollen, die ein Individuum spielt, die sozialen Positionen, die es innehat, sind fundamentaler Bestandteil seiner Realität.

Die individuelle Identität, das „Selbst" eines Menschen als eigentlicher Kern seiner Persönlichkeit verbirgt sich nicht „hinter" allen sozialen Rollen, die dieser spielt (vgl. Dreitzel 1980, S. 51 f.), sondern im Gegenteil: das Insgesamt all jener sozialen Rollen, die wir ausfüllen und auszufüllen trachten, gerinnt zu einem fundamentalen Teil unserer (ureigensten) Persönlichkeit. Diese Auffassung entspricht auch der Position des nun darzustellenden symbolisch-interaktionistischen Sozialisationskonzeptes.

4.2.3. Sozialisation als symbolisch-interaktionistisches Geschehen

Der theoretische Ansatz des Symbolischen Interaktionismus (SI) – als dessen geistiger Vater der amerikanische Philosoph und Soziologe George Herbert Mead gilt – sieht den Menschen als ein Wesen, das sich in einer aktiven Wechselbeziehung mit seiner Umwelt befindet. Menschen reagieren nicht einfach auf eine

Umwelt als eine gleichsam objektive physikalische Gegebenheit, sondern handeln im Hinblick auf ihre Umgebung auf der Basis subjektiver Interpretationsleistungen. Indem sie bestimmte „Dinge" (Personen, Gegenstände, Zustände, Ideen, Verhaltensweisen etc.) mit Bedeutungen belegen, schaffen sie sich (zusätzlich zu der mehr oder weniger ohne ihr Zutun vorhandenen „natürlichen" Welt, mit der sie v. a. als biologische Organismen verbunden sind) eine „künstliche", eine *symbolische* Umwelt (mit der sie v. a. als soziale Wesen verbunden sind). Die Teilhabe an einer derartigen symbolischen Umwelt befähigt sie zugleich aber auch dazu, sich selbst bzw. ihr eigenes Verhalten zu interpretieren und damit ihre „eigentliche" (menschliche) Geburt voranzutreiben: „Das Kind ist kein *geborener* ‚Mensch', obwohl es die Fähigkeit besitzt, Mensch zu *werden.* Es wird dies durch den Erwerb eines Selbst im Kontext der Interaktion mit anderen" (Stryker 1976, S. 261). **Sozialisation** ist im Horizont des SI somit als jener Prozeß zu begreifen, in dem sich menschliche Wesen im Verlauf sozialer Interaktionen Symbolsysteme aneignen, mit deren Hilfe sie dann nicht nur ihre Umwelt interpretieren, sondern auch „Selbst-Bewußtsein" erlangen.

Vom *interaktionistischen Aspekt* her steht also die Wechselbeziehung „Individuum – Umwelt" im Blickpunkt.[126] Menschen sind nicht passive Empfänger von Umweltreizen, sondern handeln im Hinblick auf eine Umwelt, „wie sie symbolisch ver-

---

126 Vom Standpunkt des Interaktionismus stellt sich diese Wechselbeziehung ja (lediglich) als die humanspezifische Ausprägung eines für alle Lebensprozesse grundlegenden Vorgangs dar: kann man doch nach Mead Lebensprozesse nur dann richtig verstehen, wenn man erkennt, daß „sich Organismus und Umwelt gegenseitig bestimmen und in ihrer Existenz voneinander abhängig sind" (Mead 1968, S. 171). So schaffen in gewisser Weise sogar „organische Prozesse oder Reaktionen selbst die Objekte, auf die sie eine Reaktion darstellen. Das soll heißen, daß der jeweilige Organismus verantwortlich ist für die Existenz der Objekte (im Sinne ihrer Bedeutung für ihn), auf die er physiologisch und chemisch reagiert. Es gäbe z. B. keine Nahrung – keine eßbaren Objekte –, wenn es keine Organismen gäbe, die sie verdauen können (Mead ebd. S. 117). Was jeweils „Umwelt" ist, das hängt also nicht allein von der Umgebung im ganzen ab, sondern auch von der Konstitution des jeweiligen Organismus, der infolge seiner Bedürftigkeit einen bestimmten Ausschnitt dieser Umgebung als „Umwelt" erschließt.
Zu Recht weist Raiser darauf hin, daß Mead mit dieser Position die kau-

mittelt ist" (Stryker 1976, S. 261); d. h., daß sie die Qualität ihres Handelns an der Bedeutung bemessen, die sie den Dingen zuschreiben, und ebendiese Bedeutung wird aber wiederum aus sozialen Interaktionen abgeleitet bzw. interpretiert: „Die Bedeutung eines Dinges für eine Person ergibt sich aus der Art und Weise, in der andere Personen ihr gegenüber in bezug auf dieses Ding handeln. Ihre Handlungen dienen der Definition dieses Dinges für diese Person. Für den symbolischen Interaktionismus sind Bedeutungen daher soziale Produkte, sie sind Schöpfungen, die in den und durch die definierbaren Aktivitäten miteinander interagierender Personen hervorgebracht werden" (Blumer 1973, S. 83).[127]

Vom *symbolischen Aspekt* her stehen damit die Bedeutungen im Mittelpunkt, die den Objekten auf der Basis von Verhaltensinterpretationen zugeschrieben werden. Daraus folgt nun in der Tat, daß Objekte – was ihren Sinn (!) betrifft – innerhalb des gesellschaftlichen Erfahrungs- und Verhaltensprozesses überhaupt erst geschaffen werden (Mead 1968, S. 117): Indem wir im Hinblick auf unsere Umwelt handeln, kategorisieren wir sie, d. h. wir gliedern gewissermaßen unsere (natürliche) Umgebung in mehr oder weniger bedeutungsvolle Ausschnitte. Diesen Vorgang bezeichnet Mead als „**Symbolisation**". „Symbolisation schafft bislang noch nicht geschaffene Objekte, die außerhalb des Kontextes der gesellschaftlichen Beziehungen, in denen diese Symbolisation erfolgt, nicht existieren würden" (Mead ebd.). Eben deshalb leben wir Menschen nicht bloß in einer

---

sal-mechanistische Betrachtungsweise der Realität überwindet, für die der Reiz das Primäre und die Reaktion des Organismus das Sekundäre ist. Wohl repräsentiert eine derartige Sichtweise *eine* Phase dieses Prozesses, aber „sie wird falsch, wenn sie zur absoluten Perspektive erhoben wird" (Raiser 1971, S. 83).

127 Blumer nennt in diesem Zusammenhang auch die drei einfachen Prämissen, auf denen der SI letztlich beruht: 1. Menschen handeln „Dingen" gegenüber auf der Grundlage der Bedeutungen, die diese Dinge für sie besitzen; 2. die Bedeutung solcher Dinge wird aus den sozialen Interaktionen abgeleitet, die man mit seinen Mitmenschen eingeht, und 3. diese Bedeutungen werden in einem interpretativen Prozeß, den die Person in ihrer Auseinandersetzung mit den ihr begegnenden Dingen benutzt, gehandhabt und auch abgeändert (vgl. Blumer 1973, S. 81).

natürlichen, sondern auch – und dies vor allem – in einer *symbolischen* Umwelt! (Rose 1967, S. 267)

Diese symbolische Umwelt ist die jeweils kulturspezifische Kategorisierung der natürlichen Umgebung. Jeder Kulturkreis hält ja bestimmte „symbolische Umwelten" bereit, die die natürliche Umgebung bereits mehr oder weniger (vor)strukturieren. Die jeweilige Kultur – begriffen als das Insgesamt von Denk- und Handlungsweisen einer Sozietät (Lindesmith/Strauss 1974, S. 48) –, in die wir hineingeboren werden, determiniert nicht nur die Auswahl von „Objekten" (d. h., sie legt fest, *was* aus der natürlichen Umwelt herausgegriffen und als Objekt erkannt werden kann bzw. soll!); sie bestimmt auch in hohem Maße über die Qualität der Bedeutungen, welche diese Objekte (bzw. deren Bezeichnungen) für uns symbolisieren.

So setzt allein schon der Umstand, daß wir in der Lage sind, einen bestimmten Bestandteil unserer Umwelt als „Stuhl" zu klassifizieren (und damit aus der übrigen Umgebung auszugrenzen), entweder die Angehörigkeit oder wenigstens die Kenntnis dieses (unseres) Kulturkreises voraus: Wir müssen erfahren haben, wie andere Menschen im Hinblick auf ein derartiges Objekt handelten (nämlich: durch darauf Sitzen) und dadurch für uns dessen Bedeutung definierten. Erst im Rahmen solcher Handlungskontexte konnten wir schließlich auch die Erfahrung machen, daß man mit einem Stuhl so etwas wie körperliche Bequemlichkeit verbindet oder auch die Möglichkeit zur Verrichtung gewisser Tätigkeiten, die am besten im Sitzen ausgeführt werden usw. Erst infolge derartiger Erfahrungen sind wir ja in der Lage, das Objekt „Stuhl" aus der natürlichen Umwelt auszugrenzen und mit Bedeutungen zu belegen, es ist für uns zu einem „Symbol" geworden …

Was für die Beziehung des Menschen zu seiner Umwelt gilt, das gilt nun auch für die Beziehung zu sich selbst. So wie wir die Bedeutung von Umweltobjekten erst aus der Interpretation des Handelns anderer erfahren bzw. ableiten, genauso interpretieren wir auch das Handeln unserer Mitmenschen im Hinblick auf uns selbst und leiten daraus ab, was wir in den Augen der anderen „bedeuten", bzw. als was wir für unsere Interaktionspartner erscheinen. „Wie die anderen Objekte, so entwickelt sich auch das ‚Selbst-Objekt' aus einem Prozeß sozialer Interaktion, in dem andere Personen jemandem die eigene Person definieren" (Blumer 1973, S. 92).

Ein **„Selbst-Bewußtsein“** (im Sinne eines Bewußtseins unserer selbst) entsteht immer dann, wenn wir uns vom Standpunkt unseres Gegenübers aus betrachten und gleichsam für uns selbst zu einem Objekt werden: „Das Individuum wird nur dann zu einem selbstbewußten Subjekt, wenn es zuvor sich selbst zu einem Objekt geworden ist, so wie andere Individuen in seiner Erfahrung als Objekte auftauchen“ (Raiser 1971, S. 123). Sich selbst zu einem Objekt werden kann man nach Mead aber nur dann, wenn man zuvor ein anderer war, d. h., wenn man in der Lage war, (mental) in die Rolle eines anderen zu schlüpfen und sich aus dessen Perspektive zu betrachten. Diese Fähigkeit zur *Übernahme der Rolle eines anderen* wird sehr früh erlernt. Zunächst übernimmt das Kind im Spiel die Rolle von ganz konkreten anderen. Das ist die einfachste Möglichkeit, sich selbst gegenüber jemand anderer zu sein und sich von einer anderen Warte aus zu sehen.

Das Kind schlüpft in die Rolle eines anderen, indem es ganz einfach vorgibt, jemand anderer zu sein, z. B. seine Mutter, ein Polizist, ein Arzt, sein Freund usw. In einem derartigen Rollenspiel lernt das Kind die Perspektive des jeweils vorgestellten anderen zu übernehmen (es handelt im Hinblick auf sich selbst) und gewinnt dadurch „eine Orientierung seiner selbst gegenüber, in der es als ‚self‘ bestimmter Art erscheint“ (Helle 1977, S. 85). Es lernt dadurch auch, daß (bzw. welche) Erwartungen jeweils an es herangetragen werden und welche Reaktionen seinerseits jeweils angemessen erscheinen.

In einem weiteren Stadium ist das Individuum dann bereits in der Lage, sich zur gleichen Zeit vom Standpunkt mehrerer anderer zu sehen.

Mead verdeutlicht dies beispielhaft anhand des kooperativen Wettspiels, bei dem es im Sinne einer angemessenen Teilnahme darauf ankommt, daß „das Kind die Haltung aller anderen Beteiligten in sich haben muß“ (Mead 1968, S. 196). Jedes kooperative Spiel „fordert von den einzelnen die Fähigkeit, sich selbst vom Standpunkt *mehrerer* anderer Positionen aus zu sehen“ (Helle 1977, S. 86). Im Akzeptieren- und Befolgenkönnen von (Spiel-)Regeln schlägt sich ja genau die (entwickelte) Fähigkeit nieder, die Haltung aller anderen (am Spiel Beteiligten) einnehmen zu können.

Diese Fähigkeit, sich zugleich aus der Perspektive *mehrerer* anderer betrachten zu können, bezeichnet Mead als die Fähigkeit, die *Rolle des* **verallgemeinerten (oder: generalisierten) anderen** einnehmen zu können. Sich in die Rolle dieses „verallgemeinerten anderen" zu versetzen, meint also den Versuch, gedanklich auf die Haltungen der gesamten Gruppe Bezug zu nehmen. Dies geschieht, indem der einzelne die Verhaltenserwartungen der jeweiligen Gruppenmitglieder verallgemeinert (generalisiert); die anderen sind in seinem Denken und Handeln als ein *„man"* präsent: er weiß, was „man" (üblicherweise) von ihm erwartet, er weiß daher auch, wie „man" (üblicherweise) in seiner Position bzw. Rolle zu handeln hat. Dadurch wird er sich selbst gegenüber nicht nur zu einem Objekt (und kann sein Verhalten einschätzen bzw. bewerten); er bemißt zugleich als handelndes Subjekt sein zukünftiges Verhalten an den (vermeintlichen) Erwartungen der anderen.

Auf die Gesellschaft als Ganzes übertragen bedeutet dies, daß die Haltungen und Einstellungen jener Gruppen, denen der Betreffende angehört, zu einer größeren Konfiguration zusammengefaßt werden (Cardwell 1976, S. 119), der er sich gegenübersieht: „Die Haltung dieses verallgemeinerten anderen ist die der ganzen Gemeinschaft" (Mead 1968, S. 196). M. a. W., der einzelne sieht sich bzw. sein Verhalten vom Standpunkt all jener Gruppen aus, denen er angehört bzw. anzugehören trachtet.

So kann sich jemand „z. B. als einen Mann betrachten, als jung an Jahren, als Student, als verschuldet, als jemanden, der versucht, Arzt zu werden, als aus einer unbekannten Familie kommend, und so weiter. In allen jenen Gelegenheiten ist er für sich selbst ein Objekt; und er handelt sich selbst gegenüber und leitet sein Handeln anderen gegenüber auf der Grundlage dessen, wie er sich selbst sieht" (Blumer 1973, S. 92).

Die Übernahme der Rolle anderer (zunächst die konkreter anderer und später die des verallgemeinerten anderen) erweist sich nunmehr als zentraler Faktor bei der Entwicklung eines Selbst. Denn das **Selbst** einer Person ist nichts anderes als „die Weise, wie sie (die Person) sich selbst ihre Beziehungen zu anderen Personen in einem sozialen Prozeß beschreibt" (...) Es „entsteht schrittweise und kontinuierlich und wird typischerweise immer komplexer, wenn das Kind mit einer größeren Vielfalt von Personen ... in Kontakt kommt. Konfrontiert mit unterschiedlichen Erwartungen, kann es durch Rollenübernahme sein eigenes Verhalten aus einer Vielzahl von Perspektiven[128] betrachten und beurteilen und sowohl mit Bezug auf sich selbst als auch mit Bezug auf andere handeln" (Stryker 1976, S. 263, S. 265/266).

Das Selbst erwächst also aus bestimmten Erfahrungen, die man in der Begegnung mit anderen macht.[129] Teile derartiger Erfahrungen verdichten sich schließlich zu „Etikettierungen" (Cardwell 1976, S. 116), mit denen wir uns gewissermaßen selbst versehen, indem wir die Reaktionen anderer auf unser eigenes Verhalten interpretieren. Cooley spricht in diesem Zusammenhang vom sog. „**Spiegel-Ich**": Danach erlangen die Haltungen und Reaktionen anderer auf „reflektierende" Art und Weise Bedeutung für unsere Selbstdefinition. „Die Haltungen anderer werden so reflektiert, als ob wir in einen Spiegel blickten und uns aufgrund dessen, was wir beobachten, selbst beurteilen" (Cardwell 1976, S. 121). Die Vielzahl derartiger Spiegel steht gleichsam für die Vielzahl sozialer Interaktionen, im Rahmen derer wir jeweils „Bestandteile" unseres Selbst erkennen bzw. zu erkennen glauben.[130]

In diesem Sinn kann man sich das Selbst „als aus einem Satz unterschiedlicher *Identitäten* bestehend vorstellen. **Identitäten**

---

128 Folgerichtig wird Sozialisation im Horizont des SI bisweilen auch als „Perspektivenerwerb" (Helle 1977, S. 85) bezeichnet.

129 Hier schließt Mead an William James an, der in seinem Konzept des „sozialen Selbst" das Ergebnis der Anerkennung oder Beurteilung sah, die ein Mensch von anderen erhält (vgl. Stryker 1976, S. 258). James bereitete damit bereits jene Sichtweise vor, die das Individuum als in sozialen Beziehungen verwurzelt erkannte. Vgl. dazu auch die Unterscheidung von „personaler" und „sozialer" Identität bei Goffman (1977).

130 Cooley weist nachdrücklich auf den subjektiven Charakter der Vorstellung von der Beurteilung unserer Erscheinung hin: „Das, was in uns Stolz oder Beschämung auslöst, ist nicht die bloße mechanische Spiegelung unserer selbst, sondern ein *unterstelltes* Gefühl, die imaginierte Wirkung dieses Spiegelbildes auf das Denken des anderen" (Cooley, zit. n. Cardwell 1976, S. 121). Mit diesem Verweis auf das „unterstellte Gefühl" und die „imaginierte Wirkung" steht also der individuelle Wertungsprozeß seitens des jeweils handelnden (und die Reaktionen des anderen interpretierenden) Individuums im Mittelpunkt.

sind verinnerlichte positionale Bezeichnungen bzw. Kennzeichnungen, die sich in sozialer Interaktion behaupten und bewährt haben. Sie sind diejenigen sozial anerkannten Personenkategorien, die man in einer Gesellschaft sein kann" (Stryker 1976, S. 267). Wie das Selbst insgesamt, genauso dürfen aber auch dessen „Identitäts-Bestandteile" nicht losgelöst vom jeweils vorhandenen sozialen Umraum gesehen werden. Nach Mead kann es nicht einmal eine scharfe Trennungslinie zwischen „eigenen" und „fremden" Identitäten geben, weil die jeweilige Identität des einzelnen „nur in bezug zu den Identitäten anderer Mitglieder seiner gesellschaftlichen Gruppe" (Mead 1968, S. 206) existiert: „Das Verhältnis des Menschen zu sich selbst impliziert sein Verhältnis zu anderen, seine Identität impliziert seine Sozialität" (Raiser 1971, S. 124). Stets bedarf es mithin *sozialer* Erfahrungen – Erfahrungen im Rahmen der Interaktion mit anderen –, in denen der Mensch lernt, Identitäten zu entwickeln und sich selbst (auf der Basis seiner Interpretation der Reaktionen anderer auf sein Verhalten) zu definieren: „Er kann, mit anderen Worten, nur durch die Sozialisation zu einer Selbstdefinition gelangen" (Cardwell 1976, S. 115).[131]

Allerdings ist bisher nur *eine* Dimension des Selbst bzw. jeweils spezifischer Identitäten angesprochen, denn Mead sieht das Selbst in zwei Sphären strukturiert: in die des „I" und in die des „Me". Letzteres repräsentiert den „internalisierten anderen" (Raiser 1971, S. 129), es entsteht – wie bisher beschrieben –, wenn man sich selbst aus der Perspektive des/der anderen betrachtet und sich auf diese Weise seiner (jeweils spezifischen) Identität bewußt wird. Das **Me** ist somit „dasjenige, was dem Subjekt im Selbstbewußtsein erscheint", es ist – vermittelt über den Vorgang der Übernahme der Rolle des anderen

131 Geulen (1977, S. 115) hat u. a. auf den Einfluß Hegels auf Meadsches Denken hingewiesen (vgl. dazu auch Reck 1963, S. 24). Hegel nahm ja „ein komplementäres Verhältnis zweier sich erkennender Individuen als ursprünglich an" (Huch 1974, S. 24) und verwies damit bereits auf den Umstand, daß sich jedes individuelle Selbstbewußtsein erst auf der Basis wechselseitiger Anerkennung bildet (Huch ebd.).

– „die virtuell eingenommene Perspektive Alters von Egos Handeln" (Geulen 1977, S. 117). Man kann im „Me" auch „das Äquivalent zu den sozialen Rollen" (Stryker 1976, S. 260) sehen, die ein Mensch im Verlaufe seiner Lebensgeschichte bekleidet (hat). Demgegenüber soll das **I** die „Reaktion des Organismus auf die Haltungen anderer" (Mead 1968, S. 218) verkörpern; es stellt die Antwort des Organismus auf die Haltungen und Einstellungen der anderen dar. „Das ‚I' ist die je spontane Instanz im Handeln. Es ist als solches nicht unmittelbar objektivierbar – weil es durch Objektivierung ipso facto schon zu einem ‚Me' würde –, und daher auch prinzipiell nicht genau vorhersagbar; es führt Neues in das Handeln ein und ist der Grund für das subjektive Bewußtsein von Freiheit" (Geulen 1977, S. 117).

Das Selbst bzw. die je spezifische Identität ist für Mead nun ein Prozeß, der aus diesen beiden unterscheidbaren Phasen besteht (Mead 1968, S. 221). Dieser Prozeß ist nie endgültig zu Ende, deshalb ist das „Selbst" auch nicht ein eindeutig beobachtbares Phänomen (Raiser 1971, S. 135), es erscheint vielmehr als ein kontinuierliches Substrat von Identitäten, die im Rahmen der – durch konkretes Handeln aktualisierten – Wechselbeziehungen von „I" und „Me" ständig erfahren werden. Damit erweist sich der Erwerb eines Selbst im Horizont des SI als ein lebenslang andauernder Prozeß, der soziale Beziehungen zu anderen Menschen impliziert: „Selbstsein und Interaktion mit anderen Individuen bedingen sich gegenseitig" (Raiser 1971, S. 124).

4.2.3.1. Selbst-Genese und Kommunikation

Versucht man nunmehr, den Stellenwert von Kommunikation bei der Genese des „Selbst" einzuschätzen, so wird man abermals auf die sozialen Interaktionsprozesse verwiesen, in denen derartige Identitäten entstehen: auch Kommunikation – als ein (per definitionem) *soziales* Geschehen – bedarf ja stets mindestens zweier im Hinblick aufeinander (inter)agierender Partner. Es ist somit die Frage nach der Bedeutung *kommunikativer*

Interaktionsabläufe zu stellen; es ist zu fragen, welchen Stellenwert (beim Zustandekommen jeweils spezifischer Identitäten) jene sozialen Verhaltensweisen besitzen, die auf das Mitteilen von Bedeutungsinhalten ausgerichtet sind.

Die zentrale Bedeutung kommunikativer Interaktionsprozesse für die Genese des oben beschriebenen „Selbst" wird einsehbar, wenn man sich Meads Konzept der „Geste" vergegenwärtigt. In dieser Geste und ihrer Funktion im Rahmen der sozialen Interaktion sieht Mead nämlich „den Schlüssel zur Erklärung der Entstehung von Geist, Bewußtsein und Identität aus einfachen Prozessen der Kommunikation" (Raiser 1971, S. 99). Die Geste stellt für Mead nicht nur die Anfangsstufe jeglichen Sozialverhaltens dar, er sieht in ihr auch jenes Phänomen, das später zum Symbol wird (Mead 1968, S. 81) und damit symbolisch vermittelte Interaktion (also: Humankommunikation) überhaupt erst möglich macht.

Unter einer **Geste** versteht Mead jede Regung eines Organismus – wie etwa eine Bewegung (= motorische Geste), einen Gesichtsausdruck (= mimische Geste) oder einen Laut (= vokale Geste) –, die als Reiz auf andere – in den gleichen Verhaltens- oder Handlungskontext einbezogene – Lebewesen wirkt (vgl. dazu Mead 1968, S. 52, S. 81).[132] Eine solche Interaktion via Gesten ist (noch) auf der unbewußten Ebene anzusiedeln, sie ist daher auch für die frühen Wechselbeziehungen zwischen Eltern und Kind kennzeichnend.[133] In dieser noch unbewußten Übermittlung von Gesten (seitens) des Kleinkindes sieht Mead nun aber die frühesten Anfänge von Kommunikation! (Vgl. Mead 1968, S. 109.) Indem nämlich die Gesten des Kindes (in ihrer

132 Mead anerkennt die Existenz von Gesten auch im Tierreich; er verdeutlicht dies bisweilen am Beispiel von miteinander kämpfenden Hunden (Mead 1968, S. 53, S. 81 ff.) bzw. anhand der Vokalgesten von Vögeln (ebd. S. 101).

133 Mead weist in diesem Zusammenhang darauf hin, daß der Säugling mit einer überaus großen Sensibilität für die sog. „mimischen Gesten" geboren wird. So reagiert das Neugeborene z. B. auf einen Gesichtsausdruck früher als auf die meisten anderen Reize (Mead 1968, S. 419). Zu ähnlichen Befunden kam viel später auch Spitz (1980, S. 69 ff.).

Funktion als Reize für die das Kind umgebenden Erwachsenen) zu Reaktionen der Erwachsenen führen, gewinnen sie *Bedeutung* für das Kind: Die Reaktion der Erwachsenen auf die Geste des Kindes ist die *Interpretation* dieser Geste für das Kind (vgl. Mead 1968, S. 120).

So ist z. B. das Schreien eines Kindes normalerweise ein Auslöser für einen ermutigenden oder beruhigenden Antwortlaut der Eltern (begleitet von schützenden Bewegungen in Richtung auf das Kind). Durch diese Reaktion „definieren" die Eltern dem Kind die Bedeutung, die sie seinem Laut beimessen; eine daraufhin folgende Veränderung bzw. Abschwächung im Schrei des Kindes bestätigt gegebenenfalls den Eltern ihre Interpretation des ursprünglichen Schreies als „Hilferuf" oder ähnliches. Den Vorgang, in dem die (vom Kind) noch unbewußt gesetzte Geste der Angst die entsprechende Geste der Beruhigung oder des Schutzes (seitens der Eltern) ausgelöst hat, kann man als fortlaufenden Anpassungsvorgang dieser Individuen aneinander begreifen, im Rahmen dessen die jeweiligen Gesten, infolge der wechselseitigen Reaktionen, die sie ausgelöst hatten, Bedeutung erlangten (siehe dazu Mead 1968, S. 84 f. und S. 414 f.).

Solcherart „interpretierte Gesten" können schließlich zum gezielten Ausdruck der jeweiligen Bedeutung bzw. zum gezielten Hervorrufen der erlernten Reaktion (des anderen) verwendet werden. Löst eine verwendete Geste nun in *beiden* miteinander interagierenden Individuen das *gleiche* aus, dann spricht Mead von einem **signifikanten Symbol** (1968, S. 85), welches fortan (zwischen diesen Interaktionspartnern) *symbolische Kommunikation* möglich macht. Eine derartige – sich signifikanter Symbole bedienende – Kommunikation zeichnet sich nach Mead aber auch dadurch aus, daß sie „nicht nur an andere, sondern auch an das Subjekt selbst gerichtet ist" (1968, S. 181). Das soll heißen, daß wir, wenn wir kommunikativ handeln, in uns selbst auch jene Bedeutungen (Haltungen, Einstellungen, Ideen etc.) wachrufen, die wir im Bewußtsein der anderen Individuen (an die wir unser kommunikatives Handeln richten) aktualisieren bzw. aktualisieren wollen. Im Falle der *vokalen* Geste ist damit der Zustand erreicht, den wir „Sprache" nennen. Sprache besteht (hauptsächlich) aus „jenen vokalen Gesten, die dazu neigen, im einzelnen die auch beim anderen ausgelösten Haltungen hervorzurufen" (Mead

1968, S. 203).[134] Dies bedeutet jedoch weiterhin, daß wir mit Hilfe signifikanter Symbole zugleich auch die (vermeintliche) Haltung des/der anderen uns selbst (bzw. unserem Verhalten) gegenüber einnehmen, uns also damit zugleich aus der Perspektive des/der anderen betrachten und damit für uns selbst zu einem Objekt werden!

Um dieses „Sich-aus-der-Perspektive-des-anderen-Betrachten" klar vor Augen zu führen, sei mit Zijderveld (1975, S. 100) eine ganz alltägliche Gesprächssituation unter die Lupe genommen. Angenommen, Herr A begegnet auf der Straße Herrn B und fragt ihn nach dem Weg zum Bahnhof. Analysiert man diese Begegnung als ein wechselseitiges Aktualisieren von subjektiv erlebten und intersubjektiv verständlichen und daher gegenseitig bedeutungsvollen („signifikanten") Symbolen, dann stellt sie sich folgendermaßen dar: Herr B „richtet sich mit Gebärden und mit Worten, als Erklärer des Weges zum Bahnhof, nicht nur an Herrn A (dort ihm gegenüber), sondern während er den Weg erklärt, übernimmt er die Rolle und Haltung des Herrn A, das heißt: des Zuhörers, der der Erklärung bedürftig ist, und richtet sich also an sich selbst, als wäre er jemand, der den Weg zum Bahnhof noch nicht kennt. Etwas Ähnliches passiert mittlerweile innerhalb Herrn A: Während er Herrn B (dort ihm gegenüber) sieht und hört, adressiert er sich selber in der Rolle und der Haltung eines Erklärers."

Genau an diesem Punkt wird nun aber auch die Bedeutung von Kommunikation für die Entstehung von Identität und Selbst-Bewußtsein einsehbar: Das Verfügen über bzw. das Verwenden von signifikanten Symbolen (im kommunikativen Handeln) bringt eine Verhaltensweise hervor, in der das Individuum für sich selbst ein Objekt wird, weil die Rolle des anderen (die Perspektive seines Gegenübers) im Augenblick des Gebrauchs derartiger signifikanter Symbole auch in ihm selbst gegenwärtig ist (vgl. Mead 1968, S. 180 f.). Eben *weil* signifikante Symbole mit anderen *geteilte* Bedeutungen aktualisieren, machen sie zugleich auch die Perspektive dieser anderen dem kommunikativ Handelnden selbst gegenüber deutlich. Wurde diese Fähigkeit, in die Rolle des anderen zu schlüpfen bzw. sich aus der Per-

134 Der Umstand, daß es zur „Verständigung" zwischen zwei Kommunikationspartnern derartiger signifikanter Symbole bedarf, wurde weiter oben (vgl. S. 54 ff.) bereits thematisiert und steht im vorliegenden Zusammenhang nicht zur Diskussion.

spektive seines Gegenübers betrachten zu können, vorhin als Voraussetzung für die Entwicklung von Identität und Selbst-Bewußtsein erkannt, so erweist sich nunmehr der Gebrauch signifikanter Symbole im Rahmen interpersonaler Kommunikationsprozesse als elementare Bedingung für die Genese eines derartigen „Selbst". Erst Kommunikation mit Hilfe signifikanter Symbole macht es dem Individuum möglich, nicht nur als Subjekt – als „I" – (kommunikativ) zu handeln, sondern sich damit (zugleich) auch aus der Perspektive des/der anderen als Objekt – als „Me" – zu betrachten, d. h. in die Rolle des Gegenübers zu schlüpfen.

Insgesamt wird mit dieser Einsicht in den Stellenwert von Kommunikation bei der Genese von Identität und Selbst-Bewußtsein aber auch ein dem Menschen gleichsam auferlegter „Zwang zur Kommunikation" deutlich! Der Mensch, im Gegensatz zu anderen Lebewesen „unfertig" geboren, muß durch den kontinuierlichen Erwerb seines Selbst eigentlich lebenslang seine „eigentliche (menschliche) Geburt" vorantreiben und bedarf dazu der kommunikativen Begegnung mit anderen Menschen.

Damit sind nunmehr deutliche Hinweise dafür erbracht, daß der spezifisch menschlichen Kommunikationsfähigkeit elementare Bedeutung für die Menschwerdung – sowohl in phylogenetischer als auch in ontogenetischer Hinsicht – zuzuerkennen ist. Der Mensch, so wie er bis heute geworden ist und so wie er täglich neu wird, ist ohne die nur ihm eigene Fähigkeit zur symbolischen Kommunikation nicht denkbar.

5. MASSENKOMMUNIKATION

Wurde Kommunikation bisher als elementare Bedingung phylogenetischer wie ontogenetischer Menschwerdung erkannt, so soll im nun folgenden Abschnitt versucht werden, Stellenwert und Bedeutung des modernen Massenkommunikationsprozesses, wie er für die entwickelten Industriegesellschaften (traditionell-westlicher Prägung) typisch ist, zu diskutieren. Zu diesem Zweck scheint es jedoch vorerst angebracht, auf der Basis des in diesem Buch entwickelten Kommunikationsbegriffes zu einer Klärung des Terminus „Massenkommunikation" zu gelangen.

Es mag fachkundigen Lesern möglicherweise anachronistisch erscheinen, wenn man am Beginn des 21. Jh.s in der Überarbeitung eines Lehrbuches noch am Massenkommunikationsbegriff festhält, wo doch schon seit längerem vom sog. „Abstieg der Massenmedien" (Maisel 1973) die Rede ist und auch spätestens seit den achtziger Jahren im deutschsprachigen Raum eine Entwicklung der Massenkommunikation hin zu einer Art „Zielgruppenkommunikation" empirisch diagnostizierbar ist (Kiefer 1982).[135] Kurz: die Vorstellung, man kom-

135 In einer auf die USA bezogenen empirischen Untersuchung überprüfte Richard Maisel (1973) die von zwei Nationalökonomen entwickelte „Drei-Stufen-Theorie" der kommunikativen Differenzierung (Merrill/Lowenstein 1971). Diese Theorie besagt, „daß eine Gesellschaft je nach Entwicklungsstand gekennzeichnet ist durch Elitemedien, populäre Medien (gleich Massenmedien) und schließlich Spezialmedien. Voraussetzungen für die Hervorbringung von Spezialmedien sind hoher Bildungsstandard, Wohlfahrt und frei verfügbare Zeit in einer Gesellschaft (...), sowie eine ausreichende Bevölkerungsgröße. Die wachsende Spezialisierung aller gesellschaftlichen Bereiche in den fortgeschrittenen Industriegesellschaften zieht auch eine Spezialisierung von Bedürfnissen und Geschmacksrichtungen nach sich, eben auch und gerade in den für diese Gesellschaften ungemein wichtigen Bereichen Kommunikation und Information. Spezialisierung der Medien kann dabei per Medien-Einheit (Beispiel: die Hörfunkentwicklung in den USA zu E-Musik- sowie Pop-Stationen) oder innerhalb der Medien (Beispiel: Zielgruppenprogramme beim Fernsehen) erfolgen" (Kiefer 1982, S. 14). Die von Kiefer (1982) bereits vor Jahren vorgelegte Trendanalyse (die auf Mediennutzungsdaten bis zum Jahre 1964 zurückgreift) deutete darauf hin, daß sich diese Entwicklung auch in der Bundesrepublik Deutschland vollzieht.

muniziere hier mit „Massen" erscheint revisionsbedürftig. Und in der Tat handelt es sich ja bei der Bezeichnung „Massenkommunikation" um einen ursprünglich anglo-amerikanischen Terminus (mass communication), der von seiner Etymologie her wohl wenig von jenem abendländischen Ballast mitschleppt, den die beiden Wortbestandteile implizieren.

Man könnte nun argumentieren, der Terminus sei überholt und aus der Fachsprache zu streichen. Dies halte ich jedoch aus zwei Gründen für nicht zweckmäßig.

Erstens aus rein pragmatischen Motiven. Ein in der Fachsprache dermaßen gebräuchliches Wort läßt sich nicht schlicht eliminieren oder einfach durch ein anderes ersetzen. Derartige Bemühungen würden außerdem sehr schnell (wohl teilweise zu Recht) als akademische Spinnerei abgetan werden.

Zweitens aber auch aus einer inhaltlichen Perspektive. Weil nämlich die beiden Wortbestandteile auf strukturelle Grundmuster eines Prozesses verweisen, die für diesen – relativ unbeschadet von den quantitativen Veränderungen – immer noch charakteristisch sind. Man muß sie nur angemessen interpretieren. Genau dies möchte ich hier versuchen.

5.1. Massenkommunikation: Zur Klärung eines Begriffes

Der Terminus „Massenkommunikation" stellt die Übernahme des englischen Ausdrucks „mass communication" ins Deutsche dar. Nicht zuletzt darin liegt die Ursache für Verwirrungen, welche diese Bezeichnung bisweilen auszulösen imstande war und ist.

So ruft bereits der Wortbestandteil „Masse" zum einen die Vorstellung wach, man könne die Rezipienten massenmedial verbreiteter Aussagen mit „der Masse" gleichsetzen, also einem sozialen Aggregat, wie es etwa von Le Bon (1895) am Beispiel der Spontanmasse, die sich in Panikstimmung befindet, beschrieben wurde; zum anderen wird man an kulturkritische Begriffe wie „Massenmensch" oder „Vermassung" u. ä. erinnert.

Dahinter verbirgt sich die – von den Apologeten der Massenpsychologie in der Nachfolge Ortega y Gassets (1930) vertretene – These von der unsichtbaren oder latenten Masse, „jene vieldiskutierte und oft unbesehen übernommene Behauptung, mit fortschreitender Industrialisierung weise die große Majorität der Menschen – der dann eine kleine ‚Elite' gegenübersteht – bestimmte Veränderungen auf, die schließlich zum ‚Massenmenschen' im ‚Massenzeitalter' führen" (Maletzke 1963, S. 25). Dieser „Massenmensch" zeichne sich durch Persönlichkeitsverarmung aus, die u. a. in der Nivellierung seiner Denkweise, seines Geschmacks und Lebensstils sowie im Schwinden von persönlicher Selbständigkeit, Verantwortungsbewußtsein und Initiative bemerkbar werde und die letztlich dem „Massenzeitalter" entspreche, in dem die – durch massenmedial verbreitete Propaganda bzw. Werbung gesteuerte – öffentliche Meinung das Denken und Handeln des einzelnen bestimmt (ebd. S. 26).[136]

Demgegenüber soll die Bezeichnung „Masse" im Terminus „Massenkommunikation" weder explizit massenpsychologische noch kulturkritische Assoziationen wecken; es soll damit lediglich darauf hingewiesen werden, daß sich die hier zu vermittelnden Aussagen an eine *Vielzahl von Menschen* richten (Schulz 1971, S. 93). Eine Vielzahl von Menschen, die sich für den Kommunikator in der Massenkommunikation nach Wright (1963, S. 11 ff.) als unüberschaubar, heterogen und anonym darstellen: „unüberschauber", weil sie zahlenmäßig einen solchen Umfang aufweisen, daß es dem Kommunikator unmöglich ist, direkt (von Angesicht zu Angesicht) mit ihnen zu interagieren; „heterogen", weil diese Menschen ja eine Vielzahl sozialer Positionen bekleiden, und schließlich „anonym", weil das einzelne Mitglied der jeweiligen Rezipientenschaft dem Kommunikator unbekannt ist (vgl. dazu auch Müller 1970, S. 2).

---

136 Sowohl die Theorie der Massengesellschaft als auch Annahmen der Instinktpsychologie, die dieser Sichtweise zugrunde lagen, können heute bereits als überholt gelten (vgl. dazu etwa Naschold 1973, S. 16 ff.).

Hat man also die Gesamtheit jener Menschen im Auge, die sich den Aussagen der Massenkommunikation zuwenden, so schiene es angemessener, anstatt von „Masse" hier von einer Art „Publikum" zu sprechen[137]. Maletzke hat hiefür den Terminus **disperses Publikum** (1963, S. 28 f.) eingeführt. Darunter sind einzelne Individuen, aber auch kleine Gruppen von Menschen zu verstehen, deren verbindendes Charakteristikum darin besteht, daß sie sich einem gemeinsamen Gegenstand – nämlich: den Aussagen der Massenmedien – zuwenden. Disperse Publika sind keine überdauernden sozialen Gebilde, sondern entstehen immer nur „von Fall zu Fall dadurch, daß sich eine Anzahl von Menschen einer Aussage der Massenkommunikation zuwendet" (Maletzke 1963, S. 28). Zwischen den Gliedern eines derartigen dispersen Publikums existieren in der Regel keine direkten zwischenmenschlichen Beziehungen, denn üblicherweise sind die jeweiligen Rezipienten (oder Rezipientengruppen) räumlich voneinander getrennt, gegenseitig anonym und wissen lediglich, daß außer ihnen noch zahlreiche andere Menschen dieselbe Aussage aufnehmen (ebd. S. 29). Schließlich sind disperse Publika noch vielschichtig inhomogen (d. h., sie umfassen Menschen, die aus verschiedenen sozialen Schichten stammen, deren Interessen, Einstellungen, deren Lebens- und Erlebensweise oft sehr weit voneinander abweichen) sowie unstrukturiert und unorganisiert: Ein disperes Publikum „weist keine Rollenspezialisierung auf und hat keine Sitte und Tradition, keine Verhaltensregeln und Riten und keine Institutionen" (Maletzke ebd., S. 30).

Damit wäre nunmehr klargestellt, daß der Wortbestandteil „Masse" im Terminus „Massenkommunikation" weder die massenpsychologische noch die kulturkritische Dimension dieser Bezeichnung aktualisieren soll, sondern im Sinn des dispersen

137 Maletzke differenzierte zu diesem Zweck den Publikumsbegriff und faßt mit dem Terminus **Präsenzpublikum** jene zunächst und ursprünglich (mit dem gängigen Publikumsbegriff) gemeinten Vorstellungen zu einer zu bestimmter Zeit an einem bestimmten Ort versammelten „Anzahl von Menschen, die eine – in den meisten Fällen öffentliche – Aussage auf sich einwirken lassen, sei es ein Theaterstück, ein Vortrag, ein Konzert" (Maletzke 1963, S. 28).

Publikums zu verstehen ist. Anlaß zu ähnlichen Unklarheiten gibt freilich der Wortbestandteil „Kommunikation“. Hier soll im vorliegenden Zusammenhang v. a. danach gefragt werden, ob (und wenn ja: inwieweit) der im Rahmen dieses Buches entwickelte Kommunikationsbegriff mit dem begrifflichen Inhalt von „Massen*kommunikation*“ in Einklang gebracht werden kann. Zu diesem Zweck muß man sich jedoch zunächst den hiermit gemeinten Prozeß selbst vergegenwärtigen.

Der soeben herausgearbeitete Begriff des dispersen Publikums hat ja bereits zur Einsicht verholfen, daß man es hier mit einem Vorgang zu tun hat, bei dem sich ein einzelner oder einige wenige an „relativ große, heterogene und anonyme Publika“ (Wright 1963, S. 15) wenden. Massenkommunikation unterscheidet sich also von der direkten interpersonalen Kommunikation, in der die Kommunikationspartner einander leibhaftig von Angesicht zu Angesicht („face to face“) begegnen, schon allein dadurch, „daß sie eher an einen breiten Querschnitt einer Bevölkerung gerichtet ist, als nur an eine oder wenige Personen oder an einen speziellen Teil der Bevölkerung“ (Freidson 1971, S. 198). Üblicherweise ist auch noch eine räumliche Distanz (wie z. B. bei Live-Sendungen in Hörfunk und Fernsehen) oder sogar eine raum-zeitliche Trennung zwischen Kommunikator(en) und Rezipienten (wie etwa beim Lesen einer Zeitung, eines Buches u. ä. oder beim Hören bzw. Sehen bereits aufgezeichneter Hörfunk- bzw. Fernsehsendungen) vorhanden. Maletzke spricht deshalb auch von einer **indirekten** Kommunikation (1963, S. 21 f.). Darüber hinaus hat man es in der Regel mit einer Polarisierung der kommunikativen Rollen zu tun: Es fehlt der – für die direkte zwischenmenschliche Begegnung so typische – Rollentausch zwischen den Kommunikationspartnern, m. a. W., eine direkte Rückkoppelung zwischen Kommunikator und Rezipient ist nicht gegeben.[138] Ein Merk-

138 Auch bisweilen registrierbare Versuche seitens der elektronischen Medien, durch eine telefonische Feedback-Einrichtung die aktive Einschaltung des Publikums in das Programmgeschehen zu ermöglichen, durchbrechen diese Einseitigkeit nur scheinbar. Nicht, weil sie sich eher auf Ausnahmefälle beschränken, sondern v. a. deshalb, weil ihr „Eingreifen“ auf einem Reflex-

mal, welches mit Maletzke als **einseitige** Kommunikation (ebd. S. 23)[139] begriffen werden kann. Schließlich ist auch der Personenkreis, an den die Aussagen gerichtet sind, weder eindeutig festgelegt noch (quantitativ) begrenzt, man kann Massenkommunikation daher auch grundsätzlich als **öffentlich** in diesem Sinn bezeichnen (ebd. S. 24). Unter **Massenkommunikation** soll mithin jener Prozeß verstanden werden, bei dem Aussagen öffentlich (d. h. ohne begrenzte oder personell definierte Empfängerschaft), indirekt (d. h. bei räumlicher oder zeitlicher oder raum-zeitlicher Distanz zwischen den Kommunikationspartnern) und einseitig (d. h. ohne Rollenwechsel zwischen Aussagendem und Aufnehmendem), durch technische Verbreitungsmittel (sog. „Massenmedien“) an ein disperses Publikum (im oben definierten Sinne) vermittelt werden (Maletzke 1963, S. 32).

Unausgesprochen vorausgesetzt wurde bisher allerdings der Umstand, daß „Techniken der Kollektivverbreitung“ (Silbermann 1969, S. 673) verfügbar sind: denn erst die Existenz bzw. der Einsatz sog. „Massenmedien“ ermöglicht Massenkommunikation. **Massenmedien** oder auch **Massenkommunikationsmittel** sind all jene Medien, über die durch Techniken der Verbreitung und Verfielfältigung mittels Schrift, Bild und/oder Ton optisch bzw. akustisch Aussagen an eine unbestimmte Vielzahl von Menschen vermittelt werden (vgl. Döhn 1979, S. 142 f.; Maletzke 1963, S. 36). Zu den Massenmedien zählen somit Flugblatt, Plakat, Presse, Buch, Hörfunk, Schallplatte/CD/DVD,

---

niveau verharrt, welches spätestens dann, wenn die Struktur des Mediums berührt wird, seine Grenzen erfährt. Denn der Rollentausch ist niemals ein „echter“: Wohl kann der Rezipient mit dem Sprecher kommunizieren, er besitzt jedoch nicht die Rollen*macht* des professionellen Kommunikators! So kann er beispielsweise auf den strukturellen Ablauf einer Sendung (infolge eines bestimmten vorgegebenen Programmrahmens) keinen Einfluß nehmen ... usf. Darüber hinaus wird ein derartiges (direktes) kommunikatives Geschehen zwischen einem (professionellen) Kommunikator und einem Rezipienten ja zugleich auch wieder als Sendung einer Vielzahl von Menschen in ihrer Rezipientenrolle angeboten ...Auch die Möglichkeit zum Senden von E-Mails ändert an dieser Diagnose eigentlich nichts.

139 Zu diesem Merkmal bzw. zum Feedback im Kommunikationsprozeß vgl. auch S. 66 ff. der vorliegenden Arbeit.

Film, Fernsehen, sowie Homepages im Internet bzw. ähnliche Erscheinungsformen, die sich noch im Entwicklungsstadium befinden und daher erst in Zukunft als Massenmedien fungieren können. Stets gilt jedoch, daß man zu kurz greift, wenn man allein die Technizität des Mediums bereits als ausreichendes Definiens für das Definiendum „Massenmedium“ anführt (Schreiber 1990, S. 134)[140]: Entscheidend ist vielmehr, daß diese technischen Medien auch in einen sozialen Prozeß integriert sein müssen, der als „Massenkommunikation“ (im oben angeführten Sinn) bezeichnet werden kann.[141]

Fragt man nun nach dem Verhältnis von Massenkommunikation zu Kommunikation, so sieht man sich unterschiedlichen Auffassungen gegenüber. Während auf der einen Seite Massenkommunikation als eine „Sonderform sozialer Kommunikation“ (Böckelmann 1975, S. 34) angesehen wird[142], finden sich auf der anderen Seite Stimmen, die im Phänomen der „Massenpublizistik“ nur „sehr verkrampft ... eine Art von Kommunikation“ (Kob 1978, S. 393) zu erkennen vermögen.[143] Unter

---

140 So ist z. B. ein als Privatdruck und nicht für den Markt, sondern für einen genau definierten Empfängerkreis produziertes Buch ebensowenig ein „Massenmedium“, wie eine gedruckte Einladung, die im Verwandten- und Freundeskreis versendet wird. Zweifellos hat man es in beiden Fällen mit technisch hergestellten Druck-(oder: Print-)Medien indirekter und einseitiger Kommunikation zu tun, aber eben nicht mit „Massenmedien“. Desgleichen kann man die Hörfunk- und Fernsehtechnik für vielerlei Zwecke einsetzen (z. B. für den Küstenfunk, in der Militärüberwachung; zur Beobachtung des Straßenverkehrs oder von Kaufhausabteilungen, zu Lehrzwecken etc.), in denen diese Medien *nicht* als „Massenmedien“ fungieren (Schreiber ebd.).

141 Siehe dazu die ausführliche Auseinandersetzung mit dem Medienbegriff im Kap. 2.4.1. des vorliegenden Buches.

142 Neben Böckelmann vertreten diese Auffassung etwa auch: Bledjian/Stosberg 1972, S. 15; Maletzke 1963, S. 15, 1998, S. 45; Ronneberger 1971, S. 35; Schramm 1971, S. 49 f.; Schulz 1971, S. 93; u. v. a. m.

143 Kob spricht in diesem Zusammenhang sogar von einem „Kommunikationsmythos“ (1979, S. 4973), der sich nicht zuletzt infolge der Bezeichnung „Massenkommunikation“ eingebürgert habe: in Wahrheit werde nämlich hier „nicht zwischen irgendwelchen Personen kommuniziert, sondern es werden – mit den unterschiedlichsten Intentionen – publizistische Produkte genutzt“ (Kob ebd., S. 4976). Schließlich sei auch die Merkmalsbestimmung „einseitige Kommunikation“ (als deren Folge sich erst das

Rekurs auf die in diesem Buch vorgenommene Begriffsbestimmung von Kommunikation, möchte ich die folgende Auffassung vertreten:

Der Massenkommunikationsprozeß stellt sich zunächst als ein Vorgang dar, „in dem spezielle soziale Gruppen technische Vorrichtungen anwenden, um einer großen, heterogenen und weitverstreuten Zahl von Menschen symbolische Gehalte zu vermitteln“ (Janowitz/Schulze 1960, S. 1). Es erscheint somit durchaus angemessen, diese sozialen Gruppen bzw. deren Mitglieder als „Kommunikatoren“ und deren Aktivitäten als „kommunikatives Handeln“, im Sinne des Begriffsverständnisses, wie es im Kap. 2 dieses Buches entwickelt worden ist, zu begreifen: sie stellen darauf ab, anderen Menschen etwas *mitzuteilen* und wollen ihnen zu diesem Zweck bestimmte Botschaften *verständlich* machen. Damit verfolgen sie das, der *allgemeinen Intention* entsprechende, *konstante Ziel* kommunikativen Handelns, d. h., sie versuchen, *Verständigung* – und damit: *Kommunikation (!)* – zwischen sich und den potentiellen Rezipienten ihrer Mitteilungen herzustellen (vgl. dazu S. 34 des vorliegenden Buches). „Kommunikation“ kann in diesem Vorgang der massenmedialen Verbreitung von Botschaften allerdings erst dann – und nur dann (!) – zustande kommen, wenn auch seitens

„disperse Publikum“ ergebe, weil man eben nicht wisse, mit wem man kommuniziere) eine typische Contradictio in adjecto: „‚Einseitig‘ kann keine Kommunikation sein, selbst die schlichteste Vorstellung von ihr muß Wechselseitigkeit implizieren“ (Kob ebd., S. 4976) und deshalb handle es sich bei Massenkommunikation eben nicht um Kommunikation. – Hier übersieht Kob allerdings, daß Maletzke mit „einseitiger“ Kommunikation lediglich auf die Möglichkeit einer Polarisierung der kommunikativen Rollen hinweisen will, wie sie etwa auch im Rahmen einer brieflichen Kommunikation oder während eines Vortrags stattfindet. Die von Kob vertretene Ansicht von der unbedingten Zweiseitigkeit jeder Kommunikation scheint sich vielmehr auf das in diesem Buch mit dem Terminus „implizite Reziprozität“ bezeichnete Phänomen zu beziehen. Damit wurde bekanntlich zum Ausdruck gebracht, daß erfolgreiche Bedeutungsvermittlung (und damit: Kommunikation) nur dann zustande kommen kann, wenn einer „Mitteilungs-Handlung“ seitens des Kommunikators eine „Verstehens-Handlung“ seitens des Rezipienten entspricht (vgl. dazu S. 65 ff. des vorliegenden Buches). Dieser Umstand wird jedoch von der Bezeichnung „einseitige“ bzw. „zweiseitige“ Kommunikation nicht berührt.

des/der jeweiligen Rezipienten dieser Botschaften ein kommunikatives Handeln (nämlich: ein Verstehenwollen der Aussagen des professionellen Kommunikators) vorliegt und beide Teile (Kommunikator[en] und Rezipienten) in *gleicher* Weise das konstante Ziel (eben: Verständigung) ihrer kommunikativen Handlungen verwirklichen. Einfacher formuliert: Von massenmedial vermittelter *Kommunikation* soll (nur) dann gesprochen werden, wenn das, was ein Kommunikator mitteilen will, von den jeweiligen Rezipienten seiner Aussage auch (annähernd) so verstanden wird, wie es von ihm gemeint war.

Damit ist zugleich verdeutlicht, daß auch für einen massenmedial vermittelten Kommunikationsvorgang das Prinzip der **impliziten Reziprozität** (vgl. S. 65 f. des vorliegenden Buches) Gültigkeit besitzt und daher ein kennzeichnendes Merkmal dieses Geschehens sein muß. Auch hier hat man es mit einem auf *Doppelseitigkeit* hin angelegten Prozeß zu tun: Nur wenn der Mitteilungs-Handlung (seitens des Kommunikators) auch eine Verstehens-Handlung (seitens des/der Rezipienten) entspricht, kann das (konstante) Ziel ebendieser Handlungen (Verständigung) erreicht werden und Kommunikation zustande kommen.

Als erstes Resümee der Begriffserklärung läßt sich somit festhalten: Die mit Hilfe technischer Verbreitungsmittel vorgenommene Vermittlung von Aussagen an disperse Publika ist zweifellos ein „kommunikatives“ – d. h. ein auf Kommunikation hin angelegtes – Geschehen, sie kann jedoch weder a priori (also *bevor* sie stattfindet) noch in jedem Fall (nachdem sie stattgefunden hat) als „Kommunikation“ begriffen werden. Erst dann, wenn eine – auf der Basis der impliziten Reziprozität kommunikativer Handlungen angestrebte – Verständigung zwischen einem (jeweiligen) Kommunikator und einem bzw. mehreren (jeweiligen) Teil(en) des dispersen Publikums tatsächlich zustande kommt, kann und soll mit Recht von „Kommunikation“ gesprochen werden. Der Prozeß der Massenkommunikation ist somit ein wohl grundsätzlich *kommunikatives* Geschehen, im Rahmen dessen Kommunikation auch tatsächlich stattfinden kann, aber nicht notwendigerweise stattfinden muß.

Was nun die *spezielle Intention* kommunikativen Handelns (also: das jeweilige *Interesse* des kommunikativ Handelnden) bzw. das *variable Ziel* (die Realisierung dieses Interesses) betrifft (vgl. S. 27 des vorliegenden Buches), so scheint hier eine weitere Besonderheit massenmedial verbreiteten kommunikativen Handelns aufspürbar zu sein, die in einer Übergewichtung des „situationsbezogenen" Interesses[144] zu vermuten wäre. Man könnte die These vertreten, daß bei öffentlichen (also: allgemein zugänglichen) Aussagen das inhaltsbezogene Interesse vom situationsbezogenen Interesse „nahezu dominiert" wird. Das bedeutet im Klartext: Diejenigen, deren kommunikatives Handeln infolge seiner massenmedialen Verbreitung *öffentlichen Charakter* gewinnt, schöpfen bereits aus diesem Umstand eine zentrale Motivation zur Produktion von Aussagen. Keineswegs will mit dieser Behauptung die Existenz eines „inhaltsbezogenen" Interesses derartiger kommunikativer Handlungen geleugnet werden (!) – da es sich bei dieser Differenzierung ja bloß um eine (per definitionem) analytische Trennung eines in der kommunikativen Realität „ungeteilt" auftretenden Phänomens handelt, müssen naturgemäß immer beide Interessen-„Bestandteile" anzutreffen sein. Was vielmehr mit dem Hinweis auf die Übergewichtung des „situationsbezogenen" Interesses angedeutet werden soll, das ist eine *grundsätzlich neue Qualität kommunikativen Handelns,* die dieses erst durch seinen öffentlichen Charakter gewinnt.

Kob spricht in diesem Zusammenhang von der „Attraktion der Publizität" (1978, S. 394), in der er nicht nur einen elementaren Anlaß für öffentlich-kommunikatives Handeln sieht, sondern in der er auch eine zentrale Motivation der Zuwendung auf der Seite all jener Menschen erblickt, welche diese veröffentlichten Aussagen rezipieren. Für beide (Kommunikatoren wie Rezipienten) sei es vorrangig diese Attraktion der Publizität, die sie zum Handeln bringt. Kob unterscheidet in diesem Zusammenhang verschiedene Interessen, die hier im Spiel sind: Zunächst das *Interesse an eigener Publizität.* Es drängt alle möglichen

144 Zur Differenzierung von „situationsbezogenem" und „inhaltsbezogenem" Interesse kommunikativen Handelns vgl. S. 28 des vorliegenden Buches.

Organisationen und Institutionen sowie diverse Personengruppen zu den Massenmedien, weil sie bekannt werden und beredet werden wollen. Weiters das *Interesse zu publizieren*. Damit meint er das Interesse (z. B. von Journalisten), Tatbestände, Ereignisse, Personen, Ideen etc. (also: materielle und geistige Produkte) potentiell jedermann zugänglich zu machen. Und er führt schließlich das *Interesse des „Publikums" am publik Gemachten* an. Auch für die Rezipienten ist der „publizistische Charakter" solcher öffentlichen (genauer: veröffentlichten) Produkte der eigentliche Anlaß, sich den Medien zuzuwenden. Man nimmt „Erscheinungen wahr, von denen man weiß, daß gewichtige soziale Institutionen sie für allgemein relevant halten und daß gleichzeitig eine Unzahl anderer Menschen in der weiteren und näheren Umwelt ebenfalls auf sie aufmerksam sind. Der publizistische Charakter dieser Produkte hebt sie für den Rezipienten eben über den Bedeutungshorizont beliebiger sonstiger menschlicher Äußerungen hinaus, denen er alltäglich begegnet, denn damit signalisieren sie ihm gesellschaftlich sehr generelle Aufmerksamkeitsschwerpunkte" (Kob ebd., S. 395).

Der Prozeß der sog. „Massenkommunikation" – das legt die versuchte Begriffsbestimmung nunmehr nahe – erscheint somit als ein grundsätzlich *kommunikatives* Geschehen, im Rahmen dessen sich „Kommunikation" (wie sie in diesem Buch definiert wurde) zwar potentiell ereignen kann, jedoch nicht unbedingt ereignen muß. Darüber hinaus scheinen die in diesem Zusammenhang sowohl auf der Kommunikator- als auch auf der Rezipientenseite gesetzten kommunikativen Handlungen von einem vorrangig situationsbezogenen Interesse – nämlich: vom Faktum der „Publizität" bzw. der „öffentlichen Zugänglichkeit" her – motiviert zu sein.

Ich glaube, die hier geleistete Begriffsbestimmung von Massenkommunikation hält auch noch zu Beginn des 21. Jahrhunderts. Sie trifft erst dann nicht mehr den Kern des Phänomens, wenn sich die auf dem sog. „Daten-Highway" anbahnende Revolution in der Informationsverbreitung so sehr individualisiert haben sollte, daß die Vorstellung eines „Publikums" im hier definierten Sinne tatsächlich obsolet wird.

Dafür gibt es allerdings bislang kaum Anzeichen. (Vgl. z. B. Beck 2000.) Im Gegenteil: Bereits Anfang der 90er Jahre mußte die (noch wenige Jahre zuvor verkündete) These von der schwindenden Faszination des Fernsehens relativiert werden: Es scheint so zu sein, daß sich allgemeine „kommunikative Grundorientierungen" (Kiefer 1992, S. 281 f.) herausbilden, in denen verschiedenen Medien mit verschiedenen Angeboten eben ein unterschiedlicher Stellenwert im Informationshaushalt der jeweiligen Rezipienten zukommt. Weder Medientheorie noch Medienpraxis dürfen zudem davon ausgehen, das Publikum sei eine homogene Masse oder ein einheitlicher Markt.[145]

Was das konkret bedeutet, darauf wird in diesem Kapitel noch sehr ausführlich eingegangen. Im vorliegenden Zusammenhang läßt sich jedenfalls festhalten: Auch wenn sich Inhalte und Angebotsmuster im Massenkommunikationsprozeß laufend verändern, das Publikum wird den Massenmedien (noch sehr lange) nicht verlorengehen. Und damit behält das hier entwickelte Verständnis von Massenkommunikation auch über die Jahrtausendwende hinaus noch seinen Sinn.

5.2. Zur Bedeutung der Massenkommunikation für Mensch und Gesellschaft

Die Frage, was der Massenkommunikationsprozeß bzw. was die Existenz der modernen Print- und elektronischen Medien für den Menschen und die Gesellschaft bedeuten, ist so alt wie diese selbst. Allerdings ist sie bis heute im Grunde nicht eindeutig beantwortbar. Eine Diagnose auf der Basis des aktuellen Wissensstandes hat daher aus verschiedenen Blickwinkeln zu erfolgen.

Zunächst aus der Perspektive der massenkommunikativen Wirkungsforschung, einem Gebiet mit jahrzehntelanger Tradition. In kaum einem anderen Bereich der Kommunikationsforschung gibt es eine derart große Menge an empirischen Befun-

145 Nachholbedarf für die Kommunikationswissenschaft, was die Erforschung massenmedialer Publika betrifft, sieht Elisabeth Klaus (1997).

den. Allerdings sind die Ergebnisse oftmals widersprüchlich, so daß die Zahl der abgesicherten Erkennntisse vergleichsweise gering erscheint. Ziel dieses Abschnitts ist es daher, etwas Licht in den kaum mehr durchforstbaren Dschungel an Daten zu bringen.

Im Anschluß an die vielfach kritisierte Problematik der „klassischen" Medienwirkungsforschung, sie verfahre zu kausalanalytisch und individuumzentriert, sollen in einem zweiten Anlauf jene Überlegungen und empirischen Ergebnisse angeführt werden, welche die Verflochtenheit der Massenmedien mit der modernen Industriegesellschaft deutlich machen, wie sie v. a. im hochgradig professionell organisierten Informationsfluß zum Ausdruck kommt. Davon ausgehend möchte ich versuchen, die Strukturen der modernen Massenkommunikationsgesellschaft zu erhellen.

Schließlich muß es aber auch gelten, jene Überlegungen darzustellen, die als vielfach beschworene „Funktionen" der Massenmedien diesen bestimmte Leistungen für den (Fort-)Bestand unseres Gesellschaftssystems attestieren.

Zuallererst sollen jedoch einige Anmerkungen, die das Verhältnis von Kommunikation und Gesellschaft ganz allgemein betreffen, einen Einstieg in den Themenbereich vorbereiten.

5.2.1. Kommunikation und Gesellschaft

Bereits der notwendigerweise soziale Charakter menschlicher Kommunikation, der weiter oben ausführlich analysiert wurde, verweist darauf, daß man es hier nicht nur mit einem individuellen, sondern stets auch mit einem gesellschaftlichen Phänomen zu tun hat.

Diese Feststellung soll im vorliegenden Zusammenhang nicht bloß einen Gemeinplatz ausdrücken; sie will vielmehr explizit auf die Wechselbeziehung zwischen Kommunikation und Gesellschaft verweisen. Auf den Umstand nämlich, daß – wenn auch nur „aus sehr weitem Abstand und mit scharfer begrifflicher Abstraktion" (Luhmann 1975, S. 13) erkennbar –

soziale bzw. gesellschaftliche Evolution nicht unabhängig von Veränderungen in den Kommunikationsweisen der Menschen gesehen werden kann.[146] „Die Hauptphasen der gesellschaftlichen Evolution ... sind markiert durch Veränderungen in den jeweils dominierenden Kommunikationsweisen ... und man kann sagen, daß komplexere Gesellschaftssysteme, wie immer sie entwicklungsmäßig erreicht wurden, nicht ohne neuartige Formen der Kommunikation integriert und erhalten werden konnten“ (Luhmann ebd., S. 16). Das bedeutet, daß jede Gesellschaft immer auch die Existenz spezifischer Kommunikationsweisen impliziert, ohne die sie (vermutlich) nicht bestehen könnte. Es scheint sich dabei um eine interdependente Beziehung zwischen Kommunikations- und Gesellschaftsformen zu handeln: Einerseits stellt das jeweilige gesellschaftliche System den strukturellen Rahmen für (potentielle) kommunikative Interaktionsformen bereit, andererseits besitzen aber ebendiese Kommunikationsformen zugleich auch wesentlichen Anteil an der Qualität des gesellschaftlichen Umraums, in dem sie ablaufen. (Vgl. auch Faulstich 1998.) Das bedeutet darüber hinaus nun aber auch, daß die in einer Gesellschaft existierenden Kommunikationsweisen – die sich im Vorhandensein bzw. im Gebrauch der jeweils eingesetzten Medien konkretisieren und dadurch gleichsam „Gestalt“ annehmen – bestimmte Leistungen für das Bestehen ebendieser Gesellschaft erbringen.

■ Die Weltgesellschaft

In aller hier gebotenen Kürze läßt sich im Hinblick auf den angesprochenen Zusammenhang zwischen Kommunikations- und Gesellschaftsformen folgendes Bild der bisher stattgefundenen gesellschaftlichen Evolution zeichnen: Man kann mit Luhmann (ebd. S. 13 f.) drei globale Phasen der gesellschaftlichen Evolution unterscheiden: 1. primitive oder archaische Gesellschaftsordnungen, 2. städtisch zentrierte Hochkulturen und 3. das heutige technisch-industriell fundierte Gesell-

146 Nähere Überlegungen dazu finden sich u. a. bei: Habermas 1971b, S. 270 ff.; 1976a, S. 145 ff.; Parsons 1971, S. 55 ff.

schaftssystem. Zunächst war es das Entstehen der Sprache, die einer bestimmten Spezies von hochentwickelten Primaten zu effektiveren Formen der Kommunikation verhalf und ihnen so den Übergang vom Gruppenleben zur archaischen (menschlichen) Gesellschaft ermöglichte.[147] Setzte das bloße Artikulierenkönnen sprachlicher Symbole noch die Anwesenheit der am Kommunikationsprozeß Beteiligten voraus und limitierte infolgedessen u. a. die Größe archaischer Gesellschaften, so war mit der Entwicklung der Schrift die Bedingung der Anwesenheit hinfällig geworden. In diesem technischen Vorteil schriftlicher Kommunikation sowie in dem Umstand, daß von nun an sehr viel weitere räumliche und zeitliche Distanzen überbrückbar wurden und daher auch unbekannte (und unbekannt bleibende) Personen erreicht werden konnten, sind nach Luhmann entscheidende Momente für den Übergang zur sog. Hochkultur zu sehen. Die gegenwärtig technisch-industriell fundierte Gesellschaft schließlich weist mit der für sie typischen Massenkommunikation abermals einschneidende Veränderungen in den Kommunikationsweisen der Menschen auf: die Existenz und der Gebrauch von multidimensionalen (Schrift, Bild und Ton) Verbreitungstechniken kaum mehr abschätzbarer Reichweite (v. a. was die audiovisuellen Medien betrifft) führte zu einem sprunghaften Anstieg der Größe des Kommunikationsnetzes: es war eine ganz neue Mitteilungsform entstanden, die es ermöglicht, einer unüberschaubaren Vielzahl von (potentiell: allen) Menschen zur (mehr oder weniger) gleichen Zeit an verschiedenen Orten die gleiche Botschaft zu vermitteln. Erstmals in der Geschichte der Menschheit scheint damit „die Beteiligung aller an einer gemeinsamen Realität" (Luhmann ebd., S. 29)[148] zumindestens in greifbare Nähe zu rücken; ein

147 Der Stellenwert der Sprache im Verlauf der sozialen Evolution des Menschen wurde weiter oben ja näher beleuchtet (vgl. dazu S. 134 ff. dieses Buches).

148 Luhmann ist sich des fiktiven Charakters dieser Aussage bewußt und weist selbst darauf hin, daß es bloß die *Unterstellung* einer gemeinsamen Realität „durch das Gefühl des Dabeiseins" ist, an der der einzelne partizipiert. Die „Beteiligung aller an einer gemeinsamen Realität" ist bestenfalls die Beteiligung an „der Erzeugung einer solchen Unterstellung, die dann

Umstand, den Luhmann übrigens als ein zentrales Kennzeichen einer sog. **„Weltgesellschaft“**[149] zu erkennen glaubt[150].

Bis heute – so Luhmann (1986, S. 53 f.) – arbeitet die Soziologie ja mit der Vorstellung einer Mehrheit menschlicher Gesellschaften, hat aber das daraus resultierende Problem der Definition von Grenzen, die verschiedene Gesellschaftssysteme voneinander trennen, nicht überzeugend lösen können. Dabei ist vielfach beobachtbar, daß sich weltweite Interaktionen bereits konsolidiert haben: so mag ein Argentinier eine Abessinierin heiraten (wenn er sie liebt), ein Seeländer in Neuseeland Kredit aufnehmen (wenn dies wirtschaftlich rational ist), ein Russe technischen Konstruktionen vertrauen, die in Japan erprobt worden sind, ein Franzose in Ägypten homosexuelle Beziehungen suchen, ein Berliner sich auf den Bahamas bräunen usw. Das wissenschaftlich gesicherte Wissen wird universell verbreitet, Forschung und wissenschaftliche Kritik arbeiten, trotz aller Restriktionen wirtschaftlicher, politischer oder sprachlicher Art, in einem weltweiten Kommunikationsnetz. Daneben gibt es eine weltweite öffentliche Meinung, die Themen unter dem Aspekt

---

als operative Fiktion sich aufzwingt und zur Realität wird“ (Luhmann ebd.).

149 Als direkte Konsequenz des durch Massenkommunikation zeitlich synchronisierten Erlebens und Handelns praktisch aller Menschen hat sich nach Luhmann ein weltweites einheitliches Gesellschaftssystem längst konstituiert. Kennzeichen dieser sog. „Weltgesellschaft“ (die eines Weltstaates gar nicht mehr bedarf) sei das weltweite Bewußtsein um „Gleichzeitigkeit und Abstimmbedürftigkeit aller Ereignisse“ (ebd. S. 14) sowie das Wissen um die Chance, „trotz unterschiedlicher kulturgeschichtlicher Vergangenheiten eine gemeinsame Zukunft zu finden“ (ebd. S. 25).

150 Es sei angemerkt, daß der kanadische Kommunikationsforscher Marshall McLuhan (1968b), der sich anläßlich der sprunghaften Ausbreitung des Fernsehens grundsätzlich mit dem Phänomen „Medium“ auseinandersetzte, in ähnlicher Weise bereits Zusammenhänge zwischen medialer und gesellschaftlicher Entwicklung postulierte: Danach entspricht der oralen Kommunikation die kleinräumige Stammeswelt, die Kommunikation mittels Schrift läßt sodann großräumige Zugehörigkeiten zu abstrakten Gebilden wie Nation oder Religion entstehen und ermöglicht damit erst Staaten bzw. Kirchen; die elektronische Medienrevolution schließlich verwandelt die Welt wieder zurück in ein „globales Dorf“. – Siehe dazu auch Kap. 5.5.1. d. vorl. Buches, wo auf McLuhan noch näher eingegangen wird.

von Neuigkeiten aufnimmt, außerdem sind weltweite wirtschaftliche Verflechtungen entstanden. Nationale und politische Ziele werden in Abstimmung mit internationalen Vergleichen gewonnen, und nicht zuletzt ist „eine auf Weltfrieden beruhende Verkehrszivilisation entstanden, in der sich ein urban erzogener Mensch gleich welcher Provenienz zurechtfindet. Fast überall kann man Kontakte (...) unter einer Art ‚Normalitätshypothese' einleiten – das heißt unter der Voraussetzung, daß es nur um spezifische Intentionen geht und nichts weiter los ist. Jedes Land hat zwar seine Dazulernquote: man muß in Spanien zum Beispiel lernen, daß die Eisenbahn einen nur mitnimmt, wenn die Fahrkarte besonders abgestempelt ist, in England, daß manche Wagentüren der Eisenbahn sich auch für die Insassen nur von außen öffnen lassen. Aber man gerät nicht in seltsame, völlig unverständliche Situationen, in denen es unmöglich wird, abzuschätzen, was andere von einem erwarten. Jeder kann mit normalen Lernleistungen als Fremder unter Fremden eigenen Zielen nachgehen, und diese Möglichkeit ist Horizont täglichen Bewußtseins geworden" (Luhmann 1986, S. 54).

Ob man nun diese Weltgesellschaft für existent halten mag oder nicht, außer Zweifel scheint zu stehen, daß unsere heutige Gesellschaft – wie auch immer man sie bezeichnen möge – von Informations- und Kommunikationsprozessen deutlicher geprägt wird als jede Gesellschaft zuvor. Schon seit langem ist daher nicht bloß von der Weltgesellschaft, sondern auch von der **„Informationsgesellschaft"** (vgl. etwa Wersig 1985, Tietz 1987, Hensel 1990, Bühl 2000) die Rede.

■ Die Informationsgesellschaft

Ähnlich wie die Weltgesellschaft, läßt sich auch die Informationsgesellschaft evolutionsgeschichtlich begründen, und zwar unter Verweis auf den amerikanischen Soziologen Daniel Bell, der markante Anzeichen dieser Entwicklung bereits Mitte der 70er Jahre in seinem vielbeachteten Entwurf einer „nachindustriellen (postindustriellen) Gesellschaft" (Bell 1975, 1976) herausgearbeitet hat:

Gesellschaftliche Evolution		
Problem	*Problemlösung*	*Gesellschaftstyp*
Tansport von Materie	Verkehrsnetze	vorindustrielle Gesellschaft
Transport von Energie	Verbundnetze	industrielle Gesellschaft
Transport von Information	Informationsnetze	postindustrielle Gesellschaft

Abb. 19: Gesellschaftliche Evolution, v. Merten 1980, nach Bell 1976

Nach Bell ist es möglich, die Menschheitsgeschichte anhand von drei Stufen gesellschaftlicher Evolution nachzuzeichnen, in der jeweils ein zentrales Problem und eine entsprechende Problemlösung die Entwicklung dominierte. Für die vorindustrielle Gesellschaft bestand das Hauptproblem noch im Transport von Materie, die Problemlösung lag demnach in der Errichtung von Verkehrsnetzen. Für die industrielle Gesellschaft kann man demgegenüber den Transport von Energie als Hauptproblem und die Installierung von Verbundnetzen als angemessene Problemlösung diagnostizieren. Für die postindustrielle Gesellschaft wird schließlich der Transport von Information als das zentrale Problem definiert, woraus sodann die Errichtung von Informations- bzw. Kommunikationsnetzen als typische Problemlösung erwächst.

Eine Diagnose, die bereits knapp vor der Jahrtausendwende sowohl für die USA als auch für Europa vollends zuzutreffen schien.

So machte der amerikanische Präsident (Bill Clinton) im Wahlkampf 1992 die Kommunikationstechnologie zu einem Hauptthema, und wenig später erklärte die amerikanische Regierung den Auf- und Ausbau der Informationsinfrastruktur zu einer nationalen Hauptaufgabe: An der Schwelle zum 21. Jahrhundert – so der damalige Vizepräsident Al Gore in einer vielzitierten Rede auf dem Kongreß der International Telecommunications Union (ITU) – „sollen alle Schulen, Universitäten, Bibliotheken, viele Firmen und Privathaushalte über eine elektronische Schnellstraße miteinander verknüpft sein" (Kunst 1996, S. 36). Um die dazu nötigen Investitionsanstrengungen zum Bau dieser „National Information Infrastructure" (NII), dieses „Information Superhighway" aufzubringen, förderte die US-amerikanische Regierung die entsprechende private Industrie[151], indem sie möglichst viele rechtliche und regulatorische Einschränkungen beseitigte, welche die Unternehmen der Kommunikationsbranche in ihrem (wirtschaftlichen) Handeln behinderten.

Die europäische Antwort auf die amerikanischen Initiativen in Sachen Kommunikationsindustrie erfolgte prompt: Bereits 1994 wurde seitens der zuständigen EU-Kommission unter dem Titel „Europa und die globale Informationsgesellschaft" eine Empfehlung zur gesamteuropäischen Koordination bislang bloß einzelstaatlich unternommener Anstrengungen zur Förderung des Ausbaus von Informationsstrukturen formuliert. Dieser auch als **„Bangemann-Report"** (Bangemann 1994, 1996) seinerzeit bekannt gewordene Bericht sprach u. a. von einer neuen industriellen Revolution, die durch die Entwicklung der Informations- und Kommunikationstechnologien eingeleitet werde, plädierte für eine breite Verfügbarkeit dieser Techniken im Dienste wachsender gesellschaftlicher Gleichberechtigung aber auch im Hinblick auf das Entstehen neuer Märkte in der europäischen Informationsgesellschaft und sah – deckungsgleich mit der amerikanischen Perspektive – privates Kapital als unumgänglichen Motor dieser Entwicklung. Demgemäß wurde auch aus gesamteuropäischer Sicht die Liberalisierung des Telekommunikationsmarktes (vgl. etwa Pürschel/Wilke 1996) forciert.

Auch wenn die tatsächliche Entwicklung in ihrer endgültigen gesamtgesellschaftlichen Tragweite seriös noch kaum ein-

---

151 Das waren v. a. Computer-Hardware- und Software-Unternehmen, Online-Service-Provider, Telefon- und Kabelgesellschaften sowie Medienbetriebe. (näher: Kunst 1996, S. 36 ff.).

geschätzt werden kann – Tatsache ist, daß die Zahl jener Menschen, die in sog. **„Informationsberufen“**[152] arbeiten, ständig steigt: waren es beispielsweise in Österreich im Jahre 1951 noch 600.000 Personen, so hat sich diese Zahl bis Anfang der 90er Jahre (auf etwa 1,3 Mio.) mehr als verdoppelt. Was den Anteil der Informationsberufe an der Gesamtbeschäftigung betrifft, so stieg er in Österreich von 18% im Jahre 1951 auf 39% im Jahr 1991. In den USA lag der Anteil bereits in den 80er Jahren nahe der 50%-Marke (vgl. Latzer 1996, S. 36).

Es gibt Schätzungen, wonach die Informationsindustrie in Europa demnächst die Automobilindustrie in ihrer volkswirtschaftlichen Bedeutung überholt haben wird: dann werden europaweit ca. 60 Millionen Menschen im Umfeld der Kommunikationsindustrie (Medien, Telekommunikation, Computertechnologie und Printsektor) arbeiten (Kästle 1996, S. 47, Bühl 2000). Wobei nicht übersehen werden darf, daß derartige Prognosen auch deshalb schwierig (und daher mit gebotener Vorsicht zu genießen) sind, weil alte Berufsfelder (etwa im Bereich der klassischen Druckindustrie) verschwinden und zugleich neue Berufsbilder (wie etwa Screendesigner, Storyboarder, Online-Redakteure, etc.) entstehen (vgl. Hummel/Götzenbrucker 1997, Dostal 1998).

Ob man diese Entwicklung nun, wie die Apologeten der Telekommunikationsindustrie, euphorisch begrüßt oder ob man in ihr eine gefährliche Illusion, ein „digitales Nirwana“ (Guggenberger 1997) heraufdämmern sieht – aus beiden Blickwinkeln läßt sich die Wechselbeziehung zwischen Kommunikation und Gesellschaft nicht übersehen. Das sollten die Hinweise auf die Weltgesellschaft, die nachindustrielle Gesellschaft und die Informationsgesellschaft untermauern.

---

152 Zu Informationsberufen zählen nach Latzer (1997, S. 36) in Entsprechung einer OECD-Klassifikation: Informationsproduzenten (in Wissenschaft und Technik, Marktsuche und -koordination, Beratungsdienste, andere Info-Produzenten), Informationsverarbeiter (in Verwaltung und Management, Prozeßsteuerung/Überwachung, Büroangestellte), Informationsverteiler (Ausbildung, Kommunikationsbeschäftigte) und Infrastrukturbeschäftigte (wie bei Post und Telekommunikation).

Auch eine aktuelle Analyse, die nach der Bedeutung der modernen Massenmedien fragt, wird diesen Zusammenhang herstellen müssen, wenn sie die Antwort nicht unangemessen verkürzen will. Bevor dies geschieht, sollen allerdings jene Befunde näher beleuchtet werden, die zur Beantwortung der wohl am häufigsten gestellten Frage nach den „Wirkungen" der Massenmedien hervorgebracht worden sind. Denn erst wenn diese Ergebnisse mitsamt ihren Defiziten bekannt sind, werden neuere Perspektiven für die Analyse der Strukturen moderner Massenkommunikationsgesellschaften verständlich.

5.3. Wirkungen der Massenmedien

Die Frage nach den Wirkungen der Massenmedien gleicht einem Faß ohne Boden. Zum einen ist die Vielzahl an Befunden kaum mehr überschaubar, zum anderen wurde (und wird) die Frage selbst immer wieder als unangemessen klassifiziert, weil man sie entweder als „falsch gestellt" betrachtet oder in dieser globalen Form für wissenschaftlich gar nicht beantwortbar hält. Tatsache ist jedenfalls, daß bis heute keine allgemeingültige Theorie und somit auch keine eindeutige Antwort auf diese Frage existiert – im Grunde aber auch nicht existieren kann!

Diese Diagnose mag auf den ersten Blick enttäuschen. Bei näherer Betrachtung wird allerdings erkennbar, daß dieser Umstand schon allein aus dem besonderen Status sozialwissenschaftlicher Erkenntnisse heraus einsichtig erscheint: So sind „Theorien mittlerer Reichweite"[153], die (im besten Fall) aus

153 Nach kritisch-rationaler Wissenschaftsauffassung ist unter einer „Theorie" ein System von (thematisch und logisch) miteinander verknüpften allgemeinen Gesetzesaussagen zu verstehen. Das sind strenge Allaussagen, die keine Ausnahmen zulassen. Die jeweils formulierten Behauptungen beanspruchen Geltung ohne raum-zeitliche Beschränkung. In den Sozialwissenschaften finden sich nomologische Aussagen in diesem strengen Sinn bislang jedoch eher selten. Häufiger sind dagegen Verallgemeinerungen, für die der amerikanische Soziologe Robert K. Merton die Bezeichnung „middle-range-theories" („Theorien mittlerer Reichweite" oder auch „Quasi-Theorien") eingeführt hat und deren Hypothesen raum-zeitlichen Einschränkungen unterliegen. Desgleichen finden sich weniger deterministische als vielmehr „probabilistische" Aussagen (= Wahrscheinlichkeits-

sozialwissenschaftlichen Forschungsergebnissen abgeleitet werden können, eben Aussagen, die sich nur mit räumlicher und/oder zeitlicher Beschränkung verallgemeinern lassen, weil das Erkenntnisobjekt, das Gegenstand einer Theoretisierung ist, selbst einer ständigen Veränderung unterliegt.

Für die Erforschung von Medienwirkungen bedeutet dies, daß Veränderungen in der medialen Infrastruktur einer Gesellschaft, im inhaltlichen Angebot der Massenmedien, in den Arbeitsbedingungen von Journalisten, in den Rezeptionsgewohnheiten des Publikums (etc.), stets auch die Voraussetzungen und Begleitumstände verändern, unter denen Medien wirksam werden können. Praktisch seit es Massenmedien gibt, läßt sich ein derartiger Wandel in den Bedingungen ihrer Wirkung registrieren. Es erscheint daher mehr als plausibel, daß es nicht nur keine eindeutigen Antworten gibt, sondern daß die Wirkungsfrage immer auch aus verschiedenen Perspektiven und mit unterschiedlichen Erkenntniszielen gestellt worden ist (vgl. dazu etwa Burkart 1992, Schenk 1987, Schulz 1992, Bonfadelli 1999, Bonfadelli 2000, Schorr 2000).

In der Folge soll ein Einblick in die relevantesten Perspektiven und Erkenntnisse gegeben werden. Dabei wird annähernd chronologisch vorgegangen, d. h. die Anordnung der Ansätze und Perspektiven signalisiert zugleich die historische Entwicklung der Wirkungsforschung. Dies soll jedoch nicht dazu verleiten, die „älteren" Ansätze vorschnell mit „veraltet" (im Sinne von „nicht mehr brauchbar") gleichzusetzen – so einfach liegen die Dinge sicher nicht. Im Gegenteil: Vor dem Hintergrund der soeben angesprochenen Besonderheiten sozialwissenschaftlicher Theoriebildung spiegelt sich in der chronologischen Abfolge vermutlich bestenfalls der Wandel in den Wirkungsbedingungen, wie er sich im Laufe von mehr als einem halben Jahrhundert empiri-

---

aussagen), deren Erklärungswert (ebenfalls infolge raum-zeitlicher Beschränkungen) geringer ist. Aus diesem Grund wird anstatt von „Theorien" oftmals von „theoretischen Ansätzen" gesprochen, dies soll in der Folge auch bei den sog. Wirkungs„theorien" geschehen. – Zum Theoriebegriff vgl. etwa: Prim/Tilmann 1973, S. 83 ff.; Merton 1957; Friedrichs 1973, S. 60 ff.

scher Forschung eben vollzogen hat und als dessen Konsequenz nunmehr verschiedene Erklärungsansätze für Medienwirkungen zur Verfügung stehen. Das heißt aber zugleich: jeder der nachfolgend vorgestellten Ansätze kann – unter bestimmten Umständen – auch hier und heute Gültigkeit für sich beanspruchen.

Bevor nun eine nähere Auseinandersetzung mit den Entstehungsbedingungen und den ersten Ansätzen der frühen Wirkungsforschung erfolgt, erscheint es allerdings sinnvoll, den Wirkungsbegriff selbst näher zu reflektieren.

Als **Wirkungen** *im allgemeinsten und weitesten Sinn* kann man „sämtliche beim Menschen zu beobachtenden Verhaltens- und Erlebensprozesse" begreifen, „die darauf zurückzuführen sind, daß der Mensch Rezipient im Felde der Massenkommunikation ist" (Maletzke 1963, S. 189). Dieser weite, sämtliche Phänomene der präkommunikativen, kommunikativen sowie postkommunikativen Phase[154] umfassende Wirkungsbegriff wird jedoch der tatsächlich geübten Forschungspraxis nicht gerecht. Maletzke selbst schlägt daher in der Folge auch ein der Forschungsrealität angemesseneres eingeschränktes Verständnis von massenmedialer Wirkung vor. Unter **Wirkungen** *im engeren Sinn* sollen all jene Prozesse in der postkommunikativen Phase verstanden werden, die als Resultate der Massenkommunikation ablaufen, sowie in der kommunikativen Phase alle jene Verhaltensweisen, die aus der Zuwendung des/der Menschen zu massenmedial vermittelten Inhalten resultieren

154 Die hier angeführten Phasen sind zeitspezifisch zu verstehen. Die „präkommunikative Phase" meint den Zeitraum *vor* dem unmittelbaren Medienkontakt; die „kommunikative Phase" bezeichnet die Zeitspanne, in der sich der Mensch rezipierend mit der massenmedial vermittelten Aussage beschäftigt, und die „postkommunikative Phase" umfaßt den Zeitraum *nach* dem Empfang massenkommunikativer Aussagen. Diese Phasengliederung besitzt sozialpsychologische Relevanz: man kann schwerpunktartig den Ablauf bestimmter Prozesse zuordnen. So laufen etwa Motivations- und Selektionsprozesse vornehmlich in der präkommunikativen Phase ab, während der Wahrnehmungsvorgang, der Aufmerksamkeitsverlauf, das unmittelbare Verstehen der Mitteilung u. ä. zentral in der kommunikativen Phase anzusiedeln sind. Die eigentlichen Verhaltensänderungen, konkrete Wahl- oder Kaufentscheidungen sind dagegen fast ausschließlich der postkommunikativen Phase zuzuordnen. – Vgl. dazu Maletzke 1963, S. 147 ff.

(vgl. Maletzke ebd., S. 190). Dabei sind zweifellos die Wirkungen in der postkommunikativen Phase jene, die am häufigsten zu erfassen versucht wurden und werden. Im Mittelpunkt stand und steht hier vor allem jeder Wechsel im Verhalten der Rezipienten als Folge des Umstandes, daß diese den Botschaften der Massenkommunikation ausgesetzt waren. Manifestes, offenes Verhalten (wie etwa Wählen oder Kaufen) wurde hier ebenso untersucht wie latente Verhaltensänderungen, die sich im Wissenszuwachs oder in Meinungsänderungen manifestieren.

Im Hinblick auf mögliche *Wirkungsbereiche* lassen sich beispielsweise Wirkungen
- im Verhalten
- im Wissen
- in Meinungen bzw. Einstellungen
- im emotionalen Bereich
- in den Tiefensphären des Psychischen
- im physischen Bereich (Augenschäden, Schlafstörungen etc.)

unterscheiden (vgl. dazu Maletzke 1963, S. 192 ff.; 1972, S. 1527 ff.).

Derartige Klassifikationsversuche – Beispiele für ähnliche Bemühungen finden sich etwa bei Hackforth 1976, S. 12 f., und Schreiber 1990, S. 192 f. – sind allerdings nicht unproblematisch. Keineswegs ist es nämlich so, daß die Wirkungen in den verschiedenen Teilbereichen unverbunden und unabhängig voneinander im Raum stehen. „Vielmehr bringen fast immer Veränderungen im einen Bereich auch Wirkungen im anderen Bereich mit sich. Wenn beispielsweise die Attitüden eines Menschen beeinflußt werden, so wird sich damit oft auch sein Wissen, seine Antriebslage, seine emotionale Reaktionsbasis und sein Verhalten ändern. Die verschiedenen Arten von Wirkungen hängen also funktional voneinander ab. Außerdem gehen sie ohne klare Grenzen ineinander über. So begegnen dem Forscher nicht selten Wirkungsphänomene, die er weder eindeutig der einen noch der anderen Gattung oder ebensogut beiden zuordnen kann“ (Maletzke 1972, S. 1532/1533).

Dieser Umstand der funktionalen Verbundenheit der verschiedenen Wirkungsbereiche untereinander beeinflußte nun entscheidend das Vorgehen in der empirischen Wirkungsforschung. Da ohnehin bis heute kein theoretischer Ansatz vorhanden ist, in den möglichst alle Arten von Wirkungen integriert werden können, kompensierte (und kompensiert) man das Fehlen eines derart umfassenden Wirkungskonzeptes dadurch, daß man sich auf die Untersuchung einer solchen Wirkungsart beschränkt, von der man annehmen kann, daß sie mit allen anderen Wirkungsarten ganz eng verbunden ist. Als eine derartige, mit praktisch allen anderen Wirkungsbereichen verwobene Wirkungsart gilt das Einstellungskonzept.

Eine **Einstellung** wird dabei als eine Tendenz begriffen, „auf ein Objekt (Gegenstand, Person, Idee usw.) mit bestimmten (positiven oder negativen) Gefühlen, Wahrnehmungen und Vorstellungen sowie Verhaltensweisen zu reagieren" (Klima 1975, S. 156). Jede Einstellung ist demnach in drei zentrale Bestandteile (Komponenten) zerlegbar: in eine *kognitive (oder Wissens-) Komponente,* die das Vorhandensein von Vorstellungen oder Wahrnehmungen überhaupt betrifft; in eine *affektive (oder Gefühls-)Komponente,* welche die Emotionen bezeichnet, von denen die betreffende Vorstellung oder Wahrnehmung begleitet wird, und in eine *konative (oder Handlungs-)Komponente,* mit der die Verhaltenstendenzen gemeint sind, die durch die Vorstellung oder Wahrnehmung des jeweiligen Objekts wachgerufen werden (vgl. dazu Triandis 1975, S. 4 f.). Bereits per definitionem betreffen Einstellungsänderungen also auch Änderungen im Wissen, im emotionalen bzw. psychischen Bereich sowie im Bereich des Verhaltens[155]. Mit Ausnahme von Wirkungen im physischen Bereich tangiert man somit beim Erfassen von Einstellungsänderungen auch alle anderen (oben genannten) Wirkungsarten.

155 Am wenigsten abgesichert ist dabei allerdings der Zusammenhang zwischen Einstellungen und Verhalten. Verhaltensänderungen besitzen in der Regel multidimensionale Ursachen (sie sind etwa auch von sozialen Normen und individuellen Gewohnheiten abhängig) und können daher nicht auf Einstellungsänderungen allein zurückgeführt werden (vgl. dazu Fishbein 1979, Wicker 1979). Dennoch kann aber davon ausgegangen werden, daß Einstellungen beim Vorliegen mehrerer Handlungsalternativen bestimmte (nämlich: die der jeweiligen Einstellung entsprechenden) Handlungen begünstigen (vgl. dazu Triandis 1975, S. 20 ff.).

5.3.1. *Zur Genese der massenkommunikativen Wirkungsforschung*

Um nun zentrale Ergebnisse der massenkommunikativen Wirkungsforschung in auch nur annähernd systematischer Weise darstellen zu können, erscheint es notwendig, diese zunächst in einen wissenschaftssoziologischen Zusammenhang[156] einzubetten. Tangiert man doch mit der Frage nach den „Wirkungen der Massenmedien" nicht nur ein zentrales Problem der Massenkommunikation, sondern auch einen Forschungsbereich, der eine Tradition von mehr als einem halben Jahrhundert besitzt und über eine ungeheure Datenfülle verfügt. Wollte man eine Geschichte der empirischen Massenkommunikationsforschung erstellen, so müßte man sie über Jahrzehnte hinweg als die Suche nach eindeutigen Antworten auf diese Frage begreifen. Tatsächlich findet man in keinem anderen Bereich der Kommunikationsforschung ein derartig großes Maß an Forschungsaktivitäten. Als Folge einander oftmals widersprechender Ergebnisse ist die Zahl der abgesicherten Erkenntnisse jedoch vergleichsweise gering und steht in keinem Verhältnis zum bisher betriebenen Forschungsaufwand. Das liegt zum einen an der oben angedeuteten Komplexität der Fragestellung: Man weiß heute, daß die Wirkungsfrage „in dieser globalen Form wissenschaftlich nicht zu beantworten (ist)" (Hackforth 1976, S. 10). Das liegt zum anderen aber auch – und dies vor allem (!) – an der Art der Frage selbst, von der Kritiker (wohl zu Recht) meinen, daß sie jahrzehntelang überhaupt falsch gestellt wurde.

---

156 **„Wissenschaftssoziologie"** bezeichnet einen Teilbereich der Soziologie, der sich mit den „wechselseitigen Beziehungen zwischen gesellschaftlichen und wissenschaftlichen Prozessen" (Klima 1975, S. 767) auseinandersetzt. Es geht also sowohl um den Einfluß sozialer, ökonomischer, politischer, kultureller (etc.) Faktoren auf die Wissenschaft und ihre inhaltlichen Produkte (Lehrmeinungen, Forschungsziele, Entdeckungen etc.) als auch um den Einfluß des jeweiligen wissenschaftlichen Fortschritts auf die Gesellschaft (vgl. Klima ebd.). Im vorliegenden Zusammenhang soll anhand des sozialen, politischen und auch wissenschaftlichen Umraums der frühen Massenkommunikationsforschung Verständnis für deren jeweilige Forschungsziele und Fragestellungen geschaffen werden.

Zur Erläuterung dieses auf den ersten Blick enttäuschenden Resultates massenmedialer Wirkungsforschung muß man an deren Ausgangspunkt zurückgehen. Obwohl hier keineswegs eine vorrangig historisierende Darstellung der Massenkommunikationsforschung beabsichtigt ist, so scheint eine basale Kenntnis des sozial- und wissenschaftshistorischen Kontextes zum Verständnis des aktuellen Forschungsstandes sowie verschiedener Einzelresultate dennoch notwendig. Erst im Lichte des gesellschaftlich begründeten Erkenntnisinteresses sowie unter Berücksichtigung des theoretischen Entwicklungsstandes relevanter wissenschaftlicher Disziplinen werden Forschungsergebnisse einschätzbar.

Was das Erkenntnisinteresse betrifft, aus dem heraus die Frage nach den „Wirkungen der Massenmedien" immer wieder gestellt wurde und wird, kann dies schlicht als der Wunsch, das Denken und Verhalten einer möglichst großen Zahl von Menschen zu beeinflussen, begriffen werden. Kommunikation gerinnt denn auch im Horizont dieses Interesses zur bloßen „Überredungskommunikation" (oder – als gern verwendeter Anglismus – zu „persuasiver" Kommunikation). „Die Erfahrungen, die man mit der Propaganda bei der Mobilisierung der Loyalitäten breiter Bevölkerungsschichten im Ersten Weltkrieg und bei den Werbefeldzügen der Industrie zur Weckung neuer Konsumbedürfnisse gemacht hatte" (N a s c h o l d 1973, S. 16), verhalfen der empirischen Wirkungsforschung zu einem gewaltigen Aufschwung. Im Rahmen von Forschungsaufträgen, die von großen Unternehmungen, Parteien, Werbeagenturen und den Medien selbst kamen, sollten durch Wirkungsanalysen „die Kommunikationsstrategien verbessert werden, um Waren, Überzeugungen, Zeitungsauflagen usw. noch effizienter absetzen zu können ... Deshalb wurden und werden in kaum einem anderen Bereich der Kommunikationsforschung mehr finanzielle Mittel aufgewandt als für die Wirkungsforschung" (S c h e n k 1978, S. 25).

Bereits dieser Umstand erklärt die „selbstauferlegte Beschränkung der empirischen Wirkungsforschung" (S c h e n k ebd., S. 24): denn klassische Wirkungsstudien – dies ließ ja bereits der oben angeführte Wirkungsbegriff erkennen – stellen keine makrosoziologischen Bezüge her, sondern sind vornehmlich von einer individualistischen Perspektive aus angelegt. D. h., es wird nicht nach den Konsequenzen der Massenkommunikation für die Gesellschaft gefragt; im Mittelpunkt stehen vielmehr die Wirkungen von massenmedial verbreiteten Aussagen auf die einzelnen Rezipienten. Gilt es doch herauszufinden, wie denn wohl eine Aussage beschaffen bzw. eine Botschaft „verpackt" zu sein hat, damit sie beim Rezipienten (bzw. in seiner Mehrzahl: beim Publikum) die jeweils intendierte Wirkung (sei es die Übernahme einer Meinung bzw. eines Standpunktes oder den Kauf einer Ware) auch tatsächlich erzielt.

Die Vorstellungen von Mensch und Gesellschaft, welche den ersten Wirkungsanalysen zugrunde lagen, entsprachen dem Entwicklungsstand der psychologischen und soziologischen Theorien der zwanziger und dreißiger Jahre. In der Psychologie hatte gerade die **Instinkttheorie** ihren Höhepunkt. Diese geht von angeborenen und verhältnismäßig uniformen biologischen Mechanismen aus. Danach ist im Menschen „ein relativ fester Satz von Trieben angelegt, die bei Anregung durch einen äußeren Stimulus fixierte Verhaltensweisen auslösen" (Naschold 1973, S. 17). Im Sinne der psychologischen Instikttheorie „erfassen also Stimuli innere, biologisch bedingte Triebe, Emotionen und andere Prozesse, über die der einzelne keine Kontrolle besitzt, und lösen aufgrund der Vererbtheit der psychologischen Mechanismen bei allen Individuen ähnliche Reaktionen aus" (Schenk 1978, S. 17). Die zentrale Frage dieser rein behavioristisch[157] orientierten Psychologie lautete: „Welche Vorgänge auf der Reizseite verursachen welche Vorgänge auf der Verhaltensseite" (Herkner 1975, S. 15). Man ging von einem sog. **„Black-Box-Modell"** aus und versuchte, gesetzmäßige Be-

157 Der **„Behaviorismus"** ist jene streng erfahrungswissenschaftliche Richtung in der Psychologie, die nur Aussagen über das äußerliche, wahrnehmbare Verhalten (engl.: behavior) als „wissenschaftlich" anerkennt. Eine behavioristische Psychologie handelt nur von den durch einen außenstehenden Beobachter feststellbaren Verhaltensweisen und lehnt das Erfassen innerer (kognitiver) Bewußtseinsvorgänge ab (vgl. Hofstätter 1972, S. 70 f.).

ziehungen zwischen Reizen (Stimuli), die als „Input“ auf den jeweiligen Organismus einwirken, und Reaktionen (Responses), mit denen der jeweilige Organismus als „Output“ antwortet, herzustellen.[158]

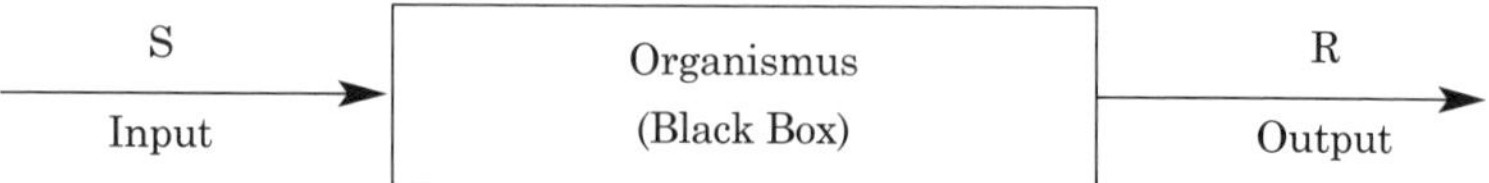

Abb. 20: Black-Box-Modell

Die Vorstellungen von der Gesellschaft andererseits waren von der soziologischen **Theorie der Massengesellschaft**[159] geleitet. Diese Theorie behauptet, „daß im Zuge von Industrialisierung und Demokratisierung der Gesellschaft die Primärgruppen[160] zusammengebrochen sind, die dem Individuum soziale Außenstabilisierung boten. Die Folge dieser Entwicklung ist, daß die einzelnen Individuen atomisiert, isoliert und in wechselseitiger Anonymität stehen“ (Naschold 1973, S. 17). Eine Ursache für diesen Umstand erblickte man nicht zuletzt im steigenden Urbanisierungsgrad der Gesellschaft (vgl. Wirth 1938). Gerade das städtische Leben – so die Theorie der Massengesellschaft – hätte zum Zusammenbruch der Primärgruppenbeziehungen beigetragen, wodurch ja im besonderen der Familie, die stets als traditionelle Grundlage solidarischen Handelns fungiert habe, der Platz in der gesellschaftlichen Ordnung entzogen worden wäre (vgl. Catton 1973, S. 65).

158 Zur psychologischen Instikttheorie vgl. etwa Shaffer (1936).

159 Zur soziologischen Theorie der Massengesellschaft vgl. Kornhauser (1959, S. 21 ff.) sowie de Fleur (1966, S. 97 ff.), der einen Einblick in die Auffassungen früher Soziologen (wie Comte, Spencer, Durkheim, Weber und Tönnies) gibt, auf denen die Theorie der Massengesellschaft basiert.

160 Als **„Primärgruppen“** gelten jene Gruppen, „deren Mitglieder in relativ intimen, vorwiegend emotional bestimmten, direkten und häufigen persönlichen Beziehungen miteinander stehen, sich gegenseitig stark beeinflussen und so relativ ähnliche Einstellungen, Wertvorstellungen und Normen entwickeln“ (Klima 1975, S. 516). Typische Primärgruppen sind die Familie, der Freundeskreis, die Nachbarschaft und die traditionelle ländliche Gemeinde.

Als „Korrelat von Instikttheorie und der Theorie der Massengesellschaft" (Naschold 1973, S. 17) entstand schließlich die sog. **Stimulus-Response-Theorie** (auch: „hypodermic needle theory" oder „transmission belt theory") der Massenkommunikation. „Diese Theorie behauptet, daß sorgfältig gestaltete Stimuli jedes Individuum der Gesellschaft über die Massenmedien auf die gleiche Weise erreichen, jedes Gesellschaftsmitglied die Stimuli in der gleichen Art wahrnimmt und als Ergebnis eine bei allen Individuen ähnliche Reaktion erzielt wird. Der Inhalt der Kommunikation und die Richtung des Effekts werden in der direkten Stimulus-Response-Theorie gleichgesetzt" (Schenk 1978, S. 16). Mit dem Glauben an diese Theorie war auch der Glaube an die Omnipotenz der Massenmedien geboren. Man sah in ihnen allmächtige Manipulationsinstrumente, derer man sich bloß zu bedienen bräuchte, um ganze Gesellschaften lenken zu können. Der erwünschte Erfolg mit den oben erwähnten Propagandafeldzügen schien diese Auffassung zunächst ja auch zu bestätigen; Lasswell bezeichnete die massenmedial vermittelte Propaganda sogar als „new hammer and anvil of social solidarity" (Lasswell 1927, S. 221).

Dennoch: die simple Vorstellung von der mechanistischen Reiz-Reaktions-Wirkungsweise der Massenmedien konnte sich nicht halten. In jüngerer Zeit wird bezweifelt, ob es diese Vorstellung überhaupt jemals gegeben hat. Brosius und Esser (1998) bezeichnen das Stimulus-Response-Modell sogar als einen Mythos: am Ende einer intensiven Literaturrecherche kommen sie zu dem Schluß, daß die frühe Medienwirkungsforschung „eindeutig nicht von einer naiven Betrachtung des Wirkungsprozesses im Sinne einer Determination der Reaktion durch den Medienstimulus ausgegangen" (ebd. S. 351) ist.

Wie auch immer – in den darauffolgenden Jahrzehnten brachte die einschlägige Forschung jedenfalls eine große Menge empirischen Materials hervor, das ohnehin nicht im Sinne einer Gleichsetzung von Inhalt und Wirkung interpretiert werden konnte (vgl. Naschold 1973). Parallel dazu waren auch Entwicklungen in der Psychologie und Soziologie zu beobachten, die schließlich zu geänderten Fragestellungen und damit auch zu neuen Erklärungsmöglichkeiten verhalfen.

In der Psychologie wurde die Instinkttheorie verworfen. Die Annahmen von der Uniformität und Fixiertheit der biologischen Anlagen wurden durch die Auffassung über die große individuelle psychologische Variabilität (Naschold ebd., S. 19) ersetzt. Die menschliche Persönlichkeit war in ihrer Nuancierungsfülle erkannt worden (vgl. Allport 1937), man begann, sich um den Inhalt der „Black-Box" zu kümmern: „Einstellungen" wurden als eine zentrale Variable im Beeinflussungsprozeß erkannt, und anstelle der Instinkttheorie etablierte sich allmählich die Lerntheorie (vgl. Hull 1943, 1951).[161] In der Soziologie waren inzwischen die Kleingruppen „wiederentdeckt" worden. Man fand heraus, daß das Individuum in der modernen urbanen Gesellschaft keineswegs atomisiert und sozial isoliert existiert (die Primärgruppen waren also nicht zusammengebrochen!), sondern Mitglied vieler Gruppen (Familie, Freunde, Arbeitskollegen etc.) ist, die als Orientierungsrahmen für persönliche Einstellungen und Verhaltensweisen fungieren (vgl. Katz/Lazarsfeld 1955). Die Theorie von der Massengesellschaft mußte schließlich durch das Kleingruppenkonzept ersetzt werden.[162]

Für die massenkommunikative Wirkungsforschung bedeutete dies eine Modifikation des mechanistischen Reiz-Reaktions-Konzeptes, denn es konnte nicht mehr von der Kenntnis des Stimulus allein auf ein entsprechendes Response-Verhalten der Rezipienten geschlossen werden. Das „S-R-Konzept" wurde zu einem „S-O-R-Konzept" erweitert, war doch nunmehr das Individuum (= das „Objekt" jeweiliger Beeinflussungsversuche) als ein gewichtiger wirkungsrelevanter Faktor ins Kalkül zu ziehen. Und dies in zweifacher Hinsicht:

---

161 Einstellungen konnten ja nicht mehr wie Instinkte als biologisch angelegt angesehen werden, sondern waren nun als im Verlauf der individuellen Entwicklung gelernt zu betrachten.

162 Neben speziell im Bereich der Massenkommunikation durchgeführten Untersuchungen erfolgte die Abkehr von der Vorstellung einer Massengesellschaft auch durch Arbeiten aus der Industrie-, Gemeinde- und Militärsoziologie. Einen Einblick in diesbezügliche Untersuchungsergebnisse gibt Müller (1970, S. 18 ff.).

- Zum einen mußte die *Wirksamkeit* der massenmedial verbreiteten Aussagen (Stimuli) neu überdacht werden. Infolge der Revision des ursprünglich naiv aus der Instinktpsychologie übernommenen Black-Box-Modells galt es nunmehr, die *Bedeutung der individuellen psychischen Disposition* für den massenkommunikativen Wirkungsprozeß zu bestimmen. Im Rahmen der *Einstellungsforschung* versuchte man, Einstellungen als relevante Variable im Wirkungsprozeß zu begreifen.
- Zum anderen mußte die *Erreichbarkeit* der potentiellen Rezipienten thematisiert werden. Infolge mangelnder Erklärungskraft des soziologischen Konzepts von der Massengesellschaft bzw. deren Ablösung durch das Kleingruppenkonzept war nunmehr nach dem *Stellenwert der interpersonalen Kommunikation* im massenmedialen Wirkungsprozeß zu fragen. Die *Diffusionsforschung* erlebte einen Aufschwung, im besonderen fragte man nach den Bedingungen, unter denen sich massenmedial vermittelte Inhalte verbreiten.

Der nun folgende Einblick in zentrale Ergebnisse der massenkommunikativen Wirkungsforschung gliedert sich nach diesen beiden unterscheidbaren Themenbereichen und erfolgt sozusagen „in zwei Etappen“: Zunächst sollen Ergebnisse aus der vorwiegend psychologisch orientierten Wirkungsforschung, die auf der Basis des Einstellungskonzeptes durchgeführt wurde, referiert werden; sodann ist in einem zweiten Schritt die primär soziologisch orientierte Wirkungsforschung zu beleuchten, deren zentrales Interesse dem Prozeß der Diffusion massenmedial vermittelter Inhalte galt.

5.3.2. Psychologisch orientierte Wirkungsforschung

Die psychologisch orientierte Wirkungsforschung erfuhr ihren entscheidenden Aufschwung in den vierziger Jahren unseres Jahrhunderts in den USA. Eine zentrale Rolle spielte dabei die Forschergruppe um Carl I. Hovland, der zuerst im Auftrag der Armee und später (nach dem Ende des Zweiten Weltkrieges) an der Yale-Universität arbeitete. Hier entstanden im Rahmen des berühmten „Yale Communication and Attitude Change Program" unzählige Untersuchungen, mit denen man herausfinden wollte, wie mit Hilfe von Überredungskommunikation Einstellungsänderungen zu provozieren (und zu kontrollieren) sind.[163] Neben den Arbeiten der Yale-Gruppe, die – wenn sie überhaupt einer theoretischen Richtung zuordenbar sind – Einstellungsänderungen vorwiegend mit Hilfe der psychologischen Lerntheorie zu erklären suchten[164], muß aber auch noch ein anderer Komplex von Forschungsbemühungen erwähnt werden, im Rahmen dessen versucht wurde, den Einstellungsänderungsprozeß nach dem Prinzip des kognitiven Gleichgewichts zu erfassen. In diesen Arbeiten wird ein einziges Motiv – nämlich: der Wunsch, eine kognitive Konfliktsituation („Dissonanz") zu vermeiden – als Ursache und Anlaß für Einstellungsänderungen gesehen.

Aus beiden Bereichen dieser psychologisch orientierten Wirkungsforschung sind nunmehr zentrale Ergebnisse darzustellen.

5.3.2.1. Die Arbeiten der Hovland-Gruppe

Ziel der Arbeiten Hovlands und seiner Mitarbeiter war es, die Wirkung von kommunikativen Stimuli der **Überredungskommunikation**[165] auf die Einstellungen der Rezipienten zu untersuchen. Zu diesem Zweck wurde in unzähligen experimentellen Laboruntersuchungen sowohl der Einfluß der Aussage, der Kommunikationsquelle wie auch der Persönlichkeit der Rezipienten auf deren Einstellungsänderungen erforscht. Die Wirkungen der einzelnen Faktoren wurden dann – wie in experi-

---

163 Als zusammenfassender Überblick der Untersuchungen der Hovland-Gruppe eignen sich die Arbeiten von Bledjian 1969, Cohen 1964, Schenk 1987 sowie Triandis 1975. Der nachfolgende Einblick in zentrale Ergebnisse stützt sich dabei vorwiegend auf Schenk (1987, S. 45 ff.) und Triandis (1975, S. 252 ff.).

164 Vgl. dazu die Kritik von Irle (1975, S. 281 ff.), der die relative Theorielosigkeit des Yale-Programms bemängelt und die Defizite einer derartigen Vorgangsweise aufzeigt.

165 Mit **„Überredungskommunikation"** sind jene kommunikativen Stimuli gemeint, welche die bewußte Absicht des Kommunikators widerspiegeln, die Einstellungen und/oder das Verhalten der Rezipienten zu beeinflussen (Bledjian 1969, S. 13). Auf den Umstand, warum gerade individuellen Einstellungen besondere Beachtung geschenkt wird, wurde weiter oben (vgl. S. 190 f.) bereits eingegangen.

mentellen Versuchsanordnungen üblich – in einem Vergleich zwischen Experimental- und Kontrollgruppe ermittelt. Der folgende Einblick in einige der markantesten Ergebnisse ist entsprechend der genannten Variablenbereiche systematisiert.

Merkmale der Aussage

Die Wirksamkeit einer Aussage ist sowohl von ihrem Inhalt als auch von ihrer Gestaltung beeinflußt. Man stellte sich die Frage, welche Merkmale eines kommunikativen Stimulus unter welchen Voraussetzungen dessen Wirkungs-(= Beeinflussungs-) Potential maximieren.

- Einseitige versus zweiseitige Argumentation

  Hier ging es um die Frage, ob es wirksamer sei, nur einen – nämlich: den eigenen – Standpunkt darzulegen, ober ob die Übernahme der eigenen intendierten Meinung begünstigt wird, wenn man auch Gegenargumente präsentiert. Man fand, daß bei Rezipienten, die der intendierten Meinung von vornherein zustimmen, einseitige Argumentation erfolgreicher ist. Bei Rezipienten dagegen, die eine zur intendierten Meinung entgegengesetzte Auffassung vertreten, ist zweiseitige Argumentation wirksamer. Darüber hinaus wurde auch der Bildungsstand als intervenierende Variable erkannt: Bei gebildeteren Personen war zweiseitige Argumentation erfolgreicher als einseitige (die angebotene Erklärung: Gebildetere Personen sind es gewohnt, alle Argumente bei ihrer Meinungsbildung zu berücksichtigen); bei weniger gebildeten war man dagegen mit einseitiger Argumentation erfolgreicher (vgl. Hovland/Lumsdaine/Sheffield 1949). Schließlich kommen Hovland/Janis/Kelley (1953, S. 110) zu dem Schluß, daß zweiseitige Argumentation langfristiger überhaupt erfolgreicher sei als einseitige, speziell dann, wenn die „Gefahr“ besteht, daß die Rezipienten mit Gegenpropaganda konfrontiert werden.

- Anordnung der Argumente

  Entscheidet man sich für eine zweiseitige Argumentation, dann stellt sich natürlich die Frage, in welcher Reihenfolge die (widersprüchlichen) Argumente anzuordnen sind. Ist es wirksamer, wenn man zuerst die eigenen Argumente darstellt und daraufhin den Gegenstandpunkt widerlegt, oder umgekehrt? Es stellte sich heraus, daß die Wirksamkeit der Anordnung mit dem themenspezifischen Interesse bzw. Wissen der Rezipienten variiert. Sind die Rezipienten an dem zur Diskussion stehenden Thema nicht interessiert und verfügen (in der Regel) auch über wenig Wissen aus diesem Bereich, dann geht von der *zuerst* präsentierten Aussage die stärkste Wirkung (**„primacy effect"**) aus. Dieses erste Argument schafft sozusagen den Interpretationsrahmen für die folgenden (vgl. Insko 1967, S. 50). Bei Rezipienten dagegen, die starkes Interesse am jeweiligen Thema besitzen und daher zumeist auch über themenspezifisches Wissen verfügen (die Pro- und Contrastandpunkte sind weitgehend bekannt), geht von der *zuletzt* präsentierten Aussage die stärkste Wirkung (**„recency effect"**) aus (vgl. Triandis 1975, S. 279).

- Explizite versus implizite Schlußfolgerungen

  Man ging der Frage nach, ob es effektiver sei, den Rezipienten die Schlußfolgerung einer Aussage selbst zu überlassen (implizit) oder diese in der Botschaft mitzuliefern (explizit). Man stellte fest, daß implizite Schlußfolgerungen dann wirksamer sind, wenn das zur Diskussion stehende Thema wenig komplex ist, wenn es den Rezipienten zudem vertraut ist und persönliche Betroffenheit vorliegt und wenn die Aussage darüber hinaus von einem wenig glaubwürdigen Kommunikator vermittelt wird. Explizite Schlußfolgerungen sind dagegen dann wirksamer, wenn keine dieser genannten Bedingungen gegeben ist (vgl. Hovland/Mandell 1952).

- Furchterregende Appelle

  Furchterregende Appelle „werden diejenigen genannt, die ungünstige Konsequenzen beschreiben, die dann eintreten würden, wenn man die Schlußfolgerungen des Kommunikators nicht befolgt" (Schenk 1987, S. 59). Man versuchte herauszufinden, inwieweit derartige Furchtanteile in Aussagen deren intendierte Wirkungsweise begünstigen. Gerade zu diesem Punkt existiert eine kaum überschaubare Literaturmenge, die oft auf widersprüchliche Resultate verweist. Das hier zitierte Ergebnis beruft sich auf McGuire (1968, zit. n. Triandis 1975, S. 284), für das sich nach Triandis (ebd.) eine Vielzahl neuerer Befunde ausfindig machen lassen. Danach ist bei geringem Furchtanteil einer Aussage das Publikum an der Botschaft nicht sonderlich interessiert und schenkt ihr kaum Aufmerksamkeit. Steigt der Furchtanteil aber an, dann wird auch die Aufnahmebereitschaft der Rezipienten größer und die erzeugte Frucht führt zu einer steigenden Beeinflußbarkeit der Aussageempfänger. Ein sehr hohes Furchtniveau dagegen vermindert wieder die Aufnahmebereitschaft der Rezipienten, sie beginnen die bedrohlichen Stimuli abzuwehren, und es kommt zu keiner Beeinflussung.

Merkmale der Kommunikationsquelle

Nicht nur das, *was* und *wie* es gesagt wird, bestimmt die Wirkung einer Aussage auf ihre Rezipienten; es wurde erkannt, daß die Einstellungsänderungen des Publikums auch von dem Umstand abhängen, *wer* eine Botschaft vermittelt. Man fragte daher in diesem Zusammenhang nach den wirkungsrelevanten Eigenschaften einer Kommunikationsquelle.

- Glaubwürdigkeit

  Sehr glaubwürdige Quellen erzielen in der Regel größere Einstellungsänderungen als nur gering glaubwürdige. Aussagen von Kommunikatoren, denen man die beiden untersuchten Komponenten von Glaubwürdigkeit – nämlich: Sachkenntnis („expertness") und Vertrauenswürdigkeit („trustworthiness") – nicht zuerkennt, werden als verzerrt und unfair empfunden (vgl. Hovland/Lumsdaine/Sheffield 1949, S. 100 ff.; Hovland/Weiss 1952, S. 635 ff.).

- Zum „sleeper-effect"

  Im Zusammenhang mit Untersuchungen zur Glaubwürdigkeit der Kommunikationsquelle erkannte man auch das Phänomen der Entflechtung von Kommunikationsquelle und

Kommunikationsinhalt (Triandis 1975, S. 260). Nach diesem von Hovland und Weiss (1952) als „sleeper-effect“ bezeichneten Umstand reduziert sich nach einer bestimmten Zeitspanne (von wenigen Wochen) die Skepsis gegenüber den Aussagen der weniger glaubwürdigen Kommunikationsquelle, wodurch die Aussagen ebendieser (ehemals als unglaubwürdig eingestuften) Quelle eine positive Einschätzung erfahren (vgl. dazu etwa Hovland/Janis/Kelley 1953, S. 255 f.). “People often remember what was said without thinking about who said it” (ebd. S. 259) lautet die angebotene Erklärung. Wenn nämlich nach dieser Vergessensphase die ursprüngliche Quelle wieder in Erinnerung gerufen wird, stellen sich im Hinblick auf die Einstellungsänderung fast die alten Verhältnisse wieder her: die Aussage wird wieder eher abgelehnt (vgl. Kelman/Hovland 1953).

- Attraktivität

  Als „attraktiv“ gilt ein Kommunikator dann, wenn man ein hohes Maß an Ähnlichkeit zwischen ihm und sich selbst empfindet. Solche Personen werden als sympathisch erlebt und sind beliebter als andere. Die Effektivität einer Kommunikationsquelle im Hinblick auf die Änderung der Einstellung ist auch um so größer, je größer die wahrgenommene Ähnlichkeit zwischen Quelle und Publikum ist (vgl. Triandis 1975, S. 263, der dort allerdings auch Untersuchungen anführt, die zu entgegengesetzten Resultaten gekommen sind).

Persönlichkeitsmerkmale der Rezipienten

Neben der Aussage und der Kommunikationsquelle wurde schließlich auch beim Rezipienten selbst nach Faktoren gesucht, die für potentielle Einstellungsänderungen von Bedeutung sind. Gefragt wurde nach persönlichkeitsspezifischen Unterschieden, welche die allgemeine Beeinflußbarkeit („Suggestibilität“) eines Individuums bestimmen.

- Intelligenz

  Man fand, daß Rezipienten mit hoher Intelligenz (besonders

wegen ihrer Fähigkeit, Schlußfolgerungen zu ziehen) vor allem dann mehr beeinflußbar sind als weniger intelligente Rezipienten, wenn rational und logisch argumentiert wird. Dagegen werden sie durch Aussagen, die sich unlogischer, falscher und irrationaler Argumentation bedienen (besonders infolge ihres Kritikvermögens), nicht so sehr beeinflußt wie weniger intelligente Rezipienten (vgl. Hovland/Janis/Kelley 1953, S. 181 ff.).

- Motivfaktoren

  Eine Reihe von wirkungsrelevanten Persönlichkeitsfaktoren wurden zur Kategorie der individuellen „Selbsteinschätzung" zusammengefaßt. Es stellte sich heraus, daß Personen mit geringer Selbsteinschätzung, d. h. solche Menschen, die sich als persönlich unzureichend und sozial gehemmt sowie auch als relativ aggressionslos und depressiv empfanden, leichter überredbar sind als Personen mit hoher Selbsteinschätzung (vgl. Hovland/Janis/Kelley 1953, S. 187 ff.). Darüber hinaus erwies sich, daß Menschen, die regelmäßig aggressives Verhalten an den Tag legen, sowie Personen, die psychoneurotische Symptome zeigen (Schlaflosigkeit, Angstschweiß, Verfolgungsideen usw.), durch persuasive Kommunikation relativ unbeeinflußbar sind (vgl. ebd., S. 192 ff.).

Es wäre verfehlt, die hier referierten Ergebnisse als letzte allgemeingültige Erkenntnisse zu betrachten. Hovland selbst hat darauf hingewiesen, daß im Rahmen seiner experimentellen Studien wesentlich stärkere Wirkungen der kommunikativen Stimuli registriert werden konnten, als dies bei vergleichbaren Felduntersuchungen der Fall war (Hovland 1959, S. 8 ff.). Die vielfach geäußerte Kritik an den Yale-Studien (vgl. beispielsweise Bledjian 1969, S. 97 ff.; Schenk 1987, S. 96 ff.) sieht denn auch in der Künstlichkeit der Laborsituation, die ja vor allem den realen sozialen Kontext des Rezeptionsvorgangs ausblendet, eine Erklärung für die mangelnde Gültigkeit ihrer Ergebnisse. Darüber hinaus wird kritisch angemerkt, daß im Rahmen der Yale-Studien eine nur wenig differenzierte Vorstellung über Einstellungen entwickelt worden sei und daß daher auch die persönlichen Dispositionen der Rezipienten zu wenig Beachtung gefunden haben (Schenk ebd., S. 100 ff.). Ein Mangel, der den nun darzustellenden konsistenztheoretischen Ansätzen kaum anhaftet, denn diese machen die Wirkung eines kommunikativen Stimulus gerade von der kognitiven Struktur des Rezipienten *vor* Empfang der Aussage abhängig.

5.3.2.2. Konsistenztheoretische Ansätze

Konsistenztheoretische Ansätze postulieren ein dem Individuum innewohnendes Streben nach Gleichgewicht bzw. Harmonie im Rahmen seines Lebensvollzugs. Sie gehen von der Grundannahme aus, daß der Mensch dazu tendiert, zwischen seinen Einstellungen und/oder Verhaltensweisen einen Zustand der Übereinstimmung und Vereinbarkeit (= der „Konsistenz") zu erreichen und auch zu erhalten. **„Kognitives Gleichgewicht"** (auch: „Konsonanz", „Konsistenz", „Kongruenz") liegt also dann vor, wenn zwei auf irgendeine Art zusammenhängende Bewußtseinsinhalte in Einklang miteinander stehen; **„kognitives Ungleichgewicht"** (auch: „Dissonanz", „Inkonsistenz", „Inkongruenz") liegt dagegen vor, wenn dieser (subjektiv empfundene) Einklang abgeht. Man unterstellt dann einen inneren Spannungszustand, der nach Aufhebung dieses Verhältnisses drängt.

Wenn etwa – um eines der bekanntesten Beispiele zu zitieren – eine Person, die das Rauchen ablehnt, die Aussage „Zigaretten fördern Lungenkrebs" empfängt, so handelt es sich hier um einen Zustand der kognitiven Konsistenz. Die Bewußtseinsinhalte stehen in Einklang miteinander, es ergeben sich durch den Empfang dieser Aussage keine Veränderungen, was die Einstellungen der betreffenden Person zu diesen Bewußtseinsinhalten (= kognitiven Elementen) oder daraus resultierende Verhaltensweisen betrifft. Empfängt dagegen eine Person, die gerne raucht, die Aussage „Zigaretten fördern Lungenkrebs", so stehen diese beiden kognitiven Elemente *nicht* in Einklang miteinander, es herrscht ein Zustand der kognitiven Inkonsistenz. Hier werden nun – den konsistenztheoretischen Annahmen entsprechend – kognitive Kräfte wirksam, die das Individuum dazu drängen, diesen Zustand zu beseitigen und kognitives Gleichgewicht wiederherzustellen.

Im Horizont der Wirkungsforschung interessiert man sich nun dafür, wie massenmedial vermittelte Aussagen solche konsistente Zustände herbeiführen oder stören bzw. wie eine gegebene Einstellungsstruktur die Reaktionen des Rezipienten auf unterschiedliche Aussagen beeinflußt. Die Wirkung einer massenkommunikativen Aussage auf die Einstellungen des Rezipienten wird ausschließlich auf Aktivitäten des Individuums zurückgeführt, die das Ziel verfolgen, einen Zustand der Konsistenz zwischen zwei Bewußtseinsinhalten zu erhalten oder einen Zustand der Inkonsistenz wieder in einen konsistenten Zustand überzuführen.

Auch die konsistenztheoretischen Ansätze haben damit – wie die Arbeiten der Hovland-Gruppe – die Einstellungsänderung durch kommunikative Stimuli im Auge. Im Unterschied zu Hovland et al., deren Verfahrensweise „man *stimuluszentriert* nennen könnte, sind sie jedoch eher *responseorientiert,* weil sie die persönliche Disposition des Rezipienten, seine kognitive Struktur, berücksichtigen" (Schreiber 1990, S. 198). Die *präkommunikative Einstellungsstruktur* – also die Einstellungsstruktur des Rezipienten *vor* dem Empfang einer Aussage – erscheint hier als die zentrale Variable im Wirkungsprozeß der Überredungskommunikation.

Seit den fünfziger Jahren des 20. Jahrhunderts wurden mehrere konsistenztheoretische Spielarten entwickelt.[166] Es erscheint nicht sinnvoll, hier auf die verschiedenen Modellvarianten im Detail einzugehen.[167] Statt dessen sollen die grundsätzlichen Konsequenzen konsistenztheoretischer Ergebnisse für den massenkommunikativen Wirkungsprozeß aufgezeigt werden.

Zunächst ist festzuhalten, daß man mit Hilfe der konsistenztheoretischen Ansätze nicht nur Wirkungen der kommunikativen und postkommunikativen, sondern auch solche der präkommunikativen Phase berücksichtigen kann. Dadurch wird es möglich, Aussagen über den Vorgang der *aktiven Selektion* des Rezipienten aus dem massenmedialen Angebot zu machen.

---

166 Ausgehend vom ursprünglichen „Gleichgewichtsmodell" von Heider (1946, 1958) entstanden z. B. das „Kongruenzmodell" von Osgood und Tannenbaum (1955), das „Dissonanzmodell" von Festinger (1957) sowie das „Modell der affektiv-kognitiven Konsistenz" von Rosenberg (1960).

167 Eine diesbezüglich detaillierte Darstellung findet sich bei Bledjian (1969, S. 146 ff.), Hackforth (1976, S. 23 ff.) und auch bei Schenk (1987, S. 103 ff.).

- Informationssuche/Informationsvermeidung

  Nach dieser auch als **„selective-exposure“**-Hypothese bezeichneten Annahme setzen sich Menschen – wenn sie versuchen, Inkonsistenzen abzubauen – den Aussagen der Massenkommunikation höchst selektiv aus: sie interessieren sich eher für solche Informationen, die konsistent zu ihrer kognitiven Einstellungsstruktur sind, als für solche, die dazu inkonsistent sind. Erstere suchen sie bzw. wählen sie aktiv aus, um sie zu rezipieren; den Empfang letzterer dagegen versuchen sie möglichst zu vermeiden (vgl. Festinger 1957, S. 123 f.).

  Um im Raucherbeispiel zu bleiben: Jemand, der gerne raucht, der zum Rauchen also eine grundsätzlich positive Einstellung besitzt, wird demnach den Empfang von Aussagen, die ihm einen Zusammenhang zwischen Rauchen und Lungenkrebs vermitteln, eher vermeiden. Er wird dagegen versuchen, sich solchen Informationen auszusetzen, welche das Rauchen in einen weniger gefährlichen Zusammenhang einbetten.

Nicht nur das Phänomen der Selektion, auch die Interpretation und das Behalten von massenmedial vermittelten Aussagen kann schließlich konsistenztheoretisch erklärt werden.[168]

- Interpretation

  Hier wurde v. a. das Phänomen der „Umdefinition“ der Bedeutung einer Aussage erkannt. Danach versuchen Menschen, die durch eine empfangene Botschaft in eine kognitive Inkonsistenz geraten sind, diese dadurch zu beseitigen, daß sie eines (oder mehrere) der zueinander in Beziehung gebrachten kognitiven Elemente „differenzieren“ (vgl. Rosenberg/Abelson 1960).

  So kann etwa der notorische Raucher die Aussage „Zigaretten fördern Lungenkrebs“ für sich umdefinieren, indem er das Einstellungsobjekt „Zigarette“ differenziert und zu dem Schluß kommt: „Filterzigaretten fördern nicht Lungenkrebs.“

- Behalten

  Eine weitere – von Heider (1958) erwähnte – Möglichkeit der Reduktion von Ungleichgewicht besteht noch darin, daß

168 Vgl. dazu allerdings relativierend: Donsbach 1991.

man aufhört, über die kognitiven Elemente und ihre Beziehungen zueinander nachzudenken (vgl. Bledjian 1969, S. 151). In der Folge gerät auch diejenige Aussage, durch welche die inkonsistente Beziehung provoziert worden war, in Vergessenheit; man „verdrängt“ gewissermaßen das Gelesene/Gehörte oder Gesehene. Fazit: Aussagen, die kognitives Ungleichgewicht herstellen oder aktualisieren, werden weniger im Gedächtnis behalten als solche, die dies nicht tun.

Auch diesen, auf konsistenztheoretischer Basis erhaltenen Ergebnissen der empirischen Wirkungsforschung ist jedoch mit Skepsis zu begegnen. Wohl verfügen diese Konzepte über einen sehr differenzierten Einstellungsbegriff und räumen damit dem Rezipienten eine wesentlich bedeutsamere Position im massenmedialen Wirkungsprozeß ein als die Arbeiten der Hovland-Gruppe, dennoch haben sie mit diesen einen Schwachpunkt gemeinsam: auch ihre Ergebnisse beruhen größtenteils auf Laborexperimenten. So birgt denn auch diese (auf konsistenztheoretischer Basis erarbeitete) Datenfülle widersprüchliche Resultate in sich (vgl. dazu Schenk 1987, S. 132 ff.). Sogar die zentrale Annahme, wonach das Streben nach Konsistenz eine Art menschliches Bedürfnis sei, ist bereits angezweifelt worden: „The strain toward consistency is more a subcultural value than a universal need“ (Pepitone 1966, S. 271).

Was bleibt – und dies gilt für die Yale-Studien ebensogut wie für die konsistenztheoretischen Resultate –, das ist der Hinweis, daß sich die vielen Ergebnisse aus Laborexperimenten eben nur „ceteris paribus“ verallgemeinern lassen, d. h., der jeweils festgestellte Zusammenhang tritt nur dann in dieser starken Ausprägung zutage, wenn man von allen anderen – in einer sozialen Situation üblicherweise vorhandenen – Einflußfaktoren absieht. Verändert man dagegen diese (im Labor künstlich gleichgeschalteten) Randbedingungen, so erhält man möglicherweise schon abweichende Resultate.

5.3.3. Soziologisch orientierte Wirkungsforschung

Zur gleichen Zeit, als sich im Rahmen der (soeben dargestellten) psychologisch orientierten Wirkungsforschung die Abkehr vom

Glauben an die uniforme Wirksamkeit massenmedial verbreiteter Stimuli vollzog, wurde der mechanistische Stimulus-Response-Ansatz auch von soziologischer Seite her erschüttert. Dessen soziologische Grundlage – die Theorie der Massengesellschaft – mußte verworfen werden, als man entdeckte, daß das Publikum der Massenmedien keineswegs aus einer „Masse" atomisierter und voneinander isolierter Individuen besteht, sondern daß auch in der modernen Großgesellschaft funktionsfähige Kleingruppen existieren.

Als längst klassisch gewordene Arbeit, in der die Bedeutung von sozialen Faktoren für den massenmedialen Wirkungsprozeß erkannt wurde, kann die im Jahre 1940 von Paul Lazarsfeld, Bernard Berelson und Hazel Gaudet durchgeführte Wahluntersuchung „The People's Choice" gelten. Lazarsfeld und seine Mitarbeiter wollten damals Faktoren, welche die individuelle Wahlentscheidung beeinflussen, offenlegen und gingen bei der Planung ihrer Untersuchung – was den Einfluß der Massenmedien betraf – noch von den Annahmen des S-R-Konzepts aus. Als überraschendes Ergebnis stellte sich jedoch heraus, daß, ungeachtet massiver Propaganda durch die Massenmedien, lediglich ein minimaler Wähleranteil seine Wahlabsicht während des Wahlkampfes änderte. Darüber hinaus mußten die Autoren erkennen, daß die Entscheidung für oder gegen einen Kandidaten nicht so sehr auf den direkten Einfluß der Massenmedien zurückgeführt werden konnte, wie das nach der Vorstellung des Publikums als „Masse" zu erwarten gewesen wäre, sondern es entstand der Eindruck, „daß Menschen in ihren politischen Entscheidungen mehr durch Kontakte von Mensch zu Mensch beeinflußt werden – wie etwa durch Familienmitglieder, Bekannte und Nachbarn sowie durch Arbeitskollegen – als unmittelbar durch die Massenmedien" (Lazarsfeld/Menzel 1964, S. 120).

■ Das Two-step-flow-Konzept

Damit war die Frage nach dem Stellenwert der interpersonalen Kommunikation im massenkommunikativen Wirkungsprozeß aktuell geworden. In weitergehenden Untersuchungsschritten, in denen man Näheres über diesen persönlichen Beeinflussungsprozeß erfahren wollte (vgl. Katz 1957), stieß man auf eine Gruppe von Personen, die gewissermaßen als „Schaltstellen" in diesem interpersonalen Kommunikationsfeld fungierten.

Diese in der Folge dann als **opinion leaders** (Meinungsführer oder Meinungsbildner) bezeichneten Personen waren dadurch charakterisiert, daß sie bisweilen versuchten, andere Menschen von ihren (hier: politischen) Meinungen zu überzeugen und von diesen auch gelegentlich als Ratgeber (hier: in politischen Fragen) konsultiert wurden. Sie zeichneten sich darüber hinaus durch intensiveren Kontakt mit den Massenmedien aus als die „non-leaders" und gaben an, in ihrer Wahlentscheidung stärker durch die Massenmedien als im Rahmen interpersonaler Kommunikation beeinflußt worden zu sein (vgl. Lazarsfeld/ Berelson/Gaudet 1948, S. 50 ff.). In Anbetracht dieser Ergebnisse formulierten die Autoren den inzwischen vielzitierten Satz "This suggests that ideas often flow *from* radio and print *to* the opinion leaders and *from* them to the less active sections of the population" (ebd. S. 151), der die Vorstellung vom sog. **two-step-flow of communication** (vom zweistufigen Kommunikationsfluß) begründete.

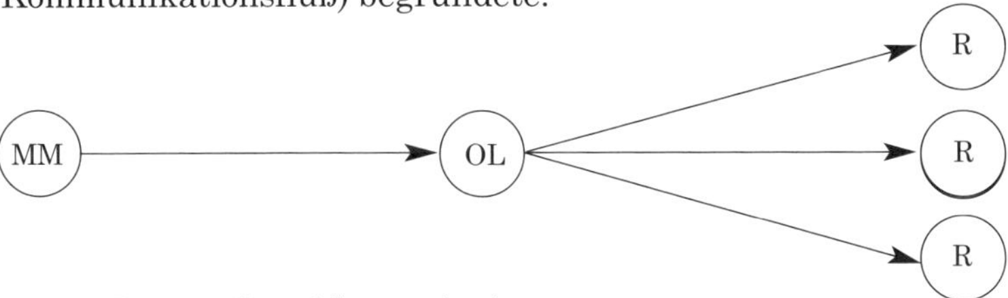

Abb. 21: Two-step-flow of Communication

Nach dieser Vorstellung erreichen die Massenmedien einen Großteil der Bevölkerung nicht direkt, sondern gelangen zunächst (auf einer ersten Stufe) zur Gruppe der Meinungsführer und über diese dann zu den weniger aktiven Rezipienten (zweite Stufe).

Weitere Untersuchungen zur Präzisierung der Vorstellung vom „opinion leader"[169] ergaben schließlich folgende Rollen-

169 Einblick in die Meinungsführerforschung gewinnt man durch die Arbeiten von Eurich (1976) sowie Grefe und Müller (1976); siehe dazu aber auch Schenk (1987, S. 244 ff., sowie Eisenstein 1994).

merkmale: **Opinion leaders** besitzen **1.** eine überdurchschnittlich ausgeprägte Geselligkeit, die sich in der Anzahl der sozialen Kontakte äußert, welche diese Person zu anderen Personen unterhält; sie legen **2.** ein überdurchschnittlich aktives kommunikatives Verhalten an den Tag, das in einer starken Inanspruchnahme der verfügbaren Massenmedien sowie einer Mobilisierung der für die jeweilige Einflußsphäre relevanten informellen kommunikativen Kanäle resultiert, die die Rezeption von für den „opinion leader" signifikanten Informationen versprechen; sie besetzen **3.** bestimmte Positionen bzw. bekleiden bestimmte Rollen, die sie für die übrigen Mitglieder ihrer sozialen Gruppe(n) im Hinblick auf den in Frage kommenden Themenbereich als „Experten" erscheinen lassen, und sie verfügen **4.** über ein überdurchschnittlich ausgeprägtes subjektives Interesse an dem betreffenden Themenbereich (zit. n. Müller 1970, S. 97). Die Rolle „Meinungsführer" zieht sich quer durch alle Schichten – die „opinion leaders" sind daher, „nicht mit den besonders prominenten Personen der Gemeinde, nicht mit den reichsten Personen und auch nicht mit den führenden Köpfen der Stadt ident" (Lazarsfeld/Berelson/Gaudet 1969, S. 85) –, sie geht aber nur „selten über einen begrenzten Themenbereich hinaus. So wird z. B. ein Meinungsführer, der bei politischen Fragen einflußreich ist, wahrscheinlich wenig Gewicht in bezug auf Damenmoden oder die schönen Künste haben" (Klapper 1973, S. 58).

Die Zwei-Stufen-Hypothese ist vielfach kritisiert worden. Aus methodischer Perspektive wurde beklagt, daß ein zweistufiger Informationsfluß gar nicht gemessen wurde, sondern lediglich die Abwesenheit eines einstufigen Prozesses (Bostian 1970).[170] Ein zentraler Kritikpunkt – und das ist aus heutiger

---

170 So zeigte sich in der Originalstudie lediglich, daß die Wähler „nicht direkt von den Massenmedien beeinflußt worden waren" (Schenk 1987, S. 253). Daraus und aus dem Umstand, „daß sich die Meinungsführer den Massenmedien stärker aussetzten als die anderen Personen in ihrer sozialen Umgebung, wurde dann die These des Two-Step-Flow abgeleitet. Die Übertragung bestimmter Informationen von den Massenmedien zu den Meinungsführern und von diesen zu den Einflußlosen sei dagegen gar nicht untersucht worden" (ebd.).

Sicht auch die eigentliche Schwäche des Konzepts – besteht jedoch darin, daß zwischen dem Prozeß der Transmission bzw. Diffusion (Übermittlung bzw. Verbreitung) einer Nachricht und dem Prozeß der Persuasion (Beeinflussung) nicht unterschieden wird. Beide Vorgänge werden vielmehr gleichgesetzt.[171] Weitere Untersuchungen im Rahmen der soziologisch orientierten Wirkungsforschung zielten daher auch darauf ab, diese beiden Aspekte der Hypothese tatsächlich auseinanderzuhalten. Es galt, ihre Relevanz sowohl für den Diffusions- als auch für den Persuasionsprozeß zu überprüfen. „Will man die Ergebnisse dieser neueren Forschungen auf einen Nenner bringen, so könnte man vereinfachend sagen: Erreichen können die Massenmedien (in entwickelten Industriegesellschaften; derzeit) die Rezipienten in aller Regel schon – nur beeinflussen können sie sie (kurzfristig) tatsächlich nicht so ohne weiteres" (Renckstorf 1979, S. 319).

Aus diesen Resultaten folgt für die Two-step-flow-Hypothese, daß sie im Hinblick auf den Diffusionsprozeß zu verwerfen und im Hinblick auf den Persuasionsprozeß nur begrenzt haltbar ist. Die Abkehr von der eher simplen Vorstellung eines wenig differenzierten Zweistufenprozesses erfolgte eigentlich noch in den 50er Jahren, als bereits von einem „Multi-Step-Flow"-Modell die Rede war: man hatte nämlich erkannt, daß es „opinion-leaders der opinion-leaders" gibt, d. h., daß die Meinungsführer selbst durch persönliche Kontakte stärker beeinflußt wurden als durch die Medien.[172] Dennoch sollte man die Erklärungskraft der Zwei-Stufen-Hypothese für bestimmte soziokulturelle Situationen nicht unterschätzen: In medienarmen oder analphabetischen Gesellschaften ist der Ablauf derartiger Diffusions- und Persuasionsprozesse durchaus denkbar (vgl. etwa Bostian 1970); für eine Analyse des Massenkommunikationsprozesses in

---

171 Renckstorf (1970, S. 317 f.) hat zu Recht darauf hingewiesen, daß sich hier eine Optik offenbart, die noch ganz dem traditionellen Stimulus-Response-Denken verhaftet ist: nämlich der Unterstellung, man könne die Zuwendung zu Medieninhalten ohne weiteres mit Einfluß gleichsetzen.

172 Vgl. dazu auch das modifizierte Zwei-Stufen-Modell von Renckstorf (1970, S. 325) sowie die Überblicksdarstellung bei Kunczik/Zipfel 2001, S. 325 ff.

fortgeschrittenen Industriegesellschaften liefert sie dagegen keine neuen Einsichten mehr.

■ Zum aktuellen Stand der „opinion leader"-Forschung

Die eindeutige Trennung zwischen „opinion leader" und „non-leader" kann nicht aufrechterhalten werden. Entgegen der ursprünglichen Vorstellung, wonach ein „opinion leader" Informationen ausschließlich weitergibt und ein „non-leader" ausschließlich Informationen empfängt, scheint es sich dabei vielmehr um ein Phänomen zu handeln, welches Troldahl/Van Dam (1965) als **„opinion sharing"** bezeichnen: Darunter verstehen sie den (empirisch erhärteten) Umstand, daß die Weitergabe von massenmedial verbreiteten Informationen und Meinungen im Rahmen persönlicher Gespräche nicht einseitig, sondern wechselseitig verläuft. Die Ratgeberrolle („opinion giver") und Ratsucherrolle („opinion asker") wechselt dabei also häufig zwischen den Gesprächspartnern, so daß von einem einseitigen Informationsfluß (der von einem „opinion leader" zu einem „non-leader" verläuft) nicht mehr gesprochen werden kann. Vergleicht man darüber hinaus die Gruppe der „opinion givers" mit der Gruppe der „opinion askers", so findet man große Ähnlichkeiten zwischen diesen: weder hinsichtlich der Mediengewohnheiten und des Informationsstandes noch im Hinblick auf die Soziabilität und den sozialen Status zeigen sich signifikante Unterschiede (vgl. Grefe/Müller 1976, S. 4025). Was bleibt, das ist die Gruppe jener Personen, welchen (im Verlauf des jeweils stattfindenden Diffusionsvorganges) weder „Giver-" noch „Asker-Merkmale" zugesprochen werden können, nach Wright/Cantor (1970) die sog. „opinion avoiders": das sind "... persons who aviod, or at least do not seek, other people's views on a particular issue, topic, or variety of topics" (ebd., S. 483).

Auf der Basis dieser Erkenntnisse kann nunmehr die folgende Sichtweise als eine der Realität am ehesten entsprechende gelten: Im Verlauf eines massenkommunikativen Diffusionsvorganges läßt sich zunächst eine Gruppe themenspezifisch gut informierter und interessierter Personen ausmachen, die im

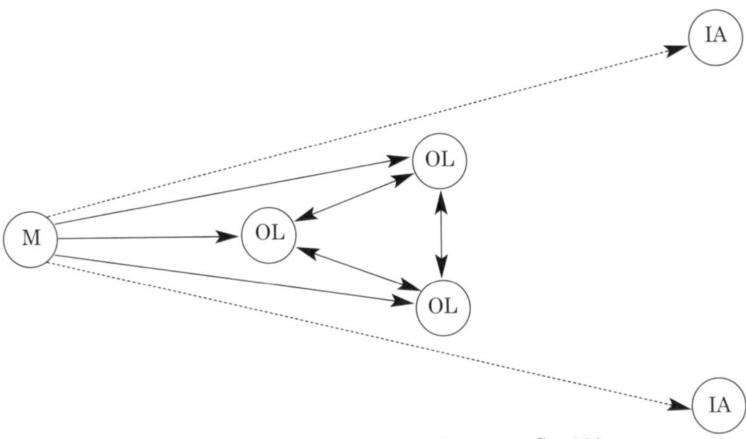

Abb. 22: Opinion-Sharing-Modell. Grefe/Müller 1976, S. 4028

Rahmen von (bewußt herbeigeführten oder mehr oder weniger zufällig zustande gekommenen) interpersonalen Kommunikationsprozessen themenspezifische Informationen und Meinungen sowohl weitergeben (= „opinion givers" bzw. „opinion leaders") als auch ebensolche vom jeweiligen Gesprächspartner zu erhalten suchen (= „opinion askers"). Darüber hinaus kann man von der Existenz einer themenspezifisch weniger gut informierten bzw. weniger interessierten Personengruppe ausgehen, die keine der genannten (interpersonellen) Kommunikationsaktivitäten setzt (= „opinion avoiders").

Der daraus zu ziehende Schluß lautet: Wohl bilden sich kommunikativ unterschiedlich aktive Personenkreise, aber keineswegs ist es so, daß die Gruppe der „Aktiven" ihre Informationen und Meinungen an die Gruppe der „weniger Aktiven" weitergibt (!), wie dies in der ursprünglichen Zwei-Stufen-Hypothese angenommen worden war. Überspitzt formuliert könnte man sagen: sog. „opinion leaders" kommunizieren gleichsam untereinander ...

Neben den angesprochenen kommunikativen Aktivitäten der Gruppe der „Aktiven" („opinion leader" bzw. Ratgeber und Ratsucher, die ihre Rollen auch tauschen) veranschaulicht Abb. 22 auch Unterschiede in der Medienzuwendung der beiden Gruppen: Die durchbrochenen Linien sollen verdeutlichen, daß die

„Inaktiven" (also: die themenspezifisch weniger Interessierten und Informierten) sich auch den Massenmedien in geringerem Umfang aussetzen.

In Anbetracht dieser Ergebnisse ist nun die Annahme vom zweistufigen Diffusionsprozeß als widerlegt zu betrachten: In entwickelten Industriegesellschaften erreichen die Massenmedien potentiell eben alle Menschen, und wenn im Rahmen interpersonaler Kommunikation auf massenmedial verbreitete Inhalte zurückgegriffen wird, dann vermitteln „opinion giver" ihre Meinungen „nicht den ‚weniger aktiven Schichten', sondern Personen, die bezüglich des betreffenden Themas genauso interessiert bzw. informiert sind wie sie selbst" (Oberhauser 1976, S. 155).

Was dagegen Unterschiede in der Effektivität der Persuasion betrifft, so scheint hier tatsächlich die interpersonelle Kommunikation (wenn auch zwischen den „aktiven Schichten" und nicht – wie das Zwei-Stufen-Konzept annahm – zwischen den „aktiven" und den „weniger aktiven Schichten") der massenmedial vermittelten gegenüber im Vorteil zu sein. Neuere Ergebnisse der Diffusionsforschung, im besonderen Untersuchungen zur Ausbreitung von Innovationen[173], weisen darauf hin, daß erste Informationen über Ideen bzw. neue Verfahrensweisen wohl direkt von den Massenmedien zu den in Frage kommenden Zielpersonen gelangen – man hat es also in der Tat mit einem „one-step-flow" zu tun – und bei diesen v. a. Zuwachs von Wissen erzielen, daß aber Einstellungs- und Verhaltensänderungen eher im Zuge interpersonaler Kommunikation erfolgen (vgl. etwa Rogers 1973, S. 290 f.). Dies legen auch Befunde aus den 90er Jahren nahe, die den Einfluß „sozialer Netzwerke" – einem Geflecht individuell existierender sozialer Beziehungen – auf Themengewichtung und politische Meinungsbildung wesentlich höher ansetzen, als den direkten Einfluß der Massenmedien (vgl. dazu Schenk 1995).

Somit scheinen Massenmedien vor allem auf der Ebene der Wissensvermittlung bzw. der Aufmerksamkeitssteuerung eine

173 Siehe dazu den Überblick bei Schenk 1987, S. 280 ff., Bonfadelli 1999, S. 133 ff.; Eisenstein 1994.

zentrale Rolle zu spielen, während sich im Rahmen der interpersonalen Kommunikation die Einstellungs- sowie Verhaltensänderungen herausbilden.

Nichtsdestotrotz lassen sich für entwickelte Mediengesellschaften auch Situationen finden, in denen öffentlich bzw. medial präsente Personen, zu denen in der Regel kein direkter persönlicher Kontakt besteht (z. B. Politiker, Nachrichtenmoderatoren, Schauspieler) opinion-leader-ähnliche Funktionen erfüllen. In diesem Zusammenhang ist von **„virtuellen Meinungsführern“** (Eisenstein 1994, S. 164 ff., im Anschluß an Merten 1988) die Rede. Es wird vermutet, daß sich vorwiegend ältere und sozial isolierte Menschen an den Einstellungen und am Verhalten derartiger Persönlichkeiten orientieren, die für sie infolge des Mangels an realen Sozialkontakten als „Ersatzbezugspersonen“ (Eisenstein ebd., S. 165) fungieren.[174]

5.3.4. Sind die Massenmedien wirkungslos?

Es wäre keineswegs überraschend, wenn man nach dem bisher gewonnen Einblick in zentrale Ergebnisse der Medienwirkungsforschung geneigt ist, im Gegensatz zur ehemals naiv vorausgesetzten Allmacht bzw. Omnipotenz der Medien, nunmehr an ihre Ohnmacht und Wirkungslosigkeit zu glauben. Man befände sich mit dieser Ansicht auch in gar nicht so schlechter Gesellschaft, kam doch Joseph T. Klapper (1960), der die Resultate der empirischen Wirkungsforschung zusammenfaßte und dessen Arbeit lange Zeit tonangebend war, bereits vor mehr als 30 Jahren zu einem ganz ähnlichen Ergebnis. Seine Position lautete[175]:

1. Massenkommunikation kann in der Regel nicht als eine notwendige und hinreichende Ursache von Wirkungen angesehen werden. Die massenmedial verbreiteten Aussagen wer-

---

174 Eisenstein (1994) liefert erste empirische Befunde zur Differenzierung von realen und virtuellen Meinungsführern und versucht auch, sog. „Meinungsführer-Medien“ (ebd. S. 255) auszumachen.

175 Ich folge hier Klapper 1960, S. 19 ff.; Geissler 1981 und Schenk 1987, S. 424 ff.

den vielmehr erst durch die Anwesenheit anderer, sog. „intervenierender Faktoren" („mediating factors") wirksam, die in den Vorgang der „direkten" Beeinflussung von Meinungen und Einstellungen des Empfängers durch den Kommunikator hineinspielen.

2. Diese intervenierenden Faktoren sind derart beschaffen, daß sie die Massenkommunikation in der Regel zu einem Helfer, nicht aber zur alleinigen Ursache in einem Prozeß der *Verstärkung* („Reinforcement") bestehender Bedingungen (wie Kauf- oder Wahlabsichten, Neigungen zu delinquentem Verhalten, allgemeine Einstellungen zum Leben etc.) machen: "The media are more likely to reinforce than to change" (Klapper 1960, S. 8)[176].

   Im Detail nennt Klapper fünf Faktoren: (1) die Prädispositionen der Rezipienten (also: deren Einstellungen *vor* Empfang einer massenkommunikativen Aussage), die dazu führen, daß die Rezipienten eher solche Medieninhalte auswählen, die mit ihren bestehenden Meinungen und Einstellungen übereinstimmen (selektive Zuwendung), daß sie die Botschaften im Sinne ihrer bestehenden Einstellungen interpretieren (selektive Wahrnehmung) und daß sie sich an solchermaßen übereinstimmende Inhalte auch eher erinnern (selektives Behalten); (2) die Einbindung der Rezipienten in Gruppen: Relativ stabile Gruppennormen behindern den Einstellungswandel der Gruppenmitglieder und verstärken überdies die selektive Zuwendung zu überwiegend gruppenkonformen Kommunikationsinhalten; (3) die Verbreitung der Medieninhalte durch interpersonale Kommunikation: Derartige Kommunikation vollzieht sich eher zwischen Gleichgesinnten und wirkt daher ebenfalls eher verstärkend; (4) die Konkurrenz der Medien durch „opinion leaders": Vielfach verläuft der Medieneinfluß über die „Relais-Stationen" der

176 Als mögliche Wirkungen persuasiver Massenkommunikation nennt Klapper (1960, S. 278) das Hervorbringen neuer Einstellungen bzw. Meinungen, die Verstärkung bestehender Einstellungen/Meinungen, die Verminderung oder Verstärkung von deren Intensität („minor change"), die Umkehrung („conversion") und die Wirkungslosigkeit („no effect").

Meinungsführer, die sich besonders gruppenkonform verhalten und daher häufig stabilisierend wirken; (5) die Struktur der Massenmedien in einer freien Marktwirtschaft: Als gewinnorientierte Unternehmen sind sie auf eine möglichst große Zahl von Lesern/Hörern/Sehern angewiesen und dadurch zu einem Anpassungsjournalismus gezwungen, der auf die Ansichten des Publikums Rücksicht nimmt und abweichende Meinungen eher vermeidet.

3. In Fällen, in denen Massenkommunikation dennoch Veränderungen bewirkt, liegt wahrscheinlich eine der folgenden zwei Bedingungen vor:
   a) die intervenierenden Faktoren sind unwirksam, und die Medien wirken daher direkt, oder
   b) die intervenierenden Faktoren unterstützen den Wandel, indem sie selbst auf Veränderung drängen.

Insgesamt lautete Klappers Fazit[177] (das er übrigens zog, nachdem er etwa 1.000 einschlägige Studien gesichtet hatte), daß persuasive Massenkommunikation in der Regel jene Einstellungen, Meinungen und Verhaltensdispositionen *verstärkt,* über welche die Rezipienten bereits verfügen, daß sie dagegen in den seltensten Fällen die Umkehrung von Einstellungen herbeiführt und daß sie sich als wirksam im Hinblick auf die Bildung von Einstellungen und Meinungen bei Themen erwiesen hat, zu denen die Rezipienten noch keine Meinung besitzen.

Aus dem hier zitierten Resümee Klappers hat vor allem die sog. **„Verstärkerhypothese“** Wissenschaftsgeschichte gemacht: Es läßt sich zeigen, daß sie bis in die achtziger Jahre hinauf immer wieder auftaucht (näher dazu: Geißler 1981), unscharf als „Nullergebnis“ (Noelle-Neumann 1973, S. 27) der Wirkungsforschung bzw. „Wirkungslosigkeit“ (dieselbe 1979,

177 Es wurden hier nur drei der insgesamt fünf Thesen Klappers angeführt. Mit den Thesen 4 und 5 bezieht sich Klapper aber lediglich auf die weiter oben (vgl. dazu S. 198 ff. des vorliegenden Buches) ohnehin angeführten Ergebnisse der Hovland-Gruppe, denn die „dort angeführten Variablen (Kommunikatorglaubwürdigkeit, Argumenteanordnung, Angstappelle usw.) können nämlich durch die mediatisierenden Faktoren nicht vollständig erklärt werden“ (Schenk 1987, S. 425).

S. 165) der Massenmedien[178] etikettiert wurde und auch in medienpolitischen Auseinandersetzungen gute ideologische (weil: machtverschleiernde) Dienste leistete: „Wer wegen seiner Verfügungsgewalt über große Presseimperien angegriffen wurde, berief sich gern auf die angeblich wissenschaftlichen Erkenntnisse zu den Medienwirkungen: bewiesen sei ja nicht die Macht, sondern die Ohnmacht der Massenmedien, ihre Einflußchancen würden in der Öffentlichkeit überschätzt“ (Geißler 1981, S. 172).

Inzwischen wurde mehrfach Kritik an den Befunden Klappers geäußert (vgl. Schenk 1987, S. 426 ff.): nicht bloß an seiner terminologischen Unschärfe im Hinblick auf den Wirkungsbegriff, sondern v. a. auch daran, daß die vielen von ihm gesichteten empirischen Befunde bloß kurzfristige Wirkungen untersuchten, während sich die tatsächlichen Konsequenzen von Massenkommunikation erst längerfristig manifestieren würden.[179] Außerdem haben Untersuchungen zur Darstellung von Gewalt[180] in den Medien „die Meinung wieder aufleben lassen, daß Massenkommunikationsmedien wahrnehmbare Wirkungen auf das Leben der Menschen ausüben können“ (Clarke/Kline 1974, S. 37).

Trotzdem: Bei aller Kritik an der Klapperschen Einschätzung ist festzuhalten, daß er den Medien ja keineswegs Wirkungslosigkeit attestiert hatte (das geschah – wie erwähnt – ausschließlich durch seine Exegeten), sondern daß er sich vor allem gegen die monokausale Sichtweise in der Wirkungsforschung wandte und vorschlug, in den Massenmedien Einfluß-

178 Dies kritisiert z. B. Geißler (1981, S. 171 ff.): Er weist darauf hin, daß man auch dann, wenn Medien vorrangig als Verstärker im hier beschriebenen Sinn wirken sollten, nicht von „Wirkungslosigkeit“ sprechen dürfe, denn das hieße ja den Wirkungsbegriff unangemessen auf „Veränderung“ zu verkürzen und Effekte der Stabilisierung von Meinungen bzw. Verstärkung von Einstellungen und Verhaltensweisen aus dem Wirkungskonzept hinauszudefinieren. Allerdings weist eine nähere Auseinandersetzung mit den verschiedenen Begriffen von Wirkung bei Klapper diesem selbst terminologische Unklarheit nach (Larsen 1964; zit. n. Schenk 1987, S. 426 f.).

179 Vgl. dazu auch die Unterscheidung in „Wirksamkeit“ und „Konsequenzen“ der Massenmedien bei Schulz (1985b).

180 Vgl. dazu Kap. 5.5.4. des vorliegenden Buches.

größen zu sehen, die immer erst innerhalb einer Gesamtsituation ihre Wirkungskraft entfalten. Und diese Position ist auch heute noch in der Wirkungsforschung aktuell (vgl. Schenk 1987, S. 424 ff.).

Zunächst leitete sie jedoch die „dritte Phase" der Medienwirkungsforschung ein (Hackforth 1976, S. 20)[181], in der man der Auffassung war, daß die Frage nach „den" Wirkungen von Massenkommunikation die damit gemeinte Realität nicht nur kraß vereinfacht, sondern in dieser Form überhaupt nicht mehr gestellt werden kann. Vor allem deshalb, weil dadurch der „Massenkommunikationsprozeß in seiner Bedeutung für die subjektive Wirklichkeitsbewältigung des Rezipienten" (Teichert 1972, S. 437) nicht in den Blick gerät. Man habe nämlich den Prozeß der Rezeption massenmedial verbreiteter Aussagen als einen eher passiven Vorgang erblickt, in dem vorfabrizierte Stimuli einfach aufgenommen werden. Statt dessen handle es sich dabei jedoch um aktives und zielorientiertes (intentionales) menschliches Handeln, welches als „wirklichkeitserstellende Aktivität" (Teichert 1973, S. 357) des jeweiligen Individuums zu begreifen ist. Nicht mehr die Frage „Was machen die Medien mit den Menschen?", sondern deren – wohl inzwischen meistzitierte – Umkehrung „Was machen die Menschen mit den Medien?" (Katz/Foulkes 1962, S. 378) schien nunmehr die der massenkommunikativen Realität angemessenere Version zu sein. Die Frage nach der „Wirkung" der Massenmedien war damit zur Frage nach dem „Gebrauch" geworden, den die jeweiligen Rezipienten von den Medien machen, bzw. dem „Nutzen", den sie aus dem Empfang der Aussagen davontragen.

---

181 Zur Erinnerung: Mit der „ersten Phase" der Wirkungsforschung ist der (auf der Basis psychologischer Instikttheorie und soziologischer Theorie der Massengesellschaft vertretene) Glaube an die Omnipotenz der Massenmedien gemeint, mit der „zweiten Phase" jene Periode, in der die Wirksamkeit der Massenmedien seitens der Einstellungsforschung (auf lerntheoretischer und konsistenztheoretischer Basis) und auch seitens der Diffusionsforschung (unter Verweis auf den „opinion leader") relativiert werden mußte.

5.3.5. Nutzung der Massenmedien

Seit Beginn der siebziger Jahre begann sich auch im deutschsprachigen Raum die bislang vorherrschende „medienzentrierte" Betrachtungsweise in der Massenkommunikationsforschung allmählich in die **„publikums-" oder „rezipientenzentrierte" Perspektive** zu wandeln (vgl. Renckstorf 1977, S. 10 ff.). Während das medienzentrierte Modell die Menschen im Prozeß der Massenkommunikation wesentlich als Objekte der Kommunikation betrachtete, deren Handeln – noch ganz in der Tradition des Behaviorismus – als passives Reagieren auf äußerliche Reize aufgefaßt wurde, geht man im publikumszentrierten Modell von einem „aktiven Publikum" aus, das aus Individuen besteht, die absichtsvoll (intentional) handeln und nicht bloß reagieren, die also von den Medien und ihren Informations- und Unterhaltungsangeboten zielgerichtet Gebrauch machen. Während die medienzentrierte Perspektive also die Ziele und Absichten der Medien (der Kommunikatoren und deren Auftraggeber) ins Zentrum des Forschungsinteresses gestellt hatte, rücken in der publikumszentrierten Sichtweise die Ziele, Absichten, Verwendungszusammenhänge und Bedeutungszuweisungen des „aktiven" Publikums ins Zentrum der Analyse (vgl. Renckstorf 1989, S. 319). Man unterstellt, daß der Empfänger massenmedial vermittelter Aussagen mit diesen sehr subjektiv umgeht, d. h. sie auf ganz persönliche Weise interessensgeleitet benützt. Darüber hinaus wird versucht, diese **Mediennutzung** nicht mehr als einen von allen anderen Aktivitäten des Individuums isolierten „Sonderfall" (Renckstorf 1977, S. 12) zu betrachten. Vielmehr soll der Mensch nicht auf seine Rezipientenrolle reduziert, sondern im Kontext seines gesamten Lebensvollzugs erfaßt werden: Mediennutzung gilt als eine in viele andere Handlungsabläufe eingebettete Aktivität des Individuums, sie gilt als Mittel zur Befriedigung von Bedürfnissen und damit als eine „funktionale Alternative" (Rosengren/Windahl 1972, S. 170), d. h. als eine von mehreren Möglichkeiten der Bedürfnisbefriedigung[182].

---

182 So kann z. B. aus einem Bedürfnis nach sozialer Interaktion der Wunsch

5.3.5.1. Der Nutzenansatz in der Massenkommunikationsforschung

Der sog. **„Nutzenansatz“** kann von seinen theoretischen Wurzeln her zunächst im Anschluß an Rosengren/Windahl (1972) als Variante des „Funktionalismus“ in der Massenkommunikationsforschung gesehen werden, weil er Medienzuwendung im Gesamtkontext menschlicher Bedürfnisbefriedigung aufzeigt.[183] Außerdem verbindet er eine allgemeine und eine besondere Perspektive menschlichen Handelns (vgl. Renckstorf 1977).

Er basiert zum einen auf dem theoretischen Konzept des „Symbolischen Interaktionismus“. Von diesem übernimmt er die Sichtweise des „sozialen Handelns“ und damit zusammenhängend die Auffassung von der subjektspezifischen Interpretationsqualität der Wirklichkeit. Zum anderen knüpft der Nutzenansatz beim sog. „Uses-and-Gratifications Approach“ an, der davon ausgeht, daß der Mensch die Massenmedien als „Gratifikationsinstanzen“, d. h. als Quellen zur Befriedigung von bestimmten Interessen, Wünschen, letztlich: von Bedürfnissen benützt. Von diesem übernimmt er die Vorstellung vom „aktiven Publikum“. Nachstehend sollen diese zentralen „Elemente“ des Nutzenansatzes etwas näher beleuchtet werden.

---

entstehen, Kontakt zu anderen Menschen von Angesicht zu Angesicht zu suchen, ein Gespräch zu führen u. ä., „es gibt aber auch funktionale Alternativen für die Befriedigung des gleichen Bedürfnisses, z. B. Briefe schreiben, Bücher lesen oder sich den Massenmedien wie Hörfunk, Fernsehen, Zeitungen und Zeitschriften zuwenden“ (Rosengren/Windahl 1972, S. 171).

183 In der Soziologie hat der Funktionalismus eine lange Tradition (vgl. Merton 1968; auf die Massenmedien bezogen vgl. Wright 1963). Es geht ihm darum, den Beitrag verschiedener institutionalisierter Praktiken, Handlungsweisen, Rollen etc. für die Aufrechterhaltung sozialer Systeme nachzuweisen. Die enge Ausrichtung auf individuelle Bedürfnisse und ihre Befriedigung durch Massenmedien erscheint unter funktionalistischer Perspektive jedoch kritikwürdig, weil dadurch gerade nicht die Konsequenzen der Mediennutzung für das gesamte soziale System deutlich werden. (Näheres zu dieser Kritik findet sich bei Schenk 1987, S. 387 f.)

■ Der „Uses-and-Gratifications Approach" und die Vorstellung vom „aktiven Publikum"

Ausgangspunkt des „Uses-and-Gratifications Approach" ist die Annahme, daß die Rezeption massenmedial vermittelter Inhalte v. a. deswegen erfolgt, weil man sich von diesem Umstand eine Art „Belohnung" (Gratifikation) erwartet.[184] Dabei ist zu beachten, daß diese Gratifikationen nicht nur subjektspezifischer Natur sind, sondern auch weitgehend inhaltsunabhängig gedacht werden. Konkret ist also vorstellbar, daß sich verschiedene Menschen aus ganz unterschiedlichen Gründen ein und demselben Medium bzw. Medieninhalt zuwenden und ganz unterschiedliche Gratifikationen durch diese Zuwendung erlangen.

So könnten z. B. zwei Menschen aus ein und demselben Fernsehkrimi ganz verschiedene „Gratifikationen" beziehen: der eine hofft, Details einer Stadt wiederzusehen, in der er den letzten Urlaub verbracht hat, der andere schaut den Film nur deswegen an, um am darauffolgenden Tag in Gesprächen am Arbeitsplatz „mitreden" zu können.

Die Rezeption massenmedial vermittelter Inhalte wird somit „als Bindeglied zwischen den spezifischen Interessen und Orientierungen des Individuums und den Gegebenheiten seiner Umwelt" (Teichert 1975, S. 270) gesehen. Ob und wie mit massenkommunikativen Aussagen „umgegangen" wird, mit welchen Zielen und Absichten Medien bzw. deren Inhalte rezipiert werden, ist eine Entscheidung, die das Publikum trifft: "In the mass communication process much initiative in linking *need gratification* and *media choice* lies with the audience member" (Katz/Blumler/Gurevitch 1974, S. 21).

---

184 Es soll in diesem Zusammenhang darauf hingewiesen werden, daß der „Uses-and-Gratifications Approach" keineswegs eine völlig neue Denkrichtung in der Massenkommunikationsforschung darstellt. Stellvertretend für viele andere (siehe dazu etwa Teichert 1975, S. 270) sei hier z. B. die bereits im Jahre 1942 durchgeführte Untersuchung von Herta Herzog erwähnt, die Gratifikationen untersuchte, welche Hausfrauen beim Hören täglicher Rundfunkserien („soap operas") bezogen. Herzog fand damals, daß Hausfrauen u. a. emotionale Sicherheit, Ratgeber-Leistungen sowie die Möglichkeit zur Kompensation der eigenen Situation erhielten (vgl. dazu auch Schenk 1987, S. 379 ff.). Der weiter oben (vgl. S. 191 ff.) erhellte wissenschaftssoziologische Umraum der empirischen Wirkungsforschung zur damaligen Zeit stellt mit Sicherheit eine Erklärung für den Umstand dar, warum sich dieser Ansatz erst viel später etablieren konnte.

Diese Idee vom **„aktiven Publikum“** läßt sich in ihren Kernthesen nun folgendermaßen darstellen[185]:

- das Publikum der Massenkommunikation ist als aktives Element im Massenkommunikationsprozeß zu begreifen, es ist weit davon entfernt, „passiv“ zu rezipieren. Mediennutzung muß im Gegenteil als ein aktives und zielorientiertes Handeln gesehen werden;
- die Zielgerichtetheit des Rezipienten-Handelns resultiert nicht einfach aus bestehenden Prädispositionen (Einstellungen und normativen Erwartungen), sondern erklärt sich aus dem Zustand der individuellen menschlichen Bedürfnislage: die Massenmedien und ihre Inhalte stellen eine Möglichkeit der Bedürfnisbefriedigung dar;
- die Massenmedien stehen als Möglichkeit der Bedürfnisbefriedigung allerdings in unmittelbarer Konkurrenz zu anderen Gratifikationsinstanzen (wie etwa Primärgruppen), d. h., Mediennutzung stellt nur *eine* von mehreren Handlungsalternativen dar, die als potentiell funktional äquivalent (gleichwertig) angesehen werden müssen.

Die Bedeutung dieser Konzeption vom „aktiven Publikum“ wird schlagartig klar, wenn man sich vergegenwärtigt, daß die, der antiquierten Stimulus-Response-Auffassung seinerzeit hinzugefügte O-Komponente (man gelangte dadurch bekanntlich zur sogenannten „S-O-R“-Konzeption) nunmehr selbst zum zentralen Bezugspunkt entsprechend orientierter Publikumsforschung wird. „Das Publikum der Massenkommunikation, die tatsächlichen Benutzer der Medien werden nicht mehr als auf die Medien und ihre Inhalte orientierte Wesen verstanden, sondern als Menschen, die in ihrem jeweiligen Handlungs- und Problemzusammenhang absichtsvoll handeln und sich dabei – u. U. – auch den Medien und ihren Inhalten zuwenden und die massenmedial vermittelten Inhalte beispielsweise später in dafür geeigneten Situationen aktualisieren und thematisieren (in Gesprächen am Arbeitsplatz, mit Freunden, in Familie, Partei

185 Der Zusammenstellung dieser Thesen folgt Renckstorf 1977, S. 15, sowie Teichert 1975, S. 271. Vgl. dazu aber auch Katz/Blumler/Gurevitch 1974, S. 22 ff.

oder Verein), die Informationen im Zuge von Problemlösungen jedenfalls zielgerecht einsetzen" (Renckstorf 1977, S. 15).

■ Die handlungstheoretischen Implikationen des „Symbolischen Interaktionismus" und ihre Bedeutung für den Nutzenansatz

Das theoretische Konzept des „Symbolischen Interaktionismus" wurde im Rahmen dieses Buches bereits mehrfach näher erörtert[186] und kann daher als in groben Zügen bereits bekannt vorausgesetzt werden. Im vorliegenden Zusammenhang soll v. a. an die Auffassung von der interpretativen Qualität menschlichen Handelns erinnert werden. Damit ist bekanntlich der Umstand gemeint, daß der Mensch – der ja nicht nur in einer natürlichen, sondern auch in einer symbolischen Umwelt lebt (vgl. Rose 1967, S. 267) – den „Gegenständen" (Personen, Objekten, Ereignissen, Zuständen ... etc.) seiner Umwelt erst aufgrund von Erfahrungen (primärer oder sekundärer Natur), die er mit ihnen gemacht hat, bestimmte Bedeutungen zuschreibt. M. a. W., die „Gegenstände" entstehen für uns Menschen im Hinblick auf ihre Bedeutung erst dann, wenn sie in menschliche Handlungszusammenhänge mit einbezogen werden. Mit Blumer wurde die Bedeutung eines Gegenstandes daher auch als „soziale Schöpfung" (1973, S. 91) erkannt, d. h. als das Ergebnis mannigfaltiger Definitions- und Interpretationsprozesse, die dann ablaufen, wenn Menschen im Hinblick auf den jeweiligen Gegenstand handeln (oder gehandelt haben).

Aus dieser handlungstheoretischen Sichtweise des Symbolischen Interaktionismus folgt zweierlei: zum einen können Bedeutungen, die Umweltobjekten (und bekanntlich: auch sich selbst) zugewiesen werden, nicht als ein für allemal fixiert und festgelegt betrachtet werden, sondern sie unterliegen ständigen „Redefinitionen" (vgl. Wilson 1973, S. 61), sie werden also eigentlich ständig neu definiert. Zum anderen muß die mehr oder weniger subjektive Interpretationsbreite mitgedacht wer-

186 Vgl. dazu die Ausführungen im Rahmen der Klärung des Kommunikationsbegriffes (insbes. S. 54 ff.) sowie v. a. seine ausführlichere Darstellung als Sozialisationskonzept (S. 153 ff.).

den, die man den Gegenständen bzw. den jeweils involvierten Handlungen angedeihen lassen kann: die Dinge verfügen eben nicht über eine Bedeutung „an sich", sondern jeder Mensch schafft sich durch individuelle Bedeutungszuweisung eine Welt „für sich", welche dann für ihn die subjektive Wirklichkeit seiner Erfahrung und auch die Grundlage seines Handelns darstellt (vgl. Blumer 1973, S. 133 f.)[187].

Der Nutzenansatz knüpft nun direkt an diesen Überlegungen an. Im Gegensatz zur wirkungsorientierten Perspektive der Massenkommunikationsforschung, von der aus die medial vermittelten Aussagen als mehr oder weniger eindeutig bestimmbare „Stimuli" galten, deren „Wirkung" auf die Rezipienten zu erfassen versucht wurde, geht der Nutzenansatz davon aus, „daß die Medien mit ihren Inhalten lediglich Gegenstände, Handlungen oder Ereignisse anbieten, die der Handelnde [der potentielle Rezipient, R. B.] zu ‚Objekten' seiner Umwelt machen wird – oder nicht" (Renckstorf 1977, S. 30). Der Nutzenansatz sieht massenmedial vermittelte Aussagen somit nicht als in ihrer Bedeutung bereits vorfabrizierte Stimuli, sondern als interpretationsbedürftige Objekte an, als „Wirklichkeitsangebot" (Teichert 1973, S. 381) des jeweiligen Mediums, über welches der jeweilige Rezipient entsprechend seiner Interpretationsmuster und seiner Bedürfnissituation erst verfügen muß. Denn: „Vom Rezipienten und dessen soziokulturellem Hintergrund hängt es ab, wie eine bestimmte Botschaft (die für den Rezipienten zu einem ‚Objekt' wird) interpretiert, definiert wird. Erst seine Bedeutungszuweisungen machen die für ihn gültige Botschaft aus – in zumindest relativer Unabhängigkeit von dem, was immer ‚die Botschaft an sich' sein mag. Und letztlich

187 Um auch hier nicht den Eindruck eines extremen Subjektivismus zu erwecken: natürlich sorgen diverse Sozialisationsmechanismen für weitreichende Gemeinsamkeiten im Denken und Handeln verschiedener Menschen. Gerade der Terminus „symbolische *Interaktion*" weist ja selbst darauf hin, daß jeder Mensch die Interpretation seiner Umwelt auch „im kommunikativen Austausch mit den ‚Anderen' lernt und bildet" (Teichert 1973, S. 375). Dennoch scheint der Hinweis auf die Existenz verschiedener Erlebnisdimensionen ein und desselben Umweltobjekts zu diesem Umstand nicht im Widerspruch zu stehen (vgl. dazu auch S. 58 f. des vorliegenden Buches).

ist es wiederum der Rezipient, der entscheidet, wie er auf diese Botschaft hin reagiert“ (Renckstorf 1973, S. 190)[188].

Im Horizont des Nutzenansatzes wird also keineswegs mehr naiv unterstellt, daß zwischen dem Inhalt einer massenmedial vermittelten Aussage und ihrer Bedeutung für den Rezipienten ein enger und eindeutiger Konnex besteht, vielmehr gilt die Annahme, daß (nahezu) jeder Inhalt in (nahezu) beliebiger Weise vom Rezipienten benützt werden kann (vgl. Teichert 1972, S. 437 f.). Eine umfassende Einbettung des Nutzenansatzes in das aus der Soziologie stammende Konzept des „sozialen Handelns“ hat in letzter Zeit v. a. Karsten Renckstorf vorgenommen, der dort auch ein „handlungstheoretisch fundiertes Referenzmodell“ (Renckstorf 1989, S. 332; siehe auch: Renckstorf/Wester 1992, S. 182) entwickelt, das einige grundlegende Fragestellungen der Wirkungsforschung, die bislang im Rahmen isolierter Ansätze untersucht worden sind, zu integrieren trachtet.

5.3.5.2. Publikumsforschung als Gratifikationsforschung

Entsprechend der vorhin bereits zitierten Frage, „Was machen die Medien mit den Menschen?“, beschäftigen sich Nutzungsstudien mit der konkreten Verwertung massenmedial verbreiteter Aussagen durch das Publikum. Die Frage nach dem „Nutzen“, den Menschen aus dem Empfang derartiger Aussagen (oder auch nur aus dem bloßen Kontakt mit den Medien) im Rahmen ihres ganz persönlichen Lebensvollzugs davontragen, führt zu einer neuen Qualität von Daten in der (empirischen) Massenkommunikationsforschung: nicht mehr Einstellungs- oder Verhaltensänderungen, sondern erwünschte bzw. erhaltene Gratifikationen ste-

188 Es erscheint an dieser Stelle erwähnenswert, daß Fearing bereits vor Jahrzehnten (!) eine ganz ähnliche Position zur Filmrezeption formulierte: „Der Film stellt kein fixiertes Muster von Bedeutungen und Ideen dar, die von einem passiven Bewußtsein aufgenommen werden. Was das Individuum ‚erhält‘, wird eher von seinem Hintergrund und *seinen Bedürfnissen* bestimmt. Es entnimmt dem Film, was ihm brauchbar erscheint oder was in seinem Leben funktionieren wird ...“ (Fearing 1947, S. 70; zit. n. McQuail 1973, S. 67).

hen im Mittelpunkt des Forschungsinteresses. Es wird untersucht, wie das Publikum als aktiv handelnder „Teil" im Massenkommunikationsprozeß mit den Medien bzw. den jeweils vermittelten Inhalten umgeht, d. h., wie bzw. wozu diese verwendet werden. Nutzungsstudien fragen nach der Bedeutung, die den Medien und ihren Inhalten im Kontext eines jeweils individuellen Lebensvollzugs zugewiesen wird, sie untersuchen die Qualität der konkreten Interpretationsprozesse, „die vor dem Hintergrund der Interessen, Bedürfnisse und Verwendungszusammenhänge der Rezipienten ablaufen" (Renckstorf 1975, S. 174).

Zwei grundsätzliche Fragestellungen kennzeichnen diese Forschungsperspektive: zum einen die Frage nach der Art der *Gratifikationen,* welche Menschen erhalten (bzw. erhalten wollen), wenn sie sich den Medien der Massenkommunikation zuwenden; zum anderen die Frage nach *Faktoren im persönlichen Lebensvollzug,* mit denen der jeweils individuelle Gebrauch der Massenmedien erklärt (und gegebenenfalls auch prognostiziert) werden kann. Ziel einer nutzungsorientierten Publikumsforschung ist es also, subjektiv erlangte Gratifikationen nicht nur zu diagnostizieren, sondern registrierbare Unterschiede im individuellen Nutzungsverhalten auch *erklären* zu können. Dadurch wird nicht nur erkennbar, *wozu* Menschen die Massenmedien bzw. deren Inhalte tatsächlich benützen, man erhält darüber hinaus auch Einblick in den Umstand, *warum* sie dies tun.

Mittlerweile gibt es eine Fülle an Antworten auf diese Frage, die unter verschiedenen Aspekten differenziert worden sind.[189] Stellvertretend für viele einander oft ähnliche Klassifikationen sollen hier v. a. in Anlehnung an die Typologie von McQuail/Blumler/Brown (1972)[190] sowie McQuail (1983) immer

---

189 Als diesbezüglich reichhaltige Quellen erweisen sich Katz/Gurevitch/Haas 1973, Blumler/Katz 1974, Teichert 1975, Renckstorf 1977, Drabczynski 1982, Bonfadelli 1999, Rubin 2000.

190 Die Autoren forderten regelmäßige Fernsehzuschauer auf, zu Aussagen über verschiedene Programme Stellung zu nehmen. Die Statements waren zuvor in Gruppendiskussionen mit anderen Personen entwickelt worden. Sie bezogen sich auf die Motive für die Rezeption des Programms und auf die Gratifikationen, die aus der Zuwendung subjektiv resultierten. Die Ant-

wiedergefundene Gratifikationen angeführt und erläutert werden. Demnach bietet sich folgende Unterscheidung an[191]:

Gratifikationen im Hinblick auf

- Ablenkung und Zeitvertreib

  Man versucht, mit Hilfe der Medien der alltäglichen Routine und Langeweile zu entkommen, benützt sie aber auch zur Flucht („escape") aus der Last persönlicher Probleme und erwartet sich aus der Zuwendung zu ihren Inhalten „emotionale Befreiung". In einer schon länger zurückliegenden Arbeit haben sich auch Katz und Foulkes (1962) mit eskapistischen Tendenzen beim Mediengebrauch auseinandergesetzt und sehen die Ursachen für dieses ihrer Meinung nach typische Verhalten der Menschen in modernen Industriegesellschaften v. a. im Streß, den die tägliche Rollenausübung mit sich bringt. Hoher Medienkonsum, durch welchen man diese psychische Spannung abzubauen sucht, verhilft schließlich zur „‚narcotization' of other role obligations" (ebd. S. 380).

- Persönliche Beziehungen

  Zum einen greifen McQuail et al. hier ein Phänomen auf, welches Horton/Wohl (1956) als „parasoziale" Interaktion bezeichnen. Damit ist der Umstand gemeint, daß Rezipienten versuchen, quasisoziale Beziehungen mit Medienakteuren einzugehen, sich mit ihnen gleichsam freundschaftlich verbunden zu fühlen und „so zu handeln, als liege ein direkter persönlicher Kontakt vor" (Teichert 1973, S. 369). Vor allem solche Personen, die in ihrem Alltag über nur spärlichen Sozialkontakt verfügen und ihre gesamte Lebenssituation als belastend und wenig zufriedenstellend empfinden, scheinen über „parasoziale Interaktion" einen Mangel an realen sozialen Kontakten kompensieren zu wollen (vgl. dazu Burkart 1980)[192].

---

worten wurden dann einer Cluster-Analyse unterzogen, um sie unter übergreifende Faktorenbündel zusammenfassen zu können.

191 Die Darstellung erfolgt unter Rückgriff auf Schenk 1987, S. 395 f.

192 Der hier zitierte Befund bezieht sich auf eine Untersuchung, die ich im Auftrag des ORF an einer ausgewählten Kleingruppe von Rezipienten politischer Fernsehmagazine durchgeführt habe.

Zum anderen verweisen McQuail et al. auf den instrumentellen Nutzen („soziale Nützlichkeit"), welchen „die Medienzuwendung für die soziale Interaktion mit wirklichen Personen in vertrauten sozialen Umgebungen bringt" (Schenk 1987, S. 396). Sei es, daß man Gesprächsstoff für spätere Konversationen (in der Familie, am Arbeitsplatz etc.) erhält, oder sei es, daß man ganz einfach zeitliche Abschnitte (wie etwa einen Fernsehabend) und damit auch allfällige soziale Interaktionen durch Medienzuwendung strukturiert (vgl. dazu etwa Hunziker 1976).

- Persönliche Identität

  Menschen benützen die Massenmedien, um mehr über sich selbst zu erfahren. Sie versuchen in den Aussagen der Medien z. B. einen „persönlichen Bezug" zu finden, der ihnen hilft, ihre Persönlichkeit bzw. ihre eigene Situation an der medial vermittelten Darstellung relativieren zu können. „Identifikation" mit Personen, Handlungen, Situationen oder Ideen (etwa nach dem Motto: „Der/die ist wie ich" oder „Meine Situation ist so ähnlich"), „Projektion" von Wünschen, Träumen und Sehnsüchten (nach dem Motto: „So möchte ich auch sein/handeln"), aber auch die „Legitimation" der eigenen Lage (Motto etwa: „Gott sei Dank geht es mir nicht so schlecht" oder „Den anderen geht es ja auch nicht besser als mir") scheinen typische Nutzungsqualitäten dieser „Selbstfindung" via Massenkommunikation zu sein (vgl. dazu abermals Burkart 1980). Auch hier dürfte sich – v. a. was die unterschiedlichen Tendenzen zu Projektion und Legitimation betrifft – ein Konnex zwischen Nutzungsqualität und Einschätzung der eigenen Lebenssituation herstellen lassen (vgl. ebd.).

- Kontrolle der Umwelt

  Menschen versuchen schließlich aber auch mit Hilfe der Medien, Informationen über ihre Umwelt zu erhalten. Dieser Gratifikationstyp bezieht sich also auf den Wunsch, mehr über die nähere Umgebung, aber auch über die „weite Welt" zu erfahren.

Derartige Klassifikationsversuche müssen sich allerdings – und das gilt für nahezu alle Arbeiten, die sich auf den Nutzenansatz berufen – zu Recht den Vorwurf gefallen lassen, sie seien „mentalistisch, individualistisch und empiristisch“ (Elliot 1974, S. 252) und betrieben „undifferenzierte Motivforschung“ (Schenk 1978, S. 229); sind doch die ermittelten Nutzungsqualitäten tatsächlich (in der Regel) nichts anderes als kategorisierte Antworten auf die Frage, „was Individuen über den Programmoutput denken und bei der Mediennutzung fühlen“ (Schenk ebd.). Dies impliziert darüber hinaus sogar noch die methodologische Überlegung, „daß die Menschen in der Lage sind, ihre Zielvorstellungen und Bedürfnisse und die entsprechenden Gratifikationsinstanzen zu benennen“ (Teichert 1975, S. 271). Dies trifft jedoch nicht zu. Und zwar unbeschadet der Tatsache, daß sich Menschen in der Regel mit größter Leichtigkeit darüber auslassen, was ihnen in den Medien gefällt oder nicht gefällt. Erst unlängst hat Margot Berghaus (1994) nachgewiesen, daß diese Urteile höchst unreflektiert sind und zum Teil auch nur widersprüchlich begründet werden können.

Im Grunde ist diese Schwierigkeit bei der Operationalisierung des Nutzenansatzes bis heute nicht befriedigend gelöst – auch wenn es im Rahmen von motivationalen Ansätzen Versuche gibt, Bedürfnisse und Motive auf soziale Ursachen zurückzuführen (vgl. Drabczynski 1982, S. 71). Ein methodischer Ausweg bestünde zweifellos darin, von allgemeingültigen Konzepten menschlicher Bedürfnisse auszugehen und diese auf kulturell-gesellschaftliche bzw. konkret-individuelle Lebensumstände zu übertragen, um auf diese Weise die Zielgerichtetheit des (Rezipienten-)Handelns kategorisieren und damit erklären zu können.[193] Menschliche Bedürfnisse sind nämlich, das zeigen beispielsweise die Arbeiten von Fromm (1974) oder Maslow (1977), als sozial unabhängige basale Faktoren der menschlichen Existenz in nur sehr allgemeinen Kategorien formulier-

193 Ähnliche Forderungen erheben auch so prominente Vertreter der „Uses-and-Gratifications“-Tradition wie Katz/Blumler/Gurevitch: “... our position is, that media researchers ought to be studying human needs” (1974, S. 30).

bar und – wie Teichert richtig befürchtet – „für einzelne prognostische Aussagen nicht mehr zu verwenden“ (1975, S. 281). Begreift man sie dagegen (lediglich) als Orientierungsrahmen zur Klassifikation von Zielen bzw. Motiven konkret ablaufender menschlicher Handlungen, so gelangt man auf ihrer Grundlage zu einem (mehr oder weniger) verallgemeinerbaren „Bedarfs“-katalog menschlichen Handelns, der eine theoriegeleitete und damit auch der Realität angemessenere Einschätzung des Rezeptionsverhaltens erlaubt (vgl. dazu einen diesbezüglichen Versuch bei Burkart/Gottschlich/Semrau/Vogt 1978)[194].

■ Publikumsforschung wozu?

In diesem Zusammenhang stellt sich natürlich auch die Frage nach dem Erkenntnisinteresse einer derart betriebenen Publikumsforschung: Welchen (praktischen) Zweck hat es denn überhaupt, die verschiedenen Nutzungsarten (etwa ein und desselben Medieninhalts) bei verschiedenen Personengruppen zu kennen? Wem dient dieses Wissen?[195]

Pointiert (und damit auch etwas zugespitzt) gesagt: 1. den Kommunikatoren, 2. den Rezipienten und 3. auch „der Gesellschaft“ insgesamt. Die Kommunikatoren (1) können sich besser auf „ihr“ Publikum einstellen, wenn sie wissen, wozu ihre Inhalte „üblicherweise“ benützt werden. Dies ist gerade in Zeiten wachsender Diversifizierung der Angebote (sowohl im Print- als auch im elektronischen Bereich) wohl ein ganz zentrales marktwirtschaftliches Motiv für Publikumsforschung. Die Rezipienten (2) wiederum werden besser von den Medien „bedient“, denn sie bekommen eher das angeboten, was sie erwarten, und aus einer gesamtgesellschaftlichen (3) bzw. medienpolitischen Per-

---

194 In der zitierten Arbeit wurde anhand des menschlichen Bedürfniskonzeptes von Erich Fromm ein auf den soziokulturellen Umraum der westlichen Industriegesellschaft bezogener Katalog von Bedarfsgegebenheiten entwickelt, der dann als Klassifikationsrahmen für massenmediale Gratifikationsleistungen fungierte.

195 Vgl. dazu auch den von Renckstorf/Teichert (1983) herausgegebenen Band über ein Symposium in Hamburg, auf dem diese Frage zwischen Vertretern aus Medienwissenschaft und Medienpraxis näher diskutiert wurde.

spektive kann man nur dann ein Urteil über die Qualität des Massenkommunikationsprozesses fällen (etwa: ob bestimmte Leistungen erbracht werden[196], die kommunikationspolitisch wünschenswert erscheinen), wenn man weiß, wie das Publikum mit den Medien(-inhalten) tatsächlich umgeht[197].

Geht man davon aus und sieht in der Massenkommunikation überdies einen Prozeß, in dem gesamtgesellschaftliche Verständigung als sinnvolles Ziel angestrebt werden sollte, dann kann man Publikumsforschung als Verständigungs- und Gratifikationskontrolle[198] begreifen. Derartige Informationen über die Kommunikationsqualitäten auf der Seite der Rezipienten verringern die strukturell bedingte Distanz zwischen den Kommunikationspartnern in der Massenkommunikation, weil sie als echtes „Feedback-Element" (Kölsch 1975, S. 316) den Mangel an direkten Rückkoppelungsmöglichkeiten kompensieren.

■ Fortschritte der Gratifikationsforschung

In den letzten eineinhalb Jahrzehnten haben sich die Forschungsbemühungen aus der Perspektive des Nutzenansatzes darauf konzentriert, „Erklärungen dafür zu finden, wie Rezipientenmotive, Erwartungen und Medienverhalten miteinander verbunden sind" (Palmgreen 1984, S. 51). Die Frage war, ob die Motivationen, die zur Mediennutzung führen, den Folgen dieser Nutzung entsprechen, ob sie also auch tatsächlich die gewünschten Gratifikationen nach sich ziehen. Daraus ergab sich die Notwendigkeit, zwischen gesuchten Gratifikationen (gratifications sought, GS) und den als Folge des Medienkonsums dann tatsächlich erhaltenen Gratifikationen (gratifications obtained, GO) zu unterscheiden.

---

196 Vgl. dazu das Kapitel 5.6. über die Funktionen der Massenmedien im vorl.iegenden Buch.

197 Kritische Gemüter, die mir jetzt vielleicht Realitätsferne attestieren möchten, lesen dazu gleich den Abschnitt: 5.3.5.3. Publikumsforschung als Kontaktmessung im vorliegenden Buch.

198 Auf diesen Umstand und die damit verbundenen Forschungsfragen bin ich bereits vor längerer Zeit näher eingegangen (siehe dazu: Burkart 1979a, Burkart/Semrau 1980).

Als Ergebnis, das mittlerweile durch mehrere Untersuchungen gestützt ist (vgl. Palmgreen/Wenner/Rosengren 1985), läßt sich festhalten, daß die vom Individuum jeweils gesuchten Gratifikationen in sehr hohem Ausmaß mit den im Rahmen der Medienzuwendung erhaltenen Gratifikationen zusammenhängen. M. a. W., das, was man sich von einem Medienkonsum erwartet, erhält man dann tatsächlich auch. „Gesuchte und erhaltene Gratifikationen sind eindeutig in einem Feedback-Modell verbunden“ (Palmgreen 1984, S. 53). Allerdings ist dies keineswegs immer der Fall, so daß man nicht schlußfolgern kann, den gesuchten Gratifikationen müßten notwendigerweise auch die im Rezeptionsprozeß erhaltenen entsprechen. Der medienpraktische Wert dieser Unterscheidung besteht v. a. in der Chance, prüfen zu können, inwieweit die angebotenen Medieninhalte den Wünschen des Publikums entgegenkommen, oder ob sie vor diesem Hintergrund eventuell verändert werden sollten.

Es liegt nahe, daß im Zuge dieser Forschungen dem Begriff der „Erwartung“ ein zentraler Stellenwert zukommt. Palmgreen und Rayburn (1985) haben nun den (aus der Sozialpsychologie stammenden) Erwartungs-Bewertungs-Ansatz (Fishbein 1963) in ihre Gratifikationsforschungen einbezogen. Verhalten, Verhaltensabsichten und auch Einstellungen werden dort als Funktion 1. einer Erwartung (= die unterstellte Wahrscheinlichkeit, daß ein Objekt eine bestimmte Eigenschaft oder ein Verhalten bestimmte Folgen nach sich zieht) betrachtet, und 2. einer Bewertung (= Stärke der positiven oder negativen affektiven Einstellung gegenüber einer Eigenschaft bzw. Folge eines Verhaltens). Am Beispiel einer Rezeptionsuntersuchung (von Fernsehnachrichten) ist es den Autoren tatsächlich gelungen, gesuchte Gratifikationen richtig vorherzusagen. Dieser Zusammenhang wurde schließlich im folgenden Prozeßmodell veranschaulicht:

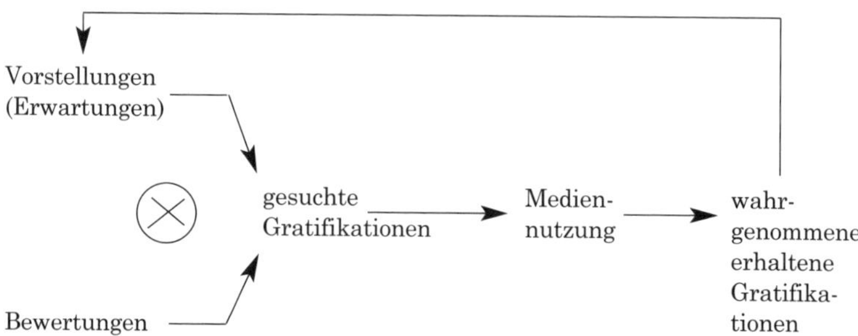

Abb. 23: Erwartungs-Bewertungs-Modell gesuchter und erhaltener Gratifikationen (Palmgreen 1984, S. 56)

Das Modell macht deutlich, daß das Produkt von Vorstellungen (Erwartungen) und Bewertungen die Suche nach Gratifikationen beeinflußt, die dann auf die Mediennutzung einwirkt. „Diese Nutzung führt dann zu einer Wahrnehmung bestimmter erhaltener Gratifikationen; dies wiederum verstärkt oder verändert rückwirkend die individuelle Wahrnehmung der mit den Gratifikationen verbundenen Eigenschaften von bestimmten Zeitungen, Programmen, Programmgattungen etc." (Palmgreen ebd.).

■ Kritik am Nutzenansatz

Trotz derartiger Verfeinerungen, durch die das ursprüngliche Nutzenkonzept präzisiert werden konnte, bleiben grundsätzliche Kritikpunkte bestehen. So z. B. der immer schon erhobene Vorwurf, „daß der funktionalistische Gehalt des Gratifikationsansatzes gerade im Hinblick auf gesellschaftliche Konsequenzen bisher nicht ausgeschöpft wurde" (Schenk 1987, S. 419). Da nützt es nach Ronge (1984) auch nichts, wenn der symbolische Interaktionismus mit seinem Konzept der Bedeutungszuweisung durch Interaktion bemüht werde, denn es handelt sich bei der individualistischen Interpretation der „social construction of social reality" ohnehin um eine „verfälschende Verkürzung: Es ist nicht so, daß der eine ‚Sozialpartner' den anderen in bestimmter Weise zur Kenntnis nimmt oder auch nicht und *sich* so *seine* Welt mit ihren Bedeutungen aufbaut. Vielmehr bauen *beide* kommunizierenden und interagierenden ‚Sozialpartner' *zusammen* im Prozeß ihrer Kommunikation und Interaktion sich *ihre* (= soziale) Welt auf: z. B. Medienanbieter und Mediennutzer" (Ronge 1984, S. 76).

Schließlich wird dem „Uses-and-Gratifications Approach" auch „Theorielosigkeit" (Merten 1984, S. 67) vorgeworfen, denn die Antwort auf „die Frage, ob es ausreicht, Medienrezeption durch einen einzigen, vom Rezipienten gesteuerten selektiven Prozeß zu begreifen" (. . .) „muß schlichtweg ‚nein' lauten" (ebd. S. 69) – eben weil es sich bei der Beschränkung auf den Rezipienten um eine „Verkürzung des zugrundeliegenden Kommunikationspozesses" (ebd.) handelt.

Damit Hand in Hand geht nach Ronge auch das „kognitivistische Vorurteil über den Menschen" (ebd. S. 80), das zur „Behauptung des motivgesteuerten, entscheidungsfreudigen Massenmediennutzers" (ebd. S. 81) führt: es verfehlt nicht nur die Realität, sondern ist zudem noch ideologisch, „wie es die Behauptungen des mündigen Bürgers oder des souveränen Konsumenten sind, sofern sie empirisch gemeint sind" (ebd.). Ideologisch deshalb, weil in Wahrheit die faktische Medienrezipientenforschung wohl nicht zuletzt den Zweck verfolgt, „Informationen für das Massenmedien*marketing* zu erzeugen – und dieses versucht natürlich den Nutzer ‚in den Griff zu bekommen', und nicht etwa, ihm zur Nutzungssouveränität zu verhelfen" (ebd.).

In dieses Bild paßt übrigens der Umstand, daß sich Gratifikationsforschungen auch sehr häufig „in Medienwirkungsstudien höchst traditioneller Webart" (Schönbach 1984, S. 63) finden: „Dort wird weiterhin das übliche Stimulus-Response-Modell stillschweigend vorausgesetzt – d. h. Medien üben einen Effekt auf ihre Rezipienten aus. Im Gegensatz zu einer Reihe früherer Untersuchungen werden jetzt allerdings Motive und/oder Bedürfnisse (. . .) des Publikums zusätzlich zu Schulbildung, Alter und Geschlecht als Stör- oder Verstärkungsfaktoren berücksichtigt" (ebd.). Schönbach fordert daher „ein integratives Modell der Mediennutzung und ihrer Konsequenzen", ein solches Modell hätte zu berücksichtigen, „daß die Suche nach Bedürfnisbefriedigung und ihre Folgen nicht allein ein – leicht lösbares – Nachfrageproblem sind, sondern auch von den Kommunikatoren und den Medien selbst abhängen – ja oft viel stärker als vom Rezipienten und den Bedürfnissen, die er ursprünglich befriedigen wollte" (Schönbach ebd.).

5.3.5.3. Publikumsforschung als Kontaktmessung

Nun darf man jedoch trotz aller Euphorie und Kritik, die sich auf die bislang dargestellte Vorgehensweise der Gratifikationsforschung bezieht, nicht übersehen, daß es sich hierbei letztlich um höchst akademische Auseinandersetzungen handelt, die in der praktischen Leserschafts-, Hörer- und Zuschauerforschung kaum eine Rolle spielen. Es erscheint daher angemessen, an dieser Stelle in einem ganz knappen Exkurs auf die Vorgehensweise der kommerziellen Publikumsforschung – auch: „Mediaforschung" – einzugehen.

Zunächst ist festzustellen, daß die Massenmedien in marktwirtschaftlich organisierten Gesellschaften, um überhaupt existieren zu können, über angemessene Werbeeinnahmen verfügen müssen. Dies gilt für privatwirtschaftlich organisierte Medien ebenso wie für öffentlich-rechtliche Rundfunkanstalten.[199] Aus diesen naheliegenden Gründen ist die kommerzielle Publikumsforschung v. a. als **„Werbeträgerforschung"** von Bedeutung. Die Werbeträgerforschung ist Voraussetzung für die sog. „Mediaplanung". Dabei geht es um die Entscheidung, „in welchem Medium geworben wird, ob man zum Beispiel in Printmedien, im Hörfunk oder Fernsehen wirbt (Intermediaselektion), und welche Zeitschriften- oder Zeitungstitel, welche Werbeblöcke welcher Sendungen man wie häufig belegt (Intra-

---

199 So kommen bei Printmedien etwa 56% der Gesamteinnahmen aus dem Anzeigengeschäft, 42% aus dem Verkaufserlös und etwa 2% aus sonstigen Quellen (z. B. aus der Bundespresseförderung), allerdings sollen auch bei Abonnementzeitungen Erlösstrukturen von 70 (Anzeigen) zu 30 (Vertrieb) keine Seltenheit sein (zit. n. Pürer 1990, S. 26). Im Fall der öffentlich-rechtlichen Rundfunkanstalten ist das Verhältnis etwas anders: Der Österreichische Rundfunk (ORF) z. B. bezieht etwa 44% seiner Einnahmen aus Werbung und 47% aus Gebühren der Hörer und Seher (ORF-Almanach 1991/92, S. 319).

mediaselektion), um die anvisierte Zielgruppe für bestimmte Produkte oder Dienstleistungen möglichst effektiv und kostengünstig zu erreichen" (Schulz 1989, S. 133). Daß dabei Entscheidungen von großer wirtschaftlicher Tragweite zur Disposition stehen, das zeigen die Beträge, die da jährlich zur Verteilung gelangen.[200]

Die elementaren Befunde der Leserschaftsforschung – und analog ebenso der Hörer- und Zuschauerforschung – sind Daten über die sog. **„Reichweite"** eines Mediums (Wie viele Personen werden von einer Zeitung/Zeitschrift innerhalb des jeweiligen Erscheinungsintervalles erreicht?) und über die Struktur der Leserschaft. (Aus welchen Personen setzt sich das Leserpublikum zusammen?) Unter einem „Leser" versteht man dabei in der internationalen Leserschaftsforschung eine Person, die eine Ausgabe einer Zeitung oder Zeitschrift (innerhalb des jeweiligen Erscheinungsintervalls) gelesen oder durchgeblättert hat. „Konzentriertes, gründliches oder auch nur flüchtiges Lesen sind nicht unbedingt erforderlich, um dieser Definition zu genügen. Schon das Durchblättern einiger Seiten reicht aus für die Chance zum Anzeigenkontakt. Entsprechend gelten als Leser pro Nummer (LpN) alle Personen, die mit einer durchschnittlichen Ausgabe einer Zeitung oder Zeitschrift Kontakt haben, d. h. diese durchblättern oder lesen" (Schulz ebd., S. 137).[201]

In Österreich ist v. a. die in jährlichem Rhythmus durchgeführte **„Media-Analyse"** die sog. „Leitwährung" für die Angabe von Reichweitenwerten der einzelnen Werbeträger. Auf der Basis von 12.000 Interviews sind ihre Ergebnisse repräsentativ für die erwachsene Bevölkerung ab 14 Jahren. Diese Analyse entsteht im Auftrag (und unter der Verantwortung) des Vereins

---

200 So machte der Werbeumsatz in der Bundesrepublik Deutschland z. B. im Jahr 1987 ca. 18 Mrd. DM aus (zit. n. Schulz 1989, S. 134); in Österreich investierte die Wirtschaft lt. Werbestatistik von Nielsen im Jahr 1992 ca. 13 Mrd. öS in die klassische Werbung, das sind etwa 0,5% des Bruttonationalproduktes (BNP). Zum Vergleich: In Deutschland und in der Schweiz beträgt der Anteil der Werbebranche am BNP ca. 1,2% (zit. n. Lankes 1993, S. 14).

201 Für die Mediaforschung in Deutschland vgl. den profunden Überblick von Schulz 1989.

„Arbeitsgemeinschaft Media-Analysen", dem als Mitglieder Zeitungs- und Zeitschriftenverleger, der Österreichische Rundfunk sowie Werbeagenturen angehören. Die Durchführung erfolgt durch österreichische Markt- und Meinungsforschungsinstitute.[202]

Was die Hörer- und Zuschauerforschung in Österreich betrifft, so hat der Österreichische Rundfunk (ORF) mit seinem im März 1991 eingeführten **„Teletest"** (vgl. Diem 1993) in der Zuschauerforschung Anschluß an das international gängige Meßverfahren gefunden[203], in dem über ein an das TV-Gerät angeschlossenes elektronisches Meßgerät (Telecontrol IV) repräsentativ ausgewählte Testhaushalte aus ganz Österreich[204] im Hinblick auf ihr Programmwahlverhalten erfaßt werden und zusätzlich (auf einer 6stufigen Skala) eine Beurteilung der gesehenen Sendung abgeben können. In Deutschland wird schon seit 1984 mit einem derartigen Gerät („GfK-Meter") kontinuierlich die Fernsehnutzung gemessen (siehe dazu: Schulz R. 1989, S. 153 f.). Das Meßgerät stellt nicht nur den gewählten Fernsehkanal sowie Videorecorderaufzeichnungen fest, es erkennt auch die zeitversetzte Wiedergabe von aufgezeichneten Sendungen sowie die Nutzung von Fremdkassetten oder das Abrufen von Teletext-Informationen, und das alles im 30-Sekunden-Takt. Die in den Geräten gespeicherten Daten werden täglich zwischen 3 und 4 Uhr morgens durch einen vollautomatischen Computertelefonanruf abgerufen und stehen noch am selben Vormittag zur Verfügung.

---

202 Daneben existieren noch eine Reihe anderer standardisierter Untersuchungen, die von den Markt- und Meinungsforschungsinstituten zumeist in Eigenregie erstellt und angeboten werden. – Vgl. dazu näher: Angermann/Diem/Pürer 1996.

203 Im Jahrzehnt zuvor erfolgte die Zuschauermessung im Rahmen des kontinuierlichen „Infratests" mittels Tagebuchverfahren.

204 Der Teletest beruht auf der elektronischen Erfassung von über 600 für die inländische Wohnbevölkerung Österreichs repräsentativen Fernsehhaushalten mit rund 1.600 Erwachsenen (ab 12 Jahre) und 250 Kindern (3–11 Jahre). – Vgl. dazu näher: Diem 1993.

5.3.6. *Der dynamisch-transaktionale Ansatz*

Der bisher geleistete Einblick in die massenmediale Wirkungsforschung hat im wesentlichen zwei Perspektiven eröffnet, aus denen man Medienwirkungen betrachten kann: die „kommunikator-“ oder „medienzentrierte Betrachtungsweise“ auf der einen Seite und die „Rezipienten-“ oder „publikumszentrierte Betrachtungsweise“ auf der anderen Seite, wie sie soeben mit dem Nutzenansatz näher besprochen wurde.

Der dynamisch-transaktionale Ansatz (Früh/Schönbach 1982, Schönbach/Früh 1984, Früh 1991) stellt nun insofern eine dritte Variante dar, weil er versucht, diese beiden Perspektiven – also Wirkungs- und Nutzenansatz – miteinander zu verbinden.

Ausgangspunkt ist die plausible Annahme, daß Kommunikatoren wie Rezipienten innerhalb eines Kommunikationsprozesses sowohl als passive wie auch als aktive Teilnehmer gesehen werden müssen. Die aktive Komponente beim Kommunikator besteht darin, daß er die Informationen auswählt und entsprechend den Vorstellungen, die er von seinem Publikum hat, gestaltet. Zugleich ist er aber auch passiv, weil sein Handeln stets von bestimmten Bedingungen beeinflußt wird. So kann er in der Regel z. B. keine komplexen politischen Hintergrundberichte in einer Boulevardzeitung veröffentlichen und zur Hauptsendezeit des Fernsehens kein typisches Minderheitenprogramm ausstrahlen. Insofern ist auch der Rezipient passiv, weil er nur aus den jeweils angebotenen Informationen auswählen kann. Eine weitere Facette seiner Passivität ist in der Habitualisierung des Medienverhaltens zu sehen, also in immer wiederkehrenden quasi „eingefleischten“ Verhaltensweisen (wie z. B. dem täglichen Zeitungskauf, dem regelmäßigen TV-Nachrichtenempfang usw.). Die aktive Komponente des Rezipientenverhaltens ist vorhin mit dem Nutzenansatz ausführlich beschrieben worden. Sie umfaßt v. a. das Herausbilden bestimmter Selektionsstrategien, aber auch die Verarbeitung der rezipierten Inhalte, die z. B. dazu führt, daß der Rezipient verschiedene Informationen zu einem subjektiv sinnvollen Ganzen zusammenführt bzw. nicht vorhandene Informationen selbständig sucht.

Zum besseren Verständnis dieser abstrakten Annahmen soll das folgende von Früh und Schönbach angeführte Beispiel anhand eines alltäglichen Kommunikationsvorganges dienen[205]:

Bei Familie X ist es üblich, beim Abendessen den Fernseher laufen zu lassen. Meistens trifft es sich so, daß während des Abendessens die Sendung „heute" „mit halbem Ohr" verfolgt wird. Der Aufmacher ist eines Abends eine Hausbesetzerdemonstration in Berlin: Steine fliegen in Schaufensterscheiben, Polizisten schießen mit Tränengas. Der Lärm läßt die Familie kurz aufhorchen. Sie sieht sich das Spektakel an und bekommt dabei die Stichwörter „Demonstration", „Berlin", „Kämpfe mit der Polizei" mit, läßt sich aber beim Abendessen nicht weiter stören. Am nächsten Tag liest Herr X während der Frühstückspause am Arbeitsplatz die „Bild"-Zeitung, die mit der Schlagzeile „Blutige Demonstration in Berlin" aufmacht. Ihm fallen die Fernsehnachrichten des vorangegangenen Abends ein: Offenbar handelt es sich um eine wichtige Sache, von der man doch etwas erfahren sollte.

Szenario I: Er verfolgt an diesem und an den folgenden Tagen die – knappe – Berichterstattung der „Bild"-Zeitung. Zwei- oder dreimal wird diese Demonstration Thema eines kurzen Meinungsaustausches mit Kollegen und der Familie, dabei kommt große Übereinstimmung in Kenntnissen und Einstellungen zum Ausdruck. Nach drei Tagen ist das Interesse an der Demonstration erloschen.

Szenario II: Die Familie hat selbst lange in Berlin nach einer Wohnung gesucht und erfährt durch die Berichterstattung von „heute" und „Bild" beiläufig, wie viele Wohnungen in Berlin leer stehen. Ihre subjektive Betroffenheit führt dazu, daß man die nächste Ausgabe des „Stern" kauft: sie kündigt auf der Titelseite einen Bericht über Wohnungsnot in Deutschland am Beispiel Berlins an. Darin vermutet Familie X nicht nur eine Information über die Berliner Demonstration, sondern auch über deren Hintergründe, Ursachen und mögliche Folgen. Vielleicht lesen Familienangehörige jetzt auch in der abonnierten Lokalzeitung einen Kommentar, der sonst nicht beachtet worden wäre. Dort findet man plausible Erklärungsmuster – nicht nur für die Berliner Unruhen, sondern auch für die Wohnungsnot. Das Informationsbedürfnis ist jetzt weitgehend befriedigt; es werden keine weiteren Anstrengungen mehr unternommen, Zusätzliches zu erfahren.

Szenario III: Arbeitskollegen vertreten zu diesem Thema abweichende Meinungen und berufen sich dabei auf Informationen aus „Report", einer Sendung, die die Familie X nicht gesehen hat. Bei der nächsten

---

205 Im Gegensatz zur Originalversion dieser Textpassage wurden hier einige Anmerkungen nur verkürzt wiedergegeben. Der vollständige Text findet sich aber auch in: Burkart 1992, S. 86–100.

„Report“-Sendung wird auf den gleichzeitig laufenden Spielfilm verzichtet und probeweise die Magazinsendung eingeschaltet. Sie verspricht offenbar Informationen zu bringen, die man in Diskussionen gut verwenden kann. Die Sendung wird eingeschaltet, obwohl man nicht sicher ist, daß über das Thema „Hausbesetzung“ und „Wohnungsnot“ erneut berichtet wird. Dadurch haben anderen Themen der Sendung erstmals eine Wirkungschance; für diese Themen kann jetzt Szenario I oder II gelten. Vielleicht führt die breitere politische Information zu einem insgesamt stärkeren politischen Interesse (vgl. z. B. Noelle-Neumann 1977, S. 227 ff.), das sich dann auch in einem veränderten Medienverhalten niederschlagen kann.

Wie würde man mit Hilfe des Wirkungs- bzw. des Nutzen- und Belohnungsansatzes diese Abläufe erklären? Zunächst einmal handelt es sich um den typischen Fall einer direkten Medienwirkung: Familie X wird von dem Bericht in „heute“ überrumpelt; sein Effekt ist, daß in ihrem Bewußtsein ab sofort Hausbesetzerdemonstrationen existieren. Das gleiche gilt für die Schlagzeile der „Bild“-Zeitung und die Titelseite des „Stern“. Auch hier löst ein Teil der Medienbotschaft einen Effekt aus, den wir mit Hilfe des S-R-Modells angemessen erklären können. Im weiteren Verlauf der geschilderten Kommunikationsprozesse jedoch wird es zusehends schwieriger, alle Vorgänge in das S-R-Schema einzupassen. Die Tatsache, daß Herr X nach weiteren Informationen sowohl in der „Bild“-Zeitung als auch im „Stern“ und in „Report“ sucht („information seeking“), ist viel besser mit dem Nutzenansatz zu erfassen. Dieses Modell allerdings kann wiederum die von „heute“ ausgehende „Initialzündung“ kaum angemessen erklären; die Sendung wurde aus bloßer Gewohnheit eingeschaltet und auch gar nicht bewußt verfolgt. Das plötzliche Aufmerken ist deshalb eher ein physiologisch erklärbarer Reflex als eine von bestimmten Motiven gesteuerte Verhaltensweise.

Was wäre gewonnen, wenn man daraus die Konsequenz zöge, *beide* Modelle zu verwenden – etwa in alternierender Form? Sicherlich wären Teile des Vorganges damit adäquat zu beschreiben. Wir meinen allerdings, daß sich bei allen geschilderten Abläufen mehr und anderes abspielt als jeweils voneinander abgrenzbare S-R- bzw. Auswahlprozesse.

Schon die scheinbar den S-R-Ansatz bestätigende Initialzündung enthält Elemente des Nutzenansatzes: Die erste Zuwendung zum Fernsehen findet noch als Reflex statt. Aber bereits der Vorgang, aus Lärm und sinnlosen Bildern einige sinnvolle Stichwörter zu isolieren, setzt Motivation voraus – und sei sie noch so gering. Der weitere Verlauf dieses Kommunikationsprozesses läßt es nun nicht mehr zu, Nutzen- und Wirkungsansatz voneinander zu trennen. Ursache und Wirkung, abhängige und unabhängige Variable sind in einem oszillatorischen

Wechselspiel aufs engste miteinander verwoben. Die Medienbotschaft, die den geschilderten Kommunikationsprozeß in Gang setzt, ist nicht nur ein objektiver und damit von Rezipienten unabhängiger Stimulus, sondern sie verändert ihre Identität im Prozeß des Verstehens: dieselbe Information ist für verschiedene Interpreten und zu verschiedenen Zeiten nicht dieselbe. Ihr werden – „objektiv" – verschiedene Bedeutungen zugewiesen. So entsteht aus der Vorgabe der Medienbotschaft (Wirkungsperspektive) und der gleichzeitigen aktiven Bedeutungszuweisung durch den Rezipienten (Nutzenperspektive) das eigentliche Wirkungspotential der Medien (vgl. Abb. 24, Transaktion 1).

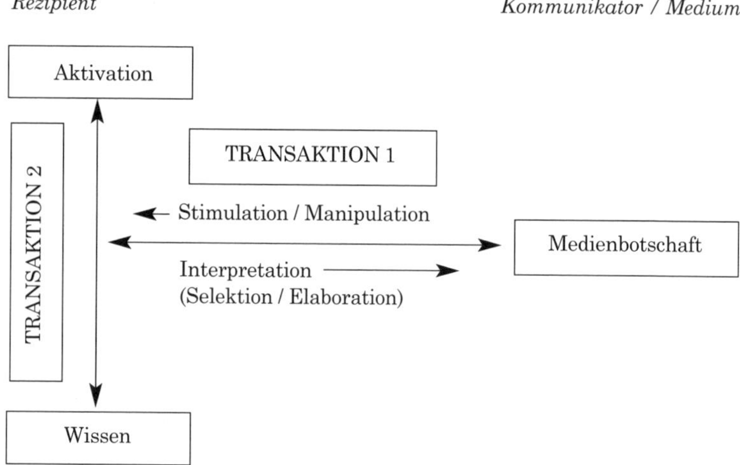

Abb. 24: Das Grundmuster des dynamisch-transaktionalen Modells

Diese Bedeutungszuweisung hat ihrerseits zwei Komponenten, die ebenfalls miteinander interagieren: Aufnahme von Informationen – wie in unserem Beispiel geschehen – ist mit einer *gleichzeitigen* Erhöhung des Aktivationsniveaus verbunden, die sich insbesondere in einem vermehrten Interesse an dem Thema niederschlägt. Sowohl dieses gesteigerte Interesse als auch der erhöhte Informationsstand haben zur Folge, daß weitere Informationen zu diesem Thema auf günstigere Voraussetzungen beim Rezipienten treffen: Er ist erstens bereit, mehr Aufmerksamkeit zu investieren, und zweitens auch in der Lage, Medienbotschaften zu diesem Problem besser zu verstehen. Der Wissenszuwachs selbst ist motivierend. Rezeptionsfähigkeit und Rezeptionsbereitschaft sind untrennbar miteinander verbunden; was dabei Stimulus, was Reaktion ist, läßt sich nicht mehr ausmachen (vgl. Abbildung 24,

Transaktion 2). Diese Interaktion ist die Grundlage für die bereits beschriebene Wechselwirkung zwischen Medienangebot und individueller Bedeutungszuweisung. Sie ist mehr als eine einfache Feedback-Schleife, weil in ihr Wirkung und Rückwirkung nicht mehr voneinander unterscheidbar sind. Es wird nicht angenommen, daß eine höhere Motivation zu einem verstärkten Wissenszuwachs führt oder umgekehrt; beides oszilliert vielmehr, wobei die Frequenz dieser Oszillation einen Grenzwert erreichen kann, bei dem Wirkung und Rückwirkung zusammenfallen, d. h. eine Veränderung der einen Variablen eine *simultane* Veränderung der anderen Variablen bedeutet[206] (Früh 1991, S. 26 ff.).

Diese Textstelle von Früh und Schönbach erläutert recht plastisch die Kernthese des dynamisch-transaktionalen Ansatzes, nämlich massenmediale Wirkungen als „Folge von Wechselbeziehungen zwischen Medienbotschaften und Rezipientenerwartungen zu begreifen" (Schönbach 1989, S. 459)[207].

Knapp zehn Jahre nach der Erstveröffentlichung dieser Gedanken sind erste Versuche dokumentiert, die zeigen sollen, wie Medienwirkungen als dynamisch-transaktionale Vorgänge empirisch gemessen werden können (Früh 1991). Insgesamt ist es zwar noch zu keiner weitläufigen Prüfung des Ansatzes, aber schon zu durchaus bemerkenswerten Ergebnissen gekommen.

So wurde z. B. der Frage nachgegangen, ob und inwieweit Zeitungsleser allfällige Einseitigkeiten in der Berichterstattung (thematisch ging es dabei um Pro- bzw. Contrastandpunkte zur 35-Stunden-Woche) überhaupt wahrnehmen (Brosius/Staab 1989). Zunächst war inhaltsanalytisch, gleichsam „objektiv" (im Sinne der kommunikatororientierten Perspektive) zu bewerten,

206 Hier wird wieder einmal deutlich, daß Variablen wie Wissen, Motivation, Meinung, Einstellung usw. analytische Konstrukte sind, die in anderem Zusammenhang nützlich sein mögen, deren strikte Unterscheidung hier aber weder immer möglich noch unbedingt notwendig erscheint.

207 Immer wieder weisen Früh (insb. 1991) und Schönbach (z. B. 1989) darauf hin, daß diese Idee gar nicht so neu ist: So finden sich Gedanken über solche „Transaktionen" im Medienwirkungsprozeß bereits in den theoretischen Arbeiten von W. Phillip Davison (1959) und Raymond A. Bauer (1964). Aber in die empirische Forschung fanden sie bisher kaum Eingang.

wie einseitig oder ausgewogen die Standpunkte in den publizierten Beiträgen zur Sprache kamen. Genau dieselbe Frage hatten auch ausgewählte Zeitungsleser zu beantworten. Bereits im Sinne des Nutzenansatzes sind solche Wertungen bekanntlich nicht so sehr objektiv feststehende Kennzeichen der Aussage, sondern eher subjektive Rekonstruktionen einer Wirklichkeit seitens des Rezipienten. Ein Vergleich beider Datensätze bestätigte dies auch: insgesamt war lediglich eine schwache Übereinstimmung zwischen inhaltsanalytischen Daten und Leserwahrnehmung zu registrieren.

Aus dynamisch-transaktionaler Perspektive kann man nun jedoch argumentieren, „daß sich die subjektiven Rekonstruktionen aus dem ‚objektiven Potential' der Botschaft dann vorhersagen lassen, wenn die relevanten Botschafts- und Rezipientenmerkmale bekannt sind" (Brosius/Staab/ Gaßner 1991, S. 232). Und in der Tat ergaben sich für bestimmte Gruppen von Artikeln und bestimmte Gruppen von Rezipienten stärkere Zusammenhänge: Bei Artikeln mit geringem Umfang und relativ großer Schlagzeile konnte ein stärkerer Zusammenhang zwischen der gemessenen und der wahrgenommenen Tendenz festgestellt werden, ebenso wurde erkennbar, daß die inhaltsanalytisch gemessenen Tendenzen dann deutlich besser den Rekonstruktionen der Rezipienten entsprachen, wenn Personen im Mittelpunkt der Berichte standen und nicht Sachthemen (ebd. S. 222 ff.). Auf der Rezipientenseite ergaben sich ähnliche Zusammenhänge nur bei Lesern, die häufig die Quelle der Artikel (hier: die Süddeutsche Zeitung) nutzten, insgesamt blieben die Übereinstimmungen zwischen inhaltsanalytischer Bewertung und Leserwahrnehmung – vor allem im Bereich der Sachthemen (ebd. S. 220 f.) – sehr gering.

Derartige Daten bestätigen zwar die These, wonach Wirkungs„ursachen" sowohl bei der Medienbotschaft als auch beim Rezipienten zu suchen sind, sie führen aber unweigerlich zur Frage, „welches relative Einflußpotential den Faktoren des Medienangebots zukommt und welche Wirkung subjektive Faktoren haben" (Früh 1991, S. 259) und vor allem: welche Merkmale auf der Rezipientenseite es denn eigentlich sind, die die Wahrnehmung der Medienbotschaften beeinflussen.

Doch diese Frage wird im Grunde schon seit Jahrzehnten gestellt, nämlich seit man sich um den Inhalt der „black box" zu kümmern begann. Und sie kann ja mittlerweile auch verschiedentlich beantwortet werden: etwa mit dem Verweis auf die intervenierenden Variablen, wie sie in den Arbeiten der Hovland-Gruppe zutage gefördert wurden (siehe S. 198 ff. d. vorl. Buches), mit dem Hinweis auf konsistenztheoretische Mechanismen, die unsere Wahrnehmungs-, Interpretations- und Behaltensleistungen zu steuern scheinen (siehe S. 204 ff. d. vorl. Buches), und schließlich mit dem Nutzenansatz, der diese Prozesse mit der Erlangung unterschiedlicher Belohnungen erklärt, die man mit Hilfe der Medienzuwendung sucht (siehe S. 220 ff. des vorliegenden Buches).

Dreht sich die Wirkungsforschung also im Kreis? Ja und nein. Ja, weil in der Tat wieder die alte Wirkungsfrage aktuell zu werden scheint, auch wenn sie sich im neuen Gewand präsentiert: „Wie wird Medieninformation zum Bestandteil unserer allgemeinen Vorstellung von der Welt?" (Früh 1991, S. 259). Nein, weil heute immer deutlicher wird, daß man aussagekräftige Ergebnisse eher dann erhält, wenn man prozeßorientiert (eben: „dynamisch") forscht, d. h. den Ablauf des Wirkungsgeschehens über eine sinnvoll erscheinende Zeitspanne hinweg verfolgt.

Im Horizont des dynamisch-transaktionalen Ansatzes wurde daher versucht, die Entwicklung bzw. den Verlauf solcher Vorstellungsbilder zu beobachten, und zwar sowohl unter dem Einfluß des Medienangebotes als auch der subjektiven Mechanismen zur Informationsverarbeitung (Früh 1992). Methodisch geschah dies in Form einer Panelbefragung (zweimalige Messung der Rezeption von drei dominanten Themen aus der Medienberichterstattung des vorangegangenen Tages). Ausgewählte Personen wurden zu TV-Sendungen, Hörfunk- und Zeitungsbeiträgen befragt, die sie unter natürlichen Bedingungen rezipiert hatten. Die Logik des Verfahrens bestand in einem Textvergleich: Die in den Interviews reproduzierten Themenwahrnehmungen der Rezipienten (ihre „Vorstellungsbilder") wurden mit Hilfe eines eigens entwickelten Textanalyseverfahrens mit den manifesten massenmedialen „Texten" nach Inhalt und Struktur verglichen.

Detailliertes Erkenntnisziel war die Prüfung zweier Thesen: der **„Zerfalls-"** und der **„Integrationsthese"**. Im ersten Fall, der im Horizont „klassischer" Medienwirkungsforschung anzusiedelnden „Zerfallsthese", wurde unterstellt, daß die Rezipienten die medial vorkonstruierte Wirklichkeit mehr oder weniger kognitiv kopieren, um sie dann nach und nach wieder zu vergessen. Dadurch – so die Annahme weiter – käme es auch zum Zerfall vorher zusammenhängender Informationen, und die durch den Vergessensprozeß entstandenen Wissenslücken würden den ursprünglichen Sinnzusammenhang zerstören. Im zweiten Fall, aus der Perspektive aktiver Mediennutzung, war hingegen erwartbar, daß sich die Rezipienten aus dem vorliegenden Angebot eine Welt mit höchst subjektiven Zügen konstruieren, in die sie ihre eigenen Vorkenntnisse bzw. Vorurteile integrieren.

Die Ergebnisse machten zunächst deutlich, daß die „Medien die Informationen homogener strukturiert anbieten, als sie vom Publikum wahrgenommen werden" (ebd. S. 85) – die Rezipienten „kopieren" also keineswegs das mediale Angebot in ihren Köpfen. Darüber hinaus wurde aber erkennbar, daß sich die Rezipienten auch nicht einfach eine ganz subjektive Wirklichkeit konstruieren – wie man vielleicht aus der Perspektive des Nutzenansatzes annehmen könnte. Ganz im Gegenteil: Es scheint so zu sein, daß sich das Publikum eher an wenigen Kernaussagen orientiert, deren Komplexität dann auch weitgehend erhalten bleibt, während der große Rest sonstiger Informationen zum Teil ganz vergessen wird oder in isolierte Erinnerungsbruchstücke zerfällt (vgl. ebd.).

Eine mögliche Erklärung dafür: das subjektive Informationsinteresse, das sich allerdings im Lauf der Zeit ebenfalls verändern kann. Dies zeigten beispielsweise Untersuchungen über die Veränderung des Bekanntheitsgrades eines Kommunalpolitikers (während des Wahlkampfes): So ließ sich der Lernerfolg (Vergrößerung des Bekanntheitsgrades) am besten mit dem Anwachsen des Informationsinteresses (hier: an kommunalpolitischen Fragen) begründen, nicht dagegen mit Besonderheiten des medialen Stimulus, wie Zahl, Größe oder Aufmachung der Artikel (Schönbach 1989).

Gut in diesen Forschungskontext paßt übrigens der Versuch, wieder einmal ein Konzept aus der Psychologie für die Medienwirkungsforschung fruchtbar zu machen, das auf Arbeiten des französischen Entwicklungspsychologen Jean Piaget in den dreißiger Jahren zurückgeht: die sog. **„Schema-Theorie"** (Brosius 1991). Sie geht davon aus, daß wir Menschen nur einen Bruchteil der auf uns einströmenden Informationen aufnehmen und verarbeiten können. Um jedoch wichtige und für uns nützliche Informationen möglichst schnell zu selektieren, bedarf es daher bestimmter Verarbeitungsrichtlinien. Derartige Selektionskriterien bilden sich im Laufe des jeweils individuellen Sozialisationsgeschehens heraus, so daß jede unserer Wahrnehmungen eigentlich schon von bestimmten Vorstellungen und Erwartungen – eben: sog. „Schemata" – gelenkt wird.

Ansätze, die mit dem Begriff „Schema" arbeiten, postulieren nun – ähnlich wie der Nutzenansatz und der dynamisch-transaktionale Ansatz –, daß der Rezipient als aktives Individuum die Welt um sich herum mehr oder weniger konstruiert und nicht eine Eins-zu-eins-Abbildung der Realität vornimmt bzw. gar nicht vornehmen kann. Bezogen auf die Rezeption massenmedialer Inhalte bedeutet dieser Umstand dann z. B., daß Schemata bestimmen, welche Informationen (aus dem Gesamtangebot, aber auch aus einem Artikel oder aus einer Meldung) aufgenommen und weiterverarbeitet werden. Darüber hinaus helfen Schemata aber auch dabei, neue Informationen einzuordnen und in vorhandenes Wissen zu integrieren. Oder wie es Winterhoff-Spurk (1983) im Hinblick auf die Verarbeitung von Nachrichtensendungen auf den Punkt bringt: Sie tragen dazu bei, daß wir uns zurücklehnen und sagen können: „Nichts Neues in den Nachrichten, alles schon dagewesen."[208]

Insgesamt scheinen die empirischen Meßversuche dynamisch-transaktionaler Vorgänge darauf hinzudeuten, daß dieser Ansatz, der die in der Zeit ablaufenden Veränderungen auf der Kommunikator- und auf der Rezipientenseite betont, mit dem

---

208 Die Adaptation der „Schema-Theorie" für die Wirkungsforschung hat bereits Anfang der achtziger Jahre begonnen: Brosius (1991, S. 288 f.) verweist hier insbesondere auf Smith (1982) und Graber (1984).

„klassischen“ Denken in Kausalbeziehungen, das auf eine Trennung von Ursache und Wirkung hinausläuft, nicht mehr so recht vereinbart werden kann. Vor allem deshalb, weil die strikte Trennung von abhängigen und unabhängigen Variablen, also von Ursache und Wirkung eigentlich aufgehoben ist. Denn in dynamisch-transaktionaler Perspektive kann die Funktion der Variablen permanent wechseln. „Wenn aber die Ursache schon die Wirkung und die Wirkung auch die Ursache sein kann, sollte man dann vielleicht nicht über einen anderen Begriff von ‚Wirkung‘ nachdenken?“ (Früh 1991, S. 39). Ein Umstand, der die empirische Prüfung des Konzeptes zweifellos erschwert. Früh warnt daher auch davor, angesichts der Komplexität dieses Denkgebäudes in Resignation zu fallen. Im Gegenteil: Es soll dazu dienen, „die vielfältigen Komponenten von Medienwirkungen in der tagtäglich notwendigen Reduktion des Forschungsvorganges mitzudenken und damit an ihren richtigen Platz zu stellen“, denn es gelte jetzt, „die Effekte der Massenmedien weder als alleiniges Produkt von Medienbotschaften noch als beliebige Kreation des Publikums zu betrachten“ (ebd. S. 58).

Dennoch: Die Forschungstradition der letzten Jahrzehnte hat durchaus erklärungskräftige Ansätze hervorgebracht, die zunächst überhaupt nicht mit einer dynamisch-transaktionalen Perspektive vereinbar zu sein scheinen: die „Agenda-Setting-Hypothese“ und die „These von der wachsenden Wissenskluft“.

5.3.7. Die Agenda-Setting-Hypothese

Der Kerngedanke dieses Konzeptes besteht in der Annahme, daß die Massenmedien nicht so sehr beeinflussen, *was* wir denken sollen, sondern eher bestimmen, *worüber* wir nachzudenken haben.[209] Sie legen gewissermaßen fest, welche Themen wir auf

209 Diese These taucht schon zu Beginn der sechziger Jahre erstmals auf (bei Cohen 1963). Der Gedanke reicht aber im Grunde bis zum Klassiker über öffenliche Meinung von Walter Lippmann (1922) zurück, der in den Massenmedien bereits die elementaren Kontaktmittel des einzelnen zu seiner Umwelt in differenzierten Gesellschaften erkannte und ihnen die Verantwortung für „the Pictures in our Head“ zuschrieb.

unsere Tagesordnung (Agenda) setzen. Mit dieser **„Tagesordnungs-“** oder auch **„Thematisierungsfunktion“** werden den Medien vor allem kognitive Effekte unterstellt und nicht, wie in der „klassischen“ Stimulus-Response-orientierten Perspektive, Wirkungen auf Einstellungen oder Verhaltensweisen: „Es geht um unsere *Aufmerksamkeit*, unser *Wissen* und *Problembewußtsein* gegenüber den täglich berichteten Ereignissen, Personen, öffentlichen Themen und Fragestellungen“ (Schenk 1987, S. 194).

Zwar ist dieses Konzept zweifelsfrei der kommunikatorzentrierten Betrachtungsweise zuzuordnen – und es gibt auch Stimmen, die in dieser Position einen Rückschritt zu einem medienzentrierten Wirkungskonzept sehen (vgl. Uekermann/ Weiß 1983) – mit der zentralen Frage nach der medialen Wissensvermittlung handelt es sich aber dennoch um eine beträchtliche Reduzierung der ursprünglichen S-R-Perspektive, die eigentlich ein Aufgeben dieser Omnipotenz-These darstellt.[210]

Die Agenda-Setting-These wurde erstmals im Rahmen einer empirischen Untersuchung zur amerikanischen Präsidentschaftswahl 1968 getestet und lautet in ihrer ursprünglichen Formulierung: “While the mass media may have little influence on the direction or intensity of attitudes, it is hypothesized that *the mass media set the agenda for each political campaign, influencing the salience of attitudes toward the political issues*” (McCombs/Shaw 1972, S. 177).[211] Die Autoren verglichen dazu die Themenprioritäten von etwa 100 noch unentschiedenen Wählern in einer Kleinstadt (Chapel Hill/North Carolina)

210 Zynisch könnte man in der Agenda-Setting-These den Versuch der Medienforscher sehen, auf die immer wieder falsch gestellte Frage nach „den Medienwirkungen“ doch noch eine richtige Antwort zu finden.

211 Als eine Arbeit, die zeitgleich mit der soeben zitierten durchgeführt wurde und gleichfalls untrennbar mit der „Geburt“ der Agenda-Setting-Forschung verbunden ist (ohne selbst allerdings den Begriff zu verwenden), gilt die Untersuchung von Funkhouser (1973), der eine gewisse Parallelität zwischen der Themenstruktur amerikanischer Nachrichtenmagazine in den sechziger Jahren und den Antworten auf die jährliche Gallup-Frage („Was, glauben Sie, ist das größte Problem, vor dem die USA stehen?“) festgestellt hatte.

mit den in den Medien behandelten Themen[212] und stellten dabei hohe Korrelationen zwischen der Themenstruktur in den Medien (Medienagenda) und den thematischen Prioritäten der Wähler (Publikumsagenda) fest.

Auch wenn McCombs und Shaw darauf hinwiesen, „daß es sich hierbei nur um eine notwendige, (aber) keine hinreichende Bedingung für einen kausalen Zusammenhang handelt" (Ehlers 1983, S. 167), wird ein solcher Ursache-Wirkungs-Zusammenhang immer wieder unterstellt – mitunter sogar in die umgekehrte Richtung: Es könnte ja auch das Publikum mit seinen thematischen Präferenzen die Agenda der Medien beeinflussen, weil die Zeitungen und Rundfunkanstalten, die auf einem konkurrierenden Markt bestehen müssen, ohnehin versuchen, sich an den Interessen ihrer Rezipienten zu orientieren.[213]

In der Forschungsarbeit konzentrierte man sich jedenfalls auf den „klassischen" Kausalzusammenhang (Medienagenda als Ursache für Publikumsagenda), und sehr bald kristallisierten sich drei Modellvarianten (McCombs 1977) heraus[214]:

1. Das *Awareness-Modell* (Aufmerksamkeitsmodell), in dem unterstellt wird, daß das Publikum auf bestimmte Themen oder Themenbündel aufmerksam wird, weil die Medien über sie berichten.

---

212 Inhaltsanalytisch untersucht wurden vier Lokalzeitungen, drei überregionale Printmedien („New York Times", „Time", „Newsweek") und die Abendnachrichten von NBC und CBS. Die Frage an die interviewten Personen lautete: "What are you most concerned about these days? That is, regardless of what politicans say, what are the two or three main things which you think the government should concentrate on doing something about?" (Zit. n. Ehlers 1983, S. 183).

213 Vgl. dazu näher: Edelstein 1983. Nur nebenbei sei angemerkt, daß damit die schon vor vielen Jahren bei Maletzke (1963, S. 67 f.) diskutierte **„Reflexions-Hypothese"** angesprochen wird, nach der die Medieninhalte als Spiegel bzw. als Reflexion der Wünsche, Erwartungen und Einstellungen des Publikums aufzufassen sind, während die traditionelle Wirkungsforschung von der **„Kontroll-Hypothese"** geleitet ist, wonach Medienaussagen unser Denken und Handeln beeinflussen und damit kontrollieren.

214 Ich folge hier der Darstellung von Uekermann/Weiß 1983, S. 70 ff., vgl. dazu auch Schenk 1987, S. 198 f.

2. Das *Salience-Modell,* das die unterschiedliche Hervorhebung bestimmter Themen in den Medien als Ursache dafür sieht, daß die Rezipienten diese Themen auch für unterschiedlich wichtig halten, und schließlich
3. das *Prioritätenmodell,* das die Wirkungsannahme des Salience-Modells radikalisiert und unterstellt, die Themenrangfolge der Medienagenda schlage sich spiegelbildlich in einer ebensolchen Publikumsagenda nieder.

Uekermann/Weiß (1983) haben für die erste Modellvorstellung den Begriff der „Thematisierung", für die zweite und dritte Modellvariante die Bezeichnung **„Themenstrukturierung"** eingeführt.

Mittlerweile hat die Agenda-Setting-These eine Vielzahl von Untersuchungen (insbesondere zur Frage der Themenstrukturierung) ausgelöst[215], in denen allerdings auch intervenierende Variable zutage gefördert worden sind, die ihre Gültigkeit relativieren. Angesichts der Komplexität des Wirkungsgeschehens, wie sie in den vorangegangenen Kapiteln dieses Buches eröffnet worden ist, überrascht dies wohl auch nicht sonderlich. Heute wird die simple Kausalhypothese, wonach die Publikumsagenda spiegelbildlich der Medienagenda gleiche, jedenfalls nicht mehr vertreten.

So wurde z. B. erkannt, daß von der Tageszeitung mitunter stärkere Themenstrukturierungseffekte ausgehen als vom Fernsehen. Man führte das u. a. darauf zurück, daß die Zeitung durch Aufmachung und Gestaltung Themen viel besser hervorheben bzw. zurückdrängen kann als das Fernsehen (McClure/Patterson 1976, Shaw/McCombs 1977). Während man der Presse daher die eher längerfristigen Themenstrukturierungseffekte zusprach, wurde dem Fernsehen u. a. ein kurzfristiger **„Scheinwerfereffekt"** (Schenk [illegible], S. [illegible]) attestiert.

Außerdem stellte sich heraus, daß unterschiedliche Agenda-Setting-Effekte auch mit bestimmten Eigenschaften der The-

215 Einen Überblick bietet Schenk 1987 sowie ein Themenheft des Journalism Quaterly (JQ/Vol. 69/4/1992), das sich mit „Two Decades of Agenda-Setting Research" auseinandersetzt. Vgl. auch Rössler 1997.

men selbst erklärt werden müssen. Daher wurden Themen nach dem Grad ihrer **„Aufdringlichkeit“** (Obtrusiveness) differenziert: „Aufdringliche Themen sind solche, die der einzelne persönlich und direkt erfahren kann (z. B. Inflation, Kriminalität, lokale Politik), unaufdringliche („unobtrusive“) Themen liegen dagegen weit außerhalb der persönlichen Kontaktnahme (z. B. internationale Beziehungen, nationale Politik). Themenstrukturierungseffekte lassen sich vor allem für unaufdringliche Themen nachweisen“ (Schenk 1987, S. 206; vgl. dazu auch: Hügel/ Degenhardt/Weiß 1992).

Es liegt auf der Hand, daß eine solche gleichsam „objektive“ Klassifizierung von Themen problematisch ist: in der Tat ließen sich auch für ein und dasselbe Thema bei verschiedenen Rezipienten verschiedene Grade von Aufdringlichkeit feststellen (vgl. Ehlers 1983, S. 177). Womit wieder einmal – wie schon so oft in der Geschichte der Wirkungsforschung – die Rezipienten in den Mittelpunkt des Forschungsinteresses traten.[216] So wurde nicht ganz überraschend die Intensität der Mediennutzung als Faktor erkannt, der unterschiedliche Agenda-Setting-Effekte erklärt: Wer die (politische) Medienberichterstattung intensiver nutzt, der nennt auch häufiger Themenprioritäten, die der Medienagenda ähnlich sind (McClure/Patterson 1976).[217]

Als zentrale unabhängige Publikumsvariable, glauben Weaver und McCombs schließlich das sog. **„Orientierungsbedürfnis“** (Need for Orientation) erkannt zu haben: Hohes Orientierungsbedürfnis führt – vermittelt über verstärkte themenspezifische Mediennutzung – zu ausgeprägteren Agenda-Setting-Effekten (Weaver 1980). Dies gilt aber auch für andere Rezipientenvariablen: So bezieht Gottschlich (1985) am Beispiel der Umweltberichterstattung individuelle Wertmuster und themen-

216 Uekermann/Weiß (1983) weisen auch sogar ausdrücklich auf die Analogie zur klassischen Medienwirkungsforschung hin und fragen, ob man nicht aus der Geschichte der Medienwirkungsforschung lernen und die Agenda-Setting-These besser gleich verwerfen solle, anstatt sie ad infinitum zu modifizieren (ebd. S. 73).

217 Interessanterweise gibt es Hinweise, daß dieser Zusammenhang vorwiegend für die Tageszeitung und ihre Leser, eher nicht dagegen für das Fernsehen zutrifft (Mullins 1973, McClure/Patterson 1976).

bezogene zwischenmenschliche Kommunikation als Erklärungsfaktor mit ein. Gerade die letztere hat sich mittlerweile (wie schon einmal in der Geschichte der Wirkungsforschung, nämlich: bei Lazarsfeld 1948) als ein nicht zu unterschätzender Faktor – insbesondere was die Wirkung politischer Berichterstattung betrifft – herausgestellt: „Interpersonelle Kommunikation ist eine wichtige Alternative zur medialen ‚Befriedigung' politischer Orientierungsbedürfnisse. Sie beeinflußt direkt die Mediennutzung und damit indirekt auch das relative Wirkungspotential der Tagespresse und des Fernsehens. Umgekehrt verstärkt das Fehlen eines ausgeprägten Netzwerkes interpersoneller Kommunikation über politische Themen die Abhängigkeit von den Medien als Quelle politischer Information, was wiederum die Wahrscheinlichkeit von Medienwirkungen erhöht" (Hügel/ Degenhardt/Weiß 1992, S. 157).

Letztendlich gilt aber auch für Rezipientenmerkmale, daß sie veränderliche Größen sind: So wurde erkannt, daß nicht nur das themenspezifische Interesse die Mediennutzung steuert, sondern auch umgekehrt die Rezeption eines Themas das Interesse daran hervorrufen kann (Atkin/Galloway/Nayman 1976).

Damit deutet sich auch im Horizont dieser Perspektive ein Zusammenwachsen von medien- und publikumszentrierter Betrachtungsweise an, wie sie im vorhin dargestellten dynamisch-transaktionalen Ansatz propagiert wird.[218] In dieses Denkgebäude passen übrigens auch jene Überlegungen, die seit der Untersuchung von Lang/Lang (1981) als *„Agenda-Building"* am Beispiel der Karriere des „Watergate"-Themas[219]

---

218 Empirisch fundierte Überlegungen dazu finden sich bei Schönbach/ Semetko 1992.

219 Mit dem Begriff „Watergate" wird einer der größten Politskandale des 20. Jh.s verbunden: Im Sommer 1972 sind Personen aus dem Komitee für die Wiederwahl des damaligen US-Präsidenten Nixon in das Wahlkampfhauptquartier der oppositionellen Demokratischen Partei (in einen Gebäudekomplex namens „Watergate") eingebrochen, um nach belastendem Material zu suchen. Dieser Einbruch wurde durch die Recherchen der beiden Journalisten Carl Bernstein und Bob Woodward aufgedeckt und

beschrieben worden ist. Gemeint ist der Umstand, daß die Medienagenda selbst als Resultat komplexer Selektionsvorgänge innerhalb der Medienorganisationen entsteht und folglich nicht allzu isoliert betrachtet werden darf.

So ist ja hinlänglich bekannt, daß Public-Relations-Aktivitäten in hohem Maß die Medienberichterstattung beeinflussen (Baerns 1991), außerdem betreiben verschiedene gesellschaftliche Akteure (Politiker, politische Parteien, Verbände, Interessengruppen, aber auch Wirtschaftsunternehmen und diverse andere Organisationen) immer häufiger „Ereignismanagement" (Kepplinger 1992), d. h., sie machen sich die Kenntnis journalistischer Selektionskriterien zunutze und inszenieren sog. „Pseudo-Ereignisse" (Pressekonferenzen, Feierlichkeiten, Demonstrationen oder sonstige Veranstaltungen)[220], um die Nachrichtengebung in ihrem Sinn zu beeinflussen.

Vor diesem Hintergrund läßt sich natürlich die ursprünglich simple Annahme, die Medien allein setzten die Themenstruktur, nicht mehr halten. Die Karriere von Themen im Vorfeld ihrer Veröffentlichung ist ebenso von Bedeutung für das Verständnis des gesamten Agenda-Setting-Geschehens. Wobei sich auch hier zeigt, daß die jeweils gesetzte Themenstruktur „aus komplexen Wechselbeziehungen zwischen den Medienorganisationen und anderen gesellschaftlichen Teilsystemen hervorgeht" (Früh 1991, S. 178), die als dynamisch-transaktionales Geschehen im

---

führte in der Folge dann 1974 zum Rücktritt des 37. amerikanischen Präsidenten Richard M. Nixon.

220 Der Begriff „Pseudo-Ereignis" geht auf Daniel J. Boorstin (1961) zurück. Gemeint sind Ereignisse, die nicht gleichsam naturwüchsig stattfinden, sondern – vorrangig zum Zweck der Berichterstattung – geplant und arrangiert werden. Tatsächlich kann man heute davon ausgehen, daß viele solche „Ereignisse" ohne die Existenz der Massenmedien überhaupt nicht stattfinden würden. In gewisser Weise leben wir daher immer mehr in einer „künstlichen Realität", die für und durch die Massenmedien geschaffen wird. – Vgl. dazu die lesenswerte Zusammenfassung einschlägiger Überlegungen und auch empirischer Befunde von Kepplinger (1992). Natürlich stellt sich in diesem Zusammenhang auch die grundlegende Frage nach der Wirklichkeit „an sich" bzw. nach den Chancen, diese publizistisch überhaupt vermitteln zu können (vgl. dazu etwa Krämer 1986). Auf diesen Umstand und die daraus resultierenden Folgen für die Massenkommunikationsforschung wird weiter unten (Kap. 5.4.) noch ausführlich eingegangen.

Sinne von Früh und Schönbach begriffen werden können (vgl. ebd.).

Was bleibt also von der anfänglichen Ausgangshypothese, wonach die Medienagenda die Bevölkerungsagenda bestimmt, nach Jahrzehnten einschlägiger Forschung noch übrig?

Trotz einer Vielzahl empirischer Studien nur ein geringer theoretischer Ertrag, der sich überspitzt formuliert so beschreiben läßt: „Die Medienagenda beeinflußt die Rezipientenagenda für *einige* Rezipienten, für andere nicht; bei *einigen* Themen, bei anderen nicht; zu *einigen* Zeitpunkten, zu anderen nicht" (Brosius 1994, S. 279). Die Theorielosigkeit der Agenda-Setting-Tradition ist nach Hans Bernd Brosius zwar auch eine Folge des meist eingeschränkten Zugangs, den die Forscher zu den Daten haben[221], dennoch sei die konzeptionelle Schwäche der meisten Studien nur dann zu beseitigen, wenn die Agenda-Setting-Idee als Teil einer breiteren Theorie der Nachrichtenauswahl und Nachrichtenwirkung fungieren würde. Konkret skizziert Brosius (ebd. S. 281 ff.) vier Punkte, die eine solche Theorie jedenfalls zu berücksichtigen hätte:

1. Themenkonkurrenz und Nachrichtenangebot:

Vielfach hat die Agenda-Setting-Forschung Zeitreihenanalysen vorgenommen, d. h. Medienagenda und Publikumsagenda innerhalb bestimmter Zeitabstände miteinander verglichen. Dabei wurde aber der Gedanke der Themenkonkurrenz vernachlässigt, denn sowohl Nachrichtenauswahl als auch Nachrichtenrezeption sind „durch den Kampf der Themen um Platz bzw. Aufmerksamkeit geprägt. (...) Die Agenda-Setting-Funk-

221 Agenda-Setting-Forschung erfordert durch die nötige Methodenkombination von Inhaltsanalysen und Umfragen stets hohen Arbeitsaufwand. Eine deduktive, theorigeleitete Datenerhebung unter der Kontrolle von Wissenschaftlern ist aber kaum möglich, weil man – zumindest was die Umfragedaten betrifft – in der Regel auf Sekundäranalysen von Daten angewiesen ist, die von kommerziellen demoskopischen Instituten zur Verfügung gestellt werden. Und dort wiederum ist bei verschiedenen Umfragen z. B. weder der Wortlaut der Fragen noch die Liste der erfaßten Themen identisch, die Zeitabstände zwischen den Umfragen ungleich groß etc. (vgl. Brosius 1994, S 276 f.)

tion eines Beitrages zu einem gegebenen Thema ist, inhaltlich gesehen, auch von der Berichterstattung über andere Themen abhängig" (Brosius 1994, S. 282).

2. Aufmachung einer Nachricht:

Wenn dramatisierende Elemente in der Berichterstattung eingesetzt werden (wie z. B. emotionalisierende Bilder und/oder eine emotionale Sprache), dann dürfte dies Auswirkungen auf die Stärke der Agenda-Setting-Funktion des jeweiligen Beitrages haben: das Thema wird für besonders wichtig oder außerordentlich problematisch gehalten etc.

3. Subjektive Konstruktion eines Themas:

Die Art der kognitiven Verarbeitung der Meldungsinhalte seitens der Rezipienten hat ebenfalls großen Einfluß auf die Stärke der Agenda-Setting-Funktion. Daher müßte eigentlich geprüft werden, wie die Menschen aufgrund der Thematisierung in den Medien über die jeweiligen Dinge nachdenken.

Erste Arbeiten dazu gibt es mittlerweile aus der – weiter oben bereits erwähnten – kognitionspsychologischen Perspektive der Schematheorie. Demnach sind starke Agenda-Setting-Effekte dann zu erwarten, wenn die Rezipienten vor dem Medienkontakt ein enges, wenige Aspekte umfassendes Schema haben. Ein Beispiel: Wenn man z. B. das Wort „Heroin" liest oder hört, wird dadurch wahrscheinlich das Schema „Drogen(-problematik)", „Drogenhandel" sowie „Kriminalität" aktiviert. Man denkt vorwiegend an illegale Drogen. Das Schema kann aber im Verlauf des Wahrnehmungszyklus verändert werden. Wenn in der Berichterstattung nämlich auch weiche, legale Drogen (wie Alkohol, Nikotin, Tabletten etc.) thematisiert werden, dann wird ein zuvor auf harte Drogen beschränktes Schema auf die neuen Aspekte ausgeweitet werden (= starker Agenda-Setting-Effekt). – Umgekehrt: Je komplexer und breiter ein kognitives Schema schon vor dem Stimuluskontakt ist, desto geringer ist die Chance, daß sich dieses Schema noch mehr verbreitert (= schwacher Agenda-Setting-Effekt) (vgl. dazu genauer: Wolling/Wünsch/Gehrau 1998).

4. Konsequenzen einer Veränderung der wahrgenommenen Wichtigkeit:

Wenn sich infolge eines (starken) Agenda-Setting-Effektes die (subjektive) Wichtigkeit eines Themas verändert, dann wird dies aber wiederum – im Sinne des dynamisch-transaktionalen Ansatzes – Folgewirkungen haben, möglicherweise sowohl auf massenmediale als auch auf interpersonale Kommunikation. D. h., der Agenda-Setting-Effekt wird nicht isoliert für sich stehen.

Als Fazit seiner Bilanz nach einem Vierteljahrhundert Agenda-Setting-Forschung glaubt Brosius, daß es sich dabei vermutlich um gar keine eigenständige Theorie handelt, sondern eher um eine Wirkungsform, die in allgemeinere Medienwirkungstheorien einzubauen sein wird.

5.3.8. Die These von der wachsenden Wissenskluft

Bereits vor knapp 25 Jahren wurde von einer amerikanischen Forschergruppe an der Minnesota University erstmals die Hypothese von der wachsenden Wissenskluft („increasing knowledge gap") formuliert: „Wenn der Informationszufluß von den Massenmedien in ein Sozialsystem wächst, tendieren die Bevölkerungssegmente mit höherem sozioökonomischen Status und/oder höherer formaler Bildung zu einer rascheren Aneignung dieser Informationen als die status- und bildungsniedrigeren Segmente, so daß die Wissenskluft zwischen diesen Segmenten tendenziell zu- statt abnimmt" (Tichenor/Donohue/Olien 1970, zit. n. Bonfadelli 1987, in Anlehnung an die Übersetzung von Saxer 1978).

Im Gesamtkontext der Wirkungsforschung befindet sich diese These insofern in guter Gesellschaft, weil sie im aktuellen Trend liegt, der in der „Abkehr von der Beschäftigung mit den einstellungsverändernden oder -stabilisierenden Effekten der Mediennutzung zugunsten der Untersuchung kognitiver Wirkungen" (Horstmann 1991, S. 11) besteht. Auch diese These ist somit in der medienzentrierten Wirkungsperspektive anzusiedeln, sie nimmt allerdings – ähnlich wie das vorher beleuchtete Agenda-Setting-Konzept – das Stimulus-Response-Denken nur sehr reduziert auf, indem sie das massenmediale Wirkungspotential auf die Steuerung von Wissensinhalten beschränkt.

Von gesellschaftspolitischer Brisanz war (und ist) diese These insofern, als sie ja den vielfach betonten Aufklärungsanspruch der Massenmedien in Frage stellt (Schulz 1985). Die Vorstellung vom „mündigen Bürger“, der sich (insbesondere in politischer Hinsicht) umfassend informiert, um sich am politischen Geschehen wirksam und rational zu beteiligen, gerät ins Wanken, rüttelt sie doch am Selbstverständnis moderner Massendemokratien: Wenn sie zutrifft, dann verkommen die für demokratisch organisierte Gesellschaften als zentral erachteten politischen Funktionen der Massenmedien (vgl. dazu Kap. 5.6 des vorliegenden Buches) zum Zerrbild idealistischer Fiktion. Denn im Grunde behauptet sie, daß sich mit der Steigerung des Informationsangebotes ein demokratisch dysfunktionaler (Negativ-) Effekt einstellt. Er besteht darin, daß eine Vielzahl von Rezipienten die angewachsene Informationsfülle nicht mehr verarbeiten kann, weil sie von diesen als zu komplex, unüberschaubar und damit als bloße Desinformation erlebt werden.[222]

Bislang vorliegende empirische Untersuchungen können die apokalyptischen Vorstellungen einer Zweiklassengesellschaft von Informations-Reichen und Informations-Armen allerdings noch nicht mit harten Daten untermauern. Obwohl die Forschungslage keinesfalls leicht beurteilt werden kann, weil es sich nach Bonfadelli (1987, S. 312) bei der gesamten Wissenskluft-Konzeption eher um eine Perspektive handelt und nicht so sehr um ein ausformuliertes theoretisches System. Dennoch lassen sich Konturen feststellen, die diese ursprüngliche Perspektive deutlich relativieren.[223]

---

222 So kann unter Rückgriff auf die allgemeine Informationstheorie angenommen werden, daß die Möglichkeiten der Nutzung verfügbarer Information von der Verarbeitungskapazität der Nutzer abhängen. Ist diese Kapazitätsgrenze erreicht, dann ruft jedes Mehrangebot nur noch den Eindruck von Kompliziertheit und Chaos hervor und führt überdies zu Demotivation und Desorientierung. Empirisch hat derartige Zusammenhänge z. B. Werner Früh (1980, S. 79 ff.) am Beispiel der Nutzung von Texten nachgewiesen.

223 Ich halte mich hier im wesentlichen an die bislang umfassendsten empiri-

Zunächst stand die immer wieder gestellte Frage im Raum, ob denn der sozioökonomische Status bzw. die formale Bildung als alleiniges Erklärungsmerkmal für die unterschiedliche Wissensaufnahme in der Bevölkerung gelten kann. Bereits Mitte der siebziger Jahre kam es ja diesbezüglich zu einer Neuformulierung der Hypothese durch Ettema/Kline (1977), die in der Motivation zur Informationsaufnahme und in der individuellen Funktionalität der Information mögliche Bedingungen für das Zustandekommen von Wissensklüften sahen: „Wenn die Infusion von massenmedialer Information in ein Sozialsystem zunimmt, tendieren diejenigen Bevölkerungsschichten, die zur Aufnahme dieser Information motiviert sind und/oder für die diese Information funktional ist, dazu, die Informationen schneller aufzunehmen als diejenigen, die keine Motivation besitzen oder für die diese Informationen keine Funktion haben, so daß die Wissenskluft zwischen diesen Schichten eher zu- als abnimmt" (Ettema/Kline 1977, S. 188; Übersetzung zit. n. Horstmann 1991, S. 29). Im Klartext: Wissensunterschiede sind nicht durch Bildung oder sozioökonomischen Status gleichsam unabänderlich vorherbestimmt, sondern es kommt darauf an, ob man den Informationen überhaupt Interesse entgegenbringt. In der Tat hat sich dieser Zusammenhang – wohl nicht ganz unerwartet – als erklärungskräftig erwiesen (Genova/Greenberg 1979, Horstmann 1991, S. 119 ff.).

Eine weitere Differenzierung der Hypothese bezog sich auf die Unterscheidung zwischen „Fakten-" oder „Themenwissen" einerseits und „Struktur-" oder „Hintergrundwissen" (als Kenntnis von Ursachen, beteiligten Akteuren, Folgen, Lösungen etc.) andererseits. Eine derartige Trennung zwischen einem *"knowledge about"* und einem *"knowledge of"* hatte die Minnesota-Gruppe selbst vorgeschlagen (Donohue/Tichenor/Olien 1973, S. 675) mit dem Ziel, unterschiedliche Tiefendimensionen von Wissen ausloten zu können. Ursprünglich hatte man erwar-

schen Untersuchungen zur Wissenskluft-Hypothese im deutschsprachigen Raum (eine Sekundäranalyse von Daten aus drei verschiedenen Panelbefragungen anläßlich politischer Wahlen) von Reinhold Horstmann (1991) sowie an die Habilitationsschrift von Heinz Bonfadelli (1994).

tet, daß beim Faktenwissen der Einfluß des Bildungsstandes niedriger sein würde (da derartiges Wissen leichter erlernbar schien), dagegen erwiesen sich abermals das persönliche Interesse, die Motivation und zusätzlich noch das Alter als bedeutende Einflußfaktoren: die Jüngeren lernten mehr als die Älteren (Abbott 1978, zit. n. Horstmann 1991, S. 33; Ettema/Brown/Luepker 1983). Bei näherer Betrachtung läßt sich aber auch die dabei jeweils vorgenommene Operationalisierung als mangelhaft begreifen, weil dennoch nur ein geringer Teil dessen erfaßt wird, was unter „Wissen" verstanden werden kann (konkret dazu: Bentele 1985, S. 91 ff.).

Was nun den Einfluß der Mediennutzung auf den Wissenserwerb betrifft, so müßte hypothesengemäß in der Gruppe der starken Mediennutzer die Wissenskluft stärker ausgeprägt sein als in der Gruppe der Wenignutzer. Bonfadelli (1987, S. 317 f.) nennt elf Studien, die sich mit diesem Einfluß beschäftigen: „Entgegen der Wissensklufthypothese trägt Mediennutzung jedoch in neun Untersuchungen zu einer Verringerung der Wissenskluft bei. Tendenziell setzt sich dabei Mediennutzung am stärksten im niedrigsten Bildungssegment in Wissenszuwachs um" (ebd. S. 318). Eine nicht zu unterschätzende Rolle dürfte dabei den Printmedien zukommen. So zeigte sich z. B. in einer Schweizer Untersuchung anläßlich einer Abstimmung, daß der erhebliche Wissensunterschied zwischen Gebildeten und weniger Gebildeten bezüglich des Referendums durch Zeitungslesen reduzierbar war: „Volksschulabsoventen, die die Zeitung als Informationsquelle nennen, erreichen denselben Wissensstand wie Hoch- und Mittelschulabsoventen mit schwacher Mediennutzung" (Saxer 1980, S. 402). Dieser Trend bestätigt sich auch in einer Zusammenschau von Studien aus dem angloamerikanischen Raum: "Readers of a newspaper covering an issue heavily knew more about the issue than did nonreaders, regardless of educational leve" (Gaziano 1983, S. 466). Ähnliche Hinweise konnten auch aus einer österreichischen Untersuchung anläßlich des Nationalratswahlkampfes im Herbst 1986 gewonnen werden, wobei als zusätzlicher Faktor, der zur Verringerung von Wissensklüften beizutragen schien, auch noch das persönliche Gespräch in den Vordergrund trat (Burkart/Fritz 1986). Neuerdings wird außerdem dafür plädiert, zwischen „angebots-, nutzungs- und rezeptionsbedingten Klüften" (Wirth 1997, S. 46 ff.) zu unterscheiden, um die Validität der jeweils gemessenen Daten zu steigern.

Die These von der wachsenden Wissenskluft wird somit – ganz im Sinn der Tradition bisheriger Wirkungsforschung – durch eine Reihe intervenierender Variablen in ihrer Gültigkeit eingeschränkt. Dies erkannten auch die Forscher des Minnesota-Teams und formulierten bereits Mitte der siebziger Jahre die Komplementärhypothese, indem sie Bedingungen nannten, unter denen der Informationsfluß gleichmäßig verläuft und die Wissensverteilungen relativ homogen sind: „wenn 1. das Thema konflikthaltig ist, 2. die Medienberichterstattung intensiv ist, 3. das Problem auch im persönlichen Gespräch diskutiert wird, 4. das Problem die entsprechende Gemeinde stark betrifft und 5. die Gemeinde eher klein und homogen ist" (Bonfadelli 1987, S. 319).

Insgesamt deutet der bisherige Forschungsstand zur Wissenskluftforschung abermals auf die Unangemessenheit einseitig-kausaler Schlußfolgerungen hin: Man liegt schlicht und einfach falsch, wenn man davon ausgeht, daß der Anstoß für die Veränderung von Wissensunterschieden in der Bevölkerung *nur* von einer Zunahme der Medienberichterstattung ausgeht. Dies ist klassisches Stimulus-Response-Denken, das sich im Grunde vom Glauben an die Allmacht der Medien nicht lösen kann.

So ist – beispielsweise in einem Wahlkampf – nicht primär die Zunahme an Berichten und Meldungen über die bevorstehende Wahl für die Veränderung im Wissensstand der Bevölkerung verantwortlich, „sondern die *subjektive Einschätzung der Bevölkerung* über den Umfang der Wahlkampfberichterstattung bzw. eine *verstärkte Zuwendung* zu den Medien von seiten des Publikums" (Horstmann 1991, S. 199). Eben weil „man weiß", daß die Medien im Zuge eines Wahlkampfes intensiver berichten und auch weil man in der Wahl eine „Bürgerpflicht" sieht und außerdem „alle darüber reden", entsteht mehr Motivation und Interesse, sich den Berichten auch zuzuwenden. Und nur bei jenen Publikumssegmenten, bei denen genau diese Faktoren auch tatsächlich vorhanden sind, fällt die (vermehrte) Berichterstattung gleichsam auf „fruchtbaren Boden" und führt zu Wissensunterschieden (meist jenseits von Status und Bildungsstand).[224] Dies allerdings ist neuerlich eine Interpretation aus transaktionaler Perspektive, für deren weitere Umsetzung im Rahmen zukünftiger Wissenskluftforschung sowohl Horstmann (ebd.) als auch Früh (1991, S. 180) plädieren.

5.3.9. Die Schweigespirale

Mit dem Konzept der „Schweigespirale" entwirft die deutsche Publizistikwissenschaftlerin und Gründerin des ersten deutschen Meinungsforschungsinstitutes (Institut für Demoskopie Allensbach), Elisabeth Noelle-Neumann, eine Theorie über die Wirkungen der Massenmedien, die sie eng mit dem Entstehen der öffentlichen Meinung verknüpft. **„Öffentliche Meinung"** wird in diesem Zusammenhang definiert als „wertgeladene, insbesondere moralisch aufgeladene Meinungen und Verhaltensweisen, die man – wo es sich um fest gewordene Übereinstimmung handelt, zum Beispiel Sitte, Dogma – öffentlich zeigen *muß*, wenn man sich nicht isolieren will; oder bei im Wandel begriffenem ‚flüssigen' (Tönnies) Zustand öffentlich zeigen *kann*, ohne sich zu isolieren" (Noelle-Neumann 1982, S. XI).[225]

Damit ist bereits angesprochen, worauf die Theorie grundlegend basiert: auf der Furcht des Menschen vor sozialer Isola-

---

224 Horstmann (1991) belegt dies u. a. in seiner Analyse der Daten aus zwei bundesdeutschen Wahlkampfperioden zum Europaparlament (1979 und 1984), wo ein Vergleich der Ergebnisse für die beiden Europawahlen zeigt, daß z. B. trotz der verschiedenartigen Struktur der Medienberichterstattung im Wahlkampf die Wissensunterschiede in der Bevölkerung unverändert bleiben.

225 Es darf nicht übersehen werden, daß unbeschadet der hier wiedergegebenen Nominaldefinition der Begriff „Öffentliche Meinung" wohl zu den verschwommensten gehört, die es in der Sozialwissenschaft gibt. Bereits vor drei Jahrzehnten waren 50 einschlägige Definitionen bekannt (Childs 1965), dennoch konnte sich bis heute kein einheitliches Verständnis durchsetzen. Eine für die Kommunikationsforschung relevante Auseinandersetzung mit diesem Begriff findet sich bei Luhmann (1979).

tion. Unter Rückgriff auf Ergebnisse sozialpsychologischer Experimente zur Konformitätsforschung[226] wird behauptet, daß Menschen ihre eigene Meinung dann eher verschweigen, wenn sie die Mehrheitsmeinung gegen sich glauben. Im Gegensatz dazu wird angenommen, daß sie ihre Überzeugungen auch öffentlich zeigen, wenn sie glauben, der Mehrheitsmeinung anzugehören. Eine Ursache dafür sieht Noelle-Neumann in einem für sie anthropologisch tief verwurzelten Bedürfnis des einzelnen nach Zustimmung durch die Umwelt, das mit einer Furcht vor Mißachtung und Unbeliebtheit einhergeht: „Der einzelne hat neben dem Innenraum, in dem er sich mit seinem Denken und Fühlen bewegt, eine nach außen gewendete Existenz“ (ebd. S. 89), mit der er sich sozusagen der Gesellschaft „aussetzt“.

Makrosoziologisch gewendet kann man in diesem System der gegenseitigen Beobachtung und der „Bestrafung“ von Abweichlern durch Isolation eine wichtige Funktion zur Stärkung des sozialen Verbandes sehen. Erst ein Mindestmaß an Konformität und Verpflichtung auf gemeinsame Werte und Normen unter den Gesellschaftsmitgliedern führen zur Integration, die Gesellschaft überhaupt erst möglich macht (vgl. Donsbach 1987, S. 326). Deshalb ist öffentliche Meinung für Noelle-Neumann auch so etwas wie „unsere soziale Haut. Unsere – das meint einmal: unsere Gesellschaft, öffentliche Meinung schützt sie wie eine Haut, hält sie zusammen. Unsere – das meint auch den einzelnen, wer an der öffentlichen Meinung leidet, leidet an der Empfindlichkeit seiner sozialen Haut“ (1982, S. 260).

---

226 Noelle-Neumann beruft sich v. a. auf die bekannten Gruppenexperimente von Solomon Asch (1973) aus den vierziger Jahren, in denen die Wirkungen von Mehrheitsmeinungen, die den eindeutig wahrnehmbaren Tatsachen widersprachen, auf Einzelpersonen untersucht wurden. So ging es darum, die Länge verschiedener Linien im Verhältnis zu einer Vergleichslinie abzuschätzen. Ein Experiment, das Asch über 50mal wiederholte und in dem immer wieder eine einzige Versuchsperson damit konfrontiert wurde, daß etwa zehn andere Personen eine falsche Angabe machten. Es zeigte sich, daß viele Menschen in der Situation des Gruppendrucks bereit sind, sich auch einer ganz offensichtlich falschen Mehrheitsmeinung anzuschließen.

„Schweigespirale“ heißt nun: Weil Menschen sich nicht isolieren wollen, beobachten sie pausenlos ihre Umwelt und können aufs feinste registrieren, was zu- und was abnimmt. Noelle-Neumann bezeichnet diese Fähigkeit als das „quasistatistische Wahrnehmungsorgan des Menschen“ (ebd. S. 164 f.). „Wer sieht, daß seine Meinung zunimmt, ist gestärkt, redet öffentlich, läßt die Vorsicht fallen. Wer sieht, daß seine Meinung an Boden verliert, verfällt in Schweigen. Indem die einen laut reden, öffentlich zu sehen sind, wirken sie stärker, als sie wirklich sind, die anderen schwächer, als sie wirklich sind. Es ergibt sich eine optische oder akustische Täuschung für die wirklichen Mehrheits-, die wirklichen Stärkeverhältnisse, und so stecken die einen andere zum Reden an, die anderen zum Schweigen, bis schließlich die eine Auffassung ganz untergehen kann. Im Begriff Schweigespirale liegt die Bewegung, das sich Ausbreitende, gegen das man nicht ankommen kann. Je besser man aber den Prozeß der öffentlichen Meinung versteht, desto eher kann man auch auf diesen Prozeß einwirken, durch eigene Anstrengung der Schweigespirale entgegenarbeiten“ (Noelle-Neumann 1989, S. 264).

Als einer der Ahnväter des Phänomens, das Noelle-Neumann empirisch zu fassen sucht, gilt der französische Staatsdenker und Politiker Alexis de Tocqueville (1857), der eine wesentliche Ursache für die zunehmende Religionsverachtung unter den Franzosen in der Mitte des 18. Jahrhunderts im „Stummwerden“ der französischen Kirche sah: „Leute, die noch am alten Glauben festhielten, fürchteten die einzigen zu sein, die ihm treu blieben, und da sie die Absonderung mehr als den Irrthum fürchteten, so gesellten sie sich zu der Menge, ohne wie diese zu denken. Was nur die Ansicht eines Theiles der Nation noch war, schien auf solche Weise die Meinung aller zu sein, und dünkte eben deßhalb diejenigen unwiderstehlich, die ihr diesen trügerischen Anschein gaben“ (Tocqueville 1857, S. 182; zit. n. Noelle-Neumann 1982, S. 21; siehe weiters: ebd. S. 124 f.).

Auch für Noelle-Neumann begann die Entwicklung ihrer Theorie mit einer rätselhaften Situation, die nach Erklärungen verlangte: In repräsentativen Umfragen des Allensbacher Institutes zur Bundestagswahl 1972 lagen die beiden großen politischen Parteien (SPD und CDU/CSU) bei der Frage nach der persönlichen Wahlabsicht ständig Kopf an Kopf, während jedoch gleichzeitig – „wie in einer zweiten, davon abgelösten Wirklichkeit“ (ebd. S. 16) – die ebenfalls in denselben Umfragen erhobenen Siegeserwartungen für eine dieser Parteien (die SPD) zunahm (Noelle-Neumann 1982, S. 16 f.). Die Erklärung dafür sucht Noelle-Neumann im sog. **„Meinungsklima“**[227], d. h. in den „Vorstellungen der Menschen, welche Ansichten und Verhaltensweisen gebilligt beziehungsweise abgelehnt werden“ (1989, S. 383). Diese Vorstellungen werden – wie bereits erwähnt – aus Umweltbeobachtungen gebildet: „... aus der unmittelbaren, originalen Beobachtung, die der einzelne in seiner Umwelt anstellt, und aus der Beobachtung der Umwelt, wie sie dem einzelnen durch die Massenmedien vermittelt wird, in erster Linie heute durch das Fernsehen, das mit lebendigem Bild und Ton, in Farbe die Vermischung von eigener und vermittelter Umweltbeobachtung (...) am weitesten treibt“ (Noelle-Neumann 1982, S. 224).

Demgemäß fanden im Rahmen des Wahlkampfes zur nächsten Bundestagswahl 1976 umfassende Forschungsbemühungen statt, um gemäß der Theorie der Schweigespirale die Entwicklung von Meinungsklima (d. h. welcher Partei man höhere Siegeschancen zuerkennt) und das Herausbilden der Wahlentscheidung zu verfolgen. Kernstücke waren eine Panelbefragung[228], normale Repräsentativumfragen, zwei repräsentative Umfragen unter Journalisten und eine Videoaufzeichnung von politischen Sendungen der zwei Fernsehprogramme[229].

---

227 Noelle-Neumann wählt diesen Begriff in Anlehnung an den englischen Sozialphilosophen Joseph Glanvill (1661), der bereits vor mehr als 300 Jahren die Bezeichnung „climates of opinions“ einführte (vgl. dazu Noelle-Neumann 1982, S. 109 f.).

228 Unter einer „Panelbefragung“ versteht man das wiederholte Interviewen eines repräsentativen Querschnittes der Grundgesamtheit (hier: der Wähler). Eine gute Darstellung der Methode gibt Hansen (1982).

229 Es gab damals nur die zwei öffentlich-rechtlichen Fernsehanstalten ARD und ZDF.

Als Ergebnis glaubt die Verfasserin sogar ein „doppeltes Meinungsklima" (ebd. S. 240 ff.) entdeckt zu haben: Während in der unmittelbaren Umwelt das politische Klima annähernd ausgeglichen war, dominierte bei den Fernsehjournalisten die Meinung, die Wahlchancen der regierenden sozial-liberalen Koalition (SPD/F.D.P.) seien wesentlich höher als die der Opposition (CDU/CSU). Als Ursache führt Noelle-Neumann an, daß sich Bevölkerung und Journalisten erheblich in ihren parteipolitischen Überzeugungen unterschieden: Während die Bevölkerung etwa 1 : 1 zwischen SPD/F.D.P. einerseits und CDU/CSU andererseits aufgespalten war, zeigte sich, daß die Journalisten im Verhältnis 3 : 1 auf der Seite von SPD/F.D.P. standen. Zwar unterstellt sie damit den Journalisten keineswegs manipulative Absichten, dennoch will sie auf eine andere Sicht der Wirklichkeit verweisen, die ihrer Meinung nach dann in der Berichterstattung zum Ausdruck kam (Noelle-Neumann 1982, S. 234). Anhand der Umfragedaten wurde schließlich auch erkennbar, daß diejenigen, die viele politische Sendungen im Fernsehen gesehen hatten, die Wahlchancen der Regierung höher einschätzten als die Wenigseher solcher Sendungen.

Die Inhaltsanalysen der politischen Fernsehberichterstattung erbrachten zwar keine Hinweise auf die verbale Bevorzugung irgendeines Politikers (Kepplinger 1979), sie förderten allerdings Unterschiede bei der optischen Darstellung der Spitzenkandidaten zutage (Kepplinger 1980)[230], denen im Rahmen einer experimentellen Studie (anhand von sechs systematisch variierten Testfilmen) dann tatsächlich ein gewisses Beeinflussungspotential attestiert werden konnte (Kepplinger/Donsbach 1983). Diese Untersuchung war Gegenstand heftiger (teilweise polemisch geführter) Auseinandersetzungen, ihre Ergebnisse wurden inhaltlich und methodologisch ange-

230 So wurde der Spitzenkandidat der CDU/CSU (Helmut Kohl) häufiger aus der Frosch- oder Vogelperspektive dargestellt als der Spitzenkandidat der SPD (Helmut Schmidt). Das Verhältnis lag bei 55 zu 31 Einstellungen. Die Vogel- und Froschperspektiven wurden als negative Einstellungen klassifiziert (Grundlage dafür war eine Befragung von Kameraleuten), den Aufnahmen aus Augenhöhe wurden dagegen überwiegend positive Wirkungen zugeschrieben (vgl. Kepplinger 1980).

zweifelt (vgl. Merten 1982, 1983). Nicht zuletzt wegen dieser politischen Implikationen[231] ist die Theorie von der Schweigespirale wohl gerade in Deutschland heftig umstritten.

Doch dies soll nicht den Blick auf die Gesamtperspektive verstellen, von der Noelle-Neumann ja selbst sagt, daß sie angreifbar ist, „weil sie unfertig ist" (1986, S. 312). Sie hat deshalb im Laufe ihrer verschiedenen Veröffentlichungen immer wieder darauf hingewiesen, daß der von ihr behauptete Prozeß der Schweigespirale nur unter bestimmten Randbedingungen stattfindet, die sich nach Donsbach (1987, S. 330) in drei Punkten zusammenfassen lassen:

1. Es muß sich um Meinungs- oder Einstellungsbereiche handeln, die im Fluß sind, bei denen ein Wandel stattfindet. In Perioden, in denen ein solcher Wandel nicht stattfindet, sind jedem Individuum die dominierenden Meinungen bekannt, und es existieren keine Faktoren, die einen Spiralprozeß in Gang setzen können.
2. Es muß sich um Meinungen handeln, die eindeutig moralisch belegt sind und bei denen die Auseinandersetzung nicht um die rational richtige oder falsche, sondern um die moralisch gute oder schlechte Position geführt wird. Öffentliche Meinung hat „immer eine irrationale wertgeladene Komponente" (Noelle-Neumann 1982, S. XII).
3. Es muß sich um Prozesse handeln, in denen die Massenmedien eine identifizierbare Position einnehmen. Meinungsbereiche, die zwar politische Kontroversen betreffen, aber zu denen die Medien kaum berichten oder sich ruhig verhalten, unterliegen nicht dem Schweigespiralenprozeß. Deshalb sind empirische Tests ohne Einbeziehung der Medienberichterstattung eigentlich nicht möglich.[232]

---

231 So konnte den Kritikern zufolge die Verantwortung für den äußerst knappen Wahlausgang von 1976 (die CDU verfehlte ihren Wahlsieg nur mit einem Minus von 350.000 Stimmen, von insgesamt 38 Millionen Wählern) ja im Sinne der Schweigespiralentheorie bequem der Fernsehberichterstattung zugeschrieben werden.

232 Dies war u. a. auch einer der Kritikpunkte von Klaus Merten, der die Berichterstattung der deutschen Printmedien zum Bundestagswahlkampf

Dennoch hat Noelle-Neumann selbst oft empirische Befunde zur Umweltbeobachtung und Redebereitschaft von Menschen veröffentlicht, ohne daß entsprechende inhaltsanalytische Daten über die Berichterstattung zum jeweiligen Thema zur Verfügung standen. Methodisch bzw. fragebogentechnisch bediente sie sich dabei vielfach des sog. „Eisenbahntests“, in dem eine mehrstündige Eisenbahnfahrt angenommen wird, während der sich eine Unterhaltung über das in Diskussion stehende Thema entwickelt[233]. Unterstellt wird nun im Sinn der Schweigespirale, daß die Bekenntnisbereitschaft zu einem Standpunkt – und damit die Redebereitschaft des Befragten – dann hoch ist, wenn seine Isolationsfurcht niedrig ist, und umgekehrt. Gerade die Validität dieses Meßinstrumentes selbst wird jedoch von Kritikern in Zweifel gezogen: So deuten (ebenfalls im Rahmen von Umfragen erbrachte) empirische Überprüfungsversuche darauf hin, „daß die Kommunikationsbereitschaft in solchen Situationen weniger durch soziale als vielmehr durch psychische Faktoren bestimmt ist“ (Fuchs/Gerhards/Neidhardt 1991, S. 22), nämlich durch das (politische) Interesse, die subjektiv empfundene Wichtigkeit des Themas und den Glauben, Kommunikationspartner auch beeinflussen zu können.

Gibt es sie dann überhaupt, die Gruppe der sog. „Schweiger“? Und wenn ja, wie groß ist sie zu veranschlagen? Auch darauf existiert inzwischen eine Antwort: Ja, es gibt tatsächlich eine Gruppe von Menschen, die sich öffentlich nur dann äußert, wenn das Gegenüber die gleiche Meinung vertritt, aber es dürfte

---

76 inhaltsanalytisch untersuchte und – ganz im Gegensatz zu den (von elle-Neumann erhobenen links-liberalen) Präferenzen der Journalin – eine klare Tendenz für die CDU/CSU-Opposition erkannte. Im Kont mit dem Befund einer ausgewogenen Berichterstattung des Fernsehens (Kepplinger 1979) folgert Merten daher, daß die Theorie der Schweigespirale im Rahmen der Untersuchungen der Bundestagswahl von 1976 gerade nicht bestätigt worden ist (Merten 1983, S. 436).

233 Die Frage lautet dabei: „Angenommen, Sie hätten eine fünfstündige Eisenbahnfahrt vor sich, und in Ihrem Abteil ist eine Frau/ein Mann, die/der meint . . .“ „Würden Sie sich gern mit dieser Frau/diesem Mann unterhalten, um ihren/seinen Standpunkt näher kennenzulernen, oder würden Sie da keinen großen Wert drauf legen?“ (Vgl. etwa Noelle-Neumann 1982, S. 34 f.)

sich dabei um eine verschwindende Minderheit handeln: In einer repräsentativen Bevölkerungsumfrage für die Bundesrepublik Deutschland fand Gerhards (1996) bloß einen 3,5%-Anteil von Personen, für die man einen von der Theorie unterstellten Spiralprozeß des Schweigens erwarten kann. Wenn diese Gruppe jedoch insgesamt nur so klein ist, dann sind aber – so folgert Gerhards nicht unplausibel – derart „große Effekte, wie sie die Theorie der Schweigespirale unterstellt, eher unwahrscheinlich" (Gerhards 1996, S. 12).

Es möge dahingestellt bleiben, ob damit nun schon die Kernhypothese der Theorie der Schweigespirale widerlegt ist, wie die Autoren meinen. Fest steht allerdings, daß die Gesprächsbereitschaft zumindest in kleinen Öffentlichkeiten (wie eben in einem Eisenbahnabteil) nicht davon abhängt, ob sich der Befragte mit seinem Standpunkt eher der Mehrheits- oder eher der Minderheitsmeinung zurechnet.

Festzuhalten ist jedoch gleichermaßen, daß sich Noelle-Neumann mit diesem Konzept für eine Theorie der öffentlichen Meinung in die Annalen der Kommunikationswissenschaft geschrieben hat, denn es dürfte sich dabei tatsächlich – wie Schmolke in einer Rezension (1982) feststellte – um einen jener ganz wenigen weiterführenden Anstöße internationaler Kommunikationswissenschaft handeln, der einmal der Rang einer Theorie im eigentlichen Sinn dieses Wortes wird beanspruchen können. Die Rezeption des Modells im In- und Ausland sowie entsprechende Überprüfungsversuche waren jedenfalls bereits in der achtziger Jahren beträchtlich (vgl. dazu ausführlich: Deisenberg 1986, knapper: Donsbach 1987, S. 335–343).

5.4. Strukturen der modernen Massenkommunikationsgesellschaft

Der Umstand, daß Kommunikation und Gesellschaft untrennbar miteinander verbunden sind, wurde bereits zu Beginn dieses Abschnittes (vgl. Kap. 5.2.1.) näher beleuchtet. Eine aktuelle Analyse von Massenkommunikation hat daher – will sie nicht unvollständig bleiben oder gar mutwillig verkürzen – ebenfalls diesem Zusammenhang nachzugehen.

Zwar wurde die Frage nach den Wirkungen der Massenmedien soeben aus verschiedenen Perspektiven beantwortet, die zitierten Forschungsergebnisse rückten jedoch in erster Linie den einzelnen Rezipienten bzw. ausgewählte (nach speziellen Merkmalen bestimmbare) Rezipientengruppen in den Mittelpunkt des Interesses, anstatt – gleichsam makroperspektivisch – nach globaleren Dimensionen etwa einer „Fernseh-" (Meyrowitz 1987, Postman 1983, 1985) oder „Kommunikationsgesellschaft" (Münch 1991, 1993) zu fragen. Und sie waren vorrangig – mit nur wenigen Ausnahmen (etwa: des dynamisch-transaktionalen Ansatzes) – im linear-kausalen Denkansatz verhaftet, der die Medien in erster Linie als Instanzen zur Übertragung von Information vom Kommunikator zum Rezipienten begreift, anstatt in ihnen selbst Wirklichkeitsproduzenten zu sehen, ohne deren Existenz sich vieles überhaupt nicht ereignen würde (Schulz 1990, Kepplinger 1992).

Vor dem Hintergrund dieser Defizite soll daher in der Folge versucht werden, ein Bild der modernen Massenkommunikationsgesellschaft zu entwerfen, wie es sich anhand der vorwiegend empirischen Diagnosen zeitgenössischer Kommunikationsforschung abzeichnet. Zentral ist dabei die Frage nach dem Zustandekommen von „Wirklichkeit" in dieser Mediengesellschaft, denn es steht wohl außer Zweifel, daß das Bild der Welt, wie es in unseren Köpfen besteht und wie es letztlich unser Handeln leitet, in einem hohen Maße von den Massenmedien geprägt ist. Es kommt daher nicht von ungefähr, daß man mit dieser Frage ein grundlegendes Problemfeld der Publizistik- und Kommunikationswissenschaft berührt.

■ Die verzerrte Wirklichkeit in den Medien

Mit der Frage, wie sich Medien und Realität zueinander verhalten, tangiert man (wieder einmal) ein Thema, das die Massenkommunikationsforschung schon seit ihren frühen Anfängen beschäftigt. Bereits vor 100 (!) Jahren wurde als Ergebnis einer der wohl ersten diesbezüglichen empirischen Untersuchungen festgestellt: "Our newspapers do not record the really serious happenings, but only the sensations, the catastrophes of history" (Speed 1893, S. 710; zit. n. Schulz 1989, S. 135).

Schulz hat in einem knappen Literaturüberblick (ebd. S. 135–139) aufgezeigt, wie oft die Kommunikationsforschung bis heute (in einer Unmenge von Untersuchungen) immer wieder der Frage nachgegangen ist, ob Medien die Realität angemessen wiedergeben, oder ob es sich dabei um eine unzutreffende Verzerrung handelt. Er weist eindrucksvoll nach, daß sich die Vielzahl der Befunde im Grunde alle eindeutig interpretieren lassen. Als Resümee der Forschungsliteratur kommt er zu dem Schluß, daß die Massenmedien in der Regel die Wirklichkeit **nicht** repräsentieren: „Die Berichte der Medien sind oft ungenau und verzerrt, sie bieten manchmal eine ausgesprochen tendenziöse und ideologisch eingefärbte Weltsicht. Die in den Medien dargebotene Wirklichkeit repräsentiert in erster Linie Stereotype und Vorurteile der Journalisten, ihre professionellen Regeln und politischen Einstellungen, die Zwänge der Nachrichtenproduktion und die Erfordernisse medialer Darstellung. Sie läßt nur bedingt Rückschlüss zu auf die physikalischen Eigenschaften der Welt, die Strukturen der Gesellschaft, den Ablauf von Ereignissen, die Verteilung der öffentlichen Meinung" (Schulz 1989, S. 139).

Ganz zu schweigen von offensichtlichen Falschmeldungen, die es immer wieder gibt: So berichtete z. B. die österreichische Tageszeitung „Täglich Alles" (am 3. April 1994 im Vorfeld des nahenden Beitritts zur Europäischen Union/EU) unter Berufung auf ein „Institut für laterale Demoskopie"/IFLED (!) von einem drohenden Einwanderungsboom aus anderen EU-Ländern nach Österreich.[234] Erinnert sei weiters an die von der deutschen Illustrierten „Stern" (im April 1983) als Weltsensation angepriesene Entdeckung der Tagebücher Adolf Hitlers, die sich später als Fälschung entlarven lassen mußten.[235]

234 Als Quelle wurde der Institutschef „Dr. Lekaro" (von hinten lesen!) zitiert, der auf Basis einer angeblichen Umfrage unter 8.000 EU-Bürgern behauptete, daß die Mehrheit der Befragten Österreich als „das interessanteste Einwanderungsland" bezeichnete. – Diese offensichtliche Falschmeldung eines Scherzboldes erschien übrigens (kürzer gefaßt) auch in der traditionsreichen Tageszeitung „Die Presse".

235 Diese und noch andere Beispiele finden sich bei Walter Hömberg (1996).

Fazit: Wir haben es also durchgängig mit einer offensichtlich verzerrten **Medienrealität** zu tun, die der „objektiven" Wirklichkeit nicht – oder wenigstens nur in geringen Ansätzen – entspricht. Und dies noch dazu unbeschadet der Tatsache, daß Ansprüche wie Wahrheit, Objektivität, Ausgewogenheit, Unparteilichkeit etc. häufig als erstrebenswerte Normen ausgewiesen werden[236] bzw. bisweilen – wie etwa im Fall öffentlich-rechtlich organisierter Rundfunkanstalten – sogar als handlungsleitende Verpflichtungen aufscheinen.[237] Wie läßt sich dieser Widerspruch auflösen?

■ Zwei Positionen zur medialen Realitätsdeformation

Im Grunde gibt es zwei Antworten auf diese Frage, die von jeweils zwei grundsätzlich verschiedenen Prämissen ausgehen.[238]

Im ersten Fall unterstellt man einen prinzipiellen Gegensatz zwischen Massenmedien und Gesellschaft:

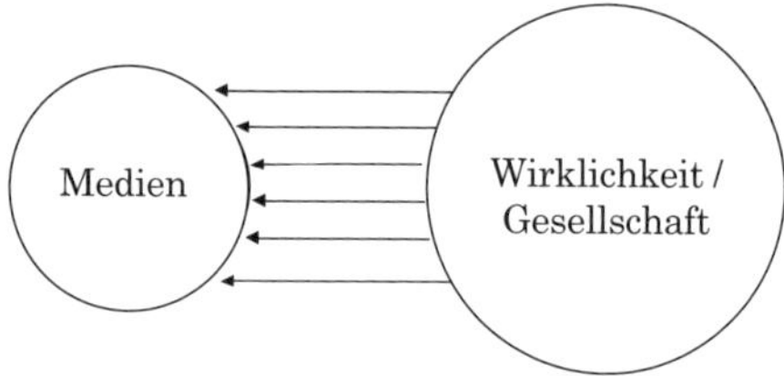

Abb.25: Ptolemäische Perspektive: Medien als Spiegel der Wirklichkeit

Aufgabe der (v. a. der Nachrichten-)Medien ist es, die Wirklichkeit widerzuspiegeln, damit den Medienrezipienten ein möglichst genaues Abbild der Welt bereitgestellt wird. Diese optischen Analogien treffen auch recht gut das Alltagsverständnis von der Rolle

---

236 Vgl. dazu etwa Saxer 1974b, Scharf 1981, Bentele/Ruoff 1982 sowie entsprechende Diskussionen im Kontext einer journalistischen Ethik (vgl. dazu etwa Pürer 1992, Karmasin 1993).

237 So heißt es etwa in den Programmrichtlinien des Österreichischen Rundfunks (ORF) unter Pkt. 1.3.1.: „Jedes Programmelement in Nachrichtensendungen, Journalen und anderen Sendungen, die unmittelbar der aktuellen Berichterstattung dienen, muß den Erfordernissen der Objektivität entsprechen" (zit. n. ORF-Almanach 1991/92, S. 548).

238 In meiner Argumentation folge ich weiterhin Schulz (ebd. S. 140 f.).

der Massenmedien. Die Medien werden – einem Spiegel gleich – als passive Mittler der Realität begriffen, die unser Bewußtsein mit ihren Botschaften mehr oder weniger infiltrieren.[239] Eine „Gefahr“ wird in den Massenmedien dann gesehen, wenn sie ebendiese „verzerrte Medienrealität“ in eine interne Realitätsvorstellung (in unserem Bewußtsein) überführen. Aus medienpolitischer Perspektive ergibt sich daraus übrigens das Ziel, die Objektivität, Ausgewogenheit, Neutralität der Berichterstattung (durch laufende Kontrolle oder durch ausdrückliche Restriktionen) möglichst zu garantieren.

Demgegenüber geht die zweite Prämisse[240] von keinem prinzipiellen Gegensatz zwischen Massenmedien und Gesellschaft aus:

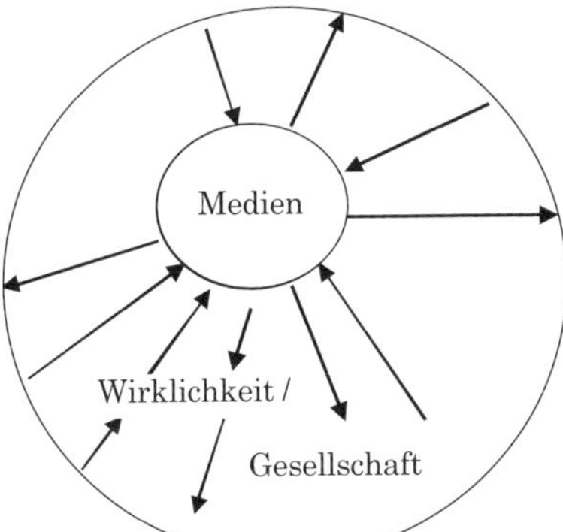

Abb.26:
Kopernikanische Perspektive: Medien als Teil der Wirklichkeit

Massenmedien werden nicht mehr nur als Techniken der Kommunikation, als neutrale Instrumente zur Verbreitung und Speicherung von Information gesehen, sondern eher als Instanzen der Selektion und Sinngebung, die aktiv in die gesellschaftliche Konstruktion von Wirklichkeit eingreifen. Sie gelten daher auch

239 Schulz (1989, S. 140) personifiziert den erkenntnistheoretischen Gegensatz, der diese Auffassung von der nachfolgenden unterscheidet, anhand zweier bekannter historischer Figuren: Ptolemäus und Kopernikus. Die soeben angesprochene Position, die Wirklichkeit und Medien als zwei grundsätzlich voneinander unterscheidbare Sachverhalte begreift, kennzeichnet Schulz als die „ptolemäische“ Perspektive.

240 Im Sinne der Metapher von Winfried Schulz (1989): die „kopernikanische“ Perspektive.

nicht bloß als Errungenschaften der modernen Zivilisation, die der einzelne je nach Bedarf in Anspruch nehmen oder ignorieren kann, sondern eher als Institution mit unverzichtbaren Leistungen für das soziale System (vgl. Schulz 1985b, S. 68). Im Klartext: Medien gelten als integraler Bestandteil der Gesellschaft, als aktives Element in einem sozialen Prozeß, aus dem eine Vorstellung von Wirklichkeit erst hervorgeht (!). Schulz nennt die Medien sogar ausdrücklich „Weltbildapparate" (Schulz 1989, S. 141), denn indem sie Fakten und Ereignisse auswählen, verarbeiten und interpretieren, sind sie Teil eines kollektiven Bemühens, Realität zu konstruieren (vgl. Berger/Luckmann 1970) und diese Konstruktionen durch Veröffentlichung allgemein zugänglich zu machen. Wirklichkeit „an sich" ist nach dieser Position zwar real existent, aber immer erst über Informationsverarbeitungsprozesse konkret erfahrbar.[241] Sie kann daher in „Reinkultur" gar nicht registriert werden, und ihre Darstellung ist „notgedrungen" verzerrt. Mehr noch: Auch der Grad an Verzerrung läßt sich niemals genau bestimmen. „Eine Überprüfung der Medienrealität an einer von subjektiver Informationsverarbeitung, von Selektion und Strukturierung unbeeinflußten, gleichsam ‚reinen' Realität ist nicht möglich" (Schulz 1989, S. 143). Objektivität, Wahrheit, Neutralität als Prinzipien journalistischen Handelns gelten als idealtypische Zielvorstellungen, als handlungsleitende Normen, die das faktische Verhalten bestimmen sollen. Medienpolitisch wird aus diesem Blickwinkel der Akzent dabei übrigens eher auf Vielfalt und Wettbewerb liegen bzw. auf der Herstellung rechtlicher und organisatorischer Rahmenbedingungen, die zu Vielfalt, Autonomie und Ausgewogenheit beitragen (vgl. etwa Ronneberger 1978, S. 215 ff.).

Aus der Perspektive der zweiten Prämisse lautet die zentrale Frage in der Massenkommunikationsforschung daher nicht mehr „Wie (gut oder schlecht) bilden die Medien die Wirklichkeit ab?", sondern „Wie konstruieren die Medien die Wirklichkeit?" oder

241 Diese Auffassung wurde weiter oben schon einmal am Beispiel der Sprache reflektiert – vgl. Kap. 3.3.2. des vorliegenden Buches. Eine ausführlichere Diskussion dieses Problems im Hinblick auf die massenmediale Nachrichtenvermittlung findet sich außerdem bei Schulz 1976, S. 25 ff.

genauer: „Worin bestehen die Selektions- und Interpretationsregeln, nach denen Realität für uns in den Nachrichtenmedien definiert wird?" „Gibt es möglicherweise einen allgemeinverbindlichen Konsensus unter den Nachrichtenproduzenten?" Erst wenn man Antworten auf diese Frage hat, kann man das Ergebnis in seiner Bedeutung für das gesellschaftliche System einschätzen, bzw. man kann es z. B. daran messen, ob es „unseren Wünschen und Vorstellungen von ‚Realität' entspricht oder dem, was wir – aus politischen, moralischen, ‚weltanschaulichen' Gründen – für ‚richtig' oder zweckmäßig halten" (Schulz 1976, S. 118). Aber man bemißt es jedenfalls nicht mehr an der Fiktion einer objektiv und eindeutig erkennbaren Realität.

5.4.1. Realität als mediale Konstruktion

Massenmediale Berichterstattung bringt niemals ein Abbild der Wirklichkeit zustande. Keine Nachrichtenberichterstattung kann daher auch nur im entferntesten Sinne „umfassend" oder „vollständig" sein, denn sie „ist ihrem Wesen nach eher das Gegenteil: Ereignisse werden erst dadurch zu Nachrichten, daß sie aus der Totalität und Komplexität des Geschehens ausgewählt werden. Nur durch die Unterbrechung und Reduktion der raum-zeitlichen Kontinuität und der Ganzheit des Weltgeschehens läßt sich Realität umsetzen in Nachrichten. Das beginnt schon in einer sehr frühen Phase der Beobachtung: Bereits die Definition eines diskreten Realitätsausschnitts als ‚Ereignis' setzt Auswahl und Interpretation voraus" (Schulz 1976, S. 8). Im Grunde hat dies schon Walter Lippmann in seinem vielzitierten Buch über „Öffentliche Meinung" erkannt, wenn er bereits dem Augenzeugen kein unvoreingenommenes Bild der Realität attestiert: „Was er für seinen Bericht von einem Ereignis hält, ist zumeist in Wirklichkeit dessen Umwandlung" (Lippmann 1922 bzw. 1960, S. 61). Kurzum: nicht Abbildung, sondern Auswahl und Interpretation sind die elementaren Kennzeichen jedweder medialen Berichterstattung.[242]

---

242 Vgl. dazu auch den DGPuK-Tagungsband „Fakten und Fiktionen" (Baum/Schmidt 2002)

Diese mittlerweile weithin akzeptierte Position kann auch schon auf eine empirische Forschungstradition bis in die fünfziger Jahre zurückblicken.[243]

■ Der Journalist als Schleusenwärter

Dabei geht es zunächst um die sog. **„Gatekeeper-Forschung"**[244]. David Manning White (1950) übertrug in einer inzwischen zu den „Klassikern" zählenden Untersuchung das ursprünglich von dem Psychologen Kurt Lewin (1947) im Rahmen seiner Feldtheorie entwickelte Konzept des „Gatekeepers" (Schleusenwärter), mit dem die Schlüsselposition einzelner Entscheidungsträger in sozialen Gruppen verdeutlicht werden sollte, auf den Prozeß der Nachrichtenauswahl[245]. Zu diesem Zweck untersuchte er das Selektionsverhalten des „wire-editors" einer Tageszeitung in einer amerikanischen Kleinstadt. Aufgabe dieses Redakteurs war es, die über Fernschreiber in die Redaktion gelangenden Agenturmeldungen auszuwählen, zu bearbeiten und weiterzuleiten. Eine Woche hindurch verglich White dann die Themenstruktur der Meldungen, die dieser „Mr. Gates" (wie er ihn nannte) auswählte und weiterleitete mit jenen, die durch seine Entscheidung in den Papierkorb wanderten (auf diesen hatte Mr. Gates am Ende des jeweiligen Tages außerdem noch seine Entscheidungsgründe zu notieren). Diese Input-Output-Analyse zeigte als erste den Einfluß einer Reihe von subjektiven Dispositionen und Einstellungen auf die Selektionsentscheidungen auf. (Vernachlässigt wurde etwa Meldungen, die als trivial, uninteressant oder schlecht geschrieben ein-

243 Einen guten Überlick gibt Kepplinger 1989b, ebenso: Staab 1990, an den ich mich bei der folgenden Darstellung weitgehend halte.

244 Vgl. dazu neben Staab 1990 auch die immer noch lesenswerte Bestandsaufnahme von Robinson 1973.

245 Am Anfang der Gatekeeper-Forschung ging es um Lebensmittel. Kurt Lewin analysierte in den vierziger Jahren amerikanische Hausfrauen im Hinblick auf die Entscheidungsprozesse, die ihren Einkaufsgewohnheiten zugrunde lagen. Im Anschluß an Lewin verweist die Bezeichnung „gatekeeper" (= Pförtner, Schleusenwärter) auf die Vorstellung, daß es auch im Prozeß der Nachrichtenübermittlung strategisch wichtige Pforten, Schleusen, Schaltstellen gibt, an denen einzelne Nachrichtenredakteure darüber entscheiden, welche Nachrichten weitergeleitet werden und welche nicht.

gestuft worden waren, ebenso Berichte, denen eine propagandistische Tendenz attestiert worden war oder die einfach als zu lang empfunden wurden.)

Der Gatekeeper-Ansatz konnte dann etwas später auch von Westley/MacLean (1955, 1957) in ein Modell zur Massenkommunikation integriert werden, auf das weiter unten noch näher eingegangen wird (siehe dazu Seite 494 f. des vorliegenden Buches), und er wurde in der Folge auch mehrfach weiterentwickelt. So erkannte man neben dem Einfluß der (schon bei White manifest gewordenen) individuellen Prädispositionen auf die Nachrichtenauswahl v. a. auch den Einfluß sog. „institutioneller" Faktoren: Damit ist gemeint, daß kein Journalist als isoliertes Individuum zu betrachten ist, sondern stets auch Mitglied einer „Nachrichtenbürokratie" (Robinson 1973, S. 346) ist, die aus verschiedenen Ressorts mit verschiedenen Aufgaben besteht. Außerdem dürfen seine Entscheidungen nicht unabhängig von seiner Stellung innerhalb der Redaktion gesehen werden. (So üben Chefredakteure und Herausgeber einen bedeutenderen Einfluß auf die Nachrichtengebung aus als einfache Redaktionsmitglieder.[246])

Diese institutionelle Perspektive machte zwar die Rollenverteilung in der Informationsgebung manifest, dem fortwährenden Prozeß der Nachrichtengebung kam man aber erst mit Hilfe „kybernetischer" Untersuchungen auf die Spur, die komplexe Organisationen (wie eben Verlage und Redaktionen von Massenmedien) auf systemtheoretischer Basis als „dynamische Kommunikationssysteme" interpretieren, die sich – zum Zweck der Anpassung an die Umwelt – durch rückgekoppelte Lernprozesse und innovatives Verhalten auszeichnen. Das bedeutet, daß Nachrichtenauswahl als systemstabilisierendes (nämlich: das

246 Und in der Tat existieren wenigstens zwei Verstärkungsmechanismen, welche die Übereinstimmung mit den Ansichten des Herausgebers stärken: „Der erste ist der ‚Rotstift' des Chefredakteurs oder des verantwortlichen Redakteurs, der zweite die ‚Zeitungspolitik', die in Gesprächen oder durch hausinterne Broschüren vermittelt wird. Wer diese Einstellungen nicht internalisiert, wird entlassen oder geht auf eigenen Wunsch" (Robinson 1973, S. 347).

System = die Redaktion bzw. den Verlag erhaltendes) Handlungsschema zu sehen ist, mit dem eine Gruppe von Journalisten auf eine Unmenge von Nachrichtenmaterial durch entsprechende Bearbeitungsreaktionen reagiert (ebd. S. 350). Eine empirische Analyse auf dieser Grundlage (Robinson 1970) förderte dann auch eine viel differenziertere Struktur der Nachrichtenbearbeitung zutage. So zeigte sich, daß die Nachrichtenselektion tatsächlich aus mehreren Komponenten besteht, wobei an der Reduzierung des Materials elf Positionen beteiligt sind, von denen aber nur fünf als Gatekeeper-Positionen im ursprünglichen Sinn gelten können, der Rest sind reine „Durchlaßstellen" (Robinson 1973, S. 350).

Eine zweite Forschungstradition kann man unter dem Stichwort **„News Bias"** zusammenfassen. Hier geht es darum, „Unausgewogenheiten, Einseitigkeiten und politische Tendenzen in der Medienberichterstattung zu messen sowie Aufschluß über deren Ursachen zu erlangen" (Staab 1990, S. 27). Zu diesem Zweck wurden auf der einen Seite experimentelle Studien durchgeführt, in denen der Vorgang der Nachrichtenauswahl bzw. der Berichterstattung simuliert wurde. Hier zeigte sich einmal mehr, daß subjektive Einstellungen (etwa: wen man bei einem Raubüberfall als Tatverdächtigen betrachtet) einen bedeutenden Einfluß auf die tatsächliche Nachrichtengebung besitzen (z. B. auf die Auswahl der Merkmale, die den jeweiligen Personen zugeschrieben werden, über die man Informationsmaterial zur Verfügung gestellt hatte).

Auf der anderen Seite ging man dieser Frage im Rahmen von Inhaltsanalysen in Kombination mit Journalistenbefragungen nach, in denen zwischen der politischen Tendenz der Berichterstattung und den politischen Einstellungen von Journalisten bzw. Herausgebern und Verlegern in der Realität (meist am Beispiel von Wahlen oder politischen Konflikten) Zusammenhänge hergestellt wurden. In der Regel bestätigte sich die Annahme, daß die Nachrichtengebung einseitig der jeweiligen redaktionellen Linie folgte und die Kandidaten bzw. Konfliktgegenstände, die Gegenstand der Berichte waren, daher auch entsprechend divergent beurteilt wurden.

■ Die Nachrichtenfaktoren

Die dritte und vor allem im europäischen bzw. deutschsprachigen Raum am weitesten elaborierte Forschungstradition ist schließlich die sog. **„Nachrichtenwert-Theorie"**. Während die klassische Gatekeeper-Forschung auf dem oft langen Weg vom Ereignis in die Redaktion nur die letzte Station auf dieser Strecke beobachtet, setzt die Nachrichtenwert-Theorie schon sehr viel früher, bei der Wahrnehmung der Ereignisse selbst an (Schulz 1976, S. 12). Zwar reicht die erste kursorische Darstellung wieder einmal bis Walter Lippmann (1922) und seinem Begriff vom „news value" zurück.[247] Davon relativ unabhängig entwickelte sich jedoch eine europäische Forschungsrichtung, die von Einar Östgaard (1965) begründet, von Galtung/Ruge (1965) differenziert und von Winfried Schulz (1976) systematisiert und empirisch angereichert wurde.

Nach Östgaard – dessen Forschungsinteresse darin bestand, Verzerrungen im internationalen Nachrichtenfluß nachweisen und erklären zu können – gibt es bei jeder Nachricht bestimmte Faktoren, die sie beachtenswert, interessant und „schmackhaft" machen. Die Journalisten haben mehr oder weniger implizit Vorstellungen davon, was den Interessen und Wünschen des Publikums entspricht, deshalb gelten bestimmte **„Nachrichtenfaktoren"** für sie als Kriterien der Nachrichtenselektion und -verarbeitung. Nachrichtenfaktoren scheinen Merkmale zu sein, die ein Ereignis aufweist und die über seinen Nachrichtenwert (seine Publikationswürdigkeit) bestimmen. Es dürfte also einen systematischen Zusammenhang zwischen bestimmten Ereignissen bzw. ihren Merkmalen und ihrem Nachrichtenwert zu geben. Östgaard nennt drei Faktorenkomplexe:

1. *Einfachheit:* Einfache Nachrichten werden komplexeren vorgezogen, bzw. komplexe Sachverhalte werden von

---

247 Lippmann versteht unter „Nachrichtenwert" (news value) die Publikationswürdigkeit von Ereignissen, „die aus dem Vorhandensein und der Kombination verschiedener Ereignisaspekte resultiert" (Staab 1990, S. 41).

den Journalisten auf möglichst einfache Strukturen reduziert.

2. *Identifikation:* Journalisten versuchen, die Aufmerksamkeit ihrer Rezipienten zu gewinnen, indem sie z. B. über bereits bekannte Themen (Sachverhalte, Ereignisse) berichten, prominente Akteure zu Wort kommen lassen oder solche Ereignisse auswählen, die eine räumliche, zeitliche und kulturelle Nähe zum Publikum aufweisen.
3. *Sensationalismus:* Dramatische, emotional erregende Sachverhalte (Unglücksfälle, Verbrechen, Kuriositäten, Konflikte, Krisen etc.) werden besonders stark in den Vordergrund der Berichterstattung gerückt.

Die weitere Ausdifferenzierung dieses Ansatzes durch Galtung/Ruge wird an dieser Stelle nicht näher erwähnt, weil sie sich in der elaborierten Version von Schulz zum Teil wiederfindet.[248] Schulz sieht – aus den weiter oben erwähnten erkenntnistheoretischen Gründen, die das generelle Verhältnis von Massenmedien und Wirklichkeit betreffen – in den Nachrichtenfaktoren nun nicht mehr in erster Linie Merkmale der Ereignisse selbst, sondern versteht sie als „journalistische Hypothesen" über die Realität (Schulz 1976, S. 30). Seine Annahme lautet daher: „Je mehr eine Meldung dem entspricht, was Jour-

---

248 Erwähnt werden soll dennoch die simple und zugleich geniale Metapher, an der die beiden Friedensforscher Johan Galtung und Marie Holmboe Ruge ihre Ausgangsüberlegung entwickelten: Stellen wir uns die Welt doch einmal als Ansammlung von Radiosendern vor, setzen wir unseren Wahrnehmungsvorgang mit dem Hin- und Herdrehen des Senderknopfes auf Kurz- oder Mittelwelle gleich, und versuchen wir die Frage zu beantworten, was wir wahrnehmen würden: Zunächst – so die Autoren in ihrer Erstveröffentlichung – macht ein schnelles Herumdrehen keinen Sinn, denn der ergibt sich erst, wenn wir einen Sender einstellen und eine Weile zuhören, bevor wir zum nächsten schalten. Da wir nicht alles registrieren können, müssen wir auswählen, und die (wahrnehmungspsychologische) Frage ist daher, was unsere Aufmerksamkeit wohl fesselt. Und dann listen die Autoren mögliche Gründe für eine längere Verweildauer bei einem Sender auf, z. B. wenn das Signal eindeutig ist, wenn wir dem Gehörten irgendwelche Bedeutungen zuordnen können, wenn es überraschende Momente enthält usw. und benennen damit schon einige jener Faktoren, die bis heute als elementare Bestandteile der Nachrichtenwert-Theorie fungieren (vgl. Galtung/Ruge 1965, S. 64).

nalisten für wichtige und mithin berichtenswerte Eigenschaften der Realität halten, desto größer ist ihr Nachrichtenwert" (ebd.). Den journalistischen Sinn und Zweck der Nachrichtenfaktoren kann man ja generell darin sehen, die Aufmerksamkeit des Publikums zu gewinnen.[249]

Zum Zweck einer empirischen Überprüfung des Zusammenhangs zwischen Nachrichtenfaktoren und Nachrichtenwert definiert Schulz schließlich insgesamt 18 Nachrichtenfaktoren, die er unter sechs Faktorendimensionen subsumiert (ebd. S. 32 ff.):

1. **Zeit**

Dazu gehören die Nachrichtenfaktoren **„Dauer"** (punktuelle Ereignisse von kurzer Dauer haben einen hohen, Langzeitereignisse, die über eine Woche hinaus andauern, einen niedrigen Nachrichtenwert) und **„Thematisierung"**, d. h. die Etablierung eines Ereignisses in der Berichterstattung (ein langfristig eingeführtes Thema hat einen hohen, ein noch nicht etabliertes Thema dagegen einen niedrigen Nachrichtenwert[250]).

2. **Nähe**

Dazu zählen die Nachrichtenfaktoren **„räumliche Nähe"**, gemeint ist die geographische Entfernung zwischen Ereignisort und Redaktionssitz; **„politische Nähe"**, verstanden als Ausprägung der wirtschaftspolitischen Beziehungen zum Ereignisland; **„kulturelle Nähe"**, bezogen auf sprachliche, religiöse, literarische und wissenschaftliche Beziehungen zum Ereignisland, und schließlich **„Relevanz"**, als Grad der Betroffenheit und existenzieller Bedeutung eines Ereignisses.

---

249 Keinesfalls sollte der Begriff „Nachrichtenwert" zu dem Mißverständis verleiten, daß damit eine qualitative oder gar ethisch-normative Dimension von Berichterstattung angesprochen ist, die irgendwelche höheren (moralischen) Werte impliziert. Wilke weist (bezugnehmend auf Diskussionen mit journalistischen Praktikern) darauf hin, daß dieses instrumentelle Verständnis von Nachrichtenwert durchaus keine leicht nachvollziehbare und geläufige Erkenntnis darstellt (Wilke 1984, S. 233 ff.).

250 Nach diesem Muster sind auch die weiteren Nachrichtenfaktoren zu interpretieren. Der Vollständigkeit halber sei angemerkt, daß Schulz die Ausprägungen auf einer 4stufigen Skala differenziert hat.

3. **Status**

Hier wurden folgende Nachrichtenfaktoren subsumiert: **„regionale Zentralität“** als Grad der politisch-ökonomischen Bedeutung der Ereignisregion (bei nationalen Nachrichten); **„nationale Zentralität“** gemeint als die wirtschaftliche, wissenschaftliche und/oder militärische Macht des Ereignislandes (bei internationalen Nachrichten); **„persönlicher Einfluß“**, bezogen auf die politische Macht der beteiligten Personen, und **„Prominenz“**, bezogen auf den Bekanntheitsgrad von Personen (bei unpolitischen Meldungen).

4. **Dynamik**

Dazu gehören die Nachrichtenfaktoren **„Überraschung“**, zu verstehen als die Erwartbarkeit des Zeitpunktes, Verlaufs und Resultats eines Ereignisses, sowie **„Struktur“**, definiert als die Komplexität der Verlaufsform, Beteiligung und Überschaubarkeit eines Ereignisses.

5. **Valenz**

Dazu zählen die Nachrichtenfaktoren **„Konflikt“** als Grad der Aggressivität politischer Ereignisse; **„Kriminalität“** bezogen auf die Rechtswidrigkeit von Handlungen; **„Schaden“**, Personen-, Sach- oder finanzielle Schäden bzw. Mißerfolge, und schließlich **„Erfolg“**, im Sinne des Fortschrittes auf politischem, wirtschaftlichem oder kulturellem Gebiet, den ein Ereignis bewirkt.

6. **Identifikation**

Diese Dimension enthält noch die Nachrichtenfaktoren **„Personalisierung“**, verstanden als den Grad des personellen Bezugs eines Ereignisses, und **„Ethnozentrismus“**, bezogen auf den Umstand, ob und inwieweit das Ereignis die Bevölkerung des Landes betrifft, in der das jeweilige Medium erscheint.

Inzwischen gibt es eine Vielzahl an empirischen Befunden zur Nachrichtenwert-Theorie – sogar im Bereich der Kommunikationsgeschichte (Wilke 1984)[251] –, die ihr insgesamt hohe

251 Wilke (1984) untersuchte mit Hilfe des Konzepts der Nachrichtenfaktoren die historische Entwicklung und Veränderung der Nachrichtenauswahl mit

Erklärungskraft attestieren (vgl. dazu insb. Staab, 1990, S. 42 ff.) und darauf schließen lassen, „daß die Nachrichtenfaktoren einen generellen Einfluß auf die Selektionsentscheidungen der Journalisten besitzen" (ebd. S. 85)[252].

Als Zwischenbilanz läßt sich somit festhalten: Das vielfach verbreitete Alltagsverständnis, Massenmedien würden uns ein mehr oder weniger unverzerrtes Bild der Wirklichkeit vermitteln, kann als naiv entlarvt werden. Medien können Realität nicht einfach passiv abbilden, sie entwerfen vielmehr (als untrennbares Element ebendieser Realität) selbst aktiv eine Vorstellung von Wirklichkeit. Diese „Wirklichkeit als mediale Konstruktion", dieses **„News Making"**, wie es James Halloran (et al. 1970) treffend bezeichnet hat, kann nun vor dem Hintergrund der hier aufgezeigten Forschungstraditionen (Gatekeeper-, News-Bias-Forschung und Nachrichtenwert-Theorie) hinlänglich argumentativ begründet werden. Vor allem im Rahmen der Nachrichtenwert-Theorie ließ sich zeigen, daß es im Hinblick auf die Auswahl und Interpretation von Ereignissen tatsächlich so etwas wie einen allgemeinverbindlichen Konsens im Journalismus gibt.

■ Nachrichten – Mittel zum Zweck?

Und doch ist gerade dies nach dem neueren Stand der Kenntnisse erst die halbe Wahrheit: Ausgangspunkt (für die zweite Hälfte der Wahrheit) ist der Umstand, daß Nachrichtenfaktoren eben nicht – wie das auf den ersten Blick nahezuliegen scheint – als Merkmale begriffen werden dürfen, die den Ereignissen selbst gleichsam „von Natur aus" anhaften. In dieser ursprüng-

---

Hilfe einer vergleichenden Inhaltsanalyse von zwei Hamburger Zeitungen aus vier Jahrhunderten.

252 Der Vollständigkeit halber sei angemerkt, daß die hier referierten Faktoren, die das Ergebnis der „klassischen" Arbeit von Winfried Schulz (1976/1991) darstellen, in einer Nachfolgeuntersuchung durch Schulz selbst geringfügig (von 18 auf 20) erweitert worden sind (siehe dazu: Staab 1990, S. 85 ff.). Außerdem sei auf die Untersuchung von Andreas Emmerich (1984) verwiesen, der einen methodisch anderen Zugang wählt (experimentelles Untersuchungsdesign mit Journalisten) und auch einen etwas anders angelegten Faktorenkatalog entwickelt.

lichen **„kausalen“** Betrachtungsweise der Nachrichtenauswahl werden die Nachrichtenfaktoren von Ereignissen bzw. Meldungen ja als Ursachen und die journalistischen Selektionsentscheidungen als Wirkungen betrachtet (Staab 1990, S. 93). Damit wird aber die mögliche Intentionalität journalistischen Handelns – der Umstand, daß Journalisten unter Umständen auch bestimmte Ziele verfolgen, mit ihrer Berichterstattung etwas bewirken wollen – ausgeklammert, und die Nachrichtenwert-Theorie erweist sich damit eigentlich als apolitisch. Einschlägige Studien im Rahmen der vorhin angesprochenen „News-Bias-Forschung“ zeigen jedoch, daß Journalisten durchaus politisch handeln, indem sie insbesondere bei gesellschaftlich relevanten und konfliktreichen Themen (bewußt oder unbewußt) einseitig berichten, m. a. W., Nachrichten können auch als Mittel zum Zweck der Unterstützung bestimmter Ziele eingesetzt und damit analysiert werden.

Diese Position ist nicht vollkommen neu. Bereits Schulz hat ja im Rahmen seiner oben erwähnten erkenntnistheoretischen Kritik darauf hingewiesen, daß Nachrichtenfaktoren realistisch nicht als Aspekte der Ereignisse selbst interpretiert werden dürfen, von denen die Selektionsentscheidungen der Journalisten einfach abhängen, sondern als Thesen der Journalisten, über die Bedeutung bzw. die Publikationswürdigkeit dieser Ereignisse – genauer: als These darüber, ob und unter welchen Aspekten (nämlich: im Hinblick auf welche Nachrichtenfaktoren) – die Berichterstattung über das jeweilige Ereignis dazu angetan ist, die Aufmerksamkeit von Rezipienten zu gewinnen. Damit ist die Intentionalität journalistischen Handelns bereits als allgmeines theoretisches Kalkül angelegt.

Zugespitzt wird diese Perspektive schließlich von Hans Mathias Kepplinger, der in Abgrenzung zur ursprünglich kausalen, nunmehr für eine **„finale“** Betrachtungsweise der Nachrichtenwert-Theorie plädiert. Aus einer finalen Perspektive der Nachrichtenauswahl werden Selektionsentscheidungen von Journalisten nicht als eine direkte Reaktion auf Realitätsreize gesehen, sondern als zielgerichtete Handlungen. Diesen Vorgang nennt Kepplinger **„Instrumentelle Aktualisierung“**

(Kepplinger 1984, 1989a, 1989b). Damit ist gemeint, daß die Massenmedien über bestimmte Themen oder Themenaspekte nicht nur deshalb berichten, weil sie eine „natürliche Relevanz" besitzen, sondern auch deshalb, weil die Kommunikatoren (Journalisten, Herausgeber, Verleger) damit bestimmte Ziele verfolgen. Konkret bedeutet dies, daß im Rahmen politischer und sozialer Konflikte, Ereignisse oder Meldungen als Mittel („Instrument") dienen können, um eine bestimmte Konfliktlösung bzw. politische Entscheidung nahezulegen.

„In diesem Sinn ist beispielsweise die Meldung, der Streß am Arbeitsplatz sei in den letzten Jahren angestiegen und habe zu einer erheblichen Erhöhung der Herzinfarktquote geführt, instrumentell für eine Verkürzung der Wochenarbeitszeit. Medien, die eine Verkürzung der Wochenarbeitszeit unterstützen, werden – folgt man Kepplingers Annahmen – diesen Sachverhalt besonders hervorheben; Medien, die gegen eine Verkürzung der Wochenarbeitszeit sind, werden hierüber nicht oder nur beiläufig berichten. Die Nachrichtenauswahl ist in dieser Betrachtungsweise als eine an bestimmten Zwecken orientierte Mittelwahl zu verstehen, als ein Prozeß, den Kepplinger – Nicolai Hartmann folgend – als ‚überformte Kausalität' bezeichnet: Aufgrund der zu erwartenden Publikationsfolgen wählen Journalisten bestimmte Ereignisse oder Themenaspekte aus, die durch ihre Publikation dann möglicherweise tatsächlich die antizipierten Folgen bewirken" (Staab 1990, S. 97).

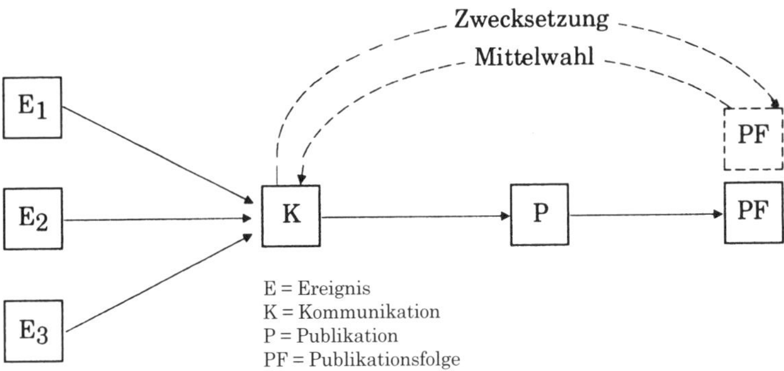

Abb.27: Instrumentelle Aktualisierung. Kepplinger 1989b, S. 12

M. a. W., wenn Massenmedien bestimmte Probleme (immer wieder) unter bestimmten Gesichtspunkten zum Thema machen, dann definieren sie zugleich auch die zentralen Aspekte des Problems und präformieren damit politische Entscheidungen. Nachvollziehbar ist dies – laut Kepplinger (1992a, S. 28 f.) – beispielsweise anhand der bundesdeutschen Abtreibungs- und Gentechnikdiskussionen: So wurde die Abtreibungsdiskussion in Deutschland vor allem aus der Perspektive der Selbstverwirklichung von Frauen und nicht so sehr unter dem Aspekt des Schutzes von ungeborenem Leben geführt (vgl. Wagner 1991), was eine weitgehende Freigabe der Abtreibung zu verlangen scheint, während die Gentechnikdebatte vorwiegend aus dem Blickwinkel des Schutzes von ungeborenem Leben zum Thema gemacht wurde (vgl. Kepplinger/Ehmig/Ahlheim 1991, insb. S. 152–168), was wiederum ein weitgehendes Verbot von gentechnischen Manipulationen an Embryonen nahezulegen scheint.[253] Insgesamt existieren bereits einige Befunde, die darauf hindeuten, daß das Konzept der instrumentellen Aktualisierung typische Elemente aktueller massenmedialer Wirklichkeitskonstruktion erkennbar macht (vgl. dazu Kepplinger 1989a, 1992b).

5.4.2. Realitätsinszenierung in der Massenkommunikationsgesellschaft

In der bisherigen Diskussion zum Verhältnis von Massenmedien und Wirklichkeit wurde dreierlei behauptet: zum einen, daß Medien die Realität nicht abbilden (können), sondern uns in der Regel eine höchst selektive, ungenaue, tendenziöse, verzerrte und daher konstruierte Weltsicht bieten. Zum anderen wurde darauf hingewiesen, daß es für diese Selektions- und Interpretationsprozesse (vermutlich schon seit mehreren Jahrhunder-

253 Wagner (1991) spricht in diesem Zusammenhang von „Tabus der publizistischen Aufklärung“ (ebd. S. 171 ff.) und belegt detailreich anhand von Befunden zur öffentlichen Diskussion (u. a. über die Abtreibung, Embryonenforschung, Eugenik und Aids) seine These von strukturell bedingten „Schweigezonen“ (ebd. S. 13 ff.) in unserer Mediengesellschaft.

ten) einen allgemein verbindlichen Konsens im Journalismus gibt: die Nachrichtenfaktoren. Und schließlich wurde aufgezeigt, daß selbst dieser Nachrichtenwert den Fakten und Ereignissen nur sehr bedingt selbst „anhaftet": Themen gewinnen oft genug v. a. deshalb mediale Aufmerksamkeit, weil sie die Kommunikatoren instrumentalisieren, d. h. als Mittel zur Unterstützung bestimmter Ziele verwenden. Man kann Kepplinger also zustimmen, wenn er die Behauptung von Journalisten, ein Ereignis sei eben so wichtig gewesen, daß man darüber habe berichten müssen, als Scheinerklärung entlarvt, weil sie nur „die Frage verdeckt, weshalb man es für so wichtig gehalten hat" (Kepplinger 1992a, S. 48).[254]

■ Das Pseudo-Ereignis

In der Folge wird die These von der konstruierten Medienrealität noch um eine weitere Stufe überhöht. Und zwar mit der Behauptung, daß sehr viele Ereignisse – möglicherweise die meisten (!) –, über welche die Medien heutzutage berichten, unabhängig von der (potentiellen) Berichterstattung, überhaupt nicht existieren würden. Das, was uns Medien als Berichte über die Wirklichkeit präsentieren, ist nicht bloß selektierte und konstruierte, sondern vielfach auch noch von außermedialen Instanzen bewußt – zum Zweck der Berichterstattung – **„inszenierte Realität"**. Diese Perspektive der Inszenierung von Wirklichkeit sieht in der Auswahl von Nachrichten einen Vorgang, durch den die Medien von außen gesteuert werden. „Dabei

254 Die hier wiederum angesprochene These von der instrumentellen Aktualisierung darf nicht ausschließlich in einem „hochpolitischen" Sinn interpretiert werden. Nicht immer geht es bei der Publikation eines Themas um die Beeinflussung von politischen Entscheidungen, manchmal wird ein Thema als „bloßes" Mittel zum Zweck der Erhöhung der Leser-, Hörer- oder Seherzahlen dienen, oder einfach nur als Platzfüller. Es wurde ja schon weiter oben (im 2. Kapitel dieses Buches) zwischen einem situationsbezogenen und einem inhaltsbezogenen Interesse unterschieden, mit dem jeder kommunikative Akt verbunden ist. Und im Grunde ist mit all diesen Befunden der Nachweis für die dort analytisch unterstellte „Intentionalität" von Kommunikation erbracht: für jedes kommunikative Handeln – egal, ob im interpersonalen oder im massenmedialen Bereich – kann sinnvollerweise nach „dahinterstehenden" Kommunikationsinteressen gefragt werden.

machen sich die Akteure die Kenntnis journalistischer Selektionskriterien zunutze, um die Nachrichtengebung in ihrem Sinne zu beeinflussen. Sie betreiben gezieltes Ereignismanagement. Die Ereignisse sind dabei ein Mittel zum Zweck der Berichterstattung." (...) Es geht im wesentlichen um die Wahl eines geeigneten Mittels, „das die Publikation stimulieren soll – ein Pseudo-Ereignis, eine Pressekonferenz, eine Tagung oder eine Demonstration" (Kepplinger 1992a, S. 49).

Der Begriff vom **„Pseudo-Ereignis"** geht auf Daniel Boorstin (1961, S. 31 ff.) zurück, der darunter ein Geschehen versteht, das sich nicht spontan, also ganz unabhängig von der eventuellen oder tatsächlichen massenmedialen Berichterstattung ereignet (wie etwa ein Erdbeben, ein Zugunglück oder ein natürlicher Todesfall), sondern das von irgend jemandem geplant, angeregt oder arrangiert worden ist, und zwar vor allem (wenn auch nicht ausschließlich) zum Zweck der Berichterstattung.

In der zweiten Hälfte des 20. Jahrhunderts dürfte die Zahl derartiger Inszenierungen und auch der Anteil einschlägiger Berichte stark zugenommen haben. Zu Recht weist Kepplinger darauf hin, daß der sichtbare Ausdruck dieser Entwicklung u. a. das Engagement von Großunternehmen als Sponsoren von Sportveranstaltungen, Umweltschutzmaßnahmen oder Musikveranstaltungen (vom Rockkonzert bis zum Opernfestival) ist. Er schlägt daher u. a. vor, neben den ausschließlich zum Zweck der Berichterstattung inszenierten (Pseudo-)Ereignissen auch noch von sog. **„Mediatisierten Ereignissen"** (Kepplinger 1992a, S. 52) zu spechen: Gemeint sind Vorfälle, die (in den meisten Fällen) wahrscheinlich auch ohne Medien stattgefunden hätten, die aber infolge der zu erwartenden Berichterstattung einen spezifischen, mediengerechten Charakter erhalten – wie z. B. Parteitage, Produktpräsentationen, Olympiaden, Buchmessen etc.[255]

---

255 In diesem Zusammenhang sei an den schon sehr früh nachgewiesenen „reziproken Effekt" erinnert, mit dem bereits vor mehr als vierzig Jahren der wirklichkeitsverändernde Einfluß von Medien erkannt wurde: So haben ja beispielsweise Lang/Lang bereits 1953 nachgewiesen, daß die Anwe-

Wie man derartige Ereignisse aber nun auch bezeichnen mag, sie sind in der Regel das Werk von Public-Relations-Fachleuten, von Öffentlichkeitsarbeitern und dadurch ihrerseits Ausdruck der „Kommunifizierung“ oder „Medifizierung“ unserer Gesellschaft, deren Informationsfluß zunehmend professionell gesteuert ist.

Dies gilt insbesondere für den Bereich der Politik, die in modernen „informationsgesellschaftlichen Demokratien“ (Plasser/Sommer 1991) von politischer Öffentlichkeitsarbeit kaum mehr zu trennen ist. Als diesbezügliche Zäsur wird gerne auf den amerikanischen Präsidentschaftswahlkampf von 1968 verwiesen, in dem Printjournalisten und Fernsehredakteure angeblich erstmals zur Kenntnis nehmen mußten, „daß sie von einer professionellen Wahlkampfregie instrumentalisiert wurden; daß sie über synthetische Ereignisse berichteten, die von politischen PR-Strategen kunstvoll inszeniert wurden; daß ihnen kameragerecht vorbereitete Auftritte und Botschaften angeboten wurden, kurz: daß sie subtil benutzt und zum ausführenden Organ eines technokratischen Kommunikationsmanagements degradiert waren. Der amerikanische Präsidentschaftswahlkampf markiert somit den Beginn des unaufhaltsamen Siegeszuges der ‚New Politics-Konzeption‘, nach der Politik vorrangig Kommunikation und erfolgreiche Politik sorgfältig geplante und professionell gesteuerte Kommunikation ist“ (ebd. S. 93).

Zweifellos nimmt das Fernsehen in diesem Zusammenhang eine herausragende Rolle ein. Die „televisation of politics“ (Ranney 1983, S. 110) hat ja durch die Chance, über einen einzigen TV-Auftritt Millionen von Menschen zu erreichen, nicht bloß die herkömmlichen politischen Kommunikationsprozesse verändert, diese „elektronische Politik“ (Plasser 1985) hat auch die Politiker vorrangig zu Kommunikatoren (Fabris 1974) werden lassen bzw. in die Rolle von Fernsehpersönlichkeiten des „politischen Starsystems“ (Fabris/Luger 1982)

---

senheit von Journalisten – v. a. wenn sie mit Fernsehkameras unterwegs sind – das Verhalten der Menschen verändert, über die berichtet wird.

gedrängt. Längst hat der politische Prozeß (nicht nur in den USA und nicht bloß in Wahlkampfzeiten) „den Charakter einer permanent campaign angenommen" (Filzmaier/Plasser 1997, S. 279), in der dem Fernsehen ein herausragender Stellenwert zukommt. Roger Ailes (General Media Consultant des ehemaligen amerikanischen Präsidenten George Bush) pflegt Politikern und Wahlkampfpraktikern den Rat zu geben, stets so zu handeln, als ob sie selbst politische Fernsehjournalisten wären (Ailes 1989, zit. n. Plasser/Sommer 1991, S. 93). Die Kernaspekte dieser politischen Öffentlichkeitsarbeit bestehen demnach aus

- der professionellen Kenntnis der massenmedialen Nachrichten- und Produktionslogik,
- der Fähigkeit, perfekt inszenierte und kameragerechte Ereignisse zu schaffen,
- strategischem Themen- und Ereignismanagement, mit dem Ziel, die massenmediale Tagesordnung zu bestimmen, um damit den autonomen Spielraum der Berichterstattung einzuengen, und schließlich
- der Fähigkeit, die Rolle der Massenmedien auf den Transport emotionaler Symbole und zielgruppengerechter Botschaften zu reduzieren (vgl. ebd. sowie Kernell 1986).

Schon längst ist daher auch von „politischer Symbolik" (Pross 1974) die Rede bzw. von „symbolischer Politik" (Sarcinelli 1987, 1992), wenn man die Bedeutung der öffentlich ausgetragenen, medienvermittelten „politischen Kommunikation" näher fassen will.[256]

---

256 Nach Bentele (1992, S. 261 f.) gehen diese Konzepte auf den Politikwissenschaftler Edelman (1971, 1976) zurück, der (u. a. unter Berufung auf die sprach- und zeichentheoretischen Überlegungen von George Herbert Mead) beim politischen Handeln eine „instrumentelle" Dimension (gemeint sind dessen tatsächliche Konsequenzen) und eine „expressive" Dimension (gemeint ist die Bedeutung ebendieser Handlungen für die Massenöffentlichkeit) erkennt. Auf dieser Grundlage faßt Edelman den Einsatz politischer Symbole (zu denken ist etwa an typische gegenständliche Symbole wie Standarten oder Flaggen, aber auch an prozeßhafte Abläufe wie z. B. Eröffnungen, Empfänge, Parteitage, Verhandlungen oder diverse andere

Die Inszenierung von Ereignissen zum Zweck der Berichterstattung findet natürlich nicht bloß in Wahlkampfzeiten statt und beschränkt sich auch keineswegs auf politische Institutionen. Was für die Politik gilt, das gilt mindestens genauso für die Wirtschaft bzw. auch für diverse nicht primär auf Gewinn ausgerichtete („Non-profit“-)Unternehmen, die eine Idee – wie etwa die des Umweltschutzes (z. B. Greenpeace, Global 2000, Kuratorium „Rettet den Wald“), ein politisches Anliegen, wie die Einhaltung von Menschenrechten (z. B. Amnesty International) oder ein soziales Ziel, wie die Erhöhung der Sicherheit im Straßenverkehr (z. B. das Kuratorium für Verkehrssicherheit/in Österreich) – propagieren und ihr damit zum „Durchbruch“, d. h. zu allgemeiner Akzeptanz verhelfen wollen. Wie in der Politik, so finden sich auch in allen anderen Bereichen unserer Mediengesellschaft zunehmend Kommunikationsprofis, die sich um eine geeignete Form der Interessendarstellung im Konzert der öffentlichen Kommunikation bemühen und „Public Relations“/„Öffentlichkeitsarbeit, betreiben (vgl. etwa Avenarius 2000, Dorer/Lojka 1991, Kunczik 1993). Der Umstand, daß dies alles natürlich nicht ohne Auswirkungen auf den Journalismus und damit auf die Medien selbst bleiben konnte, soll in der Folge näher beleuchtet werden.

5.4.3. Öffentlichkeitsarbeit und Medien

Ohne Zweifel kann der Weg an die Öffentlichkeit heutzutage an den publizistischen Medien nicht vorbeiführen. Selbst wenn Öffentlichkeitsarbeit schon längst nicht mehr auf Presse- oder Medienarbeit reduziert werden darf[257], so besitzen doch die

---

Veranstaltungen) als Realitätsersatz auf, welche die Ritualisierung und Kanalisierung politischer Konflikte (etwa bei Tarifverhandlungen zwischen Sozialpartnern) zum Ziel haben. Vor allem durch die massenmediale Vermittlung derartiger politischer Symbole – insbesondere via Fernsehen (vgl. Bentele 1992) – entsteht „symbolische Politik“ als eine neue politische Realität, als „mediale Wirklichkeitskonstruktion“ (Sarcinelli 1987, S. 204), welcher sich die handelnden Akteure strategisch bedienen.

257 Heute zählt vielfach auch die Inszenierung interpersonaler Kommunikationsprozesse (etwa im Rahmen von Bürgerversammlungen, Tagen der offenen Tür etc.) sowie die Vorbereitung und Begleitung eines Konflikt-

Medien (und damit die Journalisten als eine wichtige anzusprechende Gruppe) in der PR-Arbeit einen ganz elementaren Stellenwert.

Öffentlichkeitsarbeit bzw. Public Relations (PR)[258] ist dabei in der Regel zu verstehen als „Selbstdarstellung partikulärer Interessen durch Information“ (Baerns 1991, S. 16), „wobei als Mittel alle Techniken und Formen schriftlicher, mündlicher, fotografischer, filmischer und audiovisueller Publizistik sowie interpersonaler Kommunikation denkbar sind“ (ebd.). Gemeint ist also die Summe aller Aktivitäten, die darauf abzielen, die Öffentlichkeit bzw. relevante Gruppen (sog. „Teilöffentlichkeiten“) durch die Darstellung der eigenen Interessen zu beeinflussen, um diese letztlich irgendwann auch durchsetzen zu können (siehe dazu auch: Kunczik 1993, S. 14 ff.). Längst geschieht dies nicht bloß seitens der politischen Parteien, Behörden und Wirtschaftsunternehmen, auch kulturelle, kirchliche und karitative Organisationen, soziale Randgruppen (Behinderte, Aids-Kranke ...), Bürgerinitiativen sowie die vorhin angesprochenen Non-profit-Organisationen (vgl. etwa Signitzer 1987) setzen diverse Kommunikationstechniken für ihre Selbstdarstellung ein.

Aus der Perspektive der Entstehung von Medieninhalten bedeutet dieser Umstand schlicht und einfach, „daß Ereignisse, Themen, Sachverhalte nicht erst durch die Wahrnehmung von Journalisten zu Nachrichten werden, sondern in der Regel eine ‚Vorgeschichte‘ haben“ (Grossenbacher 1986, S. 725). Darauf wurde ja im letzten Abschnitt mit dem Hinweis auf die Techniken zur Realitätsinszenierung in der Massenkommunikationsgesellschaft bereits näher eingegangen. Und natürlich

managements bei extrem kontroversiellen Themen zu PR-Aufgaben (vgl. etwa Burkart 1993).

258 Die Begriffe „Öffentlichkeitsarbeit“ und „Public Relations“ werden hier (und auch sonst üblicherweise) synonym verwendet. Der Terminus „Public Relations“ geht nach Cutlip/Center (1978) auf die Association of American Railroads zurück, die diese Bezeichnung in ihrem Yearbook of Railway Literature von 1897 erstmals verwendet haben soll. Die Urheberschaft für das deutschsprachige Wort „Öffentlichkeitsarbeit“ beansprucht Oeckl (1964) unter Berufung auf Hundhausen (1951).

tangiert man damit auch wieder die Frage nach der Selektion des Nachrichtenmaterials, die vorhin mit dem Hinweis auf Ergebnisse aus der Gatekeeper-, News-Bias- und Nachrichtenwertforschung bereits beantwortet wurde.

In der Folge sollen diese Zusammenhänge jedoch vorrangig aus der Perspektive jener Akteure betrachtet werden, die im Rahmen ihrer diversen Public-Relations-Aktivitäten (im wesentlichen durch Verfassen von Presseaussendungen, persönliches Kontaktieren von Journalisten sowie durch das Inszenieren und Mediatisieren von Ereignissen) gerade darauf abzielen, einen möglichst großen Stellenwert in der medialen Berichterstattung zu erhalten. Und da steht die Frage im Mittelpunkt, wie groß die Chancen denn überhaupt sind, mit derartigen Aktivitäten „in die Medien zu kommen". Vorweg: die Chancen sind ganz gut. Es gibt mittlerweile eine Reihe von empirischen Befunden, die der Öffentlichkeitsarbeit einen großen Einfluß auf den Journalismus attestieren. Wenngleich auch hier vor allzu simplen Verallgemeinerungen gewarnt werden muß – denn die Beziehungen zwischen PR und Journalismus sind komplex …

■ Dominiert PR den Journalismus?

Eine der ersten Untersuchungen dazu (im deutschsprachigen Raum) führte Barbara Baerns (1979) anhand einer kleinen Fallstudie zur Öffentlichkeitsarbeit eines international bekannten deutschen Industrieunternehmens[259] durch. Beobachtet wurde dabei der Niederschlag aller Pressemitteilungen des Unternehmens aus dem Jahr 1974 in der „Westdeutschen Allgemeinen Zeitung" sowie der „Neuen Ruhr-Zeitung". Baerns fand heraus, daß es sich bei 42% aller Zeitungsbeiträge über den Konzern durchwegs um PR-Texte handelte, die entweder wörtlich oder inhaltlich vollständig oder einfach nur gekürzt wiedergegeben worden waren. Weitere 38% der Artikel waren ebenfalls vom Thema her eindeutig auf PR-Informationen der Firma zurückzuführen. Die Verfasserin erhärtete damit die sog. **„Determinationsthese"**, die sich schon im Rahmen einiger we-

259 Es handelte sich dabei um die Coca-Cola-GesmbH. mit Sitz in Essen.

niger Untersuchungen zuvor abzuzeichnen begann: die Vermutung nämlich, daß die Vorstellung vom eigenständig recherchierenden Journalisten, der selbständig Nachrichten und Informationen produziert, mit einigem Recht als Mythos zu entlarven sei, da die Festlegung der Themen und größtenteils auch ihre publizistische Aufbereitung „nicht autonom von den Journalisten (...), sondern von den Primärkommunikatoren determiniert werden" (Nissen/Menningen 1975, S. 168). Was die publizistische Aufbereitung betrifft, so stellten Nissen/Menningen (1975) sogar extrem geringe „Transformationsleistungen" der Journalisten (gemeint ist: die Veränderung des Pressematerials durch Umformulierung oder Kommentierung) fest: Die große Mehrheit des Pressematerials (drei Viertel bis neun Zehntel) fand unkommentiert und lediglich leicht bearbeitet seinen Niederschlag.[260]

Baerns (1985, 1991) führte später dann noch eine andere, mittlerweile als „klassisch" geltende Studie durch, in der sie den Niederschlag von PR-Produkten der nordrhein-westfälischen Landespolitik in allen tagesbezogenen Nachrichtenmedien dieses Bundeslandes untersuchte. Dabei stellte sich u. a. heraus, daß PR-Texte bereits von den Nachrichtenagenturen in einem hohen Ausmaß (59%) aufgenommen werden (Baerns 1991,

260 Nissen/Menningen (1977) fanden im Rahmen eines achtwöchigen Untersuchungszeitraumes, daß Pressemitteilungen der schleswig-holsteinischen Landesregierung, des Landtages sowie der dort vertretenen Parteien nicht bloß eine überdurchschnittlich hohe Abdruckquote erzielten, sondern daß diese Texte auch überwiegend (bis zu 90%!) unkommentiert und lediglich durch Kürzungen bzw. unbedeutende Umformulierungen redaktionell bearbeitet wurden. Für den amerikanischen Raum stellte Sigal (1973) ähnliche Trends anhand einer Untersuchung so angesehener Zeitungen wie der „New York Times" und der „Washington Post" fest: so basierten 55,6% aller Artikel direkt auf dem Einfluß externer Quellen, lediglich 27,8% konnten auf journalistische Eigeninitiative zurückgeführt werden. Diese Ergebnisse sind übrigens konsistent mit schon länger zurückliegenden Befunden, die zwar nicht nach dem Einfluß der Öffentlichkeitsarbeit auf den Journalismus fragten (sondern die Häufigkeit von Kommentaren in der bundesdeutschen Tagespresse erhoben), die aber den Medien in ähnlicher Weise eine eher „passive" Haltung attestierten: nicht nur die Menge, sondern auch die Qualität der Kommentare wurde dabei als eher bescheiden eingestuft (Knoche 1968, Knoche/Schulz 1969).

S. 56). Im Hinblick auf den Niederschlag in der Tagespresse zeigte sich dann ein ganz ähnliches Bild, so daß die Verfasserin der Öffentlichkeitsarbeit in *allen* Tageszeitungen ein breites Wirkungsfeld nachwies. Außerdem qualifizierte sie die journalistische Eigenleistung als vergleichsweise gering (ebd. S. 69). Auch die Einbeziehung der (damals noch ausschließlich) öffentlich-rechtlichen Hörfunk- und Fernsehberichterstattung (ebd. S. 73 ff.) änderte an diesem Ergebnis nichts. Überdies erkennt Baerns in ihrer Studie (ähnlich wie Grossenbacher [1986] für die Schweiz) die schnelle Verarbeitung (Umschlagszeit) des PR-Materials seitens der Medien: Die Nachrichtenagenturen verbreiten 74% der eingelangten Presseaussendungen am gleichen Tag, der Hörfunk 63%, das Fernsehen 76%, und die Tagespresse verwendet 65% sofort (d. h. für die Ausgabe am nachfolgenden Tag).

Ein weiteres Musterbeispiel für Effizienz und Einflußnahme einer Organisation auf die journalistische Berichterstattung zeigte eine Untersuchung anhand der Umweltschutzorganisation „Greenpeace“ auf. Über einen Zeitraum von zwei Monaten wurde der Niederschlag sämtlicher Aktivitäten der Hamburger Greenpeace-Pressestelle in den bundesdeutschen Printmedien verfolgt. Das Ergebnis: 84% aller rund 900 Artikel (!), die in diesen zwei Monaten über Greenpeace erschienen sind, gehen auf Anlässe oder Ereignisse zurück, die von Greenpeace selbst in Form von medienwirksam inszenierten Aktionen, Pressekonferenzen und Pressemitteilungen vorgegeben wurden. Mehr noch: Es zeigte sich, daß Greenpeace für die Journalisten in Umweltfragen sogar als eine Art „Dienstleistungsunternehmen“ fungiert, das auch für Recherchearbeiten in Anspruch genommen wird. Von einer kritischen Distanz der Journalisten zu dieser Organisation konnte daher keine Rede sein. Im Gegenteil: Der Organisation Greenpeace kann attestiert werden, Themen und Inhalte der Berichterstattung über sich selbst sowie über ausgewählte Umweltprobleme weitgehend zu kontrollieren (vgl. Rossmann 1993).

Erstes Fazit: Öffentlichkeitsarbeit hat sowohl die Themen als auch das Timing der Medienberichterstattung unter Kontrolle. Es sind überwiegend die PR-Leute (bei Nissen/Menningen die „Primärkommunikatoren“, bei Baerns: die „Informatoren“) und nicht die Journalisten, die Themen forcieren und die publizierte Wirklichkeit konturieren. Das sind Forschungsergebnisse, welche die journalistische Recherche bestenfalls zur „Nachrecherche“ (Baerns 1991, S. 98) verkommen lassen. Außerdem ist festzuhalten, daß es überwiegend Pressemitteilungen und Pressekonferenzen sind, die die Medienberichterstattung auslösen, und nicht etwaige „Eigenwerte“ von Themen bzw. Ereignissen oder irgendwelche journalistischen Kriterien (Baerns ebd.).

Aus der Perspektive des Journalismus führen diese Ergebnisse in einen Konflikt mit den normativen Ansprüchen, wie sie den Medien etwa im Rahmen der Kritik- und Kontrollfunktion[261] attestiert werden: zum einen, weil ihre dafür notwendige Unabhängigkeit (hier: von Informationsquellen) plötzlich in Frage gestellt ist, zum anderen, weil damit deutlich wird, „daß das Bild vom Journalisten als unbeugsamem Kritiker von Mißständen, als unermüdlich auf Themensuche befindlichem Spürhund, nicht zutrifft“ (Kunczik 1988, S. 252).

■ Zweifel an der Determinationsthese

Dennoch erscheint es zu simpel, in derartigen Ergebnissen bloß einseitig die Abhängigkeit des Journalismus von der Öffentlichkeitsarbeit zu sehen. Angemessener dürfte es wohl sein, mit Grossenbacher (1986a) darin eine gegenseitige Abhängigkeit zu erkennen: „Die Medien sind auf den Input der Öffentlichkeitsarbeit ebenso angewiesen, wie diese auf die Publikationsleistung der Medien angewiesen ist. PR-Schaffende müssen sich, um ihr Ziel zu erreichen, den Nachrichtenwerten und der Produktionsroutine der Journalisten anpassen und diese antizipieren. Journalisten honorieren solches Wohlverhalten mit zurückhaltender Transformation der PR-vermittelten Informationen“ (ebd. S. 731). Jedoch nicht im Sinne einer Tugend, sondern aus einer Notsituation heraus: Angesichts der ungeheuren

261 Auf die Kritik- und Kontrollfunktion wird weiter unter (siehe S. 395 f.) noch näher eingegangen.

Informationsmenge, die täglich anfällt, ist es den Medien nämlich ohnehin „immer weniger möglich, die Vorgänge in dieser Welt selbständig in Berichterstattung umzusetzen. Die Entstehung und Ausdehnung der Öffentlichkeitsarbeit ist unter diesem Blickwinkel eine logische Folge der Entwicklung zur sogenannten Informationsgesellschaft. Medien und PR sind somit als Komplementärsysteme zu charakterisieren" (Grossenbacher ebd.).

Zu Ende gedacht heißt das: Die Produkte der Öffentlichkeitsarbeit sind nicht bloß eine notwendige Voraussetzung für die journalistische Berichterstattung (weil auch trotz noch so großer Bereitschaft zu selbständiger Themensuche niemals alle wichtigen Themen erfaßt werden könnten[262]), sondern die Übernahme bzw. Verwendung von PR-Material wäre mit Kunczik (1988, S. 52) sogar als Entlastung der journalistischen Arbeit zu begreifen. Da sie ohnehin stets unter Zeitdruck geschieht, könnte die „gewonnene" Zeit ja womöglich zu weiteren Recherchen genützt werden.

Und in der Tat gibt es Befunde, die sich in diese Richtung interpretieren lassen: So konnte gezeigt werden, daß der Einfluß von Öffentlichkeitsarbeit auf Medieninhalte deutlich geringer ist, wenn die PR-Aktionen aus einer (unternehmensbezogenen) Konflikt- oder Krisensituation heraus erfolgen. An entsprechenden Beispielen aus der chemischen Industrie wurde beobachtet, daß Journalisten gerade für Beiträge über sog. „Krisen-Pressekonferenzen" (wenn z. B. ein Unternehmen den Hergang eines Unfalls darstellt oder Initiativen zur Schadensbehebung bekanntgibt) besonders aktiv recherchieren und dann häufiger solche Themen behandeln, die nicht aus den Unterlagen zu den Pressekonferenzen stammen (Barth/Donsbach 1992). Aus Österreich wiederum gibt es Befunde, wonach man auch unter „normalen" Umständen mit mehr Recherche-Aktivitäten rechnen kann, als dies bislang im Horizont der Determinationsthese erwartet worden war: In einem Zeitraum von 14 Tagen wurde

262 Vgl. dazu auch die Diskussion um das Für und Wider der sog. „Hofberichterstattung" bzw. des „Verlautbarungsjournalismus" (Dorsch 1982).

der Niederschlag aller PR-Texte in der Berichterstattung beobachtet, die der innenpolitischen Redaktion der Tageszeitung „Kurier“ zugegangen sind. Das Ergebnis: 33,7% aller vom Innenpolitikressort publizierten Artikel sind auf PR-Aktivitäten rückführbar, die restlichen 66,3% jedoch nicht. Von diesen beruhen 41% sogar auf völliger Eigenrecherche! (Saffarnia 1993, S. 417). Außerdem wurde nachgewiesen, daß die Redaktion auch für Artikel, die auf einer PR-Aussendung beruhen, relativ viel recherchiert hat, was sich in (den Aussendungen gegenüber) unterschiedlichen Gewichtungen sowie Kommentierungen niederschlug.

Befunde wie diese sind kein Einzelfall. Eine Metaanalyse einschlägiger Untersuchungen (Schantel 2000) zeigt nämlich, daß die Determinationshypothese keineswegs so eindeutig nachweisbar ist, wie man aufgrund ihrer Prominenz vermuten könnte – im Gegenteil: es scheint sich vielfach um „tendenziöse Interpretationen empirischer Studien“ zu handeln, „deren Untersuchungsdesign derartige Schlußfolgerungen gar nicht zuläßt“ (ebd. S. 85).

Das ernüchternde Ergebnis dieser Analyse lautet: Empirisch belegt ist lediglich, daß Öffentlichkeitsarbeit die journalistische Berichterstattung in thematischer und zeitlicher Hinsicht vor allem dann determiniert, wenn Journalisten nicht selbständig recherchieren, wenn die PR-Quelle nicht mit anderen Quellen konkurrieren muß und wenn man nur denjenigen Teil der Berichterstattung betrachtet, der auf Öffentlichkeitsarbeit beruht, und das „(umfangreiche) journalistische Gegengewicht einer zusätzlichen Berichterstattung ausklammert“ (ebd. S. 84).[263]

Zweites Fazit: Obwohl PR auf den Journalismus zweifellos Einfluß ausübt, sollte man dabei keineswegs von einem einsei-

263 Schantel weist außerdem auf den Zirkelschluß hin, der sich hinter der vermeintlichen Bestätigung der Determinationshypothese mit Hilfe dieser empirischen Befunde verbirgt: Wenn man die Gültigkeit der Determinationshypothese an die Bedingung des Fehlens anderer Quellen der Berichterstattung koppelt, dann „führt dies zur Tautologie, daß das Fehlen anderer Quellen zur impliziten Definition von Determination benutzt wird und zugleich als Geltungsbedingung der Hypothese fungiert“ (ebd. S. 84).

tigen (Beeinflussungs-)Verhältnis ausgehen. Auch die Annahme, die Journalisten würden dadurch in ihrer beruflichen Autonomie bedroht, scheint überzogen[264] – dazu sind die Dinge viel zu sehr in Bewegung. Zum einen seitens des Journalismus, wo wachsender Konkurrenzdruck schon aus rein ökonomischen Gründen einer Produktdifferenzierung den Anstoß zu mehr journalistischer Eigenleistung gibt. Und zum anderen seitens der Öffentlichkeitsarbeit selbst, wo Journalisten längst nicht mehr die einzige Zielgruppe darstellen, oft nicht einmal die wichtigste, wenn es z. B. darum geht, mit „Stakeholders" zu kommunizieren, also mit jenen „Anspruchsgruppen", die die Organisation bedrohen (kritische Bürgerinitiativen oder Umweltorganisationen) und/oder die ihr nützen können (zufriedene Kunden) – und dies tun Organisationen schon längst an den Massenmedien vorbei, wie einer der PR-Päpste aus Amerika, James Grunig, bereits vor vielen Jahren feststellte, weil "there is seldom a good reason for an organization to communicate with a mass audience" (Grunig – zit. n. Russ-Mohl 1988, S. 195).

Man sollte also heute nicht (mehr) von einem einseitigen Einfluß der Öffentlichkeitsarbeit auf den Journalismus ausgehen, vielmehr scheint die Vorstellung einer wechselseitigen Einflussbeziehung zwischen diesen beiden Berufsfeldern ein der Realität angemessenerer Zugang zu sein.

■ Das Intereffikationsmodell

Genau in diese Kerbe schlägt das **„Intereffikationsmodell"** von Günter Bentele (Bentele/Liebert/Seeling 1997). Ausgangspunkt ist die (systemtheoretische) Überlegung, daß es sich bei Journalismus und Public Relations um zwei ausdifferenzierte Teilsysteme[265] der öffentlichen Kommunikation handelt, die einander wechselseitig beeinflussen.

---

264 Vgl. dazu den Beitrag von Szyszka 1997, der dort das eher symbiotische Verhältnis zwischen Journalismus und Öffentlichkeitsarbeit herausarbeitet.

265 Beide Systeme bilden ihrerseits wiederum das „publizistische Teilsystem" der Gesellschaft, innerhalb dessen sich vier Akteursgruppen der öffentlichen Kommunikation (nämlich: Journalisten, PR-Kommunikatoren, Fachkommunikatoren und das Publikum) differenzieren lassen (siehe ebd., S. 227 ff.).

Die zentrale These lautet: Sowohl im Journalismus als auch in der Öffentlichkeitsarbeit sind die jeweiligen Kommunikationsleistungen nur möglich, „weil die andere Seite existiert und mehr oder weniger bereitwillig ‚mitspielt'" (ebd. S. 240). So sind viele PR-Ziele (wie z. B. Publizität für bestimmte Themen, Bewertung von Sachverhalten, Einstellungs- und Verhaltensänderungen durch Kampagnen) nur dann realisierbar, wenn ausgewählte Redaktionen bzw. Journalisten überhaupt erreicht werden, und umgekehrt gilt das gleiche: Die Existenz des Mediensystems, die Arbeit von Redaktionen bzw. Journalisten hängt vielfach von der Bereitschaft des PR-Systems ab, Informationen überhaupt zur Verfügung zu stellen. Aus dieser Perspektive heraus läßt sich sogar behaupten: „Ohne PR-Kommunikationsleistungen könnte das Mediensystem seine verfassungsrechtlich geforderte Informationsfunktion, vermutlich aber auch die anderen Funktionen nicht aufrechterhalten" (ebd.).[266]

Mit dem Begriff **„Intereffikation"** (in Anlehnung an das lat. Verb „efficare" = etwas ermöglichen) wollen die Autoren nun die komplexe Gesamtbeziehung zwischen Journalismus und Public Relations erfassen. Modellhaft wird davon ausgegangen, daß die Kommunikationsleistungen jeder Seite nur dadurch möglich werden, daß die Leistungen der anderen Seite vorhanden sind: Journalismus ermöglicht PR-Leistungen, genauso ermöglichen aber PR-Leistungen auch Journalismus. Dies läßt sich auf einer organisatorischen Ebene (zwischen PR-Abteilungen und Redaktionen) sowie auf einer individuellen Ebene (zwischen PR-Praktikern und Journalisten) konkretisieren.

Das Modell postuliert wechselseitige Induktions- sowie Adaptionsleistungen, und dies in drei unterschiedlichen Dimensionen (sachlich, zeitlich und sozial).

---

266 Nebenbei: Diese Auffassung korrespondiert mit einem der ersten Entwürfe für eine Public-Relations-Theorie von Franz Ronneberger (1977), der PR dort aus demokratietheoretischer Perspektive als gleichermaßen „demokratiekonstitutiv" begreift wie den Journalismus.

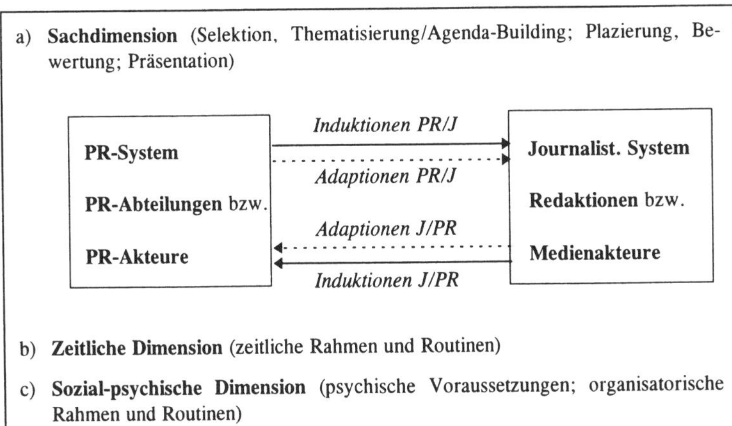

Abb. 28: Das Intereffikationsmodell (Bentele/Liebert/Seeling, 1997, S. 242)

„Induktionen" werden als beabsichtigte Kommunikationsanregungen oder –Einflüsse definiert, die beobachtbare Wirkungen im jeweils anderen System haben.

Als Induktionsleistung des PR-Systems in Richtung Journalismus gilt die Aufnahme eines (von PR-Seite intendierten) Themas in redaktionell gestaltete journalistische Beiträge (man spricht auch von „PR-induzierter Berichterstattung" oder „Medienresonanz"[267]). Konkret werden genannt: Themensetzung bzw. Themengenerierung (Issue-building, Agenda-building), die Beeinflussung des Zeitpunkts der Informationsweitergabe,[268] aber auch die Bewertung von Sachverhalten, Personen, Ereignissen etc. Als Induktionsleistung des Systems Journalismus in Richtung PR gelten die Eigenbewertung der PR-Information, die Entscheidung über ihre Plazierung und Gewichtung sowie ihre Veränderung durch redaktionelle Bearbeitung (Vervollständigung bzw. Nachrecherche).

267 Sog. „Medienresonanzanalysen", in denen man z. B. Häufigkeiten und Meinungstendenzen in der journalistischen Berichterstattung mit konkreten PR-Maßnahmen vergleicht, werden als Instrumente zur PR-Erfolgsmessung mittlerweile vielfach eingesetzt (vgl. Baerns 1995).

268 Diese beiden Induktionsleistungen wurden bereits aus der vorhin angesprochenen Determinationsperspektive untersucht.

„Adaptionen" werden demgegenüber als Anpassungen an Regeln beschrieben, an denen sich die jeweils andere Seite ganz bewußt orientiert, um die Bedingungen für den eigenen Kommunikationserfolg zu optimieren. Als Adaptionsleistung des PR-Systems gelten Anpassungen an zeitliche, sachliche und soziale (z. B. redaktionelle) Regeln und Routinen im Journalismus (z. B. die Festsetzung von Pressekonferenzen unter Berücksichtigung des Redaktionsschlusses). Als Adaptionsleistung des Systems Journalismus gelten ebenfalls Orientierungen an organisatorischen, sachlich-thematischen und zeitlichen Vorgaben des PR-Systems (z. B. der Besuch bzw. die Berichterstattung von Pressekonferenzen).

Wichtig ist den Autoren, daß es sich dabei keineswegs um ein Gleichgewichts- oder Symmetriemodell handelt: „Induktionen und Adaptionen können in verschiedenen Bereichen bzw. Dimensionen durchaus unterschiedlich stark und unterschiedlich intensiv ausgeprägt sein. Das Modell ist deskriptiv und hat den Sinn, eine theoretisch-systematische Grundlage für empirische Untersuchungen bereit zu stellen" (ebd. S. 242).

5.4.4. Resümee – oder: Zuflucht beim Konstruktivismus?

Unter dem Eindruck der Vielzahl und auch Vielfalt der Befunde, mit denen die Konturen der modernen Massenkommunikationsgesellschaft bislang erkennbar wurden, lohnt es sich, eine vorläufige Bilanz zu ziehen.

Ausgangspunkt war das (bereits weiter oben[269] thematisierte) Verhältnis von Kommunikation und Gesellschaft, das zu Beginn dieses Abschnitts in die Frage transponiert wurde, ob Massenmedien die Realität angemessen wiedergeben, bzw. ob und inwieweit sie überhaupt imstande sind, dies zu tun. Als zusammenfassende Antwort auf diese Frage lassen sich nun die folgenden Thesen formulieren:

269 Siehe dazu Kap. 5.2.1. (Seite 178 ff. des vorliegenden Buches).

1. Wir haben es durchgängig mit einer „verzerrten" Medienrealität zu tun, die der „objektiven Wirklichkeit" bestenfalls in Ansätzen entspricht.
2. Medien können allerdings die Realität gar nicht abbilden, sie sind als „Weltbildapparate" zu begreifen, mit denen Journalisten Wirklichkeit konstruieren.
3. Diese Wirklichkeitskonstruktionen erfolgen nicht zufällig, sondern regelgeleitet: Sie entsprechen sog. „Nachrichtenfaktoren".
4. Nachrichtenfaktoren sind jedoch nicht so sehr als objektive Eigenschaften der Wirklichkeit, sondern eher als Interpretationen seitens der Journalisten zu begreifen.
5. Diese Interpretationen erfolgen nicht zufällig, sondern zielgerichtet: Nachrichten sind in der Regel Mittel zum Zweck.
6. Den Zweck bestimmen oft nicht die Journalisten selbst, sondern außermediale Instanzen, die die Regeln der Nachrichtengebung für ihre Zwecke instrumentalisieren.
7. Öffentlichkeitsarbeiter (und damit: außermediale Wirklichkeitskonstrukteure) haben bis zu einem gewissen Grad die journalistische Berichterstattung unter Kontrolle.

Auf den Punkt gebracht, heißt das: Die Realität hat mit dem, was uns die Medien vor Augen führen, nur sehr entfernt etwas zu tun. Medienberichte sind Surrogate ziel- und zweckbestimmter Interpretationsleistungen von Journalisten und PR-Leuten, die Wirklichkeit bloß entwerfen – eben: konstruieren. Es nimmt somit nicht wunder, wenn sich in der neueren Fachdiskussion eine Position zu Wort meldet, die gerade diese Perspektive der Wirklichkeitskonstruktion in den Mittelpunkt rückt: der sog. „Konstruktivismus".

■ Die Wirklichkeit als Konstruktion

Zum **Konstruktivismus** zählen alle jene philosophischen bzw. erkenntnistheoretischen Strömungen, die sich mit dem Beitrag des Subjekts im Prozeß des Erkennens von Wirklichkeit auseinandersetzen. Bis heute kann man allerdings nicht von einem einheitlichen Theoriengebäude sprechen, viel eher von einem

Diskurs, an dem sich ganz verschiedene Disziplinen beteiligen (vgl. Schmidt 1994a, S. 4)[270], neuerdings eben auch die Publizistik- und Kommunikationswissenschaft[271].

Ausgangspunkt konstruktivistischen Denkens ist die Annahme, daß wir Menschen durch bestimmte Leistungen unseres Bewußtseins Wirklichkeitsvorstellungen konstruieren. „Dabei wird sinnvollerweise unterstellt, daß es außerhalb unserer kognitiven Wirklichkeit eine Realität gibt, die den Anlaß für unsere Wirklichkeitskonstruktionen bietet. Wie diese Realität ‚an sich' ist, entzieht sich (jedoch R. B.) unserer Erkenntnismöglichkeit, da wir nur die Wirklichkeit kennen, die wir wahrnehmen und in der wir handelnd und kommunizierend leben" (Schmidt 1990b, S. 54)[272]. In einem sehr grundlegenden

---

270 Schmidt weist darauf hin, daß man drei Arten von konstruktivistischen Hypothesen voneinander unterscheiden kann: biologisch-neurowissenschaftliche, kybernetische und philosophisch-soziologische (1994a, S. 4). Außerdem gelten die heute vertretenen Kernthesen des Konstruktivismus als Resultate sehr unterschiedlicher Denkansätze. Schmidt (1993, S. 105) nennt als die bekanntesten: die empirische Kognitionstheorie (Maturana 1985, Roth 1987), Heinz von Foersters Kybernetik zweiter Ordnung (1987), Ernst von Glasersfelds Radikalen Konstruktivismus (1987), die Systemtheorie Niklas Luhmanns (1990), die Unterscheidungslogik George Spencer Browns (1972). Nicht unerwähnt bleiben sollen überdies neuere philosophische Bemühungen, konstruktivistisches Denken unter dem Etikett eines „Konstruktiven Realismus" als alternative wissenschaftstheoretische Position zu etablieren (Wallner 1990). – Als überblicksartige Einführungen eignen sich etwa: Schmidt 1987 sowie Watzlawick 1984.

271 In der neueren Fachdiskussion wurde diese Position zu Beginn der neunziger Jahre ausdrücklich aktualisiert, als unter der Leitung der Kommunikationswissenschaftler Klaus Merten und Siegfried Weischenberg sowie des (gelernten) Literaturwissenschaftlers Siegfried J. Schmidt das „Funkkolleg Medien und Kommunikation" (vgl. Deutsches Institut für Fernstudien 1990/91) mit 30 Studieneinheiten ins Leben gerufen wurde. Eine Anstrengung, die sich schließlich auch in einem umfangreichen Sammelband niederschlug (Merten/Schmidt/Weischenberg 1994). Zur weiteren Diskussion siehe aber auch: Bentele/Rühl 1993, Luhmann 1994.

272 Damit ist die uralte Frage nach dem Verhältnis von Sein und Bewußtsein bzw. nach der Möglichkeit oder Unmöglichkeit objektiver Erkenntnis angesprochen, und die Konstruktivisten wissen sich dabei in bester Gesellschaft, denn sie beschäftigt die abendländische Philosophie seit Platon (der bekanntlich nur die allgemeinen Ideen als „wirklich" anerkannte) und Aristoteles (der dagegen vorwiegend den in Zeit und Raum existierenden Einzeldingen reale Existenz zusprach). – Vgl. dazu etwa: Störig 1981,

Punkt kommen daher auch die verschiedenen Strömungen des Konstruktivismus zu ein und demselben Ergebnis: „Es empfiehlt sich, in erkenntnistheoretischen Diskussionen von Was-Fragen auf Wie-Fragen umzustellen; denn wenn wir in einer Wirklichkeit leben, die durch unsere kognitiven und sozialen Aktivitäten definiert wird, ist es ratsam, von Operationen und deren Bedingungen auszugehen statt von Objekten oder von ‚der Natur'" (Schmidt 1994a, S. 5). Und genau deswegen steht nicht die zu erkennende Wirklichkeit im Mittelpunkt konstruktivistischer Überlegungen, sondern der Erkenntnisprozeß selbst: als Vorgang der Konstruktion[273].

Der Begriff der **„Konstruktion"** bietet dabei häufig Anlaß für Mißverständnisse, denn während man alltagssprachlich damit ein mehr oder weniger bewußt geplantes, absichtsvolles (intentionales) Handeln verbindet, bezeichnen Konstruktivisten mit diesem Wort Prozesse, in deren Verlauf sich Wirklichkeitsentwürfe herausbilden, „und zwar keineswegs willkürlich, sondern gemäß den biologischen, kognitiven und sozialen Bedingungen, denen sozialisierte Individuen in ihrer sozialen und natürlichen Umwelt unterworfen sind" (Schmidt 1994a, S. 5). Da wir über viele dieser Bedingungen willentlich gar nicht verfügen können, „widerfährt" uns die Konstruiertheit unserer Wirklichkeit gewissermaßen, d. h., wir bemerken sie erst dann, wenn wir beobachten, wie wir beobachten, handeln und kommunizieren, „weshalb der Konstruktivismus zu Recht als eine

---

S. 162 f. u. S. 181 f. Und sie berufen sich in ihrer subjektzentrierten Erkenntnisperspektive nicht zuletzt auf Immanuel Kant, der transzendental formulierte, „daß die Dinge, die wir anschauen, nicht das an sich selbst sind, wofür wir sie anschauen (. . .) und als Erscheinungen nicht an sich selbst, sondern nur in uns existieren können" (Kritik der reinen Vernunft, B 59; zit. n. Schmidt 1994, S. 6).

273 Damit ist eine sehr weitreichende wissenschaftstheoretische Implikation angesprochen: Im Gegensatz zu dem von Karl Popper (im Rahmen seiner kritisch-rationalen Wissenschaftsauffassung) eingeführten Falsifikationstheorem faßt der Konstruktivismus empirische Daten nicht als unabhängige Kriterien für Wahrheit oder Falschheit auf, sondern als „Konstrukte" des jeweiligen Forschers und seiner methodischen Vorgehensweise auf. Im radikal-konstruktivistischen Sinn ist daher im Grunde weder Verifikation noch Falsifikation von Behauptungen wissenschaftlich möglich.

Theorie der Beobachtung zweiter Ordnung bezeichnet werden kann" (ebd.)[274].

Empirisch nachweisbare Hinweise dafür, daß sich Wahrnehmung nicht in den Sinnesorganen vollzieht, sondern in den entsprechenden Hirnregionen, scheint es längst zu geben: „Wahrnehmung ist" – so der Bremer Neurophysiologe, Biologe und Philosoph Gerhard Roth – „Bedeutungszuweisung zu an sich bedeutungsfreien neuronalen Prozessen, ist Konstruktion und Interpretation" (Roth 1986, zit. n. Schmidt 1987, S. 14)[275]. Die eigentliche Bedeutungszuweisung erfolgt also im Gehirn, und zwar „auf der Grundlage früherer interner Erfahrung und stammesgeschichtlicher Festlegungen" (Schmidt 1987, S. 15).

Unumgänglich stellt sich natürlich in diesem Zusammenhang die Frage nach der Verläßlichkeit unserer Wirklichkeitskonstruktionen: Denn wenn (zugespitzt formuliert) jeder Mensch gleichsam seine „eigenen" Wirklichkeitsentwürfe konstruiert, kann man dann überhaupt noch von einer gemeinsamen Wirklichkeit sprechen? Ja, dies kann man – so die konstruktivistische Argumentation –, und zwar nicht bloß deshalb, weil es diese Wirklichkeit zweifellos gibt[276], sondern auch, weil die Wahr-

---

274 Eindrucksvoll ist in diesem Zusammenhang immer wieder das Entdecken des sog. „blinden Flecks", den jedermann bei sich selbst nachweisen kann. Es handelt sich dabei um eine bestimmte Stelle an der Netzhaut unserer Augen, wo keine Lichtsinneszellen vorhanden sind, weil dort die Nervenfasern aus der lichtempfindlichen Schicht des Auges zum Sehnerv zusammenlaufen. An diesem Ort ist unsere Netzhaut sozusagen „blind", aber diese partielle Blindheit können wir nur unter ganz besonderen Bedingungen erkennen. Z. B. dann, wenn wir zwei gleich große Punkte auf einem Blatt Papier aus einer bestimmten Entfernung mit nur einem Auge fixieren, während wir das andere abdecken: Bei einer bestimmten Entfernung „verschwindet" der eine Punkt aus unserer Wahrnehmung, obwohl er sich weiterhin in unserem Blickfeld befindet. (Vgl. dazu z. B. Foerster 1984, S. 40, der dort auch eine entsprechende Abbildung mit Anleitung zur Selbstbeobachtung bereitstellt.)

275 So übersetzen die Sinnesorgane zwar die ungeheure Vielfalt der Welt in die „Einheitssprache" der bioelektrischen Ereignisse (Nervenpotentiale), aber diese Nervenpotentiale sind „unspezifisch", d. h. haben keine eigene Bedeutung: Ein Beweis dafür „ist die Möglichkeit, mit ein und demselben künstlichen elektrischen Reiz in unterschiedlichen Gebieten des Gehirns ganz unterschiedliche sensorische Halluzinationen hervorzurufen" (Roth, 1987, S. 233).

276 So argumentiert etwa Luhmann, daß erkennende Systeme ja schon allein

nehmungsapparate von uns Menschen offenbar sehr ähnlich gebaut sind und daher auch recht ähnliche Entwürfe produzieren (Schmidt 1994a, S. 12)[277]. Je weiter wir uns allerdings „von sinnlichen Wahrnehmungen der natürlichen Umwelt entfernen und in den Bereich von Kommunikation, Konflikt, Diskurs und Geschichte (soziale Umwelt) geraten, desto komplexer wird die Situation“ (ebd.). Deshalb sind eben auch Medienangebote niemals als Abbilder von Wirklichkeit zu begreifen, „sondern als Angebot an kognitive und kommunikative Systeme, unter ihren jeweiligen Systembedingungen Wirklichkeitskonstruktionen in Gang zu setzen. Werden diese Angebote nicht genutzt, ‚transportieren‘ Medienangebote gar nichts“ (ebd. S. 16). Fazit: „Wirklichkeit ist in einer von Massenmedien geprägten Gesellschaft also zunehmend das, was wir über Mediengebrauch als Wirklichkeit konstruieren, dann daran glauben und entsprechend handeln und kommunizieren“ (ebd. S. 18).

■ Der Konstruktivismus und die Massenmedien

Welche Konsequenzen erwachsen aus dieser Position nun für die Massenkommunikation bzw. für die wissenschaftliche Auseinandersetzung mit ihr? Es können im Rahmen dieses Buches natürlich nur einige wenige Überlegungen angeführt werden, die bislang dazu aus explizit konstruktivistischer Perspektive angestellt worden sind (vgl. dazu insb. Merten/Schmidt/Weischenberg 1994). Ziel ist es dennoch, durch schlaglichtartige Hinweise typische Interpretationen deutlich zu machen.

Für die professionellen Kommunikatoren, etwa in Gestalt eines recherchierenden Nachrichtenjournalisten, bedeutet diese Perspektive nach Haller (1994, S. 283 f.) zum Beispiel, daß sich die ihm zugetragenen Mitteilungen nicht nach dem Muster: wahr/unwahr bewerten lassen. Vielmehr soll er jede Aussage für

---

deshalb empirische Systeme einer wirklichen Welt sein müssen, weil sie ohne Welt ja gar nicht existieren und daher auch nichts erkennen könnten: „Die Welt ist ihnen also nur kognitiv unzugänglich“ (1990, S. 41).

277 In diesem Sinn haben z. B. die beiden Soziologen Peter L. Berger und Thomas Luckmann (1970) in einem wegweisenden wissenssoziologischen Buch das Zustandekommen der sog. „Wirklichkeit der Alltagswelt“ erklärt.

eine *Version* halten, die *eine* Geschichte erzählt. Die Frage, welcher Version mehr bzw. weniger Gültigkeit attestiert werden kann, ist auch nur in Grenzen überprüfbar. Zwar heißt das entscheidende Prüfkriterium nach Haller intersubjektive „Unstrittigkeit“ bzw. „Konsens“, aber im Grunde kann dies nur für solche Informationen gelten, die das Faktische der Sachverhalte (bezogen auf die vielzitierten W-Fragen: wer? was? wann? wo?) beschreiben. Die interpretierenden Kontext-Informationen dagegen, mit denen Zusammenhänge zwischen den jeweiligen Sachverhalten hergestellt werden und die diese damit erst erklären (darauf beziehen sich dann v. a. die W-Fragen: wie? und warum?), können unter konstruktivistischem Blickwinkel überhaupt nicht verifiziert werden. Vor allem auf dieser Deutungsebene gilt, daß Mitteilungen „keine Wahrheiten, sondern Versionen sind, die untrennbar mit den agierenden Personen verbunden bleiben“ (Haller 1994, S. 286), weil diese Personen die Urheber der jeweiligen Version sind und daher auch als Quelle genannt werden sollen – so lautet dann jedenfalls eine der konstruktivistisch begründeten Handwerksregeln (vgl. ebd. S. 287 f.)[278].

Wie sieht es in diesem Kontext nun aber mit der Forderung nach „objektiver“ Berichterstattung aus, die schon seit langem das Selbstverständnis von Mediensystemen westlichen Typs prägen? Nach Schmidt/Weischenberg (1994) krankt die Objektivitätsdiskussion v. a. daran, daß sie zum Ideal der Wahrheitssuche hochstilisiert worden ist. „Die einen sagen: Wir müssen an diesem Ideal festhalten, auch wenn es nicht immer

278 So ist z. B. die Tatsache, daß der österreichische Außenminister (= wer?) am 10. Jänner 1994 (= wann?) nach Brüssel (= wo?) zu Gesprächen (= was?) unterwegs war, noch ziemlich eindeutig feststellbar, dagegen sind die Umstände, „wie“ diese Reise stattgefunden hat (also z. B. in aller Öffentlichkeit, mit Journalistenbegleitung oder etwa vorsätzlich geheim, nur durch eine Indiskretion bemerkbar ... etc.) und „warum“ er dort mit bestimmten Personen zusammengetroffen ist (bei den Gesprächen, die er dort geführt hatte, waren die Berichterstatter nicht dabei), erst über weitreichende Interpretationen erfaßbar und damit untrennbar mit jenen Menschen verbunden, die diesen Vorgängen erst eine bestimmte Bedeutung zuweisen (z. B. der Sekretär des Ministers, die begleitenden Journalisten, derjenige, der über die ursprünglich geheime Reise informierte ... usw.)

erreichbar ist. Die anderen sagen: Dieses Objektivitätsideal ist reine Ideologie, ein Anspruch, der die wahren Verhältnisse vernebelt. Und sie bieten alternative Berichterstattungsmuster an" (Schmidt/Weischenberg 1994, S. 227). Dagegen sei es viel sinnvoller, eine Entmythologisierung des Begriffes anzustreben und von einem funktionalen Verständnis der „Objektivität" als Grundlage journalistischen Handelns auszugehen, d. h. danach zu fragen, welche Leistungen die Objektivitätskategorie im Rahmen der Medienproduktion erbringen soll.

So faßt beispielsweise die amerikanische Soziologin Gaye Tuchman (1971, 1978) Objektivität als routinemäßiges strategisches Ritual auf, das den Journalisten Sicherheit und Arbeitsfähigkeit verschaffe. Dieses Ritual bestehe vornehmlich in der ständigen Wiederholung bestimmter Prozeduren, die mit einiger Erfahrung und gesundem Menschenverstand („common sense") zu bewältigen sind.[279] Nach der Einschätzung von Tuchman führt dies „zur Einladung für selektive Wahrnehmung, zum Irrglauben an die Aussagekraft von Fakten, zum Einschleusen der Journalistenmeinung durch die Hintertür, zur Anbindung der redaktionellen Verfahrensweisen an die Zeitungspolitik und zur Irreführung der Rezipientinnen und Rezipienten hinsichtlich der Validität von Nachrichtenanalysen (Kommentaren usw.), die nur formal-willkürlich von ‚reinen' Nachrichten getrennt würden" (Schmidt/ Weischenberg 1994, S. 228). Aus berufssoziologischer Perspektive unterscheide sich Journalismus damit – so Gaye Tuchman – nicht von anderen vergleichbaren Berufstätigkeiten, die ähnlich ritualisierte Prozeduren eingeführt hätten, um sich aufzuwerten und zu schützen.

Ein solchermaßen methodisches Verständnis von Objektivität fügt sich gut in konstruktivistisches Denken: Objektivität

279 Konkret handelt es sich nach Tuchman dabei um folgende fünf strategische Prozeduren: (1) Präsentation der widerstreitenden Möglichkeiten zu einem Thema, (2) Präsentation stützender Fakten zu den Aussagen, (3) gezielter Einsatz von Anführungszeichen, (4) Strukturierung der Informationen in einer bestimmten Anordnung und (5) formale – und oft willkürliche – Trennung von Nachricht und Meinung (zit. n. Schmidt/Weischenberg 1994, S. 228).

gerinnt zu einer regulativen Idee, die die Art der Wirklichkeitskonstruktion durch die Journalisten steuert. Darin verdichten sich (mehr oder weniger unausgesprochen) Vereinbarungen über Ereigniswahrnehmung und Nachrichtenverarbeitung, die "produktion funktional sind. Für den Journalismus in marktwirtschaftlich organisierten Mediensystemen sind die Kriterien, die dieser Vereinbarung zugrunde liegen, nach Schmidt/ Weischenberg (1994, S. 228) nun nicht „Wahrheit" oder „Realitätsnähe", sondern „Nützlichkeit" und „Glaubwürdigkeit".

Es sei, so Schmidt/Weischenberg (1994, S. 229), überdies kein Zufall, daß die journalistische Objektivität seit den sechziger Jahren in die Krise geraten ist: insbesondere die Berichterstattung über den Vietnamkrieg habe Kritik gegenüber einer Nachrichtengebung hervorgebracht, die v. a. nach dem Muster „Wer hat was, wann und wo gesagt oder getan?" abgelaufen ist und auf diese Weise eben nur die Oberfläche des Geschehens (im Falle Vietnam: die Zahl der Bomben, Divisionen und Toten) erfasse, während sie das „Wie" (also die Umstände eines Ereignisses) und das „Warum" (also die Ursachen eines Ereignisses) sträflich ausklammere. Deshalb haben sich seit dieser Zeit eben alternative Berichterstattungsmuster entwickelt[280] – für Schmidt/Weischenberg abermals ein Hinweis auf die Richtigkeit ihrer konstruktivistischen Interpretation von Objektivität, denn die Kritik richtet sich ja „insbesondere gegen den Wirklichkeitsentwurf, der auf diese Weise zustande kommt" (ebd.).

Im Hinblick auf die Rezeption massenmedialer Inhalte bedeutet die konstruktivistische Perspektive, daß wir keinesfalls davon ausgehen dürfen, Medien würden Realität abbilden. Dies gilt auch für Fotos und Fernsehbilder. Gerade weil Fotos und Bilder zu jenen „Fetischen der Realität" (Spangenberg 1992) gehören, die Wirklichkeit sichtbar machen und denen

280 Die Rede ist z. B. vom „Präzisionsjournalismus", vom „neuen" bzw. „new journalism" und vom „Enthüllungs-" bzw. „investigativem Journalismus". – Nähere Erläuterungen sowie weiterführende Literaturverweise finden sich bei Schmidt/Weischenberg 1994, S. 230 ff.) Zu den verschiedenen Berufsauffassungen im Journalismus vgl. auch Haas/Pürer 1996.

man daher unhinterfragt Authentizität unterstellt, dürfe deren inszenierter Charakter nicht übersehen werden: Vor allem beim Fernsehen dominiert „die Tendenz, die eigene Medialität unsichtbar zu machen" (Schmidt 1994, S. 14), denn in der Regel ist die Entstehung eines audiovisuellen Produktes von der ersten Recherche über die Aufnahme bis hin zu Schnitt, Montage und Vertonung für den Rezipienten nicht nachvollziehbar, selbst die kompliziertesten Kamera- und Schnittmanöver – wie sie heute sogar schon bei Live-Übertragungen eingesetzt werden – erscheinen uns bereits als natürliche Wahrnehmungsformen, so daß die Fernsehberichterstattung aufgrund ihrer technisch nahezu perfekten Qualität bisweilen sogar „als noch ‚realer' als die Realität erfahren wird" (Spangenberg 1992, S. 19). Schmidt resümiert daher zu Recht: „Mit dem Fernsehen öffnet sich kein Fenster zur Welt, sondern ein Fenster zu unserer Kultur und Gesellschaft" (1994a, S. 17).[281]

In diesem Zusammenhang ist außerdem auf den sozialisierenden Effekt von Medienrezeption hinzuweisen, der beispielsweise durch die verschiedenen Mediengattungen und Darstellungsformen zustande kommt. Für Schmidt/Weischenberg (1994) handelt es sich dabei – in Anlehnung an den Schemabegriff des Schweizer Entwicklungspsychologen Jean Piaget (1975) – um sog. **„Medienschemata"**, die es uns ermöglichen, die einzelnen Medienangebote nicht als rein zufällige, unzusammenhängende Teile wahrzunehmen, sondern mit bestimmten Vorerwartungen zu verbinden. Jeder weiß, was einen Krimi von einem Quiz oder was eine Nachrichtensendung von einer Sportreportage unterscheidet, aber – so die konstruktivistische Argumentation – die Eigenschaften und Bedeutungen dieser Inhalte liegen ja nicht

281 Interessant ist an dieser Stelle der Hinweis auf neuere Formen der Fernsehkultur, die Ralf Hohlfeld (2002) als „Pseudojournalismus" (ebd. S 101) etikettiert. Er meint damit die mit professionellen Mitteln gemachte und seriös anmutende Berichterstattung über (meist von der jeweiligen Sendeanstalt selbst inszenierte) Pseudoereignisse (wie z. B. „Big Brother"), mit der die Akzeptanz derartiger Programmelemente erhöht werden soll. Und er berührt damit (wohlwissentlich) die Frage, welche Fernseh- (bzw. Medien-) Inhalte eigentlich (noch) als „Journalismus" zu klassifizieren sind und welche nicht (mehr).

in ihnen selbst, sondern werden ihnen „von denkenden und handelnden Menschen in sozialen Kontexten zugeschrieben" (Schmidt/Weischenberg 1994, S. 212). Wer ein Kochbuch kauft oder eine Nachrichtensendung einschaltet, der weiß daher schon von vornherein ziemlich genau, was ihn erwartet, obwohl er dieses konkrete Kochbuch noch nicht gelesen und diese konkrete Nachrichtensendung noch nicht gesehen hat. Dieser zunächst trivial und simpel erscheinende Umstand täuscht jedoch darüber hinweg, „daß Medienschemata und ihre Bezeichnungen gesellschaftliche Verhältnisse nicht einfach widerspiegeln, sondern vielmehr wichtige Instrumente im gesellschaftlichen Prozeß der Wirklichkeitskonstruktion sind" (ebd. S. 222). Dies wird uns erst dann bewußt, wenn wir medialen Inhalten ein „falsches" Schema zuordnen, wenn wir beispielsweise ein Hörspiel mit einer Nachrichtensendung verwechseln und daraus dann falsche Schlüsse ziehen.[282]

■ Alter Wein in neuen Schläuchen?

Im Grunde ist dies alles nicht neu. Mit den referierten Hinweisen schließt sich nämlich der Kreis zu einigen Überlegungen, die schon an wenigstens drei Stellen im Rahmen dieses Buches angeklungen sind:

Erstens bei der Diskussion des Kommunikationsbegriffes, wo die Verwendung von Zeichen in ihrer „Symbol"funktion als typisch für menschliche Kommunikationsprozesse herausgestellt wurde (vgl. S. 46 ff.) und damit der Umstand, daß kommunikative Leistungen bei zwei (oder mehreren Kommunikationspartnern) im günstigsten Fall idente (bzw. sehr ähnliche) Bedeutungen im Bewußtsein wachrufen, was aber noch lange nicht mit einer angemessenen (objektiv gültigen) Beschreibung von Welt gleichgesetzt werden darf. Begründet wurden diese

282 Ein inzwischen berühmtes Beispiel (das lange Zeit übrigens als Beleg für die These von der Übermacht der Medien herangezogen wurde) ist die am Abend des 30. Oktober 1938 in Amerika ausgestrahlte Radiosendung „Die Invasion vom Mars", die Tausende Amerikaner in Panik versetzte, weil sie dort von einer scheinbaren Invasion von Marsmenschen erfuhren, die unsere Zivilsation bedrohte. In Wirklichkeit handelte es sich aber um ein Hörspiel, in das eine – die Unterhaltungssendung nur scheinbar durchbrechende – Reportage eingebaut war (vgl. dazu Cantril 1973).

Behauptungen bekanntlich mit dem soziologischen Konzept des Symbolischen Interaktionismus.

Zweitens bei der Darstellung des Nutzenansatzes (vgl. S. 220 ff.), der ja – nicht zuletzt inspiriert von symbolisch-interaktionistischem Denken – die Inhalte der Massenmedien als bloße Wirklichkeitsangebote begreift, denen die Rezipienten erst (mehr oder weniger subjektiv) Bedeutungen zuweisen.

Und drittens bei der Diskussion zur verzerrten Realitätswiedergabe durch die Massenmedien (vgl. S. 270 ff.), wo schließlich im Rahmen der Entwicklung und Überprüfung der Nachrichtenwerttheorie (vgl. S. 279 ff.) eine Gesetzmäßigkeit zutage gefördert wurde, die schon seit mehr als zwei Jahrzehnten[283] in der kommunikationswissenschaftlichen Fachdiskussion einen nicht zu vernachlässigenden Stellenwert besitzt.

■ Kritik an konstruktivistischer Massenkommunikationsforschung

Im Klartext heißt das: Konstruktivistisches Denken ist selbst innerhalb der Publizistik- und Kommunikationswissenschaft gar nicht neu, und man kann daher mit Saxer (1993, S. 66 ff.) zu Recht fragen, wie produktiv denn eigentlich der radikale Konstruktivismus mit diesen konstruktivistischen Elementen der Publizistikwissenschaft verfahren ist. Saxer kommt übrigens zu einer eher pessimistischen Diagnose und kritisiert u. a. auch die individualistische Perspektive des Konstruktivismus, der nicht bis zu den „sich wandelnden generationenhaften Medienerfahrungen“ (ebd.) vorstößt, die in die massenmediale Produktion und Rezeption hineinspielen, weil er bloß die Realitätskonstruktion von Individuen im Auge hat. Und eben deshalb sei er für die Publizistikwissenschaft „kaum als gegenstandsgerecht“ (ebd.) zu bezeichnen.

Dieser subjektivistische (im philosophiegeschichtlichen Sinn eigentlich: idealistische) Ballast konstruktivistischen Denkens, der sich bis auf Platons vielzitiertes Höhlengleichnis zurück-

283 Damit beziehe ich mich v. a. auf die erstmalige Veröffentlichung von Winfried Schulz im Jahre 1976, die noch dazu den Titel trägt: Die Konstruktion von Realität in den Nachrichtenmedien.

führen läßt (vgl. Boventer 1992), irritiert natürlich v. a. dann, wenn man vom Journalismus sorgfältiges Beobachten und Beschreiben von Wirklichkeit „im Sinne einer Berichterstattung, auf die Verlaß ist" (Boventer ebd., S. 165), erwartet. Aus diesem Blickwinkel heraus wird man ihn als „Gespenst" (Hachmeister 1992) entlarven müssen, dessen Aussagen überwiegend trivial sind und der überdies inkonsistent erscheint, weil er einerseits ja mit der Anerkennung von objektiver Realität Probleme hat, andererseits aber selbst „eine Medienrealität anerkennen muß, die sich z. B. in Produktionen oder Medieninstitutionen verfestigt" (Hachmeister ebd., S. 14; vgl. dazu auch Kepplinger 1993). Insoweit der radikale Konstruktivismus das Postulat journalistischer Objektivität verwirft, beeinträchtige er nach Saxer außerdem nicht bloß „ein unentbehrliches Element demokratischer Kommunikationskultur" (Saxer 1992, S. 182), sondern öffne damit „journalistischem Schlendrian im Umgang mit Fakten und journalistischer Rechthaberei Tür und Tor" (ebd.), weil er journalistische Manipulation als Normalität rechtfertigt (Saxer ebd.).

Nach Ansicht der Kritisierten ist diese Kritik freilich überzogen. So soll man nach Weischenberg (1992) Konstruktivismus keineswegs mit Subjektivismus gleichsetzen[284], denn die subjektabhängigen Wirklichkeitskonstruktionen geschehen ja nicht willkürlich, sondern werden in einem permanenten sozialen Prozeß mit anderen abgestimmt. Die Vertreter des Konstruktivismus rufen auch „keineswegs dazu auf, bewährte professionelle Methoden wie die Trennung von Nachricht und Kommentar einfach aufzugeben und ‚journalistische Objektivität' aus dem Repertoire zu streichen. Sie wenden sich aber gegen jede Art von ‚Realitätsterror' – auch von Journalisten" (Weischenberg ebd., S. 171). Und sie wollen in letzter Kon-

284 Auch Niklas Luhmann hat darauf hingewiesen, daß konstruktivistische Theorien von vornherein auf ein falsches Gleis setzen, wenn sie sich als Radikalisierung idealistischer oder subjektivistischer Erkenntnistheorien begreifen, weil man die traditionellen Unterscheidungen zwischen Idee und Realität oder Subjekt und Objekt nicht derart radikalisieren kann, daß man die andere Seite ganz streicht und nur an der Idee oder am Subjekt festhält: „Eine Unterscheidung kollabiert, wenn man die eine (oder die andere) Seite wegläßt" (Luhmann 1994, S. 7).

sequenz darauf hinweisen, daß jede Art der Berichterstattung viel mehr das Ergebnis von Interaktion ist als von Abbildung und daß damit eher relative Begriffe (wie: Glaubwürdigkeit, Nützlichkeit und Verantwortlichkeit) an die Stelle von absoluten Maßstäben (wie etwa: Wahrheit) treten. Gerade im Verzicht auf einen absoluten Wahrheitsbegriff sieht Weischenberg sogar eine Entlastung des Journalismus, weil dadurch der Druck auf Journalisten (mit seinen problematischen Folgen) verringert würde, wie er beispielsweise seit Jahren beim öffentlich-rechtlichen Rundfunk zu beobachten sei (ebd. S. 175).

Wie auch immer sich die Debatte um den Konstruktivismus in der Kommunikationswissenschaft entwickeln wird – festzustehen scheint, daß es sich dabei um eine gar nicht so neue, aber in den letzten Jahren vermehrt beachtete Position handelt. Sicher liegen die Ursachen dafür auch – wie Saxer (1992, S. 178 ff.) richtig bemerkt – in der allgemeinen Verunsicherung über die Gültigkeit theroretischer Konzepte in den Sozialwissenschaften seit den siebziger Jahren des 20. Jh.s, als die Zerbrechlichkeit der modernen Sozialsysteme immer offenkundiger wurde. Und diesem Zustand zunehmender Unsicherheit über das Makrogeschehen entkommt der Konstruktivismus mit seiner Ausrichtung auf das Individuum und dessen Kognitionen. Der Anklang, den der Konstruktivismus findet, ist aber wohl ebenso damit erklärbar, daß die Kommunikationswissenschaft ja schon seit längerem selber Ansätze entwickelt, die mit der konstruktivistischen Perspektive mehr als kompatibel sind. Der Konstruktivismus bietet also gleichsam einen erkenntistheoretischen Zufluchtsort für eine Kommunikationswissenschaft, der es – wie Hachmeister richtig feststellt – an einer „Ordnung der kommunikationswissenschaftlichen Dinge“ und an einer „Logistik der Reichweite einzelner Theoreme und Ansätze“ (1992, S. 9) noch weitgehend fehlt. Die Zukunft wird zeigen, ob und wie sich die Disziplin dort einrichten kann (vgl. dazu auch: Rusch 1999, Scholl 2002).

5.5. Das Fernsehen – ein Jahrhundertmedium

Ein Kapitel über die Strukturen der modernen Massenkommunikationsgesellschaft wäre unvollständig, würde es dem Fernsehen nicht einen besonderen Stellenwert zuordnen. Wohl kaum ein technisches Gerät (außer vielleicht noch das Auto) ist für unser heutiges Leben so typisch wie dieses „Massenmedium“, das aus dem Alltag der meisten Menschen in den modernen Industriegesellschaften nicht mehr wegzudenken ist. Dementsprechend groß ist die Zahl an Veröffentlichungen von seriösen und auch weniger seriösen wissenschaftlichen Untersuchungen über dieses Medium. Die Palette an Interpretationen ist breit. Von euphorischen Hoffnungen bis zu kulturpessimistischen Angstparolen reichen die Diagnosen, die quantitativ kaum mehr erfaßbar und auch qualitativ nur mehr schwer zu systematisieren sind. Die nachstehenden Überlegungen und Erkenntnisse können somit keinesfalls Anspruch auf Vollständigkeit erheben – dennoch wollen sie jene Einsichten vermitteln, die den Stellenwert des Fernsehens im ausklingenden 20. Jahrhundert angemessen erkennen lassen.[285]

Bereits Mitte der fünfziger Jahre, als das Fernsehen in jeder Hinsicht noch in den Kinderschuhen steckte, glaubte der Philosoph Günther Anders in dieser Technik etwas „Epochales“ (1956, S. 7) zu erkennen und formulierte hellsichtig Entwicklungslinien, die seitens der Forschung erst viel später aufgegriffen und dann zum Teil auch bestätigt worden sind (vgl. Langenbucher 1987)[286]. In der Folge soll jedenfalls aus die-

285 Ich möchte nicht verschweigen, daß ich mich dabei zum Teil auf eine (unveröffentlichte) Diplomarbeit (Hasitschka 1992) stütze, die ich Anfang der neunziger Jahre am Institut für Publizistik- und Kommunikationswissenschaft der Universität Wien zu diesem Zweck initiiert habe.

286 So hat Günther Anders beispielsweise vom „Besetztsein“ der Organe (Auge und Ohr) gesprochen, wodurch ein nahezu pausenloser Konsum provoziert würde, wie er heute bei den sog. Vielsehern empirisch nachweisbar ist; er hat den Rezipienten-Typ des „Massen-Eremiten“ beschrieben, wie er durch die Zunahme der Einpersonenhaushalte längst Realität geworden ist, und er hat vom Fernsehapparat als dem „negativen Familientisch“ gesprochen, der nicht mehr den Mittelpunkt, sondern einen Fluchtpunkt der Familie repräsentiere – auch hier gibt es Befunde, die sich entsprechend deuten lassen (vgl. dazu näher Langenbucher 1987, S. 159 ff.).

sem empirischen Datenfundus geschöpft werden, ohne allerdings den Blick aufs Ganze zu verlieren. Und das bedeutet, daß der eine oder andere spekulative Entwurf, der zwar keine empirischen Daten, sondern „nur" Plausibilitäten für sich sprechen lassen kann, ebenfalls erwähnt werden muß. Noch dazu – und auch das soll ein Auswahlkriterium sein –, wenn er in der weiteren Fachöffentlichkeit Diskussionen provoziert hat.

5.5.1. Fernsehen als gesamtgesellschaftliches Phänomen

Schon Günther Anders wollte das Fernsehen nicht bloß als „Mittel" verstanden wissen, dem man unabhängig und frei irgendwelche Zwecke anhängen kann: „Was uns prägt und entprägt, was uns formt und entformt, sind eben nicht nur die durch die ‚Mittel' vermittelten Gegenstände, sondern die Mittel selbst, die Geräte selbst: die nicht nur Objekte möglicher Verwendung sind, sondern durch ihre festliegende Struktur und Funktion ihre Verwendung bereits festlegen und damit auch den Stil unserer Beschäftigung und unseres Lebens, kurz: uns" (Anders 1956, S. 100). Angesprochen sind damit Veränderungen in unserer Gesellschaft, die nicht mit der Wirkung einzelner Fernsehinhalte, sondern mit der bloßen Existenz des Fernsehens selbst bzw. seiner Allgegenwart in unserem Alltagsleben erklärt werden können.

■ Marshall McLuhan

Einer der ersten, der großflächige gesellschaftliche Veränderungen durch das Fernsehen ins Auge faßte, war wohl der kanadische Literaturwissenschaftler Herbert Marshall McLuhan (1968a, 1968b). Seine zentrale Überlegung war, daß alle Medien (im Sinne von Mittel, die wir zweckgebunden einsetzen) im wesentlichen Erweiterungen bestimmter menschlicher Anlagen darstellen: etwa das Rad die Erweiterung des Fußes, die Kleidung die Erweiterung der Haut, das Buch die Erweiterung des Auges und schließlich die Elektrizität (die Elektronik und die mit ihr verbundene Schalttechnik) die Ausweitung unseres Zentralnervensystems.

Das Medium ist die Botschaft – diese vielzitierte Formulierung von McLuhan (1968b) bringt seine Auffassung zum Ausdruck, wonach unabhängig vom transportierten Inhalt das Medium selbst bereits bestimmte Wirkungen nach sich ziehe, weil es in erster Linie die menschliche Erfahrung verändert. „Jede Ausweitung, ob nun der Haut, der Hand oder des Fußes, berührt das ganze psychische und soziale Gefüge" (McLuhan 1968b, S. 9). Medien verändern unsere Umwelt, unsere Kultur und damit uns selbst. Im Fall der elektronischen Medien (Radio und Fernsehen) trete nun eine weltweite elektrische Verschmelzung und eine gegenseitige Abhängigkeit ein, die in der zweiten (ebenfalls vielzitierten) Aussage zum Ausdruck kommt: „Elektrisch zusammengezogen ist die Welt nur mehr ein Dorf" (McLuhan 1968b, S. 57). Dieser Umstand hätte mit sich gebracht, daß die gesamte Menschheit miteinander verflochten sei und jeder die Auswirkungen eigener und fremder Handlungen stärker miterlebe – Privatleben und Gemeinschaftsleben verschmelzen zu einem Informationsprozeß. Und was das Fernsehen betrifft, so verhilft es ganz besonders dazu, daß jeder mit jedem enger verstrickt ist und nicht umhin kann, die Freuden und Leiden des anderen mitzuerleben: „Man kann nicht ... die trübe Hitze und die blinde Gewalt von Indochina Abend für Abend in das amerikanische Wohnzimmer bringen, wo das Blut läuft wie Tomatensirup, alles in kräftiger Farbe, ohne das Bewußtsein des Zuschauers zu verändern" (Abel 1972, S. 11).

Kritisch wurde dem katholischen Kanadier McLuhan die Vermengung von „Messianismus und Wissenschaft" (Saxer 1968) vorgeworfen, weil er Massenkommunikation als eine Art „Heilsgeschehen" (Saxer ebd., S. 81) interpretiere, in dem (allen voran) das Fernsehen dazu beitrage, daß die Menschen bald „in einem paradiesischen Zustand brüderlicher Verbundenheit leben werden" (Buddemeier 1975, S. 11). Aus heutiger Sicht hat er wohl „die elektrischen und elektronischen Medien überbewertet" (Krotz 2001, S. 78). Dennoch kann ihm attestiert werden, der Erste gewesen zu sein, der sich ganz grundsätzlich mit der Bedeutung „der Medien" für die Menschen beschäftigte, indem er sie „als gesellschaftsgestaltendes

Element charakterisiert hat“ (ebd. S. 80) und nicht – was er an der (damaligen) Kommunikationsforschung kritisiert hatte – bei den Medieninhalten stehen geblieben ist.

■ Neil Postman

Einer seiner Apologeten, Neil Postman (1983, 1985), Professor für Media Ecology an der New York University, interpretiert denn auch die Vorstellung vom globalen Dorf etwas anders, wenn er z. B. auf die Kontextlosigkeit aller dieser Informationen aufmerksam macht. Auf den Umstand nämlich, daß der größte Teil der täglichen Nachrichten – obwohl sie von einer Unmenge an Menschen empfangen werden – v. a. deshalb wirkungslos bleibt, weil sie aus Informationen bestehen, die uns nicht zu sinnvollem Handeln veranlassen können (Ausnahmen seien lediglich Verkehrsmeldungen und der Wetterbericht).

Als Zäsur in dieser Entwicklung sieht Postman die Erfindung des Telegraphen vor etwa 150 Jahren, der Information zu einer Ware gemacht habe, die man kaufen und verkaufen kann. Der Telegraph war es, der „der Idee der kontextlosen Information Legitimität verlieh“ (Postman 1985, S. 85 ff.): „Während die Menschen früher nach Informationen suchten, um den realen Kontext ihres Daseins zu erhellen, mußten sie jetzt Kontexte erfinden, in denen sich sonst nutzlose Informationen scheinbar nutzbringend gebrauchen ließen“ (ebd. S. 97). Folge davon sei ein „Pseudokontext“, dessen Nutzanwendung allein darauf abzielt, uns zu amüsieren. Im Fernsehen sieht Postman gleichsam die Inkarnation dieses Pseudokontextes, weil es uns eine „Guckguck-Welt“ direkt vor Augen führt, „in der mal dies, mal das in den Blick gerät und sogleich wieder verschwindet. In dieser Welt gibt es kaum Zusammenhänge, kaum Bedeutung; sie fordert uns nicht auf, etwas zu tun, ja, sie läßt es gar nicht zu, wie das Guckguck-Spiel der Kinder ruht sie abgeschlossen in sich. Und zugleich ist sie, wie das Guckguck-Spiel, überaus unterhaltsam“ (Postman 1985, S. 99). Nun sei – so Postman – gegen diese Art von Unterhaltung gar nichts einzuwenden, Luftschlösser bauen wir schließlich alle – problematisch sei es dagegen dann, wenn wir versuchten, in ihnen zu wohnen. Genau dies sei jedoch der Fall: Zwar hätten Telegraphie und Photographie die Guckguck-Welt bereits hervorgebracht, „doch erst mit dem Aufkommen des Fernsehens gingen wir daran, diese Welt zu beziehen und in ihr zu wohnen“ (Postman 1985, S. 99). Und weil uns dies nicht einmal seltsam vorkommt, weil das Fernsehen „zur Hintergrundstrahlung unseres sozialen und intellektuellen Universums“ (ebd.) geworden ist, ist es „dabei, unsere Kultur in eine riesige Arena für das Showbusineß zu verwandeln“ (ebd. S. 102). Daher lautet Postmans kulturpessimistische Diagnose über die Urteilsbildung im Zeitalter der Unterhaltungsindustrie: Wir amüsieren uns zu Tode.

Aber nicht nur das, das Fernsehen habe überdies die symbolische Umwelt des Menschen fundamental verändert. So ist die „Kindheit“ für ihn ein verteidigenswertes Kunstprodukt, das eigentlich erst infolge der Ausbreitung der Druckerpresse entstanden sei, weil es sehr stark mit der Exklusivität des Wissens zusammenhängt: „Kinder sind eine Gruppe von Menschen, die von bestimmten Dingen, über die die Erwachsenen Bescheid wissen, keine Ahnung haben. Im Mittelalter gab es keine ‚Kinder‘, weil auch die Erwachsenen keine Möglichkeiten hatten, exklusives Wissen zu erlangen. Im Zeitalter Gutenbergs [mit der Erfindung der Druckerpresse, R. B.] entwickelte sich ein solches Mittel. Im Zeitalter des Fernsehens zerfällt es wieder“ (Postman 1983, S. 101). – Zwar war die Kindheit nach Postman schon einmal in Gefahr, als nämlich der unerschöpfliche Arbeitskräftebedarf der frühen Industrialisierung die Vorstellung, wonach Kinder eigene Entwicklungsregeln nötig haben, (wenigstens kurzfristig) in den Hintergrund treten ließ. Nun aber, im Fernsehzeitalter, sei ihr endgültig der Kampf angesagt, denn „für Bilder gibt es kein ABC“ (ebd. S. 93): Die symbolische Form des Fernsehens gibt keine kognitiven Rätsel mehr auf, die im Fernsehen präsentierten Informationen sind unterschiedslos jedem zugänglich, und das bedeutet, daß die Trennungslinie zwischen Kindheit und Erwachsenenalter verwischt wird. (Kritisch dazu siehe: Maletzke 1988)

■ Joshua Meyrowitz

Eine Analyse, die in diesem Kontext nicht fehlen darf, legte der Amerikaner Joshua Meyrowitz (1987) vor. Er übernimmt von McLuhan den Gedanken, daß die Kommunikationsmedien eine neue kulturelle Umwelt schaffen, und verbindet ihn mit dem handlungstheoretischen Ansatz des Soziologen Erving Goffman (1969), der zu erklären suchte, wie Menschen Identität ausbilden. Goffmans Schlüsselbegriff ist die „Definition der Situation". Damit ist gemeint, daß der einzelne – ähnlich einem Schauspieler im Theater – (kulturell) vorgegebene Rollen interpretiert und sein persönliches Verhalten vom „Ort" des Geschehens abhängig macht: wenn er im „Hintergrund" steht, verhält er sich anders als im „Rampenlicht" usw. In der Kenntnis um diese verschiedenen Orte des Geschehens und im Wechsel zwischen ihnen realisiert das Individuum seine Identität gegenüber anderen und sich selbst.

Meyrowitz vertritt nun die Auffassung, das Fernsehen verändere unseren „Ortssinn": Viele Menschen wissen heute nicht mehr, „wo ihr Ort ist", weil die traditionellen Wesensmerkmale des „Ortes" durch die elektronischen Medien aufgespalten worden sind. Die einzigartige Macht des Fernsehens bestehe darin, „die Trennung zwischen ‚Hier' und ‚Dort', ‚Live' und ‚Aufgezeichnet', ‚Persönlich' und ‚Öffentlich' aufzuheben. Mehr als jedes andere elektronische Medium hat das Fernsehen die Tendenz, uns in Themen einzubeziehen, von denen wir früher dachten, daß sie uns ‚nichts angehen'; es läßt uns in Gesichter von Mördern und Präsidenten sehen und macht physische Barrieren und Übergänge relativ bedeutungslos, wenn es um den Zugang zu sozialen Informationen geht. Das Fernsehen hat die Auswirkungen früherer elektronischer Medien verstärkt, indem es uns ein besseres Bild der Orte liefert, die wir durch das Radio erleben und durch das Telefon erreichen" (Meyrowitz 1987, S. 208).

In diesem Umstand sieht Meyrowitz nun eine der zentralen Ursachen des gesellschaftlichen Wandels der letzten Jahrzehnte, den er v. a. an drei Bereichen festmacht: an der Vermischung von Männlichkeit und Weiblichkeit, von Kindheit und Erwachsensein und am Prestigeverlust politischer Autoritäten.

Für alle diese Bereiche läßt sich das Fernsehen rückwirkend als ein Instrument der Entmystifizierung begreifen, weil es dem Publikum Orte öffentlich zugänglich gemacht hat, die früher verschlossen waren. In dieser Öffnung geschlossener Situationen sieht Meyrowitz überhaupt eine Umkehrung eines mehrere hundert Jahre alten Trends, der in den sechziger Jahren unseres Jahrhunderts einsetzte – als das Fernsehen längst bereits seinen Siegeszug angetreten hatte und eine neue heranwachsende Generation in seinem Sinne zu sozialisieren begann.

■ Fernsehen im Alltag

Dermaßen global angelegte Szenarien wie die bisher zitierten sperren sich naturgemäß einer strengen empirischen Überprüfung. Dennoch kann die durchgängige Behauptung, das Fernsehen habe rundum unseren Alltag durchdrungen, zumindest auf der Basis quantitativer Daten diskutiert werden.

So belegen empirische Befunde aus den USA (Comstock/Chaffee/Katzman et al. 1978), daß Fernsehen als Haupttätigkeit (Zusehen als Nebentätigkeit noch nicht eingerechnet) mehr von der Freizeit der Amerikaner in Anspruch nimmt als irgendeine andere Tätigkeit: Auf einer Liste von ca. 40 „primary activities" (Comstock/Chaffee/Katzman 1978, S. 10) rangiert das Fernsehen gleich nach dem Schlafen und Arbeiten. Erwähnenswert auch, daß die durchschnittliche tägliche Nutzungsdauer über Jahrzehnte hinweg unbeschadet vielfacher Änderungen in Programmstruktur und Rezeptionssituation anhaltend konstant blieb bzw. sogar leicht anstieg: So weisen Trenddaten aus der Bundesrepublik Deutschland z. B. für das Jahr 1964 als durchschnittlichen Zeitaufwand für fernsehen pro Werktag 1 Std. 58 Min. aus, im Jahr 1990 liegt derselbe Wert bei 2 Std. 13 Min. (Kiefer 1992). Relativ ähnliche Daten liegen aus Österreich vor: 1969 wurden im Rahmen der (alle zwei Jahre durchgeführten) Media-Analyse 2 Std. 16 Min. gemessen, 1991 waren es laut ORF-Teletest 2 Std. 7 Min., und im Jahr 2000 lag der entsprechende Wert bei 2 Std. 28 Min. (http://mediaresearch.orf at).[287] Gar noch

287 Der Vollständigkeit halber sei darauf hingewiesen, daß die durch-

nicht berücksichtigt sind dabei jene Personen, die als „Vielseher" klassifiziert werden. Diese „Negativfigur der Medienforschung" (Darschin 1987, S. 9) ist mehrheitlich unter den Frauen, Volksschülern, unter Nichtberufstätigen, bei Personen, die in größeren Haushalten mit Kindern und niedrigem Einkommen leben und vor allem bei älteren Menschen[288] zu finden (Buß 1983, S. 127 ff.). Vielseher sind zu 25% bis 30% in der Bevölkerung vertreten und bringen es auf über 4 Stunden TV-Konsum pro Tag (Buß ebd., S. 111 ff.), in Amerika liegt der Wert für sog. „Extremvielseher" sogar bei 8 Stunden pro Tag im Durchschnitt (Buß ebd., S. 229).

■ Fernsehen als Zeitfaktor

Zu den gesellschaftlichen Aspekten des Fernsehens, die nicht inhaltsbezogen sind, sondern aus der Rezeptionsweise ganz allgemein resultieren, zählt auch die Frage nach dem Zusammenhang zwischen dem Erleben von Zeit und der Form der Mediennutzung[289]. Dabei steht die Rolle des Fernsehens als „sozialer Zeitgeber" (Neverla 1990) im Mittelpunkt. Als soziale Zeitgeber gelten „Institutionen oder Geräte, die den Menschen eine konkrete Matrix für die Synchronisation ihres sozialen Handelns bieten und insofern eine Materialisierung der dominant

---

schnittliche tägliche Sehdauer in Haushalten, die über Kabel- und/ oder Satellitenempfang verfügen, höher ist. In Österreich waren das im Jahr 2001 z. B. durchschnittlich 2 Std. 36 Min. (Quelle: http://mediaresearch.orf.at/).

288 Wieder wird man an eine der Visionen von Günther Anders erinnert, der vom „Typ des Massen-Eremiten" (1956, S. 102) sprach, den das Fernsehen verlange: Sein soziodemographischer Idealtyp, der Einpersonenhaushalt, nimmt seit Jahrzehnten zu, und der sich wandelnde Altersaufbau in fast allen Industriegesellschaften verstärkt diese Tendenzen. Aus gesamtgesellschaftlicher Perspektive und vor dem Hintergrund gestiegener Lebenserwartungen läßt die vorhin erwähnte hohe Korrelation zwischen Vielfernsehen und höherem Alter das Fernsehen zusätzlich noch „als ein Äquivalent für ansonsten notwendige gigantische gerontologische Infrastrukturen" (Langenbucher 1987, S. 169) erscheinen.

289 Eine Reihe von Beiträgen, die nicht bloß das Fernsehen, sondern auch die übrigen Medien mit der Wahrnehmung und dem Umgang von Zeit in Verbindung bringen, finden sich bei Hömberg/Schmolke 1992, vgl. auch: Hömberg 1990.

geltenden Zeitordnung anbieten" (Neverla ebd., S. 4). Fernsehen bietet nach Neverla nun insofern eigene Temporalstrukturen an, als es ganz verschiedene Zeitkonstrukte in sich vereinigt: Fernsehen transportiert „Endloszeit" (mit einem Programmangebot rund um die Uhr), „Nullzeit" (durch die Eliminierung der Differenz zwischen Ereignis und Berichterstattung) und „Laborzeit" (vermittelt durch Montagetechniken, Zeitlupe/Zeitdehnung und Zeitraffer/Zeitverdichtung).

Wie auch immer: die elektronische Zeitqualität verhält sich zur menschlichen Zeit völlig konträr, und es erhebt sich daher die Frage, wie die Menschen mit diesen künstlichen Zeitstrukturen umgehen. Vor dem Hintergrund der These, daß Fernsehen sowohl ein Mittel für einen ökonomischen Umgang mit Zeit darstellt, als auch einen Fluchtpunkt weg von einem derartigen Zeitmanagement, stellt Neverla (1992) in einer Reihe von Intensivinterviews eine Vielfalt von Facetten der Fernsehnutzung fest: Einerseits kommt das Fernsehen den Erfordernissen einer zeitknappen Gesellschaft entgegen (den Eiligen spart es Zeit), andererseits füllt es beispielsweise den alten Menschen leere Zeit. Allen bietet es individuelle Zeitmarken, gibt dadurch dem Alltag eine Struktur und stützt Gewohnheiten. Somit lassen sich diese – im Kern empirisch abgesicherten – Erkenntnisse durchaus kulturoptimistisch deuten: Die Zuschauer sind auf dem Weg, ihre individuellen Eigenzeiten gegen die Eigenzeit des Fernsehens zu schützen! „Der Veralltäglichungsprozeß, der sich in der Geschichte des Fernsehens seit der Vollversorgung mit Geräten abzeichnet, wird sich dahingehend fortsetzen, daß die Menschen das Medium für ihre eigenen Zwecke zunehmend instrumentalisieren können. Sie werden das Fernsehen als temporale Teilstruktur in die Organisation ihres Alltags integrieren, sie werden es aber auch als Fluchtpunkt vor dem Organisationsdruck des Alltags, wie er in einer zeitknappen Gesellschaft gegeben ist, gebrauchen" (Neverla 1992, S. 221).

Eine solchermaßen zweckbestimmte Instrumentalisierung des Medienangebotes insgesamt, die durchaus nicht mehr wie früher mit passivem Freizeitverhalten einhergeht, scheint sich überhaupt langsam herauszubilden. So weisen neuere Daten der Kieferschen Trendstudie z. B. „junge Privatfernsehfans" aus, die nicht bloß viel fernsehen und sich dennoch als überaus freizeitaktiv ausweisen, sondern zusätzlich auch überdurchschnittlich Schallplatten/Kassetten hören, Videokassetten sehen und Zeitschriften lesen (vgl. Kiefer 1992, S. 278). Daß es dabei häufig zu deutlichen „Homogenisierungstendenzen der rezipierten Inhalte" (ebd.) kommt, zu einer inhaltlichen Monokultur (z. B. Spielfilme im Fernsehen, Rock- und Popmusik im Hörfunk etc.), erscheint dann wohl als logische Konsequenz eines aktiven Selektionsverhaltens, auf das Saxer (1980) schon vor mehr als zwei Jahrzehnten hingewiesen hat.

5.5.2. Fernsehen und Realität

Was nun die vermittelten Fernsehinhalte betrifft, so beeindruckte beim Aufkommen des Mediums zunächst, daß es die Wirklichkeit nahezubringen scheint – im Gegensatz etwa zum Radio, das die Bedeutung visueller Erscheinungen und Eindrücke verdrängt hätte: "... visual broadcasting is really a step back towards reality rather than one away from it" (Gorham 1949, S. 137). Man sah seine herausragende Möglichkeit daher in der Abbildung der Wirklichkeit, im „portrayal of the real" (Wyndham Goldie 1947, S. 57). Mittlerweile ist bekanntlich Ernüchterung eingetreten: Dem Fernsehen wird attestiert, eine Scheinwelt zu vermitteln (Börnsen 1979), ein „Simulationsmedium" (Guggenberger 1987, S. 138) zu sein, das durch die Illusion der Realitätsvermittlung die Zuschauer derart in den Bann zieht, daß sie meist nicht die Kraft haben, auf Distanz zu gehen (Pluch 1988, S. 34 f.), und das audiovisuell Gezeigte für die pure Realität halten.

Es müssen hier nicht die Argumente der aktuellen Konstruktivismusdebatte wiederholt werden, die weiter oben (vgl. S. 302 ff. des vorliegenden Buches) bereits diskutiert worden sind und die das Fernsehen ohne Zweifel in einem Höchstmaß betreffen. Vielmehr soll näher auf die Frage eingegangen werden, ob und inwieweit sich die im Fernsehen gezeigte Realität und die individuelle Lebenswirklichkeit der Rezipienten im Alltag vermischen.

■ Das Vermischen von Tatsache und Fiktion

Von der strukturell bedingten „Verzerrung“ der Wirklichkeit (wie sie nicht zuletzt aus konstruktivistischer Perspektive zutage gefördert worden ist) zum Verschwimmen der Grenzen zwischen der „Welt der Tatsachen“ und der „Welt der Fiktion“ bis hin zur Verwechslung ist es nur ein kleiner Schritt. Dies wird deutlich, wenn man überlegt, daß Kinder lernen müssen, zwischen diesen beiden Ebenen zu unterscheiden: „Sie müssen den fundamentalen Unterschied erkennen, der z. B. zwischen dem Zweiten Weltkrieg und den intergalaktischen Kriegen der Science-fiction-Welt oder zwischen den Dinosauriern und King-Kong besteht, obgleich sie über all dies nur über Medien erfahren“ (Boeckmann 1991, S. 104). Und es klingt durchaus plausibel, wenn behauptet wird, daß sich auch für die erwachsenen Zuseher allemal Abgrenzungsschwierigkeiten ergeben. Denn zweifellos darf man nicht die Wirkung unterschätzen, „wenn die Kategorien der Texte ständig wechseln: Information, unterbrochen durch Werbung, wird abgelöst durch Unterhaltung, ihrerseits wieder unterbrochen durch Werbung usf. Das heißt, die verschiedenen Wirklichkeiten – dokumentarische, fiktionale, ludische, intentionale – kommen für den Zuschauer, der ‚flächendeckend‘ und nicht selektiv fernsieht, ins Gleiten. (...) Nachrichten erfahren so eine Fiktionalisierung, werden vom Zuschauer als Unterhaltung genutzt, und der Fiktion wird Mitteilungswert zugeordnet. Insbesondere der junge und jüngste Zuschauer wird aus allen Programmen ‚lernen‘ und so auch falsche Rückschlüsse auf die Wirklichkeit ziehen“ (Doelker 1989, S. 91)[290]. Das bekannteste Beispiel einer Vermischung solcher Fiktionalitätssignale ist wohl das mit scheinbar echten Reportageelementen durchsetzte Hörspiel „Krieg der Welten“ von Orson Welles, das im Jahre 1938 Tausende Amerikaner in Panik versetzte (vgl. dazu Anmerkung 282); aus jüngerer Zeit läßt sich die 1970 in Deutschland ausgestrahlte Unterhaltungs-

290 Bei Kindern bis zu einem Alter von etwa 6 Jahren scheint es überhaupt so zu sein, daß sie reale von fiktionalen Darstellungen nicht unterscheiden können (vgl. Mundzeck 1973, S. 50 ff.).

sendung „Millionenspiel“ als Hinweis auf die mögliche Illusionsbildung durch das Fernsehen anführen.[291]

■ Erfahrung aus zweiter Hand

Dem Fernsehen kommt heute auch eine dominante Rolle in der Vermittlung von Sekundärerfahrungen zu. Ein Umstand, den der Soziologe Arnold Gehlen schon vor Jahrzehnten so charakterisierte: „Zwischen den einzelnen, dessen echter Erfahrungsumkreis (...) stets sehr eng ist, und die unübersehbaren, schicksalhaften Vorgänge, die sich aus den sozialen, wirtschaftlichen und politischen Superstrukturen heraus entwickeln, tritt notwendig eine Zwischeninstanz: die ‚Erfahrung aus zweiter Hand‘. Das, was man früher ‚vom Hörensagen‘ erfuhr, wird heute zunächst einmal von der Informationsindustrie vermittelt, von Presse, Rundfunk usw.“ (Gehlen 1957, S. 49). In diesem unendlichen Ersatz-Universum („vicarious universe“), welches nach Daniel Lerner (1958, S. 51) damit der großen Masse der Menschheit eröffnet wird, vollziehe sich auch der Prozeß gesellschaftlicher Entwicklung ungleich schneller, weil die geographische Mobilität – über die früher allein die Ausweitung der Erfahrung möglich war – durch psychische Mobilität mehr und mehr ersetzt wird. Und Robert Jungk vermutet ein Jahrzehnt später, daß wir einmal „im Laufe eines Tages mehr reproduzierte Realität sehen [werden R. B.], als ‚wirkliche‘ Realität, die man anfassen, beriechen, aus erster Hand erleben kann“ (Jungk 1970, S. 32).

Irgendwann stellt sich dabei dann die Frage, ob die unmittelbar erfahrbare Realität überhaupt noch mit der vom Fernsehen vermittelten Fernsehphantasie mithalten kann. Dieser Ge-

291 Diese Sendung wurde am 18. Oktober 1970 im Deutschen Fensehen (WDR) ausgestrahlt. Es ging dabei um die (fiktive) siebentägige Verfolgungsjagd eines freiwilligen Kandidaten durch eine dreiköpfige Killergruppe, die bei Tötung des Kandidaten eine hohe Geldprämie erhalten sollten. Für den Fall, daß der Verfolgte selbst überlebt, wurde ihm diese Prämie in Aussicht gestellt. Ein Großteil der Stellungnahmen während und nach der Sendung enthielt zwar empörte Reaktionen, von vielen Zusehern wurde der Film aber als echte Live-Sendung empfunden, denn einige Personen boten sich als Kandidaten für weitere Folgen an (vgl. dazu näher Beaugrand 1971, S. 35–40, sowie Pfeiffer 1974, S. 105–107).

danke ist primär gar nicht kulturpessimistisch gemeint, denn Kinder, die mit dem Fernsehen aufwachsen, bekommen nach Glynn (1968) Erfahrung im voraus vermittelt, und diese Art der Aneignung von Wirklichkeit kann ja auch vorteilhaft sein: „Auf dem Bildschirm ist vieles von dem zu sehen, was man früher nur vom Hörensagen oder überhaupt nicht kannte. (...) Der Bildschirm erschließt auf jeden Fall neue Bereiche der Anschauung, es findet eine Art Ausweitung des menschlichen Sensoriums statt" (Merkert 1968, S. 26). Außerdem sei es möglich, Primärerfahrung negativer Art vorwegzunehmen und auf diese Weise potentiell negative Begebenheiten zu verhüten. So verweist Doelker (1989, S. 25 ff.) beispielsweise auf zahlreiche TV-Produktionen im Bereich der Unfallverhütung, die eigens zu dem Zweck hergestellt wurden, negative Primärerfahrungen überflüssig zu machen.

Doch schon sehr bald wird auch auf die Kehrseite dieser Entwicklung verwiesen, nämlich daß selbst durch die optimalste Gestaltung einer Sendung die eigene Erfahrung nicht ersetzt werden kann, weil es sich eben doch nur um Bilder von der Wirklichkeit handle (Mundzeck 1973, S. 53), was nicht zuletzt wieder als Gefahr für die Kinder erscheint: gerade Kindern fehlt infolge mangelnder Lebenserfahrung eine angemessene Rezeptionskompetenz, um den Fernsehbildern kritisch gegenüberzutreten. „Sie können Bilder nicht an der Erfahrung korrigieren, ihr Inhalt setzt sich fest und führt oft genug dazu, daß dann später umgekehrt die Erfahrung am Fernsehbild korrigiert wird" (Tröger 1963, S. 284). Aber auch Erwachsene dürften keineswegs immun gegen derartige Einflüsse sein, stellt doch das Fernsehen – obwohl es ja stets nur Reproduktionen von Wirklichkeit liefern kann – durch die Authentizität seiner Bilder und die ungebrochene Glaubwürdigkeit[292], die diesen Bil-

292 Obwohl das Fernsehen seit den sechziger Jahren in den Einstellungen der Rezipienten kontinuierlich Glaubwürdigkeitsverluste hinnehmen mußte, stellt es in Relation zu den Medien Hörfunk und Tageszeitung immer noch jenes Medium dar, dem von den meisten Menschen die höchste Glaubwürdigkeit zugeschrieben wird. – Vgl.dazu die entsprechenden Daten von 1964–1990 in: Kiefer 1992, S. 255.

dern entgegengebracht wird, alle Voraussetzungen für das Entstehen jenes „Hyperrealismus“ (Baudrillard 1978, S. 44 f.) bereit, der in eine Vermischung zwischen Realem und Medialem mündet und den Stellenwert der eigenen, persönlichen Erfahrung zumindest fragwürdig erscheinen läßt. Dadurch, daß seine Bilder praktisch an die Stelle der Umwelt treten, treibt es „uns noch weiter in eine sowieso schon viel zu verdichtete künstliche Realität hinein“ (Mander 1979, S. 301).

Nach all diesen Behauptungen stellt sich wohl abermals die Frage nach der empirischen Absicherung dieser Zusammenhänge. Die Antwort ist nicht einfach, zumal es sich auch hier wieder vielfach um Tendenzen einer Entwicklung handelt, die erst über Generationen hinweg ihr Spuren hinterlassen wird. Skeptisch entgegenhalten wird man den kulturpessimistischen Behauptungen über das Fernsehen allerdings ihre oftmals zu kausalanalytisch angelegte Argumentation – nach dem Muster: „Das Fernsehen ist schuld an …“ Solche Schuldzuweisungen „reichen meist nicht nur nicht aus, sie sind auch geeignet, durch Übervereinfachung ein falsches Bild zu suggerieren. (…) Wenn dem Fernsehen die Schuld für alle möglichen Schäden und Mißstände in unserer Gesellschaft zugeschoben wird, so ist das Ausdruck eines simplen monokausalen (…) Denkansatzes, (…) der für komplexe Probleme der Medienwirkung unangemessen ist“ (Maletzke 1988, S. 98).

So läßt sich beispielsweise eine aktive Verdrängung von Primärerfahrungen durch die Medien keineswegs nachweisen: Die Zeit für das Fernsehen stammt nämlich fast ausschließlich aus dem Budget für funktional ähnliche Tätigkeiten wie ins Kino gehen, Comics lesen, Radiohören oder für unstrukturierte Tätigkeiten, z. B. Tagträumen (vgl. Cramond 1979, zit. n. Boeckmann 1991, S. 107). Und auch bei Messungen des Zeitbudgets von Kindern und Jugendlichen wird deutlich, daß aktive Formen der direkten Wirklichkeitserfahrung durchaus ihren Platz behalten (Schlaff 1980, S. 24 ff.) und daß die Bedeutung des persönlichen Erlebnisbereiches – trotz einer Zunahme des Fernsehens innerhalb der Vergleichsjahre – sogar gestiegen ist! (Vgl. dazu Hummel 1988, S. 124 f.)

Dennoch: Seit den siebziger Jahren hat sich, ausgehend von den USA, eine Forschungsrichtung etabliert, die konstant mit Hilfe empirischer Untersuchungen der Frage nachzugehen sucht, ob sich die im Fernsehen dargestellte Realität auf die Einschätzung der Alltagswirklichkeit seitens der Zuseher auswirkt. Ihre These lautet, daß es – vor allem bei den sog. Vielsehern – zur „Kultivierung" eines Weltbildes komme, das mit den realen Gegebenheiten nur mehr sehr wenig zu tun hat. Auf diese Befunde soll in der Folge etwas näher eingegangen werden.

5.5.3. Die Kultivierungsthese[293]

Ausgehend von der Idee, daß das Fernsehen eine ganz zentrale Sozialisationsinstanz in der amerikanischen Gesellschaft darstellt, begann eine Forschergruppe um George Gerbner an der Annenberg School of Communication in Philadelphia (USA) gegen Ende der sechziger Jahre mit umfangreichen empirischen Studien, die von folgender These geleitet waren: Die Wirkung des Fernsehens besteht weniger in der Vermittlung spezifischer Einstellungen und Meinungen zu bestimmten Themen, als vielmehr in der Kultivierung grundlegender Einstellungen über die soziale Realität.

Entstanden waren diese Überlegungen im Rahmen von Untersuchungen über die Wirkung von Gewaltdarstellungen auf Kinder und Jugendliche. Die Forschergruppe um George Gerbner konzentrierte sich dabei zunächst v. a. auf die inhaltsanalytische Erfassung von Gewalt in populären TV-Programmen. Der in den siebziger Jahren kontinuierlich erstellte „Violence-Index" erlangte beträchtliche Publizität, weil dadurch die verschiedenen amerikanischen TV-Anstalten hinsichtlich der Gewalt-„Menge" vergleichbar wurden. Von 1976 an versuchte die Annenberg-Gruppe dann einen Einfluß der Rezeption von dargebotener Gewalt im Fernsehen auf die Einstellungen der Zuschauer zu untersuchen. Diese **„Kultivierungsthese"** (der

293 Bei der folgenden Darstellung halte ich mich, soweit nicht anders angegeben, an die Zusammenfassungen von Burdach 1987 und Winterhoff-Spurk 1989, S. 50 ff.

Terminus wurde bewußt in Abgrenzung zum gebräuchlichen Wirkungsbegriff eingeführt) unterstellt, daß das Fernsehen dazu beiträgt, die Welt angsterregender zu empfinden, als sie in Wirklichkeit ist, und daß sich die Zuschauer selbst stärker bedroht fühlen, als dies nötig wäre. Diese Kultivierungseffekte zeigen sich nach den Befunden Gerbners bei Vielsehern in höherem Maß als bei Wenigsehern, weil sich diese – so die Begründung – den unterhaltenden Sendungen des Fernsehens stärker aussetzen, in denen Gewalt eine große Rolle spiele.

Die empirische Untermauerung dieser Annahme geschah nach folgendem Muster: Zunächst fragte man die Fernsehzuschauer nach ihrem TV-Konsum und klassifizierte sie in Wenig- (bis zu 2 Std. täglich), Normal- (über 2 Std. und unter 6 Std. täglich) oder Vielseher (über 6 Std. täglich). Zugleich erbat man Antworten auf Fragen, in denen versucht wurde, das Ausmaß an Ängstlichkeit und Entfremdung gegenüber der sozialen Wirklichkeit zu erfassen (z. B. „Haben Sie Angst, allein in der Nacht durch die Stadt zu gehen?“, „Wie schützen Sie sich gegen Einbruch?“, „Kann man es verantworten, bei diesen Zukunftsaussichten, Kinder in die Welt zu setzen?“, „Die meisten Politiker interessieren sich nicht wirklich für die Probleme der kleinen Leute“ u. ä.). Die Befunde Gerbners zeigen stets ein statistisch signifikantes Überwiegen der bedrohlicheren Tendenzen (von sog. „Fernsehantworten“) bei den Vielsehern: Mehr Viel- als Wenigseher haben Angst, bei Nacht allein durch die Stadt zu gehen, schützen sich durch Hunde, Waffen oder neue Schlösser vor Verbrechen, halten die Geburt von Kindern in dieser Welt für unverantwortlich und haben kein Vertrauen zu den Politikern. Dies – so die Gruppe um Gerbner (Gerbner/ Gross 1976) – sei die angsterregende Welt des Vielsehers.

In den achtziger Jahren wurde der Ansatz im Lichte heftiger Kritik weiterentwickelt und auf Themen außerhalb des Gewaltbereiches ausgedehnt. Seither ist auch vom sog. **„Main-streaming“** die Rede. Darunter verstehen Gerbner et al. (1980) die vereinheitlichende Wirkung des Fernsehens bezüglich der Meinungen und Einstellungen der Zuschauer: Vielseher aus unterschiedlichen sozialen Gruppen (z. B. Angehörige hoher und niedriger Sozialschichten), die sich generell in ihren Einstellungen stark unterscheiden, haben durch extensiven TV-Konsum ähnlichere Einstellungen zu bestimmten Problemen (etwa zur Wirtschaftspolitik einer Regierung) als die Wenigseher dieser Gruppen.

■ Kritik an der Kultivierungsthese

Die aufsehenerregenden Befunde der Gerbner-Gruppe blieben nicht lange unwidersprochen. So hebt Paul M. Hirsch[294] hervor, daß zum einen sechs verschiedene Definitionen der drei Sehergruppen verwendet worden sind, so daß Befragte mit der gleichen Antwort in einer Untersuchung als Vielseher, in einer anderen aber als Wenigseher eingestuft würden. Zum zweiten führt die separate Berücksichtigung von Nichtsehern (die Gerbner den Wenigsehern zuordnet) zu einer Umkehrung der Antwortmuster: Nichtseher gaben durchgehend mehr Fernsehantworten als Wenigseher. Drittens ergeben sich ähnlich unerwartete (und daher nicht ins Bild passende) Effekte bei getrennter Auswertung der Extremseher mit acht und mehr Stunden täglichem TV-Konsum. Und viertens zeigt sich bei entsprechenden statistischen Operationen der doch hohe Einfluß des Bildungsgrades auf die unterstellten Effekte.

Außerdem lassen alle Befunde das Problem unangetastet, daß es sich dabei zwar um Korrelationen, aber deswegen noch um keine Kausalzusammenhänge handelt. Dieser Einwand zielt darauf ab, daß möglicherweise nicht das Fernsehen die aufgefundenen Einstellungsunterschiede zwischen Viel- und Wenigsehern verursache, sondern sogar umgekehrt bestimmte Einschätzungen der sozialen Realität zu bestimmten TV-Nutzungen führen – überdies könnten beide Phänomene noch von einer (oder mehreren) weiteren Variable(n) abhängen (vgl. Doob/McDonald 1979). Am Beispiel Alter: Alte Leute sehen mehr fern als junge, sind aber – unabhängig vom TV-Konsum – möglicherweise „von Natur aus" ängstlicher und mißtrauischer.

294 Vgl. dazu das Themenheft der Zeitschrift „Fernsehen und Bildung" Nr. 1–3/1981, das ausschließlich der Diskussion und Kritik der Kultivierungshypothese gewidmet ist.

Empirische Befunde aus der Schweiz verweisen auf diese Problematik. Es zeigte sich, daß Gewalt im Fernsehen kaum als alleiniger Verursacher für Gewalt in der Realität verstanden werden darf und daß Medien eben stets nur ein Element in einem viel komplexeren Wirkungsgeschehen darstellen. So bezieht Bonfadelli (1983) z. B. die Motive der Medienzuwendung mit ein und erkennt, daß sich sogar schon bei geringem Fernsehkonsum relativ starke Kultivierungseffekte zeigen, „sofern hinter der TV-Zuwendung etwa Modellernen oder Informationsmotive stehen. Umgekehrt scheint sich ein hoher faktischer TV-Konsum nicht in Kultivierung umzusetzen, sofern keine eskapistischen Nutzungsmotive gegeben sind" (ebd. S. 429).

Auch eine in Österreich durchgeführte Untersuchung zur Kultivierungshypothese (Barth 1985) schlägt in dieselbe Kerbe: Überprüft wurden – in bewußter Anlehnung an die Gerbnersche Tradition – die Realitätsbereiche Kriminalität und Gewalt im Zusammenhang mit zwischenmenschlichem Vertrauen und Mißtrauen. Es zeigte sich eine Vielzahl von (im statistischen Sinn jedoch nur sehr schwachen) Korrelationen zwischen Fernsehnutzung und verschiedenen Aspekten der Realitätswahrnehmung. Allerdings war „der Beitrag der Fernsehnutzungsvariablen zur Erklärung der Varianz der abhängigen Variablen durchaus mit den Beiträgen der demographischen Variablen vergleichbar" (Barth ebd., S. 77). Das bedeutet: Wenn Personen z. B. das Statement „Wie sicher fühlen Sie sich, wenn Sie nachts allein in Ihrer Nachbarschaft spazierengehen?" mit „sehr unsicher" beantworten, dann zeigen die Varianzanalysen zwar, daß dies mit einem gewissen Grad an Wahrscheinlichkeit auf das Fernsehverhalten dieser Personen (z. B. Vielseher leichter Unterhaltungs- und Informationsprogramme) zurückgeführt werden kann, als mindestens ebenso wahrscheinlich muß aber auch gelten, daß andere Faktoren aus der Lebensgeschichte der befragten Menschen (z. B. höheres Alter, Erfahrung als/bzw. mit Opfer eines Verbrechens etc.) zu dieser Haltung geführt haben. Keinesfalls dürfen diese Ergebnisse – so Barth (ebd.) – als kausale Zusammenhänge im Sinne einer Wirkung des Fernsehens interpretiert werden.

Ebenfalls in diesen Kontext fügen sich die Arbeiten von Peter Vitouch (1993), der Vielseher z. B. in Anlehnung an die sozialpsychologischen Konzepte der „Kontrollüberzeugung“ und der „erlernten Hilflosigkeit“ differenziert. Als „hilflos“ gelten dabei Personen, die im Laufe ihres bisherigen Lebens die Erfahrung gemacht haben, daß sie in der Regel keinen Einfluß auf die Konsequenzen ihres Verhaltens haben. Sie verlieren dadurch ihre „Kontrollüberzeugung“, d. h., sie betrachten Ereignisse als etwas von ihrem Verhalten völlig Unabhängiges und stehen ihnen deshalb hilflos gegenüber. Vitouch findet nun Symptome dieser gelernten Hilflosigkeit (wie Mangel an Ambition, Passivität, Fluchttendenzen in unerwünschten Situationen etc.) verstärkt bei ängstlichen Vielsehern von Unterhaltungssendungen und vermutet dahinter einen Angstbewältigungsmechanismus: Durch ihre Flucht in eine Scheinwelt kompensieren sie die Gefahren- und Angstreize, wie sie etwa von Informationssendungen ausgehen.

Insgesamt weisen die Arbeiten zur Kultivierungshypothese neuerlich auf die weiter oben ausführlich besprochene Problematik der Medienwirkungsforschung hin, durch deren Ergebnisse einfache Kausalzusammenhänge immer häufiger als bloßes Wunschdenken entlarvt werden und die eben deshalb nur zu sehr bedingt verallgemeinerbaren Ergebnissen führt. Und sie machen überdies deutlich, daß man gut beraten ist, auch noch so plausibel klingende Behauptungen einer harten empirischen Bewährungsprobe zu unterziehen. Die Wirklichkeit ist meist komplexer, als einfache (und oft voreilige) Schlußfolgerungen nahelegen.

5.5.4. Fernsehen und Gewalt

Das Problem, anhand von einfachen Kausalzusammenhängen ein unangemessenes Bild von der gesellschaftlichen Bedeutung des Fernsehens zu entwerfen, tritt jedoch gerade im Rahmen der Frage um die möglichen Auswirkungen von Gewaltdarstellungen im Fernsehen immer wieder zutage.[295] Der Anlaß ist auch seit Jahrzehnten derselbe, nämlich die hohe

Gewaltrate im Fernsehprogramm: V. a. in der „prime-time" (also in der Zeit mit den höchsten Einschaltquoten von 20.00 bis 23.00 Uhr) fand z. B. Gerbner bei 70% aller Sendungen der US-Networks Gewaltdarstellungen mit einem Schnitt von 5,7 Gewaltakten pro Stunde. Noch höher lag dieser Anteil in den Kindersendungen des Wochenendes: Hier enthielten 92% aller Sendungen Gewaltakte mit einem Schnitt von 17 pro Stunde (Gerbner et al. 1980). Bei einer (niedrig) angenommenen durchschnittlichen Fernsehzuwendung von dreieinhalb Stunden/Tag hat ein amerikanisches Kind bis zum Alter von zwölf Jahren (nach Winterhoff-Spurk 1986, S. 64) 244.185 Gewaltdarstellungen und ca. 14.000 Fernsehtote gesehen.

Aber nicht bloß in Amerika, auch in den Spielfilmen, Serien und TV-Spielen, die über deutschsprachige Sender flimmern, machen Gewaltakte einen nicht zu übersehenden Anteil aus. Eine Untersuchung Mitte der achtziger Jahre (Media Control 1985) zählt beispielsweise in analysierten 261 Stunden des Unterhaltungsprogramms von ARD, ZDF, SAT 1 und RTLplus 2.253 Gewaltakte von insgesamt 875 Minuten Länge. Pro Sendung fielen damit im Schnitt 11,1 Gewaltakte von 5,6 Minuten Dauer an. [296]

Erklären läßt sich diese Tatsache (nach Kunczik 1987, S. 143 f.) zunächst mit dem Buhlen um Einschaltquoten v. a. der privatwirtschaftlich organisierten TV-Anstalten. Auch wenn eine hohe Korrelation zwischen Einschaltquote und dem Violenzgrad von Sendungen noch kein Beweis dafür ist, daß die

295 Im deutschsprachigen Raum hat sich Michael Kunczik (1975, 1978, 1987, 1987a, 1993a, 1993b, 1994) am häufigsten und auch am intensivsten mit den Befunden zur Wirkung medialer Gewaltdarstellungen auf die Zuschauer auseinandergesetzt. Der nachfolgende Kurzüberblick schöpft vorwiegend aus diesen Veröffentlichungen.

296 Am häufigsten waren Ohrfeigen (n = 428), Schießereien (n = 411), Autocrashs (n = 73) und Messerstechereien (n = 54). Sexualverbrechen (n = 5) kamen relativ selten vor (zit. n. Kunczik 1987, S. 28). Nimmt man allerdings vorrangig die im Rahmen des TV-Unterhaltungsangebotes gesendeten Kriminalfilme als Analysebasis, dann hat man es – einer österreichischen Studie zufolge (Semrau 1979) – bei nahezu drei Viertel aller gezeigten Verbrechen mit Delikten gegen Leib oder Leben von Personen (Mord, Mordversuche, Totschlag) zu tun.

Beliebtheit eines Programms ausschließlich von Gewalt bestimmt wird (vgl. Diener/DeFour 1978), so ist das Risiko, vom beliebten, standardisierten Schema der „action and adventure"-Serien abzuweichen, doch zu groß. Denn ein Rückgang von Einschaltquoten führt zu einem Rückgang der Werbeeinnahmen. Außerdem ermöglicht der Einsatz von Gewalt, in einem relativ kurzen Zeitraum spannende Handlungssequenzen aufzubauen. Solche immer wiederkehrenden Spannungshöhepunkte stellen überdies die ideale Möglichkeit zur Unterbrechung einer Filmsequenz zwecks Einblendung von Werbespots dar. Und schließlich bedarf es infolge der weitgehenden Standardisierung der Handlungsschemata keiner kreativen und teuren Drehbuchautoren, Regisseure etc.

Anhand der Befunde einschlägiger Inhaltsanalysen lassen sich die hervorstechendsten Merkmale von Gewaltdarstellungen im Fernsehen nach Kunczik (1987, S. 25 f.), folgendermaßen zusammenfassen: Fernsehgewalt ist v. a. mit der maskulinen Rolle verbunden und wird zwischen Fremden ausgeübt. Sie kann für den Empfänger tödlich sein, ist aber nur sehr selten schmerzhaft. Sowohl die „guten" als auch die „schlechten" Protagonisten setzen Gewalt erfolgreich zur Lösung von Konflikten ein. Insgesamt wird Gewalt als normale, alltägliche Verhaltensstrategie gezeigt, auf die auch moralisch integre Individuen ohne Skrupel zurückgreifen. Das Fernsehen bietet also Handlungsmodelle an, die demonstrieren, wie mit Hilfe illegitimer Mittel (Gewalt) als legitim anerkannte Ziele (Wohlstand, Macht, Prestige, Gerechtigkeit) erreicht werden können.

Es darf daher nicht wundern, wenn immer wieder die Frage nach der Wirkung derartiger Gewaltdarstellungen auf die Gesellschaft, insbesondere auf Kinder und Jugendliche, auftaucht und (ganz abgesehen von den Arbeiten George Gerbners) bereits ganze Heerscharen von Forschern auf den Plan gerufen hat. Kunczik (1993a) schätzt, daß die Zahl einschlägiger Untersuchungen inzwischen auf fast 5.000 angewachsen ist (vgl. auch: Groebel 1988). Im vorliegenden Zusammenhang sollen daher – ohne allzusehr ins Detail zu gehen – nur die herausragendsten Thesen und Befunde erwähnt werden.

Dies geschieht nach folgender Strukturierung:

<table>
<tr><td>TV-Gewalt</td><td colspan="6">These</td></tr>
<tr><td>verhindert reale Gewalt</td><td colspan="3">Katharsisthese</td><td colspan="3">Inhibitionsthese</td></tr>
<tr><td rowspan="2">fördert Gewaltbereitschaft</td><td colspan="6">Stimulationsthese</td></tr>
<tr><td colspan="2">Erregungsthese</td><td colspan="2">Imitationsthese</td><td colspan="2">Suggestionsthese</td></tr>
<tr><td>führt zur Abstumpfung gegen Gewalt</td><td colspan="6">Habitualisierungsthese</td></tr>
<tr><td>bewirkt unmittelbar gar nichts</td><td colspan="6">These von der Wirkungslosigkeit</td></tr>
</table>

Abb. 29: Thesen zur Wirkung von Gewalt im Fernsehen

■ Die Katharsisthese

Anhänger der Katharsisthese gehen zumeist im Anschluß an den Psychoanalytiker Sigmund Freud von der Existenz eines angeborenen Aggressionstriebes aus. Die bereits von Aristoteles vertretene Katharsistheorie[297] entstand in den vierziger Jahren im Rahmen des sozialpsychologischen Frustrations-Aggressions-Konzeptes[298] und besagt, daß die Betrachtung medialer Gewaltdarstellungen die Aggression bzw. die Aggressionsbereitschaft der Rezipienten senkt. Da die im Sinne der Freudschen Triebtheorie im menschlichen Organismus kontinuierlich produzierte aggressive Energie nach Entladung

297 **„Katharsis"** war der Zentralbegriff der aristotelischen Wirkungsästhetik der Tragödie: Indem sie Jammer und Schaudern bewirkt, löst sie – so die damalige These – eine Reinigung des Zuschauers von eben derartigen Affekten aus, es kommt also zum Abbau psychischer Erregungszustände.

298 Diese Hypothese besagt in ihrer schärfsten Form, daß Aggression immer und ausschließlich die Wirkung einer Frustration ist und daß auch umgekehrt jede Frustration zu Aggression führt. Als „Frustration" gilt dabei jede Verhinderung, Unterbrechung oder Störung eines zielgerichteten Verhaltens. In der modernen Sozialpsychologie wird dieser These allerdings mit großer Skepsis begegnet (vgl. dazu etwa Herkner 1975, S. 316 ff.).

drängt, kann sie nun durch das dynamische Mitvollziehen von Gewaltakten gleichsam abreagiert werden.[299].

Von der Katharsisthese existieren mehrere Varianten. Einmal wurde behauptet, jede Form der Phantasieaggression habe kathartische Effekte. Später wurde eingeschränkt, ein in der Vorstellung erfolgendes Mitvollziehen aggressiver Akte reduziere nur dann Aggression, wenn der Rezipient emotional erregt oder selbst zur Aggression tendiere. Schließlich wurde das Schwergewicht auf inhaltliche Aspekte verlagert, danach würden kathartische Wirkungen nur dann auftreten, wenn Schmerzen und Verletzungen des Aggressionsopfers in aller Ausführlichkeit gezeigt werden.

Alle drei Formen der Katharsisthese können nach Kunczik (1975, 1987a) jedoch als widerlegt angesehen werden. Auch der Sozialpsychologe Seymor Feshbach, der die Katharsisthese lange Zeit vertreten hat, gewichtet die vorliegenden Befunde neu: „Die Ergebnisse zeigen mir, daß die Bedingungen, unter denen eine Katharsis auftreten kann, nicht alltäglich sind, während die aggressionsfördernden Bedingungen sehr viel häufiger vorkommen" (Feshbach/Singer 1971, zit. n. Kunczik 1993a, S. 99).

■ Die Inhibitionsthese

Dabei handelt es sich um eine alternative Interpretationsmöglichkeit zumeist jener Befunde, die als vorgebliche Beweise für die Katharsisthese galten. Die Inhibitionsthese besagt, daß insbesondere realistische Gewaltdarstellungen, in denen die Konsequenzen von Gewalt deutlich gezeigt werden, eher Angst denn Aggression bewirken (Kniveton 1978) und daß sich dadurch dann die Bereitschaft der Zuschauer mindert, selbst aggressives Verhalten zu zeigen.

---

299 Herkner (1975, S. 318) weist darauf hin, daß diese Hypothese offensichtlich voraussetzt, daß der „Aggressionstrieb" anderen Gesetzen gehorcht als andere Triebe. So wird ja z. B. niemand annehmen, daß die sexuellen Wünsche Halbwüchsiger durch Betrachten erotischer Filme schwächer werden oder daß ein Hungriger durch den Anblick verlockender Speisen weniger hungrig wird. Warum sollte also gerade Aggressivität durch das Ansehen brutaler Filme reduziert werden?

Es sei jedoch abermals betont, daß die vorliegenden Forschungsergebnisse eindeutig darauf hinweisen, daß durch den Konsum violenter Medieninhalte keine Aggressionsreduktion erfolgt (vgl. Kunczik 1987, S. 46 ff.).

■ Die Stimulationsthese

Sie behauptet – im genauen Gegensatz zur Katharsis- bzw. zur Inhibitionsthese –, daß mediale Gewaltdarstellungen die Aggressionsbereitschaft sowie tatsächlich geübtes aggressives Verhalten beim Betrachter steigern.

Diese These geht v. a. auf die „Wisconsin-Studies" von Leonard Berkowitz (1970) zurück, der sie in einer Reihe von Laborexperimenten zu erhärten suchte, aber nicht eindeutig belegen konnte. Im deutschsprachigen Raum versuchten Kelmer und Stein (1975) zwischen funktionaler (inhaltlich sinnvoller, von der Logik eines lebensfordernden Zwecks empfohlener) und dysfunktionaler (rein zerstörerischer) Aggression zu unterscheiden[300] und finden (ebenfalls im Rahmen von Laborexperimenten), daß z. B. die Bereitschaft zu unberechtigter, dysfunktionaler Aggression durch einen Film nicht erhöht wird. Insgesamt deuten die Ergebnisse darauf hin, „daß das Ausleben von medienstimulierten Aggressionsimpulsen von ihrer positiven oder negativen Bedeutung in einem übergreifenden Bezugsrahmen abhängt" (Kunczik 1987, S. 55).

Von dieser Stimulationsthese gibt es im Grunde mehrere Varianten, die das Augenmerk auf jeweils bestimmte Schwerpunkte einer angenommenen Stimulierung des Rezipienten durch im Fernsehen gezeigte Gewalt annehmen. Die allgemeinste ist

■ die Erregungsthese.

Sie nimmt an, daß Medieninhalte generell (und zwar nicht nur Gewaltakte) dazu geeignet sind, die Rezipienten in emotionale

300 Eine Unterscheidung, die Selg (1976) z. B. als zynisch einstuft, da funktionale, lebensfördernde Aggression nur das eigene Leben meine, wobei das des Gegners ruhig vernichtet werden könne.

Erregung zu versetzen (vgl. auch Sturm 1991), die die Bereitschaft erhöhen, auf Umweltreize intensiv zu reagieren (Tannenbaum/Zillmann 1975). Da allerdings gerade Gewalt und Sex emotional bewegende Inhalte sind, wird damit erklärt, warum immer mehr explizite Gewalt und immer mehr Sex in Filmen gezeigt wird, um die Zuschauer anzuziehen (vgl. Kunczik 1993, S. 102 f.).

Die verursachte emotionale Erregung ist übrigens um so größer, je mehr die Handlung in einem Milieu angesiedelt ist, das den Erfahrungen des jeweiligen Rezipienten entspricht. Ein im Fernsehen gezeigter Streit zwischen einem Elternpaar wird Kinder z. B. mehr emotional berühren als eine Schießerei in einem Westernfilm. Je ähnlicher also Modell und Beobachter sind, desto ausgeprägter werden auch die empathischen Reaktionen sein (vgl. Kunczik 1975, S. 111 ff.).

Diese allgemeine (nicht bloß auf Gewaltinhalte) bezogene Erregungsthese ist nach Kunczik (1987, S. 57 f.) in der Literatur unbestritten und auch empirisch abgesichert.

■ Die Imitationsthese

Sie ist auch unter der Bezeichnung „Lernen am Modell“ in der Literatur auffindbar, weil sie unter Rückgriff auf die psychologische Lerntheorie (vgl. Herkner 1975, S. 66 ff.) entwickelt worden ist. Sie ist insbesondere mit der Theorie des Beobachtungslernens von Albert Bandura (1979) verknüpft und geht davon aus, daß violente Unterhaltungssendungen die Zuschauer (insbesondere Kinder) mit Handlungsmustern versorgen können, die unter ähnlichen situativen Bedingungen dann in manifestes Verhalten umgesetzt, also nachgeahmt werden.

Berühmt sind die einschlägigen Experimente mit Kindergartenkindern (im Alter von 4–6 Jahren), denen in einem Film aggressives Verhalten im Hinblick auf eine Plastikpuppe („Bobodoll“) vorgeführt wurde und die dieses Verhalten dann in einer ähnlichen Situation (noch dazu, nachdem sie vorher durch Entzug von Spielzeug frustriert worden waren) reproduzierten. Die Aussagekraft dieser Experimente wird im allgemeinen eher bezweifelt (vgl. Kunczik 1987a, S. 174 ff.).

In modifizierter Form taucht die Imitationsthese allerdings immer wieder unter der Bezeichnung „Suggestionsthese“ auf.

■ Die Suggestionsthese

Hier wird behauptet, daß eine z. B. in einem Fernsehfilm gezeigte Gewalttat derart suggestive Wirkungskraft besitzt, daß es mehr oder weniger direkt im Anschluß daran zu Nachahmungstaten kommt.

In der Tat gibt es Studien, die zeigen, daß z. B. die Selbstmordziffer nach der Veröffentlichung von Berichten über Selbstmorde (wie z. B. der Filmschauspielerin Marylin Monroe) sowohl in den USA als auch in Großbritannien anstieg (Phillips 1974), ähnliches gelte angeblich auch für das Zeigen fiktiver Selbstmorde im Rahmen von Soap-operas (Phillips 1982).

Die Schwäche solcher Statistiken liegt allerdings zunächst darin, daß es sich, wie Kunczik (1987, S. 75 f.) richtig darlegt, um Aggregatsdaten handelt, die noch der Ergänzung durch Einzelfallstudien bedürfen. So könnte man ja durchaus plausibel davon ausgehen, daß es jeweils ganz bestimmte Persönlichkeitsstrukturen in besonderen sozialen und psychischen Situationen sind, die eine derartige Nachahmungstat begünstigen. Darüber hinaus scheint das Datenmaterial selbst mangelhaft recherchiert zu sein. Eine neuerliche Analyse der Daten von Phillips (Kessler/Stipp 1984) weist nämlich den Schluß zurück, wonach zwischen Selbstmorden in Soap-operas und in der Realität ein Kausalzusammenhang bestehe: „Der entscheidende Kritikpunkt ist, daß Phillips als Quelle für die Sendung der fiktiven Selbstmorde Inhaltsangaben in Zeitungen benutzt hat. In acht der 13 von Phillips angeführten Fälle lag eine Fehldatierung vor, das heißt der Anstieg der Selbstmordrate erfolgte, bevor die jeweilige Sendung, die kausal verantwortlich sein sollte, im Fernsehen gezeigt worden war“ (Kunczik 1993, S. 102).

■ Habitualisierungsthese

Diese These betont die kumulativen, langfristigen Effekte von Medienwirkung. Danach nimmt die Sensibilität gegenüber Gewalt durch den ständigen Konsum von Fernsehgewalt ab. Gewalt wird als normales Alltagsverhalten betrachtet, die Zuschauer beginnen sich daran zu gewöhnen.

Als empirische Belege werden zumeist zwei ältere Experimente genannt, in denen bei Kindern nachgewiesen werden konnte, daß die Rezeption gewalttätiger Fernsehinhalte mit größerer Toleranz gegenüber gewalttätigem Verhalten durch Gleichaltrige verbunden ist. Allerdings konnte dieser Befund in späteren Studien (Thomas 1977) nicht bestätigt werden. Nach Kunczik (1993, S. 100) liegen für diese These überraschenderweise jedoch insgesamt kaum empirische Untersuchungen vor.

■ Die These von der Wirkungslosigkeit

Vorweg: Kein Vertreter der These von der „Wirkungslosigkeit" ist der Meinung, daß Fernsehen keine Wirkungen hätte. Die These, massenmedial verbreitete Gewalt sei für das Entstehen realer Gewalt bedeutungslos, wird vielmehr damit begründet, daß bis heute noch keine einzige langfristig angelegte Wirkungsstudie den Nachweis erbracht hätte, daß Gewaltdarstellungen zu einem Ansteigen tatsächlicher Gewalt führen (näher dazu: Kunczik 1987, S. 93 ff.). Außerdem wird argumentiert, daß sich die Ergebnisse aus psychologischen Laborexperimenten ganz erheblich von jenen aus Feldstudien unterscheiden. Während sich im Labor häufig ausgeprägte Effekte feststellen lassen, ist dies in der „natürlichen" Umgebung nicht mehr der Fall.

Eine sozialschädliche Wirkung von Gewalt sei überdies deshalb nicht zu erwarten, weil die geltenden gesellschaftlichen Normen stets auf die Unangemessenheit gewalttätigen Verhaltens hinausliefen. Einzelfälle der Nachahmung werden dabei als vernachlässigbar angesehen, weil ein Zusammentreffen der im Labor isolierten relevanten, potentiell wirkungsbegünstigenden Faktoren als wenig wahrscheinlich gilt: „... treffen sie in einer Person und einer Situation zusammen, dann ist dies auf die gesamte Population bezogen ein höchst seltenes Ereignis, individuell bedauerlich, aber gesamtgesellschaftlich ein Randproblem" (Haase 1981, zit. n. Kunczik 1993, S. 101). Die These von der „Wirkungslosigkeit" bezieht sich also ausschließlich auf die individuelle Wirkungsebene „und zwar nur in dem Sinne, daß Mediengewalt außer in pathologischen Einzelfällen keine reale Gewalt nach sich zieht" (Kunczik ebd.). Diese Position steht ja auch im Einklang mit dem aktuellen Erkenntnisstand massenmedialer Wirkungsforschung im allgemeinen, wonach der direkte Schluß vom Inhalt auf die Wirkung schlicht falsch und daher unzulässig ist.

■ Resümee

All dies darf natürlich nicht dazu verleiten, die möglichen negativen Wirkungen von Gewaltdarstellungen herabzuspielen. Denn als unbestritten gilt ja, daß Fernsehgewalt kurzfristige emotionale Erregung bewirken kann, und ebenso scheint (durch die Widerlegung der Katharsisthese) abgesichert, daß niemand durch Fernsehgewalt friedlicher wird.

Gerade der Umstand, daß man Laborbefunde, die bisweilen direkte Kausalzusammenhänge nahelegen, nicht direkt auf die „natürliche" Realität umlegen kann, verweist ja auf die Wichtigkeit von Randbedingungen der Wirkung gewalttätiger Inhalte. Was für Lernprozesse im allgmeinen gilt, das gilt auch für das Erlernen von Aggression: Zunächst ist es als primäre Sozialisationsinstanz die unmittelbare familiäre Umwelt, die den basalen Orientierungsrahmen zur Ausbildung individueller Verhaltensmuster darstellt, in zweiter Linie prägt uns die jeweilige Subkultur, in der wir uns bewegen, und das allgemeine kulturelle System, in dem wir leben, und erst an dritter Stelle treten die massenmedial angebotenen symbolischen aggressiven Modelle hinzu (vgl. Kunczik 1987, S. 177 f.).

Kunczik weist schließlich auch darauf hin, daß die in manchen Studien zutage geförderten signifikanten Zusammenhänge zwischen Konsum von Fernsehgewalt und persönlicher Aggressivität auch so interpretierbar sind, daß aggressive Individuen eben aggressive Inhalte bevorzugen und man es langfristig daher mit einem sich selbst verstärkenden Prozeß zu tun haben könnte etwa in dem Sinn, „daß der Konsum violenter Inhalte zu erhöhter Aggressivität und diese wiederum zu erhöhtem Konsum violenter Inhalte führen kann“ (Kunczik 1987, S. 179). Vor diesem Hintergrund erhält die Frage nach Modellen zur pädagogischen Auseinandersetzung mit Gewalt im Fernsehen (vgl. Theunert 1987) eminentes gesellschaftspolitisches Gewicht.

Letztlich aber dürfte – gerade was die Ausbildung von Persönlichkeiten im Kindes- und Jugendalter betrifft – das kompensierende Verhalten der Eltern und die konkrete soziale Umgebung der Rezipienten von besonderer Bedeutung sein (vgl. Singer u. a. 1984, van der Voort 1982): Kinder und Jugendliche, die in einem „intakten“ sozialen Umfeld leben, scheinen durch Gewaltdarstellungen im Fernsehen nicht gefährdet zu sein.

5.5.5. Fernsehen und Bildung

Die breite Palette an Einschätzungen über den Stellenwert des Fernsehens läßt sich auch aus dieser Perspektive abbilden: Euphorische Hoffnungen, das Fernsehen biete die Chance, sich spielend Wissen anzueignen (Haensel 1952, S. 212), es sei eine „Schule der Nation“ (Menningen 1971, S. 12) und leiste einen Beitrag zum Abbau von Bildungsprivilegien (Pluch 1984, S. 31), finden sich ebenso wie pessimistische Befürchtungen, einer drohenden Verdummung durch eine Ideologie, in die die ganze Kulturindustrie eingebettet sei (Adorno 1974, S. 96). Diese „Verblödungsthese“ (Enzensberger 1988) findet man bis heute wieder, und auch die Annahme, das Fernsehen verflacht und beschränkt das menschliche Wissen, grenzt das Bewußtsein ein (Mander 1979, S. 301) bzw. sei überhaupt eine Vermittlungstechnik, die den literalen Medien Buch oder Zeitung im Hinblick auf rationales, ernsthaftes und logisches Denken unterlegen ist (Postman 1985, S. 160 ff.).

Der wohl bekannteste Versuch, Wissensvermittlung bzw. Lernen via Fernsehen anzubieten, war die Fernsehserie „Sesamstraße“ (orig.: „Sesame Street“). Diese vieldiskutierte und vieluntersuchte Sendung lief in den USA erstmals 1969, wurde in Deutschland 1973 adaptiert und war für 64 Länder ein Vorbild (vgl. Buddemeier 1987, S. 168–195). Sie sollte Vorschulkinder in unterhaltsamer Weise auf die Schule vorbereiten, deshalb waren eine Reihe von Lernzielen definiert worden[301], deren Realisierung dann auch gemessen werden konnte. Dies geschah in verschiedenen Untersuchungsreihen an über 1.200 amerikanischen Vorschulkindern.

Die Ergebnisse zeigten insgesamt, daß die definierten Ziele größtenteils verwirklicht werden konnten. Die ebenfalls beabsichtigte Funktion der Sendung, schichtspezifisch bedingte Unterschiede auszugleichen, konnte allerdings nicht in befriedigendem Maße erreicht werden. Dies wird u. a. damit erklärt, daß die Mitwirkung der Eltern eine wesentliche Verstärkungsbedingung darstellte und daß diese unterstützende Begleitung nicht überall vorhanden war (vgl. Bergler/Six 1979, S. 229). Auch in Deutschland wurde die Sendung von Untersuchungen begleitet und brachte ähnliche Ergebnisse: Kinder, die regelmäßig „Sesam-Straße“ sahen, konnten besser abstrakt denken und verallgemeinern, auch den Ablauf von Handlungen konnten sie eher durchschauen. Neben diesen kognitiven Wirkungen hätte sich überhaupt eine generelle Neigung der untersuchten Kinder zur Nachgiebigkeit und zu kooperativem Handeln in Konfliktsituationen gezeigt (vgl. Schlaff 1980, S. 51, die sich dort auf Ergebnisse einer Untersuchung des Hand-Bredow-Institutes/Hamburg bezieht).

Doch auch hier wurde deutlich, daß die erwünschten Wirkungen v. a. da auftraten, wo die Mütter die Sendungsinhalte anschließend mit den Kindern besprachen (vgl. Winterhoff-Spurk 1986, S. 59). Seither ist klar: Fernsehen kann bestenfalls Nachhilfelehrer bzw. „Hauslehrer“ (ebd. S. 56) sein, den wirklichen Erzieher und die Eltern kann es keineswegs ersetzen.

---

301 So z. B. das Erkennen von und das Operieren mit Symbolen, das Erkennen von Gemeinsamkeiten, Unterschieden und Relationen zwischen Objekten, Ereignissen und Personen (logisches Denken und Problemlösen, Schlußfolgerungen und Kausalzusammenhänge), die Verarbeitung von Informationen über die physische und soziale Umwelt usw. (vgl. Bergler/Six 1979, S. 224 ff.; Winterhoff-Spurk 1986, S. 57 ff.).

Schulleistung, Sprachentwicklung und Phantasie waren weitere Bezugsgrößen, an denen die kognitiven Beeinflussungsmöglichkeiten des Fernsehens untersucht wurden. Nach einer Sekundäranalyse von 23 psychologischen und pädagogischen Untersuchungen aus den USA, Kanada, Großbritannien und Japan, die einen Zeitraum von 26 Jahren erfaßte (vgl. Williams et al. 1982), gibt es bei weniger intelligenten Kindern eine geringfügig positive Beeinflussung der Schulleistungen, bei intelligenteren Kindern dagegen eine geringfügig negative. Insgesamt gilt: „Weniger als ein halbes Prozent der Schulleistungen ist durch den Fernsehkonsum bestimmt" (Winterhoff-Spurk 1986, S. 76).

Was die Sprachentwicklung betrifft, so gibt es nur wenige, aber dafür ambivalente Befunde. So zeigte eine Untersuchung, daß der Spracherwerb um so schlechter war, je länger ein Kind vor dem Fernsehgerät zubrachte (Nelson 1973). Die Verfasserin gab sich jedoch mit dem Ergebnis nicht zufrieden, „da sie nicht ausschließen konnte, daß beides – Spracherwerb und kindliche Fernsehnutzung – auch von einer dritten Größe abhängen können. Sie hat diese dritte Größe vermutlich gefunden: Es ist die Art des Umgangs der Mutter mit dem Kind. Analysiert man nämlich einmal das sprachlich-kommunikative Verhalten der Mutter im Detail, so findet sich ein ausgeprägter positiver Zusammenhang zwischen hohen kindlichen Fernsehzeiten einerseits und der Zurückweisung des Kindes durch die Mutter sowie längeren Gesprächen unter Erwachsenen ohne Einbeziehung des Kindes andererseits. Mit anderen Worten: Das Kind zieht sich vermutlich vor den Fernsehapparat zurück, weil niemand mit ihm spricht; dies führt dann zur verzögerten Sprachentwicklung" (Winterhoff-Spurk 1986, S. 74).

Auch hinsichtlich Kreativität und Phantasie finden sich nach Winterhoff-Spurk (1986, S. 76 f.) keine einheitlichen Ergebnisse. Was am ehesten vermutet werden kann, ist eine allgemeine Aktivitätsverminderung bei kindlichen und jugendlichen Zuschauern (Spazierengehen, Wandern oder ungerichtete Tätigkeiten werden weniger). Insgesamt zeigt sich aber, daß im Hinblick auf die sprachlichen, schulischen und außerschulischen Leistungen und Aktivitäten kindlicher Fernsehzuschauer kaum bemerkenswerte negative Effekte festzustellen sind. Wenn solche Zusammenhänge dennoch registriert werden, „dann hängen sie oft genug von einer dritten Einflußgröße ab: Zurückweisung durch die Eltern oder auch geringe Intelligenz führen das Kind vor den Fernsehapparat statt vor seine Schulbücher“ (Winterhoff-Spurk 1986, S. 77.).

5.5.6. Fernsehen und Lesen

Seit dem Aufkommen der Photographie und den damit verbundenen technischen Formen der Vervielfältigung von Bildern – Daniel Boorstin sprach sogar von einer „graphischen Revolution“ (1964, S. 167 ff.) – wird über den Verfall der Lesekultur spekuliert: „Die neuen Bildformen mit der Photographie in vorderster Linie traten nicht als bloße Ergänzung von Sprache auf, sie waren vielmehr bestrebt, die Sprache als unser wichtigstes Instrument zur Deutung, zum Begreifen und Prüfen der Realität zu ersetzen. (...) Für zahllose Amerikaner wurde das Sehen statt des Lesens zur Grundlage ihrer Überzeugungen“ (Postman 1988, S. 96). Das Fernsehen – so Postman – sei v. a. deshalb als ein Angriff auf die Schriftkultur zu sehen, weil es eine bruchstückhafte, zerstückelte Welt aus Diskontinuitäten präsentiere, während der Buchdruck fast alle jene Eigenschaften verstärkt habe, die für einen entfalteten Diskurs nötig seien: „die hochentwickelte Fähigkeit zu begrifflichem, deduktivem folgerichtigem Denken; die Wertschätzung von Vernunft und Ordnung; der Abscheu vor inneren Widersprüchen; die Fähigkeit zur Distanz und zur Objektivität; die Fähigkeit, auf endgültige Antworten zu warten“ (ebd. S. 82). Diesem Zeitalter der Erörterung bereite das Fernsehen nun ein Ende. Sein Siegeszug führt auch zum Verfall der Buchkultur, denn das Lesen verlangt eben mehr geistige Aktivität und Anstrengung als das Fernsehen (Winn 1979, S. 89).[302]

302 Die Behauptung, daß das Buch bzw. ein gedruckter Text stimulierender bzw. der Phantasie förderlicher sei als etwa eine Fotografie oder ein Film, erweist sich bei näherer Betrachtung als wenig durchdacht und rückt daher in die Nähe eines Vorurteils (vgl. dazu etwa Domsich 1991).

Soweit jene Art von Kulturkritik, die – ungeachtet der Einsichten in die Komplementarität der Medien[303] – immer schon neuen Entwicklungen gegenüber mehr als skeptisch war und sich in unserem Jahrhundert mit dem Fernsehen scheinbar bloß ein neues Medium auserkoren hat. Denn vor zweihundert Jahren wurden Pamphlete gegen Lesewut, Lesesucht und Leseseuche[304] verfaßt, vor fünfhundert Jahren sah man in der Erfindung des Buchdrucks erhebliche Gefahren auf die Menschheit zukommen[305], und schon im 4. Jh. v. Chr. äußerte sich sogar Platon negativ über das geschriebene Wort an sich. Im „Phaidros" läßt er Sokrates über die Erfindung der Buchstaben sagen: „Denn diese Erfindung wird die Lernenden in ihrer Seele vergeßlich machen, weil sie dann das Gedächtnis nicht mehr üben; denn im Vertrauen auf die Schrift suchen sie durch fremde Zeichen außerhalb, und nicht durch eigene Kraft in ihrem Innern sich zu erinnern" (zit. n. Maletzke 1988, S. 16).

Welche Trends kann man nun aus empirischen Daten zum Fernseh- und Leseverhalten über das Verhältnis dieser beiden Kommunikationsformen zueinander ablesen?

---

303 In der Tat gilt als eine der wenigen Konstanten kommunikationsgeschichtlicher Forschung die Erkenntnis, daß ein neues Medium ein altes noch niemals verdrängt hat. Das läßt sich bis ins Nachrichtenwesen des Altertums (Riepl 1913) zurückverfolgen (siehe dazu auch die Kurzfassung dieses „Rieplschen Gesetzes" in Bobrowsky/Duchkowitsch/Haas 1987, S. 144–148). Als gleichermaßen kommunikationshistorisch unbestritten gilt jedoch auch, „daß neue Medien jeweils bestimmte publizistische Formen und Funktionen älterer Medien verändern" (Lerg 1981, S. 193). – Zur Diskussion um Komplementarität und Konkurrenz der Massenmedien vgl. näher auch: Haas 1987, S. 105 ff.

304 So auch Johann Gottfried Hoche in einer Schrift mit dem Titel „Vertraute Briefe über die jetzt abenteuerliche Lesesucht und über den Einfluß derselben auf die Verminderung des häuslichen und öffentlichen Glücks" (zit. n. Maletzke 1988, S. 17).

305 So schrieb um das Jahr 1460 – einige Jahre nach der Erfindung des Buchdrucks durch Gutenberg – ein süddeutscher Mönch, der es in der Kunst des Schreibens von Evangelien zu großer Meisterschaft gebracht hatte, daß die Kunst des Schreibens durch den Buchdruck verflachen werde, „schlimmer aber sei, daß die neue Kunst den Weg eröffne, daß nicht nur das Gute und das Erhabene vor die Augen der Menschen komme, sondern auch böse und sündhafte Schriften, die dem Glauben und den Sitten Schaden zufügen würden". Und daher sei zu befürchten, daß der Buchdruck „mehr Schaden als Nutzen stiften werde" (zit. n. Filbinger 1986, S. 7).

Was das Verhältnis zwischen Fernsehen und Zeitung betrifft, so läßt sich eine durchaus erfolgreiche Koexistenz diagnostizieren. So z. B. anhand einer deutschen Langzeituntersuchung, in der die Jahre 1953 und 1979 miteinander vergleichbar werden – also ein Zeitraum, in dem das Fernsehen seinen Siegeszug angetreten hatte: In diesen 26 Jahren hat sich die Gewohnheit des Zeitunglesens deutlich ausgebreitet (vgl. Noelle-Neumann 1988, S. 236), und auch eine andere Langzeitstudie (von 1964–1985) macht erkennbar, daß der tägliche Zeitaufwand für die Zeitungslektüre mit einer guten halben Stunde erstaunlich konstant bleibt (Kiefer 1987, S. 30). Daran ändert sich auch bis zu den 90er Jahren kaum etwas, obwohl sich das Gesamtzeitbudget für Mediennutzung seit den 60er Jahren von knapp über 3 auf nahezu 5,5 Stunden täglich ausgeweitet hat! (Vgl. Kiefer 1992, S. 43.)[306]

Für Österreich lassen sich übrigens ganz ähnliche Entwicklungen nachweisen: auch hier ist die Reichweite der Tageszeitungen über Jahrzehnte hinweg kontinuierlich gestiegen (Institut für Publizistik und Kommunikationswissenschaft der Universität Salzburg 1986, S. 45). Und was die Lesedauer betrifft, so wenden die Österreicher gegen Ende der 90er Jahre exakt sogar 37 Minuten täglich für die Zeitungslektüre auf (Böck 1998, S. 45). Besonders erwähnenswert scheint aber, daß die erste Generation, die in ihrer Jugend bereits mit dem Fernsehen konfrontiert war – also die sog. „Fernseh-Generation“[307] –, sich diesem Bildmedium nicht nur am wenigsten von allen Altersgruppen zuwendet, sondern darüber hinaus einen überdurchschnittlichen Tageszeitungskonsum aufweist! (Hummel 1988, S. 121)[308] Trotz möglicherweise berechtigter Skepsis[309] sind das Fakten, die man einfach nicht vom Tisch wischen kann.

306 Neben dem Fernsehen (mit gut einer Stunde) ist vor allem der Hörfunk – in seiner Eigenschaft als typisches Nebenbei-Medium – der Gewinner in der Zeitgunst der Mediennutzer (vgl. dazu ebenfalls Kiefer 1992, S. 41 ff.).

307 Nähere empirische Daten zur Mediennutzung dieser Fernsehgeneration liefert Peiser (1996).

308 Umgekehrt verhält es sich übringens mit den über Sechzigjährigen: sie sehen mehr fern und lesen weniger Tageszeitung als der Bevölkerungsdurchschnitt. Sie sind nun aber garantiert nicht zur Fernseh-Generation zu zählen! (Vgl. Hummel ebd.)

309 So lassen sich der allgemein höhere Bildungsgrad, der gestiegene Wohl-

Auch was das Buch betrifft, ist Optimismus angesagt. Der Buchmarkt hat sich längst als Wachstumsmarkt herauskristallisiert.[310] In Österreich kauft z. B. nur ca. ein Fünftel der Bevölkerung überhaupt kein Buch für den persönlichen Bedarf. 12% dagegen kann man als regelrechte Vielkäufer bezeichnen: Sie kaufen 11 und mehr (zu 4% sogar 21 und mehr) Bücher pro Jahr. Groß ist mit 18% auch noch die Gruppe der Käufer von 6 bis 10 Büchern pro Jahr, während immerhin noch mehr als 50% zwischen 1 und 5 Büchern pro Jahr erwerben (Bretschneider 1989, zit. n. Langenbucher in: Fritz 1989, S. 1).

Freilich: gekauft ist noch nicht gelesen. Doch auch hier sprechen aktuelle Werte aus Österreich eine eindeutige Sprache: So ist die Zahl der (fast) täglichen Buchleser seit 1972 kontinuierlich gestiegen (von 8% auf 15%), und auch der Anteil der zumindest wöchentlichen Buchleser hat sich 1996/97 gegenüber 1972 um 13 Prozentpunkte (auf 42%) erhöht (Böck 1998, S. 59). Kulturpessimistische Töne vom Rückgang der Buchlesehäufigkeit scheinen also auch hier nicht angebracht zu sein. Wenngleich natürlich nicht übersehen werden darf, daß es Unterschiede zwischen Viel- und Weniglesern gibt: So sieht z. B. die Gruppe der seltenen Buchleser mehr fern als Vielleser: „im Vergleich zu den vier Stunden pro Monat, die sie für Buchlektüre aufwendet, schaut sie rund zwölfmal soviel fern, nämlich 49 Stunden im Monat. Die Intensiv-Leser dagegen sitzen weniger lang vor dem

---

stand und die Zunahme an Freizeit seit den 50er Jahren als ungewöhnlich günstige Umstände für den Zuwachs des Printmedienkonsums interpretieren (vgl. Noelle-Neumann 1988, S. 222 f.), so daß ein Gleichbleiben etwa in der Nutzungszeit für die Zeitung eigentlich als Stagnation, wenn nicht als Rückgang interpretiert werden könnte. Erschwerend kommt hinzu, daß die jüngeren Jahrgänge seltener Tageszeitung lesen (Peiser 1996), speziell die unter 30jährigen (in Österreich) stehen der Tageszeitung eher distanziert gegenüber (Böck 1998). Dennoch revidiert auch Noelle-Neumann (1988 ebd.) ihre einstmals geäußerte These vom Fernsehen als dem „Freßfeind“ des Lesens.

310 So wundert sich der Verleger Heinz Friedrich über die „Wehleidigkeit, mit der oft über die neuen Medien und über die Leseförderung geredet wird“, indem er bloß zwei Zahlen nennt: „1961 erschienen um die 1100 Taschenbuchtitel, 1988 waren es 11.000! Ähnliche Relationen sind auch bei der allgemeinen Titelproduktion zu beobachten“ (Interview im Börsenblatt für den Deutschen Buchhandel Nr. 38 v. 12. 5. 1989).

Bildschirm. Mit 38 Stunden pro Monat liegt ihr Fernsehkonsum unter dem der Wenig-Leser und unter ihrem eigenen Bücherkonsum" (Mast 1985, S. 150).

Allerdings zeigen sich auch Trends, die an die immer noch berühmte von Lazarsfeld, Berelson und Gaudet (1948) entdeckte „more and more-Regel" erinnern (vgl. auch Schönbach 1981), nach der Menschen, die *ein* Medium nutzen, auch andere Medien mehr nutzen: „Buchleser sind Viel-Medien-Nutzer, und tägliche Buchleser zeigen dabei besondere Präferenzen bei der Auswahl der Medien zur Freizeitgestaltung. Zu einem überdurchschnittlichen Prozentsatz geben sie an, Schallplatten/CD/ Musikkassetten, Zeitschriften und eben Bücher auch in ihrer Freizeit zu nutzen. Auch der Anteil derjenigen, die einen Home- oder Personalcomputer in der Freizeit einsetzen, ist hier weit überdurchschnittlich" (Saxer/Langenbucher/Fritz 1989, S. 76). Die aktuellen Daten aus Österreich bestätigen ein weiteres Mal diese „more and more"-Regel, nun auch in Kombination mit überdurchschnittlicher Nutzung der neuen Technologien (Böck 1998).

Aus gesamtgesellschaftlicher Perspektive – etwa für die Bewertung kommunikationspolitischer Maßnahmen wie z. B. die Leseförderung – ist sicherlich auch das sog. „qualitative Leseverhalten"[311] von Interesse. Denn wenn man den kompetenten Lesern eine „höhere geistige Flexibilität" empirisch attestieren kann (Fritz 1987, S. 33 ff.), die z. B. damit einhergeht, daß sie auch das Fernsehen angemessener als Informationsmedium nützen zu können als die Wenigleser (Burkart/Fritz 1988, S. 86 ff.), dann wird unversehens die demokratiepolitische Bedeutung der Kulturtechnik „Lesen" erkennbar. Noch dazu wenn als Begleiterscheinung einer mangelnden Lesekompetenz der Regel auch eine allgemeine „kommunikative Desintegration" (Fritz 1989, S. 89 ff.) diagnostizierbar wird.[312]

---

311 Eine weitreichende (ausführlich literaturgestützte) Auseinandersetzung mit der Kulturtechnik Lesen findet sich bei Fritz/Suess 1986, tw. auch bei Böck 1998.

312 Personen, die über eine eher niedrige Lesekompetenz verfügen, unterhalten sich beispielsweise deutlich weniger mit Arbeitskollegen, Freunden

Dennoch kommt Fritz (1989) am Ende ihrer empirischen Untersuchung zu dem Schluß, daß man die lapidare Frage „Wird sich das Lesen behaupten?“ ebenso lapidar mit „Ja“ beantworten kann, denn es sind gerade die Jugendlichen, also die zukünftigen Erwachsenen, die über eine ausreichende Lesekompetenz verfügen und in der Regel auch häufig Bücher lesen. Ein in diesem Sinn intakter „Kommunikationshaushalt“ zeichnet sich durch das Neben- und Miteinander von audiovisueller, literaler und interpersonaler Kommunikation aus. Printmedien dürfen daher nicht als Gegensatz zu den AV-Medien gesehen werden, sie existieren neben- und miteinander. Ein Befund, den eine Lesestudie aus Österreich (Böck 1998) abermals bestätigt.

5.5.7. Fernsehen und Familie

Daß vom Fernsehen als „Visual radio“ (Gorham 1949, S. 135) ein „heimeliger“ Effekt ausgehe, daß es die Rolle des Radios aufgreifen und die Familie noch stärker in ihr Zuhause zurückziehen werde (ebd.), findet man bis heute als durchaus familienfreundlich zu interpretierende Wirkung des Mediums: es sei eben ein häusliches Medium. Ein „telefunktionales Kaminfeuer, das informiert, unterhält, entspannt, oft verdummt, aber auch Bildung und Kunst vermittelt. Das Fernsehen fördert die Familie, das Zuhause. Auch wenn die Jugend ins Kino oder den Jazzkeller geht, die Ehepartner sitzen gemeinsam vor dem Bildschirm“ (Kraus 1989, S. 36). Diese Idylle hat Günther Anders allerdings in den fünfziger Jahren bereits anders gesehen, wenn er das Fernsehen als „negativen Familientisch“ (Anders 1956, S. 104) bezeichnet, der zum „gemeinsamen Fluchtpunkt“ (ebd. S. 106) der Familie werde. Es wird daher auch das Gegenteil vermutet, nämlich daß viel Fernsehen das familiäre Gespräch verhindert, das gemeinsame Spiel oder die Familienfeier durch schweigendes Glotzen ersetze und daß sich

oder Verwandten, verbringen ihre Freizeit mehr zu Hause als außer Haus und neigen von ihrer Lebenseinstellung eher dazu, sich kritiklos in das Gegebene zu fügen. Insgesamt handelt es sich also um eine Gruppe, „die am Rande des gesellschaftlichen Kommunikationsgeschehens steht“ (Fritz (1989, ebd.).

die Familie durch Zweit- und Drittgeräte in spezifische Programmzielgruppen zersplittert (Rings 1962, S. 326). Auch vom „Prozeß der Einpuppung“ ist die Rede, dem jedes Familienmitglied unterworfen sei, so daß die Familie ein „Bild der progressiven Introvertiertheit“ (Pluch 1984, S. 34) biete. – Was davon stimmt nun wirklich?

Nicht zuletzt dadurch, daß sich Familienstrukturen im Lauf der letzten Jahrzehnte gewandelt haben[313], ist schon allein die Frage nach allfälligen Auswirkungen des Fernsehens „zu oberflächlich und zu verallgemeinernd“, wenn „von *der* Familie gesprochen wird, die von *den* Medien bedroht ist“ (Rogge 1988, S. 46). So wie bei allen Medien, dürfen auch die fernsehbezogenen Nutzungsmuster nicht isoliert betrachtet werden, „sondern immer im Zusammenhang mit den realen und praktizierten Interaktions- und Kommunikationsqualitäten in Familien“ (ebd.). Und in der Tat erfüllt das Fernsehen in verschiedenen Familientypen unterschiedliche soziale Funktionen (etwa: die der Zeitstrukturierung, der Konfliktregulierung, der Bereitstellung von Gesprächsmustern, aber auch die Vermittlung von Werten oder die Kontrolle der Erfahrungen von Kindern). Welche Funktionsvarianten sich dominant entwickeln, hängt wieder von der jeweiligen Lebenssituation (sozioökonomischer Status) und von der Bedeutung der Familie insgesamt als entscheidender Instanz der Mediensozialisation ab (vgl. Hurrelmann 1988, 1989).

Interpretiert man Fernsehverhalten damit als Teil familialer Gruppenprozesse, so erkennt man beispielsweise, daß Fernsehen nur an der Oberfläche ein gemeinsames Handeln darstellt, das von den Familienmitgliedern nicht unbedingt bewußt erlebt wird, sondern eher als Verhaltensroutine einzustufen ist (Hunziker 1977). Die Daten verdeutlichen übrigens auch, daß das Fernsehen kaum zu interpersonaler Kommunikation führt und auch das Sozialverhalten der Familie kaum anregt. Damit erhärtet sich das Bild einer schweigenden Fernsehsituation, das

---

313 Heute gibt es im Gegensatz zur ursprünglichen Familienform mehrheitlich Kleinfamilien, außerdem noch andere familienähnliche Formen des Zusammenlebens (vgl. etwa Lull 1988, Hurrelmann 1989).

auch schon durch frühere Befunde aus den USA (Walters/Stone 1971, zit. n. Bonfadelli 1981, S. 279) bekannt war.

Was typische Gruppenmuster betrifft, so wird mit steigender sozialer Schicht nicht nur weniger ferngesehen, es zeigen sich auch unterschiedliche Publikumszusammensetzungen. Während in Unterschichtfamilien die ganze Familie häufig gemeinsam fernsieht (wobei der Vater in der Beteiligung dominiert), bilden sich in Mittel- und Oberschichtfamilien sog. „Generationen-Publika“ (Hunziker 1977, S. 279), die sich häufig durch eine stärkere Beteiligung der Mütter am kindlichen Fernsehen auszeichnen.

Die Einsicht, Fernsehen nicht isoliert, sondern im Kontext mit den interpersonalen Kommunikationsstrukturen in der Familie zu betrachten, hat übrigens schon vor längerer Zeit zu erwähnenswerten Ergebnissen geführt: So lassen sich – ausgehend von konsistenztheoretischem Denken – in direkter Abhängigkeit vom Kommunikationsstil in der Familie unterschiedliche Mediennutzungsmuster erkennen.[314] Auch anhand von Untersuchungen, die sich mit der Ausweitung des Programmangebotes (beispielsweise im Zuge der Einführung von Kabelfernsehen) beschäftigen, wird deutlich, daß neben der sozialen Schicht v. a. das Familienklima, das Erziehungs- und das Gesprächsverhalten eigenständige Faktoren in der Erklärung des Medienverhaltens darstellen (vgl. Hurrelmann 1989). Vor diesem Hintergrund kommt beispielsweise eine österreichische Untersuchung zu dem Schluß, daß den Programmausweitungen im Rahmen des vermehrten Kabelfernsehangebotes eine ver-

---

314 Sind innerhalb einer Familie z. B. Kommunikationsmuster vorherrschend, die harmonische Beziehungen zwischen den Familienmitgliedern in den Mittelpunkt rücken (was meist auch ein Vermeiden kontroverser Standpunkte impliziert, die andere verletzen könnten), dann ist eine informationsorientierte Nutzung des Fernsehens unterdurchschnittlich anzutreffen. In Familien dagegen, in denen die Diskussion von Sachproblemen im Mittelpunkt steht und Kinder auch ermuntert werden, eigene Standpunkte zu vertreten, kommt es durchgängig zu einer informationsorientierteren Nutzung der Massenmedien (Stone/Chaffee 1970). – Vgl. dazu näher: Bonfadelli 1981, S. 282 ff., der diese Befunde dort ausführlicher diskutiert.

gleichsweise geringe Bedeutung für das kindliche Seh- und Freizeitverhalten zu attestieren ist – und die Verfasser sind sich durchaus darüber im klaren, daß dieses Ergebnis den populären Annahmen und ideologischen Fixierungen der öffentlichen Debatte über das Kinderfernsehen widerspricht (Boeckmann/Hipfl 1989, Boeckmann/Hipfl/Stückler 1990).

Abschließend scheint sich also auch hier zu bestätigen, was anhand der bislang zitierten Befunde immer wieder deutlich geworden ist: daß es schlicht und einfach zu eindimensional ist, wenn man nach „dem“ Einfluß des Fernsehens auf „die“ Gesellschaft – zuletzt eben auf „die Familie“ – fragt. Man wird die Realität der Fernsehgesellschaft nur dann angemessen wahrhaben können, wenn man sich stets auch auf das soziale Umfeld besinnt, in dem die konkrete Fernsehrezeption jeweils stattfindet.[315] Analyseansätze, die diesen Umstand nicht berücksichtigen, greifen zu kurz und werden zu euphorischen Hoffnungen à la McLuhan oder zu pessimistischen Befürchtungen à la Postman verkommen. Sie werden zwar wahrscheinlich weiter beliebt sein, weil sie – wie Hummel richtig meint – „auf bequeme Art und Weise Komplexität reduzieren, also eine klare, weil grob vereinfachende Weltsicht präsentieren, die nur den Nachteil hat, daß sie absolut unrichtig ist“ (Hummel 1988, S. 127). Damit ist dem realen Erkenntnisfortschritt aber nicht gedient.

5.5.8. Die Zerstückelung des Fernsehens

Die Rede ist vom „Switchen“, „Zappen“, „Grazen“, „Flippen“ und „Zippen“ – allesamt Bezeichnungen für ein Zuschauerverhalten, das mit dem Ansteigen der Zahl der Fernsehkanäle und mit der Verbreitung von Fernbedienungen aufzutreten beginnt und erst in den Anfängen seiner Entwicklung stehen dürfte. Da die bislang dafür verwendeten Begriffe oft Verwirrung hervorrufen, sollen abschließend noch die damit gemeinten Phänomene erwähnt werden.

---

315 Vgl. dazu auch die empirische Arbeit von Angela Fritz (1984), die diesen Umstand schon bei der theoretischen Konzeption ihrer Untersuchung ernst nimmt und sich an das Situationskonzept in der Tradition des Symbolischen Interaktionismus anlehnt (insb. S. 84 ff. sowie S. 139 ff.).

„Switching“ meint die „Angewohnheit eines wachsenden Teils der Zuschauer, mit der Fernbedienung zwischen den Kanälen hin und her zu wechseln und nicht mehr eine Sendung von Anfang bis Ende, sondern im Extremfall alle parallellaufenden Sendungen, jede eine kurze Zeit lang, zu verfolgen ...“ (Winkler 1990, S. 5).

„Zapping“ fällt ebenfalls unter dieses Verhaltensmuster, es handelt sich um häufiges Umschalten und Kanalwechsel während laufender Sendungen. Es gilt als „Geheimwaffe des Zuschauers“ (Enzensberger 1988, S. 100), weil dabei auch oft gezielt die Werbung ausgeblendet wird (Stipp 1989).

Unter **„Grazing“** ist soviel wie das „abgrasen“ aller zur Verfügung stehenden Fernsehkanäle zu verstehen. Dieses Grazing erfolgt weniger rasch als Switching oder Zapping, da die Kanäle ja auf der Suche nach etwas Interessantem „abgegrast“ werden. Angeblich ist auch für dieses Verhalten die Ausblendung von Werbung typisch, weshalb dieses Phänomen in zunehmendem Maße besorgte Programmacher und Werbeleute beschäftigt, die immer häufiger mit einer Synchronisation der Werbeeinschaltungen reagieren. Dieses neue Sehverhalten könnte auf lange Sicht jedenfalls die herkömmlichen TV-Programmzeitschriften ersetzen – „if you like, an electronic ‚Hör Zu‘“ (Stipp 1990, S. 97).

Im Grunde ist damit die Fachterminologie für die verschiedenen Formen des **„Channel-Hopping“** erschöpft, dennoch findet man bei Doelker (1989) noch eine weitere Wortschöpfung samt eigenwilliger Differenzierung: **„Flipping“** – diese Bezeichnung „wird gebraucht für ein Wechseln des Kanals, wenn die Werbung beginnt, ein Umgehen des Werbeblocks durch Kiebitzen in anderen Programmen. Für das Überspringen der Werbung bei auf Videorecorder aufgezeichneten Programmen durch den schnellen Vorlauf ist der Ausdruck **‚zipping‘** eingeführt, und mit **‚zapping‘** wird benannt, wenn man bei der Aufzeichnung von Programmen die Werbung (durch Drücken der Pausetaste) überspringt“ (S. 111).

Wie auch immer sich die Terminologien überschneiden mögen – fest steht, daß jeder Zuschauer mit dieser Zerstückelungstechnik aus seiner „Tagtraummaschine“ (Winkler 1990) ein „elektronisches Kaleidoskop" (Doelker 1989, S. 110) gestalten kann. Was dies über die Funktion der Programmsuche und des Werbeslaloms hinaus noch bedeuten kann – ob es sich dabei, wie Doelker meint, um eine „spielerische Sinnentleerung der überquellenden Programme" (ebd. S. 111) handelt, die das Fernsehen nun doch im Sinne von Enzensberger (1988) zu einem „Nullmedium" werden läßt, mit dem man sich in hypnotische Versenkung versetzen kann –, all das wird die Zukunft zeigen. Ernsthafte empirische Untersuchungen dazu liegen jedenfalls noch nicht vor.

Man darf allerdings hoffen, daß Arbeiten zum Fernsehen in Zukunft unter weniger kulturpessimistischen Prämissen und damit von vornherein realitätsnäher angelegt sind. Als Indikator dafür mag gelten, daß auf dem populärwissenschaftlichen Buchmarkt bereits Reflexionen zum Fernsehen zu finden sind, die mit frühen Verteufelungs-Pamphleten nichts mehr gemein haben. Zum Beispiel: Barbara Sichtermann (1994), die ihre lesenswerte Sammlung von Essays mit dem Hinweis einleitet, man könne im Grunde erst jetzt, wo Fernsehen „normal" geworden sei, darüber nachdenken und schreiben, ohne Gefahr zu laufen, sich im Ton zu vergreifen oder den Gegenstand zu dämonisieren. Denn „das Normale ist immer das Interessanteste" (ebd. S. 8). Dem ist uneingeschränkt zuzustimmen.

Allem Anschein nach wird diese Normalität jedoch nur von kurzer Dauer sein. Denn längst hat eine neue Fernseh- bzw. Medienzukunft begonnen, in der das Fernsehgerät, das soeben alltäglich geworden ist, seinen Funktionsradius erheblich erweitern wird.

5.5.9. Vielkanalfernsehen, Politik und Videomalaise

Switchen, Zappen, Grazen – all dies wäre nicht beobachtbar, ohne eine wesentliche Voraussetzung: das Vorhandensein vieler Programme. Eine Entwicklung, die mit der Deregulierung des Rundfunks[316] und mit der zunehmenden Verbreitung der Kabel-

---

316 Der Begriff „Deregulierung" meint den Abbau staatlicher Eingriffe in die Marktwirtschaft. Mit „Deregulierung des Rundfunks" ist gemeint, daß

und Satellitentechnologie in den 80er Jahren einsetzte und mit der nicht nur eine Programm-, sondern auch eine Kanalvermehrung verbunden war. Auch für Österreich läßt sich feststellen, daß Kabel- und Satellitenrundfunk „einen wahren Siegeszug angetreten“ (Hummel 1996, S. 463) haben.[317]

Aus der Perspektive der politischen Funktionen der Massenmedien erscheint es nicht unerheblich, wie Fernsehen unter solchen Vielkanalbedingungen genutzt wird und welche Konsequenzen daraus für das politische System insgesamt erwachsen. Dies bezieht sich nicht bloß auf die Dauer, sondern vor allem auch auf die Art der Selektion. Aus demokratiepolitischer Perspektive interessiert dabei natürlich, ob es bloß die Unterhaltungs- oder auch die Informationssendungen sind, die vermehrt ausgewählt werden. Denn eine Erhöhung des Angebotes läßt sich – blickt man auf mehr als 10 Jahre „duales System“ in Deutschland zurück – in beiden Bereichen nachweisen (vgl. Krüger 1996, 1997).

Für Deutschland liegen seit 1996 nun derartige Befunde vor.[318] Sie zeigen zunächst, daß die meisten Fernsehzuschauer nur ein begrenztes **„Channel-Repertoire“** haben. Damit sind „die von den Zuschauern tatsächlich realisierten Wahlmöglich-

---

die rundfunkpolitische Regelungsmacht des Staates, vor allem was die Vergabe von Sendefrequenzen und die Erfüllung von Programmauflagen betrifft, eingeschränkt wird. So existiert z. B. in Deutschland schon seit Mitte der achziger Jahre ein „duales Rundfunksystem“, d. h., neben den öffentlich-rechtlichen Rundfunkanstalten (ARD, ZDF), die den Auftrag einer „Grundversorgung“ (vgl. etwa Bethge 1996) zu erfüllen haben, gibt es auch privatwirtschaftlich organisierte Unternehmen, die Rundfunk- und Fernsehprogramme verbreiten (wie SAT.1, RTL, PRO SIEBEN). Österreich steht erst gegen Ende der 90er Jahre am Beginn dieser Entwicklung: Seit 1. April 1998 gibt es privatwirtschaftlich betriebene (kommerzielle) Radiostationen, und im Februar 2002 kam es zur ersten Lizenzvergabe für ein privates terrestrisch empfangbares Fernsehen (an ATV).

317 So verfügten in Österreich im Jahre 1986 erst 13% der Haushalte über einen Kabel- und/oder Satellitenanschluß, im Jahre 1995 waren es dagegen bereits 66,7% (vgl ORF-Almanach 1995/96, S. 237, sowie Hummel 1996).

318 Die hier zitierten Befunde entstammen einer repräsentativen Bevölkerungsumfrage aus der bereits „klassischen“ Serie der Studien „Massenkommunikation“ (Kiefer 1996), die seit 1964 in regelmäßigen Abständen durchgeführt wird, sowie einer Sekundäranalyse dieses Datenmaterials (Schulz 1997a) und einer zusammenfassenden Interpretation (Schulz 1997b).

keiten unter den empfangbaren Fernsehsendern" (Schulz 1997b, S. 142) gemeint. In der angesprochenen Untersuchung lag dieses Channel-Repertoire bei durchschnittlich zwei bis fünf Kanälen[319], immerhin 32 Prozent erwiesen sich allerdings als „Vielkanalseher", die sechs oder mehr Sender regelmäßig sehen. Diese Vielkanalseher verbringen pro Tag im Durchschnitt nahezu doppelt soviel Zeit (201 Minuten) vor dem Bildschirm wie Wenigkanalseher (106 Minuten)[320], und sie verwenden diese Zeit auch für Informationsendungen, und zwar sogar häufiger als Personen mit geringem Channel-Repertoire. Dies ist ein durchaus überraschender Befund. Offensichtlich profitieren also die Vielkanalfernseher vom vermehrten politischen Angebot im Fernsehen. Dazu scheint zu passen, daß sie sich auch in den anderen Medien häufiger dem Informationsangebot zuwenden als die Wenigkanalseher. Dies deutet auf den ersten Blick auf einen positiv funktionalen Zusammenhang zwischen Vielkanalfernsehen und Demokratie hin: Wer viele Fernsehsender nutzt, der sieht auch mehr Informationssendungen, und das dürfte ja der Lebendigkeit und dem Fortbestand des demokratischen Gemeinwesens nur zuträglich sein.

Doch dieser Zusammenhang scheint nicht unbedingt zu bestehen. Bei Personen mit großem Channel-Repertoire zeigt sich nämlich weder eine überdurchschnittliche Beteiligungsbereitschaft noch ein positives Bild von Politik: Vielkanalseher und auch extensive Nutzer von Information im Fernsehen haben im Gegenteil sogar ein besonders negatives Bild von Politik.[321]

Möglicherweise hängt dies – wie Schulz (1997b, S. 147 f.) vermutet – damit zusammen, daß sich Vielkanalseher durch einen besonders oberflächlichen Mediennutzungsstil auszeich-

319 Erhoben wurde dies anhand einer Liste, auf der insgesamt 34 konkrete Kanäle zur Auswahl vorgegeben waren.

320 Diese und die folgenden Angaben stammen aus der resümierenden Diskussion von Schulz 1997b.

321 Sie stimmen Aussagen wie „Politiker sagen nie, was sie denken", „Politik ist ein schmutziges Geschäft" oder „Die Parteien wollen nur die Stimmen der Wähler, ihre Ansichten interessieren sie nicht" häufiger zu als Wenigkanalseher.

nen: die durch Zapping, Grazing etc. erhaschten Bruchstücke an Information verhindern womöglich deren angemessene Verarbeitung. Außerdem begünstigt dieser Nutzungsstil wahrscheinlich den Kontakt zu Nachrichten mit hoher Auffälligkeit, mit hohem Nachrichtenwert, und dies sind bekanntlich wiederum jene, die besonders spektakuläre, sensationelle und damit meist auch negative Aspekte von Politik in den Vordergrund heben.

Auch wenn empirische Befunde für derartige Zusammenhänge noch ausstehen, sollte man sich nicht unbedingt dazu verleiten lassen, auf der Suche nach Erklärungen für die Abneigung gegenüber Politik das Fernsehen in eine Art Sündenbock-Rolle zu drängen. Dies würde fatal an eine These aus den 70er Jahren erinnern, die im Horizont eines doch zu sehr vereinfachenden Ursache-Wirkungs-Zusammenhanges dem Fernsehen die Schuld an der wachsenden Politikverdrossenheit der amerikanischen Bevölkerung zuschrieb: die These von der sog. **„Videomalaise"**, die vom amerikanischen Politikwissenschaftler Michael J. Robinson (1976) populär gemacht wurde.

Ausgangsbasis dieser These waren Trenddaten seit den 50er Jahren, die einen deutlichen Rückgang des Vetrauens der amerikanischen Bevölkerung in ihre politischen Institutionen anzeigen (näher dazu: Holtz-Bacha 1990). Die sog. „Politische Malaise" steht dabei für ein Einstellungssyndrom, das neben dem sinkenden Vertrauen in die Effektivität und Integrität von Politikern und Regierung auch noch durch den Eindruck gekennzeichnet ist, das politische Geschehen werde immer komplizierter und undurchschaubarer, sowie durch das subjektive Gefühl, als einzelner keine Einflußmöglichkeiten auf politische Entscheidungen zu haben.

In Untersuchungen von Robinson zeigte sich nun, daß derartige Einstellungskomplexe vor allem bei jenen Personen zu finden waren, die das Fernsehen als wichtigste Quelle für ihre politische Information angeben. Mit seiner Videomalaise-These behauptete er, daß das Fernsehen durch negative Politikberichterstattung, die Konflikt und Gewalt überbetont, die Menschen von der Politik entfremdet. Ein Vorwurf, den er bald auch auf die Presse ausdehnte, weil sich zwischen jenen Personen, die sich vorwiegend aus dem Fernsehen über Politik informieren, und jenen, die die Zeitung bevorzugen, im Hinblick auf ihre politische Unzufriedenheit keine Unterschiede mehr finden ließen. Seine Erklärung: "Everything became so much like television" (zit. n. Holtz-Bacha 1994b, S. 181).

Inzwischen wurde diese These mehrfach geprüft. Während die amerikanischen Befunde keine eindeutigen Resultate erbrachten, kann aufgrund deutscher Daten (Holtz-Bacha 1990, Jäckel 1991, Pfetsch 1991) gesagt werden, „daß die Hypothese von der Videomalaise, wie sie Michael J. Robinson formuliert hatte, für die Bundesrepublik Deutschland nicht haltbar ist" (Holtz-Bacha 1994a, S. 126). Immer wieder wurde nicht nur der umgekehrte Zusammenhang erkennbar: (nämlich eine positive Beziehung zwischen medialem Konsum politischer Informationen und niedriger Entfremdung), sondern auch die Relevanz weiterer Faktoren (wie Bildung und politisches Interesse). Wollte man unbedingt monokausal interpretieren, dann könnte man nunmehr sogar umgekehrt die These von der „Unterhaltungsmalaise" (Holtz-Bacha 1994a, S. 190) aufstellen: Je mehr Unterhaltung genutzt wird und je unterhaltsamer Politik dargestellt wird, desto eher erfolgt eine Abkehr von der Politik (ebd.). Aber so einfach liegen die Dinge eben nicht.

Neuerlich zeigen diese Befunde vielmehr – darauf wurde auch bei der Diskussion der Kultivierungsthese (im Hinblick auf die Beziehung zwischen Vielfernsehen und Angst) verwiesen[322] – die Problematik (mono)kausaler Erklärungsversuche. Einfache Kausalzusammenhänge sind zwar bisweilen plausibel, aber in der Regel trotzdem falsch. Wie so oft, ist nämlich auch hier der umgekehrte Zusammenhang denkbar: daß sich politisch bereits entfremdete Personen (die noch dazu niedrig gebildet und politisch desinteressiert sind) eher den unterhaltenden Medienangeboten zuwenden sowie im Fernsehen ausschließlich spektakuläre, sensationsträchtige politische Nachrichten erhaschen und gerade dadurch in ihrer negativen Einstellung zu Politik wiederum bestätigt werden.

---

322 Vgl. dazu Seite 330 ff.

Natürlich soll und kann dem Fernsehen damit eine beeinflussende Wirkung nicht abgesprochen werden. Aber der Einfluß geht eben nicht nur vom Fernsehen (bzw. den anderen Medien aus), sondern auch vom gesamten Sozialisationsprozeß sowie von anderen kommunikativen Aktivitäten, die nicht direkt mit Medienkontakten verbunden sind.[323] Um das Fernsehen jedoch im Hinblick auf Politikverdrossenheit in eine Sündenbock-Rolle zu drängen – dafür reichen diese Zusammenhänge jedenfalls nicht aus.

5.5.10. Multimedia, Internet und die Zukunft des Fernsehens

Die rapide Karriere des Wortes „Multimedia" in den Jahren vor der Jahrtausendwende[324] verweist auf den hohen gesellschaftlichen Stellenwert einer dynamischen kommunikationstechnologischen Entwicklung, deren Zeitzeugen wir alle sind und deren Ende noch keineswegs abzusehen ist. Aktuell etikettiert man mit **„Multimedia"** eine Entwicklung, die Fernsehgerät, Personalcomputer und Telefon zu einer kommunikativen Universalmaschine (Multi-Media-Station) vereinigt[325], in der viele kommunikative Tätigkeiten zusammenlaufen: so z. B. Schreiben, Lesen, Fernsehen, Fotos bzw. Filme anschauen (sowie bearbeiten), Telefonieren, Faxen, Einkaufen (Tele-Shopping) und Bezahlen (Tele-Banking), Katalogisieren/Ordnen von Informationen ebenso wie Recherchieren (Suchen bzw. Abfragen gespeicherter Informationen) etc., und dies alles auf einer einzigen Bildschirmoberfläche – nämlich der des Personalcomputers.

Nimmt man den Begriff wörtlich, dann handelt es sich im wesentlichen um eine Kombination unterschiedlicher medialer

---

323 Erinnert sei nur an den Stellenwert interpersonaler Kommunikation im Prozeß der Wirkung von Massenmedien, wie er weiter oben am Beispiel der Diffusionsforschung (S. 208) dargestellt wurde.

324 Bereits im Jahre 1995 wurde „Multimedia" von der Gesellschaft für deutsche Sprache (GfdS) zum Wort des Jahres erkoren: man sei auf eine Steigerung der Wortverwendung um 500 Prozent gestoßen, hieß es in der Begründung (Wilke/Imhof 1996, S. 9). Zum Begriff: Lang 1998.

325 „TV meets Computer" war bereits das Motto auf vielen Branchenmessen der Elektronikindustrie Ende der 90er Jahre.

Techniken. Weder das Wort noch das Prinzip sind übrigens eine Erfindung der 90er Jahre. Pfammatter (1998, S. 10 f.) weist darauf hin, daß das Stichwort bereits 1971 in Lexika auftaucht. Multimedia-Präsentationen waren damals z. B. die Dia-Show (auch: Audiovision) oder diverse Unterrichtsbehelfe, die nicht bloß Texte, sondern auch Übungshefte sowie Foto- und Videomaterial enthielten. Heute wird der Begriff jedoch v. a. für digitalisierte mediale Inhalte verwendet, die über einen Computer abgerufen werden können.

Diese technisch bereits längst mögliche **„Digitalisierung"**, d. h. die Umwandlung bzw. Speicherung aller Informationen in sog. „bits" (in binäre Codierungen)[326] ist die eigentliche Grundlage für Multimedia. Die digitale Datenkompression in Verbindung mit einer Datenübertragung via Breitbandkabel und Satelliten stellt dann die Infrastruktur für das vielfach als **„Datenautobahn"** oder **„Information-Highway"**[327] etikettierte elektronische Kommunikationsnetz dar, das eine schnelle Übertragung großer Datenmengen für eine große Zahl von räumlich getrennten Benutzern möglich macht.

„Multimedia" – mit diesem Begriff etikettiert man heute also mediale Produkte und Dienstleistungen, die im wesentlichen drei gemeinsame Merkmale haben: die Möglichkeit der *interaktiven Nutzung* (1), d. h., der Nutzer kann über entsprechende Rückkanäle Inhalte verändern oder Aktionen auslösen und ist damit nicht mehr in seiner bloßen Rezipientenrolle gefangen; die *integrative Verwendung verschiedener Medientypen* (2), d. h., dynamische (Audio- und Videosequenzen) werden mit statischen (z. B. Text- und Graphikbausteinen) kombiniert, sowie die *digitale Technik* (3) als Basis dieser Anwendungen, die sowohl die

---

326 „Bit" (binary digit) heißt eigentlich „Ziffer im Zweiersystem" und gilt als kleinste Elementareinheit der Information (unter der Voraussetzung, daß man eine Information in zweierlei Zeichenelementen codieren will). Vgl. dazu ausführlich: Seiffert 1971, S. 46 ff.

327 Im Jahre 1993 erhob der amerikanische Vizepräsident (Al Gore) den Ausbau eines „Information Superhighway" zum nationalen Ziel und seitdem sieht es die US-Regierung als eine ihrer wichtigsten Aufgaben, ein angemessenes Umfeld zu schaffen für den „most important and lucrative marketplace of the 21st century" (Gore zit. n. Kunst 1996, S. 37).

Speicherung als auch die spätere Bearbeitung der übermittelten Daten durch entsprechende Kompressionsverfahren vereinfacht bzw. überhaupt erst ermöglicht (Booz/Allen & Hamilton 1995, S. 27).

Wirtschaftlich-technische Interessen haben diese Entwicklung in den 90er Jahren auch weltweit vorangetrieben, denn es sind mehrere Branchen, die dabei auf erweiterte oder neue Märkte hoffen (vgl. dazu: Berghaus 1994). Zunächst die *Fernsehprogrammanbieter:* öffentlich-rechtliche und private Rundfunkanstalten sowie Medienunternehmen mit Rundfunkbeteiligungen (Bertelsmann, Springer, Holtzbrinck u. a.), aber auch neu hinzukommende Wirtschaftsunternehmen wie Versandhäuser und Werbevermarktungsgesellschaften. Dann die *Programmlieferanten:* Film- und Fernsehproduktionsgesellschaften (Ufa, Time Warner, Paramount, Ted Turners CNN, usw.), Händler (wie Leo Kirch) sowie diverse Videospielproduzenten. Weiters die *Netzbetreiber*: die deutsche Telekom, France Telecom und die (privatisierte) British Telecom sowie Satellitenbetreiber und private Datennetzanbieter. Schließlich die *Endgerätehersteller:* die gesamte Fernseh- und Unterhaltungselektronik-Industrie (wie Philips und Sony), die Computerelektronik-Industrie (wie Siemens, IBM und Apple) sowie die Telekommunikations-Industrie. Denn erst entsprechende Empfangsgeräte (Fernsehapparate mit Groß- und Flachbildschirmen, die Ausrüstung der Geräte mit Decodern für diverse Kommunikations- und Computerfunktionen, neuartige Fernbedienungen etc.) machen ja die neuen Dienste überhaupt nutzbar, und von ihrer Benutzerfreundlichkeit hängt wohl in hohem Maß die Akzeptanz beim Publikum ab.

Diese Entwicklung geht stufenweise vor sich. Zunächst kommt es zu einer weiteren *Programmvermehrung* und Diversifikation in Spartenprogramme (Nachrichten-, Bildungs-, Sport-, Kinderprogramme, Werbeshow- und Einkaufskanäle). Im Zuge dieser Vermehrung des Angebotes entstehen dann Zusatzleistungen, die als *Programmergänzung* aufgefaßt werden können: das sind zunächst abrufbare Zusatzinformationen zu Programmen (wie etwa Nachschlagemöglichkeiten zu Nachrichtenmeldungen, Biografien auftretender Personen, Zusammenfassungen von Serien etc.), darüber hinaus könnte es aber auch zu sog. lernfähigen Bildschirm-„Guides“ kommen, also elektronischen Führungshilfen durch das Programmangebot, die eine individuell gefärbte (weil an bisherigen Programmwahlen orientierte) Auswahl des aktuell Gesendeten zusammenstellen. Als ein weiterer Schritt ist dann die Einführung von *Video on Demand* zu sehen – d. h. die individuell steuerbare Abrufbarkeit von Nachrichten, Spielfilmen und Werbeinformationen im Rahmen von Pay-TV-Abonnements oder über den Einzelverkauf von Sendungen (Pay per View). Auch hier sind natürlich intelligente „Guides“ vorstellbar, die regelmäßige Lieferungen nach dem persönlichen Wunschprofil arrangieren. Allerdings hat sich Video on Demand bei durchgeführten Versuchen in den USA bisher als wenig erfolgreich erwiesen. Es zeigte sich überdies, daß auch Fernsehfilme, bei denen die Zuschauer die Möglichkeit haben, via Fernbedienung zwischen verschiedenen Varianten zu wählen, keine Akzeptanz fanden (Kunst 1996, S. 44).

Als letzte Stufe sieht Berghaus (ebd.) im sog. *„interaktiven Fernsehen“* gleichsam die Vollendung dieser Entwicklung: die Installation von Rückkanälen vom Empfänger zum Sender für die Beteiligung des Publikums am Gesendeten. Vorstellbar ist etwa das Mit-Entscheiden über inhaltliche Verläufe von Diskussionen, aber auch von Spielsendungen bis hin zur Wahl von Kameraperspektiven (etwa bei Sportübertragungen). Außerdem ist auf dieser Stufe mit einer Vervielfachung der Dienstleistungsangebote zu rechnen (Teleshopping, Telebanking, Auskunftsdienste aller Art, wie Gesundheit, Arbeitsmarkt, Kleinanzeigen, Reiseinformationen, Kontaktbörsen u. v. a. mehr) ebenso wie mit dem weiteren Ausbau des interaktiven Netzwerkes zwischen einzelnen Zuschauern oder Zuschauergruppen für diverse Videospiele.

Aber nicht nur das: Die (internationale) Vernetzung unserer Welt mit Hilfe von Kupfer-, Glasfaserkabeln und Satelliten, in die sich eine ständig wachsende Zahl von Besitzern kleiner Modems[328] einklinken („einloggen“) können, scheint außerdem

328 Ein „Modem“ (abgek. aus: *Mo*dulator-*Dem*odulator) ist ein elektronisches Gerät für die digitale Datenübertragung auf Fernsprechleitungen.

eine völlig neue, künstliche Wirklichkeit hervorzubringen. Diese **„virtuelle Welt“** („virtual reality“) hat auch längst einen Namen: **„Cyberspace“**. Der Name „Cyberspace“ ist ein neuer Kunstbegriff, der bei dem griechischen Wort „kybernetike“ (dt.: Steuermannskunst) Anleihe nimmt und auf den Roman „Neuromancer“ des amerikanischen Autors William Gibson (1984) zurückgeht. Gibson entwarf eine Welt, in der die Bewohner sich mit Hilfe von Gehirn-Computern durch nahezu unendlich viele Informationen navigieren. An dieser Reise – einer Art „konsensuellen Halluzination“ – können sich Millionen von Menschen direkt beteiligen, indem sie ihre Nervensysteme einklinken. Obwohl dieser Cyberspace in Gibsons Roman natürlich weitab jeder (noch?) machbaren Realität phantasiert wurde, ist das Wort in unserer Alltagssprache längst zum gängigen Vokabel geworden. Cyberspace hier und heute: das ist jener (virtuelle) Ort, an den Menschen sich begeben, wenn sie ihren Computer mittels Modem an eine Telefonleitung angeschlossen haben und sich in ein entsprechendes Netzwerk einloggen, also on line sind.[329] Der weltweit voranschreitende Ausbau der Datenübertragungsnetze, die Verbreitung von Personalcomputern und die oben angesprochene Weiterentwicklung der herkömmlichen Fernsehgeräte macht dies in naher Zukunft für immer mehr Menschen möglich.

Technisch begann diese Entwicklung im Jahre 1969, als das US-amerikanische Verteidigungsministerium ein Forschungsprojekt zur Entwicklung eines flächendeckenden Kommunikationsnetztes in Auftrag gab. Dieses Netz (das ARPANET[330]) sollte für militärische Zwecke genützt werden und über eine

329 Mit den Möglichkeiten cyberspace-ähnlicher Computernetzwerke setzt sich etwa der amerikanische Kultautor Rheingold (1992, 1994) auseinander. Er schwärmt bisweilen jedoch allzu euporisch von der „hierarchieauflösenden, entmassifizierenden Wirkung von Computerkommunikationsnetzwerken“ (1996, S. 194). Ähnlich auch Negroponte (1995), der sich am Massachusetts Institute of Technology mit der Zukunft der Kommunikationstechnik befaßt. Wesentlich nüchtener sieht dagegen Marschall (1997) diese politischen Implikationen, ebenso Höflich (1996) und Kleinsteuber (1996).

330 Der Name stammt von der dem amerikanischen Verteidigungsministerium unterstellten Behörde „DARPA“ (Defence Advanced Research Project Agency).

möglichst hohe Ausfallsicherheit verfügen. Deshalb durfte es von keinem Zentralcomputer abhängig sein und mußte eine dezentrale Struktur aufweisen, damit der Zugriff auf seine Daten auch dann noch möglich war, wenn Teile von ihm (etwa durch einen Militärschlag) zerstört würden. Doch sehr bald erkannten neben der militärischen Forschung auch andere Wissenschaftszweige den Nutzen dieser neuen Technologie für den Informationstransfer. Das Projekt wurde schließlich „internetwork"[331] genannt, die prototypische Vernetzung „Internet" (Wurster 1996, S. 59).

Damit war die Basis für das größte weltweite Computernetzwerk gelegt: das **„Internet"**. Das Internet ist ein Zusammenschluß von regionalen, nationalen und übernationalen Computernetzen, die über Standleitungen weltweit miteinander verbunden sind. Über dieses Netzwerk können Daten von jedem angeschlossenen Computer zu einem anderen gesendet werden. Das Internet hat keinen Eigentümer und ist auch nicht zentral organisiert, es wächst mit einer Eigendynamik, die ausschließlich von der Zahl und den (digitalen) Aktivitäten jener Menschen beeinflußt wird, die sich in dieses Netzwerk einloggen.

Im Internet finden sich mittlerweile eine Vielzahl von Diensten[332], von denen der wichtigste, weil am häufigsten genutzte, zweifellos die elektronische Post, die sog. „Electronic Mail" (E-Mail) ist. Da die Internetnutzung in ihrem Erscheinungsbild und auch in ihrer Bedienungsoberfläche bei den diversen Diensten recht unterschiedlich ist, gibt es seit 1991 den (erfolgreichen) Versuch, viele dieser Angebote unter einer einheitlichen

---

331 Die Bezeichnung geht auf „Interior Network" zurück, da das Netz ursprünglich als vorwiegend nationales militärisches Forschungsnetz ausgelegt war. Allerdings entstanden in den 70er Jahren bereits internationale Verbindungen, weshalb zu Beginn der 80er Jahre eine Aufteilung in zwei Netze – das ARPANET und das MILNET (Military Network) – vorgenommen wurde. Gemeinsam wurden sie „DARPA-Internet" genannt, geblieben ist die heute weltweit gängige Bezeichnung „Internet".

332 So z. B. IRC (Internet Relay Chat) zur gleichzeitigen Kommunikation mit beliebig vielen Teilnehmern, Telnet (zur Nutzung fremder Rechnerressourcen), Netnews und Newsgroups (themenspezifische Diskussionsgruppen) und noch weitere, vgl. dazu Wurster 1996, S. 62 ff., einen guten Überblick gibt auch Zerfaß 1997, S. 25 ff.

Oberfläche zugänglich zu machen: Das **„World Wide Web"** (WWW) wurde 1989 am Europäischen Labor für Teilchenphysik CERN (Conseil Européen pour la Recherche Nucléaire) in Genf entwickelt. Es stellt eine Dokumentensammlung dar, die abrufbereit auf allen möglichen Internet-Servern liegt und die in der sog. HTML-Sprache[333] verfaßt ist. Das WWW ist ein weltweit verzweigtes Hypertext-Informationssystem.[334] Alle HTML-Dokumente sind über ihre URL-(Uniform Resource Locator-) Adressen abrufbar und auf diese Weise auch relativ mühelos aufzufinden. Diese Einheitlichkeit ist die Stärke des World Wide Web. Das WWW vereinfacht jedoch nicht nur die Nutzung bereits vorliegender Informationen im Internet, sondern es eröffnet auch die Möglichkeit, Informationen ins Netz einzuspeisen, d. h. sich als Firma, Organisation oder auch Person im Internet zu präsentieren. Eine Unzahl solcher „Homepages" existiert mittlerweile im WWW. Das Web eignet sich somit zur Kommunikation zwischen den Teilnehmern (via E-Mail, News-Groups, Chats etc.), zur Informationsbeschaffung und auch zur Selbstdarstellung (Informationspräsentation).

Zweifellos ist die Kommunikationswissenschaft angesichts derartiger Entwicklungen aufgerufen, ihren Medienbegriff zu überdenken. Zu Recht weist Berghaus (1994) darauf hin, daß sich die Differenz zwischen Fernsehen und anderen Medien aufweicht, daß die Rollenfestschreibungen zwischen „Sender" und „Empfänger" ins Wanken geraten und daß die Grenzen zwischen massenmedialer Vorgabe eines bestimmten Inhaltes (etwa durch einen Autor bzw. Sendungsverantwortlichen) und individueller Gestaltung (seitens eines Rezipienten) brüchig

333 HTML = Hyper Text Markup Language.

334 „Hypertext" ist eine Methode zur Vernetzung von Informationen. Durch (farblich oder anders) markierte Wörter oder Teile eines Dokumentes lassen sich Verbindungen („Links") zu einem anderen Dokument herstellen, das wiederum Verbindungen zu weiteren Dokumenten ermöglicht, usw. Man kann also von einem Ursprungsdokument („HomepPage") über die angegebenen Verknüpfungen zu ganz unterschiedlichen Dokumenten gelangen, die sich nicht mehr auf einem Rechner befinden, sondern über das gesamte Internet verteilt auf verschiedenen Servern liegen. Dieses Wechseln von Dokument („Website") zu Dokument nennt man umgangssprachlich auch „Surfen".

werden. All dies läßt die Vorstellung eines ungeregelten, ja nahezu anarchischen Charakters dieser virtuellen Kommunikationsgemeinschaft aufkommen.[335]

Hoffnungen, daß sich damit ein fundamentaler Wandel anbahnt, durch den das bisherige „Mediensystem" zu einem echten „Kommunikationssystem" mutiert, erinnern allerdings an Euphorien vom emanzipatorischen Mediengebrauch, die schon bei der Erfindung des Radios (Brecht 1932/1968, Enzensberger 1970, Rollka 1971) und in jüngerer Zeit bei der Ausbreitung des Videos (vgl. etwa Zacharias-Langhans 1977, Auer/Hueber/Kronberger 1980) an die elektronischen Medien geknüpft worden sind. Eher dürfte, wenn man die marktwirtschaftliche Perspektive nicht übersieht, Ernüchterung angebracht sein. „Und das bedeutet, daß die Investitionen, die den Daten-Highway ermöglichen sollen, natürlich nicht die Verbesserung der Menschheit, auch nicht die Verbesserung der Kommunikationsmöglichkeiten zwischen Menschen, sondern in erster Linie dem Wachstum einer Branche – einem sich überall herausbildenden Konsortium von Telekommunikations-, Computer-, Unterhaltungselektronik- und Softwareindustrien dienen werden. Daß Teleshopping und Video on Demand als die großen Hoffnungsgebiete der Datenautobahn gehandelt werden, zeugt davon, daß es weniger um die Organisation unreglementierter Kommunikationsnetze als um den Zugriff auf Konten und Kreditkarten geht. (...) Das Internet und ähnliche Netze werden ihren anarchischen und subersiven Charakter so schnell verspielt haben wie das Radio, der Film und die Pop-Musik" (Liessmann 1994, S. 6). Aber dessen sind sich selbst die Apologeten von Cyberspace bewußt, wenn sie etwa vor der Gefahr einer „Desinformokratie" (Rheingold 1994, S. 335 ff.) in den virtuellen Gemeinschaften warnen und an die Benutzer appel-

335 Doch mittlerweile scheint klar: auch in der Superhighway-Informationsgesellschaft benötigt man Führer durch den kollektiv verfügbaren Informationsdschungel – deshalb ist längst nicht mehr von der Abschaffung, sondern eher von der „Dekonstruktion der Journalisten" (Zehnder 1998) die Rede. Zur Zukunft des Journalismus im Zeitalter der Vernetzung vgl. auch Tonnemacher 1998, Dernbach/Rühl/Theis-Berglmair 1998.

lieren, nicht bloß dem Zauber der technischen Rhetorik zu verfallen, sondern mit Hilfe dieser Netze „festere und menschlichere Gemeinschaften aufzubauen“ (ebd. S. 364).

Dennoch: Aller Vernetzung zum Trotz dürfte die Interaktion mit anderen Menschen über den Daten-Highway nur auf den ersten Blick die herausragende Besonderheit der neuen multimedialen Epoche sein, in deren Zentrum ein Bildschirm steht, der einstmals nur als Fernsehgerät fungierte. Wesentlich bemerkenswerter an dieser Entwicklung erscheint vielmehr der potentielle Zugriff auf Datenmengen ungeahnten Ausmaßes. Damit eröffnet sich erstmals seit Menschengedenken die Chance, eine unüberschaubar große Menge an Information – gleichsam das gesamte Wissen der Welt – einer ungeheuer großen Zahl von Menschen zugänglich zu machen. Es hat nichts mit Kulturpessimismus zu tun, wenn man in der Bewältigung dieser Informationsflut eines der zentralen gesellschaftlichen Probleme am Beginn des neuen Jahrtausends sieht. Wahrscheinlich ist es sinnvoll, Überlegungen hinsichtlich einer neuen Wissensordnung für das Informationszeitalter (vgl. dazu etwa Spinner 1994) anzustellen. Denn Wissen „an sich“ ist wertlos, wenn es den Weg zu den Menschen nicht findet. „Wissen ist nicht wie das Wasser in der Wasserleitung. Wissen ist nur, was man sich angeeignet hat“ (Hentig 1987, S. 69).

Was wir zuallererst benötigen werden, das sind Orientierungshilfen, die eine jeweils angemessene Auswahl aus der Datenfülle überhaupt erst möglich machen. Die Fahrt auf der Datenautobahn wird also notgedrungen zu einer „guided tour“ werden, denn „nicht die Akkumulation von Wissen wird entscheidend sein, sondern die Fähigkeit, Daten mit Hilfe eines Koordinatensystems zu selektieren und in entscheidungsrelevante Informationen zu transformieren“ (Liessmann 1991, S. 41).

Damit ist eines mit ziemlicher Sicherheit klar: Der individuelle Spielraum für den einzelnen Nutzer wird größer, aber das bedeutet zugleich – wie Berghaus (1994, S. 410) richtig vermutet – die Gefahr der Ausgrenzung, der Desintegration: So ist es – in Analogie zur These von der wachsenden Wissenskluft –

vorstellbar, daß beim Medienpublikum neue soziale Einschränkungen in der Nutzung aufgebaut werden, daß es zu einer „Parzellierung der Gesellschaft in Multimedia-Teilnehmer und -Nichtteilnehmer“ (ebd.) kommt. „Denn es ist zu vermuten, daß bei den neuen Fernsehnutzern kognitive Ausgangskenntnisse und Fertigkeiten sowie Einstellungsdispositionen, ferner ausreichende finanzielle Mittel gegeben sein müssen, damit sie einsteigen und sich der Angebote bedienen können. Für mehrere Jahre wird dies nur für ein kleineres Bevölkerungssegment zutreffen“ (Berghaus ebd.).

All dies ist zweifellos richtig. Gesamtgesellschaftlich problematisch wird die Situation jedoch nur unter den Bedingungen eines massiven „Medienkannibalismus“, d. h., wenn mit der Computerisierung des gesellschaftlichen Informationsflusses traditionelle Medienangebote wie Zeitung, Hörfunk – und im vorliegenden Fall: das Fernsehen – verschwinden bzw. nur mehr einer finanziell privilegierten Elite (die sich die neuen Computertechnologien auch leisten kann) zugänglich ist.

In der Tat sind derartige Konvergenztendenzen zwischen den verschiedenen Medien schon seit längerem beobachtbar. Mit **„Konvergenz“** ist im vorliegenden Kontext[336] das Zusammenwachsen von Telekommunikations- und Computertechniken gemeint. Die **„Telematik“** (die Verbindung von Telekommunikationseinrichtungen wie dem Telefon mit der Computertechnik) verschmilzt gleichsam mit den elektronischen Rundfunkmedien (Hörfunk und Fernsehen, Kabel-TV) zur sog. **„Mediamatik“**, wie Michael Latzer (1997) diese Entwicklung im elektronischen Kommunikationssektor bezeichnet. Im vorliegenden Zusammenhang kann man daher fragen, inwieweit sich das Fernsehen im bisher gewohnten Sinn auflöst bzw. als Bestandteil einer multifunktionalen Kommunikationsmaschine nur mehr als Restgröße bestehen bleibt.

---

336 Der Terminus „Konvergenz“ wird bisweilen auch für die allmähliche Angleichung des Informations- und Unterhaltungsangebotes öffentlich-rechtlicher Rundfunkanstalten an das der Privaten verwendet (vgl. dazu etwa: Pfetsch 1993, Bruns/Marcinkowski 1996).

Auch wenn darauf noch keine sichere Antwort gegeben werden kann, so spricht dennoch absolut nichts für die Annahme, daß das Fernsehen im traditionellen Sinn verschwindet. Erstens hat noch niemals in der Mediengeschichte eine neue mediale Vermittlungstechnik eine ältere gänzlich verdrängt – dies ist seit langem bekannt.[337] Und zweitens werden die Thesen der Technologiephilosophen des „Electronic Superhighway" (z. B. von Nicholas Negroponte [1995] in den USA), die die Vision einer digitalen Welt beschwören, in der die etablierten Medien als technisch veraltet und dem Computer unterlegen gelten, zunehmend hinterfragt. So ist nicht zufällig – wie Stipp (1998) richtig vermerkt – „Konvergenz" jenes neue Modewort, das den lange Zeit vorherrschenden Begriff der „Datenautobahn" abzulösen beginnt. Denn im Gegensatz zu den Highway-Apologeten gehen die Konvergenzpropheten wesentlich realitätsnäher (weil: empirisch untermauert) nicht mehr davon aus, daß etablierte Medien in nächster Zeit ganz einfach von Computerfunktionen ersetzt werden: Vielmehr gilt, „daß die verschiedenen Medien unterschiedliche Konsumentenbedürfnisse unterschiedlich gut befriedigen und daß die meisten Menschen auch Bedürfnisse haben, die das Fernsehen, Bücher und Zeitungen oder auch das Radio besser befriedigen können als der Computer" (Stipp 1998, S. 81).

Es scheint also keineswegs so zu sein, daß sich das Fernsehen im bislang üblichen Sinn in Zukunft auflöst – im Gegenteil, wie Klaus Beck (2000) aus einer Expertenbefragung[338] folgert: die typischen Fernseh-Events (Sportübertragungen, Unterhaltungsshows und Spielfilme) dürften weiterhin bedeutsam bleiben. Allerdings werden die Nutzer von den gestiegenen Selektionsmöglichkeiten immer stärker Gebrauch machen. Der Zuschauer wird – im Kontext der fortschreitenden Digitalisierung – vielfach zum Anwender (vgl. Dahm/Rössler/Schenk

337 Vgl dazu das sog. Riepl'sche Gesetz von der Komplementarität der Medien (Riepl 1913).

338 Beck/Glotz/Vogelsang (2000) führten 1999 eine Delphi-Befragung unter ca. 500 ausgewählten Experten aus Wissenschaft und Wirtschaft durch.

1998). Dies gilt nicht bloß für die Auswahl der Unterhaltungsprogramme, sondern vor allem auch für die individuelle Informationssuche (z. B. im WWW) sowie für die interpersonale Kommunikation, bei der die Bedeutung von E-Mails weiterhin zunehmen wird. Auch wenn der Mediennutzer der Zukunft von Video-on-demand-Angeboten Gebrauch macht, dürften Fernsehvollprogramme weiterhin nicht verzichtbar sein. Nach wie vor wird es die geistig entspannte Haltung des unterhaltungsorientierten Sehers (ebd. S. 177 f.) geben, der interaktive User wird nicht die Regel, sondern eher die Ausnahme sein (ebd. S. 185).

■ Ein Blick in die Online-Zukunft

Dennoch: Was die seit dem Ende des 20. Jh.s wachsende Verbreitung der Online-Kommunikation für die Zukunft unserer Gesellschaft bedeutet, ist derzeit noch nicht seriös diagnostizierbar, um so heftiger wird spekuliert.

Faktum ist: Mit dem ständig wachsenden Zugang zum Internet vermehrt sich das Angebot an medialen Produkten. Es ist jedoch fraglich, ob man dafür die Metapher der „Informations-" oder „Angebotsflut" (Böckelmann/Mahle 2000) strapazieren soll. Der Verweis auf „Flut" unterstellt nämlich nach Hasebrink (2000) ein Zuviel an Angeboten und legt außerdem nahe, daß dieses Zuviel uns alle zu überwältigen droht. Einer solchen Vorstellung widersprechen allerdings empirische Befunde bisheriger Nutzungsforschung, die auf eine „bewußte Komposition verschiedener Medienangebote zu einem Medienmenü [hinweisen – R. B.], das zum alltagskulturellen Milieu der Nutzer paßt" (ebd. S. 119).[339] Es sollte daher nicht übersehen werden, daß die Mediennutzer bewußt auswählen, und zwar sowohl inhalts- als auch funktionsbezogen: „... manchmal geht es ihnen um konkrete Inhalte, z. B. Politik, manchmal um bestimmte Funktionen, z. B. Entspannung oder Amüsement" (ebd. S. 120). Und diese Auswahlmöglichkeiten werden in Zukunft wohl durch eine

339 Vgl. dazu näher Weiß/Hasebrink (1997), wo die Autoren anhand von Mediaanalysedaten zum Hörfunk für eine hörerzentrierte Nutzungsanalyse plädieren.

strukturelle Eigenschaft des Netzes unterstützt, die mit dem Terminus „Interaktivität" etikettiert wird. Es soll daher unter diesen beiden Aspekten – Selektivität und Interaktivität – in aller hier gebotenen Kürze über die Zukunft der Online-Kommunikation reflektiert werden.

■ Selektivität

Wie gesagt – das selektive Verhalten der Nutzer wird immer stärker als jene Variable in den Mittelpunkt rücken, die das Rezeptionsverhalten steuert[340], und zwar insbesondere mit Blick auf die wachsende Zahl der Online-Angebote. Denn hier liegt im Gegensatz zur „Push-Struktur" der traditionellen Massenmedien bekanntlich eine „Pull-Struktur" vor: Online-Inhalte kommen nicht wie „von selbst" auf ihr Publikum zu, sondern sie müssen aus dem Angebot gezielt herausgeholt („angeklickt") werden. In diesem Zusammenhang ist die besondere Struktur des WWW (des wohl gebräuchlichsten Online-Dienstes im Internet) zu erwähnen, nämlich seine **„Hypertextualität"**: die Verknüpfung einzelner WWW-Seiten durch Links. Es gibt bereits Stimmen, die unter Berufung auf diese Hypertextualität im WWW eine „Reorientierung der kommunikationswissenschaftlichen Selektionsforschung" (Wirth/Schweiger 1999, S. 68) fordern.

Unter **„Selektion"** kann man denjenigen Aspekt des Nutzungs- und Rezeptionsprozesses begreifen, „bei dem vor dem Hintergrund begrenzter Ressourcen die eingehende bzw. aufgenommene Informationsmenge auf ein erträgliches, nützliches oder angenehmes Maß für die Weiterverwendung reduziert wird" (Wirth/Schweiger ebd. S. 46).

Aus einer individuellen (entscheidungspsychologischen) Perspektive des Internet-Users bedeutet dies nun, daß Links im WWW nichts anderes als Optionen bzw. Alternativen für Selektionsentscheidungen darstellen. Mit dem Wissen um die Bedingungen, unter denen derartige Selektionsentscheidungen getrof-

340 In Anlehnung an ein Watzlawick'sches Axiom formuliert Hasebrink (2000) treffend: „Man kann nicht nicht selektiv sein" (ebd. S. 115).

fen werden[341], berührt man wahrscheinlich einen Angelpunkt in der Erklärung (und somit auch in der Prognose) der Nutzung von Online-Angeboten. Es liegt auf der Hand, daß für die Publizistik- und Kommunikationswissenschaft damit ein wohl kaum zu unterschätzendes Forschungsfeld angesprochen ist. Denn jede Erläuterung, die eine Option/einen Link näher beschreibt, erleichtert und beeinflußt die Selektion, und jeder Anbieter einer Website, der derartige Erläuterungen zielgruppenadäquat zu geben weiß, erhöht seine Marktchancen.

■ Interaktivität

Mit der Verbindung von Telekommunikation und Computertechnik entstand aber auch eine technische Infrastruktur, die neue Möglichkeiten der sozialen Interaktion hervorbrachte. Sog. „virtuelle Gemeinschaften"[342] eröffnen z. B. neue (technische) Möglichkeiten der Begegnung[343], in denen sich bei näherem Hinsehen aber wiederum die alten sozialen Strukturen abbilden (vgl. Stegbauer 2001).[344] Die zusätzlichen Kommunikationschancen werden außerdem unter dem Aspekt einer elektronischen (Cyber-)Demokratie diskutiert, wobei euphorische Hoff-

---

341 Wirth/Schweiger (1999, S. 55 ff.) nennen eine Reihe von Faktoren, welche die Selektionsentscheidung beeinflussen (Merkmale des Mediums, der Person, der Situation sowie des Kontextes), und differenzieren dann vier verschiedene Typen von Entscheidungen (routinisierte, stereotype, reflektierte und konstruktive). Auch die Glaubwürdigkeit der Informationsquelle kann als Selektionsfaktor begriffen werden (vgl. dazu Schweiger 1998, Rössler/Wirth 1999).

342 Der Begriff geht auf den amerikanischen Wissenschaftsjournalisten Howard Rheingold (1994) zurück und zählt nach Bühl (2000) zu den „Sozietäts-Metaphern" (ebd. S. 35), mit denen wir den aktuellen gesellschaftlichen Wandel zu fassen suchen. Bühl unterscheidet außerdem „bewegungsorientierte" (Datenautobahn, Infobahn) und „raumorientierte" (Cyberspace, digitale Stadt) Metaphern (ebd.).

343 Gerit Götzenbrucker (2001) hat solche Spiel- und Konversationsräume im Internet – man spricht auch von „MUDs" (multi user dungeons / dimensions / domains), weil die Spieler dort virtuell-imaginäre Charaktere (sog. Avatare) annehmen können – empirisch untersucht und klassifiziert sie als „integrative Teilsysteme der Freizeitkultur" (ebd. S. 202), in denen virtuelle Beziehungen mit „real life"-Kontakten durchaus einhergehen.

344 Stegbauer (2001) ortet z. B. in Internetforen die auch für reale Großgruppen typische Zentrum-Peripherie-Struktur als Merkmal sozialer Ungleichheit: einige zentrale Akteure dominieren viele Randfiguren.

nungen[345] und Befürchtungen[346] gleichermaßen präsent sind (vgl. den Überblick bei Bühl 2000, S. 274 ff.).

Aber nicht nur das: Auch die traditionellen (Rundfunk- und Print-)Medien haben längst das interaktive Potential des Internets entdeckt: Online-Nachrichten werden inzwischen relativ häufig aufgesucht (vgl. Eimeren/Gerhard/Frees 2001). Zum einen der schnellen Verfügbarkeit wegen und zum anderen, weil man individuell Interessantes gezielt auswählen kann und nicht mehr auf Programmabläufe angewiesen ist (vgl. Oehmichen/Schröter 2001, S. 416 f.). Hinzu kommt, daß sich das Internet für ein informationsorientiertes Angebotsprofil (z. B. des öffentlich-rechtliche Rundfunks) als kongeniale Erweiterungsmöglichkeit anbietet: einmal kann die Flüchtigkeit der Information in TV und Radio aufgefangen werden (das Web-Angebot wird zum Wissensspeicher), und darüber hinaus lassen sich programmbegleitende Ergänzungen und Vertiefungen (Zugang zu Archiven, Bereitstellen von Links, Kontaktadressen etc.) entwickeln bis hin zu einem Web-Angebot, das auf interaktiven Austausch mit dem User ausgerichtet ist (vgl. ebd.).

Viele dieser Überlegungen kranken allerdings daran, daß sie mehr oder weniger unreflektiert verschiedene Begriffe von „Interaktivität“ verwenden: Während sich der soziologische Interaktivitätsbegriff an einer Beziehung zwischen zwei (oder mehreren) Personen orientiert, die sich gegenseitig wahrnehmen können und in ihrem Verhalten aneinander ausrichten (vgl. Jäckel 1995), werden im Gerede von sog. „interaktiven Medien“ das soziologische Verständnis von Interaktion und das der Informatik, das Beziehungen zwischen Mensch und Computer fokussiert, in der Regel miteinander vermischt (vgl. Goertz 1995).[347]

345 So ist z. B. von der Senkung der Zugangsschwelle für Informationen, der Beseitigung von Hierarchien in der politischen Kommunikation, der erleichterten Herstellung von Öffentlichkeit und Gegenöffentlichkeit die Rede.

346 Genannt werden z. B. die Zerstörung der Öffentlichkeit, eine stärkere Überwachung und staatliche Kontrolle („Cyberdiktatur“), das Verschwinden von Solidarität und die Verstärkung von Desintegration.

347 Interessant ist in diesem Zusammenhang der Interaktivitätsindex von Goertz (1995), mit dem das interaktive Potential konkreter medialer Anwendungen bestimmt werden kann.

Auch hier ist kommunikationswissenschaftlicher Forschungsbedarf angesagt: es muß gelten, das interaktive Potential internetbasierter Infrastrukturen angemessen einzuschätzen.[348] Erst wenn Klarheit über die strukturellen Bedingungen computervermittelter Kommunikation und ihre Implikationen besteht,[349] kann z. B. darüber nachgedacht werden, ob und auf welche Weise man sich beispielsweise im Rahmen von Öffentlichkeitsarbeit einer solchen Infrastruktur bedienen kann, welche Vor- und Nachteile damit verbunden sind etc.[350]

■ Konkurrenz oder Komplementarität?

Wie wird sich die Nutzung von Online-Angeboten in Zukunft auf die Nutzung anderer Medien auswirken? Im Sinn der These von Riepl (1913) ist ja davon auszugehen, daß es einen Medienkannibalismus eigentlich nicht gibt – dennoch: die Nutzung medialer Angebote kostet Zeit, und die Zeit für Medienzuwendung ist nicht unbegrenzt vermehrbar.

Bisherige Daten zeigen, daß sich die Effekte der Online-Nutzung auf die Nutzung herkömmlicher Massenmedien in Grenzen halten (vgl. Hagen 1998). Tendenziell lassen sich allerdings Substituitionseffekte eher beim Fernsehen und bei der Tageszeitung erkennen und Komplementaritätseffekte beim Radio und bei bestimmten Typen von Publikumszeitschriften (ebd.).

Es klingt plausibel, daß die Zeit, die man online verbringt, in erster Linie auf Kosten der Fernsehdauer geht – und es scheint auch tatsächlich so zu sein[351], wenigstens so lange, bis sich dank

348 Vgl. dazu das Modell „Elektronisch vermittelter Gemeinschaftskommunikation“ (Burkart/Hömberg 1998): im vorliegenden Buch wird es weiter unten (Kap. 6.5.1.5.) besprochen.

349 Siehe dazu Götzenbrucker/Hummel (2001), die dort traditionelle Varianten technisch vermittelter Kommunikation mit computervermittelten Kommunikationsformen vergleichen.

350 Zum Versuch, das interaktive Potential einer Website z. B. in Konfliktsituationen sinnvoll auszunützen vgl. Burkart 2000.

351 Laut dem 2. Internet-Report der Universität von Kalifornien – http://www.ccp.ucla.edu – (Stand: 20.12.2001) sehen Internet-User 4,5 Stunden weniger pro Woche (12,3 Stunden) fern als Menschen ohne Internet-Zugang (16,8 Stunden). Je erfahrener die User im Web sind, desto eher reduzieren sie die Zeit vor dem TV-Gerät. Nebenbei: Häufige „Web-Surfer“

technischer Konvergenzen ohnehin in jedem Computer eine TV-Karte (und damit ein Zugang zum Fernsehprogramm) befindet. Nicht von ungefähr kommt daher auch das Engagement von Rundfunk- und Printmedien im Online-Bereich. In beiden Fällen zeigt sich ein Trend: Es entstehen eigene Online-Redaktionen, die neue zusätzliche Dienstleistungsangebote entwickeln. Neben Nachrichten in „Echtzeit" gibt es z. B. Chatrooms, die die Bildung von Online-Communities anregen sollen oder die Möglichkeit, in Archiven nach bereits publizierten Artikeln zum gewählten Thema oder nach Musiktiteln bestimmter Interpreten zu suchen (vgl. dazu Neuberger 2001, Trappel 2001). Außerdem entstehen neue Informationsmärkte im Internet, auf denen nicht mehr nur die traditionellen Medien agieren, sondern neue Anbieter auf den Plan treten, wie dies z. B. im (Fußball-)Sport bereits geschieht (Neuberger 2000).

All dies sind Entwicklungen, die erst in den Kinderschuhen stecken und deren Verlauf noch nicht absehbar ist. Nur eines scheint sicher: der Bedarf nach Unterhaltung, aber auch nach Information wird in Zukunft weiterhin bestehen und befriedigt werden müssen, und die Online-Medien werden dabei einen unbestreitbaren Stellenwert einnehmen (vgl. Oehmichen/Schröter 2001).

5.6. Funktionen der Massenmedien

Die Frage nach der Bedeutung der Massenkommunikation für Mensch und Gesellschaft ist zunächst anhand der Ergebnisse der Wirkungsforschung beantwortet worden. In einem zweiten Anlauf wurde versucht, die Strukturen der modernen Massenkommunikationsgesellschaft anhand ihres hochgradig organisierten und professionalisierten Informationsflusses zu erhellen. Zuletzt ist dabei die Rolle des Fernsehens besonders beachtet worden. In einem dritten Schritt sollen nunmehr noch jene

verbringen zugleich mehr Zeit mit Freunden bei „Off-line-Aktivitäten" als Nicht-Internet-Nutzer. Die intensive Internet-Nutzung scheint also nicht zu Lasten sozialer Kontakte zu gehen.

Überlegungen diskutiert werden, die in der Literatur vielfach unter dem Titel „Funktionen der Medien" auftauchen und die den Medien bestimmte Leistungen im Hinblick auf den (Fort-) Bestand unseres Gesellschaftssystems attestieren oder oft auch bloß von ihnen fordern bzw. als Bringschuld einklagen.

Der Begriff „Funktion" wird dabei allerdings häufig in einer eher problematischen Weise verwendet, denn die systemtheoretische Perspektive – aus deren Kontext der Funktionsbegriff stammt – ist nicht immer der Horizont, innerhalb dessen sich die jeweilige Argumentation bewegt, wenngleich in den meisten Fällen aber doch eine Nähe zu diesem Denken festzustellen ist. – Worin besteht nun dieses Denken?

Der Systemtheoretiker wird im allgemeinen als wissenschaftlicher Generalist betrachtet, der mit einem umfassenden wissenschaftstheoretischen Rahmen in verschiedenen Wissenschaftsdisziplinen mit gleichartigen abstrakten Modellen arbeitet (Kunczik 1984, S. 143 ff.). Alle diese Modelle gehen davon aus, daß nur eine nichtmechanistische Analyse der Wirklichkeit – letzlich auch: komplexer sozialer Zusammenhänge – sinnvoll ist. Von dem (aus Österreich stammenden) kanadischen Biologen Ludwig von Bertalanffy (1951) wird der Systemtheorie v. a. die Möglichkeit zugeschrieben, die z. B. für die klassische Physik typischen „Zwei-Variablen-Probleme" (= eine Ursache, eine Wirkung) überwinden zu können – erst dadurch sei eben einer der Realität am ehesten entsprechende Analyse möglich.[352]

Nach Merton (1963, S. 51) sind Funktionen eine gewisse Art von Wirkungen (zit. n. Rosengren/Windahl 1972, S. 178). Auf Massenkommunikation bezogen, rücken damit die Leistungen in den Mittelpunkt, welche die Massenmedien (bzw. das Massenkommunikationssystem) für das jeweils ins Auge gefaßte Gesellschaftssystem erfüllen.

---

352 Vgl. dazu näher Prewo/Ritsert/Stracke (1973, S. 25 ff.), die dort ausführlich die methodischen Ansprüche der Systemtheorie und ihre Adaptation für die Soziologie diskutieren. Siehe weiterführend auch: Luhmann 1962, S. 617 ff.

Das Systemverständnis, das derartigen Überlegungen zugrunde liegt, entstammt zumeist dem modernen Funktionalismus bzw. der funktional-strukturellen Systemtheorie[353]. Ein **soziales System** besteht in diesem Denkzusammenhang immer „aus faktischen Handlungen, die sinngemäß zusammenhängen" (Luhmann 1970a, S. 42). Ein soziales System ist somit stets als ein *System von Handlungen* zu begreifen, die durch ihren gemeinten oder implizierten Sinn verbunden sind, also aufeinander verweisen. (...) Sozialsysteme bestehen nicht aus konkreten Personen mit Leib und Seele, sondern aus konkreten Handlungen. Personen sind – sozialwissenschaftlich gesehen – Aktionssysteme eigener Art, „die durch einzelne Handlungen in verschiedene Sozialsysteme hineingeflochten sind, als System jedoch außerhalb des jeweiligen Sozialsystems stehen. Alle Personen, auch die Mitglieder, sind daher für das Sozialsystem Umwelt" (Luhmann 1972, S. 24/25). Unschwer nachvollziehbar, daß die System-Umwelt-Beziehung hier im Mittelpunkt der Betrachtungen steht: Die funktional-strukturelle Systemkonzeption „versteht das Handlungssystem stets in Konfrontation zu seiner Umwelt, und zwar einer hochkomplexen, rasch veränderlichen Umwelt, die einer Kontrolle durch das System selbst entzogen bleibt" (Rühl 1969b, S. 35). Dieser Umstand impliziert die Möglichkeit von Problemen in der System-Umwelt-Beziehung. Der moderne Funktionalismus kann in diesem Zusammenhang als eine Theorie der Bedürfnisse sozialer Systeme gesehen werden, die Aussagen über Pro-

353 Im Gegensatz zur strukturell-funktionalen Version der Systemtheorie (vgl. etwa Narr 1969, S. 110 f.) betrachtet der moderne Funktionalismus v. a. die ontologische Systemkonzeption als überwunden. In der ontologischen Denktradition besteht ein System noch aus Einheiten (Substanzen bzw. Personen), die durch Beziehungen untereinander zu einem Ganzen verbunden werden. Dieses Ganze wird dann durch einen feststehenden Zweck definiert, zu dem die Teile als Mittel beitragen (= „Zweck-Mittel-Schema"). Der entscheidende Mangel dieses ontologischen Systembegriffes: „Er isoliert das System auf interne Beziehungen und vernachlässigt dessen Umwelt. Seine Systeme sind, wie Substanzen, selbstgenügsame Einheiten" (Luhmann 1972, S. 23), deren Problematik dann ausschließlich in der Herstellung bzw. Aufrechterhaltung einer inneren, widerspruchsfreien Ordnung besteht (vgl. Rühl 1969b, S. 35).

bleme macht, welche ein System lösen muß, um überhaupt fortbestehen zu können (siehe dazu Luhmann 1970a, S. 33; Rühl 1969a, S. 193). Jedes soziale System muß daher eine Reihe von Problemen lösen, „von denen eine bestimmte Anzahl als Aufgaben formuliert werden können. Sie werden als Leistungen an die Umwelt erbracht und erlangen damit ihre Funktion für das Gesellschaftsganze" (Rühl 1969b, S. 36).

Was nun den Bestand eines sozialen Systems betrifft, so kann eine der wesentlichsten Voraussetzungen dafür in dessen Anpassungsmöglichkeiten an bestimmte Umweltveränderungen gesehen werden (vgl. Rühl ebd.). Keinesfalls jedoch sind alle Leistungen eines sozialen Systems dessen Anpassungsbestrebungen an jeweils auftretende Umweltveränderungen förderlich, weshalb man „funktionale" und „dysfunktionale" Leistungen unterscheiden kann. Als **Funktion** (oder **funktional**) gelten immer diejenigen Folgen eines sozialen Elements (z. B. einer Handlung), die die Anpassung eines gegebenen Systems an seine Umwelt fördern; während diejenigen Konsequenzen, die die Anpassung eines Systems beeinträchtigen bzw. mindern, als **Dysfunktion** (oder **dysfunktional**) bezeichnet werden (Merton 1967, S. 195). Dabei kann ein und derselbe soziale Sachverhalt sowohl eine funktionale als auch eine dysfunktionale Leistung darstellen[354]: „Ob ein sozialer Sachverhalt für eine Gesamtgesellschaft positiv funktional oder dysfunktional ist, hängt von der genauen Kennzeichnung der jeweiligen Gesamtgesellschaft ab" (Giesen 1975, S. 155). Jede Funktionsanalyse erfordert daher zuallererst die Bestimmung dieses jeweiligen funktionalen Bezugsrahmens. Das bedeutet für gesellschaftliche Systeme eben die Klarlegung der Perspektive, unter der sie betrachtet werden sollen.

Wenn nun *Funktionen* des Massenkommunikationssystems in unserer heutigen (westlichen) Industriegesellschaft beleuch-

---

354 So kann der soziale Sachverhalt „Industrielle Produktion" z. B. positiv funktional für die Ernährung einer Gesellschaft sein, gleichzeitig jedoch dysfunktional für bestimmte Familienformen oder etwa dörfliche Siedlungsweisen u. ä. (vgl. Giesen 1975, S. 155 f.).

FUNKTIONEN DER MASSENMEDIEN		
soziale	politische	ökonomische
	❍ Informationsfunktion	
❍ Sozialisationsfunktion ❍ soziale Orientierungsfunktion ❍ Rekreationsfunktion (Unterhaltung, Eskapismus) ❍ Integrationsfunktion	❍ Herstellen von Öffentlichkeit ❍ Artikulationsfunktion ❍ politische Sozialisations- bzw. Bildungsfunktion ❍ Kritik- und Kontrollfunktion	❍ Zirkulationsfunktion + Wissensvermittlung + Sozialtherapie + Legitimationshilfe ❍ regenerative Funktion ❍ herrschaftliche Funktion
soziales	politisches	ökonomisches
GESELLSCHAFTLICHES SYSTEM		

Abb. 30: Funktionen der Massenmedien

tet werden, dann geht es im Anschluß an das soeben Gesagte um jene Konsequenzen der dieses System konstituierenden (kommunikativen) Handlungen, welche die Anpassungsmöglichkeiten an seine Umwelt, d. h. an die jeweilige Gesellschaft fördern. Dabei bestimmt der Blickwinkel, von dem aus man das Gesellschaftssystem betrachtet – eben: der jeweilige funktionale Bezugsrahmen –, die Qualität bzw. die Art der diagnostizierbaren Funktionen des Systems „Massenkommunikation". Es gilt also mit Ronneberger danach zu fragen, welche Art von Leistungen der Massenkommunikation von der jeweils ins Auge zu fassenden sozialen Umwelt als sinnvoll, notwendig, honorierungsbedürftig, förderungswürdig usw. erwartet, anerkannt oder gebilligt wird. „Leistung der Massenkommunikation" (oder: Funktion des Massenkommunikationssystems) meint somit diejenige „im wesentlichen geistige Tätigkeit, die von sozialen Systemen in einer hochentwickelten und komplexen Industriegesellschaft darauf hin beurteilt wird, inwieweit sie ihren

Bedürfnissen und Erwartungen gerecht wird ... Es ist jeweils zu fragen, auf welche Umweltsysteme sich eine journalistische Aussage bezieht, um daraus auf Art und Grad der Leistung schließen zu können" (Ronneberger 1979, S. 130). In der Folge soll diese gesellschaftliche Umwelt, in der Massenkommunikation stattfindet, in dreierlei Hinsicht, nämlich als „soziales", „politisches" und „ökonomisches System", eine Perspektive (= eine Sichtweise des gesellschaftlichen Systems) abgeben, von der aus jeweils bestimmte Leistungen der Massenmedien erwartet bzw. benötigt werden.

5.6.1. Soziale Funktionen

Die sozialen Funktionen meinen all jene Leistungen der Massenmedien, die diese im Hinblick auf die gesellschaftliche Umwelt als soziales System erbringen bzw. erbringen sollen.[355]

Viele Autoren orten als eine zentrale, für das Zusammenleben der Menschen in industriellen Großgesellschaften notwendige Leistungen der Massenmedien ihre **Sozialisationsfunktion**. Hess spricht in diesem Zusammenhang von „Sozialisierung und Stärkung des Normenbewußtseins" als Funktion der Massenmedien in komplex organisierten Industriegesellschaften: Gerade in solchen Systemen ist es nämlich dem Kind „nicht mehr möglich, alle von ihm erwarteten Rollen in den Primärgruppen zu lernen. In einer traditionalen Gesellschaftsform werden fast alle Rollen innerhalb des Verwandtschaftsverbandes vermittelt, der Vater lebt praktisch alle seine Rollen (Vater, Bauer, Krieger, Handwerker, Christ, Dorfältester usw.) dem Sohn in der Familie vor ... Die ungeheure Differenzierung in Wirtschaft und Herrschaft hingegen, die Organisation in Sekundärgruppen, in formellen Gruppen, fordert die Kenntnis ganz anderer Verhaltensweisen, die an einem universalen Bezugsrahmen, an erworbenen Eigenschaften und spezifisch orientiert

355 Für den Fall, daß man die in der Folge jeweils postulierte Funktionalität massenkommunikativer Prozesse in Abrede stellt, kommt den zur Diskussion stehenden (in diesem Fall dann: unterstellten) Leistungen der Charakter von Aufgaben zu, welche die Massenmedien zur Aufrechterhaltung des jeweils ins Auge gefaßten gesellschaftlichen Systems zu erfüllen hätten.

sind. Muster für solche Rollen findet das Kind heute zu einem großen Teil in den Aussagen der Massenkommunikationsmittel" (Hess 1969, S. 284). Begreift man Sozialisation als eigentlich das ganze Leben hindurch andauernde soziokulturelle Geburt des Menschen[356], so stellen die Massenmedien ja zweifellos eine kaum zu unterschätzende Größe in diesem Prozeß dar: sind sie doch für die Menschen in industriellen Gesellschaften praktisch zur alltäglichen Selbstverständlichkeit geworden und mit ihren „kulturellen Transmissionsleistungen" (Saxer 1974a, S. 31) für jeden präsent. Sei es, daß sie Vorstellungen von kulturgerechtem Menschsein dadurch vermitteln, daß sie durch Lehr- und Bildungsstoffe *zur* Kultur erziehen, sei es, daß sie infolge ihres breiten Unterhaltungsangebotes *durch* Kultur erziehen, indem sie Leitbilder prägen und/oder sozialen Wandel beeinflussen (vgl. Saxer ebd.).

Ronneberger (1971, S. 56 ff.) hat vier typische „Sozialisatoren" in der Massenkommunikation herausgearbeitet: Er nennt zunächst die jeweilige *Redaktion* der Presse, Fernseh- und Rundfunktanstalt oder Filmgesellschaft. Die „sozialisierende Kraft" derartiger Einrichtungen „beruht vor allem auf Gleichmäßigkeit, Regelmäßigkeit (Periodizität) und Kontinuität der Produktion. Es bedarf nicht einmal einer spezifischen politischen Profilierung: Das quasi-personale Verhältnis entsteht und hält sich bereits durch die regelmäßige Wiederkehr des Gewohnten" (ebd. S. 59). An zweiter Stelle führt er *natürliche Personen* als Sozialisatoren in den Massenmedien an. Hiezu zählen Kommentatoren, Kolumnisten, Glossisten; mehr noch die Kommunikatoren in den audiovisuellen Medien (Sprecher, Moderatoren, Quiz- und Showmaster ...), die eine verstärkte Illusion der persönlichen Begegnung vermitteln. Als dritte Kategorie nennt Ronneberger *literarische Symbolfiguren,* die von alters her fester Bestand des Journalismus sind und die zur Identifikation und Nachahmung anregen. Sie treten als positive oder negative Leitbilder auf. Schließlich stellen noch die *Helden* etwa von Kriminal- oder Abenteuerfilmen (u. ä.), die „auf hohe Identifikation hin ausgeklügelt werden" (ebd. S. 62), den vierten

356 Vgl. dazu die Ausführungen weiter oben (S. 144 ff.).

und letzten Typus von Sozialisatoren in der Massenkommunikation dar. Bisweilen können auch Tiere mit menschenähnlichen Eigenschaften diese Rolle einnehmen.

Sozialisation durch Massenkommunikation ist nach Ronneberger nun v. a. in zweierlei Hinsicht zu verstehen: 1. Als Vermittlung von (wenn auch bisweilen unterschiedlichen, sogar einander widersprechenden) Leitbildern, Werten und Normen des Denkens und des Handelns sowie 2. als Vermittlung von Denkformen und Verhaltensweisen, die das Leben in komplex organisierten Gesellschaftssystemen überhaupt erst ermöglichen und die zugleich auch der Erhaltung und Weiterentwicklung dieser Gesellschaft dienen.

Vollzieht sich im ersten Fall Sozialisation hauptsächlich durch Annahme oder Ablehnung konkreter Aufforderungen, Appelle u. ä., so „muß im zweiten Fall Sozialisation indirekt aus dem Gesamtangebot der Medien erschlossen werden. Hier kann nichts Fertiggeformtes und Artikuliertes übernommen werden, hier gibt es keine Überredung, hier muß ein komplexer Reflexionsprozeß in bezug auf das täglich Gelesene, Gehörte und Geschaute einsetzen ...“ (Ronneberger 1971, S. 80). Diese zweite Sozialisationsweise ist nach Ronneberger die für die Massenmedien typische, während an der erstgenannten ja in hohem Maß andere Institutionen (wie Familie, Schule, Gemeinde, Kirche, der Freundeskreis, die Berufswelt usw.) beteiligt sind. In unserer westlichen (demokratisch organisierten) Industriegesellschaft besteht diese zweite, für die Massenmedien typische Sozialisationsweise etwa in der „Erweckung und Einübung der Fähigkeiten, viele und widersprechende Informationen zu verarbeiten, mit der sogenannten Überinformation fertig zu werden, Konflikte auszuhalten, Andersdenkende und selbst grobe Abweichler zu tolerieren, sich trotz des Interessen- und Wertpluralismus irgendwie zu engagieren und Auseinandersetzungen in kanalisierten Formen auszutragen“ (Ronneberger ebd., S. 79).

Eine weitere, von der Sozialisationsfunktion kaum zu trennende[357] soziale Funktion der Massenmedien ist die der **sozia-**

357 Was die Benennung und Definition – und damit auch das bisweilen „künst-

len Orientierung. Gemeint ist die Tatsache, daß uns die Massenmedien täglich mit einer Fülle von Details versorgen, die uns das Zurechtfinden in einer immer unüberschaubarer werdenden Umwelt überhaupt erst ermöglichen. Die Massenmedien „helfen uns, von der Bereitstellung der Güter und Dienstleistungen einer entwickelten Industriegesellschaft nützlichen Gebrauch zu machen, den Mangel an primären sozialen Kontakten und Erfahrungen auszugleichen und uns im Alltag zeit- und raumgerecht zu verhalten“ (Ronneberger 1971, S. 50). Die Medien treten hier als entscheidende Hilfe bei der Lösung von Problemen auf, die erst in hochdifferenzierten Gesellschaftssystemen entstanden sind. „In der begrenzten Welt primitiver Stämme oder segmentär organisierten Gesellschaften, in denen jedes Segment alle Funktionen erfüllt, die zur Lebensbewältigung notwendig sind, sind Erlebnisse und Handlungen gemeinsam. In den modernen Industriegesellschaften nimmt zwar der Anteil an erlebten Handlungen *anderer* zu, aber der an gemeinsam erlebten Erlebnissen ab“ (Baacke 1973, S. 181). Die Bereiche möglicher Wirklichkeitserfahrung in komplexen Industriegesellschaften sind vielfältiger geworden, es existieren heute derart viele unterschiedliche „Sinnwelten“ (Berger/Luckmann 1970, S. 98), daß es für den einzelnen unmöglich scheint, über alle in einer Gesellschaft bereitgestellten Erfahrungs-, Denk- und Handlungsweisen verfügen zu können. Mit ihrer sozialen Orientierungsleistung bringen die Massenmedien gleichsam ein Stück dieser durch die Systemdifferenzierung verlorengegangenen Gemeinsamkeit im Erleben und Handeln der Menschen wieder zurück (vgl. dazu auch Wright 1964).[358]

---

lich“ erscheinende Auseinanderhalten – der Funktionen betrifft, so weist bereits Ronneberger auf die Kritikwürdigkeit eines derartigen Unterfangens hin: denn es handelt sich dabei „jeweils nur um Zusammenziehungen von zahlreichen Einzelleistungen zu einem sinnvollen Ganzen. Das kann so und auch anders gesehen werden“ (Ronneberger 1971, S. 49).

358 Der Frage, ob und inwieweit es sich gerade bei der hier diskutierten Orientierungsleistung um eine „Funktion“ – also um eine tatsächliche Leistung der Medien – handelt, kann an dieser Stelle nicht nachgegangen werden. Hier mag der Hinweis auf kritische Stimmen genügen, die bezweifeln, daß die Massenmedien die Teilhabe des Rezipienten am Umweltgeschehen in ausreichendem Maße gewährleisten (vgl. dazu etwa Gottschlich 1980).

Als dritte soziale Funktion der Massenkommunikation sei die **Rekreationsfunktion** (Ronneberger 1971, S. 50) oder auch **Gratifikationsfunktion** (Saxer 1974a, S. 32) angeführt, mit der die Medien dem Bedarf nach Zerstreuung und Ablenkung „besonders nach einer ermüdenden unpersönlichen Tagesarbeit" (Clausse 1962, S. 11) entgegenkommen. Mit ihrem vielfältigen Angebot können sie als psychische Stimulierung oder Entlastung (Saxer ebd.) von den Mühen der Zivilisation fungieren und verhelfen auf diese Weise zur Unterhaltung, Entspannung und Erholung.[359] Daß damit bisweilen auch gewisse Fluchttendenzen („Eskapismus") unterstützt werden, wodurch die Medien für die Rezipienten also die Funktion erfüllen, die Sorgen des Alltags zu vergessen, gleichsam geistig „unterzutauchen", um sich sozusagen vor der eigenen Realität zu verstecken – das ist eine Erkenntnis, die schon im Horizont des Nutzenansatzes näher erwähnt wurde. Man wird diese Rekreationsfunktion daher häufig auch als eine Art **„Eskapismusfunktion"** (im Sinne der bereits „klassischen" Kategorie von Katz/Foulkes 1962) interpretieren können.

Als vierte soziale Funktion sei schließlich noch die **Integrationsfunktion** genannt. Schon lange gilt, daß wir in einer durch die verschiedensten Gruppen und Verbände organisierten bzw. durch vielfältige Interessen differenzierten Gesellschaft leben, in der ständig die Gefahr des Auseinanderklaffens, der Desintegration besteht (vgl. etwa Arndt 1966) – denn: je komplexer eine Gesellschaft wird, desto mehr bedarf sie der Integration (Ronneberger 1985, S. 5). Integration herzustellen und zu bewahren kann daher als ein gesellschaftliches Ziel begriffen werden, das in industriellen Großgesellschaften nur mehr mit Hilfe der Massenmedien erreicht werden kann.

Integration ist ein vielfältiger Begriff (vgl. Rühl 1985)[360], den der Soziologe (und Systemtheoretiker) Talcott Parsons (1971) sehr abstrakt als einen „Beziehungsmodus zwischen den

---

359 Zur Unterhaltung durch Massenkommunikation vgl. z. B. Bosshart/Hoffmann-Riem 1994, Reimers/Schmid 1998.

360 Zum Integrationsbegriff vgl. auch Braun (1990, S. 38 ff.), die vielfach Defizite in der Bedeutung des Begriffes ortet.

Einheiten eines Systems" beschreibt, durch den diese Einheiten so zusammenwirken, daß der Zerfall des Systems verhindert „und sein Funktionieren als eine Einheit gefördert wird" (Parsons, zit. n. Ronneberger 1985, S. 14).

Die Medien erfüllen diese Integrationsfunktion nach Ronneberger nun (ebd. S. 16) dann, wenn sie gesellschaftlich anerkannte Verhaltensweisen und Verhaltensnormen vermitteln bzw. Massenloyalität für die Geltung dieser (sozialen, politischen und rechtlichen) Normen herstellen und gegebenenfalls auch Handlungsbereitschaft im Sinne der Durchsetzung gemeinsamer Interessen bewirken.

Weniger hochtrabend sagt Maletzke, die Medien hätten dafür zu sorgen, „daß der Mensch über seinen eigenen Erfahrungshorizont (...) hinaus die Gesellschaft als Ganzes sieht und sich ihr zugehörig fühlt, sich mit ihr identifiziert" (Maletzke 1984, S. 139). Gerade die öffentlich-rechtlichen Rundfunkanstalten – die mit ihrem Ausgewogenheitsanspruch versuchen, allen gesellschaftlichen Gruppen gerecht zu werden – verfolgen dann bewußt Integrationsziele, wenn sie versuchen, Minoritäten und Randgruppen zu berücksichtigen, auf deren Nöte und Schwierigkeiten eingehen und damit auch eine Vielfalt von Lebensformen, Anschauungen und Interessen transparent machen. Integrative Funktionen werden ferner sichtbar, wenn die Medien – in ihrer vorher beschriebenen Rolle als „Sozialisationsagenten" – Denk- und Verhaltensmuster, Status- und Rollenbilder, Images und Typenvorstellungen anbieten, an denen sich Kinder und Jugendliche orientieren können. Integrativ wirken die Medien aber auch dann, wenn sie Stoff für Gespräche (in der Familie, Schule, am Arbeitsplatz etc.) bieten und dadurch gewährleisten, daß man „mitreden" kann (ebd. S. 140).

Maletzke nennt aber auch **„Desintegration"** und „Überintegration" als dysfunktionale Folgen integrativer Leistungsansprüche. Desintegrationstendenzen werden etwa dann registrierbar, wenn – wie im Fall der weiter oben diskutierten Wissenskluftthese – als Folge eines wachsenden Informationsausstoßes ein kommunikatives Gefälle zwischen informierten und uninformierten Teilen der Bevölkerung entsteht. Überintegration liegt dagegen dann vor, wenn ein übermäßiges Vereinheitlichen, ein Verwischen aller Verschiedenheiten und damit ein Verlust von Pluralität durch Medien provoziert wird. Tendenzen, die nach Maletzke (ebd. S. 144) in der Ära des Nationalsozialismus registrierbar waren, in der es zu einem „Einebnen und Glattwalzen" (ebd.) unterschiedlicher Überzeugungen, Meinungen und Interessen kam.

Was die ökonomische Organisation der Medienbetriebe betrifft, so wurde die integrierende Funktion in der medienpolitischen Debatte v. a. für die öffentlich-rechtlich organisierten Rundfunkanstalten eingeklagt, in Deutschland ist dies sogar in einem Urteil des Bundesverfassungsgerichtes festgehalten.[361]

Als Voraussetzung dieser integrierenden Funktion galt dabei stets, „daß die Elemente der öffentlich-rechtlichen Rundfunkverfassung – Staatsfreiheit, Kontrolle durch die gesellschaftlich relevanten Kräfte, Zuwortkommen dieser Kräfte im Programm, Mindestmaß an inhaltlicher Ausgewogenheit, Sachlichkeit und gegenseitige Achtung – ernstgenommen und praktiziert werden" (Schwarzkopf 1978, S. 2; zit. n. Scharf 1981, S. 203). Allerdings ist es keineswegs so, daß die gesamtgesellschaftlich zweifellos berechtigten Ansprüche an die integrierende Kraft der Massenmedien mit dem Fortschreiten der Privatisierung (auch im Rundfunkbereich) ausgedient hätten. Integrationsfunktion und marktwirtschaftliche Orientierung müssen kein Widerspruch sein (vgl. dazu etwa Stock 1985, S. 325 ff.).

In jüngerer Zeit ist in der Diskussion um die Integrationsleistung der Massenmedien auch der Integrationsbegriff selbst hinterfragt worden (vgl. etwa Hummel 1996).[362] Aber wie auch immer man Integration definieren mag, es scheint nach wie vor

---

361 Im sog. „zweiten Fernsehurteil" des Bundesverfassungsgerichtes v. 27. Juli 1971 (Mehrwertsteuerurteil) heißt es wörtlich u. a.: „Die Rundfunkanstalten stehen in öffentlicher Verantwortung, nehmen Aufgaben der öffentlichen Verwaltung wahr und erfüllen eine integrierende Funktion für das Staatsganze" (zit. n. Scharf 1981, S. 202).

362 So kann man etwa Integration als Unterordnung (Anerkennung von vorhandenen Werten und Normen), als Aufnahme (von Individuen/Gruppen in vorhandene Strukturen) oder auch als partielle Desintegration (Dissens wird als unvermeidlicher Bestandteil einer modernen Gesellschaft akzeptiert) begreifen (vgl. näher Hummel ebd.).

Konsens darüber zu bestehen, daß den Massenmedien eine zentrale Bedeutung vor allem in ihrer Rolle als Vermittler von entsprechenden (integrationsrelevanten) Kommunikationsprozessen zukommt: Jarren spricht z. B. von einem „Auftrag zur Abbildung relevanter Selbstverständigungsdiskurse" (Jarren 2000, S. 39) und meint damit, daß die Medien die Diskurse gesellschaftlicher Akteure zu berücksichtigen hätten und dabei auf Offenheit, Vielfalt und Pluralität (ebd.) – man könnte ergänzen: auch auf Kritik[363] – zu verpflichten sind.

Im Rahmen dieser Diskussion ist unter anderem an einen Theorieansatz erinnert worden (Schönhagen 2000), der in der Fachdiskussion bedauerlicherweise stets vernachlässigt wird: an die Münchner Theorie sozialer Kommunikation, wie sie vor allem von Hans Wagner (1978) entwickelt worden ist. Diese Theorie betont die Vermittlungsleistung von Medien – im Anschluß an den zeitungswissenschaftlichen Klassiker Otto Groth, für den der Sinn des Periodikums nicht die Mitteilung selbst, sondern die „Vermittlung von Mitteilungen" (Groth 1998, S. 90) war. Der Ansatz von Wagner gibt – etwa mit seinem Konzept der „Kommunikations-Repräsentanz" (Wagner 1978, S. 73 ff., 1995) – Hinweise darauf, wie eine mediengerechte Selektion und Transformation des gesellschaftlichen Kommunikationsgeschehens erfolgen kann, und sollte für empirische Arbeiten (etwa Inhaltsanalysen) viel öfter herangezogen werden.

5.6.2. Politische Funktionen

Die politischen Funktionen meinen all jene Leistungen der Massenmedien, welche diese im Hinblick auf die gesellschaftliche Umwelt als politisches System zu erbringen haben. Die in der Folge darzustellenden Funktionen beziehen sich dabei stets auf ein politisches System, welches nach *demokratischen* Regeln organisiert ist. „Politische Funktionen" sollen damit jene Leistungen des Massenkommunikationssystems bezeichnen, die dieses erbringt, „damit die politische Ordnung der Parteien- und

363 Vgl. dazu mein Plädoyer für einen „diskursiven Journalismus" (Burkart 1998).

pluralistischen Verbandsdemokratie den Anforderungen gewachsen bleibt, die an sie von verschiedenen Seiten gestellt werden" (Ronneberger 1974, S. 198).

Als eine zentrale Funktion der Massenmedien in der Demokratie ortet Ronneberger (ebd. S. 199) zunächst das **Herstellen von Öffentlichkeit.** Damit ist gemeint, daß die Medien einen „Raum" herstellen, in dem Öffentlichkeit, als papierenes, tönendes und psychisches Produkt (Ronneberger ebd.), überhaupt erst erzeugt wird. Öffentlichkeit ist heute nicht mehr das, was man noch in der liberal-bürgerlichen Epoche als die „Öffentlichkeit der versammelten Privatleute" (Rust 1977, S. 18) bezeichnen konnte[364]; Öffentlichkeit wird heute von den Medien der Massenkommunikation im wahrsten Sinn des Wortes „gemacht".[365] Öffentlichkeit entsteht und besteht heute im wesentlichen dadurch, daß Informationen via Massenmedien veröffentlicht, also öffentlich zugänglich gemacht werden.

Politische Entscheidungen in einer Demokratie sind in der Regel nur dann legitimierbar, wenn sie Ausdruck des Willens einer Mehrheit der betroffenen Bevölkerung sind. Willensbildung aber erfordert Klärung sowie Diskussion von Meinungen, Standpunkten. „Mag es auch vielfach nur eine Illusion sein: Durch das Öffentlichmachen ihrer Programme, Absichten, Forderungen, Ziele treten alle, die am politischen Prozeß beteiligt sind, mit- und untereinander in Kommunikation[366]. Selbst die Regierung muß darauf bedacht sein, ihre Maßnahmen in der

---

364 Diese Form der Öffentlichkeit, die aus dem Gedankengut der Aufklärung und des Liberalismus im 18. Jh. entstanden war, bestand im wesentlichen darin, daß ausgewählte Bürger gewissermaßen als Privatleute politische Angelegenheiten diskutierten und gegebenenfalls eigene Anliegen gegenüber dem Staate bei Hof deponierten (vgl. Habermas 1962).

365 Gerade am sozialhistorisch besonders vielfältigen Begriff der „Öffentlichkeit" läßt sich übrigens deutlich der oben (vgl. S. 173 ff.) erwähnte Zusammenhang von Kommunikation und Gesellschaft erkennbar machen: So konnte etwa Habermas (1962) „die enge Verflechtung jeglicher Form von Öffentlichkeit mit den sich entwickelnden Medien allgemeiner Kommunikation" (Rust ebd., S. 16) aufzeigen.

366 Im Sinn des in diesem Buch verwendeten Kommunikationsbegriffes müßte korrekterweise natürlich von bloßen Kommunikations*versuchen* (!) oder Kommunikations*angeboten* gesprochen werden.

Öffentlichkeit zu rechtfertigen, und das Parlament, das klassischerweise die Öffentlichkeit repräsentiert, bedient sich ebenfalls der neu hergestellten Öffentlichkeit" (Ronneberger 1974, S. 200). Der Umstand, daß demokratische Willensbildung (im Idealfall) aus der permanenten Diskussion möglichst aller Mitglieder der Gesellschaft erwächst, macht es somit notwendig, „daß sich die Massenmedien primär als ein Podium begreifen, auf dem gesellschaftliche Konflikte öffentlich und damit durchschaubar gemacht werden" (Hundertmark 1976, S. 202).

Kritiker, wie beispielsweise Richard Münch (1991), sehen in dieser öffentlichen Darstellung von Politik allerdings längst mehrheitlich dysfunktionale Elemente verwirklicht: Nicht nur, daß wir durch diesen „Zwang" zur Publizität alle einer wachsenden Informationsflut ausgesetzt sind, die sich längst als vielfach kontraproduktiv erwiesen hat[367], so scheint darüber hinaus die Lösung gesellschaftlicher Probleme nicht einfacher, sondern schwieriger geworden zu sein. Denn „über Erfolg oder Mißerfolg politischer Maßnahmen entscheidet immer weniger die Richtigkeit der Maßnahme an sich und immer mehr die Art ihrer öffentlichen Thematisierung. Politik wird von der Dramaturgie der öffentlichen Darstellung diktiert. Die öffentliche Inszenierung wird zum eigentlichen Erfolgskriterium der Politik" (Münch 1991, S. 95).

Hand in Hand damit geht anscheinend auch eine Entwicklung, die Ulrich Sarcinelli mit dem Begriff „Symbolische Politik" (1987, 1992) zu fassen sucht. Der Umstand nämlich, daß sich die Appelle, mit denen Politiker ihr eigenes Handeln rechtfertigen (bzw. mit denen sie die Rechtfertigung des politischen Gegners in Frage stellen), offensichtlich immer mehr auf den Aufbau einer sprachlichen und optischen Symbolwelt konzentrieren, „die weniger an rationale Wählerkalküle als an diffuse Loyalitätsmotive und -gefühle adressiert scheint" (Sarcinelli 1987, S. 241).

367 Vgl. dazu die Ergebnisse im Rahmen der weiter oben (S. 257 ff.) diskutieren Wissenskluftforschung).

Dennoch: Selbst wenn sich diese Entwicklung mit einer gewissen Eigendynamik verselbständigen mag und auch wenn dadurch die permanente Gefahr droht, daß viele Nachrichten zu Informationsschrott auf der geistigen Müllhalde verkommen – die Chance, an diesem Kampf um Aufmerksamkeiten mitzumachen, dürfen nicht nur einige wenige, sondern müssen potentiell alle haben. Dem Gedanken des Podiums, auf dem verschiedene Positionen miteinander konkurrieren bzw. um Anerkennung werben, wird nur dann entsprochen, wenn die Medien der Vielfalt der vorhandenen Interessen und Meinungen auch tatsächlich zur Artikulation verhelfen. Man kann ihnen deshalb auch eine sog. **Artikulationsfunktion** attestieren. Das bedeutet, daß sie als Sprachrohr für *alle* demokratisch akzeptablen Parteien, Verbände und Interessengruppen fungieren (bzw. zu fungieren haben) und daher im Prinzip jeder einzelne mit seiner wirklichen Überzeugung im Darstellungsraum der Medien vertreten sein muß (vgl. Starkulla 1963, S. 562 ff.). Nur dann kann ja ein „Volkswille" im eigentlichen Sinn zustande kommen, wenn man eine öffentliche Konsensbildung aus einer Vielzahl individueller Vorstellungen anstrebt (vgl. Wildenmann/Kaltefleiter 1965, S. 28). Saxer spricht deshalb auch von einer **Korrelationsleistung,** welche die Massenmedien erbringen, indem sie unterschiedliche Standpunkte aufeinander abstimmen und so nicht nur Ausdruck der vorhandenen Meinungsvielfalt sind, sondern diese auch in gewissem Maße verringern (Saxer 1974a, S. 30).[368] Unter „Artikulationsfunktion" soll darüber hinaus aber auch mitgedacht werden, daß die jeweiligen (gruppenspezifischen) Interessen „in der von der Massenkommunikation geschaffenen ‚Sprache'" (Ron-

368 All das ist ohne Zweifel jedoch nur in einer vielfältig differenzierten Medienlandschaft möglich (vgl. Wildenmann/Kaltefleiter 1965, S. 29). Kein Medium kann allein alle relevanten Informationen vollständig vermitteln: eine Auswahl von Nachrichten ist schon allein technisch unumgänglich, darüber hinaus ist auch ein gewisses Maß an Subjektivität immer mitzudenken (vgl. dazu etwa Binkowski 1963). Nur in der Gesamtheit vieler verschiedener Medien, die jeweils auch unterschiedliche Standpunkte vertreten, scheint dieses Problem annähernd lösbar (vgl. Wildenmann/Kaltefleiter ebd., S. 16).

neberger 1974, S. 200) artikuliert werden müssen. Das bedeutet, daß dem Journalisten die Funktion des Vermittlers bzw. Übersetzers zugeschrieben werden muß; die Massenkommunikation versteht sich in diesem Zusammenhang ja auch „als Wortführer der ‚sprachlosen‘[369] Massen“ (Ronneberger ebd., S. 204). Was das konkret bedeuten könnte, hat Fabris schon vor längerem in seinem Konzept einer „bürgernahen Medienarbeit“ (Fabris 1979) theoretisch fundiert und auch empirisch erläutert. Indes – die Wirklichkeit scheint auch hier anders auszusehen: Es muß abermals auf dysfunktionale Folgen einer offenbar zunehmend „symbolischen Politik“ (vgl. Sarcinelli 1987) verwiesen werden, die sich in fortgeschrittenen Industriegesellschaften v. a. mit den elektronischen Medien zu einer „Symbiose“ (Jarren 1988) bzw. zu einem „Supersystem“ (Plasser 1985) zu entwickeln droht, in dem eine technokratische Macht- und Medienelite – immer mehr abgekoppelt von traditionellen Kontrollinstanzen – Demokratierituale inszeniert (Plasser ebd., S. 15 ff.).

Wurden die Medien weiter oben im Hinblick auf ihre gesamtgesellschaftlichen Integrationsleistungen untersucht, so sind sie hier nun – im Hinblick auf das politische System – als *politischer* Integrationsfaktor zu betrachten. Als Äquivalent zur oben benannten „Sozialisations- bzw. Integrationsfunktion“ ist nunmehr ihre **politische Sozialisationsfunktion** erkennbar zu machen. Im Prinzip gilt ähnliches wie oben: Angesichts des hohen Differenzierungsgrades moderner Gesellschaften ist auch das politische System unübersichtlich geworden; dieser Umstand macht sich nicht zuletzt in beobachtbaren Desintegrationstendenzen (wie etwa politischen Absentismen) bemerkbar. Politische Sozialisation bedeutet dabei nun vor allem, daß die politischen Rollen (wie Wähler, Parteigänger, Parteimitglied, Opponent, Demonstrant usw.) transparent gemacht werden (vgl. Ronneberger 1971, S. 50, 1974, S. 201). Erst unter diesen

369 „Sprachlos“ meint hier v. a. den Umstand der ungleich verteilten Chancen im Zugang zu den Massenmedien. Wer sich – aus welchen Gründen immer – nicht des Sprachrohrs „Massenmedium“ bedienen kann, ist (öffentlich) „sprachlos“ im hier gemeinten Sinn.

Umständen können ja Möglichkeiten und Chancen aktiver Teilnahme am politischen Geschehen erkannt und gegebenenfalls ergriffen werden. Sicher ist es auch hier so, daß grundsätzliche Orientierungen im Hinblick auf das jeweilige Rollenverhalten bereits durch die frühen Sozialisationsinstanzen (wie Familie, Schule, Freundeskreis u. ä.) angelegt werden, dennoch – und darauf weist Ronneberger zu Recht hin – bedarf deren zeitgemäße Form sowie ihre rechtmäßige Ausgestaltung aktueller Information (1971, S. 50). In dieser Hinsicht erbringen die Medien somit ganz entscheidende politische Sozialisationsleistungen.

Kaum zu trennen von der so verstandenen politischen Sozialisationsfunktion der Massenkommunikation ist die **politische Bildungsfunktion** der Medien. Damit ist nach Ronneberger der Umstand gemeint, daß die Medien für die Heranbildung von sich am politischen Prozeß beteiligenden Staatsbürgern einen Beitrag leisten. „Bildung" im demokratisch relevanten Sinn wäre dann zu definieren als die Fähigkeit, „Informationen aufzunehmen und zusammenhängend zu verstehen" (1974, S. 204). Das Optimum des politischen Gebildetseins gipfelt schließlich in der Fähigkeit zu einer Meinungsbildung (ebd.).

Als eine für das politische System in demokratisch organisierten Gesellschaften ganz wesentliche Leistung ist schließlich noch die **Kritik- und Kontrollfunktion** der Massenkommunikation zu nennen. Die Fähigkeit und Möglichkeit von Mitgliedern einer Gesellschaft zur Kritik an (politischen) Machtträgern muß zweifellos als ein zentrales Kennzeichen von Demokratie gewertet werden. Derartige Kritik findet sich in demokratisch organisierten Gesellschaften denn auch seitens vieler Gruppen: Regierung, Opposition, Gewerkschaft, Unternehmerverbände sowie diverse andere Interessengruppen richten ihre kritischen Stimmen wechselseitig zueinander, Staatsbürger üben Kritik an den Parteien usw. Diese Kritik, die ja in der Regel darin besteht, „daß man eine Situation oder ein Problem anders beurteilt, von anderen Wertsetzungen ausgeht, über andere vollständigere oder unvollständigere Informationen verfügt und deshalb zu anderen Schlußfolgerungen kommt, als die kritisierte Institution oder Person des öffentlichen Lebens" (Wildenmann/

Kaltefleiter 1965, S. 34), führen die Massenmedien nun als „vielstimmigen Dialog" (Glotz/Langenbucher 1969, S. 29) öffentlich vor Augen (hier wird die Nähe der Kritikfunktion zur bereits dargestellten Artikulationsfunktion deutlich). Die Veröffentlichung derartiger Kritik bedeutet zugleich aber in gewissem Maße auch Kontrolle über die kritisierten Zustände oder Vorgänge: denn obwohl die Massenmedien über das Veröffentlichen hinaus keine direkten Sanktionsmöglichkeiten besitzen, kann bereits „die Veröffentlichung allein (oder die Angst davor) schon zu einer Verhaltensänderung führen, sonst allenfalls Sanktionen (Verurteilung, Abwahl etc.) durch zuständige Gremien, die durch die Veröffentlichung aktiviert werden" (Dünser 1980, S. 41).[370]

Aus dysfunktionaler Perspektive läßt sich allerdings einwenden, daß diese Kontrollfunktion der Medien bzw. die „drohende" Publizität auch anscheinend einen neuen Typ des Politikers hervorgebracht hat, den Helmut Schelsky als den „öffentlichen Halbdenker" bezeichnet, weil er – stets die Maximierung seines Wählerpotentials im Blick – öffentlich immer nur die halbe Wahrheit sagt: Die Politiker von heute sind gezwungen, „im Medium der ‚Publizität' mit Sachargumenten, oft personifiziert, die Meinungsbildung auf allen Ebenen zu beeinflussen, aber sie können diese öffentliche Argumentation nur bis zu der Grenze führen, wie sie ihren Macht- und Einflußinteressen entspricht, und sie müssen das sachliche Argument

370 Umstritten ist übrigens, ob den Massenmedien eine eigene Kontrollfunktion zuerkannt werden soll oder ob sie bloß als Podium für öffentlich zu äußernde Kritik zu fungieren hätten. Die Palette an Meinungen reicht hier von der Negierung einer eigenständigen Kontrollfunktion (Glotz/Langenbucher 1969, S. 29 f.; auch Ronneberger 1964, S. 203) bis hin zur Institutionalisierung der Medien als „vierte Gewalt" (Löffler 1963). In einer fundierten Analyse kommt allerdings auch der Rechtswissenschaftler Martin Stock zu einem negativen Befund: „Das Medium muß in der Lage sein, zu Staat und Parteien den funktionsgerechten Abstand zu halten, desgleichen zu verbandsgesellschaftlicher und privater Macht. Dazu wird es am ehesten befähigt, wenn es – ungeachtet aller Verflechtungen – an der spezifischen Differenz festhält: Sein öffentliches Mandat ist nicht etwa ein politisches Mandat im Sinn konkurrierender Eigenmacht. Auch Formeln wie ‚vierte Gewalt' sind fehl am Platze" (Stock 1985, S. 203). In dieselbe Richtung argumentiert Boventer 1993, S. 127 ff.

in dem Punkt abbrechen und verschweigen, wo es sich gegen sie selbst zugunsten der politischen Gegner wenden würde" (Schelsky 1983, S. 64).

Wie dem auch sei – eine wesentliche Voraussetzung dafür, daß die Medien ihre politische Kritik- und Kontrollfunktion tatsächlich erfüllen können, ist ihre Unabhängigkeit von gesellschaftlichen Machteinflüssen jeglicher Art, „ihre Freiheit von staatlichem, aber auch machtvollem gesellschaftlichem Zwang und Druck. Diese Freiheit umfaßt auch die Wege zu den Informationen und kann schlechthin als Recht auf Öffentlichmachen bezeichnet werden" (Ronneberger 1974, S. 203). Gerade eine Demokratie lebt ja von der Freiheit der Information: „Jede Informationsbehinderung schwächt die Demokratie, weil sie die Fähigkeit zu der auf jedermann lastenden Mitverantwortlichkeit mindert" (Arndt 1966, S. 19). Deshalb nennt Ronneberger auch übergreifende Zielvorstellungen, von denen eine demokratische Kommunikationspolitik geleitet sein sollte. Diese „kommunikationspolitischen Leitideen" (Ronneberger 1978, S. 215 ff.) bestehen für ihn in der „Autonomie" (Freiheit der Medien von staatlicher Zensur, Unabhängigkeit von ökonomischen Interessen etc.)[371], „Vielfalt" (der Medien und/oder der medialen Inhalte) und „Ausgewogenheit" (der Inhalte, Themen, Standpunkte etc.).

5.6.3. *Ökonomische Funktionen*

Die ökonomischen Funktionen meinen all jene Leistungen der Massenmedien, welche diese im Hinblick auf die gesellschaftliche Umwelt als ökonomisches System erbringen. Die in der Folge zu beschreibenden ökonomischen Funktionen beziehen sich dabei stets auf ein ökonomisches System, welches nach vorwiegend privatwirtschaftlichen – also: *kapitalistischen*[372] –

371 Vgl. dazu auch Martin Stock (1985), der Medienfreiheit aus juristischer Perspektive am Beispiel der (west)deutschen Rundfunkgesetzgebung durchargumentiert.

372 Der **Kapitalismus** ist eine Wirtschafts- und Gesellschaftsform, die für die westlichen Industrieländer heute kennzeichnend ist. Man kann den Kapitalismus ganz grob durch folgende drei Merkmale charakterisieren: a) Die Güterproduktion vollzieht sich unter den Bedingungen des Privateigen-

Prinzipien organisiert ist. „Ökonomische Funktionen" bezeichnen damit jene Leistungen des Massenkommunikationssystems, die dieses für die mittelbare oder unmittelbare Kapitalverwertung (d. h. für die Gewinnerzielung) erbringt (vgl. Nuissl 1975, S. 60).

Was die unmittelbare Kapitalverwertung betrifft, so kann zum einen direkt in die massenmedialen Betriebe investiert werden (z. B. Verlegerkapital); zum anderen dienen die Medienunternehmen diversen Einzelkapitalen (etwa aus der Maschinen-, Elektronik- und Chemieindustrie), die hier ihre Produkte verkaufen und entsprechende Profite realisieren können (Holzer 1973, S. 131). Man kann sagen: unmittelbare Kapitalverwertung ermöglichen die Medien der Massenkommunikation schon allein durch ihre Existenz. Mittelbare Kapitalverwertung ermöglichen sie dagegen erst durch die Qualität ihrer Produkte, d. h. durch ihre produzierten Inhalte. Hier liegen die eigentlichen, weiterreichenden ökonomischen Funktionen der Massenkommunikation. In die mittelbare Kapitalverwertung sind die Medien insofern integriert, als sie mit ihren gedruckten und gesendeten Inhalten in die Prozesse der Warenzirkulation und Mehrwertrealisation unterstützend eingreifen (vgl. Holzer ebd.).

Als zentrale ökonomische Funktion der Massenmedien kann man daher mit Holzer die sog. **Zirkulationsfunktion** begreifen. Danach unterstützen die Medien die Aktivierung der Ware-Geld-Beziehungen und verkürzen dadurch auch die Umschlagszeit. Ganz im Sinn der Marxschen Einsicht, wonach das Hauptmittel zur Verkürzung der Zirkulationsweisen verbesserte Kommunikationen sind (Marx 1967, S. 150; zit. n. Holzer 1973, S. 133), fungieren sie – indem sie den Warenumschlag beschleunigen – als ein Motor des kapitalistischen Wirtschaftskreislaufes.

Zum einen geschieht dies dadurch, daß die Massenmedien als Werbeträger für konkrete Interessen des Einzelkapitals auftreten. Eine zumeist nach allen Regeln der psychologischen

tums an Produktionsmitteln; b) Der Großteil der Bevölkerung besitzt keine Produktionsmittel, sondern muß ein Lohn-Arbeits-Verhältnis eingehen, um leben zu können; c) Die Triebkraft der wirtschaftlichen Prozesse besteht im Interesse der Produktionsmittelbesitzer an der Vermehrung des eingesetzten Kapitals, d. h. an Profitmaximierung (vgl. Kawa 1975, S. 326).

Kunst aufgemachte Wirtschaftswerbung vermittelt Produktinformationen im Rahmen einer „Mixtur aus Pseudo-Realität, Warenfetischismus, Prestigeideologie und ewiger Gaudi“ (Holzer 1975, S. 163) und bettet so das Feilbieten von Waren in ein soziales Umfeld, das in der Regel jeweils persönliche Bezüge (bzw. allgemein erstrebte Wunsch- und Traumwelten) aufzuweisen imstande ist und in seiner sozialisierenden Kraft nicht unterschätzt werden darf.[373] Zu dieser *„absatzökonomischen Funktion“* der Medien (Holzer 1994, S. 203) gehört natürlich auch, „daß insbesondere die Hörfunk- und Fernsehanstalten ihre Klientel animieren, auf dem Großmarkt der Empfangsapparate als Kunden tätig zu werden“ (ebd.). Zum anderen geschieht dies durch ideologische Festigung der kapitalistischen Produktions- und Machtverhältnisse im Rahmen der übrigen Medieninhalte. Hier erbringen die Medien nach Holzer v. a. noch ein weiteres Bündel von Leistungen, mit denen sie das kapitalistische Wirtschaftssystem stabilisieren: **Wissensvermittlung, Sozialtherapie** und **Legitimationshilfe.**

Mit diesen Funktionen entsprechen die Medien der Bedarfsstruktur ihres Publikums – oder, in marxistischer Terminologie: sie erfüllen die Gebrauchswertansprüche der Rezipienten. Denn: „Das Verlangen nach *Wissensvermittlung* resultiert aus der Notwendigkeit, über die Weiterentwicklung der Produktivkräfte, die fortschreitende arbeitsteilige Differenzierung der Gesellschaftsprozesse und die entstehenden Möglichkeiten der Gestaltung des gesellschaftlichen Lebens entsprechend orientiert, d. h.: entscheidungskompetent und handlungsrelevant informiert zu sein. Das Verlangen nach *Sozialtherapie* resultiert aus der Notwendigkeit, für die Defizite, Zwänge und Anforderungen, die die eigene soziale Lage kennzeichnen, Entlastungs- und Kompensationsmöglichkeiten zu haben. Das Verlangen nach *Legitimationshilfe* resultiert aus der Notwendigkeit, die eigene Situation deuten und bewerten sowie die einem begegnenden Zustände, Ereignisse und Verhaltensweisen rechtfertigen und gerechtfertigt kritisieren zu können“ (Holzer 1973, S. 156).

373 Zur sozialisierenden Kraft der Wirtschaftswerbung vgl. u. a. Escher 1978; Hermanns 1972, 1972a; Meyer/Koller 1971.

Geht man mit Holzer von einer sozialen Realität aus, in der die Mehrheit der Bevölkerung (und damit auch der Medienrezipienten) den Großteil ihres Einkommens für lebensnotwendige Konsumgüter aufwenden muß, deren Bildungsstand, Wohn- und Arbeitssituation sie nicht zufriedenstellt und deren Teilhabe an der insgesamt präsentierten „illustren Warenwelt" im Wunschdenken verharrt, dann kann man wohl zu Recht subjektive Unzufriedenheit und daraus erwachsenden Kompensationsbedarf unterstellen: wird doch der Widerspruch zwischen einer „penetrant offerierten Warenwelt" (Holzer ebd.) und den realen eigenen Möglichkeiten nur allzu bewußt. Deshalb ist es zunächst – was die *Wissensvermittlung* betrifft – erforderlich, daß die Vorstellung vom Organisationscharakter der Gesellschaft verdeutlicht wird, „in der sachkompetente Steuerleute in Staat und Gesellschaft diese als organisiertes System regulieren" (Dröge 1972, S. 157) und versuchen, Mißstände zu beseitigen.

Diese Vorstellung unterstützen nun die Massenmedien durch **Personalisierung** gesellschaftlicher Tatbestände. Das bedeutet, daß sie „gesellschaftspolitische Themata vornehmlich als Probleme von Personen und deren psychischer Verfassung" (Holzer 1973, S. 159) darstellen und so nicht den tatsächlichen historischen Kontext, sondern nur dessen Oberfläche einholen. Gerade die audiovisuellen Medien scheinen durch ihre schon technisch bedingte Bevorzugung des Abbild- bzw. Abfilmbaren dafür förmlich prädestiniert zu sein: Ronneberger weist in diesem Zusammenhang darauf hin, daß mit der technischen Perfektion gleichzeitig auch eine Selektion stattfindet, welche die Gefahr in sich birgt, daß weniger attraktiv gestaltbare Aussagen schon aus diesen rein formalen Gründen in den Hintergrund einer Berichterstattung treten, ja bisweilen sogar ganz entfallen (Ronneberger 1971, S. 41). So läßt sich etwa die An- und Abreise von Konferenzteilnehmern, deren meist freundliches Lächeln, Winken oder Händeschütteln äußerst telegen darstellen; wesentlich schwerer aufzubereiten ist dagegen das Ziel eines Abkommens bzw. dessen sozialhistorischer Kontext ...

Was nun die oben postulierte Unzufriedenheit mit dem subjektiven Lebensvollzug betrifft, so mündet diese in „kognitive und emotive Dissonanzen“ (Holzer ebd., S. 162), die durch Medienkonsum einerseits aufgebaut, durch dessen *Sozialtherapie- und Legitimationshilfefunktion* aber auch wieder abgebaut werden können. Holzer schildert hier treffend eine Strategie, die dem Prinzip „Tischlein deck dick“ und „Knüppel aus dem Sack“ zu folgen scheint: So fungieren beispielsweise die Prominenten der Illustriertenwelt als Projektions- und Identifikationsobjekte, die dem Publikum als Repräsentanten einer Traumwelt entgegentreten und zu einer scheinbaren Teilhabe an Glanz und Ruhm sowie materiellem Überfluß verhelfen (= „Tischlein deck dich-“ bzw. Sozialtherapie). Unterstützt wird dieses Gefühl noch durch das Relativieren der sozialen Position der jeweiligen prominenten Persönlichkeiten, indem ihnen die Aura von Alltagsmenschen verliehen wird („Menschen wie du und ich“). Schließlich wird aber dann auch darauf hingewiesen, daß „dort, wo das Licht am hellsten, auch der Schatten am schwärzesten ist“ (Holzer ebd.): Sorgen, Unglück und Leid (meist ganz persönlicher Natur) sind es, die den Reichen und Prominenten das Leben schwer – oft schwerer als einem „Normalsterblichen“ – machen (= „Knüppel aus dem Sack“). Der Mechanismus liegt auf der Hand: Indem die Rezipienten zwischen Glück und Unglück, zwischen Freud und Leid hin und her befördert werden, „soll ihr Einverständnis mit den herrschenden Verhältnissen und der daraus resultierenden klassen- und schichtspezifischen Verteilung von Lebenschancen erwirkt werden“ (Holzer ebd.). Ungefähr nach dem Motto „Eigentlich geht's mir ohnedies recht gut ...“ oder „So schlecht wie der/demjenigen geht es mir Gott sei Dank nicht ...“ soll der Grad der Zufriedenheit mit der subjektiven Situation erhöht bzw. gefestigt werden (= Legitimationshilfe)[374].

Insgesamt fördert dieser Mechanismus somit die Stabilisierung des gesellschaftlichen Zustandes. Was vorher – aus der

374 In der sog. „Regenbogenpresse“ finden sich jederzeit zahllose Beispiele, welche die hier aufgezeigte Strategie verdeutlichen. – Vgl. dazu auch die immer noch lesenswerte Arbeit von Nutz (1971), der einen Einblick in die Produktionsweise derartiger Presseerzeugnisse bietet. Vgl. weiters auch eine spätere Arbeit von Horst Holzer (1989), in der er am Beispiel der aktuellen Rundfunkkommerzialisierung neuerlich die ökonomische Perspektive entfaltet.

Sichtweise allgemein sozialer Funktionen – als bloße Rekreation bzw. Unterhaltung in den Blick geriet, das wird nun – aus ökonomischer Perspektive – zur *regenerativen Funktion:* Sie besteht darin, daß durch die Befriedigung der Informations- und Unterhaltungsansprüche des Publikums („Brot und Spiele" hieß das bekanntlich im alten Rom) die Masse der Werktätigen jene Gratifikationen erhält, die sie benötigt, um einigermaßen entspannt, physisch erholt und psychisch motiviert neuerlich an die Arbeit zu gehen. Und damit schließt sich der Kreis: Im Grunde tragen nämlich alle massenmedialen Informations- und Unterhaltungsangebote letztlich zur Legitimierung und Propagierung des gesellschaftlichen Organisationsprinzips (zur kapitalistisch geprägten Marktwirtschaft) bei, auf dem sowohl die Existenz der Medien als auch die der Gesellschaft insgesamt basiert. Holzer spricht in diesem Zusammenhang daher auch von der *herrschaftlichen Funktion* (Holzer 1994, S. 202), welche die Medien erfüllen.

5.6.4. Information

Mit der **Informationsfunktion** soll nun noch eine weitere zentrale Leistung der Massenmedien in den Blickpunkt gerückt werden, die bisher nur mehr oder weniger implizit angesprochen wurde. Der Grund dafür ist in dem Umstand zu sehen, daß sich die Informationsfunktion einer eindeutigen Zuordnung zu einem der genannten Funktionsbereiche entzieht. Es handelt sich hier vielmehr um eine Leistung der Massenmedien, die diese sowohl im Hinblick auf das soziale und politische als auch im Hinblick auf das ökonomische gesellschaftliche System erbringen.

Information ist dabei als „Korrelat von Unkenntnis" (Pross 1977, S. 23) zu begreifen. Eine „informative" Mitteilung ist eine Mitteilung, die den jeweiligen Kenntnisstand, das subjektive Wissen des Empfängers erweitert, indem sie dessen Unkenntnis bzw. sein subjektives Nichtwissen verringert oder beseitigt. Als „Information" gilt eine Aussage also nur dann, „wenn sie uns etwas mitteilt, das uns nicht vorher schon bekannt war" (Attneave 1965, S. 13). Informationen können wir demnach nur über solche Dinge erhalten, „über die bei uns ein gewisses Maß an Nichtwissen oder Ungewißheit besteht. In der Tat läßt sich Information als dasjenige definieren, das Ungewißheit beseitigt oder reduziert" (Attneave ebd.).[375]

So ist beispielsweise die Aussage „Die Eskimos wohnen im hohen Norden, wo es kalt ist" für mich keine Information, weil sie mein ohnehin bescheidenes Wissen über die Eskimos nicht vergrößert (vgl. Attneave ebd.). Gleiches gilt für die Mitteilung „Zwei mal zwei ist vier", die irgendwann einmal (als ich die Volksschule besuchte) „informativ" für mich war, aber heute keineswegs mein mathematisches Wissensdefizit verringert.

Ob eine Mitteilung informativ ist oder nicht, das hängt also keineswegs allein von dieser selbst, sondern *vor allem* auch vom entsprechenden Informationsstand des Empfängers ab. Der Informationsgehalt einer Botschaft ist „eine Funktion des Zustandes des Empfängers" (Flechtner 1967, S. 71); das bedeutet, daß der Informationsgehalt eine *veränderliche* (!) Größe ist: denn es ist durchaus möglich, daß ein und dieselbe Nachricht „für verschiedene Empfänger viel, wenig oder gar keine Information enthalten kann" (Flechtner ebd., S. 76).[376] Erst dann, wenn eine Aussage etwas Neues vermittelt, ist sie somit als „Information" zu begreifen; dabei kann dieses „Neue" durchaus darin bestehen, „daß bereits Bekanntes in einen neuen Zusammenhang gebracht wird" (Liwanec 1966, S. 22).

---

375 Totale Unkenntnis auf allen Gebieten gibt es mit an Sicherheit grenzender Wahrscheinlichkeit ebensowenig wie Allwissenheit. Man hat es daher stets mit *graduellen* Unterschieden von Kenntnissen und Unkenntnissen zu tun. Auch eine „Information" kann somit niemals alles betreffen; es gibt nicht „die Globalinformation", sondern es gibt nur jeweils Information auf verschiedenen Gebieten, in denen verschiedene Grade von Unkenntnis bestehen: „Der relativen Unkenntnis und der relativen Kenntnis entspricht die relative Information" (Pross 1977, S. 22).

376 An dieser Stelle scheint ein Unterschied des hier verwendeten Informationsbegriffes zu jenem der mathematischen Informationstheorie (vgl. dazu Shannon/Weaver 1976) manifest zu werden: wenn nämlich der Informationsgehalt einer Nachricht eine Funktion des Zustandes des Empfängers ist, so bedeutet dies ja, daß eine Nachricht, die für den Empfänger bereits Bekanntes oder bloßen Unsinn enthält, keine bzw. kaum Information (bestenfalls eine Information über den Zustand des Senders) darstellt. Im Gegensatz dazu können aber im Horizont der mathematischen Informationstheorie „zwei Nachrichten, von denen eine von besonderer Bedeutung ist, während die andere bloßen Unsinn darstellt ... genau die gleiche Menge an Information enthalten" (Weaver 1976, S. 22).

Wenn nun in der Folge *massenkommunikative* Informationsvermittlung im Mittelpunkt steht, so soll dies nicht bedeuten, daß Informationen ausschließlich im Rahmen kommunikativer Prozesse gewonnen werden können. Der Empfang bzw. die Verarbeitung von Informationen aus der Umwelt kann vielmehr als ein grundsätzlich lebensbegleitender Vorgang angesehen werden, der zur Alltagserfahrung (auch nichtkommunikativer Natur) zählt. Ist doch der individuelle Wissenbestand eines Menschen, das Insgesamt seiner Erfahrungen nichts anderes als die Summe von Informationen, die in seinem Gedächtnis abrufbar gespeichert sind.

Was jedoch im vorliegenden Zusammenhang – also: im Hinblick auf die massenkommunikative Informationsvermittlung – von besonderer Bedeutung erscheint, das ist die *Qualität der Erfahrung,* die zum Informationsgewinn führt. Informationen können nämlich zum einen im Rahmen einer **Primärerfahrung** gewonnen werden, d. h., man reduziert oder beseitigt das Ausmaß seines Nichtwissens bzw. seiner Ungewißheit aufgrund von eigenen Erlebnissen im direkten Umgang mit den „Dingen"; zum anderen können Informationen im Rahmen einer **Sekundärerfahrung** erlangt werden, d. h., man erfährt die Reduktion oder Beseitigung subjektiven Nichtwissens bzw. subjektiver Ungewißheit durch Kommunikation – eben: indem man sich über die „Dinge" verständigt, ohne selbst in direkten Kontakt mit ihnen zu treten. In diesem zweiten Fall vollzieht sich also die Beseitigung oder Reduktion von Ungewißheit über Symbole vermittelt; es ist eine „fiktive Welt aus Zeichen" (Schulz 1974, S. 156), die uns zur Aneignung von Information verhilft.

Schulz verdeutlicht dies anschaulich anhand verschiedener sprachlicher Symbole: „Normalerweise repräsentieren Begriffe, wie z. B. *Eiche, Apfel, Haus, Auto, Friedhof* in unserer Gesellschaft Primärerfahrung; andere Begriff wie z. B. *Mangobaum, Papaya, Iglu, Katamaran, Pyramide* beruhen für die meisten Menschen in Mitteleuropa auf Sekundärerfahrung, ihre Bedeutung wurde etwa anhand von Bildern oder Beschreibungen in Büchern oder anhand von Darstellungen in der Presse, im Film oder Fernsehen gelernt; ebenso steht es mit Begriffen wie *Weltall, Atom, Macht, Ehre, Intelligenz* – Zeichen, deren Bezug gar nicht der Primärerfahrung zugänglich ist, weil sie Abstrakta sind oder

Objekte bezeichnen, die mit der normalen Sinnesausrüstung des Menschen nicht wahrnehmbar sind. Auch alle Zeichen mit historischem Bezug – z. B. *Babylon, Cäsar, Dreißigjähriger Krieg, Französische Revolution* – können nur Sekundärerfahrung repräsentieren" (Schulz 1974, S. 156).

Informationsvermittlung via Massenkommunikation vollzieht sich nun im Rahmen derartiger Sekundärerfahrungen. Anstelle einer direkt zugänglichen, primär erfahrbaren Wirklichkeit präsentieren uns die Massenmedien ständig neue „Wirklichkeiten" (vgl. dazu auch: Doelker 1979), die wir als sekundäre Erfahrungen längst zu akzeptieren gelernt haben. Mehr noch: diese Erfahrungen „aus zweiter Hand" substituieren bereits in hohem Maße die ursprüngliche, unmittelbare Welterfahrung. Wohl zu Recht weist Helmut Schelsky darauf hin, daß Kinder heute die Welt der Erwachsenen weniger aus deren Erzählungen oder Lehren, auch nicht vom Zusehen oder Mitmachen, sondern vor allem aus dem Lautsprecher oder vom Fernsehschirm kennenlernen, um anschließend die Frage zu stellen, was es wohl bedeutet, „daß die Welterfahrung des modernen Menschen heute zu 90 bis 99 Prozent aus Papier oder aus publizistisch vermitteltem Bild und Ton besteht" (Schelsky 1965, S. 442).

Eine Folge dieses „primären Erfahrungsverlustes" (Gehlen), die im vorliegenden Zusammenhang von besonderem Interesse ist, muß in dem Umstand gesehen werden, daß wir dieser zweiten, papierenen, flimmernden und tönenden Wirklichkeit (Ronneberger 1971, S. 37) einen wesentlich höheren Grad an Authentizität zusprechen als unseren eigenen primären Erfahrungen. Diese werden gleichsam „suspekt", weil man sie als einseitig und zufällig betrachtet (Ronneberger ebd., S. 83). Die Tatsache, daß in unserer hochdifferenzierten Gesellschaft viele Bereiche der Wirklichkeit (wie etwa Personen und Ereignisse der „großen" Politik, Vorgänge in Wirtschaft, Kultur etc.) gar nicht anders als über die Vermittlung eines (Massen-) Mediums, also *sekundär* erfahren werden können, scheint diesen Umstand noch zu bestärken.[377] Man kann es also in der Tat

377 Ronneberger verweist in diesem Zusammenhang auch auf den „Verkündigungscharakter" speziell der audiovisuellen Medien, welcher die Authen-

als ein wesentliches Kennzeichen der Medien begreifen „daß sie den Erkenntnisstand unserer Gesellschaft, die ‚Bilder in unseren Köpfen' vor allem, soweit es keine Möglichkeit der Primärerfahrung gibt, in entscheidendem Maße prägen" (Schulz 1974, S. 157).

Es nimmt daher nicht wunder, wenn die Informationsfunktion gelegentlich als die „ursprünglichste Funktion der Massenmedien" (Wildenmann/Kaltefleiter 1965, S. 15) betrachtet wird, denn zuallererst verhelfen sie zur Kenntnis von Geschehnissen außerhalb des direkt zugänglichen persönlichen Erlebnisfeldes und bringen einem damit Ereignisse und Tatbestände näher, die man in der Mehrzahl selbst nicht erfahren hat und von deren Existenz man daher in der Regel auch nichts weiß. Zu Recht spricht Saxer (in Anlehnung an Lasswell 1971, S. 84 f.) in diesem Zusammenhang auch von der „Funktion der Umweltüberwachung" (Saxer 1974a, S. 22) der Massenmedien, erfährt doch das Verhalten der Mitglieder moderner Großgesellschaften infolge des Realisierens dieser als Sekundärerfahrung zugänglich gemachten massenmedial präsentierten Wirklichkeit eine nicht zu unterschätzende Orientierungsleistung (vgl. Saxer ebd., S. 28). Zweifellos hängt die weiter oben im Hinblick auf das soziale, politische und ökonomische gesellschaftliche System dargestellte Funktionalität des Massenkommunikationsprozesses in hohem Maße von der Qualität dieses Informationsflusses ab. Die Kenntnis dessen, was außerhalb der subjektiven Erfahrungswelt geschieht bzw. geschah, ist ja nicht bloß für jede öffentliche Debatte und politische Willensbildung bzw. -entscheidung in demokratischen Gesellschaftssystemen von elementarer Bedeutung (vgl. Glotz/Langenbucher

---

tizität dieser medial vermittelten Erfahrung noch unterstreicht: danach verleiht die Ähnlichkeit mit den Mustern direkter gruppenhaft erlebter Kommunikation in Kirche und ähnlichen Versammlungsräumen dem Fernsehen eine ganz besondere Autorität und Echtheit. Dies wird noch durch das Auftreten von Repräsentanten und Autoritäten des politischen Systems sowie sonstiger Experten verstärkt, deren Stellungnahmen sich bisweilen sogar vor einem Publikum vollziehen, das gewissermaßen stellvertretend für das Publikum an den Lautsprechern agiert (vgl. Ronneberger 1971, S. 69).

1969, S. 26); sie ist ebenso die Basis gesamtgesellschaftlicher Integration und nicht zuletzt Voraussetzung für Prozesse der Kapitalverwertung. Politisches, soziales und ökonomisches System scheinen damit gleichermaßen tangiert.

Für demokratisch organisierte Gesellschaften lassen sich aus der Einsicht in eine derartige Funktionalität des Massenkommunikationsprozesses daher auch bestimmte Ansprüche an die Qualität der massenmedialen Informationsvermittlung stellen. So wird von den massenmedial vermittelten Nachrichten etwa gefordert, sie müßten „vollständig", „objektiv" und „verständlich" sein (vgl. Wildenmann/Kaltefleiter 1965, S. 16 ff.), um ein dem einzelnen Bürger angemessenes Informationspotential darstellen zu können. Leistungsanforderungen, die ein nicht geringes Maß an Problematik in sich bergen.

Vollständigkeit etwa kann realistischerweise wohl nicht bedeuten, daß permanent alles Gegenstand einer Berichterstattung werden müsse; vielmehr wäre hier zum einen danach zu fragen, „ob es in einer Gesellschaft Tabubereiche (insbes. privat bleibende Machtbereiche) gibt, die der öffentlichen Auseinandersetzung entzogen sind" (Dünser 1980, S. 38); zum anderen wäre danach zu fragen, inwieweit es einer Berichterstattung gelingt, die Komplexität der Wirklichkeit, über die informiert werden soll, tatsächlich einzuholen. Sieht man als eine vollständige Berichterstattung eine solche an, welche die facettenreiche Vielfalt der Realität in ihrer Gesamtheit zur Darstellung bringt, so scheint evident, daß hier ein einzelnes Medium überfordert ist. Und dies nicht bloß im Hinblick auf das quantitative Ausmaß, sondern vor allem auch im Hinblick auf die inhaltliche Qualität der zu vermittelnden Botschaften! Stellen sich doch die „Dinge" der Realität für den Menschen jeweils in ihrer „perspektivischen Wahrheit" (Binkowsky 1963, S. 71) dar. Kein Mensch erlebt ja die ihn umgebende Welt in einem abstrakten An-sich-Sein, sondern immer abhängig von seiner jeweils spezifischen Existenzweise, im Rahmen welcher Dinge und Ereignisse erst Bedeutung erlangen. „Bestimmte Ereignisse oder Sachverhalte sind in ihrer reinen Faktizität für den Menschen irrelevant. Erst ihre Bezogenheit auf den Menschen und seine konkrete Situation verschaffen ihnen spezifischen Wert" (Binkowsky ebd., S. 68)[378]. Eine Gesellschaft ist daher niemals ein einheitliches Ganzes, sondern immer ein Konglomerat aus mannigfachen Gruppen, die zwar meist alle derselben Grundordnung verpflichtet sind, in vielen konkreten Fragen aber dennoch unterschiedliche Standpunkte und Wertmaßstäbe besitzen (vgl. Binkowsky ebd., S. 71). Im Sinne dieser jeweils perspektivischen Wahrheit scheint man sich an eine vollständige Wiedergabe der Realität etwa dann annähern zu können, wenn jede (Interessen-)Gruppe über ein eigenes Sprachrohr verfügt, über das sie ihrer subjektiven Wirklichkeitsperspektive zu Ausdruck verhelfen kann (vgl. Wildenmann/Kaltefleiter 1965, S. 16).

Eng damit zusammen hängt die Forderung nach **Objektivität** in der massenmedialen Informationsvermittlung. Der Objektivitätsbegriff gehört zu den zentralen Begriffen in der Publizistik- und Kommunikationswissenschaft, er ist zugleich aber einer der mißverständlichsten im Bereich der Massenkommunikation. Eine fachspezifische Literaturanalyse ergab mindestens fünf verschiedene Konzeptionen von Objektivität.[379] Die häufigsten Mißverständnisse resultieren wohl aus dem Umstand, daß der Objektivitätsbegriff auf den ersten Blick das Fehlen jeglicher Subjektivität bzw. Wertfreiheit nahezulegen scheint. Tatsächlich ist jedoch keine Nachrichtengebung frei von höchst subjektiven Entscheidungen. Läßt bereits „die Beobachtung und Darstellung eines Ereignisses durch einen Menschen (...) ein subjektives Element in die Information eingehen" (Wildenmann/Kaltefleiter 1965, S. 21), so setzt sich dieser Prozeß ja fort, wenn in den Nachrichtenredaktionen über Auswahl und Plazierung bis hin zur Formulierung der konkreten

---

378 Unausgesprochen verbirgt sich hinter diesen Überlegungen die symbolisch-interaktionistische Bedeutungstheorie. Vgl. dazu S. 54 ff. sowie S. 153 ff. und S. 432 ff. des vorliegenden Buches.

379 Sie dazu Donsbach (1990), der fünf verschiedene Konzeptionen von Objektivität aus der publizistikwissenschaftlichen Literatur herausarbeitet, und zwar einen ideologischen, funktionalen, konsensuellen, relativistischen und einen realitätsbezogenen Begriff von Objektivität. – Vgl. dazu auch Fabris (1981) und Bentele/Ruoff (1982), die sich speziell mit der Frage einer journalistischen Objektivität auseinandersetzen.

Meldung entschieden wird (vgl. Bismarck 1970, S. 286 ff.). Mit Saxer wäre Objektivität daher bestenfalls als ein Postulat zu begreifen, als „die Verpflichtung bzw. den Willen zu einer möglichst unverzerrten und daher allgemein annehmbaren publizistischen Beschreibung der Wirklichkeit“ (Saxer 1974b, S. 211).

„Unverzerrt“ meint dabei eine „maßstabgerechte Verkürzung aller nach der gemeinsamen Wirklichkeitserfahrung und dem gemeinsamen Sinnhorizont relevanten Dimensionen der Realität“ (Saxer ebd.). Saxer verweist in diesem Zusammenhang auch darauf, daß eine Nachricht ja niemals bloß „re-produktiv“, sondern unweigerlich stets auch „produktiv“ ist: sie ist „Wirklichkeitsbehandlung“ – also: Manipulation in einem wertneutralen Sinn der notwendigen Umsetzungsakte von Welt in Aussagen. Man hat neben der „reduktiven“ Komponente also immer auch eine „additive“ Komponente publizistischer Objektivität zu berücksichtigen (vgl. Saxer ebd.). Dies ist ja einer der Ansatzpunkte der Konstruktivismusdiskussion in der Publizistikwissenschaft, auf die weiter oben näher eingegangen worden ist.

Schon lange wird daher dafür plädiert (und dies steht auch im Einklang mit der oben angesprochenen perspektivischen Wahrheit), daß Objektivität als ein Annäherungswert (vgl. Binkowsky 1963, S. 73) an die Vielzahl von Betrachtungsweisen der Wirklichkeit zu begreifen sei und daß ein Urteil über die Objektivität einer Berichterstattung deshalb eigentlich immer nur im Hinblick auf bestimmte Gesellschaften bzw. Publika und deren Wirklichkeitsperspektiven gefällt werden kann: „Was diesen als objektiv erscheint, dünkt anderen gerade verzerrt“ (Saxer 1974b, S. 213). Lediglich das Beleuchten der Realität aus möglichst vielen Blickwinkeln sei daher als „objektiv“ zu bezeichnen.[380]

---

380 An der Frage, wie dies am besten erreicht werden kann – nämlich über einen **„Binnenpluralismus“** (= unterschiedliche Standpunkte sind innerhalb eines einzigen Mediums zu gewährleisten, wie z. B. im Fall öffentlich-rechtlich organisierter Rundfunkanstalten) oder über einen **„Außenpluralismus“** (= unterschiedliche Standpunkte kommen in unterschiedlichen Medien zu Ausdruck, wie z. B. im Fall der zumeist privatwirtschaftlich

In jüngerer Zeit hat sich Christoph Neuberger (1996, 1997) ausführlich mit dem Objektivitätsverständnis auseinandergesetzt. Er ortet eine Überstrapazierung des Objektivitätsbegriffes im Journalismus und in der Kommunikationswissenschaft. Vielfach werde dabei der „Dualismus von Tatsachen und Entscheidungen" (Popper 1975, S. 98) bzw. die „Unterscheidung zwischen Erkennen und Beurteilen" (Weber 1968, S. 155) vermischt. Dies bedeutet, daß Objektivitätsprobleme („Was ist wirklich?") und Relevanzprobleme („Was ist wichtig?") nicht klar voneinander unterschieden werden können, was letztlich „zu unangemessenen Erwartungen über den Bereich des Erkennbaren" führt. (Neuberger 1997, S. 312)

Neuberger entlarvt die meisten der sog. journalistischen Objektivitätskriterien[381] als Relevanzkriterien. Dies sei auch kein Zufall, denn in der Regel gehe es im journalistischen Alltag um die Bewertung der Wichtigkeit bzw. Unwichtigkeit von Aussagen, wie sie z. B. in Form von Agenturmeldungen zu Hunderten über die Bildschirme flimmern. Was als „wichtig" einzustufen ist, soll ausgewählt werden, und die Frage lautet dann eigentlich: „Kann man die Auswahl danach beurteilen, ob sie ‚objektiv' oder nicht-‚objektiv' ist?" (Neuberger ebd.)

Im Prinzip steht der Journalist vor demselben Selektionsproblem wie der Wissenschaftler. Für beide gilt nach Neuberger die Einsicht, daß uns die Realität nicht aus sich heraus sagt, welche ihrer Aspekte wichtig und welche nicht wichtig sind. Es handelt sich vielmehr stets um Entscheidungen, die wir mehr oder weniger subjektiv treffen und die sich – das weiß man spätestens seit Karl Popper – niemals aus den Tatsachen selbst herleiten lassen: „Wir sind es, die der Natur unsere Maßstäbe aufzwingen" (Popper 1975, S. 96), weil wir als Beobach-

organisierten Printmedien) –, entzünden sich bis heute viele kommunikationspolitische Debatten. – Vgl. dazu etwa Ronneberger 1974, S. 224 ff., bzw. im Zusammenhang mit der Diskussion um den Privatrundfunk: Stock 1987.

381 Er diskutiert im einzelnen: Maßstabsgerechtigkeit, Vollständigkeit, Ausgewogenheit, Vielfalt, Genauigkeit, Wichtigkeit, Neutralität sowie Trennung von Nachricht und Meinung (näher dazu: Neuberger 1996, S. 100–123; 1997; S. 315–318).

ter bestimmte Interessen verfolgen, und demgemäß richten wir „unsere Aufmerksamkeit auf jene Aspekte der Realität, von deren Bedeutung wir uns einen Nutzen versprechen.“ (Neuberger 1997, S. 313). Journalisten, die sich dabei auf die Wichtigkeit eines Ereignisses berufen, liefern „eine Scheinerklärung, die nur die Frage verdeckt, weshalb man es für so wichtig gehalten hat“ (Kepplinger 1989b, S. 10). Es gibt nämlich „keine sozusagen ‚natürliche‘, sondern nur eine soziale Rechtfertigung von Nachrichtenauswahl“ (ebd.).

Hinter der Auswahlentscheidung eines Redakteurs steckt also stets seine subjektive Entscheidung – er hat das Ausgewählte für „wichtig“ gehalten. Und derartige Vorgänge entziehen sich nach Neuberger der Objektivitätsperspektive. Es geht vielmehr um „journalistische Normen, die das nur wertend zu lösende Relevanzproblem betreffen“ (...) und die nur „unzutreffend als ‚Objektivitätskriterien‘ bezeichnet werden“ (Neuberger 1997, S. 319).

Als Fazit plädiert Neuberger schließlich für einen weniger dogmatischen Gebrauch des Objektivitätsbegriffes, für ein Überwinden der „Reflexionssperre“ (ebd. S. 20), die er dazu im Journalismus ortet. Von der Kommunikationswissenschaft sei zu erwarten, daß sie die jeweils gemeinten berufspraktischen Normen danach überprüft, inwieweit sie dazu beitragen können, die gesellschaftlichen Leistungserwartungen an den Journalismus zu fördern (ebd. S. 20).

Im Hinblick auf die **Verständlichkeit** massenmedial vermittelter Botschaften schließlich wird an die Medien die Forderung gerichtet, sie hätten die Ereignisse und Probleme (bzw. Kommentare über diese) auch für nicht sachverständige Bürger einsehbar darzustellen (vgl. Wildenmann/Kaltefleiter 1965, S. 24). Gerade in demokratisch organisierten Gesellschaftssystemen ist hierin ja eine Grundvoraussetzung des Nachrichtenvermittlungsprozesses zu sehen, soll doch der Empfänger der verbreiteten Botschaften durch diese tatsächlich etwas von der Wirklichkeit begreifen können, um für allfällige Wahl- oder auch Kaufentscheidungen Orientierungsgrundlagen zu besitzen (vgl. Dünser 1980, S. 37). Dabei scheint die Präsentation jeweiliger Meldungen „in a context which gives them meaning“ (Gerald 1963, S. 103) von besonderer Wichtigkeit, denn erst aus ihrem Zusammenhang heraus wird ja die Bedeutung von Einzelereignissen erkennbar[382]. Indessen soll nicht die Gefahr der Simplifizierung und damit auch der Verfälschung der zu vermittelnden Inhalte übersehen werden, der die professionellen Kommunikatoren ausgesetzt sind, wenn sie dem Verständnisvermögen aller potentiellen Rezipienten nahezukommen versuchen ... (vgl. Wildenmann/Kaltefleiter 1965, S. 24 f.).

Die Frage der Verständlichkeit von Information ist mittlerweile – insbesondere im Rahmen der Nachrichtenforschung – vielfach thematisiert worden. Vor allem seit Bernward Wembers (1976) aufsehenerregendem Indizienbeweis, wonach Fernsehnachrichten nur scheinbar, aber keineswegs tatsächlich informieren, wurden Gestaltungskriterien von Filmen an sich (vgl. etwa Nessmann 1988) und von Nachrichtenfilmen im besonderen, aber auch unterschiedliche Rezeptionsqualitäten vielfach unter die Lupe genommen.[383]

382 Gerade die Forderung nach Verständlichkeit bedarf jedoch in hohem Maße der Antizipation möglicher Publikumsreaktionen: erst das Wissen um die Rezeptionsgewohnheiten der jeweiligen Leser, Hörer oder Seher gibt den professionellen Kommunikatoren ja die Möglichkeit, sich auf „ihr“ Publikum einzustellen ... Die Forderung nach systematisch betriebener Publikumsforschung liegt hier auf der Hand. – Vgl. dazu S. 226 ff. des vorliegenden Buches.

383 Siehe dazu etwa Ruhrmann 1989, Lutz/Wodak 1987, Strassner 1982, Früh 1980.

6. KOMMUNIKATIONSWISSENSCHAFT ALS INTERDISZIPLINÄRE SOZIALWISSENSCHAFT

Nach all den Reflexionen und Befunden, die bislang in diesem Buch zu Kommunikation und Massenkommunikation angestellt und zusammengetragen worden sind, stellt sich nunmehr wohl die Frage, ob es nicht einen systematischen Ordnungsrahmen gibt, in den dies alles zu integrieren ist. Was fehlt, das ist eine Perspektive, aus der heraus der eigentliche kommunikationswissenschaftliche Objektbereich erst Konturen gewinnt und in den man die Einsichten und Ergebnisse gleichsam „einordnen" kann, damit ihr Stellenwert, vielleicht besser: ihr Problemzusammenhang erkennbar wird.

Dieses Defizit ist nicht neu. Es verweist abermals auf die Diskussion um das Selbstverständis der Publizistik- und Kommunikationswissenschaft, wie sie bereits in der Einleitung zu diesem Buch angesprochen worden ist. Denn die Identität einer Wissenschaft steht und fällt mit der Möglichkeit, Detailergebnisse nach übergeordneten Gesichtspunkten systematisieren zu können. Im Grunde ist dies das Defizit, das seit langem beklagt wird.

So konstatierte einer der Altmeister der amerikanischen Kommunikationswissenschaft, Wilbur Schramm, schon vor mehr als drei Jahrzehnten, Kommunikationsforschung sei „a field, not a discipline" (1959, S. 8). Mitte der siebziger Jahre stellte Noelle-Neumann die Frage, ob Publizistik- und Kommunikationswissenschaft „ein Wissenschaftsbereich oder ein Themenkatalog" (1975) sei, und auch zu Beginn der achtziger Jahre wird das „Fehlen einer allgemeinverbindlichen Systematik der Disziplin" (Saxer 1980, S. 526) beklagt, bzw. es steht zu lesen, daß jene, die sich heute Kommunikationswissenschaftler nennen, über kein „Haus" im Sinne einer traditionellen Fachwissenschaft verfügen, ja daß noch „nicht einmal ein allgemein akzeptierter Grundriß" (Schreiber 1980, S. 15) von einem solchen Gebäude existiere. Schließlich stellt Glotz zu Beginn der neunziger Jahre fest, daß immer noch erhebliche Unklarheit über die Auswahl an Problemstellungen bestehe bzw. über die Sichtweise, mit der an das jeweilige Materialobjekt heranzugehen sei, und er diagnostiziert, daß die Selbstzweifel des Fachs aus der durchaus begründeten Unsicherheit erwachsen, „ob denn die Kommunikationswissenschaft ihr Einheitsparadigma, ihr eigentliches Objekt schon gefunden hat" (Glotz 1990, S. 250).

In der Tat: Wenn man die letzten Kapitel dieses Buches Revue passieren läßt, dann wird man der Diagnose von Maletzke (1980, S. 67) zustimmen können, wonach die Kommunikationswissenschaft aus einer großen Zahl von Einzelsätzen, Hypothese und Konzepten besteht, die unverbunden und oft untereinander unstimmig auf sehr verschiedenen Abstraktionsebenen im Raum stehen. In diesem Sinn – so Maletzke – ist die Kommunikationswissenschaft „theorielos" (ebd.). Meist ist es so, daß „zusammengefaßte Einzelergebnisse (...) die fehlende Theorie ersetzen" (Eurich 1977, S. 345), allerdings teilt die Kommunikationswissenschaft diesen Umstand mit vielen anderen empirischen Sozialwissenschaften.

Nun kann es nicht darum gehen, die „Supertheorie" zu finden oder zu entwickeln, die alle unterschiedlichen Kommunikationsbeziehungen und -dimensionen erfaßt. Mit Ronneberger (1978, S. 19) wage ich zu behaupten, daß es eine solche Theorie nie geben wird. Was es dagegen ohnehin gibt, das sind unterschiedliche theoretische Zugänge zum „Materialobjekt" Kommunikation in seinen verschiedensten Ausprägungen, unterschiedliche Perspektiven des Kommunikationsgeschehens, die im Fach irgendwelche Spuren hinterlassen haben. Die Strategie darf daher nicht sein, „die" fehlende Theorie zu suchen (die es nicht gibt), die Strategie kann nur sein, vorhandene theoretische Sichtweisen von Kommunikation auf ihre Problemlösungskapazität hin zu durchleuchten und sie auf diese Weise für die empirische Forschungspraxis zu öffnen. Erst wenn dies geschehen ist, existiert ein Rahmen, in den sich vorhandene Befunde einordnen lassen, innerhalb dessen dann aber auch zielgerichtet weitere (neue) Problemstellungen entwickelt werden können. Eine solche (möglichst systematisch geordnete) Sammlung von Theorieperspektiven zum Materialobjekt „Kommunikation" könnte ein wichtiger

Schritt auf dem Weg zur Identitätsfindung der Publizistik- und Kommunikationswissenschaft sein. In der Folge sollen daher solche Perspektiven dargestellt werden.

Voranstellen möchte ich allerdings einige knappe Überlegungen zur Besonderheit wissenschaftlichen Wissens bzw. wissenschaftlicher Erkenntnisgewinnung. Denn erst vor diesem Hintergrund wird deutlich, was ein sog. wissenschaftliches Fach überhaupt sein kann, bzw. nach welchen Kriterien sein WertWert zu bemessen ist.

6.1. Exkurs: Zur Besonderheit wissenschaftlichen Wissens

„Wissenschaft“ kann – einer allgemeinen Lexikondefinition zufolge – als der „Gesamtbestand des logisch nach bestimmten Sachgebieten geordneten Wissens“ (Duden 1972, S. 2457) begriffen werden. Worin aber – so ist hier weiterzufragen – besteht eigentlich dieses „wissenschaftliche Wissen“? Eine Antwort auf diese Frage erhält man, wenn man sich vergegenwärtigt, daß jede Wissenschaft v. a. durch zwei Tätigkeiten gekennzeichnet ist: durch das Entdecken und durch das Erklären (vgl. dazu Homans 1969, S. 21). **Entdeckung** meint dabei „die Feststellung einer Beziehung zwischen empirisch erfaßbaren Phänomenen“ (ebd.).[384] Eine derartige Feststellung besteht zunächst aus einem Hinweis, worauf die Beziehung gerichtet ist, und enthält darüber hinaus auch eine Spezifizierung, welche die Qualität des in Rede stehenden Zusammenhangs benennt.

Ein Beispiel für eine derartige „Entdeckung“ eines (Sozial-)Wissenschaftlers wäre etwa die Feststellung einer Beziehung zwischen Rauchverhalten und Interesse an bestimmten medizinischen Fragen. Konkret sei folgende Spezifizierung des beobachteten Zusammenhangs angenommen: Man stellt fest, daß Personen, die sich in hohem Ausmaß für Fragen der Krebsvorsorge interessieren, nur wenig oder gar nicht rauchen, während starke Raucher andererseits ein nur geringes diesbezügliches Interesse erkennen lassen, bzw. kaum Informationen auf diesem Gebiet besitzen.

---

384 Im vorliegenden Zusammenhang sind vorrangig empirisch orientierte Disziplinen gemeint.

Erklärung meint sodann das Einsehbarmachen oder Begründen der (festgestellten) Beziehung zwischen den jeweiligen Phänomenen. Eine Erklärung gibt Auskunft darüber, *warum* unter gewissen Umständen eine bestimmte Qualität eines Zusammenhanges auftritt (vgl. Homans ebd., S. 39). In einer Erklärung wird gezeigt, wie empirische Feststellungen aus allgemeinen Annahmen (aus sog. „hypothetischen Gesetzesaussagen" oder „Hypothesen") ableitbar sind (Homans ebd., S. 74), die sich – wenn sie entsprechenden Überprüfungsversuchen standhalten – allmählich zu einer „Theorie" verdichten[385]. Im günstigen Fall erwachsen Erklärungen also aus einer Theorie.

So kann man z. B. mit Hilfe der „Theorie des kognitiven Gleichgewichts"[386] und ihrer zentralen Aussage, wonach Menschen danach streben, zwischen ihren Einstellungen und Verhaltensweisen einen Zustand der Harmonie und Übereinstimmung herzustellen, den entdeckten Zusammenhang zwischen Rauchverhalten und Interesse für Fragen der Krebsvorsorge erklären: Infolge der Kenntnis medizinischer Nachweise, wonach Rauchen Lungenkrebs fördert, ist die Einstellung derart informierter Personen zum Rauchen negativ und ihr Rauchverhalten entsprechend reduziert.

Ein wesentliches Merkmal wissenschaftlichen Wissens bzw. Wissens*erwerbs* scheint also im Versuch zu bestehen, möglichst allgemeingültige Aussagen hervorzubringen. Dies ist jedoch erst dann möglich, wenn man von den konkreten, empirisch erfaßbaren Phänomenen bzw. ihren Beziehungen untereinander abstrahiert. *Wissenschaftliche Erklärungen* beginnen daher „mit dem Nachdenken über die hinter den beobachtbaren Tatsachen liegenden wirksamen Zusammenhänge" (Teichert 1978, S. 16). Man trachtet danach, über die Entdeckung vieler erfahrbarer (empirischer) Zusammenhänge zu einem „dahinterstehenden" allgemeingültigen Zusammenhang zu gelangen, um das Auftreten ersterer mit letzterem erklären und begründen zu können.

385 Vgl. dazu Anmerkung 153.
386 Auf diese Theorie wurde weiter oben (S. 204 ff.) näher eingegangen.

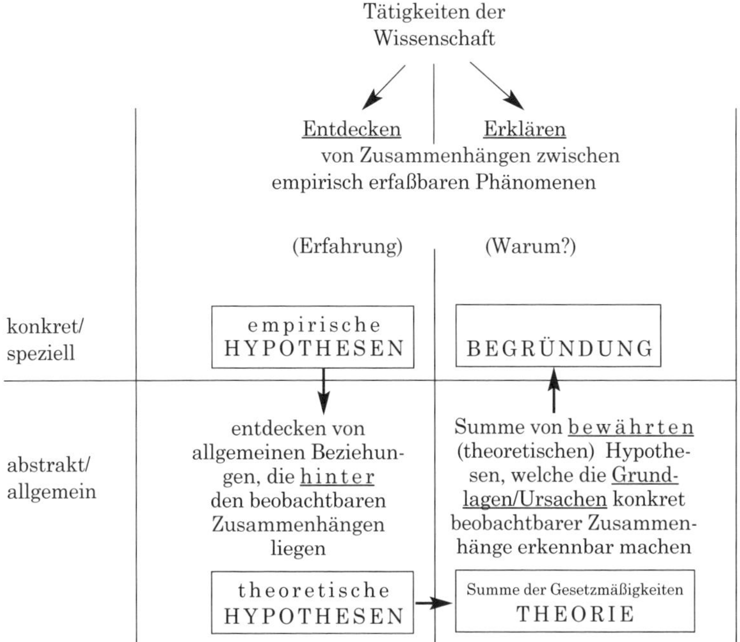

Abb. 31: Wissenschaftlicher Wissenserwerb

Anhand des Schaubildes läßt sich nunmehr der Prozeß des wissenschaftlichen Wissenserwerbs in seinen Grundzügen verdeutlichen: Man entdeckt zunächst auf der Ebene konkreter Erfahrung spezielle Zusammenhänge zwischen empirisch erfaßbaren Phänomenen, formuliert sog. „empirische Hypothesen" und hegt damit die Vermutung, es könnte sich dabei um eine stabile Merkmalsverbindung handeln.

Im hier verwendeten Beispiel wäre etwa die folgende empirische Hypothese vorstellbar: „Wenn Personen sich in hohem Maße für Fragen der Krebsvorsorge interessieren, dann sind sie schwache Raucher" (oder umgekehrt).

Gelangt man schließlich durch entsprechende Forschung zur Überzeugung, daß die beiden Tatbestände regelmäßig miteinander verknüpft sind, dann sucht man nach Erklärungen für diesen Umstand. Dies geschieht, indem man versucht, die beiden zusammenhängenden Tatbestände zu verallgemeinern,

d. h. von ihrer konkret beobachtbaren Ausformung zu abstrahieren.

Im vorgegebenen Beispiel muß man also danach trachten, den konkreten Zusammenhang zwischen „Interesse für Fragen der Krebsvorsorge" und „Rauchverhalten" zu verallgemeinern. Die allgemeinen Beziehungen, die *hinter* diesem Zusammenhang liegen, können als Beziehungen zwischen „Kognitionen" (Einstellungen, Vorstellungen, Interessen) und Verhalten betrachtet werden.

Auf dieser abstrakten Ebene formuliert man nun theoretische (allgemeine) Hypothesen, d. h., man bildet Aussagen über die Qualität dieses allgemeinen Zusammenhanges.

So etwa die Aussage: „Menschen trachten danach, einen Zustand der Übereinstimmung in ihren Einstellungen und in ihren Verhaltensweisen herbeizuführen" oder „Wenn sich die Einstellungen eines Menschen ändern, dann ändert sich auch sein Verhalten" ... usw.

Halten derartige allgemeine Hypothesen weiteren empirischen Überprüfungen stand, können sie sich in vergleichbaren anderen Situationen *bewähren,* dann erlangen sie den Status von (allgemeinen) Gesetzesaussagen. Eine Summe solcher bewährter allgemeiner Hypothesen bzw. Gesetzesaussagen bildet schließlich eine „Theorie", mit der dann die Grundlagen und Ursachen konkret beobachtbarer Zusammenhänge benannt werden können. Theoretische Aussagen liefern also die *Begründungen* für konkrete Phänomene bzw. Zusammenhänge zwischen diesen; Theorien erklären, *warum* reale Tatbestände so und nicht anders vorliegen.[387]

So ist eben beispielsweise mit der „Theorie des kognitiven Gleichgewichts" erklärbar, *warum* ein Zusammenhang, wie der oben dargestellte, in der Realität anzutreffen ist.

---

387 Mit dieser auf den ersten Blick recht einfach und komplikationslos anmutenden Verfahrensweise sind natürlich mannigfache wissenschaftstheoretische Probleme verbunden, auf die hier nicht im Detail eingegangen werden kann. So ist z. B. das Problem des sog. „Induktionsschlusses" tangiert: der Umstand, daß man von Einzelfällen auf alle Fälle einer Klasse schließt. Ein Schlußverfahren, das – obwohl strenggenommen unzulässig – in den empirischen Wissenschaften die Regel ist. Zu diesem Problembereich vgl. u. a. Seiffert 1973, S. 185 ff.; Schreiber 1990, S. 257 f. Zum Prozeß der Erlangung wissenschaftlicher Aussagen insgesamt vgl. z. B. Stromberger 1978, S. 29 ff.

Soweit also der prototypische Verlauf wissenschaftlichen Wissenserwerbs. Dabei sollte allerdings nicht unbemerkt bleiben, daß in vielen Fällen wissenschaftlicher Erkenntnisgewinnung nicht (mehr) erst aus dem Entdecken allgemeiner Zusammenhänge – bzw. aus der Formulierung theoretischer Hypothesen – eine entsprechende Theorie entsteht; dies ist lediglich der grundsätzliche erkenntnislogische Ablauf. Häufig wird der Vorgang bei der wissenschaftlichen Erklärung eines Zusammenhanges (gerade in den Sozialwissenschaften) eher umgekehrt – nämlich: von der Theorie zur (empirischen) Hypothese – verlaufen. M. a. W., eine schon vorhandene Theorie wird oftmals das „Entdecken" von (allgemeinen wie konkreten) Zusammenhängen wesentlich vorherbestimmen.

So wird im angeführten Beispiel nicht die Annahme über den Zusammenhang zwischen Einstellungen und Verhaltensweisen zu einer bestimmten Verhaltenstheorie führen – das ist im Verlauf der Wissenschaftsgeschichte eben schon geschehen –, sondern die bereits vorhandene Theorie des kognitiven Gleichgewichts wird die Vermutung, daß eine bestimmte Qualität oder ein Wandel von Einstellungen auf bestimmte Verhaltensweisen „abfärben" könnte, nahelegen.

Dennoch bleibt allemal das grundsätzliche Charakteristikum wissenschaftlichen Erklärens erhalten: der Schritt vom Besonderen zum Allgemeinen. Erst der Blick „hinter" das unmittelbar Beobachtbare führt zu jenen theoretischen Begründungszusammenhängen, welche (zumeist mehrere ähnliche) real ablaufende Vorgänge einsehbar und damit verstehbar machen.

Klärungsbedürftig erscheint nun jedoch die Frage, *warum* es überhaupt zu den bisher beschriebenen Entdeckungen und Erklärungen kommt, bzw. wieso bestimmte Phänomene – und keine anderen – Gegenstand der Wissenschaft werden. Wenn man – wie dies im vorliegenden Buch geschehen ist – davon ausgeht, daß menschliches Handeln nicht Selbstzweck ist, sondern zweck- und zielgerichtet (intentional) verläuft, dann muß diese Intentionalität ja auch dem „wissenschaftlichen Handeln" inhärent sein. Was ist also – so soll hier gefragt werden – Ausgangspunkt und Ziel wissenschaftlichen Entdeckens und Erklärens?

Ausgangspunkt jeder wissenschaftlichen Erkenntnis (Entdeckung und Erklärung von Zusammenhängen zwischen Phänomenen) ist das Vorhandensein eines Problems. Wir sind „nicht daran interessiert, alles und jedes zu erklären, sondern nur solche Sachverhalte, die gemessen an unseren Zielvorstellungen ein Problem darstellen" (Stromberger 1978, S. 30). Wissenschaftliche Erkenntnis beginnt daher „nicht mit Wahrnehmungen oder Beobachtungen oder der Sammlung von Daten oder von Tatsachen, sondern sie beginnt mit *Problemen*" (Popper 1972, S. 104)[388].

Ein Problem liegt dann vor, wenn „etwas in unserem vermeintlichen Wissen nicht in Ordnung ist" (Popper ebd.); ein Problem ist das „Wissen eines Individuums oder einer Menschengruppe darüber, daß das von ihm (ihr) beherrschte Wissen nicht genügt, ein durch die Praxis gefordertes Ziel erreichen zu können ..." (Parthey/Wittich 1972, S. 875). Probleme entstehen also immer dann, wenn Wissen endet, erst dann werden Fragen gestellt, und ebendiese Fragen führen schließlich dazu, daß man nach neuen (nicht bekannten oder nicht entdeckten) Zusammenhängen sucht.

So könnte man das hier strapazierte Raucherbeispiel in die kommerzielle Kommunikationsforschung transponieren und den Anlaß für das Feststellen des Zusammenhanges zwischen Rauchverhalten und Interesse an bestimmten medizinischen Fragen im Problem der Tabakindustrie sehen, den stagnierenden Zigarettenabsatz erklären zu wollen. Wenn die Verantwortlichen in der Tabakindustrie über kein Wissen darüber verfügen, warum Menschen weniger als bisher rauchen, dann beginnt man sich plötzlich mehr für diese Raucher zu interessieren, man stellt Fragen nach den Beweggründen ihres Verhaltens und versucht – wie im angenommenen Beispiel – mögliche Zusammenhänge zwischen ihren Motivationen bzw. Interessen und ihrem (Rauch-)Verhalten zu entdecken.

Ein Problem steht also immer am Beginn jeder wissenschaftlichen Entdeckung bzw. Erklärung. Man kann auch sagen, daß ein Problem dann vorliegt, wenn unsere Beobachtungen „gewissen unserer bewußten oder unbewußten Erwartungen widersprechen" (Popper 1972, S. 105). Dann erst werden „neue" Fragen gestellt, weil das Beobachtete „fragwürdig" geworden ist.

So etwa, wenn im oben angeführten Beispiel die beobachtete Stagnation im Zigarettenabsatz dem erwarteten Verkaufserfolg widerspricht ..., dann wird eben das Rauchverhalten „fragwürdig" ...

388 Noch exakter wäre wahrscheinlich: mit der *Definition* von Problemen.

Das in der Praxis auftretende Problem ist somit der Ausgangspunkt einer wissenschaftlichen Erkenntnis; das eigentliche *wissenschaftliche* Problem beginnt freilich erst an dem Punkt, wo von den konkreten in der Realität wahrnehmbaren Phänomenen abstrahiert wird und wo die Suche nach den allgemeinen – „hinter“ dem Beobachtbaren liegenden – Zusammenhängen beginnt.

Im angeführten Beispiel beginnt das „wissenschaftliche“ Problem also mit der Frage nach dem Zusammenhang zwischen den Interessen bzw. Einstellungen von Menschen und ihrem Verhalten.

Das *Ziel* wissenschaftlichen Wissenserwerbs kann daher als das Streben nach der Lösung von Problemen (theoretischer sowie praktischer Natur) begriffen werden. Auf der theoretischen Ebene wird die Qualität jener allgemeinen Beziehungen erhellt, die hinter den beobachtbaren Zusammenhängen liegen: dadurch werden die eigentlichen „wissenschaftlichen“ Probleme einer Lösung zugeführt. Zugleich können damit aber auf der konkreten Ebene der Lebenspraxis Erklärungen für das Auftreten von realen Vorgängen angeboten werden, welche zur Lösung der praktischen Probleme beitragen.

Im erwähnten Beispiel: Wenn man in der Tabakindustrie weiß, *warum* weniger geraucht wird (nämlich: weil man Rauchen für krebsfördernd hält), dann kann man ja z. B. darangehen, Zigaretten herzustellen, die weniger Schadstoffe enthalten und damit das praktische „Problem“ des stagnierenden Zigarettenabsatzes lösen …

Ein sog. **wissenschaftliches Fach** kann man nun mit Popper als „ein abgegrenztes und konstruiertes Konglomerat von Problemen und Lösungsversuchen“ (1972, S. 108) begreifen, von denen letztlich abhängt, welche Bedeutung und welchen Wert man der jeweiligen wissenschaftlichen Disziplin beimißt. Wissenschaften sind „erfolgreich oder erfolglos, interessant oder schal, fruchtbar oder unfruchtbar, in genauem Verhältnis zu der Bedeutung oder dem Interesse der Probleme, um die es sich handelt“; (…) „In allen Fällen, ohne Ausnahme, ist es der Charakter und die Qualität des Problems – zusammen natürlich mit der Kühnheit und Eigenart der vorgeschlagenen Lösung –, die den Wert oder Unwert der wissenschaftlichen Leistung bestimmt“ (Popper ebd., S. 105).

Eine „Wissenschaft“ – so läßt sich abschließend feststellen – benötigt man also immer dann, wenn ein Problem (in der realen Lebenspraxis) durch vorhandenes oder verfügbares Wissen nicht mehr gelöst werden kann. Dann muß das vorhandene bzw. verfügbare Wissen dadurch erweitert werden, daß man nach allgemeingültigen Aussagen (nach Theorien oder theoretischen Ansätzen) sucht, die *hinter* den beobachtbaren Phänomenen liegen und diese erklären – darin liegt die Besonderheit wissenschaftlichen Wissenserwerbs. Theorien stellen den Versuch dar, Zusammenhänge in einem bestimmten Objektbereich zu rekonstruieren (Friedrichs 1973, S. 69), um dadurch einen Realitätsausschnitt (= bestimmte Erfahrungszusammenhänge) verstehbar, interpretierbar zu machen. Erst anhand solcher abstrakter Erklärungsschemata gewinnt man Einsicht in den Ablauf von Vorgängen und erhält dadurch auch die Möglichkeit, Prognosen zu erstellen: Man kann versuchen, die Folgen bestimmter Gegebenheiten und Ereignisse vorauszusagen; eine Möglichkeit, die jeder auf die Erklärung empirischer Sachverhalte abzielenden Theorien innewohnt (vgl. etwa Prim/Tilmann 1973, S. 100 ff.).

Das Interesse der folgenden Ausführungen gilt nun jenen theoretischen Ansätzen, welche menschliche Kommunikation zu ihren Gegenstand haben. Dabei soll versucht werden, die Problembereiche, welche die jeweiligen Ansätze ins Auge fassen, herauszustellen und damit auch die Erklärungsmöglichkeiten zu benennen, die sie jeweils anbieten.

6.2. Kommunikationstheoretische Ansätze: Eine Systematik

Es ist hier ganz bewußt von kommunikationstheoretischen „Ansätzen“ und nicht von Kommunikations„theorien“ die Rede, weil wir (vgl. Fußnote 153) über strenge Allaussagen in den Sozialwissenschaften eigentlich nicht verfügen. Dennoch gibt es auch bei theoretischen Ansätzen solche, die eine große, und solche, die nur eine eher kleine Reichweite beanspruchen.

Die „Reichweite“ einer theoretischen Konzeption, also gleichsam die Anzahl der Sachverhalte, die sie zu erklären und zu prognostizieren vermag, hängt vom Allgemeinheitsgrad des Objektbereiches ab, den sie zu erfassen sucht. So gibt es einmal theoretische Konzepte, die das Materialobjekt „Kommunikation“ schlechthin zum Gegenstand haben. Sie stellen jeweils besondere Kennzeichen oder Ziele von Kommunikation in den Vordergrund und kommen dem klassischen naturwissenschaftlichen Theorieverständnis insofern schon sehr nahe, als sie Anspruch auf einen sehr hohen Allgemeinheitsgrad (bzw. auf eine sehr große Reichweite) erheben: Im Grunde sollen ihre Aussagen überall dort Gültigkeit besitzen, wo Menschen miteinander in kommunikative Verbindung treten. Und dann gibt es theoretische Konzepte, die das Materialobjekt „Kommunikation“ sehr stark auf ein – in unserem Fall wohl häufig – massenkommunikatives Phänomen reduzieren bzw. konkretisieren (etwa im Bereich des Journalismus, der Öffentlichkeitsarbeit, der Werbung etc.). Sie lassen sich zwar in der Regel auf theoretische Konzeptionen des höheren Niveaus zurückführen, ihre Reichweite ist aber wesentlich enger, sie wollen nur mehr für den jeweils ausgewählten Bereich der kommunikativen Wirklichkeit zuständig sein.[389]

389 Die hier vorgenommene Unterscheidung verschiedener Theorieniveaus erfolgt in Anlehnung an ähnliche Versuche in der Soziologie (vgl. dazu etwa Hondrich 1976). Der Vollständigkeit wegen sei erwähnt, daß man noch ein weiteres Theorieniveau unterscheiden kann, nämlich Theorien, die sich Theorien selbst als Erkenntnisobjekt gewählt haben: die Wissenschaftstheorien.

Auf der Basis dieses Theorieverständnisses sollen kommunikationstheoretische Ansätze nun den folgenden drei allgemeinen Dimensionen zugeordnet werden:

1. *einer grundlegenden („universalen") Dimension nach der Sichtweise des Erkenntnisobjektes „Kommunikation"*

Ansätze, die hier zuzuordnen sind, rücken jeweils voneinander unterscheidbare Aspekte des allgemeinen Phänomens „Kommunikation" in den Vordergrund. Sie beantworten die Frage nach den elementaren Kennzeichen von Kommunikation auf jeweils unterschiedliche Weise: Sie betonen entweder den Aspekt der *Übertragung* kommunikativ vermittelter Zeichen, den Aspekt der *Wechselseitigkeit* aller kommunikativer Prozesse, oder sie stellen den Tatbestand der *Umweltbezogenheit* kommunikativen Geschehens in den Mittelpunkt.

2. *einer zweckorientierten („funktionalen") Dimension nach dem Kommunikationsinteresse*

Ansätze, die hier zuzuordnen sind, rücken jeweils voneinander unterscheidbare Ziele des allgemeinen Phänomens „Kommunikation" in den Vordergrund. Sie beantworten die Frage nach dem – von Fall zu Fall unterscheidbaren – Verwendungszweck von Kommunikation auf jeweils unterschiedliche Weise. Unter Bezugnahme auf die Problembereiche, die von der jeweiligen Position aus ins Auge gefaßt werden, kann man zwischen dem Ziel der *Beeinflussung,* der *Emanzipation* und der *Therapie* unterscheiden.

3. *einer konkreten („gegenständlichen") Dimension nach der Wahl des kommunikativen Realitätsbereiches*

Ansätze, die hier zuzuordnen sind, rücken jeweils voneinander unterscheidbare Ausschnitte der kommunikativen Wirklichkeit in den Vordergrund (z. B. interpersonale Kommunikation, Gruppenkommunikation, Kommunikation in der Familie, Kommunikation zwischen Institutionen/Organisationen/Unternehmen u. ä.). Für die Publizistik- und Kommunikationswissenschaft ist dieser Ausschnitt vornehmlich die *öffentliche, massenmedial vemittelte Kommunikation.*

Diese scheinbar sehr trennscharfe Dimensionierung soll nicht darüber hinwegtäuschen, daß die Zuordnung der einzelnen Ansätze nicht immer ganz eindeutig ist und bisweilen schwerpunktartig erfolgen muß. Unschärfen liegen dabei in der Natur der Sache, denn jede kommunikationstheoretische Position behandelt ihren Erkenntnisgegenstand auf mehr oder weniger komplexe Weise und berührt damit notgedrungen verschiedene Dimensionen von Kommunikation. So gesehen, stellt eine Klassifikation, wie sie hier vorgenommen wird, stets eine Gewichtung dar, die aber dazu beitragen soll, zweifellos vorhandene unterschiedliche Zugangsweisen zum Erkenntnisgegenstand „Kommunikation" deutlicher hervortreten zu lassen.

Noch ein Wort zur nachfolgenden Darstellung ausgewählter kommunikationstheoretischer Ansätze, die dieser Systematik gehorchen wird. Kommunikationstheoretische Überlegungen sind notgedrungen eher abstrakt, sie mögen auf den ersten Blick vielleicht sogar von der konkreten Kommunikationspraxis im Alltag bzw. in einschlägigen Berufsfeldern abgehoben erscheinen. Bei näherem Hinsehen – und ich werde, soweit ich kann, auch entsprechende Hinweise geben – muß sich dieser Eindruck allerdings als falsch erweisen. Kommunikationstheorie und Kommunikationspraxis sind nicht einander ausschließende Gegensätze, sondern lediglich zwei mögliche Zugangsweisen zu ein und derselben kommunikativen Realität. Es gibt nämlich keine Praxis ohne Theorie: „Denn alle Praxis ist an vorgegebene Bedingungen gebunden und in eine vorgegebene Ordnung hineingestellt, mit der sie rechnen und die sie im voraus erkennen muß, soll sie nicht scheitern" (Brugger 1976, S. 402). Oder – wie es der Soziologe Hans Albert treffend formuliert: „Nichts ist in der Praxis brauchbarer als eine richtige Theorie" (Albert 1973, S. 80).

In diesem Sinn möchte ich auch die in der Folge ausgewählten Ansätze darstellen. Konkret bedeutet das: Obwohl es zunächst um allgemeine Perspektiven, dann um generelle Ziele von Kommunikation und erst in dritter Linie um Massenkommunikation geht, werde ich bereits auf den ersten beiden Dimensionen den Bezug zur Publizistik- und Kommunikationswissenschaft herstellen, d. h. auf fachspezifische Anwendungs- bzw. Umsetzungsmöglichkeiten verweisen, die aus der jeweils gewählten theoretischen Sichtweise in den Blick geraten.

6.3. Allgemeine Theorieperspektiven von Kommunikation

Zunächst geht es also um theoretische Überlegungen, die unterschiedliche Aspekte des Kommunikationsprozesses betonen. Sie beanspruchen relativ hohe Allgemeingültigkeit, denn sie betrachten die Merkmale, die sie in den Vordergrund rücken, als kennzeichnend für alle menschlichen Kommunikationsprozesse: für das Gespräch zwischen zwei Menschen ebenso wie für das massenmedial vermittelte Kommunikationsgeschehen. Die Merkmale, die besonders herausgehoben werden, betonen – wie bereits vorhin erwähnt – zunächst den Aspekt der „Übertragung" von Zeichen, weiters den Charakter der „Wechselseitigkeit" allen kommunikativen Geschehens und schließlich die Tatsache der „Umweltbezogenheit", d. h. den Umstand, daß Kommunikationsprozesse stets als Teil eines bestimmten sozialen Umfelds zu begreifen sind.

6.3.1. Kommunikation als Signalübertragung

Im Jahre 1949 wurde von den beiden amerikanischen Mathematikern und Nachrichtentechnikern Claude E. Shannon und Warren E. Weaver ein bahnbrechendes Modell der Nachrichtenvermittlung entwickelt.[390] Als Telefontechniker waren sie damit beschäftigt, die technisch-physikalischen Probleme beim Telefonieren – also: bei der Übertragung von elektrischen Signalen – zu lösen bzw. zu minimieren. Sie veranschaulichten diesen Signalübertragungsprozeß mit dem folgenden schematischen Modell:

---

390 Shannon und Weaver waren in den 40er Jahren Mitarbeiter einer amerikanischen Telefongesellschaft (der Bell Telepohne Laboratories), ab 1954 lehrte Shannon am Massachusetts Institute of Technology. Shannon und Weaver gelten gemeinsam mit Norbert Wiener als Begründer der mathematischen Informationstheorie, sie haben erstmals das Bit als Einheit einer Informationsmenge definiert.

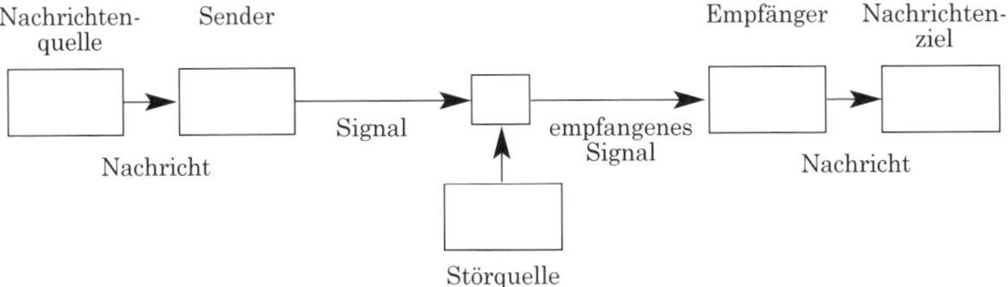

Abb. 32: Kommunikation als Signalübertragung. Shannon 1976, S. 44

Eine Nachrichtenquelle produziert eine Information, die von einem Empfänger aufgenommen wird und dort an ihr Ziel gelangt. Zu diesem Zweck muß die Nachricht von einem Sender in ein dem Übertragungskanal angemessenes Signal umgeformt (encodiert) werden. Beim Telefon ist die Nachrichtenquelle die (in das Telefonmikrofon) sprechende Person, der Sender ist die Telefonanlage, die den Schalldruck der Stimme in Stromimpulse übersetzt, der Kanal ist ein Draht und das Signal ist (ein sich ändernder) elektrischer Strom in diesem Draht. Der Kanal ist also das Mittel, um Signale vom Sender zum Empfänger zu übertragen. Der Empfänger führt dann den entgegengesetzten Arbeitsgang des Senders durch, indem er die Signale wieder in die ursprüngliche Information rückverwandelt (decodiert) und damit an ihr Ziel bringt. Bezogen auf die „face-to-face"-Kommunikation ohne technische Hilfsmittel wäre die Nachrichtenquelle das Gehirn des Sprechers, dessen Stimmbänder würden dem Sender entsprechen, der das Signal erzeugt, welches durch die Luft (den Kanal) übertragen wird. Die Ohren (und die dort stimulierten Gehörnerven) stellten den Empfänger dar, und dessen Gehirn würde schließlich dem Ziel (bzw. Bestimmungsort) der Botschaft entsprechen (vgl. Weaver 1976, S. 16).

Ein zentrales Element dieses Signalübertragungsprozesses besteht noch in der Geräusch- oder Störquelle (im engl.: „noise-source"). Damit wird darauf hingewiesen, daß dem Signal während seiner Übertragung Dinge hinzugefügt werden, die von der Nachrichtenquelle nicht beabsichtigt waren. Das sind z. B. Tonverzerrungen, atmosphärische Störungen etc. – Funktechniker sprechen hier vom „Rauschen" – , welche die Signalstärke reduzieren. Bezogen auf die „face-to-face"-Kommunikation ist hier z. B. an Straßenlärm oder sonstige Umweltgeräusche zu denken, die den Empfang der „Sprechsignale" stören.

Die technischen Probleme der Nachrichtenübermittlung lassen sich somit auf die Frage zuspitzen: „Wie genau können Zeichen bzw. Signale in Kommunikationsprozessen übertragen werden?" Fragen abseits dieser technisch-physikalischen Problematik vernachlässigt die mathematische Kommunikationstheorie, dessen waren sich die Modellkonstrukteure seinerzeit auch bewußt: "Semantic aspects of communication are irrelevant to the engineering problem" (Shannon/Weaver 1949, S. 31). „Information" darf in dieser mathematisch-technischen Kommunikationstheorie nämlich nicht mit „Bedeutung" gleichgesetzt werden. „Tatsächlich können zwei Nachrichten, von denen eine von besonderer Bedeutung ist, während die andere bloßen Unsinn darstellt, in dem von uns gebrauchten Sinn genau die gleiche Menge an Information enthalten" (Weaver 1976, S. 18).

Ein derartiger Informationsbegriff ist für die Analyse sozialer Kommunikationsprozesse allerdings schwer brauchbar, eben weil er die Bedeutung der übertragenen Bits vernachlässigt.[391] Sinn und Bedeutung können außerdem gar nicht „übertragen", sondern bestenfalls im Bewußtsein (des Gegenübers) wachgerufen werden.[392] Kommunikation läßt sich demgemäß auch als „Aktualisierung von Sinn" (Luhmann 1971, S. 32) begreifen.

Wenn ich diesen Ansatz dennoch hier präsentiere, so geschieht dies nicht bloß, weil wir es mit einem der allerersten Modelle des Kommunikationsprozesses zu tun haben, sondern vor allem deshalb, weil das Prinzip der „Encodierung" und „Decodierung" als elementares Merkmal *aller* Kommunikationsprozesse (auch der

391 Der Publizistikwissenschaftler Harry Pross hat einmal dafür plädiert, Information als „Korrelat von Unkenntnis" (Pross 1977, S. 23) zu begreifen. Aus dieser (psychologischen) Perspektive heraus gilt eine Mitteilung nur dann als „informativ", wenn sie die Unkenntnis bzw. das subjektive Nichtwissen des Empfängers verringert. „Information" läßt sich aus dieser Position „als dasjenige definieren, das Ungewißheit beseitigt oder reduziert" (Attneave 1965, S. 13).

392 Vgl. dazu auch die weiter oben (Kap. 2.4.) angesprochene Kritik an der „Container-Metapher".

öffentlichen) gelten kann und weil überdies von dem Hinweis auf die störenden Nebengeräusche bei der elektrischen Signalübertragung ausreichend heuristisches Potential für die nichttechnische Analyse von Kommunikation ausgeht.

All dies hat bereits vor Jahrzehnten der Soziologe Bernhard Badura (1971) erkannt, als er die technische Perspektive des Shannon/Weaver-Konzeptes auf die sprachliche Kommunikation übertrug und eine sozialwissenschaftlich adaptierte Variante des ursprünglichen Modells vorlegte. Nach Badura hat eine sozialwissenschaftliche Analyse menschlicher Kommunikation zunächst mehrfache Encodierungs- und Decodierungsprozesse zu berücksichtigen, die der syntaktischen, semantischen und pragmatischen Dimension sprachlicher Zeichen[393] entsprechen. Sie wird sich jedoch nicht mit der Behandlung rein sprachlicher Variablen zufriedengeben dürfen, sondern sie wird auch danach fragen müssen, unter welchen „gesellschaftlichen Randbedingungen" (Badura 1995, S. 19) die kommunikativen Prozesse ablaufen.

In Entsprechung zu den Nebengeräuschen bei der elektrischen Signalübertragung (= den technischen Randbedingungen) unterscheidet Badura vier Klassen gesellschaftlicher Randbedingungen von Kommunikation:

a) die Kommunikationssituation, b) das Informationsniveau, c) den emotiven Erlebnishorizont und d) die Interessen.

Badura entwirft schließlich eine sozialwissenschaftliche Erweiterung des ursprünglichen Shannon/Weaver-Schemas (Abb. 33).

Die gesellschaftlichen Randbedingungen beeinflussen also die Prozesse des Ver- und Entschlüsselns von zu vermittelnden Inhalten, und das gilt für die interpersonale Kommunikation ebenso wie für die öffentliche.

So kann bereits die **Kommunikationssituation** (a) sehr stark den Rezeptionsvorgang beeinträchtigen: er wird ober-

393 Auf diese Dimension sprachlicher Verständigung wurde bereits weiter oben (Kap. 3.1.) näher eingegangen.

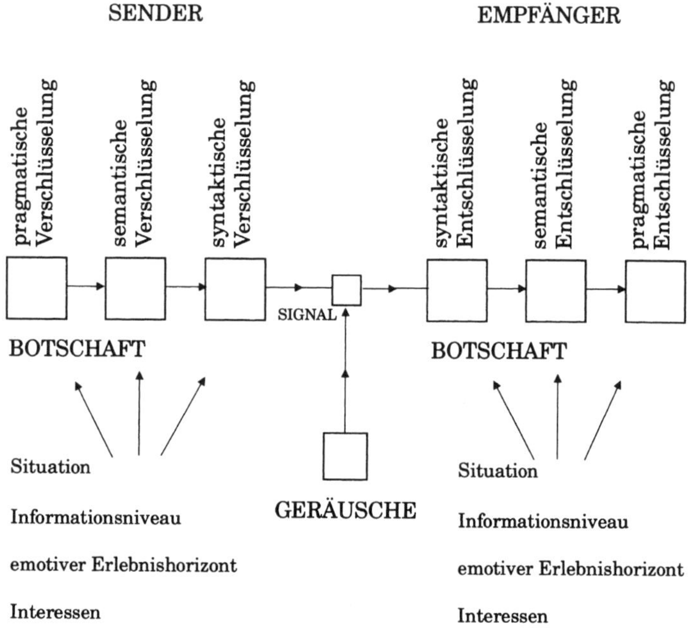

Abb. 33: Randbedingungen von Kommunikation. Badura 1971, S. 20 / 1992, *S. 19*

flächlicher, unkonzentrierter etc. sein, wenn ich beim Überqueren der Straße zufällig ein Plakat wahrnehme oder beim Warten auf die U-Bahn in einer Zeitschrift blättere, als wenn ich z. B. ganz gezielt nähere Informationen über Kommunikationstheorien in einem Fachbuch suche. Die Informationsaufnahme ist ebenso von der Art der medialen Vermittlung bestimmt: audiovisuelle Medien provozieren z. B. ganz andere Prozesse der Aufmerksamkeit und Wahrnehmung als Printmedien usw.

Was das **Informationsniveau** (b) betrifft, so wird der Umstand, wie verständlich, wie abstrakt, wie konkret etc. eine Information aufbereitet ist, Einfluß auf ihre Verstehbarkeit haben, ebenso wird das beim Empfänger bereits vorhandene Vorwissen den Übertragungsprozeß beeinflussen, also z. B. beschleunigen, verlangsamen oder ganz behindern. (So wird jemand, der die „Sprache" der mathematischen Logik nicht beherrscht, mit den entsprechenden Formeln nichts anfangen können.)

Ebenso ist der **emotive Erlebnishorizont** (c), also die Gefühle und Einstellungen, die bei einem Informationsübertragungsprozeß wachgerufen werden, als eine wichtige Variable zu beachten: So wird z. B. die Kriegsberichterstattung bei Menschen, die selber an einem Krieg teilnehmen mußten, andere Gefühle aktualisieren als bei der sog. „Nachkriegsgeneration".

Und schließlich beeinflussen die **Interessen** (d), die einem Thema und/oder einer Person entgegengebracht werden, sowohl die Selektion der Information als auch die Qualität des Ver- und Entschlüsselungsprozesses: Ein Wissenschaftler z. B., der einen Artikel für eine Fachzeitschrift formuliert, wird Interesse an einer sehr präzisen Darstellung haben, weil er mit einer aufmerksamen und kritischen Rezeption rechnet; die Rezipienten derartiger Medien werden in der Regel auch mehr Zeit für eine solche Lektüre aufwenden als für das Lesen aktueller Nachrichten in einer Tageszeitung usw.

So viel zum heuristischen Potential des Shannon/Weaver-Ansatzes, das dann zutage tritt, wenn man über die technische Dimension des Informationsübertragungsprozesses hinaus blickt und ihn für sozialwissenschaftliche Perspektiven öffnet. Kommunikation findet ja immer unter „gesellschaftlichen Randbedingungen" statt, deshalb können sowohl interpersonale als auch massenmediale Kommunikationsprozesse aus diesem Blickwinkel betrachtet werden.

6.3.2. Kommunikation als Interaktion

Kommunikation ist ein Prozeß, der stets ein Gegenüber, einen Kommunikationspartner impliziert. Kommunikation ist also immer ein doppelseitiges Geschehen, das zwischen (mindestens) zwei Partnern stattfindet. Im Mittelpunkt steht also das Verhältnis der jeweiligen Kommunikationspartner zueinander – oder anders formuliert: der Umstand, daß Kommunikation ein Vorgang ist, im Rahmen dessen beide Partner wechselseitig aufeinander Bezug nehmen müssen. Diese Doppelseitigkeit oder Wechselseitigkeit, die jeder Kommunikationsprozeß impliziert, wird von zwei fundamentalen theoretischen Perspektiven in den

Vordergrund gerückt: von dem auf George Herbert Mead zurückgehenden „Symbolischen Interaktionismus“ und von der „Theorie des kommunikativen Handelns“, wie sie Jürgen Habermas entwickelt hat.

6.3.2.1. Der Symbolische Interaktionismus

Das auf G. H. Mead zurückgehende Konzept des „Symbolischen Interaktionismus“ war bereits mehrfach Gegenstand von Überlegungen im Rahmen dieses Buches[394]; es muß an dieser Stelle daher nur die grundlegende Auffassung dieses Ansatzes in Erinnerung gerufen werden.

Bekanntlich geht der Symbolische Interaktionismus davon aus, daß der Mensch nicht nur in einer natürlichen, sondern auch in einer *symbolischen* Umwelt lebt (vgl. Rose 1967, S. 267) und begreift ihn demgemäß als ein Wesen, das den Dingen seiner Umgebung *Bedeutungen* zuschreibt. Die Kategorie der „Bedeutung“ kennzeichnet denn auch zentral symbolisch-interaktionistisches Denken. Dies wird erkennbar, wenn man sich mit Blumer (1973, S. 81) noch einmal die drei einfachen Prämissen vergegenwärtigt, auf denen dieses Denken letztlich beruht:

1. Menschen handeln den „Dingen“ ihrer Umwelt (Personen, Gegenständen, Zuständen, Ereignissen, Ideen ... etc.) gegenüber auf der Grundlage der Bedeutungen, welche diese Dinge für sie besitzen,
2. die Bedeutung dieser „Dinge“ entsteht in bzw. wird abgeleitet aus den sozialen Interaktionen, die Menschen miteinander eingehen.
3. Diese Bedeutungen werden dann in einem interpretativen Prozeß im Zuge der Auseinandersetzung mit diesen „Dingen“ benützt und gegebenenfalls auch wieder verändert.

Der Symbolische Interaktionismus impliziert nunmehr genau jene Vorstellung von Kommunikation, wie sie im zweiten Kapitel dieses Buches ausführlich dargestellt und später dann auch als humanspezifische Fähigkeit erkannt wurde: „Kommunika-

394 Vgl. dazu v. a. S. 54 ff., S. 153 ff. des vorliegenden Buches.

tion" erscheint als ein Prozeß, in dem Menschen mit Hilfe von Symbolen (verbaler und nonverbaler Natur) einander wechselseitig Bedeutungen ins Bewußtsein rufen. Erfolgreiche Kommunikation im Sinne von „Verständigung" bedarf im Horizont des Symbolischen Interaktionismus daher einer wechselseitigen Orientierung der jeweiligen Kommunikationspartner aneinander, sie bedarf eines „Abstimmens" der zu setzenden kommunikativen Aktivitäten im Hinblick aufeinander.

Von symbolisch-interaktionistischem Standpunkt aus ist dieses wechselseitige Orientieren der Kommunikationspartner aneinander impliziter Bestandteil des Kommunikationsprozesses, denn: im Zuge symbolisch vermittelter Interaktionen aktualisieren wir (mit Hilfe der verwendeten Symbole) in unserem Bewußtsein und im Bewußtsein unseres/unserer Kommunikationspartner nicht bloß Bedeutungen, sondern wir nehmen damit zugleich auch die (vermeintliche) Haltung des/der anderen uns selbst gegenüber ein. Indem wir Symbole zum Zweck der Kommunikation verwenden, betrachten wir uns gleichsam aus der Perspektive unseres/unserer Kommunikationspartner, d. h. wir schlüpfen in die Rolle unseres jeweiligen Gegenübers. Kommunikation beinhaltet also Rollenübernahme; Kommunikation impliziert, „daß der einzelne Kommunikator sich vorstellt – in sich selbst als Reaktion hervorruft –, wie der Empfänger seine Kommunikation aufnimmt" (Rose 1967, S. 270).[395] Diese (wechselseitig) erwarteten Interpretationsleistungen bestimmen schließlich auch in hohem Ausmaß den Ablauf der jeweiligen kommunikativen Interaktion.[396]

---

395 Auf den Umstand, daß wir nicht bloß in der Lage sind, in die konkrete Rolle unseres jeweiligen Gegenübers, sondern auch in die Rolle des „verallgemeinerten anderen" zu schlüpfen, also in uns selbst gleichzeitig verschiedene Verhaltensweisen mehrerer Personen bzw. unterschiedlicher Gruppen von Menschen hervorzurufen, wurde bereits weiter oben eingegangen. Zum symbolisch-interaktionistischen Konzept der Rollenübernahme vgl. S. 157 ff.

396 Merten hat in diesem Zusammenhang darauf hingewiesen, daß interpretative Prozesse ja insofern zwingend an Erwartungen anknüpfen, als „die zu interpretierende Wahrnehmung mit den vorliegenden Erfahrungen und den daraus je Situation ableitbaren Erwartungen verglichen und auf diese hin bewertet wird. Die gesamte Steuerung eines Kommunikationsprozesses geschieht somit nicht nur durch die wahrnehmbaren Handlungen des

Auf der Hand liegt, daß „Verständigung“ im Sinne einer partnergerechten Interpretation der verwendeten Symbole und der gesetzten (kommunikativen) Handlungen nur dann zustande kommt, wenn wechselseitig dieselben oder wenigstens sehr ähnliche Perspektiven unterstellt bzw. wenn dieselben oder wenigstens sehr ähnliche Erwartungen geweckt werden. Dies trifft jedoch nur für sog. „signifikante Symbole“ zu, d. h. nur für solche Zeichen, die eine *beiden* Kommunikationspartnern *gemeinsame* Erfahrungsgrundlage besitzen und daher auch im Bewußtsein beider Partner dieselben bzw. sehr ähnliche Bedeutungen aktualisieren. „Verständigung“ als Ergebnis kommunikativer Prozesse bedarf daher signifikanter Symbole, weil diese mit anderen *geteilte* Bedeutungen repräsentieren; nur über derartige signifikante Symbole kann wechselseitiges Verstehen tatsächlich realisiert werden.[397]

Ein kommunikationstheoretischer Ansatz, der sich die symbolisch-interaktionistische Perspektive zu eigen macht, erweist sich damit nunmehr für Verständigungsprobleme zuständig. Ein derartiger Ansatz liefert Erklärungen für das Zustandekommen bzw. das Scheitern von Verständigung bzw. Verständigungsversuchen zwischen Kommunikationspartnern, indem er auf den Zusammenhang zwischen der Interpretation von Symbolen und den subjektiven Lebenswelten verweist, in denen Bedeutungen entstehen, individuell benützt und verändert werden. Eine symbolisch-interaktionistisch orientierte Sichtweise des Kommunikationsprozesses macht deutlich, daß die wechselseitig vorgenommenen Interpretationen der kommunikativen

---

Partners (die ja auch verhaltenstheoretisch erklärbar wären), sondern erfolgt geradezu durch die vorhandenen oder unterstellten Erwartungen des bzw. der Partner; eine Potenzierung dieser Steuerungsmöglichkeit schließlich ergibt sich durch die Verschränkung der Erwartungen des bzw. der Partner, d. h. durch deren Reflexivwerden: Der Partner reagiert nicht mehr allein auf Wahrnehmungen des anderen, sondern steuert sein Handeln in der Antizipation des Handelns des anderen an Erwartungen: Er handelt (kommuniziert) so und so, weil er glaubt, daß der andere glaubt, daß er glaubt, diese oder jene Gründe dafür zu haben. Oder: A nimmt wahr, daß B wahrnimmt wie A wahrnimmt, daß etc.“ (Merten 1977, S. 63).

397 Auf den Begriff des „signifikanten Symbols“ wird hier nicht mehr näher eingegangen – vgl. dazu S. 56, S. 115 u. S. 163 f.

Aktivitäten (des jeweiligen Gegenübers) auf intrapersonal gespeicherten sozialen Erfahrungszusammenhängen basieren (vgl. Merten 1977, S. 64), deren Erkennen zugleich auch die Ursachen etwaiger Verständigungsbarrieren freilegt, Mißverständnisse erklärbar und damit reduzierbar macht.

Dies gilt nun nicht nur für die direkte zwischenmenschliche Kommunikation (von Angesicht zu Angesicht), dies gilt auch für den Massenkommunikationsprozeß. Der Umstand, daß Bedeutungen an subjektive Interpretationsleistungen gebunden sind und darüber hinaus keine stabilen Größen darstellen, sondern auch wieder abgeändert werden können, deutet ja darauf hin, daß auch den Massenmedien und deren Inhalten – ebenso wie allen anderen Umweltobjekten – nicht endgültige, feststehende Bedeutungen zukommen – im Gegenteil: erst im jeweils subjektiven Umgang mit ihnen kommt es zu – von Fall zu Fall recht divergenten – individuellen Bedeutungszuweisungen. Abermals liegt auf der Hand, daß das Zustandekommen von „Verständigung“ zwischen Kommunikator(en) und Rezipient(en) auch im Massenkommunikationsprozeß wechselseitig identer (oder wenigstens sehr ähnlicher) Bedeutungszuweisungen bedarf.

Diese Theorie hat seit den siebziger Jahren vor allem die massenkommunikative Wirkungsforschung nachhaltig beeinflußt. Sie ist die zentrale Wurzel des weiter oben dargestellten „Nutzenansatzes“ (vgl. dazu S. 222 ff. des vorliegenden Buches) der bekanntlich unter Rekurs auf den Symbolischen Interaktionismus behauptet, auch die Massenmedien bzw. die über sie vermittelten Aussagen hätten nicht Bedeutung „an sich“, sondern erhalten ihren Stellenwert in unserem Alltag erst aus der Art und Weise heraus, wie wir mit ihnen umgehen, wozu wir sie „nutzen“. Auch was die Entwicklung von Identitätsvorstellungen betrifft, leisten Medien demnach ihren Beitrag: indem sie uns z. B. Interaktionsprozesse zwischen Trägern verschiedener Rollen vor Augen führen und auf diese Weise vielfältige Möglichkeiten zur Identifikation und damit zur Entwicklung eines Selbst-Bewußtseins bieten.

6.3.2.2. Die Theorie des kommunikativen Handelns

Die Kommunikationstheorie von Jürgen Habermas ist zentraler Teil seiner allgemeinen Gesellschaftstheorie, der Theorie der Moderne, die er in seinem bisherigen Hauptwerk herausgearbeitet hat.[398] Im Mittelpunkt seiner Kommunikationstheorie steht das Bemühen, den Prozeß der Verständigung von seinen humanspezifischen Grundbedingungen her zu durchleuchten. Aufgabe der von ihm angestrebten **Universalpragmatik** oder einer **Theorie der kommunikativen Kompetenz** ist es, „universale Bedingungen möglicher Verständigung zu identifizieren und nachzukonstruieren" (Habermas 1976b, S. 174). Habermas sieht in diesen universalen Bedingungen möglicher Verständigung die allgemeinen Voraussetzungen des (verständigungsorientierten) kommunikativen Handelns. Er versucht sie zu entdecken, indem er sich mit Apel auf das besinnt, „was wir notwendigerweise immer schon bei uns selbst und den Anderen als normative Bedingungen der Möglichkeit von Verständigung voraussetzen müssen" (Apel zit. n. Habermas ebd., S. 175). Zu diesem Zweck knüpft er bei der angelsächsischen Sprechaktphilosophie von Austin und Searle an und greift den „Sprechakt" oder die „Sprechhandlung" als zentrale Kategorie kommunikativen Handelns heraus[399], um an die-

---

398 Jürgen Habermas ist einer der bedeutendsten zeitgenössischen Sozialphilosophen. Die Zahl seiner Publikationen und auch das Echo, das seine Veröffentlichungenen hervorgerufen hat, füllen ganze Bücherregale und sind kaum mehr überschaubar. Sein zweibändiges Hauptwerk über die „Theorie des kommunikativen Handelns" erschien erstmals 1981. Als Kurzeinführung in sein Denken, wie es für die Publizistik- und Kommunikationswissenschaft relevant erachtet wird, verweise ich auf Burkart/Lang 1992.

399 Daß Habermas den Bereich der nonverbalen Kommunikation vernachlässigt und seine Analyse auf *sprachlich*-kommunikatives Handeln konzentriert, geschieht nicht aus arbeitsökonomischen Gründen, sondern v. a. deshalb, weil er in der Sprache das humanspezifische Medium der Verständigung sieht und zudem in allen anderen Formen des sozialen Handelns Derivate dieses verständigungsorientierten Handelns erblickt (vgl. Habermas 1976b, S. 175). Der Umstand, daß er den „Sprechakt" als zentrale Analyseeinheit herausgreift, entspricht konsequent seinem universalpragmatischen Anliegen, denn damit rückt er ja gerade die *pragmatische* Sprach- bzw. Zeichendimension in den Vordergrund (vgl. dazu auch S. 79 f.

sem/dieser jene „transzendentale Nötigung“ zu erkennen, „der wir als Sprecher unterliegen, sobald wir einen Sprechakt ausführen oder verstehen oder beantworten“ (ebd.).

Ausgehend vom Begriff der „Sprachkompetenz“ nach Chomsky, der darin die Fähigkeit eines Sprechers sieht, infolge des Verfügens über ein grammatikalisches Regelsystem einen sprachlich einwandfreien Satz hervorzubringen, entwickelt Habermas den Begriff der **kommunikativen Kompetenz**, in der er die Fähigkeit eines (verständigungsbereiten) Sprechers sieht, einen wohlgeformten (d. h. einem grammatischen Regelsystem entsprechenden) Satz in Realitätsbezüge einzubetten (vgl. Habermas 1971a, S. 101; 1976b, S. 208). Ein verständigungsbereiter Sprecher handelt in diesem Sinn nicht bloß „sprachfähig“, sondern v. a. auch „kommunikationsfähig“ und muß das Vorhandensein dieser Fähigkeiten (Kompetenzen) auch bei seinem jeweiligen Gegenüber voraussetzen. Habermas’ zentrale These lautet nun, daß *jeder* kommunikativ Handelnde, der mit seiner Sprechhandlung an einem Verständigungsprozeß teilnehmen will, implizit weiß, daß folgende universale Ansprüche Gültigkeit besitzen, die nicht nur von ihm, sondern auch von seinem(-en) Kommunikationspartner(n) anerkannt werden müssen und denen er daher zu entsprechen hat:

- Der Anspruch der *Verständlichkeit:*
  Er weiß, daß er sich *verständlich ausdrücken* muß, d. h., daß er sprachliche Ausdrücke bzw. Sätze zu bilden hat, die – gemessen am grammatikalischen Regelsystem der von Sprecher und Hörer gemeinsam beherrschten Sprache – wohlgeformt sind, damit Sprecher und Hörer einander überhaupt verstehen können.
- Der Anspruch der *Wahrheit:*
  Er weiß, daß er einen „wahren“ Inhalt mitteilen muß, d. h., daß er über *etwas* sprechen muß, dessen reale Existenz nicht nur von ihm, sondern auch von seinem Kommunikationspartner unterstellt wird. Er weiß m. a. W. also, daß er etwas zu verstehen geben muß, das einen Bezug zu jener (äußeren) Realität hat, die auch vom Hörer wahrgenommen und als

existent anerkannt wird (vgl. Habermas 1976b, S. 207), damit der Hörer das Wissen des Sprechers teilen kann.[400]

- Der Anspruch der *Wahrhaftigkeit:*

  Er weiß, daß er die Absicht haben muß, *sich* dabei auch tatsächlich verständlich zu machen, d. h., daß er seine Intentionen wahrhaftig zu äußern hat; er muß m. a. W. den Willen zur Selbstdarstellung (= zur Darstellung des in bzw. mit seiner Sprechhandlung verfolgten Interesses) haben, damit der Hörer der Äußerung des Sprechers auch glauben (ihm vertrauen) kann (vgl. Habermas 1971a, S. 131).
- Der Anspruch der *Richtigkeit:*

  Er weiß, daß er eine Äußerung wählen muß, die es erlaubt, daß Sprecher und Hörer sich *miteinander* verständigen. Eine derartige Äußerung hat im Hinblick auf die gesellschaftliche bzw. interindividuell anerkannten Werte und Normen „richtig" zu sein (d. h., sie muß sich im Einklang mit diesen befinden), damit der Hörer die Äußerung des Sprechers (bezüglich des normativen Hintergrundes, vor dem sie stattfindet) auch akzeptieren kann.

Indem jeder kommunikativ Handelnde nun solche Unterstellungen vornimmt, bezieht er sich mit seiner Äußerung – was die

---

des vorl. Buches), auf der schließlich jene „pragmatischen Universalien", d. h. jene Klassen von sprachlichen Ausdrücken erkennbar werden, mit denen wir die Bedingungen möglicher Kommunikation überhaupt erst hervorbringen (vgl. dazu Habermas 1971a, S. 109 ff.).

400 Von ferne schimmert hier durch, daß Habermas Anhänger der Konsenstheorie der Wahrheit ist. Im Gegensatz etwa zur Korrespondenztheorie der Wahrheit, deren Vertreter Aussagen nur dann als wahr anerkennen, wenn sie mit der Wirklichkeit übereinstimmen, d. h., wenn sie diese wiedergeben oder gar abbilden (was natürlich auch impliziert, daß man Realität „an sich" zweifelsfrei und objektiv erkennen kann), sehen die Konsensustheoretiker die Bedingung für die Wahrheit von Aussagen in der potentiellen Zustimmung *aller* (vernünftig urteilenden) anderen (vgl. dazu Habermas 1971a, S. 123 ff.; 1973 b, S. 211 ff.). Der Umstand, daß Habermas eine Aussage dann als „wahr" bezeichnet, wenn sie auf etwas verweist, das auch vom Hörer wahrgenommen werden kann – auch Vorstellungen von nicht unmittelbar sinnlich Wahrzunehmendem (etwa metaphysischer Natur), die im Bewußtsein beider Kommunikationspartner durch sprachliche Aussagen aktualisiert werden, sind in diesem Sinn dann „Wahrnehmungen" –, deutet diese seine Position an.

Geltungsansprüche „Wahrheit“, „Wahrhaftigkeit“ und „Richtigkeit“ betrifft – zugleich auf drei unterscheidbare Wirklichkeitsdimensionen. Habermas spricht auch von „drei Welten“: auf die „objektive Welt“ (als die Gesamtheit aller Entitäten, über die wahre Aussagen möglich sind), auf die „subjektive Welt“ (als die Gesamtheit der privilegiert zugänglichen Erlebnisse des Sprechers) und auf die „soziale Welt“ (als die Gesamtheit der legitim geregelten sozialen Beziehungen) (Habermas 1981/I/S. 149).

Zur Verdeutlichung dieser vier Geltungsansprüche sei ein Prüfungsgespräch angenommen, in dem ein Professor einen Studenten über Inhalte seiner Vorlesung befragt. Die jeweils gesetzten Sprechhandlungen werden nur dann den Charakter von Verständigungshandlungen besitzen, wenn

- Student und Professor einander wechselseitig die Fähigkeit und auch die Bereitschaft zu (grammatikalisch) wohlgeformten und daher grundsätzlich verständlichen Ausdrucksweisen zuerkennen.
- Student und Professor anerkennen, daß den sprachlichen Bezeichnungen, die sie verwenden, auch tatsächlich Realitätsausschnitte entsprechen.
- Student und Professor den jeweils zum Ausdruck gelangenden Sprecher-Intentionen vertrauen und damit Fragen (seitens des Professors) als versuchte Wissens- bzw. Reflexionskontrolle (und nicht etwa als Versuche, den Kandidaten in die Irre zu führen) sowie Antworten (seitens des Studenten) als versuchte Auskünfte über das subjektive Wissens- bzw. Reflexionsniveau (und nicht als Provokationen) anerkennen.
- Student und Professor die Gesprächssituation „Prüfung“ akzeptieren und daraus übereinstimmend die Berechtigung für jeweils auftretende Sprechakte (Fragen und Antworten) ableiten.

Verständigung erscheint somit als der Prozeß der „Herbeiführung eines *Einverständnisses,* welches in der intersubjektiven Gemeinsamkeit des wechselseitigen Verstehens, des geteilten Wissens, des gegenseitigen Vertrauens und des miteinander Übereinstimmens [im Hinblick auf die dem Sprechakt zugrundeliegenden Werte und Normen, R. B.] terminiert“ (Habermas 1976b, S. 176). Verständigung kann also nur auf der *vorausgesetzten* Basis dieser gemeinsam anerkannten Geltungsansprüche zustande kommen (ebd. S. 177). Die gemeinsame Anerkennung dieser reziprok erhobenen Geltungsansprüche erweist sich nunmehr auch als zentrales Element jener universalen Bedingungen möglicher Verständigung, die nach Habermas die allgemeinen Voraussetzungen kommunikativen Handelns überhaupt darstellen. Diese von ihm auch als **Hintergrundkonsens** (ebd.) bezeichneten Voraussetzungen *jeder* kommunikativen Interaktion bestehen nämlich

- im wechselseitigen Wissen der Kommunikationspartner, daß jeder von ihnen die genannten Geltungsansprüche erheben muß, wenn Kommunikation (im Sinne von „Verständigung") zustande kommen soll,
- im gegenseitigen Unterstellen der Kommunikationspartner, daß sie diese Kommunikationsvoraussetzungen auch tatsächlich erfüllen, d. h. die Geltungsansprüche zu Recht erheben, und schließlich
- in der gemeinsamen Überzeugung, daß die erhobenen Geltungsansprüche entweder bereits eingelöst sind oder jederzeit eingelöst werden könnten (vgl. ebd. S. 178).

Wird dieser Hintergrundkonsens erschüttert, dann kann Verständigung zwischen den jeweiligen Kommunikationspartnern nicht mehr hergestellt und kommunikatives Handeln nicht mehr fortgesetzt werden.

Habermas ist sich dessen bewußt, daß er mit dieser Begriffsbestimmung auf die Maximalbedeutung von „Verständigung" abzielt[401] und daß das volle Einverständnis in bezug auf alle vier genannten Geltungsansprüche nicht den Normalzustand kommunikativer Interaktionen darstellt. Er verweist deshalb auch auf den **Diskurs** als eine weitere – neben dem kommunikativen Handeln bestehende – Form umgangssprachlicher Kommunikation: Im Diskurs versucht man, ein im kommunikativen Handeln (naiv) vorausgesetztes, nun aber problematisch gewordenes Einverständnis durch Begründung wiederherzustellen (vgl. Habermas 1971a, S. 115), um kommunikatives

401 Im Gegensatz zur Minimalbedeutung, die lediglich für sich in Anspruch nimmt, „daß zwei Subjekte einen sprachlichen Ausdruck identisch verstehen" (Habermas 1976b, S. 177).

Handeln fortsetzen zu können. Im Diskurs werden kommunikative Handlungen bzw. die jeweils problematisch gewordenen (und daher nicht mehr naiv vorausgesetzten) Geltungsansprüche selbst zum Thema von Kommunikation.[402]

In dem Moment, wo wir versuchen, mit unserem(-en) Kommunikationspartner(n) in einen Diskurs einzutreten, oder auch schon in dem Moment, wo wir bloß unterstellen, dazu jederzeit in der Lage zu sein, nehmen wir jedoch eine Idealisierung vor, die niemals zur Gänze (sondern bestenfalls ansatzweise) realisierbar ist: wir unterstellen nämlich eine **ideale Sprechsituation.** Dies ist eine Sprechsituation, die weder durch äußere Einwirkungen auf die Kommunikationspartner selbst noch durch Zwänge, die sich aus der Kommunikationsstruktur selbst ergeben, behindert wird. Die ideale ideale Sprechsituation ist die Utopie herrschaftsfreier Kommunikation[403], in der völlige Chancengleichheit bei der Wahrnehmung der Dialogrollen besteht und systematische Verzerrungen der Kommunikation ausgeschlossen sind (vgl. Habermas 1971a, S. 136 ff.). Die von Habermas noch näher explizierten Bedingungen dieser idealen Sprechsituation erweisen sich schließlich als „kontrafaktisch", d. h. als für die Realität sozialer Kommunikationspro-

402 Wenn der Hintergrundkonsens erschüttert ist, dann werden die jeweils als problematisch empfundenen Geltungsansprüche zunächst in Form von typischen Fragen thematisch, die noch normaler Bestandteil der kommunikativen Praxis sind. Im Falle des Problematisierens der *Verständlichkeit* einer Äußerung sind das Fragen des Typs: Wie meinst du das? Wie soll ich das verstehen? Was bedeutet das? Ist die *Wahrheit* einer Aussage problematisch, dann fragen wir etwa: Verhält es sich so, wie du sagst? Warum verhält es sich so und nicht anders? Wenn die *Wahrhaftigkeit* eines Gegenübers angezweifelt wird, stellen wir Fragen vom Typ: Täuscht er mich? Täuscht er sich über sich selbst? (Diese Fragen richten wir allerdings zumeist an Dritte und nicht an den jeweils kommunikativ Handelnden selbst.) Zweifeln wir schließlich die *Richtigkeit* der Norm an, die einem Sprechakt zugrunde liegt, dann stellen wir Fragen wie: Warum hast du das getan? Warum hast du dich nicht anders verhalten? – Auf den Umstand, daß nicht alle Geltungsansprüche (sondern nur Wahrheit und Richtigkeit) *diskursiv* eingelöst werden können, sei hier nur am Rande verwiesen (vgl. dazu insgesamt Habermas 1971a, S. 116 f.; 1973b, S. 221 f.).

403 Die Bedingungen der idealen Sprechsituation stellen für Habermas letztendlich die Bedingungen einer idealen Lebensform dar (vgl. Habermas 1971a, S. 139 f.).

zesse *nicht* zutreffend. Um jedoch überhaupt kommunizieren und Verständigung herstellen zu können, muß jeder kommunikativ Handelnde – gewissermaßen wider seine Erfahrungen – die Existenz der idealen Sprechsituation voraussetzen; es gehört „zur Struktur möglicher Rede, daß wir im Vollzug der Sprechakte (...) kontrafaktisch so tun, als sei die ideale Sprechsituation (...) nicht bloß fiktiv, sondern wirklich" (Habermas 1971a, S. 140).

Indem wir also kraft kommunikativer Kompetenz sprachlich wohlgeformte (d. h. einem grammatischen Regelsystem entsprechende) Sätze in Realitätsbezüge einbetten, d. h. in „Äußerungen" (= in pragmatische Einheiten der Rede)[404] transformieren, setzen wir nicht nur die reziproke Anerkennung universaler Geltungsansprüche voraus, sondern handeln damit zugleich im Vorgriff auf eine ideale Sprechsituation, um deren Kontrafaktizität wir implizit wissen. Immer dann, wenn wir einen Sprechakt setzen (und diesem den Charakter einer Verständigungshandlung zuschreiben), handeln wir also so, als wäre die ideale Sprechsituation nicht bloße Fiktion, sondern jederzeit realisierbar; damit erweist sich nunmehr die Vorwegnahme des idealisierten Gesprächs als die Grundlage jeder (verständigungsorientierten) sprachlichen Kommunikation. Dieses „normative Fundament sprachlicher Verständigung ist mithin beides: antizipiert, aber als antizipierte Grundlage auch wirksam" (Habermas 1971a, S. 140).

Insgesamt stellt der universalpragmatische Denkansatz also tiefgreifende Einsichten in den Prozeß der Verständigung bereit. Habermas benennt mit den vier universalen Geltungsansprüchen (und deren Implikationen) nicht nur die grundsätzlichen Voraussetzungen „funktionierender" (d. h. Verständigung

404 Bekanntlich benötigt man für eine pragmatische Sprachanalyse ja die Differenzierung von „Satz" und „Äußerung". Für Habermas stellen daher „Sätze" linguistische Einheiten, also Einheiten der Sprache dar, die aus (nach syntaktischen und semantischen Regeln gebildeten) sprachlichen Ausdrücken bestehen, während er in „Äußerungen" situierte Sätze sieht; in einer Äußerung befindet sich ein Satz bereits in einem Verwendungszusammenhang, Äußerungen sind Bestandteile der zu etwas *benützten* Sprache, also *pragmatische* Einheiten der „Rede" (vgl. dazu Habermas 1971a, S. 101 f., sowie S. 79 f. des vorliegenden Buches).

herstellender) Kommunikation, er liefert in diesen zugleich auch Ansatzpunkte für eine Analyse von Verständigungsproblemen und trägt damit zu deren Lösung bei: Eine Untersuchung der Kommunikationspraxis, die sich dem universalpragmatischen Denkansatz verpflichtet fühlt, faßt die universalen Bedingungen möglicher Verständigung ins Auge und versucht, nicht eingelöste Geltungsansprüche als elementare Kommunikationsbarrieren zu entlarven.

Selbstverständlich ist die Theorie des kommunikativen Handelns in der Flut an Veröffentlichungen, die sich auf sie beziehen, auch vielfach kritisiert worden. Ohne im vorliegenden Zusammenhang auf diese Kritik vollständig eingehen zu können[405], möchte ich allerdings einen (wie ich glaube) zentralen Kritikpunkt herausgreifen. Es handelt sich um den Vorwurf, die Theorie sei praxisfern, weil sie sich auf die universalen Bedingungen von Kommunikation konzentriere und damit die konkrete (empirische) gesellschaftliche Lebenspraxis ausblende: „Das Nichtbeachten gesellschaftlicher Phänomene (...) stellt zweifellos die entscheidende Schwäche der Theorie der kommunikativen Kompetenz aus sozialwissenschaftlicher Warte dar, denn es ist unmöglich, die Bedingungen der idealen Sprechsituation zu realisieren. Kommunikation, die doch aufs engste mit Gesellschaftsstrukturen verknüpft ist, wird ‚frei schwebend' und ohne Rückbezug auf soziale Strukturen und Prozesse analysiert. Die Theorie (...) ist nicht einmal als Bezugsrahmen zur Einschätzung empirischer Situationen brauchbar" (Kunczik 1984, S. 110).

Diese Kritik greift daneben. Zum einen hat Habermas nie behauptet, mit seiner Theorie empirische Realität beschreiben zu wollen. Im Gegenteil, er bezeichnet – wie vorhin erwähnt – sogar selbst die Bedingungen der idealen Sprechsituation als „kontrafaktisch", d. h. als für die Realität sozialer Kommunikation nicht zutreffend. Und zweitens läßt sich gerade aus der Perspektive der idealen Sprechsituation ein Maßstab ableiten, mit

---

405 Vgl. dazu die bei Burkart/Lang (1992, S. 67) angeführten Literaturverweise über die Sekundärliteratur zu Jürgen Habermas.

dessen Hilfe man sehr wohl diagnostizieren kann, wie weit die Realität jeweils von einem angenommenen Idealzustand (es heißt ja auch nicht: „Realzustand") entfernt ist.[406]

Ich möchte zwei Beispiele aus meiner eigenen Forschungstätigkeit anführen, mit denen die Praxisrelevanz dieser Überlegungen unter Beweis gestellt werden kann.

■ Die Rezeption einer Fernsehdiskussion als Verständigungsprozeß

In den 80er Jahren untersuchten wir in der Endphase eines österreichischen Nationalratswahlkampfes mit Hilfe des Instruments der teilnehmenden Beobachtung die Rezeption einer TV-Diskussion zwischen zwei Spitzenpolitikern (Burkart 1983, 1985). Fernsehdiskussionen gelten u. a. deshalb als besonders „wirksam", weil man dem Standpunkt des politischen Gegners nicht ausweichen kann. Es wird sozusagen die Mauer jener selektiven Aufmerksamkeit durchbrochen, „welche die Leute gewöhnlich nur die Reden des Mannes anhören läßt, für den sie ohnehin schon sind" (de Sola Pool 1970, S. 166): Der Wähler wird – so die Auffassung –, wenn er eine solche Debatte im Fernsehen zu verfolgen wünscht, auch zu einer Konfrontation mit der Meinung des politischen Gegners gezwungen (vgl. etwa Arnim 1972). Kurzum: beim Fernsehen und seinem zeitgebundenen Ablauf gibt es „keine Auswahlmöglichkeit, die dem Auslassen und Überschlagen z. B. bei der Zeitungslektüre entsprechen würde" (Noelle-Neumann 1977, S. 120) – man muß zusehen und zuhören, sich also auf einen

406 Interessanterweise kommt ja z. B. auch niemand auf die Idee, das mathematische Axiom „Eine Strecke von 0 bis 1 kann man unendlich oft teilen" (weil man den Nullpunkt nämlich nie erreicht) als irrelevant einzustufen. Auch hiermit ist ja gesagt, daß man sich an den Nullpunkt (den „Idealpunkt") nur annähern kann. Statt diese Aussage als irrelevant oder gar praxisfern zu verwerfen, sind ganz im Gegenteil unzählige Techniker damit beschäftigt, Geräte zu konstruieren, mit denen man immer besser Ungenauigkeiten bei der Herstellung diverser Zivilisationsprodukte messen und ihre Präzision dann verbessern kann. Und das durchaus im Wissen, daß ein (immer kleiner werdender) Rest an Ungenauigkeit oder Unschärfe, eine Abweichung vom „Idealzustand" für immer bestehen bleibt und niemals gänzlich beseitigt werden kann.

Verständigungsprozeß einlassen, oder gänzlich auf die Sendung verzichten, abschalten.[407]

Ob dies wirklich so ist, das war eine der Forschungsfragen, die wir uns stellten. Wir prüften sie unter Zuhilfenahme des Habermas'schen Verständigungsbegriffes, indem wir durch Beobachtung und anschließende Befragung (jener Personen, deren Rezeptionsverhalten während der gesamten Sendung protokolliert worden war) Anzeichen für das Anzweifeln von Geltungsansprüchen suchten und deren Häufigkeiten festhielten. Denn sollte sich herausstellen, daß die Rezipienten einer solchen Sendung den Gesprächspartnern nicht verständigungsbereit entgegentreten, dann kann man wohl kaum eine Auseinandersetzung mit der Position des politischen Gegners unterstellen.

Das Ergebnis war verblüffend: Dem jeweiligen politischen Gegner traten die untersuchten Rezipienten keineswegs verständigungsbereit entgegen, sondern sie nahmen praktisch jede Gelegenheit wahr, ihn zu diskriminieren: sie unterstellten ihm deutlich häufiger als „ihrem" Kandidaten das Verwenden falscher Argumente, rhetorische Tricks und Täuschungsmanöver sowie überhaupt ein unangemessenes Gesprächsverhalten.[408] Wir interpretierten damals, daß derartige Sendungen wohl die Mauer selektiver Wahrnehmung durchbrechen (man muß sich dem Gegenkandidaten zuwenden), daß dieser Umstand aber offensichtlich durch einem Mechanismus selektiver Interpretation kompensiert wird. Lagermentalität fungiert als mentale Scheuklappe: Indem man dem jeweiligen politischen Gegner Unwahrheit, Unwahrhaftigkeit und unangemessenes Diskussionsverhalten unterstellt, entzieht man sich selbst die Chance zur echten Auseinandersetzung mit der Position der anderen Seite.

---

407 Mit dieser für das Fernsehen charakteristischen Möglichkeit, auch jeweils Andersdenkende erreichen zu können, erklärten amerikanische Autoren z. B. die Wirksamkeit der Kennedy-Nixon-Debatten zugunsten von Kennedy im legendären (weil erstmals von TV-Diskussionen begleiteten) Präsidentschaftswahlkampf von 1960 (vgl. dazu näher Lang/Lang 1961).

408 Ein pointiertes Detail am Rande: Jene Personen, die von ihrer Parteipräferenz keinem der beiden Diskutanten nahestanden, verteilten auch ihre Gunst bzw. ihr Mißfallen annähernd gleichmäßig!

Fazit: Mit Hilfe des Verständigungsbegriffes (aus der Theorie des kommunikativen Handelns) lassen sich „Schwachstellen" in realen, empirischen Verständigungsprozessen diagnostizieren. Im untersuchten Fall ist die Realität sehr weit vom „Idealzustand" entfernt, denn es werden drei von vier Geltungsansprüchen sehr häufig angezweifelt. Es hätte ja auch sein können, daß dies z. B. hauptsächlich für einen einzigen Geltungsanspruch zutrifft[409], dann wäre der „Abstand" zum Ideal geringer gewesen. Wie auch immer: die kommunikativen Geltungsansprüche haben die Grundlage für ein derartiges Diagnoseinstrument abgegeben – und dies galt es hier zu zeigen.

■ Verständigungsorientierte Öffentlichkeitsarbeit

Seit vielen Jahrzehnten – und neuerdings ganz massiv – propagiert die PR-Branche ein Selbstbild von Public Relations bzw. Öffentlichkeitsarbeit, das den Dialog, die Verständigung und den Interessenausgleich in den Mittelpunkt rückt (vgl. dazu Bentele/Steinmann/Zerfaß 1996, insb. Szyszka 1996, auch Signitzer 1997). Gerade in unserer vielfach krisenbewegten „Risikogesellschaft" (Beck 1986, 1988) scheint es auch an der Zeit, diesen Anspruch ganz besonders ernst zu nehmen. Denn die angewachsene Partizipationsbereitschaft in weiten Teilen der Bevölkerung, wie sie u. a. in der steigenden Zahl von Bürgerinitiativen zum Ausdruck kommt, hat dazu geführt, daß wirtschaftliches Handeln heute in immer größerem Umfang einer „diskursiven Beweislast" (Münch 1991, S. 89) unterliegt. So ist etwa in Situationen, in denen Unternehmen und Organisationen mit protestierenden Bürgern in Konflikt geraten, nicht bloß die Selbstdarstellung der jeweiligen Interessen gefordert, sondern echte Verständigungsbereitschaft vonnöten.

Eine solche Situation war Gegenstand eines Forschungsprojektes, in dem wir die PR-Aktivitäten der niederösterreichischen Landesregierung im Rahmen der Planung von zwei Sonderabfalldeponien untersuchten. Um diese Vorgehensweise evaluieren

409 Der Vollständigkeit halber sei erwähnt, daß skaliert gemessen wurde, d. h., es wurde auch die Ausprägung des jeweilgen Anzweifelns („trifft sehr stark zu" bis „trifft überhaupt nicht zu") erfaßt.

zu können, haben wir unter Rückgriff auf den Habermas'schen Verständigungsbegriff das Konzept einer „Verständigungsorientierten Öffentlichkeitsarbeit" (Burkart/ Probst 1991, Burkart 1993a, 1993b, 1994, 1996) entwickelt.

In Anlehnung an drei der kommunikativen Geltungsansprüche läßt sich zunächst analytisch aufgliedern, auf welchen Ebenen überhaupt kommuniziert werden soll, damit ein Verständigungsprozeß zwischen Projektbetreibern und den betroffenen Teilöffentlichkeiten zustande kommen kann: Verständigungsorientierte Öffentlichkeitsarbeit verlangt demnach Kommunikation auf der Ebene der objektiven Welt über die Sachverhalte, die den eigentlichen Interessengegenstand des PR-Betreibers darstellen (und die möglicherweise schon zum Zankapfel zwischen dem PR-Auftraggeber und den davon betroffenen Gruppen geworden sind); auf der Ebene der subjektiven Welt über die Organisation/Institution/das Unternehmen bzw. die Personen, die die gegenständlichen Interessen vertreten und auf der Ebene der sozialen Welt über die Legitimität des Interesses, das vom PR-Auftraggeber verfolgt wird.

Der Verständigungsprozeß – so kann man in Anlehnung an die Habermas'sche Theorie weiters postulieren – verläuft auf diesen Ebenen dann ungestört, wenn die Wahrheit der thematisierten Gegenstände (objektive Welt), die Wahrhaftigkeit des Projektplaners (subjektive Welt) und die Richtigkeit, also: die normative Angemessenheit des Vorhabens (soziale Welt) nicht angezweifelt werden.

Da ein solches – im Hinblick auf alle drei Welten – vorhandenes Einverständnis in der Realität nur annäherungsweise hergestellt werden kann, ergibt sich für eine verständigungsorientierte Öffentlichkeitsarbeit schließlich zwingend, daß sie auch die Voraussetzungen für einen Diskurs bereitzustellen hat. Im Klartext heißt das: Es muß für die betroffenen Teilöffentlichkeiten die Chance geben, die Wahrheit der gemachten Aussagen, die Wahrhaftigkeit der geäußerten Absichten und die Richtigkeit der verfolgten Interessen anzuzweifeln.[410] Der Diskurs ist

410 Nebenbei sei daran erinnert, daß ein Diskurs ohnehin nur auf Ebene der

allerdings nur eine Etappe im Prozeß verständigungsorientierter Öffentlichkeitsarbeit. Wir haben insgesamt vier Teilziele dieses Prozesses (PR-Phasen)[411] definiert, die schrittweise erreicht werden sollen. Dadurch wird es auch möglich, phasenspezifisch den Erfolg von Öffentlichkeitsarbeit zu definieren und zu überprüfen.

Das Ergebnis der Wiener Evaluationsstudie (Burkart 1993) stellt übrigens eine hohe Erklärungskraft und ein dementsprechendes Prognosepotential des unter Rekurs auf den Habermas'schen Denkansatz entwickelten Konzeptes unter Beweis: Überall dort, wo sich (unter entsprechenden Randbedingungen) eine potentielle Akzeptanz der Deponie abzeichnet, ist diese stets mit deutlichen Spuren erfolgreich abgelaufener Kommunikationsprozesse verbunden, die auf Einverständnis mit dem Deponieplaner in wichtigen Sachthemen, aber auch in bezug auf die Legitimität seiner Absichten hinweisen.

Fazit: Mit Hilfe des Habermas'schen Verständigungsbegriffes lassen sich die Vorausetzungen für eine Öffentlichkeitsarbeit definieren, die das seit langem propagierte Selbstbild von Public Relations ernst nimmt, wonach der Dialog, die Verständigung und der Interessenausgleich im Mittelpunkt von PR-Aktivitäten zu stehen habe.[412] Es wird darüber hinaus sogar möglich, diesbezügliche Schwachstellen im realen PR-Handeln zu diagnostizieren und demgemäß zu minimieren.

---

objektiven und auf der Ebene der sozialen Welt geführt werden kann, er dient also ausschließlich dazu, die Zweifel an der Wahrheit der Aussagen und der Legitimität der Interessen (wieder)herzustellen. Die Wahrhaftigkeit der beteiligten Kommunikationspartner läßt sich nicht argumentativ unter Beweis stellen, sondern nur am realen Handeln bemessen (vgl. dazu Habermas 1981/I/S. 69).

411 Es handelt sich dabei um die Phasen: Information, Diskussion, Diskurs und Situationsdefinition. Vgl. dazu ausführlich: Burkart 1993, S. 29 ff. sowie S. 43 ff., sowie Burkart 1995, 1997.

412 Erwähnenswert scheint mir an dieser Stelle, daß man auch aus betriebswirtschaftlicher Perspektive immer häufiger den Verständigungsprozeß fokussiert: So ist z. B. für Ansgar Zerfaß (1996) gelungene Verständigung die unabdingbare Voraussetzung einer erfolgreichen strategischen Öffentlichkeitsarbeit, und für Gabriele Moll (2002) muß sich ein wertorientiertes Management ebenfalls um dialogische, verständigungsorientierte Auseinandersetzung mit Anspruchsgruppen bemühen. In beiden Fällen werden ausdrücklich Bezüge zum Habermas'schen Begriff von Verständigung hergestellt.

Soviel zur Verdeutlichung des (empirischen) Anwendungspotentials bzw. zur Praxisrelevanz des Habermas'schen Verständigungsbegriffes. Übrigens ist mit den hier zitierten Forschungsaktivitäten der Hoffnung entsprochen worden, die Habermas selbst mit seinem Theoriekonzept verbunden hat – nämlich, daß sich dessen Fruchtbarkeit (aufgrund seines völlig offenen Charakters und seiner Anschlußfähigkeit) in verzweigten sozialwissenschaftlichen Forschungen bewähren möge (vgl. Habermas 1981/II/S. 562).

6.3.3. Kommunikation in der Gesellschaft

Die theoretischen Positionen, die hier zu erwähnen sind, problematisieren nicht mehr das Zustandekommen von Verständigung, sondern sie stellen die Tatsache in den Vordergrund, daß jeder reale Kommunikationsprozeß in einem sozialen bzw. gesellschaftlichen Umraum stattfindet. Diese umweltbezogene Perspektive von Kommunikation wird v. a. von zwei Blickwinkeln aus gesehen: Zum einen wird argumentiert, Kommunikation müsse stets als unabdingbarer Bestandteil menschlicher Arbeitsprozesse gesehen werden. Man dürfe – so die Auffassung jener Kommunikationstheoretiker, die der Erkenntnistheorie des historischen Materialismus nahestehen – gerade in fortgeschrittenen Industriegesellschaften nicht übersehen, daß vor allem die Medien der Massenkommunikation nur in Verbindung mit dem kapitalistischen Produktionsprozeß angemessen untersucht werden können. Zum anderen wird davon ausgegangen, daß Massenkommunikation selbst ein soziales System repräsentiert und daß erst die Analyse ihrer Strukturen und Funktionen den Stellenwert erkennbar macht, der den Medien im jeweiligen Gesellschaftssystem zugesprochen werden kann.

6.3.3.1. Der historische Materialismus

Der historische Materialismus[413] ist eine Theorie über die all-

413 **Materialismus** ist der Name für diejenige philosophische Weltanschauung, die in der Materie gegenüber dem Bewußtsein in letzter Instanz das Primäre und Bestimmende sieht. Der Materialismus stellt eine Gegenposi-

gemeinen und grundlegenden Entwicklungsgesetze der menschlichen Gesellschaft. Er geht davon aus, daß die Triebkräfte des Geschichtsprozesses aus dem realen Lebensprozeß der Gesellschaft selbst hervorgehen, deren Basis die materielle Produktionsweise der jeweiligen Gesellschaft darstellt. In diesem Prozeß der Produktion wirken die Menschen auf die Natur ein und erzeugen materielle Güter. Im Produktionsprozeß „wirken die Menschen aber nicht nur auf die Natur, sondern auch aufeinander, indem sie stets in einer bestimmten Weise zusammenwirken. Die Produktion ist daher unter allen Bedingungen Aneignung der Natur von seiten der Menschen innerhalb und vermittels einer bestimmten Gesellschaftsform. Die grundlegenden gesellschaftlichen Beziehungen der Menschen untereinander im Prozeß der Produktion bilden ... die ökonomischen Verhältnisse, die Produktionsverhältnisse" (Heyden 1972, S. 879). **Gesellschaft** begreift der historische Materialismus daher auch vorrangig von deren ökonomischer Perspektive her, nämlich als eine Gesamtheit „von praktischen Verhältnissen, welche die Menschen auf jeder konkreten historischen Entwicklungsstufe auf der Grundlage eines bestimmten Entwicklungsstandes der materiellen Produktivkräfte untereinander eingehen und deren grundlegender Bestandteil – ihre ökonomische Struktur – ein jeweiliges System materieller Produktionsverhältnisse darstellt" (Eichhorn 1972, S. 418).[414] Diese mate-

---

tion zum Idealismus dar, der von der Ursprünglichkeit des Geistes, des Bewußtseins, gegenüber der Natur, der Materie ausgeht. Im materialistischen Sinn ist alles Wirkliche letztlich materiell; die Materie ist die grundlegende und eigentliche Wirklichkeit, auf die alles Immaterielle (wie Vorstellungen, Ideen u. ä.) zurückgeführt werden kann (vgl. etwa Buhr/Schuffenhauer 1972, S. 678 ff.).

414 Unter **Produktivkräften** sind jene Elemente zu verstehen, welche den Produktionsprozeß (also den Vorgang, in dem Produkte menschlicher Arbeit entstehen) konstituieren. Zu den Produktivkräften zählen die *menschliche Arbeitskraft* (sie stellt sowohl in geistiger als auch in körperlicher Hinsicht die wichtigste Produktivkraft dar, weil erst durch sie die Arbeitsmittel geschaffen werden und der Produktionsprozeß organisiert wird), ferner die Arbeits- bzw. *Produktionsmittel* (Werkzeuge, Maschinen, Transportmittel, Nachrichtenverbindungen ...) und die *Arbeitsgegenstände* (Naturschätze, Rohstoffe).

Produktionsverhältnisse sind dagegen – wie bereits erwähnt – diejeni-

riellen Produktionsverhältnisse ergeben sich nach Marx notwendig aus einer bestimmten Entwicklungsstufe der Produktivkräfte – „Die Handmühle ergibt eine Gesellschaft mit Feudalherren, die Dampfmühle eine Gesellschaft mit industriellen Kapitalisten" (Marx zit. n. Heyden 1972, S. 879) –, und das bedeutet, daß die materielle Struktur einer Gesellschaft in Gestalt ihrer jeweils vorherrschenden „Produktionsweise"[415] als die zentrale Triebkraft der Menschheitsgeschichte zu sehen ist: „Die Entstehung und Ablösung der verschiedenen Produktionsweisen im Verlaufe der Geschichte der Menschheit ist ein gesetzmäßiger, historischer Prozeß" (Heyden ebd.).

Mit dem gesellschaftlichen Produktionsprozeß stehen die in Gesellschaft produzierenden Individuen im Mittelpunkt, und mit diesen rückt die menschliche Arbeit in den Blickpunkt. Die Kategorie „Arbeit" – genauer: die „menschliche Arbeit in ihrer gesellschaftlichen Formbestimmtheit" (Holzer 1973, S. 43)

---

gen gesellschaftlichen Verhältnisse, welche die Beziehungen der Menschen untereinander betreffen, die diese im Rahmen eines Produktionsprozesses eingehen und die „einer bestimmten Entwicklungsstufe ihrer materiellen Produktivkräfte entsprechen" (Marx zit. n. Kawa 1975, S. 521). Die wichtigsten Produktionsverhältnisse sind die Eigentumsverhältnisse, also jene Verhältnisse, die die gesellschaftliche Verteilung der Produktionsmittel betreffen. Der historische Materialismus unterscheidet zwei Hauptformen von Produktionsverhältnissen: einerseits das Verhältnis der Zusammenarbeit und gegenseitigen Hilfe, welches auf dem gesellschaftlichen Eigentum an Produktionsmitteln beruht; andererseits das (im Kapitalismus vorherrschende) Verhältnis der Ausbeutung und Unterdrückung, in dem eine Minderheit (= die Ausbeuterklasse) über die Produktionsmittel verfügt und dessen Grundlage das Privateigentum an Produktionmitteln ist (vgl. Heyden 1972, S. 878 ff.).

415 **Produktionsweise** ist die Einheit der gesellschaftlichen Produktivkräfte und der Produktionsverhältnisse. Die Produktionsweise drückt nicht nur die Beziehungen der Menschen zur Natur, sondern auch die Beziehungen der Menschen untereinander in der materiellen Produktion aus. Der Begriff der Produktionsweise ist der Ausgangspunkt für die historisch-materialistische Geschichtsauffassung, nach welcher einer beständigen Weiterentwicklung der Produktivkräfte relativ konstante, nicht kontinuierlich veränderbare Produktionsverhältnisse gegenüberstehen, so daß letztere aus „Entwicklungsformen der Produktivkräfte" in „Fesseln derselben" (Marx zit n. Kawa 1975, S. 522) umschlagen. „Dieser Widerspruch führt zur Revolutionierung der Produktionsverhältnisse, zur Errichtung einer neuen Produktionsweise, die die Entwicklung der Produktivkräfte und damit die Befriedigung der Bedürfnisse der Menschen garantiert" (Kawa ebd.).

stellt den entscheidenden Bezugspunkt des historisch-materialistischen Denkgebäudes dar. **Arbeit** meint im Horizont des historischen Materialismus jede zweckgerichtete und bewußte (körperliche wie geistige) Tätigkeit des Menschen, in der (materielle oder geistige) Produkte zur Befriedigung menschlicher Bedürfnisse erzeugt werden (vgl. Heyden 1972, S. 88 ff.). Arbeit ist die humanspezifische Auseinandersetzung mit der Natur; sie „ist die erste Grundbedingung alles menschlichen Lebens, und zwar in einem solchen Grade, daß wir in gewissem Sinn sagen müssen: Sie hat den Menschen selbst geschaffen“ (Engels zit. n. Hund 1976, S. 59/60). Menschliche Arbeit besitzt jedoch ebenso wie der gesamte Produktionsprozeß vom Standpunkt des historischen Materialismus aus einen Doppelcharakter: sie ist nicht nur ein Prozeß zwischen Mensch und Natur, sie impliziert zugleich auch ein Verhältnis der Menschen untereinander. Das Verhältnis des Menschen zur Natur macht nur eine Seite des Arbeitsprozesses aus, die andere Seite findet ihre „Wurzeln in der spezifischen gesellschaftlichen Form, in welcher Arbeit immer nur stattfinden kann“ (Hund ebd., S. 116). „Die beiden Seiten des Doppelcharakters der Arbeit sind also ihre stofflichen Charakteristika, soweit es sich um das Verhältnis der Menschen zur Natur und ihre ökonomische Formbestimmtheit, soweit es sich um das Verhältnis der Menschen untereinander handelt“ (ebd.).

Das bisher Gesagte impliziert nunmehr, daß im Horizont des historischen Materialismus auch die zwischenmenschliche Interaktion – und damit auch die Kommunikation – als ein Bestandteil der menschlichen Arbeit zu sehen sind[416]: „Eben weil Arbeit gesellschaftlich ist, muß ihr Kommunikation zuge-

---

416 Eine Auffassung, der z. B. Jürgen Habermas widerspricht, für den sich Arbeit und Interaktion klar voneinander abgrenzen lassen (vgl. Habermas 1968, S. 62 f.). Habermas vertritt die Auffassung, daß sich insbesondere die Regeln, denen *kommunikatives* Handeln folgt, nicht auf Regeln instrumentellen oder strategischen Handelns (und damit auf „Arbeit“) zurückführen lassen; er versucht deshalb auch eine „Rekonstruktion“ des historischen Materialismus, weil er den Marxschen Begriff der „Produktionsweise“ als zu wenig abstrakt findet, um damit unterschiedliche gesellschaftliche Entwicklungsniveaus erklären zu können (vgl. dazu Habermas 1976 a, insbes. S. 151 ff. u. S. 167 ff.). Zur Kritik an Habermas' Trennung von Arbeit und Interaktion vgl. etwa Hund 1976, S. 120 ff.

rechnet werden. Denn ohne Kommunikation könnten die gesellschaftlichen Individuen sich weder bewußt aufeinander beziehen, noch könnten sie sich bewußt auf den Gegenstand ihrer Arbeit beziehen" (Hund ebd., S. 53). Der eigentliche Begriff und die Bedeutung von Kommunikation wird von diesem Standpunkt aus nur dann erkennbar, wenn man sich vergegenwärtigt, welche Rolle ihr im Arbeits- bzw. Produktionsprozeß zukommt, bzw. welche Funktionen sie hier ausbildet und erfüllt.

Holzer hat in diesem Zusammenhang darauf hingewiesen, daß „das ursprüngliche und ‚einfachste' Ziel jeglicher gesellschaftlicher Kommunikation die Verständigung zum Zwecke der kooperativen Auseinandersetzung der gesellschaftlich verbundenen Individuen mit der Natur[ist – R. B.], um die materielle Basis individueller und gesellschaftlicher Existenz zu sichern" (Holzer 1973, S. 57). Holzer sieht in diesem Verständigungsprozeß zwei unterscheidbare Typen gesellschaftlicher Kommunikation miteinander verschränkt: „Kommunikation als *Medium,* in dem der Stoffwechsel zwischen Mensch beziehungsweise Gesellschaft und Natur vonstatten geht, und Kommunikation als *Medium,* in dem innergesellschaftliche Auseinandersetzung und Verständigung geleistet wird" (Holzer ebd.). Das bedeutet zum einen, daß Kommunikation ein fundierender Bestandteil aller jener Prozesse ist, die mit der gesellschaftlich organisierten Erkenntnisgewinnung zusammenhängen, und zum anderen, daß Kommunikation in der Qualität dieser Erkenntnisgewinnung zugleich auch ihre Basis besitzt, denn „Erkenntnis und Kommunikation sind zwei Seiten eines Prozesses, der den gesellschaftlich organisierten Stoffwechsel mit der Natur und die innergesellschaftliche Auseinandersetzung regelt" (Holzer ebd.). Das bedeutet darüber hinaus aber auch, „daß der Gegenstand gesellschaftlicher Kommunikation eine im wesentlichen gesellschaftlich umgeformte, angeeignete, geschaffene Wirklichkeit ist" (Holzer ebd., S. 58) und daß Kommunikation stets in Verbindung mit diesem Umformungs- bzw. Aneignungs- oder Schaffungsprozeß – eben in Verbindung mit dem materiellen Produktionsprozeß – zu sehen ist.[417]

---

417 Dies gilt in besonderem Maße natürlich für den Massenkommunikations-

Kommunikationstheoretisch-abstrakt läßt sich aus derartigen Überlegungen schließlich das sog. **„kommunikative Prinzip des Marxismus"** ableiten. Es lautet: „Keine Produktion ohne Kommunikation, keine Kommunikation ohne Produktion" (Schreiber 1984, S. 57). Dieses Prinzip ist der Kern einer Kommunikationstheorie, die sich als Klassentheorie begreift: Soziale Klassen entstehen dadurch, daß es mit der Teilung der Arbeit möglich geworden war, geistige und materielle Tätigkeiten auf verschiedene Individuen aufzuteilen. Erst dadurch können Produktivkraft, gesellschaftlicher Zustand und Bewußtsein in Widerspruch zueinander geraten, denn die Teilung der Arbeit erzwingt menschliche Kooperation, und die Multiplizierung dieser kooperierenden Produktivkräfte ergibt eine soziale Macht, was auf Dauer gesellschaftliche Veränderungen nach sich zieht: die Art und Weise des Produzierens verändert nämlich auch den Produzierenden. Deshalb sind – nach Marx und Engels – die Menschen auch die Produzenten ihrer Vorstellungen und Ideen, denn das „Bewußtsein kann nie etwas anderes sein als das bewußte Sein, und das Sein der Menschen ist ihr wirklicher Lebensprozeß" (Marx/Engels 1960, S. 22, zit. n. Schreiber 1984, S. 58).[418]

Aus all dem folgt nach Schreiber (ebd. S. 98 ff.) nun, daß „die Gesellschaft" weder abstrakt existiert noch abstrakt gefaßt werden darf, sondern immer nur als jeweils historisch bestimmte ökonomische Gesellschaftsformation. Auch Kommunikation ist damit also wesentlich ökonomisch determiniert. Aus der Perspektive einer marxistischen Gesellschaftsanalyse darf der Kommunikationsprozeß niemals abgehoben von den realen gesellschaftlichen Produktionsverhältnissen betrachtet werden, als deren eherner Bestandteil er anzusehen ist. Kommunikation

---

prozeß. Vgl. dazu die weiter oben (S. 397 ff.) dargestellten ökonomischen Funktionen der Massenmedien sowie auch das weiter unten (S. 511 f.) vorgestellte materialistische Massenkommunikationsmodell von Hund.

418 Weil weder Kommunikation ohne Produktion noch Produktion ohne Kommunikation möglich sind, deshalb ist auch – darauf weist Schreiber in diesem Zusammenhang hin – die monokausalistische, mechanizistische Interpretation dieses berühmten Satzes, nicht das Bewußtsein bestimme das Leben, sondern das Leben bestimme das Bewußtsein, falsch.

ist stets ein Vehikel im Rahmen der Verwertungsinteressen des Kapitals – dieser Umstand wurde, auf die Massenmedien bezogen, bereits weiter oben im Kontext ihrer ökonomischen Funktionalität (vgl. S. 380 ff. des vorliegenden Buches) näher besprochen.

Ziel einer historisch-materialistisch inspirierten Massenmedienforschung ist es somit stets aufzuzeigen, „in welcher Form die kapitalistische Produktionsweise die Massenkommunikation beeinflußt" (Schreiber ebd., S. 100). Als Zielscheibe der Kritik dienen dabei v. a. die sog. „bürgerlichen" Informationsvermittlungsinstitutionen, die Nachrichten bloß als Ware betrachten, um sie auf einem konkurrierenden Markt abzusetzen (vgl. etwa Bisky 1976, S. 51 ff.). Indem sie sich solchermaßen dem Verwertungsprozeß des Kapitals unterwerfen, kämpfen sie mit allen Mitteln gegen die drohende Sättigung der Rezipienten: denn da auch „der größte Hunger nach Nachrichten einmal gestillt, das Zeitbudget des Lesers (Hörers, Sehers) begrenzt und seine Kaufkraft in der Regel beschränkt ist, stößt das wesensmäßig profitgierige Kapital auf natürliche Schranken, die es seiner Natur gemäß (...) zu überwinden trachtet (Schreiber 1984, S. 102). Aus diesem Grunde sind die Massenmedien gezwungen, „immer neue Varianten der Informationsdarbietung, der Informationsbereiche sowie neue Medien zu suchen" (Bisky 1976, S. 53), um auf diese Weise zu ihrem Profit zu kommen. Vorrangiger Zweck sei es eben, möglichst viele Rezipienten als potentielle Käufer zu erreichen.

Analysen dieser Art dominierten in den siebziger Jahren des 20. Jh.s die gesellschaftskritische Auseinandersetzung mit den Massenmedien. Inzwischen ist es in der publizistik- und kommunikationswissenschaftlichen Fachdiskussion um den historischen Materialismus selbst eher still geworden – sogar von der „vergessenen Theorie" (Robes 1990) war schon die Rede. Dabei darf man allerdings nicht übersehen, daß sich im Anschluß an die materialistische Betrachtungsweise von Kommunikation mit der sog. „Medienökonomie" (Altmeppen 1996, Heinrich 1994, 1999, Kiefer 2001) längst ein eigener publizistikwissenschaftlicher Teilbereich zu entwickeln beginnt.

■ Von materialistischer Medienforschung zur Medienökonomie

Die moderne Medienökonomie versucht, sich an die gesellschaftliche Bedeutung von Medienprodukten allgemein und von (journalistisch hergestellten) Nachrichten im besonderen über die ökonomische Güterlehre[419] heranzutasten. Im Gegensatz zu privaten Gütern, die als „voll marktfähig" (Kiefer 2001, S. 132) gelten[420], sieht sie in den massenmedial verbreiteten Informations- und Unterhaltungsangeboten in der Regel zunächst ein „öffentliches Gut": zum einen, weil (in demokratisch organisierten Gesellschaften) eigentlich niemand von der Nutzung der Themen und Mitteilungen, die einmal hergestellt und öffentlich bereitgestellt sind, ausgeschlossen werden kann[421] (vgl. Rühl 1980, S. 379 ff.), und zum anderen, weil die derart veröffentlichten Themen auch dann noch zur Verfügung stehen, wenn sie bereits konsumiert, d. h. von Leser/Hörern/Sehern rezipiert worden sind. Darüber hinaus gelten Medieninhalte aber auch als sog **„meritorische Güter"**[422]: das sind Güter, deren Produktion und Konsum gesellschaftlich erwünscht ist (Kiefer 2001, S. 136 f.), weil sie einen öffentlichen Nutzen, einen Nutzen für die Allgemeinheit haben.[423]

---

419 Zur näheren Differenzierung von Medien und Nachrichten als „ökonomische Güter" siehe ausführlich: Kiefer 2001, S. 128 ff.

420 Als „voll marktfähig" gelten Produkte, die nur im Wege der Bezahlung erworben oder konsumiert werden können (= Ausschlußprinzip) und die sich beim Konsum auch tatsächlich verbrauchen (= Prinzip der Konsumrivalität: ein Apfel kann nur einmal gegessen, eine Wohnung nur einmal vermietet oder verkauft werden etc.).

421 Dies gilt naturgemäß vor allem für den drahtlos (terrestrisch) verbreiteten Rundfunk (Hörfunk sowie Fernsehen) und weniger für (privatwirtschaftlich organisierte) Pay-TV-Kanäle oder Printmedien – diese Formen werden dann als „öffentliche Güter im engeren Sinn" bzw. als „Clubgut" oder „Mautgut" bezeichnet (Kiefer 2001, S. 133).

422 Der Begriff des „meritorischen Gutes" (merit good) – lat. meritorius = verdienstvoll – wurde in der 50er Jahren des 20. Jh.s vom Wirtschaftswissenschaftler Richard A. Musgrave eingeführt, der damit hochgeschätzte Güter bzw. individuelle Bedürfnisse (merit wants) bezeichnete, bei denen der Staat das Marktgeschehen reguliert, um sie damit für prinzipiell alle Menschen zugänglich zu halten (z. B. Gesundheit, Bildung, Rechtsordnung, Landesverteidigung etc.). Vgl. Kiefer 2001, S. 136 f.

423 Dies schließt freilich nicht aus, daß man bestimmte Ausprägungen des Journalismus auch als „demeritorisches" Gut (Kiefer 2001, S. 136) einstufen kann, weil man der Meinung ist, er schade dem öffentlichen Interesse (vgl. auch Ruß-Mohl 1994, S 88 f.).

An dieser Stelle rückt nun wiederum der – aus materialistischer Perspektive immer schon angesprochene – „Doppelcharakter von Nachrichten“[424] bzw. die „Ambivalenz des Journalismus“ (Russ-Mohl 1994, S. 81) ins Blickfeld: Journalismus ist auf der einen Seite ein kommerzielles Geschäft, das finanziellen Gewinn abwirft (also ein ökonomisches Gut), aber zugleich auch – insbesondere was seine informativen Produkte betrifft (Dittmers 1990) – ein meritorisches Gut. Vor allem in demokratisch organisierten Gesellschaften gibt es ein kollektives Interesse an Information, weil solche Gesellschaften nur dann funktionieren können, wenn ihre Bürger auch an politischen Vorgängen partizipieren bzw. wenigstens die Chance haben, dies zu tun.

Genau damit ist aber auch schon das Aufgabengebiet einer modernen Medienökonomie umschrieben: sie versucht, die Formen der Kommerzialisierung im Mediengeschäft „zu beschreiben und deren Auswirkungen auf den Journalismus und die Demokratie zu ergründen und aufzuzeigen“ (Meier/Trappel 2001, S. 172). Dabei geht sie konkret der Frage nach, wie die Güter „Information“, „Unterhaltung“ und auch „Werbung“ in den modernen Medienbetrieben hergestellt, verteilt und konsumiert werden (vgl. Heinrich 1994, S. 19 f.) bzw. was all dies für die gesellschaftlichen Funktionen des Mediensystems bedeutet. Medienökonomie untersucht also die publizistische Leistungsfähigkeit der Medien im Lichte ökonomischer Zusammenhänge (Meier/Trappl 2001, S. 194).[425]

Diese Fragen sind gerade vor dem Hintergrund der Positionierung des Journalismus als meritorisches Gut nicht zu unterschätzen. Denn je stärker die Medien in unseren modernen Gesellschaften kommerzialisiert sind, desto größer scheint der Gegensatz zwischen medienwirtschaftlichem Handeln und publizistischem Auftrag zu werden (vgl. Altmeppen 1996, S. 251 ff.). In einschlägigen Analysen wird jedenfalls stets darauf hinge-

424 Vgl. dazu auch Kap. 6.5.1.6. des vorl. Buches, wo ein materialistisches Modell von Massenkommunikation vorgestellt wird.

425 Ich will und kann an dieser Stelle nicht darauf eingehen, daß hier unterschiedliche Traditionen einer politischen Ökonomie (eine eher marxistische und eine eher wirtschaftswissenschaftliche) angesprochen sind (vgl. dazu z. B. Meier 1996).

wiesen, dass die Dominanz ökonomischer Imperative auf lange Sicht die journalistische Qualität gefährdet (vgl. etwa Heinrich 1996, Wyss 2000).

6.3.3.2. Die Systemtheorie

Das Denken in Systemen entstammt den Formal- und Naturwissenschaften. In systemtheoretischen Denkansätzen manifestiert sich der Versuch, die älteren – für die klassische Physik typischen – „Zwei-Variablen-Probleme" (= eine Ursache, eine Wirkung) zu überwinden: Systemtheorie strebt eine nichtmechanistische Analyse der Realität an (vgl. Prewo/Ritsert/Stracke 1973, S. 25 ff.). Systemdefinitionen im Bereich der Sozialwissenschaften hielten sich zunächst an die Biologie und übernahmen von dort das Bild vom Organismus als einer Ganzheit, dessen Teile (Zellen) in einer Wechselbeziehung zueinander stehen. Neben dieser durchgängigen Interdependenz ist aber auch die gegenseitige Funktionalität der Elemente typisch für die Organismusvorstellung: „Ein Teil ist ohne den anderen nicht denkbar; fällt er aus, verändert sich das System im Ganzen. Außerdem hat die Organismusvorstellung für sich, daß das ‚Ziel' des Systems, eben die Erhaltung des Organismus, verhältnismäßig leicht zu fassen ist" (Narr 1969, S. 93). Einer Standarddefinition gemäß kann ein **System** daher als eine Menge von Elementen begriffen werden, zwischen denen Wechselbeziehungen bestehen (vgl. Bertalanffy 1972, S. 18).[426]

426 Bertalanffy weist auch darauf hin, daß sich das Denken in Systemen eigentlich bis zu den frühen griechischen Denkern zurückverfolgen läßt, die in der Welt einen Kosmos, eine Ordnung und damit ein System erblicken. Bereits der berühmte Satz des Aristoteles „Das Ganze ist mehr als die Summe seiner Teile" weist ja darauf hin, daß es nicht nur wichtig ist, die Teile eines Ganzen zu kennen, sondern daß auch die Beziehungen zwischen diesen Teilen gesehen werden müssen. Jeder lebende Organismus ist stets mehr als die Summe seiner Einzelorgane: „diese sind zu einem Ganzen mit höheren Funktionen zusammengeschlossen, sie arbeiten im allgemeinen im Sinne der Erhaltung oder Entwicklung des Ganzen und in diesem Sinne zweckmäßig oder teleologisch" (Bertalanffy 1972, S. 18).

Wendet man systemtheoretisches Denken nun auf den Sozialbereich an, so gelangt man zum **sozialen System** als einem System menschlicher Handlungen. Sozialsysteme bestehen nicht aus Personen, sondern immer aus konkreten Handlungen. Personen sind – systemtheoretisch gesprochen – Aktionssysteme eigener Art, die durch einzelne Handlungen mit unterschiedlichen Sozialsystemen verflochten sind; ein soziales System umfaßt nämlich keineswegs alle Handlungen einer beteiligten Person (vgl. Luhmann 1972, S. 25). Personen sind wohl Träger des jeweiligen Handlungssystems, „die aber in keinem Falle in ihrer Totalität, mit der Gesamtheit ihrer biologischen Konstitution, ihren psychischen Einstellungen, Bedürfnissen, Wünschen, Erwartungen usw. in das System eingehen. Vielmehr wird nur ein Teil der Handlungen, zu denen Personen fähig sind und die sie ausüben, für das System relevant, und nur durch solche spezifischen Handlungszusammenhänge werden Personen in Sozialsysteme eingebunden“ (Rühl 1969a, S. 195).[427]

Überträgt man auch die (aus der Biologie stammende) Organismusvorstellung auf den Sozialbereich, dann tangiert man bereits den strukturell-funktionalen Ansatz von Talcott Parsons und begreift mit diesem **Gesellschaft** als ein soziales Handlungssystem bzw. als die Summe bestimmter Sozialsysteme, welche(s) nach Bestandserhaltung strebt (streben).[428]

427 Als zentral erweist sich hier der Begriff der „sozialen Rolle“ (siehe dazu auch S. 150 ff. d. vorl. Buches). Rühl verdeutlicht dies am Beispiel der Massenkommunikation: „So ist etwa Publikum als spezifisches Rollenverhalten zu verstehen, wie auch die Rollen des Redakteurs, des Intendanten oder des Filmschauspielers in den massenkommunikativen Prozeß einbezogen sind und nicht jeweils die ganze(n) Person(en). Diese sind gleichzeitig Träger anderer Rollen, wie etwa der des Taubenzüchters, des Lottospielers, des Nachbarn, des Vaters, des Motorsportlers usw. Mit den Handlungen dieser Rollen sind die gleichen Personen in verschiedene andere Sozialordnungen involviert. Sozialsysteme bestehen aus diesem Grund prinzipiell nicht aus Personen, sondern aus Handlungen“ (Rühl ebd.).

428 Die strukturfunktionale Theorie konstruiert ein gesellschaftliches Gesamtmodell und rückt die Ordnung, das Gleichgewicht des Systems in den Mittelpunkt (vgl. Narr 1969, S. 110 ff.). In Analogie zu biologischen Systemen wird auch Gesellschaft als ein System gesehen, das dazu tendiert, sich von der Umwelt abzukapseln. M. a. W., das soziale System versucht, die Störungen seiner Umwelt (und damit die Interaktionsprozesse zwischen

Grundanliegen dieser Position ist es, jenen „Satz vitaler Funktionen zu ermitteln und zu differenzieren, die erfüllt sein müssen, um ein System zu erhalten" (Rühl ebd., S. 189). Die Existenz bestimmter „Funktionen" – also bestimmter Leistungen bzw. Folgen von Handlungen oder Handlungsmustern, die zum Bestand eines Systems beitragen – wird hier gewissermaßen als natürliches Erfordernis vorausgesetzt (vgl. dazu Kiss 1975, S. 164 ff.; Parsons 1967, S. 218 ff.). Der dieser Auffassung zugrundeliegende (ontologische) Systembegriff sieht Systeme noch als selbstgenügsame Einheiten; er isoliert sie auf deren interne Beziehungen, vernachlässigt ihre Umwelt und bringt nach Luhmann deshalb auch kaum zur Sprache, daß der Bestand eines Systems in einer sich verändernden Umwelt ja stets problematisch ist (vgl. Luhmann 1972, S. 23 f.; Rühl 1969a, S. 188 ff.).

Die funktional-strukturelle Systemtheorie Luhmann'scher Prägung geht daher nicht mehr davon aus, daß der Bestand sozialer Systeme nur durch ganz bestimmte und mehr oder weniger eindeutig bestimmbare Leistungen (Funktionen) gesichert werden kann, sondern nimmt an, daß sich Systeme auch durch andere „funktional-äquivalente" Leistungen[429] erhalten können. Darüber hinaus räumt sie ein, daß sich soziales Systeme auch umstrukturieren können und damit auf Veränderungen in ihrer Umwelt reagieren. „An die Stelle der Bestandsformel tritt deshalb das Axiom der Problemlösung. Demnach hat jede soziale Ordnung, will sie fortbestehen, bestimmte Probleme zu lösen" (Rühl 1969a, S. 193). Der moderne Funktionalismus begreift sich daher als eine „Theorie der Systembedürfnisse"

System und Umwelt) so zu integrieren, „daß eine relative Stabilität (Fließgleichgewicht) bewahrt werden kann" (Kiss 1975, S. 164). Dieser dem sozialen System inhärente „Wille zur Ordnung" ist die Basis des strukturfunktionalistischen Ansatzes: „So wie das Individuum ein originäres Interesse an der Stabilisierung seiner Beziehungen zur Umwelt hat, hat auch ‚das System' ein originäres Interesse daran, sich funktionsfähig gestalten zu können" (Kiss ebd., S. 166).

429 Die Konzeption funktionaler Äquivalente geht von der Existenz gleichwertiger Lösungsstrategien aus: „Ebenso wie das gleiche Objekt mehr als eine Funktion haben kann, so kann die gleiche Funktion verschiedentlich durch alternative Objekte erfüllt werden" (Merton 1967, S. 187).

(Luhmann 1970a, S. 33), denn er „macht Aussagen über Probleme, die ein System lösen muß, wenn es fortbestehen will" (ebd.). Fortbestehen kann ein System dann, wenn es die unvermeidlichen Einwirkungen aus seiner Umwelt kompensieren kann, d. h., wenn es imstande ist, jene Probleme zu lösen, die aus der Wechselbeziehung System – Umwelt resultieren. Deshalb, weil soziale Systeme im Horizont der funktional-strukturellen Systemtheorie stets als umweltoffen zu denken sind, sich also in ständiger Wechselbeziehung zu ihrer Umwelt befinden, sind (die daraus resultierenden) Probleme ja als „permanente Gegebenheiten" (ebd. S. 40) zu sehen. Die funktionale Theorie erweist sich damit als System-Umwelt-Theorie, da sich ihr Blick nicht auf das Innenleben von Systemen beschränkt, sondern die Umwelt – quasi als ständiges Problemreservoir – in ihre Betrachtungen mit einbezieht (vgl. ebd. S. 39).

Zum Problem wird diese Systemumwelt nun jedoch nicht unter dem Gesichtspunkt ihrer Existenz, sondern unter dem Gesichtspunkt ihrer Komplexität. **Komplexität** meint die Gesamtheit aller möglichen Ereignisse (vgl. Luhmann 1970b, S. 115), sie impliziert eine Vielfalt an Möglichem und „liegt dann vor, wenn mehrere unterschiedliche Ereignismöglichkeiten offenstehen und eintreten können" (Giesen 1975, S. 160). Mit dem Begriff der Komplexität ist der Umstand gemeint, „daß es stets mehr Möglichkeiten des Erlebens und Handelns gibt, als aktualisiert werden können (...). Komplexität heißt also praktisch Selektionszwang" (Luhmann 1970a, S. 32/33), und in der Tat haben soziale Systeme die Funktion der Erfassung und Reduktion von Umweltkomplexität (vgl. Luhmann 1970b, S. 116). Indem Systeme jeweils bestimmte Handlungs- und Sinnzusammenhänge konstituieren, selektieren sie ja aus der Vielfalt an Möglichem und reduzieren damit die Fülle von (subjektiven) Erlebnischancen auf ein überschaubares Maß[430]:

430 Friedrich und Sens weisen in diesem Zusammenhang darauf hin, daß das, was Luhmann als „Reduktion von Komplexität" bezeichnet, überhaupt besser mit dem Begriff der „selektiven Wahrnehmung" gekennzeichnet werden könnte, denn es sei damit ja gemeint, daß das System anhand bestimmter Kriterien aus der Vielzahl einströmender Umgebungsinformationen die

„Systeme konstituieren Handlungs- und Sinnzusammenhänge, d. h. sie legen spezifische Themen fest, durch die (...) die Selektion aus der Vielfalt anderer Sinnmöglichkeiten geleistet wird. (...) Systembildung ist Sinnselektion; die prinzipiell unendlich komplexe Welt wird im System auf eine überschaubare Zahl von Möglichkeiten gebracht (Umweltkomplexität wird reduziert) und in Erwartungszusammenhängen verfestigt" (Singer 1976, S. 145). Das bedeutet, daß die im jeweiligen System handelnden Personen Umwelt bereits „reduziert" wahrnehmen, d. h. eigentlich nur mehr bestimmte – mehr oder weniger eingrenzbare – Umweltereignisse erwarten und auf diese reagieren, indem sie Umweltkomplexität in systeminterne Komplexität transponieren und dadurch bestimmte Systemstrukturen herausbilden.

So reduzieren beispielsweise die handelnden Personen im sozialen System „Rundfunkanstalt" ihre komplexe Umweltsphäre auf Ereignisse im Bereich „Publikum". Sie reagieren auf hier registrierbare Forderungen bzw. Erwartungen (seitens der Mitglieder dieses Personenkreises), indem sie systeminterne Strukturen (wie bestimmte Rollen, Programme etc.) herausbilden, „die sich gegenüber diesen Umweltforderungen taktisch-rational verhalten können" (Rühl 1969a, S. 193), d. h. die im System „Rundfunkanstalt" Handelnden in die Lage versetzen, z. B. viele Hörerwünsche zu erfüllen ...

An diesem Punkt tangiert man nun den Kommunikationsprozeß, denn zwischen den Personen, deren Handlungen ein soziales System konstituieren, müssen kommunikative Verbindungen bestehen: „Soziale Systeme können sich nur bilden und erhalten, wenn die teilnehmenden Personen Wahrnehmungen und Ansichten austauschen, also miteinander durch Kommunikation verbunden sind"; jede Leistung muß, „soll sie überhaupt im System Sinn haben und verstanden werden, von direkten oder indirekten Kommunikationen begleitet sein, zumindest also gemeinten Sinn erkennen lassen" (Luhmann 1972, S. 190). **Kommunikation** ist ja „gemeinsame Aktualisierung von Sinn" (Luhmann 1971a, S. 42), sie macht sinnbezogenes

---

relevanten, speziell die systembedrohenden Komponenten des Umgebungsverhaltens herausfiltert bzw. selektiert (vgl. Friedrich/Sens 1976, S. 38).

Erleben wechselseitig zugänglich und ist grundlegende Bedingung dafür, daß Handlungen als aufeinander verweisend erlebt werden. Das Entstehen und Bestehen sozialer Systeme erweist sich damit als von stattfindenden Kommunikationsprozessen direkt abhängig: erst Verständigung über gesetzte (oder zu setzende) Handlungen macht deren „Sinn" auch für den/die andere(n) einsehbar und macht Sinnzusammenhänge erfahrbar.

Bislang hat v. a. Manfred Rühl (1980, 1992) den Versuch einer systemtheoretisch orientierten Theorie des Journalismus vorgelegt. Er geht davon aus, daß sich v. a. das System-Umwelt-Paradigma als Ordnungsprinzip für eine allgemeine Theorie des Journalismus anbietet, weil Journalismus aus dieser Perspektive als ein Sozialsystem begriffen werden kann, das in vielfältigen Wechselbeziehungen zu einer selektierten sozialen Umwelt steht. Die Primärfunktion des modernen Journalismus sieht er in der „Herstellung und Bereitstellung von Themen zur öffentlichen Kommunikation" (Rühl 1980, S. 319). Rühls These ist dabei – im Gegensatz zur oftmals geäußerten Vermutung einer Informationsüberlastung unserer Gesellschaft – eine durchaus kulturoptimistische: „Der Journalismus als strukturiertes Sozialsystem der Weltgesellschaft reduziert die Komplexität und Veränderlichkeit der Weltereignisse durch thematisierte Mitteilungen auf Ausmaße, die eine sinnvoll informierende Kommunikation erlauben (...). Alle Strukturen des Journalismus sind (...) Vereinfachungsmechanismen, die zur Kommunikationserleichterung dienen" (Rühl 1992, S. 128).

Rühl sieht (unter Rückgriff auf Luhmann 1970) drei Dimensionen, in denen derartige Prozesse ablaufen. In der (1) „Sozialdimension" sind es auf der Seite der professionellen Kommunikatoren organisierte Redaktionen, Berufs- und Arbeitsrollen, durch die am Journalismus Beteiligte kommunizieren (vgl. dazu näher auch: Rühl 1989). Journalismusextern sind es Publika (Leser, Hörer, Zuschauer), in weiteren sozialen Rollen auch Käufer und Abonnenten sowie andere relevante Beziehungspartner (etwa Informanten oder Kontrollinstanzen wie der Presserat u. ä.). In der (2) „Sachdimension" sind es einerseits sog. „Symbolmedien", die die öffentliche Kommunikation vereinfachen – gemeint sind Stil- und Darstellungsformen (wie Reportage, Nachricht, Glosse, Karikatur usw.), die schon durch ihre jeweilige Form signalisieren, was an journalistischen Leistungen erwartet werden kann. Auf der anderen Seite haben sich aber auch sog. „Symboltechniken" entwickelt – gemeint sind gleichsam die Transportwerkzeuge, wie Kamera, Mikrofon, Schneidetisch, On-line-Terminals, elektronische Berichterstattung usw., die allesamt als technologische Artefakte ebenfalls jeweils bestimmte Erwartungshaltungen provozieren. In der (3) „Zeitdimension" schließlich regulieren Werte und Normen, was „richtiger" Journalismus ist. Teilweise geschieht dies durch journalismusexterne Rechtsetzungsinstanzen (wie etwa das Bundesverfassungsgericht), teilweise erfolgt eine solche Regulierung in journalismusinternen Gremien und Vereinbarungen. Alles in allem gilt jedoch, daß der Journalismus relativ frei in der Entscheidung ist, „in welchen Formen einzelner Redaktionen, Ressorts, Abteilungen oder Positionen den Umweltsystemen gegenüber sozial, sachlich und zeitlich kommuniziert werden soll. Die in den drei Verweisungsrichtungen exemplarisch genannten Strukturen lassen sich als Kommunikationsstrategie des Journalismus zusammenfassen bzw. im Rahmen einzelner journalistischer Teilsysteme wiederum spezifizieren" (Rühl 1992, S. 131).

Soviel zur Erläuterung der Anwendung systemtheoretischen Denkens in der Kommunikationswissenschaft bzw. konkret in der Journalismusforschung.[431] Es soll abschließend nicht verschwiegen werden, daß die Systemtheorie auch in der engeren Fachdiskussion keinesfalls unumstritten ist. Während auf der einen Seite davon ausgegangen wird, daß die Systemperspektive sich künftig noch stärker durchsetzen wird, weil sie vom Gegenstand der Publizistik- und Kommunikationswissenschaft her gleichsam selber gefordert wird (Saxer 1992, S. 107) und ihre Stärke eben u. a. darin liege, möglichst viele Phänomene unter einem einigermaßen einheitlichen Bezugsrahmen zu betrachten

431 Weiterführend vgl. dazu auch Marcinkowsky 1993, Scholl 2002.

(S a x e r ebd., S. 95), gibt es auf der anderen Seite auch Stimmen, die den Informationsgehalt der Systemtheorie generell als sehr gering erachten (K u n c z i k 1984, S. 102), weil sie eben nicht möglichst viele denkbare Möglichkeiten ausschließt, sondern möglichst viele Sachverhalte einschließt und damit „das Wissen um die Bedingungen, wann bestimmte Ereignisse auftreten oder nicht, nicht erhöht“ (K u n c z i k ebd.). Damit ist die Systemtheorie aber im Grunde empirisch nicht prüfbar, weil sie nicht falsifizierbar ist (Kunczik ebd., S. 92). Sie ist eben eine wissenschaftliche Hilfskonstruktion, ein Denkwerkzeug, das es gestattet, Wirklichkeit jedweder Art als „System“ zu begreifen, um dadurch Zusammenhänge bzw. Wechselbeziehungen erkennbar zu machen.

6.4. Ziele von Kommunikation

Die hier anzuführenden kommunikationstheoretischen Ansätze rücken nun jeweils unterscheidbare Ziele in den Vordergrund, die mit Hilfe von Kommunikation realisiert werden sollen. Im Mittelpunkt steht der „funktionale“ Aspekt von Kommunikation, also die Frage nach den Intentionen, den Absichten bzw. den Interessen, die dazu führen, daß der jeweilige Kommunikationsvorgang überhaupt initiiert wird. Unter Bezugnahme auf die Problembereiche, die von der jeweiligen Position aus in den Vordergrund gerückt werden, soll in der Folge zwischen dem Ziel der *„Beeinflussung“*, der *„Emanzipation“* und der *„Therapie“* unterschieden werden.

6.4.1. Beeinflussung durch Kommunikation

Im Mittelpukt dieser Ansätze steht das Ziel, menschliches Denken und Handeln zu beeinflussen. Kommunikation stellt sich von dieser Position aus vorrangig als „Überredungskommunikation“ (persuasive communication) dar, d. h., es interessieren v. a. solche Aussagen, mit denen der Kommunikator die Absicht verfolgt, das Denken und Handeln der Rezipienten in eine bestimmte Richtung zu lenken. Gemeint sind also jene Fälle von Kommunikation, deren Aussagen nicht vorwiegend „informieren" oder „unterhalten" wollen, sondern die bewußte Absicht des Kommunikators widerspiegeln, die Einstellungen und/oder das Verhalten der Rezipienten zu beeinflussen. Ganz in diesem Sinne liest sich auch die frühe Definition von Kommunikation durch Hovland und seine Mitarbeiter in den „Yale Studies in Attitude and Communication": Sie begreifen Kommunikation dort als den Prozeß, "by which an individual (the communicator) transmits stimuli (usually verbal) to modify the behavior of other individuals (the audience)" (Hovland/Janis/Kelley 1953, S. 12).

Nicht von ungefähr ist hier von „Stimuli" die Rede, war doch die damalige Sichtweise des Kommunikationsprozesses noch stark in den Vorstellungen einer behavioristisch orientierten Psychologie verhaftet, die menschliches Verhalten bekanntlich als bloßen Reiz-Reaktions-Mechanismus zu fassen suchte. Diese Position wird wenigstens in ihrer orthodoxen Ausprägung heute nicht mehr vertreten: "This concept of persuasion as an essentially one-way process (. . .) is no longer adequate. (. . .) Persuasion must be viewed as an interactive process" (Bettinghaus 1980, S. 5) – so lautet die aktuelle Devise. Mittlerweile existiert auch eine Reihe von Publikationen, in denen versucht wird, dieser Einsicht Rechnung zu tragen und die älteren Befunde in diesem Lichte zu interpretieren.[432]

Dennoch: Auch wenn Wechselbeziehungen zwischen den verschiedenen Variablen heute nicht mehr bezweifelt werden, so hat sich an der grundlegenden Systematik beeinflussender Faktoren, wie sie von Carl I. Hovland an der Yale University im Rahmen des berühmten „Yale Communication and Attitude Change Program" in den vierziger Jahren erarbeitet worden ist, nichts Wesentliches verändert. Im Rahmen dieser Forschungen wurden die Wirkungen der zumeist unter kontrollierten Laborbedingungen systematisch variierten kommunikativen Stimuli

432 Neben Bettinghaus 1980 ist an weiterführender Literatur zu nennen: Kiesler/Collins/Miller 1969, Triandis 1975, Reardon 1981, Clark 1984, Nickl 1998.

auf die Einstellungen und Meinungen der Rezipienten untersucht. Ein Einblick in markante Ergebnisse dieser Untersuchungen wurde im Rahmen dieses Buches bereits weiter oben (vgl. Kap. 5.3. Wirkungen der Massenkommunikation) vermittelt, denn Ansätze, die auf die Beeinflussung von Rezipienten abzielen, sind naturgemäß immer schon mit der traditionellen Medienwirkungsforschung verbunden gewesen. Im vorliegenden Zusammenhang möchte ich die zentralen Faktoren, die für die Effektivität von Beeinflussungsversuchen verantwortlich zeichnen, daher nicht mehr im Detail besprechen, sondern nur mehr überblicksartig zusammenfassen, damit ihr Stellenwert im kommunikativen Wirkungsgeschehen erkennbar wird.

Unter Rekurs auf die zentralen Faktoren des Kommunikationsprozesses wurde das folgende Grundmodell der Wirkungsforschung im Rahmen der Hovland-Schule der vierziger Jahre erarbeitet. Danach hängt die Effektivität persuasiver Kommunikation ab

- von den *kommunikativen Stimuli*. Dazu gehören
  - die Merkmale der vermittelten Aussage
    (so z. B. die Art und Anordnung der Argumentation, das Vorhanden- oder Nichtvorhandensein von Schlußfolgerungen und emotionalen Appellen);
  - die Mermale des Kommunikators
    (wie z. B. seine Glaubwürdigkeit, vermittelt über zugeschriebene Sachkenntnis und Vertrauenswürdigkeit, seine Attraktivität);
  - die Merkmale des Mediums
    (gemeint sind hier v. a. die Massenmedien mit ihren unterschiedlichen Präsentationsformen);
  - die situativen Bedingungen
    (wie z. B. die soziale Situation beim Aussageempfang);
- von den *Prädispositionen der Rezipienten*. Das sind
  - kommunikationsgebundene Faktoren
    (wie z. B. vorhandene Einstellungen, Meinungen zum jeweiligen Thema, zum Kommunikator oder zum Medium, die den

Rezipienten beeinflussen, eine bestimmte Aussage bzw. deren Inhalt abzulehnen oder zu akzeptieren);

- kommunikationsfreie Faktoren
  (d. h. vom jeweiligen Kommunikationsobjekt relativ unabhängige Faktoren, wie z. B. intellektuelle Fähigkeiten oder persönliche Motivlagen, die den Grad der subjektiven Überredbarkeit beeinflussen);

- von den *internen Mediatisierungsprozessen.*

  Das sind drei unterscheidbare Phasen des Rezeptionsvorgangs, die eine Botschaft beim Empfänger durchlaufen muß, um Chance auf Beeinflussung zu erhalten: Zunächst muß einer Aussage *Aufmerksamkeit* (attention) entgegengebracht werden, damit sie überhaupt wahrgenommen wird. Sodann muß es zu einem *Verstehen* (comprehension) des Übermittelten kommen, d. h., der Rezipient muß in der Lage sein, dem vermittelten Inhalt auch eine Bedeutung zuzuschreiben. Aufmerksamkeit und Verstehen bestimmen schließlich über die eigentliche *Annahme* (acceptance) der Aussageinhalte, d. h., hier entscheidet sich, was der Rezipient letztlich von der Botschaft lernt und gegebenenfalls in sein Handeln übernimmt.

Die nachfolgende Abb. 34 führt dieses Grundmodell der Wirkungsforschung anschaulich vor Augen.

Zu den Ansätzen, die das Ziel der Beeinflussung in den Vordergrund rücken, sind aber im Grunde nahezu alle jene Überlegungen zu rechnen, die sich im Rahmen der massenkommunikativen Wirkungsforschung im Laufe der letzten Jahrzehnte entwickelt haben und die weiter oben bereits näher besprochen worden sind.

Unmittelbar anschließend bzw. (in chronologischer Hinsicht) nahezu parallel zur Persuasionstheorie Hovland'scher Prägung sind jene Konzepte entstanden, welche die Wirkung von Überredungskommunikation von einem dem Menschen anscheinend innewohnenden Streben nach Gleichgewicht (Konsonanz, Konsistenz, Kongruenz) abhängig machen und die daher die

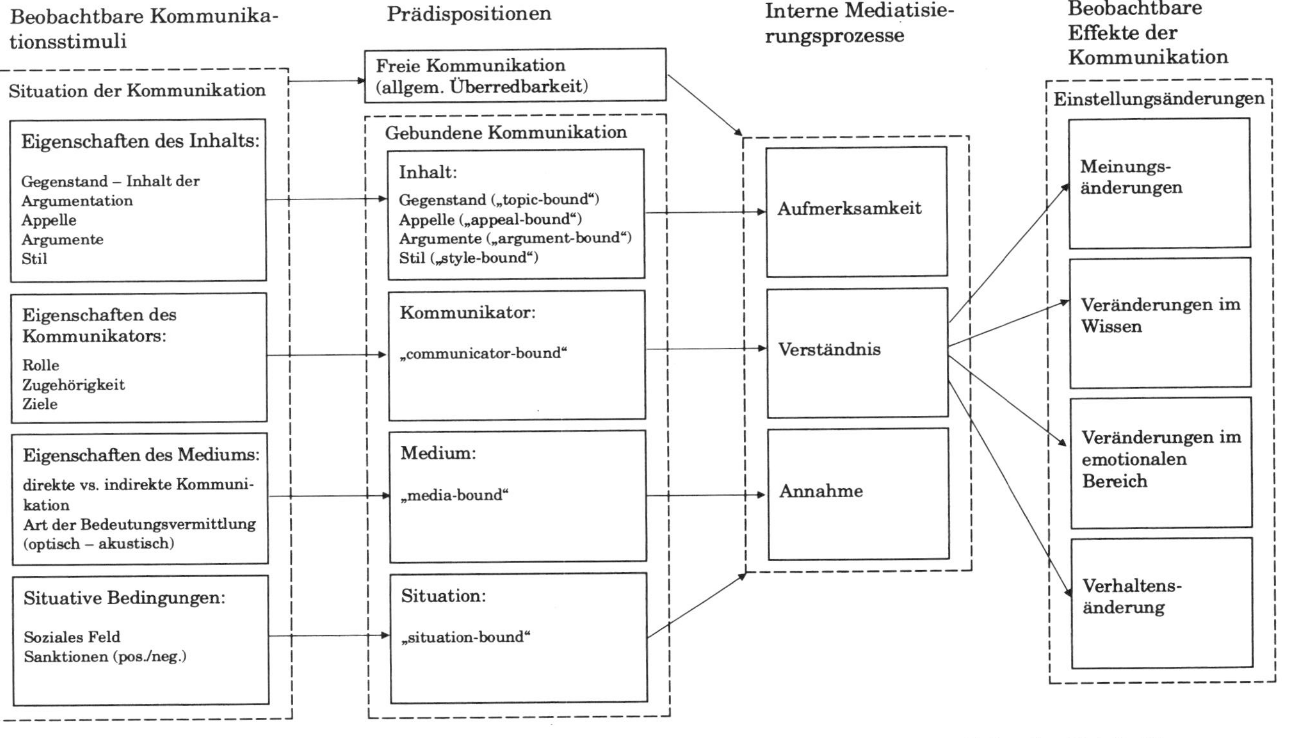

Abb. 34. Das Grundmodell der Wirkungsforschung (Hovland/Janis 1970, S. 225; entnommen aus Schenk 1987, S. 49)

Einstellungen *vor* dem Empfang der Aussage als zentrale Variable im Wirkungsprozeß begreifen. Aber auch Erkenntnisse, die im Horizont des Nutzenansatzes, des dynamisch-transaktionalen Ansatzes, der Agenda-Setting-These, der Knowledge-gap-These und der Theorie von der Schweigespirale hervorgebracht wurden[433], sind im Grunde stets relativierende Antworten auf die Frage, wie Beeinflussung von Menschen durch Kommunikationsprozesse möglich ist. Die Forschungsarbeiten dazu stellen in quantitativer Hinsicht zweifellos den Hauptteil der (empirischen) Massenkommunikationsforschung dar.

Somit kann man diagnostizieren, daß die Forschungsrealität in der Publizistik- und Kommunikationswissenschaft von jenen Ansätzen dominiert wird, die der Frage nachgehen, wie Beeinflussung im Rahmen von Kommunikationsprozessen möglich ist.

6.4.2. Emanzipation durch Kommunikation

Der Erziehungswissenschaftler Klaus Mollenhauer sieht Erziehung „als ein kommunikatives Handeln, dessen Ziel darin liegt, eine Kommunikationsstruktur zu etablieren, die den Erwerb von Fähigkeiten zum Diskurs ermöglicht" (Mollenhauer 1972, S. 14). Der Diskurs, im Habermas'schen Sinne ein Kommunikationsprozeß zur Klärung problematisierter Geltungsansprüche in Verständigungsprozessen[434], hat mit Aufklärung sehr viel zu tun. „Aufklärung" im Sinne des Infragestellens von Autorität, von Ideologie und von Wissen (vgl. Holz 1976, S. 40 f.). Dies ist die (rationale) Vorstufe einer Emanzipation, einer selbstbestimmten (weil aufgeklärten) Befreiung aus einer (in der Regel nicht selbst verschuldeten) Unmündigkeit.

Pädagogisches Tun kann somit immer als „Hilfe zur Selbstverwirklichung" (Bock 1978, S. 7) verstanden werden, und es ist daher kein Zufall, wenn das Kommunikationsziel „Emanzipation" zunächst nicht so sehr innerhalb der Publizistik- und

433 Alle diese theoretischen Ansätze wurden im Kapitel 5.3. (Wirkungen der Massenmedien) näher besprochen.

434 Auf den Diskursbegriff wurde bereits weiter oben (vgl. S. 440 ff.) näher eingegangen.

Kommunikationswissenschaft, sondern in der Pädagogik zum Forschungsfeld avancierte.

Die Pädagogik kann auf sehr allgemeine Weise als jene Wissenschaft begriffen werden, „die sich mit der [ontogenetischen, R. B.] Menschwerdung des Menschen befaßt" (Bock 1978, S. 7). Grundlage allen pädagogischen Handelns ist die anthropologische Einsicht von der Unfertigkeit und Bildsamkeit des Menschen zum Zeitpunkt seiner Geburt sowie – daran anknüpfend – das Postulat, der Mensch bedürfe zur Entwicklung seines Selbstseins der Unterstützung anderer: „Der Mensch muß – um es paradox auszudrücken – das, was er ist, erst werden und bedarf dazu der Hilfe schon Erwachsener" (Bock ebd., S. 18).[435]

Die von der Anthropologie konstatierte Unfertigkeit und Bildsamkeit des Menschen erweist sich, pädagogisch gewendet, dann als dessen Erziehungsbedürftigkeit. Im Mittelpunkt des pädagogischen Ansatzes steht damit das Verhältnis Erzieher – Educandus. Ein Verhältnis, das auf Wechselseitigkeit beruht, denn es wäre falsch, erzieherisches Handeln etwa nur von der Seite des Educators her zu sehen: jedes erzieherische Tun muß im Gegenteil „auf eine Bereitschaft und Offenheit des Educandus treffen, um sein Ziel erreichen zu können. Erziehung findet also zwischen beiden statt, zwischen Erzieher und Educandus, und ist nur zwischenmenschlich zu verwirklichen" (Bock ebd., S. 7). Kommunikation gerät hier fast zwangsläufig ins Blickfeld und es nimmt daher nicht wunder, wenn Baacke in der pädagogischen Beziehung einen „Spezialfall einer Kommunikationsbeziehung" (1971, S. 51) erblickt. Auch Schoch sieht das Grundphänomen Kommunikation als „in allen Objektbereichen der Erziehung wirksam" (1979, S. 8) und kommt zu dem Schluß, daß man „heute Erziehung anders denn als kommunikatives Handeln nicht mehr fassen (kann)" (ebd. S. 166).

Sieht man das letztendliche Ziel allen pädagogischen Tuns in der Hilfe zur Selbstwerdung des Menschen (vgl. Bock 1978, S. 7) und betrachtet man dieses Ziel – was immer auch im Detail damit gemeint sein mag – vom Standpunkt einer kommunika-

---

435 Vgl. dazu auch Kap. 4 (insbes. S. 142 f.) des vorliegenden Buches.

tiven Pädagogik aus, so wird man darauf verwiesen, „daß zur Selbstwerdung des Menschen unter anderem auch eine Erziehung zur Kommunikationsfähigkeit gehört" (ebd. S. 377)[436]. Davon geht auch Baacke aus, der die Entwicklung einer Kommunikationsdidaktik im Auge hat, im Rahmen derer Strategien zur Realisierung von nichtgestörten Kommunikationsprozessen bereitgestellt werden sollen und dessen Ansatz daher im vorliegenden Zusammenhang relevant erscheint.

Unter dieser **Kommunikationsfähigkeit** – Baacke spricht auch von „Kompetenz"[437] – soll die Fähigkeit des Menschen verstanden werden, in beliebigen verschiedenen Situationen „potentiell situations- und medienadäquat Kommunikationen auszugeben und zu empfangen" (Baacke 1973, S. 100). Diese Kommunikationsfähigkeit ist jedoch gebunden an (bzw. kann sich erst entwickeln in) eine(r) Kommunikationssituation, in der die Kommunikationspartner die Möglichkeit haben, unabhängig, zwanglos und selbstbestimmt kommunikative Handlungen zu setzen. Ein pädagogisches Kommunikationsmodell hat nach Baacke daher auch davon auszugehen, daß „zwischen Sender und Empfänger jederzeit ein Rollentausch möglich ist. Beide werden nicht definiert nach hierarchisch geordneten Positionen (Vater–Sohn; Meister–Lehrling; Lehrer–Schüler; Politiker–Wähler; Redner–Zuhörer), sondern nach ihren Funktionen in einem kommunikativ organisierten Beziehungsgefüge.

Übertragen auf die traditionelle Erzieher-Zögling-Vorstellung bedeutet dies, daß beide im Kommunikationsprozeß Partner sind und das Gefälle von oben nach unten (vom Sender zum Empfänger) durch einen die Positionen von Sender und Empfänger ständig umwandelnden Rückkoppelungsprozeß ersetzt ist. (...) Belehrung und Erziehung, bedingt durch Kommunikation,

---

436 In diesem Zusammenhang verweist Bock im Zuge ihrer Besprechung von Ansätzen der Pädagogik des 20. Jahrhunderts v. a. auf die sog. „Begegnungspädagogik", die das dialogische Verhältnis in den Vordergrund rückt und damit an der anthropologischen Grundaussage anknüpft, wonach der Mensch von Natur aus auf den anderen hin angelegt sei (vgl. ebd. S. 376).

437 Zum Habermas'schen Begriff der kommunikativen Kompetenz, an dem sich Baacke grundsätzlich orientiert, vgl. auch S. 437 ff. des vorliegenden Buches.

können nur verstanden werden als Angebot und Möglichkeit zu gleichberechtigter Kommunikation" (Baacke 1971, S. 55).

Erst auf der Basis einer solchermaßen errungenen Kommunikationsfähigkeit kann Erziehung dann ihr eigentliches Ziel verfolgen, nämlich darauf abstellen, „den Menschen durch kommunikatives Handeln zu sich selbst kommen zu lassen" (Baacke 1973, S. 236), und das heißt für Baacke, ihn zu emanzipieren. **Emanzipation** verstanden als „Selbstverfügung des Individuums" (ebd. S. 313) gerinnt im Horizont einer pädagogischen Kommunikationstheorie zur Fähigkeit, „rational und selbständig Informationen aufzunehmen, begründete Meinungen zu vertreten und wenn möglich durchzusetzen" (Baacke 1971, S. 41). Emanzipation als Ziel bedarf aber gerade auch emanzipativer Kommunikation als Prozeß, denn: „Wer in der Kommunikation unfrei ist, der bleibt es auch in seinen Kenntnissen, Meinungen, Erwartungen und Handlungen" (Baacke 1973, S. 325). Emanzipation ist damit rückgebunden an die individuelle Kommunikationsfähigkeit, welche wiederum eine von alltäglichen Zwängen befreite Kommunikationssituation impliziert[438]. Trotz des utopischen Charakters dieser Vorstellung[439] versucht Baacke, sich mit konkreten Realisierungschancen

---

438 Es sei darauf hingewiesen, daß eine derartige Position in der Erziehungswissenschaft keineswegs unumstritten ist. So gibt es eine durchaus ernstzunehmende Skepsis im Hinblick auf die Generalisierbarkeit emanzipatorisch kommunikativer Pädagogik-Entwürfe, die davon ausgeht, daß Erziehung oftmals gerade nicht auf der Interaktion sich selbst bestimmender Individuen basiert und es daher durchaus sinnvoll sein kann, in solchen Situationen (nämlich bei im engeren Sinn „erzieherischen Maßnahmen", die im Vorschul-, Schul- und Jugendalter zum Tragen kommen) auch schon einmal den „Anspruch auf Asymmetrie" zu erheben. (Jourdan 1989, S. 9 ff.) Jourdan plädiert daher für eine begriffliche Fraktionierung pädagogischer Kommunikation und empfiehlt drei asymmetrische und einen symmetrischen pädagogischen Kommunikations-Teilbegriff (vgl. ebd. S. 17 ff.).

439 Mit der Skizze einer von alltäglichen Zwängen befreiten Kommunikationssituation befindet sich Baacke ja in deutlicher Nähe zum Habermasschen Entwurf herrschaftsfreier Kommunikation. Bekanntlich hat Habermas darauf hingewiesen, daß eine Kommunikationsstruktur „dann und nur dann keine Zwänge produziert, wenn für alle möglichen Beteiligten eine symmetrische Verteilung der Chancen, Sprechakte zu wählen und auszuüben, gegeben ist. Dann besteht nämlich nicht nur prinzipielle Austauschbarkeit der Dialogrollen, sondern eine effektive Gleichheit der Chan-

emanzipativer Kommunikation auseinanderzusetzen und benennt Ziele, die zu diesem Zweck anzustreben wären:

- Voraussetzung für emanzipative Kommunikation ist zunächst das *Vorhandensein eines Selbst- und Fremdverständnisses.* Verständnis für die eigene soziale Situation und damit auch für die Gegebenheiten anderer (Fremdverstehen und Selbstverständnis gehören für Baacke zusammen) erlangt man jedoch erst dann, wenn man imstande ist, „den Kommunikationsanforderungen der heutigen Gesellschaft zu genügen" (ebd. S. 327). Dazu bedarf es neben dem Beherrschen der in den verschiedenen gesellschaftlichen Bereichen (Privatsphäre, Berufssektor, Öffentlichkeit) anzutreffenden Sprachvarianten auch einer angemessenen Verwendung der Massenkommunikationsmittel.
- Emanzipative Kommunikation bedarf darüber hinaus aber auch einer *kommunikativen Ethik.* Diese beinhaltet für Baacke zuallererst körperlich und geistige Gesundheit der Kommunikationspartner, wobei v. a. „die grundsätzliche psychohygienische Forderung nach einer Kommunikationsbeziehung, die das freie und unverstellte und unsanktionierte Eingehen auf das Du als selbstverständlich ansieht" (ebd. S. 328), zentral erscheint. Dies ist eine Kommunikationsbeziehung, in der Ego und Alter einander sowie ihre Aussagen ernst nehmen, in der also wechselseitig sowohl die Wahrheit der Aussagen als auch die Wahrhaftigkeit der Kommunikator-Intentionen unterstellt werden kann. Etwas auch so zu meinen, wie man es mitteilt, hat allerdings zur Voraussetzung, daß man unter keinerlei Druck (Handlungsdruck, Zeitdruck oder „psychischem" Druck) steht, durch den Themen und ihre Formulierung beschränkt werden. Hier geht die spezielle Kommunikationsethik für Baacke in eine freiheitlich-demokratische Ethik über, die freie Kommunikation erst garantiert (vgl. ebd. S. 329).

---

cen bei der Wahrnehmung von Dialogrollen, d. h. auch bei der Wahl ... der Sprechakte" (Habermas 1971a, S. 137). Die Bedingungen für herrschaftsfreie Kommunikation erwiesen sich jedoch als kontrafaktisch (vgl. ebd. S. 138 f.).

– Schließlich setzt emanzipative Kommunikation aber auch eine bestimmte *Organisation der Kommunikationsbedingungen* voraus. Abzubauen wäre hier v. a. das hierarchische Gefälle von Kommunikationen in Familie, Schule, Arbeitsbereich etc., weil daraus letztlich Unterdrückung resultiert. Nur eine symmetrische Organisation der Kommunikationsbeziehungen – so lautet hier die kommunikationspädagogische Forderung – erlaubt jedem Teilnehmer die Entfaltung seiner Kommunikationsfähigkeit: dies ist dann der Fall, wenn jeder Kommunikationsteilnehmer, ungeachtet seines Status und seiner Position, die gleichen Chancen hat, zu Wort zu kommen und beachtet zu werden und auch jedem anderen die gleichen Chancen einräumt. (Auf die Kontrafaktizität dieser Vorstellung wurde oben ja bereits hingewiesen.)

Derartige Forderungen an eine allgemeine Kommunikationsdidaktik müssen für Baacke aber auch auf Massenkommunikation transponierbar sein. Emanzipation als Ziel bedarf nämlich gleichermaßen emanzipativer Massenkommunikation: „Will man die Forderung nach ‚emanzipativer Kommunikation‘ wirklich realisieren, muß also der emanzipativen Struktur der Interkommunikation eine ebensolche der Massenkommunikation entsprechen – und umgekehrt“ (ebd. S. 334). Eine spezifische Mediendidaktik hätte nach Baacke sodann

– in *kommunikationstechnischer* Hinsicht für das Verstehen der den Massenmedien eigenen „Sprache“ zu sorgen. Zu diesem Zweck müßte v. a. die Zeichenstruktur des besonderen Codes, der sich aus der Interferenz von Wort-Bild-Systemen in Illustrierten, Filmen und im Fernsehen ergibt, beherrscht werden. Gelegentliche eigene Erfahrungen mit den technischen Medien könnten die Entwicklung einer derartigen Decodierungsfähigkeit unterstützen;

– in *kommunikationsethischer* Hinsicht dafür zu sorgen, daß die Medien nicht als Instrumente zur Realitätsflucht oder lediglich zur Minderung kognitiver Dissonanzen benützt werden, sondern daß man lernt, die Wahrheit von Aussagen einzuschätzen und sich wahrhaftig (d. h. mit Rücksicht auf seine jeweils persönliche Seinslage) zu den vermittelten Inhalten in Beziehung zu setzen. „Wahrhaftigkeit" wird für Baacke hier zu einem politischen Begriff, der auf der Einsicht in die gesellschaftliche Bedingtheit der eigenen Existenz aufbaut und diese „in Beziehung setzt zu den demokratisch-politischen Aufgaben einer ‚Öffentlichkeit', zu der jeder Bürger gehört und für deren Äußerungsformen und -möglichkeiten er sich verantwortlich fühlen muß" (ebd. S. 337);

– in *organisatorisch-technischer* Hinsicht für symmetrische Kommunikationsbeziehungen in einem übertragenen Sinn zu sorgen: „Das Medium darf dem Zuschauer nicht als Zauberkasten, anonyme Macht, als Instrument der Verkündigung staatsoffizieller Meinungen, als Ansammlung von Stars und Prominenten erscheinen, als Mythos eines ohnmächtigen Glaubens an die Wahrheit, Wahrhaftigkeit, Allmacht und Offiziösität unseres öffentlichen Kommunikationssystems" (ebd. S. 338). Vielmehr müssen die Medien durch Aufklärung über sich selbst (über ihre Intentionen, über die Machart ihrer Inhalte usw.) ein mündiges Massenpublikum heranbilden, das in der Lage ist, die jeweils vermittelten Aussagen kritisch zu benützen.

Publizistik- und kommunikationswissenschaftlich gewendet münden all diese Überlegungen in die sog. **„Medienpädagogik"**. Man findet daneben gleichsam als Unterbegriffe auch die Bezeichnungen „Medienkunde", im Sinne der Lehre von den materiellen Bedingungen der Medien, ihrer technischen sowie institutionellen Voraussetzungen und (wie bereits erwähnt) „Mediendidaktik", womit der Verwendungszusammenhang von Medien in (zunächst schulischen) Lehr- und Lernprozessen gemeint ist (vgl. Minte-König 1981). Medienpädagogik insgesamt – immer auch als interdisziplinärer Wissenschaftszweig vornehmlich zwischen Pädagogik, Publizistik- und Kommunikationswissenschaft, Psychologie und Soziologie beschworen (vgl. Geretschläger 1979) – hat sich jedenfalls folgendes Ziel auf die Fahnen geschrieben: „Menschen in die Lage versetzen, mit den Angeboten der Massenmedien ‚vernünftig' umzugehen, Manipulationen zu durchschauen, stark selektiv Gebrauch vom reichhaltigen Angebot zu machen, eigene Rechte kennenzulernen und notfalls gegenüber und in den Medien durchzusetzen" (Kabel 1979, S. 103).

Medienpädagogik soll – so jedenfalls Dieter Baacke in seiner Standortbestimmung – „ganz praktische Fragen beantworten: Wie könnte Medienerziehung für Kinder und Jugendliche aussehen? Welche Probleme haben Erwachsene und alte Menschen mit Medien? Was muß jemand eigentlich über Medien- und Medienorganisation wissen, um angemessen in der modernen ‚Informationsgesellschaft' leben zu können?" (Baacke 1992, S. 174). Ihre Aufgabe sei es, konkret „anzugeben, an welchen Stellen in die Interaktionen von Medien und Menschen (hier vor allem: Kinder und Jugendliche) erziehend und bildend, lehrend und beratend, orientierend und informierend einzugreifen sei" (ebd. S. 173).

Konkrete Konzepte einer daraus abgeleiteten Unterrichtsgestaltung wurden unter der Bezeichnung „Kommunikationslehre" beispielsweise an der Fernuniversität Hagen entwickelt. Als Gegenstände einer solchen Kommunikationslehre wurden definiert 1. die Analyse von Massenkommunikation, 2. die Vermittlung von Lernprozessen mittels Medien und 3. der praktische Gebrauch der Medien zur eigenen Artikulation (Stuke 1979, S. 73).

Trotz der schon Ende der siebziger Jahre vielfach vorhandenen Fachliteratur zum Thema (vgl. Spiering/Bosch/Fürstenberg 1979) und auch trotz der Versuche einer kommunikationswissenschaftlichen Grundlegung (vgl. etwa Saxer 1987) und didaktischen Fundierung (vgl. etwa Bauer 1979, 1980) konnte sich Medienpädagogik als anerkanntes Teilgebiet der Publizistik- und Kommunikationswissenschaft allerdings (noch) nicht etablieren.[440] Wenn sie im Rahmen des

440 Ein kleiner Indikator am Rande, der diese Diagnose zu bestätigen scheint: Im 1989 neu aufgelegten Lexikon Publizistik, Massenkommunikation (Hrsg. Noelle-Neumann/Schulz/Wilke) ist der Terminus „Medienpädagogik" nicht einmal im Stichwortverzeichnis zu finden. Dies gilt auch für die Neuauflage von 1994 und 1997.

engeren publizistikwissenschaftlichen Fachbereiches dennoch auftaucht, wird sie als „Spezialgebiet der Erziehungswissenschaften“ bezeichnet (Minte-König 1981, S. 183). Dies mag vielerlei Gründe haben. Eine Ursache könnte aber auch in der traditionellen massenmedialen Fixierung der Publizistik- und Kommunikationswissenschaft liegen, die nur auf den ersten Blick die Herausbildung einer Medienpädagogik zu begünstigen scheint. So hat Kabel schon vor mehr als zwei Jahrzehnten darauf hingewiesen, daß Medienpädagogik eigentlich nicht bei den Medien und ihren Produkten anzusetzen hat, „sondern bei der interpersonalen Kommunikation, bei dem, was die Medien nicht leisten können, was sie aber zu überwuchern scheinen“ (Kabel 1979, S. 104).

6.4.3. Therapie durch Kommunikation

Was nun das Kommunikationsziel „Therapie“ betrifft, so handelt es sich hier nunmehr ausschließlich um Überlegungen, die sich auf das zwischenmenschliche Kommunikationsgeschehen beziehen und Kommunikation als Mittel zur Behandlung von Verhaltensstörungen einsetzen, deren Symptomatik in der Regel dem psychopathologischen Formenkreis zuzuordnen ist. Dieses Ziel „sprengt“ nun deutlich den Problemradius der Publizistik- und Kommunikationswissenschaft. Es soll deshalb unter diesem Aspekt auch nur ein einziger Ansatz näher erläutert werden, und zwar jener, der untrennbar mit dem Namen des Österreichers Paul Watzlawick verbunden ist. Noch vor etwa zwei Jahrzehnten war dieser Ansatz einer der wenigen, der unter dem Etikett „Kommunikationstheorie“ in einschlägigen Abhandlungen auftauchte und auf den man sich beziehen mußte, wollte man als Kommunikationswissenschaftler ernst genommen werden. Er hat daher in der Publizistik- und Kommunikationswissenschaft auch immer wieder Spuren hinterlassen, speziell wenn es darum ging, sich ganz grundlegend mit dem Kommunikationsbegriff auseinanderzusetzen. Und er enthält auch ohne Zweifel Gedanken, die man für die Analyse öffentlicher Kommunikationsprozesse fruchtbar machen kann. Was das grundlegende Verständnis von Kommunikation im

Rahmen der Publizistik- und Kommunikationswissenschaft betrifft, scheint er allerdings nur begrenzt brauchbar zu sein. Dies wurde bereits im 2. Kapitel des vorliegenden Buches angesprochen. Dennoch: die sog. „Watzlawick-Axiome“ hier nicht zu erwähnen, hieße nicht bloß eine fachspezifische Tradition, sondern auch das zweifellos vorhandene heuristische Potential dieses Ansatzes zu übersehen.

Im Mittelpunkt des kommunikationstherapeutischen Ansatzes von Paul Watzlawick et al. (1969) stehen Verhaltensstörungen – genauer: Störungen im Bereich des zwischenmenschlichen, sozialen Verhaltens. **Kommunikation,** definiert als das Medium der „beobachtbaren Manifestationen menschlicher Beziehungen“ (ebd. S. 22), wird mit (sozialem) Verhalten praktisch gleichgesetzt; Störungen im Bereich des Sozialverhaltens gerinnen damit zu Kommunikationsstörungen, Verhaltenstherapie wird zur Kommunikationstherapie.

Gegenstand der Theorie ist der „pragmatische Aspekt“ menschlicher Kommunikation, das sind nach Watzlawick et al. deren verhaltensmäßige Wirkungen (ebd. S. 13), m. a. W., der Umstand, daß jede Kommunikation das Verhalten aller Teilnehmer beeinflußt (ebd. S. 22).[441] Diese systemtheoretische Sichtweise menschlicher Beziehungen basiert auf der These, „daß zwischenmenschliche Systeme – also Gruppen, Ehepaare, Familien, psychotherapeutische oder selbst internationale Beziehungen usw. – als Rückkoppelungskreise angesehen werden können, da in ihnen das Verhalten jedes einzelnen Individuums das jeder anderen Person bedingt und seinerseits von dem Verhalten aller anderen bedingt wird“ (ebd. S. 32). Derartige Prozesse verlaufen jedoch nicht willkürlich, sondern folgen bestimmten Regeln. Kern des theoretischen Ansatzes ist der Rekonstruktionsversuch eines angenommenen „pragmatischen Kalküls“ (vgl. ebd. S. 41 ff.), d. h. eines Systems von Regeln, die *hinter* den Erscheinungsformen menschlicher Kommunikation stehen und denen diese gehorcht. In den Axiomen dieses prag-

441 Zur Kritik an diesem etwas eigentümlichen Pragmatikbegriff vgl. Ziegler 1978, S. 20 ff.

matischen Kalküls sehen die Autoren die Grundregeln menschlicher Kommunikation.[442] Erfolgreiche Kommunikation als Basis für intakte zwischenmenschliche Beziehungen beruht auf dem Befolgen dieser Grundregeln, während Störungen im Bereich der zwischenmenschlichen Beziehungen auf gestörte Kommunikation zurückgeführt werden, die vom Durchbrechen ebendieser Regeln gekennzeichnet ist.

Watzlawick et al. nennen fünf derartige Axiome des von ihnen postulierten pragmatischen Kalküls; sie sehen in den folgenden Aussagen über diese allerdings provisorische Formulierungen, „die weder Anspruch auf Vollständigkeit noch auf Endgültigkeit erheben können" (ebd. S. 50).

1. Axiom: „Man kann nicht *nicht* kommunizieren" (ebd. S. 53)

Wie bereits angedeutet, setzen Watzlawick et al. Kommunikation mit Verhalten gleich; sie gehen davon aus, daß jedes Verhalten in Gegenwart noch eines anderen für diesen eine Mitteilung darstellt und daher auch als „Kommunikation" zu begreifen ist. „Verhalten" aber hat kein Gegenteil, „oder um dieselbe Tatsache noch simpler auszudrücken: Man kann sich nicht *nicht* verhalten. Wenn man also akzeptiert, daß alles Verhalten in einer zwischenpersönlichen Situation Mitteilungscharakter hat, d. h. Kommunikation ist, so folgt daraus, daß man, wie immer man es auch versuchen mag, nicht *nicht* kommunizieren kann. Handeln oder Nichthandeln, Worte oder Schweigen haben alle Mitteilungscharakter: Sie beeinflussen andere, und diese anderen können ihrerseits nicht *nicht* auf diese Kommunikation reagieren und kommunizieren damit selbst. Es muß betont werden, daß Nichtbeachtung oder Schweigen seitens des anderen dem eben Gesagten nicht widerspricht. Der Mann im überfüllten Wartesaal, der vor sich auf den Boden starrt oder mit geschlossenen Augen dasitzt, teil den anderen mit, daß er weder sprechen noch angesprochen werden will, und gewöhnlich reagieren seine Nachbarn richtig darauf, indem sie ihn in Ruhe las-

442 Als „Axiome" wollen Watzlawick et al. Aussagen über die „einfachsten Eigenschaften der Kommunikation" verstanden wissen, „die im Bereich des Zwischenmenschlichen wirksam sind" (ebd. S. 50).

sen. Dies ist nicht weniger ein Kommunikationsaustausch als ein angeregtes Gespräch" (Watzlawick et al. S. 51).[443]

Zu einer Verhaltensstörung kommt es nun in dem Augenblick, wo eine Person in Gegenwart noch einer anderen jeder Mitteilung an diese auszuweichen versucht. Hier entsteht eine Situation, die

---

443 Nochmals: Dieses Verständnis von Kommunikation entspricht *nicht* der Auffassung, wie sie im vorliegenden Buch vertreten wurde. Watzlawick et al. differenzieren v. a. nicht zwischen „Verhalten" und „Handeln", sondern verwenden offenbar auch diese beiden Termini synonym. Während in der hier vorgeschlagenen Begriffsbestimmung der Terminus „Kommunikation" für wechselseitig aufeinander gerichtetes und Verständigung herbeiführendes kommunikatives Handeln – also: intentionales (zweck- und zielgerichtetes) Verhalten – reserviert wurde, setzen Watzlawick et al. schon „bloßes Verhalten" – also etwa auch Schlafen oder regungsloses Dasitzen u. ä. –, wenn es in Gegenwart noch eines anderen stattfindet, mit „Kommunikation" gleich. Zu dieser äußerst extensiven Begriffsbestimmung gelangen die Autoren v. a. infolge ihrer behavioristischen Beschränkung auf *beobachtbares* Verhalten; sie sind sich dieses Umstandes auch bewußt und verneinen daher sogar ausdrücklich, „daß Kommunikation nur dann stattfindet, wenn sie absichtlich, bewußt und erfolgreich ist, d. h. wenn gegenseitiges Verständnis zustande kommt. Die Frage, ob eine empfangene Mitteilung der ausgesandten entspricht, gehört, so wichtig sie an sich ist, nicht hierher: Letzten Endes könnte sie ja nur auf der Grundlage spezifisch introspektiver oder subjektiver Angaben beantwortet werden – also einer Form von Daten, die (...) in einer auf beobachtbarem Verhalten beruhenden Kommunikationstheorie unberücksichtigt gelassen werden müssen" (Watzlawick et al. 1969, S. 52).
Setzt man sich dagegen diese Schranke nicht und versucht – wie das im Rahmen des vorliegenden Buches (vgl. dazu Kap. 2) geschehen ist – einen Kommunikationsbegriff zu entwickeln, der den spezifischen Besonderheiten der Humankommunikation gerecht zu werden vermag, dann kommt man um die intrapsychischen Phänomene der Intentionalität (kommunikativen Handelns) und des Verstehens (als dessen Teilziel) nicht herum. Gerade für den Humanbereich hat man davon auszugehen, daß Kommunikation (trotz der Gegenwart eines anderen) auch *nicht* stattfinden kann: entweder, weil man gar nichts mitteilen will (wie ein Mann, der mit anderen in einem Warteraum sitzt und in Gedanken versunken auf den Boden starrt), oder, weil eine gegebene Mitteilung eben nicht verstanden wurde (sei es, weil sie nicht einmal aufgenommen worden ist, wie z. B. im Fall des Studenten, der in der Vorlesung schläft, oder sei es, weil die beiden Kommunikationspartner über unterschiedliche Symbolvorräte verfügen, wie im Fall eines fremdsprachigen Ausländers). Insgesamt wird man durch das Ausgrenzen menschlicher Kommunikation aus dem Bereich des übrigen Sozialverhaltens jedenfalls nicht nur deren humanspezifischer Qualität gerechter, man trägt darüber hinaus auch zur Eindämmung der Begriffsinflation bei.

dem schizophrenen Dilemma[444] sehr ähnlich ist: die Person kann nämlich nicht umhin, sei es durch Schweigen, Absonderung, Regungslosigkeit u. ä., dennoch eine Mitteilung zu machen und somit im Sinne der Autoren zu kommunizieren, obwohl sie gerade dies vermeiden will.

So kann ein Flugzeugpassagier einem anderen, der sich mit ihm unterhalten will, mit Abweisung begegnen (indem er z. B. Zeitung liest), er kann Schläfrigkeit, Taubheit, Trunkenheit oder Unkenntnis der deutschen Sprache erkennen lassen – in all diesen Fällen teilt sein Verhalten seinem Gegenüber jedoch etwas mit und ist daher „Kommunikation" im hier verwendeten Sinn, denn er ist außerstande, eine „Stellungnahme" zu vermeiden (vgl. Watzlawick et al. 1969, S. 74 ff.)[445].

2. Axiom: „Jede Kommunikation hat einen Inhalts- und einen Beziehungsaspekt, derart, daß letzterer den ersteren bestimmt und daher eine Metakommunikation ist" (ebd. S. 56).

Jede Mitteilung verfügt nicht nur über einen bestimmten Inhalt, sondern auch über „einen Hinweis darauf, wie ihr Sender sie vom Empfänger verstanden haben möchte. Sie definiert also, wie der Sender die Beziehung zwischen sich und dem Empfänger sieht und ist in diesem Sinn seine persönliche Stellungnahme zum anderen. Wir finden somit in jeder Kommunikation einen *Inhalts- und einen Beziehungs*aspekt" (ebd. S. 53).

---

444 Das Dilemma schizophrenen Verhaltens sehen die Autoren in dem Umstand, daß der Schizophrene „vor der fast unmöglichen Aufgabe (steht), jede Mitteilung zu vermeiden und gleichzeitig zu verneinen, daß sein Verneinen selbst eine Mitteilung ist" (Watzlawick et al. 1969, S. 52).

445 Um nochmals das Verständnis von Kommunikation zu berühren: Vom Standpunkt des im vorliegenden Buch vertretenen Kommunikationsbegriffes soll nur dann von „kommunikativem Handeln" gesprochen werden, wenn die beobachtbaren Verhaltensweisen in der Tat zielgerichtete (intentionale) Handlungen sind: wenn der sich abweisend verhaltende Passagier also nicht zufällig Zeitung liest, sondern deshalb, um explizit zu deklarieren, daß er sich nicht unterhalten will; oder wenn er nicht tatsächlich schläfrig, taub, betrunken oder in Unkenntnis der deutschen Sprache ist, sondern dies explizit vortäuscht, um auf sein Gegenüber nicht eingehen zu müssen. Auf der Basis eines solchen Kommunikationsbegriffes könnte das 1. Axiom daher bestenfalls lauten: In Gegenwart eines anderen kann jedes Verhalten *Mitteilungscharakter* gewinnen (dann nämlich, wenn der andere das Verhalten seines Gegenübers als Mitteilung interpretiert).

Die Autoren verdeutlichen dies zunächst am Beispiel zweier Frauen, die sich über Perlen unterhalten (vgl. ebd. S. 54); Angenommen, Frau A deutet auf Frau B's Halskette und fragt: „Sind das echte Perlen?", dann ist der Inhalt dieser Frage zweifelsfrei das Ersuchen um Information; zugleich aber definiert Frau A (und sie kann dies nicht *nicht* tun!) ihre Beziehung zu Frau B: durch den Ton in ihrer Stimme, ihren Gesichtsausdruck, ja durch ihre gesamte Mimik und Gestik drückt sie entweder wohlwollende Freundlichkeit, Neid, Bewunderung oder irgendeine andere Einstellung zu Frau B aus.

Da der Beziehungsaspekt nun gewissermaßen eine Kommunikation über eine stattfindende Kommunikation darstellt, setzen ihn die Autoren mit dem Begriff der „Metakommunikation" gleich[446] und stellen daher fest, daß jedermann, der kommuniziert, gleichzeitig auch metakommunizieren muß (vgl. ebd. S. 56). Störungsfreie Kommunikation als Basis für konfliktfreie zwischenmenschliche Beziehungen liegt dann vor, wenn nicht nur auf der Inhalts-, sondern auch auf der Beziehungsebene wechselseitige Einigkeit besteht.[447] Typische Verhaltens- bzw. Kommunikationsstörungen treten nun dort auf, wo man sich der Existenz dieser beiden Ebenen nicht bewußt ist und die wechselseitig aufkommenden Unstimmigkeiten auf der „falschen" Ebene austrägt.

Zur Erläuterung sei ein Beispiel aus der psychotherapeutischen Praxis der Autoren herangezogen: „Ein Ehepaar berichtet in seiner gemeinsamen Psychotherapiesitzung folgenden Vorfall. Als der Mann am Vortag allein daheim war, erhielt er den Anruf eines guten Freundes, er ihm mitteilte, daß er (der Freund) demnächst geschäftlich in jener Gegend zu tun habe. Der Ehemann bot ihm sofort das Gästezimmer in seinem Haus an, wie er und seine Frau es schon früher bei ähnlichen Gelegenheiten getan hatten. Als seine Frau jedoch bei der Rückkehr von dieser Einladung erfuhr, kam es zu einem heftigen Ehestreit. In der Sitzung ergibt sich, daß sich die beiden über die Selbstverständlichkeit der Einladung des Freundes völlig einig sind und daß daher auch die Frau nicht anders gehandelt hätte, wenn sie zur Zeit des Anrufs daheim gewesen wäre. Die beiden sind überrascht, feststellen zu müssen, daß

446 Zu dieser etwas eigentümlichen Verwendung des Terminus „Metakommunikation" vgl. auch das im vorl. Buch dargelegte Verständnis (S. 104 f.).

447 Dieser Umstand wurde ja auch weiter oben (vgl. S. 81 ff., S. 116 ff.) bereits als Voraussetzung für das Herstellen von Verständigung (als ein Ziel kommunikativer Interaktionen) erkannt.

sie sowohl dieselbe Meinung als auch eine grundlegende Meinungsverschiedenheit über ein und denselben Sachverhalt haben" (ebd. S. 79).

Tatsächlich handelt es sich aber um zwei verschiedene Sachverhalte. Zum einen um die Einladung als solche (= Inhaltsebene), zum anderen um die Beziehung der beiden Partner zueinander: da der eine die Initiative zur Einladung ohne Befragung des anderen ergriffen hatte, fühlte sich der andere übergangen, und deshalb kam es zu Unstimmigkeiten. Beim Lösungsversuch ihres Konflikts begingen die beiden den typischen Fehler, ihre Unstimmigkeit auf der Inhaltsebene beizulegen, wo es jedoch gar keine gab, da es sich um einen Beziehungskonflikt handelte.

3. Axiom: „Die Natur einer Beziehung ist durch die Interpunktion der Kommunikationsabläufe seitens der Partner bedingt" (ebd. S. 61).

Gemeint ist, daß jeder Mensch dem Kommunikationsprozeß, an dem er teilnimmt, eine Struktur zugrunde legen muß: Die **Interpunktion** ist die Ordnung, die Gliederung des Kommunikationsablaufes in Verhaltenssequenzen bzw. Ereignisfolgen. Die Interpunktion organisiert menschliches Verhalten und ist „ein wesentlicher Bestandteil jeder menschlichen Beziehung" (ebd. S. 58). Die Wurzel vieler Beziehungskonflikte liegt nun in den Unterschieden zwischen den vorgenommenen Interpunktionen.

Interpunktionsdifferenzen sind z. B. die Ursache häufig zu beobachtender Eheprobleme, die darin bestehen, daß der Mann sich eher passiv-zurückgezogen verhält, während die Frau zu übertriebenem Nörgeln neigt. In der gemeinsamen therapeutischen Sitzung tritt dann zutage, daß beide Partner das Verhalten des anderen als Ursache für das eigene hinstellen: so sagt beispielsweise er: „Ich ziehe mich zurück, weil du nörgelst", während sie sagt: „Ich nörgle, weil du dich zurückziehst."

Man erkennt, daß der Mann die Triaden 2–3–4, 4–5–6, 6–7–8 usw. wahrnimmt und in seinem Verhalten (durchgezogene Pfeile) die Reaktion auf ihr Verhalten (gestrichelte Pfeile) sieht, während die Frau die Kommunikationsabläufe auf der Basis der Triaden 1–2–3, 3–4–5, 5–6–7 usw. interpunktiert und in ihrem Verhalten die Reaktion auf das Verhalten des Mannes erblickt.

Das Dilemma bei der jeweils subjektiven Interpunktion der Ereignisreihe besteht dabei in der „Annahme, sie habe einen Anfang. Rein historisch hat sie natürlich einen Anfang, doch ist dieser Ausgangspunkt meist allen Partnern längst nicht mehr

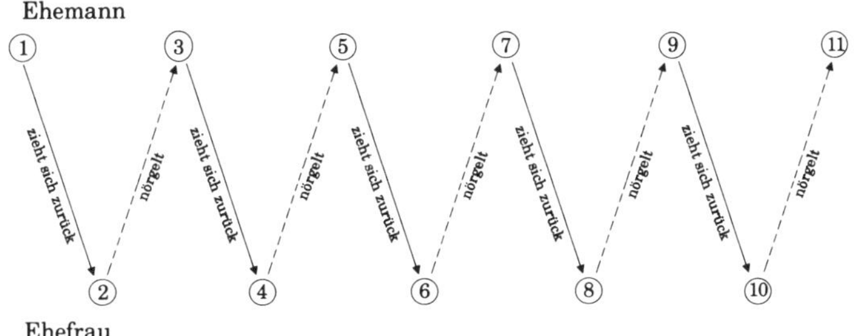

Abb. 35: Interpunktions-Triaden. Watzlawick et al. 1969, S. 59

erinnerlich“ (ebd. S. 61). Das eigentliche Problem sehen die Autoren daher in der Unfähigkeit der jeweiligen Interaktionspartner, „über ihre individuellen Definitionen der Beziehung zu metakommunizieren“ (ebd. S. 59). Erst wenn sie ihre jeweils subjektiven Interpunktionen selbst zum Thema von Kommunikation machen, können sie den Circulus vitiosus, in dem sie stecken, durchbrechen.

4. Axiom: „Menschliche Kommunikation bedient sich digitaler und analoger Modalitäten. Digitale Kommunikationen haben eine komplexe und vielseitige logische Syntax, aber eine auf dem Gebiet der Beziehungen unzulängliche Semantik. Analoge Kommunikationen dagegen besitzen dieses semantische Potential, ermangeln aber die für eindeutige Kommunikationen erforderliche logische Syntax“ (ebd. S. 68).

Es gibt also zwei unterschiedliche Weisen, Objekte darzustellen und damit zum Gegenstand von Kommunikation zu machen. Mit **digitaler** Darstellungsweise ist der Umstand gemeint, daß Objekte durch Zeichen (engl. „digits“) repräsentiert werden können, die zu dem bezeichneten Objekt in einer rein zufälligen und willkürlichen (allerdings von allen Zeichenbenützern notwendigerweise anerkannten) Beziehung stehen.

So ist z. B. die Tatsache, daß die fünf Buchstaben t, i, s, c und h im Deutschen einen bestimmten Gegenstand bezeichnen, lediglich ein semantisches Übereinkommen, denn das Wort „Tisch“ hat nichts besonders Tischähnliches an sich.

Mit **analoger** Darstellungsweise soll dagegen auf den Umstand verwiesen werden, daß die zur Kennzeichnung eines Dinges verwendete Ausdrucksform eine Analogie verkörpert, also eine grundsätzliche Ähnlichkeitsbeziehung zu dem Gegenstand hat, den sie symbolisiert.

Dies gilt z. B. für alle bildhaften Zeichen, die durch ihre Gestalt bzw. ihr Aussehen den gemeinten Gegenstand repräsentieren (z. B. eine Zeichnung eines Tisches oder eine Landkarte ... u. ä.).

Was nun die menschliche Kommunikation betrifft, so bedient sie sich beider Darstellungsweisen. Anknüpfend an das zweite Axiom, vertreten Watzlawick et al. die Auffassung, daß digitale und analoge Kommunikationsweisen „nicht nur nebeneinander bestehen, sondern sich in jeder Mitteilung gegenseitig ergänzen“. Sie vermuten, „daß der Inhaltsaspekt digital vermittelt wird, der Beziehungsaspekt dagegen vorwiegend analoger Natur ist“ (ebd. S. 64). So ist z. B. die menschliche Sprache (vorwiegend) digitale Bedeutungsvermittlung. Sie ermöglicht es, komplexe und abstrakte Begriffe auszudrücken, weshalb sich digitale Kommunikation besonders gut für die Übermittlung von Wissen (von einer Person zur anderen bzw. von einer Generation zur nächsten) eignet. Die nonverbalen Begleitphänomene sind dagegen analoger Natur, hier ist das Übermittelte mehrdeutig, aber die Analogiekommunikationen enthalten keine Hinweise, welche der Bedeutungen gemeint ist.

So gibt es ja beispielsweise Tränen des Schmerzes und Tränen der Freude, die geballte Faust kann Drohung oder Selbstbeherrschung bedeuten, ein Lächeln kann Sympathie oder Verachtung ausdrücken ... usw. (vgl. ebd. S. 66).

Es besteht also die ständige Notwendigkeit, von der einen „Sprache“ in die andere zu übersetzen, und hier ergeben sich Schwierigkeiten, die die Ursachen von Verhaltensstörungen sein können, denn: digitale Kommunikation verfügt über kein ausreichendes Vokabular zur Definition von Beziehungen, und analoge Kommunikation kann ihrerseits wieder nicht eindeutig Inhalte vermitteln. Daher bringt jede Übersetzung vom Digitalen ins Analoge einen Verlust an Information mit sich, ebenso wie jede sprachliche (also digitale) Auseinandersetzung über eine menschliche Beziehung besonders schwierig ist, weil sie eine Digitalisierung eigentlich rein analoger Phänomene darstellt (vgl. ebd. S. 67). Gerade analoges Kommunikationsmaterial ermöglicht ja „sehr verschiedene und oft miteinander unvereinbare Digitalisierungen. Daher ist es nicht nur für den Sender schwierig, digitale Entsprechungen für seine analogen Mitteilungen zu finden, sondern wenn ein zwischenpersönlicher Konflikt über die Bedeutung von Analogiekommunikation entsteht, werden Sender wie Empfänger dazu neigen, beim Übersetzen von der einen in die andere Modalität diejenigen Digitalisierungen vorzunehmen, die in Einklang mit ihrer individuellen Sicht der Beziehung stehen, aber durchaus nicht denen des Partners zu entsprechen brauchen“ (ebd. S. 97).

So ist z. B. ein Geschenk eine analoge Mitteilung. Der Beschenkte kann darin einen Ausdruck der Zuneigung, eine Bestechung oder eine Wiedergutmachung sehen. Als was er auch immer die Geste auffaßt, es hängt davon ab, wie er seine Beziehung zum Geber interpretiert.

5. Axiom: „Zwischenmenschliche Kommunikationsabläufe sind entweder symmetrisch oder komplementär, je nachdem, ob die Beziehung zwischen den Partnern auf Gleichheit oder auf Unterschiedlichkeit beruht“ (ebd. S. 70).

Im einen Fall der symmetrischen Interaktion ist das Verhalten der Partner sozusagen spiegelbildlich. Symmetrische Interaktionen sind von einem Streben nach Gleichheit und einer Verminderung von Unterschiedlichkeiten zwischen den zueinander in Beziehung tretenden Personen gekennzeichnet. Im anderen Fall der komplementären Interaktion basiert das Verhalten der zueinander in Beziehung tretenden Personen auf sich gegenseitig ergänzenden Unterschiedlichkeiten, d. h., das Verhalten des einen Partners ergänzt das des anderen.

Gewissermaßen „planmäßig“ (weil vom kulturellen bzw. gesellschaftlichen Kontext vorherbestimmte) komplementäre Interaktionsmuster finden sich z. B. zwischen Eltern und Kind, Arzt und Patient, Lehrer und Schüler, Vorgesetztem und Untergebenem ... u. ä.

W a t z l a w i c k et al. nehmen nun an, daß symmetrische und komplementäre Interaktionen üblicherweise abwechselnd nebeneinander existieren: „Von dem wenigen, das wir über ‚gesunde', tragfähige Beziehungen wissen, können wir annehmen, daß in ihnen beide Formen zusammenwirken, wenn auch abwechselnd oder auf verschiedenen Gebieten der Partnerbeziehung. Das bedeutet ... daß es ... für die Partner nicht nur wünschenswert, sondern sogar unerläßlich ist, sich in bestimmten Belangen symmetrisch, in anderen komplementär zu verhalten" (ebd. S. 103).

Beide Formen tragen aber auch den Keim zu spezifischen Verhaltensstörungen in sich: die Autoren nennen „symmetrische Eskalation" auf der einen und „starre Komplementarität" auf der anderen Seite (vgl. dazu ebd. S. 104 ff.). In beiden Fällen liegt eine Verfestigung der Beziehungsstruktur vor, d. h. die Partner sind nicht mehr imstande, von einer symmetrischen in eine komplementäre Beziehungsform (und umgekehrt) zu wechseln.

Kommunikationstherapeutische Interventionen setzen nun bei dem Umstand an, daß Kommunikations- bzw. Verhaltensstörungen (hier handelt es sich vom Standpunkt der pragmatischen Kommunikationstheorie ja um idente Bereiche), die aus der Verletzung einer oder mehrerer der hier vorgestellten Grundregeln menschlicher Kommunikation erwachsen, in Form irgendwelcher Symptome manifest werden. Mit **Symptom** ist dabei etwas Ungewolltes und daher Autonomes gemeint. Ein Symptom ist eine spontane Verhaltensform, so spontan, daß sie sich jeder Beherrschung entzieht und auch vom Patienten als etwas Unbeherrschbares empfunden wird (vgl. ebd. S. 220). Der Therapeut kann den Patienten daher nicht einfach zu einem anderen Verhalten bewegen, da dieser keine Kontrolle über sein Symptom hat. Der Therapeut versucht aber auch nicht – was hier vielleicht naheliegend wäre – aufklärend zu wirken, indem er dem Patienten etwa zur Einsicht in die vorliegenden Kommunikationsstörungen verhilft. Eine Kommunikations- bzw. Verhaltenstherapie Watzlawick'scher Prägung besteht im Gegenteil in therapeutischen Techniken, die größtenteils in sog. „paradoxen Interventionen" bestehen. Ein Prototyp solcher paradoxen Interventionen sind **Symptomver-**

schreibungen (vgl. ebd.): der Therapeut schreibt dem Patienten vor, genau dasjenige Verhalten auszuführen, das dieser von sich aus bereits an den Tag legt. Gerade dadurch jedoch, daß man ein Verhalten fordert, das üblicherweise spontan abläuft, wird ja die Spontaneität – eben weil sie gefordert ist – unmöglich gemacht.[448] In diesem Augenblick befindet man sich aber bereits in einer veränderten Situation, denn das Symptom ist nicht mehr spontan und kann daher unter Kontrolle gebracht werden.[449] Darin besteht letztlich auch das Ziel des kommunikationstherapeutischen Ansatzes nach Watzlawick et al.: das jeweilige Symptom unter Kontrolle zu bringen und dadurch sein weiteres spontanes Auftreten zu verhindern. Mögliche Einsichten in die Ursachen symptomatischer Erscheinungen – wie sie etwa Hinweise auf eine Verletzung der Grundregeln menschlicher Kommunikation liefern könnten – sind nicht Bestandteil der Therapie, sondern stellen offenbar bloß theoretisches Hintergrundwissen dar.

6.5. Modelltheoretische Ansätze zur Massenkommunikation

Es wurde bereits mehrfach betont: Der traditionell-klassische Ausschnitt der kommunikativen Wirklichkeit, den die Publizistik- und Kommunikationswissenschaft immer schon zu ihrem Erkenntnisgegenstand hochstilisiert hat, ist der Bereich der Massenkommunikation. Hier gerinnen (in der Regel mehr oder weniger unreflektiert) Kennzeichen und Ziele von Kommunikation zu einer Perspektive, aus der heraus jeweils bestimmte Besonderheiten des Massenkommunikationsprozesses in den Vordergrund gerückt werden. Oftmals schlägt sich diese Sicht-

448 Vgl. in diesem Zusammenhang v. a. die „Sei spontan!-Paradoxie“: Der Prototyp dieser Aufforderungen „Sei spontan!“ bringt den Empfänger in eine für ihn „unhaltbare Situation, da er, um ihr nachzukommen, spontan in einem Kontext von Gehorsam, von Befolgung, also von Nichtspontaneität sein müßte“ (Watzlawick et al. 1969, S. 184; vgl. auch Watzlawick et al. 1974, S. 84 ff.).

449 Beispiele für Symptomverschreibungen aus der kommunikationstherapeutischen Praxis der Autoren finden sich auch in: Watzlawick et al. 1974, S. 145 ff.; Watzlawick 1977, S. 81 ff.

weise in graphischen Darstellungen nieder, die als „Modelle" vom Massenkommunikationsprozeß verallgemeinerbare (und damit theoretische) Zusammenhänge erkennbar machen sollen. Modelle implizieren also in der Regel bestimmte Theorieperspektiven, deshalb könnte man auch von „modelltheoretischen" Ansätzen spechen.

Zum besseren Verständnis erscheint es sinnvoll, an dieser Stelle kurz den Modellbegriff zu reflektieren. Unter einem **„Modell"** versteht man ein theoretisches Konstrukt, mit dem versucht wird, einen Gegenstand oder einen in der Realität ablaufenden Prozeß in seinen Grundzügen darzustellen. Ein Modell erfaßt daher niemals alle Merkmale der Realität, auf die es verweist, denn es abstrahiert stets vom Einzelfall und reduziert die Wirklichkeit auf die als wesentlich erachteten Elemente und Beziehungen. Die Konstruktion eines Modells erfolgt deshalb auch unter vereinfachenden Annahmen, die ganz bestimmte Aspekte realer Sachverhalte bzw. Vorgänge herausgreifen und damit einer Analyse zugänglich machen (vgl. Wienold 1975, S. 452). Ein gutes Modell erfüllt mehrere Funktionen, als wichtigste wären zu nennen: die *Organisationsfunktion,* d. h., es integriert Einzelaspekte in einen Gesamtzusammenhang, die *heuristische Funktion,* d. h., es ermöglicht neue verallgemeinerbare Einsichten bzw. regt zu solchen an, die *Prognosefunktion,* d. h., es ermöglicht Vorhersagen, und – wenigstens fallweise – die *Meßfunktion,* d. h., es ermöglicht auf Genauigkeit zielende, womöglich quantifizierbare Angaben (vgl. dazu Deutsch 1952, S. 356 ff.; Dröge/Lerg 1965, S. 273 f.; Merten 1974, S. 149 f.).

Werden Modelle, die einen materiellen, physischen Bereich der Realität repräsentieren, üblicherweise eingesetzt, „um eine bestimmte Aufgabe lösen zu können, deren Durchführung mittels direkter Operationen am Original zunächst oder überhaupt nicht möglich bzw. unter gegebenen Bedingungen zu aufwendig ist" (Wüstneck 1972, S. 729), so liegt ihre Aufgabe im sozialwissenschaftlichen Bereich v. a. darin, komplexe (zwischen)menschliche Verhaltensabläufe zu strukturieren und zu systematisieren, um so den eigentlichen Untersuchungsgegenstand deutlicher hervortreten zu lassen. Dies trifft auch für Modelle vom Massenkommunikationsprozeß zu. Die Bedeutung derartiger Modelle besteht v. a. darin, daß sie den eigentlichen Gegenstand der Untersuchung (meist auch noch graphisch unterstützt) veranschaulichen. Sie gliedern m. a. W. das Wissenschaftsfeld nach Art eines Klassifikationsschemas und beschreiben jeweils als zentral erachtete Elemente des Massenkommunikationsprozesses sowie Beziehungen zwischen diesen. Wenn sie auch nicht – wie eine empirisch fundierte Theorie – zu Erklärungen führen, so schaffen sie dennoch „die Voraussetzung für die Bildung von erklärenden Theorien, indem sie empirische Befunde und Hypothesen zusammenzuführen helfen" (Schulz 1971, S. 94). Neben dieser deskriptiven Bedeutung erfüllen derartige Modelle jedoch auch eine normative Funktion, indem sie Ansatzpunkte für die weitere Forschungsarbeit nahelegen und auf diese Weise Einfluß auf die eingeschlagene Forschungsrichtung nehmen. „Da die Modelle jeweils unterschiedliche Aspekte des Kommunikationsvorgangs herausstellen, können sie nicht nur einzelne Forschungsergebnisse unterschiedlich gut integrieren, sondern auch die Ableitung bestimmter Hypothesen fördern und anderer verhindern" (ebd.).

In der Folge sollen nun Modelle dargestellt werden, die jeweils bestimmte Besonderheiten des Massenkommunikationsprozesses herausgreifen. Die Darstellung erhebt keineswegs Anspruch auf Vollständigkeit, sie zielt vielmehr darauf ab, verschiedene Betrachtungsweisen des Massenkommunikationsprozesses vor Augen zu führen. Dabei lassen sich deskriptive Modelle, die den Massenkommunikationsprozeß eher beschreibend darstellen, von zielorientierten Ansätzen unterscheiden, die einerseits auf Beeinflussung der Rezipienten und andererseits auf Veränderung des massenkommunikativen Geschehens selbst abstellen.

6.5.1. Deskriptive Modelle des Massenkommunikationsprozesses

Ansätze, die den Massenkommunikationsprozeß eher beschreibend darstellen, rücken aus einer allgemeinen Theorieperspektive heraus (naturgemäß) die Tatsache in den Vordergrund, daß es sich dabei um Kommunikationsprozesse handelt, die stets in einem bestimmten gesellschaftlichen Umfeld stattfinden. Dies kann (bezogen auf die hier definierten Theorieperspektiven) als ihr zentraler Gesichtspunkt gelten und erst in zweiter Linie die Tatsache, daß Zeichenübertragung sowie auch eine bestimmte Form der Interaktion stattfindet. Sie negieren damit keinesfalls den zielorientierten Charakter massenkommunikativen Geschehens, vielmehr setzen sie eine bestimmte Zielorientierung gleichsam quasi-axiomatisch voraus: nämlich Beeinflussungsprozesse, die zum Zweck der Bestandserhaltung des fokussierten massenmedialen bzw. gesellschaftlichen Systems auf der einen Seite und zum Zweck der Kapitalverwertung auf der anderen Seite inszeniert werden. Sie orientieren sich also einerseits an systemtheoretischem Denken, andererseits am historisch-materialistischen Denkansatz.

6.5.1.1. Die Lasswell-Formel

Wer
sagt was
in welchem Kanal
zu wem
mit welcher Wirkung?

Vor mehr als fünf Jahrzehnten (1948), als die Massenkommunikationsforschung aus heutiger Sicht noch in den Kinderschuhen steckte, wollte der amerikanische Politikwissenschaftler Harold D. Lasswell eine systemtheoretisch orientierte (genauer: eine strukturell-funktionale) Analyse von Massenkommunikation anregen. Zu diesem Zweck suchte er nach einer Formulierung, mit der Kommunikationsprozesse möglichst allgemeingültig beschrieben werden können und gebar folgenden Satz: “A convenient way to describe an act of communication is to answer the following questions: Who Says What in Which Channel To Whom With What Effect?” (Zit. n. Lasswell 1971, S. 84.)

Er konnte nicht ahnen, daß diese (mittlerweile wohl meistzitierte) Abfolge von Fragepronomen bald zur „Lasswell-Formel“ hochstilisiert und als *das* Modell in der Kommunikationsforschung behandelt werden sollte.[450] Sie beeinflußte – infolge der ungeheuren internationalen Popularität, die sie bis heute besitzt – viele später angestellten Überlegungen zur Massenkommunikation, weil sie grundlegende Aspekte des Kommunikationsvorganges herausstellte.

Sie leistete aber auch eine Aufgliederung kommunikationswissenschaftlicher Forschungsbereiche, auf die heute noch gelegentlich zurückgegriffen wird. Lasswell wies nämlich darauf hin, daß mit jedem Fragepronomen zugleich ein eigener Forschungsbereich angesprochen sei: Kommunikatorforschung (Who), Inhalts- bzw. Aussageanalyse (says what), Medienforschung (in which channel), Publikums- bzw. Rezipientenforschung (to whom) und Wirkungsforschung (with what effect). Damit ist wohl auch die Attraktivität der Formel begründbar, die ihr sogleich zukam: sie dokumentierte nicht nur die Einheit des gesamten Kommunikationsprozesses, sondern machte auch eine Systematisierung der noch relativ unverbundenen Einzelergebnisse damaliger Kommunikationsforschung möglich (vgl. Merten 1974, S. 143).

Es darf allerdings nicht unbemerkt bleiben, daß mit der Anwendung dieser Formel die Gefahr einer verzerrten Sichtweise massenkommunikativer Abläufe verbunden war (und ist). Darin ist auch der Grund dafür zu sehen, daß die Lasswellsche Formel, die genaugenommen ja gar kein Modell im eigentlichen Sinne darstellt[451], im vorliegenden Zusammenhang erwähnt wird. Zentraler Aspekt der inzwischen vielfach geäußerten Kritik ist dabei der Vorwurf, „daß die tatsächlich dynamischen und interaktionshaft rückgekoppelten Kommunikationsprozesse hier vor allem statisch und linear und damit recht

450 Dies ist etwa dadurch belegt, daß es immer wieder zu Erweiterungen bzw. „Verbesserungen" der Lasswell-Formel kam (etwa durch: Davison 1952, Braddock 1958, Prakke 1965).

451 Nach Merten kommt der Lasswell-Formel bestenfalls der Rang eines „deskriptiven klassifikatorischen Wortmodells" (1974, S. 150) zu, das neben der Organisationsfunktion (es gliedert den Kommunikationsprozeß in zentrale Momente und integriert damit Einzelaspekte kommunikativen Geschehens) nur eine sehr eingeschränkte heuristische Funktion erfüllt, die in der Verwendung von Fragepronomen liegt, „deren jedes für sich Fragen provoziert" (ebd.).

einseitig-kausal gesehen werden“ (Renckstorf 1977, S. 76). Die Lasswell-Formel legt m. a. W. nicht nur nahe, den Kommunikationsprozeß als „Einbahnstraße“ (Schulz 1971, S. 94) zu begreifen, sie zwingt nach Merten darüber hinaus dazu, alle Aspekte des Kommunikationsprozesses unter eine der fünf vorgegebenen Kategorien zu subsumieren – ein Umstand, der oft sehr viel mehr willkürliche als schlüssige Zuordnungen nach sich zieht (vgl. Merten 1974)[452].

Wenn auch diese „Einbahnstraßen“-Betrachtung von Lasswell selbst nicht beabsichtigt war (wollte er doch in seinem Aufsatz, den er mit dieser Formel einleitete, eine strukturell-funktionale Analyse von Kommunikationsprozessen anregen), so bleibt es dennoch eine Tatsache, daß seine Formel auf dem Boden der damals noch aktuellen Stimulus-Response-Psychologie (vgl. dazu auch S. 188 f. des vorliegenden Buches) eine dementsprechende Interpretation erfuhr, die ihr bis heute noch anhaftet. Dessen sollte man sich bewußt sein, wenn man auf diese Formel zurückgreift, sowie auch des Umstandes, daß die jeweils zugeordneten Forschungsbereiche nicht schon alle Fragen zum Massenkommunikationsprozeß auf sich vereinigen und auch nicht in sich abgeschlossene Untersuchungsfelder repräsentieren, wie dies den Anschein haben könnte.

6.5.1.2. Das Westley / MacLean-Modell

Systemtheoretisches Denken liegt weiters einem Modell zugrunde, das in der Tradition der Gatekeeper-Forschung entwickelt worden ist, um den Prozeß der Nachrichtenvermittlung als einen mehrfach selektiven und auch dynamisch rückgekoppelten Vorgang darzustellen.

Die Faktoren des Modells:

- *A (advocacy roles)* symbolisiert den Kommunikator, d. h. jene Person oder Personengruppe, die aus der Gesamtheit von

452 So weist Merten (ebd.) beispielsweise auf die Schwierigkeit hin, Phänomene wie die Einstellungen des Rezipienten, die Kommunikationssituation oder das Feedback einem der von der Formel vorgesehenen Forschungsbereich zuzuordnen.

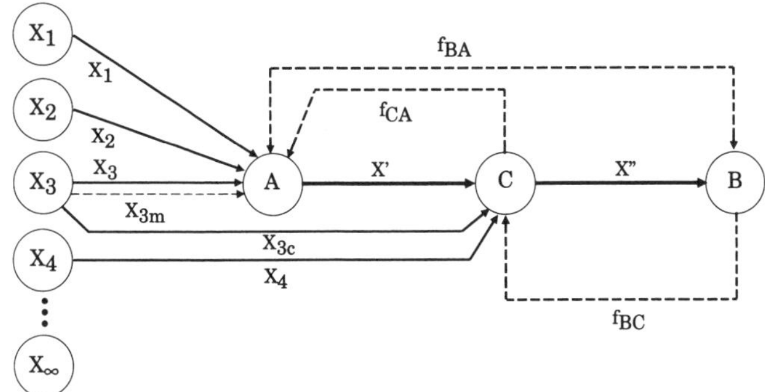

Abb. 36: Nachrichtentransformation. Westley/MacLean 1957, S. 35

Ereignissen und Tatbeständen der Realität (x_1–x_∞) einige auswählt und in eine Botschaft (x') transponiert. Die Bezeichnung „Anwaltschafts-Rolle" soll darauf hinweisen, daß die Nachrichtenvermittlung interessenbezogen und zielorientiert ist.

– *B (behavioral system roles)* symbolisiert den Rezipienten bzw. das Publikum, d. h. jene Person oder Personengruppe, die die vermittelte(n) Botschaft(en) zum Zweck subjektiver Bedürfnisbefriedigung oder Problemlösung empfängt.
– *C (channel roles)* symbolisiert das Medium, d. h. jene Personen, welche die „Kanal-Rollen" erfüllen, indem sie gleichsam als Agenten des Publikums fungieren und – ohne dabei vorrangig eigene Interessen zu verfolgen – solche Informationen selektieren und weitergeben (x"), welche die Rezipienten benötigen.
– Schließlich sieht das Modell auch noch *Feedback-Prozesse (f)* vor, über die A und C Auskunft darüber erhalten, ob B die übermittelte Nachricht empfangen und auch verstanden hat (fBA, fBC). Darüber hinaus existieren derartige Rückmeldungen auch von C an A (fCA).

Das Modell von Westley/MacLean veranschaulicht den Transmissionsprozeß, den eine Botschaft durchläuft, und potentielle Interdependenzen im Verlauf eines derartigen Übertragungsvorganges: Zunächst selektiert A aus der Vielfalt der Realität bestimmte Aspekte (x_1, x_2), die mitunter auch mehrdeutig sind oder aus verschiedenen Quellen stammen (x_3, x_{3m}), und formuliert eine Mitteilung (x‘) an C. C wiederum gibt die Botschaft (x“) an B weiter, in welche aber neben dem ursprünglichen Inhalt auch eigene Gedanken und Wahrnehmungen einfließen (x_{3c}, X_4). In der Massenkommunikation vervielfachen sich nun die As, Bs und Cs: viele Cs erhalten Mitteilungen (x‘) von vielen As und übertragen diese (abermals selektierten und in einen eigenen Kontext gebrachten) Mitteilungen (x“) an eine noch größere Anzahl von Bs, die aber auch noch Mitteilungen von anderen Cs empfangen.

Explizit bezogen auf den Gatekeeper-Ansatz (vgl. Staab 1990, S. 13 f.)[453] macht dieses Modell nun deutlich, daß bestimmte Umweltobjekte oder Ereignisse (X_1 bis X_∞) einen Rezipienten (B) nur über einen Gatekeeper (C) erreichen. Dabei kann als zusätzliche Selektionsinstanz ein zweiter Kommunikator (A) – z. B. ein Politiker oder ein Pressesprecher[454] – zwischen die Umweltobjekte bzw. Ereignisse treten. Der Prozeß der Nachrichtenübermittlung wird damit als zwei- bzw. dreistufig definiert (x, x‘, x“), wobei zwischen dem Objekt der Berichterstattung und dem Kommunikator (A) bzw. dem Gatekeeper (C) mehrere Kommunikationskanäle bestehen können (x_{3m}, x_{3c}). Zusätzlich sind die drei Akteure in diesem Modell durch Feedback-Prozesse (f_{CA}, f_{BA}, f_{BC}) miteinander verbunden. Außerdem können weitere Selektionsmöglichkeiten gegeben sein, weil der Gatekeeper (C) möglicherweise mit den Informationen mehrerer Kommunikatoren (A) und der Rezipient (B) möglicherweise mit den Informationen mehrerer Gatekeeper (C) konfrontiert sein kann.

Ganz im Sinne der (in der damaligen Medienwirkungsforschung dominanten) Stimulus-Response-Perspektive werden hier die Ereignisse bzw. Umweltobjekte als unabhängige, die

453 Vgl., dazu auch Kap. 5.4.1. des vorliegenden Buches.

454 In der Regel gibt es noch eine weitere Selektionsinstanz, die hier allerdings nicht berücksichtigt ist: die Nachrichtenagentur.

Selektionsentscheidungen der Journalisten als intervenierende und die Berichterstattung als abhängige Variablen betrachtet. Zu Recht weist Staab (ebd. S. 14) überdies auf den erkenntnistheoretischen Optimismus dieses Modells hin, das ja unterstellt, die Journalisten würden im Idealfall die Realität so darstellen, wie sie tatsächlich ist. Bekanntlich ist inzwischen mehrfach belegt, daß dies eine zu einfache Sicht der Dinge ist. Darauf wurde bereits weiter oben (vgl. Kap. 5.4. des vorliegenden Buches) näher eingegangen.

6.5.1.3. Das Riley / Riley-Modell

In der Modellkonzeption von Riley/Riley (1959) steht die soziale Verflochtenheit der Kommunikationspartner im Mittelpunkt. Sie sehen die Beziehung zwischen Kommunikator und Rezipient durch die sozialen Gruppen vermittelt, denen beide angehören.

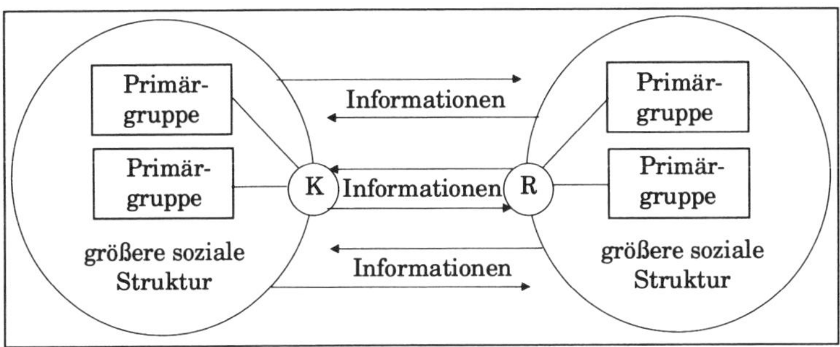

Abb. 37: Massenkommunikation und das soziale System. Riley/Riley 1959, Abb. aus: Schenk 1978, S. 208

Es wird zunächst herausgestellt, daß sowohl die Kommunikatoren als auch die Rezipienten Mitglieder von sozialen Gruppen (wie z. B. Primärgruppen)[455] sind, die deren Kommunikationsverhalten beeinflussen: Nicht nur die Gatekeeping-Eigenschaf-

455 Unter **„Primärgruppen"** sind Gruppen zu verstehen, deren Mitglieder häufig in direkten persönlichen Beziehungen zueinander stehen (Familie, Freundeskreis, Arbeitskollegen, Nachbarschaft u. ä.), die sich infolgedessen gegenseitig stark beeinflussen und so relativ ähnliche Wertvorstellungen und Normen ausbilden.

ten der Kommunikatoren in den Massenmedien, auch die Art der selektiven Wahrnehmung, die Qualität der Interpretation, das Behalten einer Botschaft sowie die Reaktion auf diese seitens der Rezipienten könnten angemessener erklärt und verstanden werden, wenn man die Beziehungen der Menschen zu ihren Gruppen berücksichtigt. Das bedeutet, daß das, was zwischen Kommunikator und Rezipient vermittelt wird (und wie es vermittelt wird), „nicht allein in das Belieben der Kommunikanden gestellt ist, sondern schon vorab vielfältig und verbindlich sozial vorstrukturiert ist: Vorherrschende Normen, gruppenspezifische Wertbindungen, Regeln des Takts und des Anstandes, ja selbst die geregelte Verwendung von Sprache an sich strukturiert hochgradig verbindliche Erwartungen darüber, was als Thema zwischen Kommunikationspartnern in bestimmten Situationen möglich ist (und was nicht)“ (Merten 1977, S. 23). Gerade im Hinblick auf die so gern gestellte Frage nach den Wirkungen der Massenmedien weist dieses Modell somit darauf hin, daß Massenkommunikation stets nur als Faktor unter vielen anderen gesehen werden darf, der individuelles und soziales Verhalten beeinflußt (vgl. auch Mendelsohn 1964, S. 29 ff.).

Darüber hinaus macht das Modell deutlich, daß auch Massenkommunikation selbst nicht isoliert gesehen werden darf: Der Massenkommunikationsprozeß muß stets als ein Element des Gesamtsozialsystems („Over-All Social System“) betrachtet werden, welcher dieses wohl beeinflußt, aber auch umgekehrt von diesem beeinflußt wird (so z. B. über die Zugangsmöglichkeiten zu den Medien, über Vorschriften, die deren Besitzverhältnisse und Kontrollmöglichkeiten betreffen u. ä.).

Insgesamt regt das Modell von Riley/Riley somit ein Einbeziehen soziologischer und sozialpsychologischer Fragestellungen in die Massenkommunikationsforschung an, denn Kommunikator und Rezipient werden als Elemente zweier sozialer Strukturen gesehen, „die auf vielfältige Weise in einem Interdependenz-Verhältnis zueinander stehen“ (Renckstorf 1977, S. 82).

6.5.1.4. Das Feldschema von *Maletzke*

Wesentlich detaillierter als Riley/Riley stellt Gerhard Maletzke (1963) in seinem „Feldschema" die Beziehungen und Wechselbeziehungen im Massenkommunikationsprozeß heraus. Wenn Maletzke sich auch nicht explizit auf die Systemtheorie beruft, so verwendet er den Terminus „Feld" doch deshalb, um die ganzheitliche Struktur des Massenkommunikationssystems zu betonen. Er begreift es als ein Beziehungssystem zwischen den Grundfaktoren Kommunikator, Aussage, Medium und Rezipient und zeigt auf, wie jeder Teil auf die anderen verweist und auch umgekehrt von den anderen beeinflußt wird.

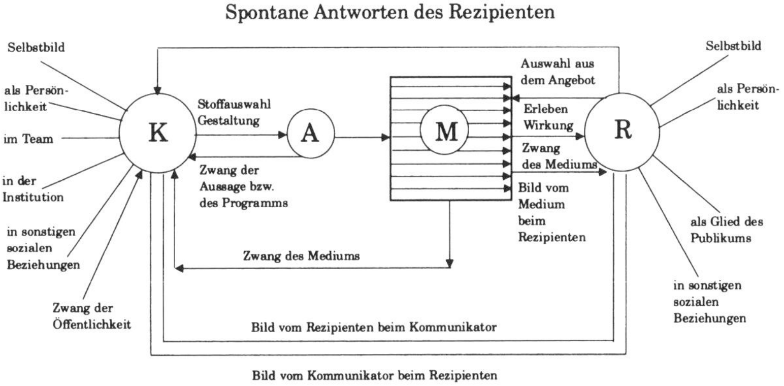

Abb. 38: Das Feldschema der Massenkommunikation. Maletzke 1963, S. 41

Zunächst führt das Modell vor Augen, daß sowohl Kommunikator als auch Rezipient nicht voraussetzungslos (und völlig isoliert voneinander) in den Massenkommunikationsprozeß eintreten, sondern stets in Abhängigkeit von ihren subjektiven psychischen und sozialen Dispositionen handeln. So wird der Kommunikator, was Stoffauswahl und Gestaltung der Aussage betrifft, die er produziert, von seiner Persönlichkeit und seinem Selbstbild (d. h. von den Vorstellungen, die er von seinem Beruf und seinen Aufgaben hat), seiner Stellung im jeweiligen Arbeitsteam, von der publizistischen Institution, der er angehört, aber auch von seinen sonstigen sozialen Beziehungen, die er unterhält, beeinflußt. Desgleichen darf auch der Rezipient nicht unabhängig von seiner Persönlichkeit, seiner Selbstsicht, seinen sonstigen Gruppenzugehörigkeiten sowie von der konkreten sozialen Situation, in der er sich als Glied des dispersen Publikums massenmedial vermittelten Aussagen zuwendet, gesehen werden. Diese Faktoren sind nicht nur mitverantwortlich für die Auswahl, die er aus dem massenkommunikativen Angebot trifft, sie beeinflussen auch seine Wahrnehmung, sein Erleben und damit die Wirkung der jeweils vermittelten Botschaften.

Kommunikator und Rezipient handeln aber auch nicht unabhängig voneinander, sondern sind in ihrem Produktions- und Rezeptionsverhalten vom wechselseitig vorhandenen Fremdbild beeinflußt: So wie das Bild, das der Kommunikator vom Rezipienten hat, Inhalt und Form seiner Aussagen mitbestimmt[456], ebenso kommt auch dem Bild, das der Rezipient vom Kommunikator hat, bei der Aufnahme und Interpretation vermittelter Botschaften entscheidende Bedeutung zu. Darüber hinaus verweist das Modell auf spontane Antworten des Rezipienten (wie Leserbriefe, Telefonanrufe etc.) und damit auf die grundsätzliche Möglichkeit, durch ein derartiges Feedback die Einseitigkeit des Massenkommunikationsprozesses zu durchbrechen.

Schließlich wird das Handeln der Kommunikatoren und Rezipienten in der Massenkommunikation noch von verschiedenen Zwängen beeinflußt: So steht der Kommunikator unter dem Zwang der Öffentlichkeit (d. h., sein Handeln wird von Parteien, Interessengruppen, aber auch von anderen Massenmedien kritisch beobachtet), er befindet sich unter dem Zwang der Aussage (d. h., er legt sich mit seiner Aussage öffentlich fest und kann daher „beim Wort genommen" werden), und letztlich zwingt das Medium selbst durch seine dramaturgischen und technisch-organisatorischen Voraussetzungen zur Aussageproduktion

456 Da mit der Größe des Publikums natürlich die Ungenauigkeit dieser Vorstellung wächst und sich damit die Chance verringert, auf einzelne Personen oder Gruppen als Kommunikationspartner Bezug zu nehmen, ist der Kommunikator in der Massenkommunikation ganz besonders auf Informationen angewiesen, die ihm „sein" Publikum näherbringen. Auf die Bedeutung von Publikumsforschung wurde weiter oben (vgl. S. 227 ff. des vorliegenden Buches) ausführlich eingegangen.

unter jeweils spezifischen Bedingungen.[457] Die Medien ihrerseits üben wiederum einen Zwang auf den Rezipienten aus, indem sie ihm bestimmte Verhaltens- und Erlebnisweisen nahelegen: So ist – bedingt durch die jeweils spezifischen Verbreitungstechniken – bereits die Rezeptionsweise (nur optisch, nur akustisch, optisch/akustisch) vorgegeben, Hörfunk und Fernsehen z. B. verlangen darüber hinaus das Akzeptieren bestimmter Sendezeiten, die Rezeption eines Films beispielsweise zwingt in der Regel sogar zu einer bestimmten Rezeptionssituation (Gemeinschaftsempfang) etc.

Insgesamt verkörpert das Feldschema von Maletzke somit eine sozialpsychologisch orientierte Darstellung des Massenkommunikationsprozesses: Im Mittelpunkt des Kommunikationsfeldes stehen Kommunikator und Rezipient als durch psychische bzw. soziale Merkmale bestimmbare Personen(gruppen), die über eine von technischen Verbreitungsmitteln transportierte Aussage zueinander in Beziehung treten. Dabei ist es sein Anliegen, nicht nur die verhaltensbeeinflussenden (psychischen bzw. sozialen) Merkmale dieser beiden Personen(gruppen) herauszustellen, er will darüber hinaus auf das komplexe Interdependenzverhältnis verweisen, das er zwischen allen genannten Feldfaktoren sieht und das im Modell nur annäherungsweise erfaßt werden kann (vgl. dazu Maletzke 1963, insbes. S. 89–186; 1972, S. 1514 ff.).

6.5.1.5. Das Modell elektronisch mediatisierter Gemeinschaftskommunikation[458]

Die aktuelle kommunikationstechnische Entwicklung läßt unübersehbare „Konvergenztendenzen" zwischen Telekommuni-

457 Ronneberger hat in diesem Zusammenhang z. B. darauf hingewiesen, daß sich die technischen und organisatorischen Bedingungen, unter denen publizistische Aussagen produziert werden, nicht nur auf die technische Herstellung der Aussagen im engeren Sinn auswirken, sondern das gesamte produzierende Verhalten – also etwa auch die Auswahl der Inhalte selbst (!) – beeinflussen (vgl. Ronneberger 1971, S. 41 f.).

458 Teile des nachfolgenden Textes wurden in einer ausführlicheren Version bereits an anderer Stelle publiziert (vgl. Burkart/Hömberg 1998).

kation, Computer und den (herkömmlichen) elektronischen Massenmedien (Hörfunk und Fernsehen) erkennen. Seit Mitte der 90er Jahre wird diese Entwicklung bekanntlich vielfach mit Begriffen wie „Information-Superhighway“ bzw. „Datenautobahn“, „Virtual Reality“ oder „Multimedia“ etikettiert.[459] Die Publizistik- und Kommunikationswissenschaft ist mit dieser Entwicklung zweifellos zu einem Überdenken des Massenkommunikationsbegriffes aufgefordert.

Es sollte allerdings im kommunikationswissenschaftlichen Interesse sein zu prüfen, ob und inwieweit die neuen technologischen Möglichkeiten strukturelle Innovationen im Massenkommunikationsprozeß mit sich bringen, die auch funktionale Differenzierungen bedeuten. Im Anschluß an das soeben besprochene Feldschema von Maletzke läßt sich dies zeigen, wenn man z. B. von der Feedback-Beziehung zwischen Kommunikator und Rezipient ausgeht. Maletzke versteht darunter insbesondere „spontane Antworten des Rezipienten“ (Maletzke 1963, S. 41), die sich v. a. in Form von Leserbriefen oder Telefonanrufen manifestieren, eben weil die Massenkommunikation immer einseitig (ebd. S. 109 f.) von den Kommunikatoren bzw. den Medienorganisationen zu den Rezipienten verläuft. Die Rezipienten etikettiert Maletzke als „disperses Publikum“, das weder strukturiert noch organisiert ist, keine Rollenspezialisierung aufweist und über keine Institutionen verfügt (ebd. S. 30).

Gerade diese Einseitigkeit im Massenkommunikationsprozeß könnte sich nun durch die neuen Dienste in eine wachsende Interaktivität verwandeln. So sollen Rezipienten z. B. in naher Zukunft die Chance erhalten, in eine Videoübertragung durch eigene Kameraführung einzugreifen oder einzelne Szenen bzw. den dramaturischen Verlauf eines Spielfilmes zu variieren. Und es gibt heute bereits via Internet in Form von Mail-Box-Systemen oder Electronic Bulletin Boards eine Vielzahl „elektronischer Gemeinschaften“ (Höflich 1995, S. 521), die statt einer

---

459 Darauf ist in diesem Buch bereits an mehreren Stellen eingegangen worden. Siehe dazu die unter den entsprechenden Stichwörtern auffindbaren Textstellen.

„one-to-many"-Kommunikation wie bei der „herkömmlichen" Massenkommunikation eine „many-to-many"-Kommunikation (ebd. S. 522) eröffnen. Für die Teilnehmer an solchen „communities" ist aber der Begriff vom dispersen Publikum nicht mehr angemessen, denn es handelt sich dabei um öffentliche Kommunikationsforen, die dem Ziel sehr nahe sind, das Bert Brecht in seiner legendären „Radiotheorie" forderte: „den Zuhörer nicht zu isolieren, sondern in Beziehung zu setzen" (Brecht 1968, S. 129) und damit den Rundfunk weg von seinem „Lieferantentum" partizipativ zu öffnen. Wenig überraschend scheinen in diesem Zusammenhang daher auch Bezeichnungen wie „elektronische" Marktplätze, Cafés, Pubs (ebd.) oder wie bei Rheingold „elektronische Agora" (1993, S. 14) für diese Art computervermittelter Kommunikation.

Wenn diese Einseitigkeit im Massenkommunikationsprozeß nun aber kein strukturelles Kriterium mehr ist, dann erscheinen natürlich auch die Begriffe „Kommunikator" und „Rezipient" nicht mehr ganz angemessen. So hat Lutz Goertz (1995, S. 484 f.) bereits vorgeschlagen, statt vom „Rezipienten" künftig vom *„Beteiligten"* zu sprechen, weil es sich bei dieser Rolle ja nicht mehr bloß um ein Aufnehmen, sondern auch um ein Eingreifen handelt. Der „Kommunikator", der im Extremfall (z. B. als Betreiber einer Mail-Box oder eines Newsservers) gar keine Aussagen produziert, sondern nur mehr den technischen Ablauf der Kommunikation ermöglicht und überwacht, wäre dann als *„Organisierender Beteiligter"* zu begreifen – damit ist verdeutlicht, daß beide (Beteiligter und organisierender Beteiligter) theoretisch auf einer Stufe stehen können. Das „Medium" könnte schließlich zunächst rein technisch als *„Kommunikationsstruktur"* begriffen werden, weil ein bestimmtes Gerät (z. B. der Personalcomputer) ja verschiedene Funktionen (Textverarbeitung, Datenübertragung und sogar Fernsehgerät) übernehmen kann. Deshalb sei darüber hinaus – aus der Perspektive des jeweils beanspruchten Angebotes – die *„Medienanwendung"* begrifflich herauszustellen: nämlich diejenige Leistung des Endgerätes (z. B. Electronic Mail, Fax oder Fernsehempfang), die jeweils in Anspruch genommen wird.

Will man die bisherigen Überlegungen kommunikationstheoretisch positionieren, dann geraten sowohl die übertragungsorientierte als auch die interaktionistische Sichtweise von Kommunikation in den Blick. So ist es einerseits wichtig, die jeweiligen Enkodierungs- und Dekodierungleistungen von Anbieter und Benutzer als bestimmende Momente im Kommunikationsprozeß zu begreifen. Dabei geht es sowohl um die rein technische Verfügbarkeit (etwa von Fax, E-mail-Anschluß oder Internet-Zugang), als auch um die jeweils vorhandene Kodier-Kompetenz (im Sinne einer „information literacy"). Andererseits ist es aber genauso wichtig, die jeweils zur Verfügung stehenden Interaktionsmöglichkeiten von Anbieter und Benutzer zu berücksichtigen. Denn was nützt der technisch einwandfreie E-mail-Anschluß, wenn eine Botschaft nur ins (elektronische) Vorzimmer ihres Adressaten gelangt, dort mit einer routinemäßig vorbereiteten Antwort versehen wird und Verständigung zwischen Informationsanbieter und Benutzer – als das eigentliche Ziel dieser kommunikativen Interaktion – dennoch nicht zustande kommt?

Damit machen die zwei unterschiedlichen theoretischen Perspektiven nun auch zwei verschiedene Dimensionen der vielbeschworenen elektronischen Interaktivität deutlich. Dies hat Rupert Schmutzer (1995) in seinem erwähnenswerten Kommunikationsmodell der „doppelten Mittelbarkeit" (ebd. S. 5 ff.) gezeigt. Schmutzer geht zunächst davon aus, daß ein Kommunikationsangebot stets in einem ersten Sinn „mittelbar" ist, weil es gezwungenermaßen medial gestaltet wird. Er nennt diesen Vermittlungsaspekt die *„Inanspruchnahme"* von Material durch den Kommunikator, also z. B. das Schreiben auf Papier (Schrift), das Modulieren von Schallwellen (Sprache), das Inszenieren von Zeit und Raum (Gestik) etc. Die Mittelbarkeit in einem zweiten Sinn besteht dann in der *„Indienstnahme"* von Material durch den Kommunikator, das kann z. B. der Druck von Schrift (Buch, Zeitung etc.), die Aufzeichnung von Bild und Ton (Film, Fernsehen, Video etc.) u. ä. sein. Die Inanspruchnahme von Material verweist auf den gestalterischen Aspekt des Kommunizierens (so nimmt z. B. der Autor eines Multimedia-

Lexikons neben der Schrift auch Bild und Ton „in Anspruch"), die Indienstnahme von Material erklärt den Moment, durch den die Gestaltung wahrnehmbar gemacht wird (so kann der Lexikon-Autor nun die CD-ROM „in Dienst" nehmen, oder sein Verlag entschließt sich, das Werk auf einer Homepage im World Wide Web zu offerieren, dann nimmt er das Internet „in Dienst").

Analytisch wichtig ist an dieser Unterscheidung v. a., daß mit dem Begriff „Inanspruchnahme" der Kommunikations*gegenstand*, mit dem Begriff „Indienstnahme" dagegen die Kommunikations*beziehung* in den Mittelpunkt gerückt wird, weil sich damit der vielfach unzureichend reflektierte „interaktive" Aspekt der neuen elektronischen Kommunikationstechniken angemessen erfassen läßt. Schmutzer gesellt nämlich zu den Momenten der Inanspruchnahme und Indienstnahme des Kommunikations-Anbieters, die Momente der Teilhabe und Teilnahme des Benutzers von solchen Angeboten. Die *„Teilhabe"* des Benutzers am Kommunikationsangebot wird dadurch garantiert, daß der Anbieter Material in Dienst nimmt und einen Kanal schafft, der seine eigentliche *„Teilnahme"* am Kommunikationsangebot erst ermöglicht.

Damit haben wir es nun jedoch abermals – wie in Maletzkes Feldschema – mit zwei unterscheidbaren Rollenbildern zu tun: mit dem Rollenbild des Produzenten, das geprägt ist von Inanspruchnahme und Indienstnahme und dem Rollenbild des Konsumenten, das geprägt ist von Teilhabe und Teilnahme. Die Frage ist nun, inwieweit die neuen „interaktiven Medien" tatsächlich einen Rollentausch ermöglichen, und zwar in dem Sinne, daß es zu einer Verlagerung der Inanspruchnahme und Indienstnahme auf den Rezipienten kommt. Schmutzers nüchterne These dazu lautet jedenfalls, „daß es sich bei diesen Entwicklungen lediglich um neue Qualitäten der Teilhabe und Teilnahme des Rezipienten und nicht um eine Verlagerung der Inanspruchnahme und Indienstnahme auf den Rezipienten handelt" (ebd. S. 7). Bleibt aller Online-Euphorie zum Trotz somit dennoch alles beim alten?

Eine der zentralen technischen Veränderungen in die Richtung einer „Mediamatik", wie Michael Latzer (1997) das

Zusammenwachsen von Telematik (Telefon und Computer) mit den Rundfunkmedien nennt, besteht seiner Meinung nach darin, daß die zunehmende Entkoppelung der Elemente der traditionellen Medien – von Dienst, Netz und Endgerät – deren vielfältige Variierbarkeit zu neuen Systemen erlaubt. Alle kommunikationstheoretischen Klassifizierungen, die bloß auf technischen Kriterien beruhen, müssen daher in Frage gestellt werden, weil von der verwendeten Technik nicht mehr auf das Dienstangebot und damit auf die gesellschaftlichen Auswirkungen des Mediensystems geschlossen werden kann.

Diese neuen Kommunikationssysteme erlauben sowohl Individual-, Gruppen- und Massenkommunikation. In diesem Sinn kann dann auch das Geschehen im „elektronisch mediatisierten Kommunikationsraum" (Krotz 1995, S. 450)[460] nicht mehr allein als Massenkommunikation beschrieben werden, „vielmehr finden auf den gleichen Übertragungswegen Gruppen- und Individualkommunikation statt" (ebd.). Dadurch verliert aber die Dichotomie von Individual- und Massenmedien an analytischem Wert. Ein Umstand, der derzeit bereits am Beispiel des Internets nachvollziehbar wird. Außerdem löst sich – so Latzer weiter – die strikte Trennung zwischen Sender (Dienstanbieter) und Empfänger (Nachfrager) tendenziell auf. So kann ja beispielsweise im Internet jeder Nachfrager auch Anbieter sein. Wenngleich hier mit Schmutzer (1995) abermals kritisch zu hinterfragen ist, ob – wenigstens in absehbarer Zeit – wirklich jedermann die elektronischen Techniken nicht bloß „in Anspruch", sondern auch „in Dienst" nehmen kann. Dennoch: die Unterteilung in öffentliche und private Kommunikation, die traditionell an die Wahl der Medientechnik geknüpft wurde, wird dadurch jedenfalls bedeutend erschwert.

---

460 Die Bezeichnung „elektronischer Kommunikationsraum" schlägt übrigens auch Ursula Maier-Rabler (1995, S. 167) vor, u. a. deshalb, weil Etikettierungen wie „digitaler Datenhighway" oder „Informationsinfrastruktur" im deutschsprachigen Umfeld ihrer Meinung nach wenig geeignet sind, persönliche Betroffenheit auszulösen. Worin sie wiederum den Grund dafür sieht, daß dieses gesellschaftspolitisch wichtige Thema bislang nur relativ abgehoben in Expertenkreisen diskutiert wird. Ein Faktum, das Beck/Vowe (1995) übrigens empirisch bestätigen.

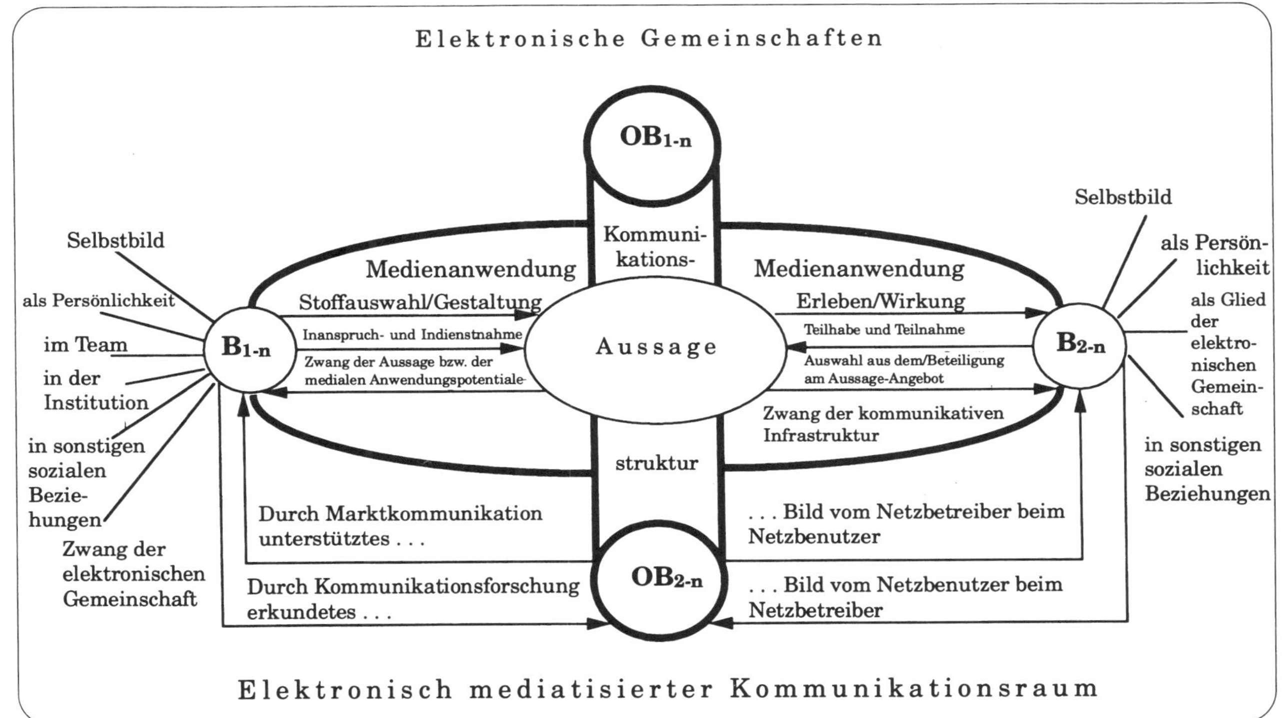

Abb. 39: Burkart/Hömberg 1998, S. 34.

Unter Rückgriff auf das heuristische Potential des Maletzke-Modells (S. 507) und mit Hilfe der hier angeführten analytischen Kategorien läßt sich nunmehr ein neues „Modell elektronisch mediatisierter Gemeinschaftskommunikation" entwerfen.

Zunächst soll erkennbar werden, daß sich die Unterschiede zwischen Kommunikator- und Rezipientenrolle tendenziell einebnen, jedoch – entgegen aller Online-Euphorie – nicht vollständig auflösen. Zwar scheint es im Sinne von Goertz im elektronisch mediatisierten Kommunikationsraum nur mehr „Beteiligte" (B) zu geben, gemäß der Differenzierung von Schmutzer ist aber daran festzuhalten, daß eine Gruppe von Beteiligten ($B_{1\text{-}n}$), die nach wie vor dem ursprünglichen Kommunikator ähnlich ist, die Rollenmacht über die Inanspruch- und Indienstnahme von Kommunikationsmitteln besitzt, während für die andere – dem ursprünglichen Rezipienten ähnliche – Gruppe von Beteiligten ($B_{2\text{-}n}$) vorrangig die (sich technisch ständig verändernden) Möglichkeiten der Teilhabe und Teilnahme reserviert sind.

Wer nun als Beteiligter (B_1) Kommunikationsmittel in Anspruch bzw. in Dienst nimmt, prägt seine Aussage – wie ehedem in Maletzkes Feldschema – allein schon durch Stoffauswahl und Gestaltung. Er steht aber auch unter dem Zwang der medialen Anwendungspotentiale: So wird eine Botschaft, die eine Vielzahl von Personen erreichen soll, die über keinen Internet-Anschluß verfügen, eben sinnvollerweise nicht (bloß) über Internet verbreitet werden. Oder: wenn ein Lexikon-Redakteur von seinem Verleger aufgefordert wird, seine Inhalte für eine CD-ROM aufzubereiten, dann ist er „gezwungen", sich dieser neuen „multimedialen" Form der Vermittlung zu bedienen.

Damit ist klar: Nicht allein die technische Ausstattung der ehemals bloß als „Medium" begriffenen Vermittlungsinstanz einer Botschaft ist die Einflußgröße, der sich alle Beteiligten im elektronischen Kommunikationsraum unterwerfen müssen, sondern auch die jeweils vorhandenen Anwendungspotentiale üben einen Zwang auf alle Beteiligten aus – sowohl, was den realen Einsatz der technischen Möglichkeiten auf der einen Seite (B_1) betrifft, als auch, was die Auswahl aus dem/oder die Beteiligung am Aussage-Angebot und damit auch das Erleben sowie die Wirkung der Aussagen auf der anderen Seite (B_2) betrifft. Beide stehen unter dem Zwang der jeweils verfügbaren Kommunikationsstruktur und der jeweils verbreiteten und auch tatsächlich genutzten Medienanwendung.

Die hier vorwiegend technisch verstandene Kommunikationsstruktur wird von Beteiligten am elektronisch mediatisierten Kommunikationsraum bereitgestellt, die im Anschluß an Goertz als „organisierende Beteiligte" (OB) bezeichnet werden sollen. Das sind z. B. die verschiedenen Internet-Provider, die die Auffahrt auf die Datenautobahn ermöglichen bzw. kontrollieren, indem sie Zugang zu anderen Beteiligten (Benutzergruppen, Datenbanken etc.) schaffen. Die verschiedenen Unternehmen (Rundfunkanstalten, Post, Telekom, Mailbox-Betreiber) – in der Graphik veranschaulicht als – $OB_{1\text{-}n}$ und $OB_{2\text{-}n}$ – stehen nicht nur in Konkurrenz zueinander, sondern sind zugleich auch auf Kooperationen angewiesen: In der Regel verlangt die Indienstnahme von oder die Teilnahme an Kommunikationsangeboten mehr als einen organisierenden Beteiligten. So setzt die Auffahrt auf den Datenhigway eine entsprechende Leitungsinfrastruktur (OB_1), eine bestimmte PC-Hardware (OB_2) und Software (OB_3), die Existenz von Net-Providern mit Suchsystemen (OB_4) etc. voraus.

Alle diese Netzbetreiber, die sich um die Organisation der Kommunikationsinfrastruktur kümmern, sind in marktwirtschaftlich funktionierenden Gesellschaften naturgemäß an der Pflege bzw. Ausweitung ihres Kundenkreises interessiert. Sie wollen daher wissen, welchen Eindruck sie ihren Kunden vermitteln, welches „Bild" (Image) von ihnen beim Netzbenützer existiert, und dazu bedienen sie sich der Kommunikationsforschung, insbesondere der Markt- und Meinungsforschung. Zugleich versuchen sie, durch strategische Marktkommunikation (Werbung und Public Relations) ein bestimmtes Image, ihr gewünschtes Selbstbild beim Netzbenützer herzustellen, um ihre Klientel bei der Stange zu halten.

Was schließlich die subjektiven (psychischen und sozialen) Dispositionen der am jeweiligen Kommunikationsgeschehen Beteiligten betrifft (vom Selbstbild bzw. der Persönlichkeit über die Stellung im jeweiligen Team oder der Institution bis hin zu den sonstigen sozialen Beziehungen), so gibt es keinen Grund, das heuristische Potential dieser Kategorien aus dem „klassischen" Feldschema von Maletzke nicht auch für den elektronisch mediatisierten Kommunikationsraum auszuschöpfen bzw. für das neue kommunikative Umfeld zu adaptieren. Was z. B. den Aspekt des Zwangs betrifft, dem man als Mitglied der elektronischen Gemeinschaft unterliegt, so sind z. B. längst schon ethische Richtlinien und rechtlich abgesicherte Normen in der Diskussion, an denen das Verhalten aller Beteiligten gemessen wird (etwa was die Verbreitung gewalttätiger oder pornographischer Inhalte betrifft). Außerdem ist auch die elektronisch mediatisierte Gemeinschaftskommunikation an die Rahmenbedingungen des jeweiligen sozioökonomischen und soziokulturellen Systems gebunden.

6.5.1.6. Das materialistische Modell von Hund

Von den weiter oben bereits erwähnten Vertretern materialistischer Kommunikationswissenschaft hat sich v. a. Wulf D. Hund (1976) bemüht, seine Überlegungen in einem „Modell massenhaft kommunizierter Nachrichten unter den Bedingungen kapitalistischer Warenproduktion" zusammenzufassen. Es eignet sich besonders gut zur Kontrastierung des soeben vorgestellten Modells von Maletzke, weil es – formal ähnlich aufgebaut – die Unterschiede zwischen einer sozialpsychologischen und einer ökonomischen Perspektive der massenmedialen Aussageproduktion deutlich hervortreten läßt.

Die materialistische Gesellschaftstheorie geht ja bekanntlich von der ökonomischen Formbestimmtheit des menschlichen Zusammenlebens in kapitalistischen Industriegesellschaften aus. Auch den Prozeß der Massenkommunikation kann man in diesem Sinne daher nur dann angemessen untersuchen, wenn man ihn unter den Bedingungen kapitalverwertend betriebener Warenproduktion analysiert. Das bedeutet, daß „Nachrichten unter den Bedingungen der Kapitalverwertung als Waren produziert werden“ (Hund / Kirchhoff-Hund 1980, S. 89).

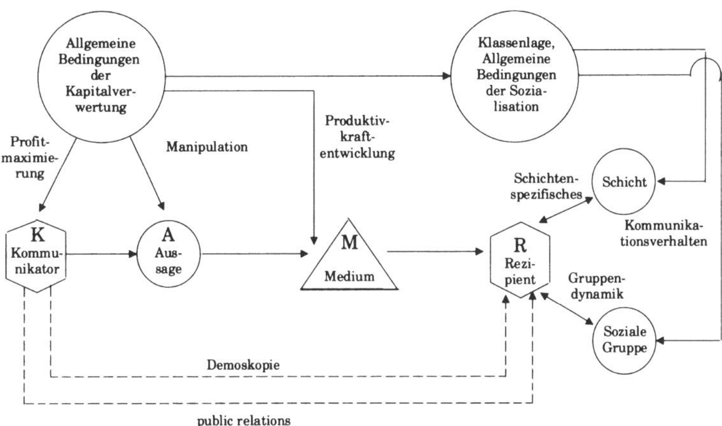

Abb. 40: Massenkommunikation unter den Bedingungen kapitalistischer Warenproduktion. Hund 1976, S. 165

Von dieser Position aus darf daher der Kommunikator nicht mehr als bloßes Individuum oder als irgendeine Personengruppe gesehen werden, sondern er ist als Nachrichtenproduktionsbetrieb zu begreifen, der den allgemeinen Bedingungen der Kapitalverwertung unterliegt und dessen oberstes Ziel die Profitmaximierung ist, um im Rahmen konkurrierender Kapitale bestehen zu können. Entsprechend dieser (ökonomischen) Verwertungsgesichtspunkte wird dann auch die Ware Nachricht (die Aussage des Kommunikators) ge- bzw. verformt, d. h. also manipuliert. Die Produktion einer derartigen Botschaft hat nämlich nicht in erster Linie einen kommunikativen Zweck, sondern zuallererst den Zweck der Verwertung von Kapital. Deshalb treten auch im Verlauf der historischen Entwicklung zum humanspezifischen Medium Sprache – je nach dem Stand der Produktivkraftentwicklung – neue technische Medien hinzu, die eine massenhafte Produktion und Verbreitung der Ware Nachricht ermöglichen (Hund / Kirchhoff-Hund 1980,

S. 91) und so die Verwertungschancen des investierten Kapitals erhöhten.[461]

Ebenso wie der Kommunikator muß nun aber auch der Rezipient in seiner sozialökonomischen Situation begriffen werden, die sich aus seiner Klassenlage bzw. den dort vorherrschenden Sozialisationsbedingungen herleitet und über Schichtzugehörigkeit und soziale Gruppenmitgliedschaft(en) erkennbar wird. Hier wirken sich die sozialstrukturellen Gegebenheiten nicht nur generell als schichtspezifisches Kommunikationsverhalten aus, sie beeinflussen aktuell auch die jeweilige gruppenspezifische Rezeptionssituation (vgl. Hund 1976, S. 164), was insgesamt wieder für die Verwertungsmöglichkeiten von Kapital bedeutsam ist. Der Kommunikator versucht sich deshalb auch ein Bild vom Rezipienten (von dessen sozialer bzw. ökonomischer Situation sowie von dessen Rezeptionsgewohnheiten) zu machen. Zu diesem Zweck bedient er sich der Demoskopie. Mehr noch: er schafft mit Hilfe der Public Relations auch sein eigenes Bild beim Rezipienten und beeinflußt diesen damit im Sinne des Kapitals. Für Hund sind deshalb die wechselseitigen Bilder der Kommunikationspartner voneinander nicht – wie etwa im Feldschema von Maletzke – „individueller Beliebigkeit überlassen. Sie sind vielmehr herrschaftlich gewichtet“ (ebd. S. 166).

Insgesamt bringt das Modell von Hund also die Verflochtenheit des Massenkommunikationsprozesses mit den sozioökonomischen Bedingungen in einer kapitalistisch organisierten Gesellschaft zum Ausdruck. Es legt eine materialistisch orientierte Analyse des Massenkommunikationsprozesses nahe, die davon auszugehen hat, daß der Kommunikator als Nachrichtenproduktionsbetrieb seine Produktionsmittel (die modernen Massenmedien und von diesen transportierten Aussagen) vorrangig zum Zweck der Kapitalverwertung einsetzt.

---

461 Vgl. dazu auch die weiter oben (S. 397 ff.) dargestellten ökonomischen Funktionen des Massenkommunikationssystems.

6.5.2. Zielorientierte Ansätze zum Massenkommunikationsprozeß

Die Tatsache, daß die Frage nach den Wirkungen der Massenmedien immer schon mit großem Nachdruck gestellt wurde und ein ungeheuer großes Ausmaß an Forschungsaktivitäten hervorgebracht hat, ist in diesem Buch schon mehrfach deutlich geworden. Aus wissenschaftsgeschichtlicher Perspektive läßt sich die Massenkommunikationsforschung über Jahrzehnte hinweg als Geschichte der Medienwirkungsforschung begreifen. Es verwundert daher auch nicht, wenn in der Publizistik- und Kommunikationswissenschaft aus dieser Tradition heraus vorwiegend Erkenntnisse gewonnen worden sind, die im Sinne der hier vorgenommenen Systematisierung sog. „zielorientierte Ansätze" hervorgebracht haben.

Selbstredend stand (und steht) dabei v. a. das Ziel „Beeinflussung" im Mittelpunkt. M. a. W., ein Großteil der Forschungsbemühungen der vergangenen Jahrzehnte diente der Entwicklung einer „Theorie massenkommunikativer Beeinflussung", d. h., man versuchte Antworten auf die Frage zu finden, wie, unter welchen Umständen, in welcher Weise und mit welchen Folgen massenmedial verbreitete Aussagen auf das Denken, Fühlen und Handeln der Rezipienten wirken.

Die wichtigsten Theorien und Modelle, die dabei entstanden sind, wurden inzwischen alle in diesem Buch ausführlich besprochen.[462] Sie werden im vorliegenden Zusammenhang daher nicht mehr näher erläutert, sondern nur mehr zum Zweck eines systematischen Gesamtüberblicks nochmals erwähnt.

6.5.2.1. Ansätze zu einer Theorie massenkommunikativer Beeinflussung

Die Frage, wie das Denken, Fühlen und Handeln der Rezipienten massenmedial verbreiteter Aussagen beeinflußt wird, also die Frage nach Faktoren, die derartige Beeinflussungspotentiale

462 Siehe dazu v. a. das Kapitel 5.3. (Wirkungen der Massenmedien) sowie das Kapitel 6.4.1. (Beeinflussung durch Kommunikation).

offenlegen, kann im Lichte der bislang dargestellten Befunde nun aus verschiedenen Perspektiven beantwortet werden. Aus jeder Perspektive geraten verschiedene Problembereiche und damit auch unterschiedliche Forschungstraditionen in den Blick.

1. Mit der sog. **„Einstellungsforschung“** ist der zweifellos älteste Forschungsbereich angesprochen. Wird im Rahmen der frühen **Persuasionstheorie**, die sich noch ganz im seinerzeit (v. a. von der behavioristischen Psychologie) unterstellten Stimulus-Response-(S-R-)Denken bewegte, die Gestaltbarkeit des Stimulus als der zentrale Problembereich gesehen, so tritt mit der S-O-R-Perspektive (Stimulus-Objekt-Response) das „Objekt“ der Beeinflussungsversuche – der Rezipient – bereits stärker in den Mittelpunkt: Im Rahmen der **Konsistenztheorien** gelten die sog. „Prädispositionen“, also die (relevanten) Einstellungen, Meinungen, Erfahrungen (etc.) vor Empfang der massenmedialen Aussage als der zentrale Beeinflussungsfaktor.
2. Die **„Diffusionsforschung“** geht der Frage nach, wie die massenmedial verbreiteten Aussagen überhaupt an die Rezipienten gelangen, wie sich Nachrichten in der Gesellschaft ausbreiten. Sie entdeckte in interpersonalen Kommunikationsprozessen (im zwischenmenschlichen Gespräch) wesentliche „Schaltstellen“ des Beeinflussungsprozesses. Sah man früher im **„opinion-leading“** ein typisches Beeinflussungsmuster, so gilt heute eher das **„opinion-sharing“** als typische kommunikative Konstellation, in der Beeinflussung stattfindet.[463]
3. Die **„Gratifikationsforschung“** sieht in den Motiven der Medienzuwendung die zentralen Faktoren, die letztlich über

463 In der Publizistik- und Kommunikationswissenschaft wird die hier angesprochene Diffusionsforschung meist ausschließlich mit der Lazarsfeldschen Tradition des Opinion-leader-Konzeptes (bzw. dessen Weiterentwicklung) im Rahmen der Wahlkampfforschung gleichgesetzt, obwohl diffusionstheoretische Ansätze auch anhand anderer Thematiken entwickelt worden sind. Diesbezüglich Interessierte seien auf Schenk (1987, S. 280 ff.) verwiesen.

das Beeinflussungspotential eines Medieninhaltes entscheiden. Aus der Position des **„Nutzenansatzes"** bzw. des **„Uses and Gratifications-Approach"** gilt es zwar bekanntlich als unangemessen, nach Medienwirkungen schlechthin zu fragen, aber bereits die neuere und realitätsadäquatere (wenngleich empirisch schwer umsetzbare) **„dynamisch-transaktionale Perspektive"** in der Medienwirkungsforschung weist darauf hin, daß stets beide Variablen – nämlich: das Aussageangebot und die Motive der Rezipienten bzw. der Nutzen und die Belohnungen, die sie aus der Medienzuwendung davontragen, entscheidende Faktoren sind, die den Beeinflussungsprozeß steuern.

4. Im Horizont der **„Agenda-Setting-Forschung"** wird dagegen erstmals dem Glauben an die direkte Beeinflussung von Einstellungen, Meinungen und Verhaltensweisen durch Massenkommunikation abgeschworen. Zentrale Faktoren im Beeinflussungsprozeß sind zwar nach wie vor die Medien bzw. ihre Inhalte, aber der dabei fokussierte Problembereich wird „lediglich" im (themenbezogenen) Herstellen von Aufmerksamkeit, in der Veränderung des Wissens sowie in der Erzeugung eines Problembewußtseins auf der Seite der Rezipienten gesehen.
5. Mit der **„Knowledge-gap-Forschung"** tritt dann ausschließlich die Veränderung des Informationsstandes (zu jeweils ausgewählten Themen) durch massenmediale Aussagen in den Mittelpunkt des Interesses. Im Hinblick auf eine Theorie massenkommunikativer Beeinflussung weisen diese Erkenntnisse darauf hin, daß es (ähnlich wie bei den Prädispositionen im Rahmen der Einstellungsforschung) von den bereits vorhandenen themenspezifischen Interessen bzw. Informationen der Rezipienten abhängt, ob sie neue, von den Medien verbreitete Inhalte überhaupt kognitiv erfassen und weiterverarbeiten können.
6. Mit der Theorie von der **„Schweigespirale"** wird die Beeinflussungskapazität der Massenmedien schließlich vom sog. „Meinungsklima" abhängig gemacht. Gemeint sind damit die Vorstellungen der Menschen, welche Ansichten bzw. Verhal-

tensweisen zu einem in Diskussion stehenden Thema gebilligt oder abgelehnt werden. (Aufgrund einer angenommenen Isolationsfurcht wird unterstellt, daß sich Menschen eher der Mehrheits- als der Minderheitsmeinung anschließen.) Da die Massenmedien aber an der Entwicklung dieser Vorstellungen keinen geringen Anteil haben, gilt letztlich wiederum, daß das Ausmaß der medialen Präsenz jeweiliger Positionen (Ansichten, Meinungen) jenen Faktor darstellt, in dem sich das stärkste Beeinflussungspotential manifestiert.[464]

Damit sind nun die bislang relevantesten Konzepte benannt, aus deren Horizont heraus die Frage nach der Beeinflussungskapazität von Massenkommunikation beantwortet werden kann. Die Verschiedenheit der Problemstellungen und die daraus resultierenden Divergenzen in den Forschungsperspektiven machen zugleich deutlich, warum es niemals nur eine einzige Wirkungstheorie geben wird und geben kann. Und warum seriöse Antworten auf die immer wieder neu gestellte Wirkungsfrage stets vielschichtige Diagnosen enthalten müssen.

6.5.2.2. Emanzipatorische Ansätze zur Massenkommunikation

Keines der bisher angesprochenen Konzepte zielte auf die Veränderung des Mediensystems oder gar der Gesellschaft ab. Trotz aller Unterschiedlichkeit in den Problemperspektiven standen doch stets gleichsam „systemimmanente" Ziele zur Diskussion, denn die herrschenden gesellschaftlichen oder massenmedialen Strukturen wurden niemals in Frage gestellt.

In Entsprechung zur oben eingeführten Differenzierung von kommunikativen Zielen in „Beeinflussung" und „Emanzipation"[465] sollen nunmehr noch Konzepte vorgestellt werden, die auf die Umwandlung der Gesellschaft und im Zuge dessen auch auf Veränderungen im Bereich der Massenkommunikation selbst abzielen. Denn sie sehen in der Umgestaltung massen-

464 Womit sich – wenngleich um einiges differenzierter – der Kreis zur Position der frühen Einstellungsforschung wieder zu schließen scheint.

465 Das Kommunikationsziel „Therapie" wird aus den oben erwähnten Gründen hier nicht mehr diskutiert.

medialer Kommunikation die Voraussetzung für einen gesellschaftlichen Wandel, der die Menschen näher an die Wahrnehmung und Durchsetzung ihrer eigenen Bedürfnisse und Interessen bringt. Man kann sie somit als emanzipatorische Ansätze begreifen.

Ich möchte abschließend drei typische Denkpositionen dieser Art darstellen:

Zum einen den Ansatz von Hans Magnus Enzensberger, der aus dem Gedankengut materialistischer Medientheorie schöpft und für den die massenkommunikativen Strukturen in (westlichen) Industriegesellschaften derart umzuformen sind, daß sie zur Überwindung des Monopolkapitalismus und damit zur elementaren Veränderung gesellschaftlicher Verhältnisse beitragen. Auch wenn Enzensberger sich inzwischen zum anscheinend eher kulturpessimistischen Kritiker der modernen Kommunikationstechniken gewandelt hat (vgl. dazu Enzensberger 1988), gilt sein medienkritischer „Baukasten“ immer noch als gern zitierte revolutionäre Skizze einer fundamental veränderten Medienlandschaft.

Zum anderen den wesentlich moderateren Denkansatz von Rainer Geißler, dessen Überlegungen schon in den siebziger Jahren in gewisser Weise um die „Radikalisierung des demokratischen Prinzips“ kreisten, wie es auch heute wieder diskutiert wird (vgl. etwa Rödel/Frankenberg/Dubiel 1989)[466], und der zeigt, welche elementaren Forderungen an die Qualität des Massenkommunikationsprozesses zu stellen sind, wenn man die Prinzipien einer partizipatorisch-pluralistischen Demokratie ernst nimmt.

---

466 Mit „Radikalisierung“ des Demokratieprinzips (vgl. Rödel/Frankenberg/Dubiel 1989, S. 8 ff.) sind Entwicklungen gemeint, die spätestens seit den siebziger Jahren in den meisten west- und neuerdings auch in den osteuropäischen Demokratien beobachtet werden können und die sozusagen die „Wurzel“ demokratischen Verhaltens berühren: das zunehmend aktive Wahrnehmen von verfassungsmäßig festgeschriebenen Bürgerrechten, wie es sich in Bürgerinitiativen, Demonstrationen, Formen des zivilen Ungehorsams (vgl. dazu etwa Stock 1986) und nicht zuletzt im wachsenden Grad an Wählerfluktuation bzw. im Schwinden traditioneller Stammwählerschaften bemerkbar (vgl. etwa Plasser 1987, Ulram 1990) macht.

Und schließlich – daran unmittelbar anknüpfend – Forderungen an den Massenkommunikationsprozeß, wie sie sich aus dem Habermas'schen Verständigungsbegriff für die Qualität gesellschaftlicher Kommunikation ergeben.

6.5.2.2.1. Der medienkritische Ansatz von Enzensberger

Hans Magnus Enzensberger begreift die modernen Massenmedien und die mit diesen verbundene Bewußtseinsindustrie im Monopolkapitalismus als die Schrittmacher der sozioökonomischen Entwicklung in spätindustriellen Gesellschaften. In der „Entfesselung der emanzipatorischen Möglichkeiten, die in der neuen Produktivkraft stecken" (Enzensberger 1970, S. 160) sieht er eine Chance zur Veränderung gesellschaftlicher Verhältnisse und damit zur Überwindung des Monopolkapitalismus.

Kernpunkt der medienkritischen Position von Enzensberger (1970) ist der Vorwurf, daß es bis heute nicht gelungen sei, aus den Massenkommunikationsmedien echte Kommunikationsmittel zu machen. Vielmehr hätten die modernen Massenmedien (wie Rundfunk und Fernsehen) anstatt eine Wechselwirkung zwischen Sender und Empfänger zuzulassen und dadurch Kommunikation zu ermöglichen, diese bisher eher verhindert. Dabei läßt sich dieser Umstand keineswegs technisch begründen. „Im Gegenteil: die elektronische Technik kennt keinen prinzipiellen Gegensatz von Sender und Empfänger. Jedes Transistorradio ist, von seinem Bauprinzip her, zugleich auch ein potentieller Sender" (Enzensberger 1970, S. 160). Die Entwicklung der modernen (elektronischen) Massenmedien vom bloßen Distributions- zum Kommunikationsmedium wird vielmehr – so Enzensberger – bewußt verhindert, denn in der technischen Differenzierung von Sender und Empfänger spiegelt sich ja die gesellschaftliche Arbeitsteilung zwischen Produzenten und Konsumenten wider, die letzten Endes auf dem Grundwiderspruch zwischen herrschenden und beherrschten Klassen (bzw. zwischen Monopolkapital und Monopolbürokratie auf der einen und den abhängigen Massen auf der anderen Seite) beruht (vgl. ebd. S. 161).

Mit seiner grundsätzlichen Forderung, aus den modernen Massenmedien echte Kommunikationsmedien zu machen, knüpft Enzensberger (explizit) an Bertolt Brecht an, der dies bereits in den dreißiger Jahren für den Rundfunk verlangte: „Der Rundfunk ist aus einem Distributionsapparat in einen Kommunikationsapparat zu verwandeln. Der Rundfunk wäre der denkbar großartigste Kommunikationsapparat des öffentlichen Lebens, ein ungeheures Kanalsystem, das heißt, er wäre es, wenn er es verstünde, nicht nur auszusenden, sondern auch zu empfangen, also den Zuhörer nicht nur zu hören, sondern auch sprechen zu machen und ihn nicht zu isolieren, sondern ihn in Beziehung zu setzen. Der Rundfunk müßte demnach aus dem Lieferantentum herausgehen und den Hörer als Lieferanten organisieren" (Brecht 1932, zit. n. Rollka 1971, S. 152).

Die Chance, mit Hilfe der Massenmedien in Zukunft jeden Konsumenten auch zum Produzenten zu machen, bliebe jedoch „unpolitisch und borniert, sofern diese Produktion auf individuelle Bastelei hinausliefe" (ebd. S. 168). Die in einer kapitalistisch organisierten Gesellschaft vorherrschenden Marktmechanismen haben es aber gerade darauf abgesehen; d. h., sie stellen den Massen die Medien wohl zur Verfügung – so befinden sich etwa Kleinbild- und Schmalfilmkameras, Magnetophone und zuletzt auch Videogeräte längst in den Händen der Massen –, der einzelne wird jedoch, solange er isoliert bleibt, bestenfalls zum Amateur und nicht zum Produzenten. „Selbst ein so potentes Produktionsmedium wie der Kurzwellensender ist auf diese Weise gezähmt worden und ... zur harm- und folgenlosen ‚Freizeitgestaltung' heruntergekommen" (ebd.). Dieser für kapitalistische Gesellschaften typischen Entpolitisierungstendenz ist nach Enzensberger das Initiieren politischer Lernprozesse entgegenzusetzen, der Immobilität der voneinander isolierten Individuen ist durch eine Mobilisierung der Massen entgegenzuwirken.

In dieser mobilisierenden Kraft v. a. der elektronischen Massenmedien sieht Enzensberger überhaupt deren entscheidendes politisches Moment: „Zum ersten Mal in der Geschichte machen die Medien die massenhafte Teilnahme an einem gesellschaftlichen und vergesellschafteten produktiven Prozeß möglich, dessen praktische Mittel sich in der Hand der Massen selbst befinden“ (ebd. S. 160). Dies setzt allerdings voraus, daß die Produktion massenmedial verbreiteter Inhalte kollektiv erfolgt und nicht bloß einigen wenigen Spezialisten vorbehalten ist. Eng mit derartigen Vorstellungen verbunden ist daher die Forderung nach Dezentralisierung der Massenkommunikation: nicht einige wenige sollen zentral gesteuert ein Programm für viele machen, sondern alle sollen sich an einem Programm für alle beteiligen. Dadurch wäre zugleich auch die passive Konsumentenhaltung des Publikums im traditionellen Massenkommunikationsprozeß in echte Interaktion aller am Massenkommunikationsprozeß Beteiligten übergeführt, unkritisches und reflexionsarmes Empfangen massenmedialer Inhalte würde durch aktives und kritisches Umgehen mit den Medien und deren Aussagen ersetzt.

Abschließend seien mit Enzensberger (ebd. S. 173) „repressiver Mediengebrauch“ (wie er für die traditionellen kapitalistisch organisierten Gesellschaften typisch ist) und „emanzipatorischer Mediengebrauch“ (wie er für sozialistisch organisierte Gesellschaften typisch sein sollte) einander schlagwortartig gegenübergestellt:

Repressiver Mediengebrauch	*Emanzipatorischer Mediengebrauch*
Zentral gesteuertes Programm	Dezentralisierte Programme
Ein Sender, viele Empfänger	Jeder Empfänger ein potentieller Sender
Immobilisierung isolierter Individuen	Mobilisierung der Massen
Passive Konsumentenhaltung	Interaktion der Teilnehmer, Feedback
Entpolitisierungsprozeß	Politischer Lernprozeß
Produktion durch Spezialisten	Kollektive Produktion
Kontrolle durch Eigentümer oder Bürokraten	Gesellschaftliche Kontrolle durch Selbstorganisation

6.5.2.2.2. Der demokratiekritische Ansatz von Geißler

Der Ansatz von Rainer Geißler (1973, 1976, 1979) fußt auf den Vorstellungen einer *partizipatorisch-pluralistischen Demokratie,* einem politischen System also, in dem eine möglichst einsichtige Teilnahme möglichst vieler Staatsbürger an der Analyse und Entscheidung von politischen Fragen und damit an der Ausübung von Macht und Herrschaft gewährleistet ist.

Der hier gemeinte *Partizipationsbegriff* reduziert diese Teilnahme jedoch nicht auf das periodische Ausüben des Wahlrechts, sondern impliziert eine ständige Bereitschaft zum Mitdenken und -reden bei politischen Fragen bis hin zur aktiven Mitarbeit in politischen und gesellschaftlichen Organisationen sowie auch die Teilnahme an politischen Aktionen nichtinstitutionalisierter Art (wie z. B. Bürgerinitiativen u. ä.). Ein solcher Partizipationsbegriff zielt also auf den „größtmöglichen Abbau von Macht und Herrschaft, von Fremdbestimmung des einzelnen durch Interessen, die nicht die seinen sind" (Geißler 1979, S. 172). Der *Pluralismusbegriff* impliziert darüber hinaus, daß die Interessen aller Gruppen in einer Gesellschaft „eine möglichst gleiche Chance haben, sich im politischen Prozeß durchzusetzen und in die Inhalte der politischen Entscheidungen einzugehen. Die politischen Entscheidungen sollen ein möglichst ausgewogener Kompromiß zwischen den unterschiedlichen Interessen möglichst aller gesellschaftlichen Gruppen sein" (ebd.)

Um nun das Funktionieren derartiger demokratischer Prozesse zu gewährleisten, bedarf es nach Geißler der sog. **politischen Basiskommunikation,** d. h., es bedarf der Kommunikation der Staatsbürger – der „Basis" des demokratischen Herrschaftsverbandes – mit den politischen Handlungsträgern und Institutionen über die Probleme, die einer Entscheidung bedürfen und/oder für solche Entscheidungen relevant sind (vgl. Geißler 1973, S. 5 f.). Erst dann entsteht das, was als wesentliches Element einer partizipatorisch-pluralistischen Demokratie gesehen werden muß: eine pluralistische Öffentlichkeit, in der die verschiedenen Interessen zur Artikulation gelangen und miteinander verglichen werden können. Es ist unschwer einsehbar, daß in den heutigen komplexen Großgesellschaften den Massenmedien in der politischen Basiskommunikation eine herausragende Rolle zufällt. Ob und v. a. auch wie die Menschen in der modernen demokratisch organisierten Gesellschaft die ihnen formalrechtlich zustehenden Partizipationschancen realisieren können, das hängt in hohem Maße vom Zustand dieser Massenmedien bzw. von den Leistungen, die sie zu erbringen imstande sind, ab.

Mit diesen Leistungen setzt sich Geißler auseinander und versucht, von seiner medienkritischen Position aus Hindernisse seitens der Massenmedien deutlich zu machen, die einer Realisierung echter demokratischer Basiskommunikation im Wege stehen. Diese Hindernisse erwachsen insgesamt aus dem Umstand, daß sich die über die Massenmedien vermittelte politische Basiskommunikation heute im wesentlichen als eine manipulierte darstellt. Dies v. a. deshalb, weil in der Kommunikation zwischen politischer Spitze und Basis – ein kommunikatives Vakuum klafft; die kommunikative Verbindung zwischen Spitze und Basis wird hauptsächlich durch die Massenmedien hergestellt, die in der politischen Kommunikation praktisch eine Monopolstellung besitzen, da Konkurrenz durch Diskussion in politischen Organisationen (wie Parteien, Verbänden, Vereinen u. ä.) weitgehend fehlt.

Die von den Medien vermittelten Inhalte sind jedoch – so Geißler – auf mehrfache Weise manipulativer Natur: sie sind charakterisiert durch *politischen wie sozialen Konformismus.* So sind die Stellungnahmen zu politischen Fragen unverbindlich und neutral; politische Toleranz verdrängt die engagierte Kritik an Personen, Institutionen und Programmen, und partikulare Interessen machtvoller Gruppen werden als Gemeininteressen ausgegeben. Die sozialen Zustände bzw. Mißstände werden widergespiegelt, ohne sie echt in Frage zu stellen; Machtgefüge, Schichtungshierarchie, Normen, Werte und Widersprüche in der Gesellschaft erscheinen als unabänderliche Tatsachen. Die medialen Inhalte sind ferner durch *quantitative und qualitative Entpolitisierung* gekennzeichnet. Politische Informationen und Kommentare treten gegenüber Unterhaltung, Sensation und

Werbung zurück; zudem sind die Grenzen zwischen Information und Unterhaltung verwischt: Politik wird als amüsante Show präsentiert (die politischen Inhalte werden personalisiert, Politik wird mit „human interest“ versetzt, und Detailinformationen werden zusammenhanglos in den Raum gestellt, so daß die strukturellen Ursachen und Bedingungen vieler Probleme und Konflikte verborgen bleiben). Als manipulative Auswirkungen derartiger manipulativer Inhalte nennt Geißler schließlich ein Desinteresse an politischen Fragen, ein Verkommen der Fähigkeit zu kritischer Reflexion und ein Aufkommen politischer Apathie, ein Ausbleiben von Auflehnung zugunsten einer Anpassung an bestehende Verhältnisse und damit letztlich eine Stabilisierung der bestehenden Gesellschafts- und Herrschaftsverhältnisse (vgl. dazu insgesamt Geißler 1973, S. 63 ff. u. S. 92 ff.).

Welche Leistungen sind nun von den Massenmedien zu fordern, damit sie zur Herstellung einer echten demokratischen Basiskommunikation beitragen können? Geißler benennt vor allem drei Funktionen, die eine aufklärerisch-demokratische Massenkommunikation in einer partizipatorisch-pluralistischen Demokratie zu erfüllen hätte: „1. die ideologiekritische Herstellung von Transparenz, 2. die Artikulation von Interessen und 3. pluralistische Kompensation, d. h. die Vertretung von Interessen, die in der bestehenden pluralistischen Machtstruktur benachteiligt sind“ (Geißler 1979, S. 173).

1. Ideologiekritische Herstellung von Transparenz

In komplexen Großgesellschaften ist der politische Bereich der direkten Erfahrung des einzelnen nicht zugänglich. Andererseits hat der Bürger aber nur dann die Möglichkeit, sich politisch vernunftgemäß zu verhalten, wenn er Klarheit über die politischen Probleme und über das politische Denken und Handeln der verschiedenen Interessengruppen besitzt. Die Massenmedien haben daher durch Information und Kritik zur Herstellung dieser Transparenz beizutragen, um so den einzelnen zur einsichtigen Teilnahme (bzw. Delegation seiner Interessen sowie Kontrolle der Delegierten) zu befähigen (vgl. Geißler 1973,

S. 53 f.). Das bedeutet konkret: „Massenmedien haben das politische Geschehen so darzustellen, daß das Ringen der verschiedenen Interessen um Einfluß auf die politischen Entscheidungen sichtbar wird. Sie müssen zeigen, welche und wessen Interessen in politische Probleme verwickelt sind und eventuell gegeneinander stehen, wie sich diese Interessen organisieren, zum Ausdruck bringen und schließlich in die Inhalte politischer Programme und Entscheidungen eingehen bzw. von den politischen Entscheidungsträgern nicht berücksichtigt werden" (Geißler 1979, S. 173). „Ideologiekritisch" ist eine derartige Herstellung von Transparenz dann, wenn Interessenkonflikte und Machtstrukturen aufgedeckt werden, d. h., wenn deutlich gemacht wird, von welchen Gruppen die Durchsetzung jeweiliger Interessen – die sich oft als angebliches Interesse der Allgemeinheit präsentieren – tatsächlich ausgeht und welche Ziele diese damit verfolgen.

2. Artikulation von Interessen

Da eine intensive Auseinandersetzung des Staatsbürgers mit allen politischen Fragen in einer hochspezialisierten Gesellschaft utopisch ist, sind Vereinfachungen komplexer Fragen und Probleme unumgänglich notwendig. Nach Mannheim (1970) ist dies sogar eine zentrale Aufgabe politischen Denkens, nämlich die Komplexität einer Situation auf einfache Größen zurückzuführen, damit dem Bürger „ein echtes Verständnis des Wesentlichen" (zit. n. Geißler 1973, S. 51) ermöglicht wird. Geißler lokalisiert die Artikulationsfunktion der Massenmedien nun in diesen Vereinfachungsprozeß (gleichsam als Rückkoppelung der Basis zur Spitze) hinein: Die Artikulationsfunktion besteht dann darin, „während der Problemvereinfachung und der Formulierung der politischen Alternativen durch die Politiker und Experten Interessen der Basis zur Sprache zu bringen" (Geißler 1973, ebd.). Dies kann geschehen, indem die Medien selbst als Sprecher und Kritiker von Interessen auftreten oder indem sie als Vermittler bzw. Verstärker von Interessen agieren, d. h. als „Medien" im eigentlichen Sinn tätig sind und Interessen, die andere bereits artikuliert haben, einem breiteren Publikum bekanntmachen (vgl. auch Geißler 1979, S. 176).

3. Pluralistische Kompensation

Es entspricht den Grundsätzen einer pluralistischen Demokratie, daß *alle* gesellschaftlich relevanten Gruppen die Möglichkeit haben sollen, ihre Interessen über die Massenmedien öffentlich zum Ausdruck zu bringen. Diese von Langenbucher/Mahle auch mit dem Terminus „Kommunikationsgerechtigkeit" oder „kommunikative Chancengleichheit" (vgl. dazu auch Geißler 1976) bezeichnete Forderung soll nicht heißen, daß jeder einzelne mit seiner persönlichen Meinung in den Medien vertreten sein muß. Sie „bedeutet vielmehr, daß alle in der Gesellschaft vorfindbaren *kommunikativ relevanten* Positionen ungefähr die gleiche Chance haben (sollen), an die Öffentlichkeit zu gelangen" (Langenbucher/Mahle 1973, S. 323).

Dazu bedarf es allerdings der Präzisierung des Relevanzkriteriums: Man kann gesellschaftliche bzw. kommunikative Relevanz von Gruppen(interessen) nach der tatsächlichen Macht bemessen, welche die jeweiligen Gruppen besitzen. „Der Repräsentationsproporz, in dem diese Gruppen zu Wort kommen sollen, müßte dann in etwa ein Spiegelbild der tatsächlichen Machtverhältnisse sein" (Geißler 1979, S. 178). Man kann die Medien jedoch auch strikt als „Mittler" begreifen und nur jenen Gruppen kommunikative Relevanz zuerkennen, die von sich aus Ereignisse und/oder Informationen in die Welt setzen.[467] In diesem Fall sind die Medien nicht ein Abbild tatsächlicher Machtverhältnisse, „sondern ein Spiegelbild der publizistischen Artikulationskraft verschiedener Interessengruppen" (Geißler 1979, ebd.), damit wird zugleich aber „ein zusätz-

467 Diese Position findet man z. B. auch im Informationsstatut des Österreichischen Rundfunks, hier heißt es: „Es kann nicht Aufgabe des ORF sein, von sich aus einen Informationsproporz herzustellen; die gesellschaftlichen Kräfte finden in den Informationssendungen des ORF in dem Maße Berücksichtigung, in dem sie berichtenswerte Aktivitäten entwickeln, Ereignishaftes bewirken und relevante Informationen liefern" (Gestaltungsgrundätze für die Informationssendungen Pkt. 1.3.8. zit. n. ORF-Almanach 1991, S. 549).

liches Kommunikationsprivileg an jene verteilt, die – vor allem im Prozeß der politischen Kommunikation – ohnehin schon kommunikativ Privilegierte sind“ (Langenbucher/Mahle 1973, S. 325).

Geht man jedoch – und Geißler (ebd.) verweist in diesem Zusammenhang auf die moderne Pluralismustheorie – davon aus, daß Chancengleichheit im politischen Prozeß eine ideologische Fiktion ist und daß daher auch in der pluralistischen Demokratie westlicher Prägung ein faktisches Ungleichgewicht gesellschaftlicher Kräfte besteht, dann kommt man zu folgender normativer Forderung: „Massenmedien können einen Beitrag zur Realisierung der pluralistischen Demokratie leisten, indem sie vor allem denjenigen Interessen publizistische Macht verleihen, die in der bestehenden Kräftekonstellation benachteiligt sind. Die Kräfteverhältnisse in der pluralistischen öffentlichen Kommunikation dürfen nicht einfach ein Spiegelbild und damit eine Verstärkung der nichtpublizistischen Machtstruktur sein, sondern die Massenmedien haben die Aufgabe, bestehende Ungleichheiten in den Einflußchancen auszugleichen“ (Geißler 1979, S. 178). Die Bestimmung der kommunikativen Relevanz einer (Interessen-)Gruppe sollte also nicht bloß nach ihrer Bedeutung (wie Macht, Größe, Einfluß usw.) in der Gesellschaft erfolgen, „sondern nach dem Kriterium, wieweit die jeweilige Gruppe in ihren Zugangschancen zur öffentlichen Kommunikation gefährdet ist“ (Langenbucher/Mahle 1973, S. 328).

Setzt man abschließend voraus, daß die Massenmedien – trotz vieler Schwierigkeiten, die der Erfüllung derartiger Funktionen in einer immer komplizierter werdenden Gesellschaft entgegenstehen[468] – imstande sind, diesen Forderungen nachzukommen, so darf dabei jedoch nicht übersehen werden, daß ein Qualitätswandel in der Basiskommunikation nicht allein

468 So weist Geißler (1979, S. 178 f.) z. B. darauf hin, daß in einer Gesellschaft, in der die Nachrichtenerzeugung immer mehr von behördlichen Informationsstellen und Public-Relations-Agenturen mächtiger Interessengruppen ausgeht, gerade die zuletzt genannte Kompensationsaufgabe für die Medien immer schwieriger erfüllbar wird (vgl. dazu auch Kap. 5.4.3. des vorliegenden Buches).

von Veränderungen auf der Seite der Massenmedien abhängt. Ebenso wichtig – und Geißler ist sich dessen auch durchaus bewußt (vgl. 1973, S. 208) – sind Veränderungen auf der Seite des Publikums. Eine demokratische Basiskommunikation bedarf nicht zuletzt einer Rezipientenschaft, die bereit und auch fähig ist, sich mit politischen Fragen auseinanderzusetzen. Wenn auch dieses politische Bewußtsein des Publikums nicht ganz unabhängig vom Zustand der Massenmedien bzw. von den durch sie erfüllten Funktionen gesehen werden darf, so sind sie dennoch nur *ein* Sozialisationsfaktor unter vielen anderen (Familie, Schule, Beruf etc.), die auf den Menschen einwirken.

6.5.2.2.3. Der verständigungsorientierte Ansatz nach Habermas

Der Habermas'sche Verständigungsbegriff, wie er weiter oben (Kap. 6.3.2.2.) näher dargestellt wurde, ist mit zwei elementaren Implikationen verbunden, die im vorliegenden Zusammenhang von Bedeutung sind.

Zu diesem Zweck sei an die Bedingungen eines Diskurses erinnert. Ein *Diskurs* kann ja bekanntlich nur dann wirklich stattfinden, wenn beide Kommunikationspartner die ideale Sprechsituation und damit die Utopie herrschaftsfreier Kommunikation voraussetzen. Das bedeutet, daß sie (kontrafaktisch!) eine völlig ausgewogene Chancengleichheit bei der Wahrnehmung etwaiger Dialogrollen unterstellen – im Klartext: Jeder geht davon aus, daß er die gleichen Chancen und Möglichkeiten hat, Standpunkte in das Gespräch einzubringen und auch durchzusetzen. Letzteres v. a. auch deshalb, weil beide Kommunikationspartner darüber hinaus unterstellen, daß ein allfälliger Konsens zwischen ihnen auf nichts anderem beruht als auf „dem eigentümlich zwanglosen Zwang des besseren, weil einleuchtenderen Arguments" (Habermas 1984, S. 116). Derartige Verständigungsprozesse zielen somit „auf ein Einverständnis, welches den Bedingungen einer rational motivierten Zustimmung zum Inhalt einer Äußerung genügt" (Habermas 1981/I/S. 387).

Mit dieser Vorstellung von der symmetrischen Verteilung der Dialogrollen, also der *Chancengleichheit* bei der Wahrung der jeweils zur Diskussion stehenden Interessen und der *rational motivierten Auseinandersetzung* darüber zwischen vernünftig agierenden Kommunikationspartnern, legt Habermas im Grunde die Fundamente einer kommunikativen Theorie demokratisch organisierter Öffentlichkeit frei: Die politische Öffentlichkeit ist nichts anderes als der Raum, in dem konfliktträchtige gesellschaftliche Streitfragen einer rationalen Auseinandersetzung und Regelung zugeführt werden sollen. Dies setzt allerdings – im Anschluß an die im Diskurs unterstellte chancengleiche und rational motivierte Auseinandersetzung – die Existenz von zwei (kommunikativen) Bedingungen voraus, die Habermas dann auch als zwei konstituierende Momente einer solchen demokratischen Öffentlichkeit herausstellt: allgemeine Zugänglichkeit und rationale Diskussion.

Allgemeine Zugänglichkeit bedeutet, daß im Grunde bei allen Themen niemand von der Entscheidungsfindung ausgeschlossen ist. Dies wiederum erfordert „die vollständige Inklusion aller möglicherweise Betroffenen, die Gleichberechtigung der Parteien, Zwanglosigkeit der Interaktion, Offenheit für Themen und Beiträge, Revidierbarkeit der Ergebnisse usw." (Habermas 1990, S. 41). Allerdings – und darauf verweist Habermas ausdrücklich – muß dieses normative Öffentlichkeit, wenn es auf hochkomplexe Gesellschaften realistisch Anwendung finden soll, „von der konkretistischen Deutung einer Verkörperung in physisch anwesenden, partizipierenden und mitbestimmenden Gliedern eines Kollektivs abgelöst werden" (Habermas ebd., S. 43).

Damit ist klar: Selbstverständlich ist ein Zustand, in dem alle Bürger an allen Entscheidungen teilnehmen und über alle politischen Vorgänge unterrichtet sind, nicht realisierbar. Einmal – wie Kunczik (1984, S. 111) richtig feststellt –, weil den meisten Menschen der Sachverstand zur Beurteilung der Mehrzahl der Probleme fehlt, aber auch v. a. wegen des für den einzelnen mit der Beschaffung von totaler Information verbundenen Zeit- und Kostenaufwandes. Daraus den Schluß zu ziehen, dieses Konzept demokratischer Öffentlichkeit sei allzu idealtypisch und daher nicht umsetzbar, ist m. E. jedoch falsch. Im Gegenteil: Gerade diese faktische Unmöglichkeit der Beteiligung aller an allem legt ja den Schluß nahe, professionelle Kommunikatoren (eben: Journalisten) zu „installieren“, die diese Verhandlungs- bzw. Entscheidungsvorgänge dadurch öffentlich zugänglich machen, daß sie sie zum Gegenstand ihrer Berichterstattung erheben. Und damit den jeweils Betroffenen oder – aus irgendwelchen anderen Gründen – interessierten Bürgern das Mitdenken und Mitreden erst möglich machen. – Mit diesem Verständnis von „allgemeiner Zugänglichkeit“ als Zugänglichkeit zu Informationen, als Transparenz des Wissens, der Interessen etc. und ihrer Veröffentlichung ist in geradezu klassischer Weise die Aufgabe des politischen Journalismus in demokratisch organisierten Gesellschaften angesprochen (vgl. etwa Haas/Pürer 1990).

Rationale Diskussion soll im Hinblick auf den Journalismus in demokratischen Gesellschaften dann heißen, daß auch in der veröffentlichten – und damit allgemein zugänglichen – Diskussion einer vernünftigen, argumentativ begründeten Auseinandersetzung Vorrang eingeräumt wird und Medienmacht nicht primär manipulativ eingesetzt wird. Diese Gefahr ist zweifellos stets gegeben, denn das „immer dichter gespannte Kommunikationsnetz der elektronischen Massenmedien ist heute, obgleich es technisch ein Potential der Befreiung darstellt, so organisiert, daß es eher die Loyalität einer entpolitisierten Bevölkerung kontrolliert, als daß es dazu diente, die staatlichen und gesellschaftlichen Kontrollen ihrerseits einer dezentralisierten (...) diskursiven Willensbildung zu unterwerfen“ (Habermas 1982, S. 12).

Beide Momente zusammen, allgemeine Zugänglichkeit und rationale Diskussion, bringen schließlich eine **„kritische Publizität“** hervor, die dann die (nach Habermas heute zumeist vorherrschende) **„manipulative Publizität“** zu verdrängen hätte. Diese manipulative Publizität erfüllt ja bloß die Aufgabe, „die Aufmerksamkeit durch Themenbereiche zu strukturieren, d. h. andere Themen, Probleme und Argumente unter die Aufmerksamkeitsschwelle herunterzuspielen" (Habermas 1973c, S. 99). Der Sinn einer kritischen Publizität besteht dagegen darin, öffentliche Diskurse zu ermöglichen, die dann im Zusammenspiel mit der institutionell verfaßten politischen Willensbildung eine kommunikative Macht eigener Art darstellen: „Diskurse herrschen nicht. Sie erzeugen eine kommunikative Macht, die die administrative nicht ersetzen, sondern nur beeinflussen kann. Dieser Einfluß beschränkt sich auf die Beschaffung und den Entzug von Legitimation" (Habermas 1990, S. 44).

Erst in einer solchen, nach den Prinzipien verständigungsorientierter Kommunikation organisierten demokratischen Öffentlichkeit scheint das Ziel der Aufklärung in greifbarer Nähe zu liegen, nämlich: Emanzipation als Prozeß, der es den Menschen ermöglicht, sich aus ihrer Unmündigkeit zu befreien. Denn „Unmündigkeit" – nach Immanuel Kant „das Unvermögen, sich seines Verstandes ohne Leitung eines anderen zu bedienen" (Kant zit. n. Weischedel 1969, S. 53) – ist immer auch mit Uninformiertheit verbunden, und die Bedingungen ihrer Minimierung (bzw. Beseitigung) sind in einer kommunikativen Öffentlichkeit, wie sie hier skizziert wurde, potentiell gegeben.

Die kommunikationswissenschaftliche Journalismusforschung ist aufgerufen, praktische Anforderungen für einen solchermaßen emanzipatorischen, verständigungsorientierten Journalismus zu definieren bzw. deren Praktikabilität zu prüfen. Erste Anzeichen in diese Richtung liegen vor: So kommt Achim Baum (1994) am Ende einer intensiven und sehr kritischen Auseinandersetzung mit der bisherigen Journalismusforschung zu dem bemerkenswerten Schluß, daß – im Anschluß an Habermas – auch der Originalmodus journalistischen Handelns als „verständigungsorientiert" zu begreifen ist (Baum ebd., S. 395). Unter dieser Prämisse sollte weitergedacht werden.[469]

---

469 Vgl. dazu außerdem den Versuch einer (inhaltsanalytischen) Operationalisierung der diskursiven Öffentlichkeit von Jürgen Gerhards (1997) sowie meine eigenen Überlegungen zum diskursiven Journalismus (Burkart 1998).

7. DER OBJEKTBEREICH EINER SOZIALWISSENSCHAFTLICH ORIENTIERTEN PUBLIZISTIK- UND KOMMUNIKATIONSWISSENSCHAFT

Die im 6. Kapitel diskutierten theoretischen Ansätze haben unterschiedliche Gesichtspunkte des Kommunikationsprozesses vor Augen geführt und damit auch Möglichkeiten verdeutlicht, Kommunikation aus verschiedenen Perspektiven zu problematisieren. Damit existiert nunmehr ein Ordnungsrahmen, in dem sich kommunikationswissenschaftliche Detailergebnisse nach übergeordneten Gesichtspunkten systematisieren lassen.

Dabei hat sich „Kommunikation" als ein spezieller Typus sozialen Handelns zwar immer wieder als zentrale Bezugsgröße herausgestellt, aber stets im Hinblick auf die Frage, welcher Nutzen daraus für das Erkennen spezifischer Besonderheiten der modernen Massenkommunikationsgesellschaft gezogen werden kann. Zum Abschluß soll dieser Orientierungsrahmen überblicksartig zusammengefaßt werden.

7.1. Kommunikation als sozialwissenschaftliche Kategorie

Im Laufe dieses Buches konnte gezeigt werden, daß nicht nur der Mensch, sondern auch Gesellschaftssysteme ohne Kommunikation nicht denkbar sind. Wie Mensch und Gesellschaft, so wird aber auch der Kommunikationsprozeß in seiner Bedeutung erst angemessen erkennbar, wenn man die Evolutionsdimension mit einbezieht und – systemtheoretisch gesprochen – nach den kommunikativen Leistungen für die menschliche bzw. gesellschaftliche Entwicklung fragt. Darauf wurde im 4. Kapitel näher eingegangen.

Im vorliegenden Zusammenhang soll dieser Gedanke noch einmal aufgegriffen und zunächst mit jenen kommunikationstheoretischen Überlegungen verknüpft werden, die bereits am

Beginn des Buches (2. Kapitel) im Zuge der Explikation des Kommunikationsbegriffes diskutiert worden sind. Erst auf dieser Basis läßt sich Kommunikation sodann als sozialwissenschaftliche Kategorie entfalten.

Im Hinblick auf die Leistungen, welche real ablaufende Kommunikationsprozesse für Mensch und Gesellschaft erbringen, soll zunächst zwischen unmittelbaren und mittelbaren Funktionen unterschieden werden. Als *unmittelbare Funktionen* sollen solche gelten, die sich aus den jeweils gesetzten kommunikativen Handlungen direkt ergeben. Unmittelbare Funktionen von Kommunikation sind also Folgen konkreten kommunikativen Handelns, die von einem Kommunikator (mehr oder weniger bewußt) intendiert werden. Diesen unmittelbaren Funktionen sind daher auch jene Ziele kommunikativen Handelns zuzuordnen, die – gemäß dem bereits im 2. Kapitel dieses Buches vorgeschlagenen Verständnis von menschlicher Kommunikation – den beiden Ebenen kommunikativer Intentionalität entsprechen: das ist zum einen auf einer allgemeinen Ebene das konstante Ziel jedes kommunikativen Handelns, nämlich das *Herstellen von Verständigung* zwischen den Kommunikationspartnern; das sind zum anderen auf einer speziellen Ebene die variablen Ziele kommunikativen Handelns, die in der *Realisierung jeweils verfolgter Kommunikationsinteressen* bestehen. In den Kommunikationsinteressen wurde ja bekanntlich der Anlaß jeglichen kommunikativen Handelns gesehen, sie sind also der Beweggrund dafür, daß es überhaupt zu Kommunikationsversuchen kommt.

Diese Kommunikationsinteressen lassen sich nun ihrerseits wieder in situationsgebundene und in situationsübergreifende differenzieren. Von einer *situationsgebundenen Interessenrealisierung* soll dann gesprochen werden, wenn das spezielle Ziel, das mit einer kommunikativen Handlung verfolgt wird, *kurzfristig* einlösbar ist; d. h., wenn das Interesse, aus dem heraus eine kommunikative Handlung gesetzt wird, im bloßen Herstellen einer bestimmten Kommunikationssituation besteht und daher durch den Vollzug einer entsprechenden kommunikativen Handlung bereits realisiert ist. Da menschliche Kommunikation überwiegend sprachlicher Natur ist, bezieht sich das situationsgebundene Interesse kommunikativen Handelns in der Regel darauf, bestimmte Sprechakte zu setzen. Also z. B. eine Frage zu stellen, eine Antwort zu geben, etwas zu berichten, Zustimmung/Widerspruch auszudrücken, Befehle/Verbote auszusprechen etc.

Von einer *situationsübergreifenden Interessenrealisierung* soll dagegen dann gesprochen werden, wenn das spezielle Ziel, das mit kommunikativem Handeln verfolgt wird, erst *längerfristig* einlösbar ist; d. h., wenn das Interesse, aus dem heraus kommunikativ gehandelt wird, erst über mehrere Kommunikationssituationen hinweg realisiert werden kann. Eine situationsübergreifende Interessenrealisierung impliziert zwar stets auch kurzfristig einlösbare Kommunikationsziele, geht aber über diese hinaus. Als derartige längerfristig einlösbare Ziele kommunikativen Handelns sind – unter Bezugnahme auf die oben dargestellten kommunikationstheoretischen Ansätze – z. B. Beeinflussung, Emanzipation sowie Kommunikationstherapie zu nennen.

Unter *mittelbaren Funktionen* von Kommunikation sind nunmehr solche zu verstehen, die erst aus einer Vielzahl real stattgefundener Kommunikationsvorgänge ableitbar sind. Gemeint sind also Leistungen, die sich nicht mehr nur aus einzelnen kommunikativen Handlungen ergeben, sondern die erst dem Kommunikationsprozeß *insgesamt* zugeschrieben werden können. Dabei ist zunächst in evolutionstheoretischer Hinsicht der Stellenwert von Kommunikation im Verlauf der Anthropogenese zu beachten, denn es konnten gewichtige Hinweise dafür eingebracht werden, daß evolutionär-kommunikativen Errungenschaften ein fundamentaler Stellenwert bei der *phylogenetischen Menschwerdung* zuzuerkennen ist (vgl. Kap. 4).

Neben diesen stammesgeschichtlich rekonstruierbaren Funktionen menschlicher Kommunikation interessieren jedoch v. a. jene Leistungen, welche Kommunikation für die – sich gleichsam tagtäglich vollziehende – *ontogenetische Menschwerdung* erbringt. Damit ist nicht nur – von persönlichkeitstheoretischer Warte aus – der Prozeß der Menschwerdung des Menschen ab dem Zeitpunkt seiner leiblichen Geburt angesprochen;

untrennbar verbunden mit diesem Vorgang der vergesellschafteten Individuierung ist stets auch – von gesellschaftstheoretischer Warte aus – die gesellschaftliche Entwicklung selbst. So wurde im Hinblick auf die *soziale Persönlichkeitsgenese* beispielsweise erkannt, daß die Entstehung von Identität und Selbst-Bewußtsein in hohem Maße mit dem Erwerb kommunikativer Fähigkeiten einhergeht bzw. von diesen abhängt[470]. Was andererseits die Bedeutung von Kommunikation für die *gesamtgesellschaftliche Evolution* betrifft, so konnte allgemein darauf verwiesen werden, daß der jeweils vorfindbare gesellschaftliche Entwicklungsstand nicht unabhängig vom Zustand der Kommunikationsweisen der betreffenden Menschen gesehen werden darf. Im Hinblick auf die gegenwärtige Situation wurde in diesem Zusammenhang angedeutet, daß die modernen Kommunikationstechnologien, die v. a. mit ihren massenmedialen Verbreitungstechniken zu einer sprunghaften Vergrößerung des Kommunikationsnetzes führten, erstmals in der Geschichte die Teilhabe aller an einer gemeinsamen Realität zumindest in greifbare Nähe rücken lassen und damit das Entstehen einer „Weltgesellschaft“ zu begünstigen scheinen.[471]

Die hier genannten Kommunikationsfunktionen zeigen einen sehr weitreichenden Stellenwert von Kommunikation für den Menschen auf. Sie machen erkennbar, daß real ablaufende Kommunikationsprozesse im Hinblick auf mehrere (voneinander unterscheidbare) Realitätsbereiche bedeutsam sind. Damit stellt sich Kommunikation zu Recht als ein äußerst vielschichtiges Phänomen dar. Es soll allerdings nicht übersehen werden, daß natürlich nur ein Teil der hier angesprochenen Wirklichkeitsbereiche als das Resultat ausschließlich kommunikativer Abläufe zu betrachten ist. Der Anteil, den Kommunikationsprozesse an der (Qualität der) Existenz von Mensch und Gesellschaft besitzen, scheint vielmehr umgekehrt proportional zu dem Grad an Universalität zu sein, den die hier ins Auge gefaßten Realitätsbereiche aufweisen.

---

470 Vgl. dazu S. 133 ff. des vorliegenden Buches, wo diese Hinweise näher dargestellt wurden.

471 Vgl. dazu S. 179 ff. des vorliegenden Buches.

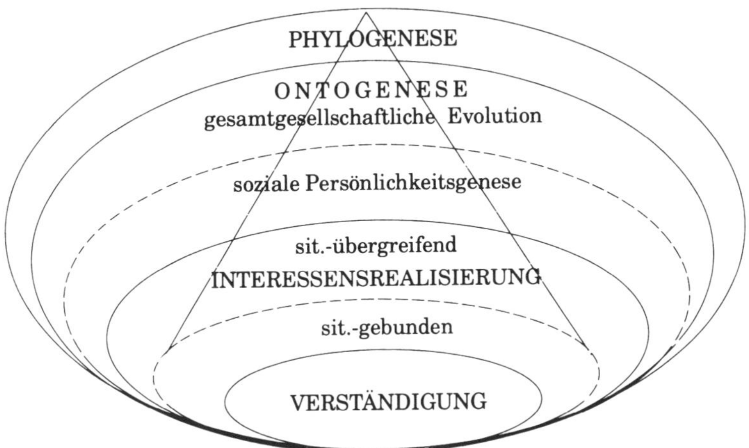

Abb. 41: Die Bedeutung der Kommunikation für den Menschen

Die Graphik will dies verdeutlichen. Sie zeigt die kommunikativ relevanten menschlichen Existenzdimensionen (Phylogenese und Ontogenese) bzw. Realitätsbereiche (Interessenrealisierung und Verständigung) nach dem Grad ihrer Universalität hierarchisch geordnet und symbolisiert durch den kegelförmigen Ausschnitt zugleich auch den Stellenwert, den Kommunikationsprozesse dabei jeweils einzunehmen scheinen. Es soll erkennbar werden, daß unmittelbare und mittelbare Funktionen nicht isoliert zu betrachten sind, sondern stets ineinander übergehen. M. a. W., real ablaufende Kommunikationsprozesse, die zunächst auf Verständigung und Interessenrealisierung hin ausgerichtet sind, beeinflussen auch die ontogenetische Existenzdimension des Menschen (d. h., sie sind für die jeweils individuelle Persönlichkeitsentwicklung sowie für die gesamtgesellschaftliche Evolution von Bedeutung) und tangieren damit letztlich auch die phylogenetische Weiterentwicklung der Gattung selbst.[472]

472 Wenn man mit Portmann davon ausgeht, daß der Mensch auch heute noch im Werden ist und wir daher keinen Grund haben, den jetzigen Zustand als das Ende der Evolution aufzufassen (1972, S. 128), dann muß man ontogenetische Entwicklungsprozesse stets auch in den Vorgang einer – somit nur scheinbar abgeschlossenen bzw. stillstehenden – phylogeneti-

Was nun das Ausmaß betrifft, in dem real ablaufende Kommunikationsprozesse die hier angeführten Realitäten (mit) konstituieren oder zumindest beeinflussen, so soll die Kegelform ausdrücken, daß der Anteil vorrangig kommunikativer Leistungen an der Existenz des jeweiligen Realitätsbereiches mit dessen Universalitätsgrad abzunehmen scheint. Lediglich „Verständigung" und „situationsgebundene Interessenrealisierung" können eigentlich als originär kommunikative Wirklichkeitsbereiche begriffen werden; bereits am Zustandekommen der „situationsübergreifenden Interessenrealisierung" sind auch noch andere Faktoren beteiligt, und dies gilt in zunehmendem Ausmaß für die „soziale Persönlichkeitsgenese", die „gesamtgesellschaftliche Evolution" sowie schließlich auch für die universalste menschliche Existenzdimension, die „Phylogenese" selbst.

Damit scheint insgesamt klargestellt, daß mit dem hier postulierten Stellenwert von Kommunikation keineswegs behauptet werden will, alle menschlichen Realitätsbereiche seien gleichermaßen auf kommunikative Vorgänge rückführbar bzw. reduzierbar. Im Gegenteil: Es wird davon ausgegangen, daß mit Kommunikation „nur" *ein einziger* Faktor menschlichen Lebens in den Mittelpunkt gerückt ist; ein Faktor allerdings, der dieses auf sehr tiefgreifende Weise bestimmt, da er für die zentralen menschlichen Existenzdimensionen und Realitätsbereiche von Bedeutung ist.

Siedelt man nun potentielle Kommunikationsprobleme überall dort an, wo die Funktionalität kommunikativer Prozesse in Frage zu stellen ist, so lassen die hier genannten Kommunikationsfunktionen zumindest drei voneinander unterscheidbare Problembereiche erkennen: den Bereich der Verständigung, der Interessenrealisierung und der (ontogenetischen[473]) Mensch-

schen Weiterentwicklung eingebettet sehen. Obwohl der Stellenwert von Humankommunikation bei diesem – sich über Jahrmillionen erstreckenden und daher auch nicht absehbaren – organischen Evolutionsprozeß hier nicht eingeschätzt werden kann, scheint dennoch außer Zweifel zu stehen, daß er viel geringer sein dürfte, als dies in grauer Vorzeit – beim Übergang vom Hominiden zum Homo sapiens – der Fall gewesen war (vgl. dazu Kap. 4.1. des vorliegenden Buches).

473 Der Stellenwert von Kommunikation im Horizont der phylogenetischen

werdung. M. a. W., mit *Kommunikationsproblemen* haben wir es immer dann zu tun, wenn

- Verständigung zwischen Kommunikationspartnern *nicht* zustande kommt,
- situationsgebundene und/oder situationsübergreifende Kommunikationsinteressen *nicht* realisiert werden können,
- Kommunikationsprozesse insgesamt *nicht* jene Leistungen für den Menschen bzw. für die Gesellschaft erbringen, die ihnen vom Standpunkt jeweils zugrundegelegter Vorstellungen von Mensch und Gesellschaft zugeschrieben werden.

Die nachstehende Abbildung versucht anhand der soeben diskutierten Bedeutung von Kommunikation sowohl die Bedingungen für ihr (jeweils funktionsadäquates) Zustandekommen als auch die „dahinterstehenden" (d. h. die zur Erklärung dieser Bedingungen zuständigen) wissenschaftlichen Theorieansätze stichwortartig in einem Gesamtkontext zu erfassen.

Menschwerdung bleibt ausgespart; zum einen, weil diese Dimension ja v. a. auf die stammesgeschichtlich rekonstruierbare Bedeutung kommunikativer Errungenschaften verweist, zum anderen, weil – wie soeben (vgl. Anmerkung 472) herausgestellt wurde – nicht eingeschätzt werden kann, ob und welche aktuell lösbaren Kommunikationsprobleme hier anzusiedeln sind.

FUNKTIONEN VON KOMMUNIKATION					BEDINGUNGEN VON KOMMUNIKATION Voraussetzungen der Funktionalität des Kommunikationsprozesses	(KOMMUNIKATIONS-) THEORETISCHE ANSÄTZE Erklärungen/Begründungen für die jeweils postulierte Funktionalität
unmittelbare Funktionen von Kommunikation (= Funktionen kommunikativen Handelns für die am Kommunikationsprozeß Beteiligten)	allgemeines/ konstantes Ziel kommunikativen Handelns	VERSTÄNDIGUNG			● störungsfreie Übertragung von Informationen ● wechselseitig idente Interpretation v. Symbolen u. Handlungen	● mathematische Kommunikationstheorie ● Symbolischer Interaktionismus(Sprechakttheorie)
					● wechselseitige Anerkennung kommunikativer Geltungsansprüche	● Universalpragmatik
	spezielle/ variable Ziele kommunikativen Handelns	INTERESSENSREALISIERUNG	situationsgebunden	Herstellen gewünschter Kommunikationssituationen	● partneradäquates Hervorbringen kommunikativer Handlungen	● Universalpragmatik/ Empirische Pragmatik
			situationsübergreifend	● Beeinflussung	● Überredungsstrategische Aufbereitung der Aussagen	● persuasiver Ansatz
				● Emanzipation	● Kommunikative Chancengleichheit aller Kommunikationspartner	● Kommunikationspädagogischer Ansatz/ Medienpädagogik
				● Kommunikationstherapie	● Verstehen d. Lebenswelt und Beherrschen der „Sprache“ d. Patienten	● Kommunikationstherapeutischer Ansatz
mittelbare Funktionen von Kommunikation (= Funktionen real stattfindender Kommunikationsprozesse für Mensch und Gesellschaft		Beitrag zur ● ONTOGENETISCHEN MENSCHWERDUNG (Soziale Persönlichkeitsgenese) ● GESAMTGESELLSCHAFTLICHEN EVOLUTION ● PHYLOGENETISCHEN MENSCHWERDUNG (Anthropogenese)			● jeweils funktionsadäquate Ausformung des Kommunikations- und/oder Massenkommunikationsprozesses ● ausgebildete Fähigkeit zu symbolischer Kommunikation	● Sozialisations- und/oder persönlichkeitstheoretische Ansätze ● Gesellschafts- bzw. medientheoretische Ansätze ● Anthropologische Theorien

Abb. 42: Funktionen von Kommunikation für den Menschen

7.2. Resümee: Zum Sinn des vorliegenden Orientierungsrahmens

Die Identität einer wissenschaftlichen Disziplin läßt sich von zwei Ausgangspositionen her betrachten und analytisch daher aus zwei Perspektiven diagnostizieren.

So kann man zum einen darangehen, durch begriffliche Explikation bestimmte Problem- bzw. Forschungsbereiche sachlogisch einzugrenzen und nach Entsprechungen in der jeweiligen Realität suchen. Der Weg führt hier von der Theorie zur Praxis. Die Praxis wird sozusagen theoretisch „durchleuchtet", und überall dort, wo sich entsprechende Umrisse festmachen lassen, wird die Zuständigkeit der eigenen Disziplin reklamiert. Ich möchte diese Perspektive als „normativ" bezeichnen, weil man hier mit relativ genauen Vorstellungen (klar definierten Begriffen) an die Realität herangeht und daraus wissenschaftliche Zuständigkeiten ableitet.

Man kann zum anderen aber auch einfach registrieren, mit welchen Aspekten der Realität sich die Disziplin (bislang) beschäftigt (hat), welche konkreten Phänomene sie zum Anlaß wissenschaftlicher Auseinandersetzung nimmt, welche Probleme sie herausgreift und welche Fragen sie üblicherweise stellt. In diesem Fall führt der Weg von der Praxis zur Theorie. Ich möchte diese Perspektive als „empirisch" bezeichnen, weil man hier von der realen Forschungspraxis ausgeht und sich sozusagen erst im nachhinein darum bemüht, diese Realität zu systematisieren bzw. definitorisch einzugrenzen.

Vermutlich handelt es sich bei diesen beiden Perspektiven jedoch ohnehin bloß um analytische Zergliederungen eines in Wirklichkeit ineinander verschränkt auftretenden Prozesses: Glaubt man Karl Popper, demzufolge bekanntlich am Beginn jeder wissenschaftlichen Erkenntnis ein Problem steht[474], dann ist mit der empirischen Perspektive gleichsam die Entstehungsphase einer Wissenschaft erfaßt. Man könnte vermuten,

474 Vgl. dazu S. 419 ff. des vorliegenden Buches, wo auf dieses Wissenschaftsverständnis näher eingegangen worden ist.

daß die normative Perspektive, eher in wissenschaftlichen „Besinnungspausen“ anzutreffen ist, d. h. wenn darüber reflektiert wird, was man eigentlich tut, wie das Ganze zusammenpaßt, ob die verschiedenen Aktivitäten nicht doch eine gemeinsame Basis haben oder sich in einen Gesamtzusammenhang fügen.

Solche Besinnungspausen – bisweilen verächtlich als „Nabelbespiegelungen“ (Baum/Hachmeister 1982, S. 205) bezeichnet – findet man auch in unserer Disziplin[475], und sie tragen alle ihren Teil zur Bildung eines wissenschaftlichen Selbstverständnisses bei. Nicht zuletzt sind sie ein Indikator für den Grad an Konsolidierung, den eine Disziplin erreicht hat: sie mag als hoch gelten, wenn sich ein Mainstream der Argumentation entdecken läßt, wenn die Diskussionen eine gemeinsame Tendenz erkennbar machen.

In der Publizistik- und Kommunikationswissenschaft findet man innerhalb der letzten Jahrzehnte immer wieder drei Argumentationsschwerpunkte, die eigentlich schon im Terminus „Publizistik“ enthalten sind, wenn man ihn mit „öffentliche Kommunikation“ gleichsetzt.

Bereits in der Einleitung wurde darauf hingewiesen, daß es erstens v. a. Probleme im Bereich der Massenkommunikation sind, die seit jeher als „Kerngebiet“ (Noelle-Neumann 1975) der Publizistikwissenschaft gelten (vgl. auch Ronneberger 1978, Saxer 1980). Nun ist aber (auch im vorliegenden Buch) mehrfach deutlich geworden, daß der Massenkommunikationsprozeß erst unter Rückgriff auf elementare Prinzipien der Humankommunikation hinreichend erfaßbar ist.

Daher wird zweitens auch die Auffassung vertreten, daß „die Kommunikationswissenschaft ihre Problemstellungen nicht auf die Massenkommunikation reduzieren (kann)“ (Rühl 1985, S. 242). So meint etwa Noelle-Neumann schon vor vielen Jahren: „Jeder Kommunikationsprozeß – ob öffentlich oder privat – folgt bestimmten Regeln, hat bestimmte Eigenschaften,

475 Vgl. dazu Anmerkung 4 / im Einleitungskapitel.

zum Beispiel muß in jedem Fall verschlüsselt und entschlüsselt werden. Alles, was öffentliche und nichtöffentliche Kommunikation gemeinsam haben, bis hin zu physiologischen Reaktionsweisen des Menschen auf Kommunikation, wird auch im Fach Publizistik bearbeitet. Es ist also unvermeidlich, daß es zwischen Publizistik und anderen Disziplinen Überschneidungen gibt“ (Noelle-Neumann 1975, hier: 1977, S. 248).

Zwar ist der Gedanke, Kommunikationswissenschaft als Primärwissenschaft für Humankommunikation zu reklamieren, nicht zuletzt angesichts der Komplexität und Ungleichartigkeit des Wissens über Mensch und Kommunikation inzwischen fallengelassen worden (Rühl 1985, S. 233), dennoch kann die Tatsache, daß die Kommunikationswissenschaft zumeist nicht nur auf ihr eigenes, sondern auch auf ein umfangreiches und spezialisiertes, von unterschiedlichen Humanwissenschaften hervorgebrachtes Wissen zurückgreifen muß (Rühl ebd., S. 231 f.), nicht geleugnet werden.[476] Damit ist der dritte Schwerpunkt wissenschaftlicher Identitätsdikussionen benannt: das Plädoyer für Interdisziplinarität – bisweilen auch als Multi- oder Transdisziplinarität (Rühl 1985, S. 234) anzutreffen.[477]

Das vorliegende Buch steht im Grunde ganz in dieser Tradition. Es erweitert die wissenschaftliche Optik, indem es den Blick über die Massenmedien hinaus auf den Kommunikationsprozeß insgesamt richtet und damit zugleich versucht, einen systematischen Zusammenhang zur Einordnung der diversen gegenstandsbezogenen Fragestellungen zu eröffnen. Genau zu

---

476 Sie läßt sich damit zum Teil sicher auch als Reaktion auf bereits herangereifte Wissenschaften begreifen, als eine jener „reaktiven Disziplinen“, die Wissenschaften nicht begründen, sondern „sich geben lassen“, d. h. auf bereits vorhandenen Erkenntnissen aufbauen und diese verarbeiten. – Der Terminus „reaktive Disziplin“ geht auf Habermas (1973a) zurück, der diesen Gedanken am Beispiel der philosophischen Anthropologie entwickelt.

477 Nebenbei: Schon die alte Zeitungswissenschaft wurde als „integrierende Wissenschaft“ (Roegele 1966) bezeichnet, die nach Schöllgen (1960) das Gesichtsfeld ihrer wissenschaftlichen Optik derart zu erweitern hätte, daß sie umfassende Zusammenhänge wahrnehmen und einheitlich-systematisch einordnen kann.

diesem Zweck sind letztendlich allgemeine Theorieperspektiven (Kap. 6.3.) und Ziele von Kommunikation (Kap. 6.4.) näher untersucht worden. Denn mit diesen verschiedenen Gesichtspunkten von Kommunikation, in denen durch begriffliche Explikation jeweils bestimmte Problemfelder von ihrer Sachlogik her in den Blick geraten, liegt ja nunmehr ein Bezugsrahmen (das zu Beginn dieses Buches eingeklagte wissenschaftliche „Formalobjekt") vor, innerhalb dessen die Publizistik- und Kommunikationswissenschaft ihr Selbstverständnis finden und sich auf ihre Kompetenzen besinnen kann.

Im Hinblick auf die vorhin getroffene Unterscheidung ist damit zwar wohl eher der normative Weg wissenschaftlicher Identitätsfindung (von der Theorie zur Praxis) beschritten worden, die Auswahl der Systematisierungsgesichtspunkte erfolgte jedoch in der Regel mit empirischem Bezug, d. h. durchaus mit Blick auf die reale Forschungspraxis. Deshalb müßte es möglich sein, wohl die meisten Themen und Fragestellungen, die Anlaß wissenschaftlicher Auseinandersetzung waren bzw. sind, auf ihre Problemstellung hin theoretisch zu verorten. Zugleich wird mit dieser Zuordnung aber auch der Stellenwert des jeweiligen Problems im Kontext des gesamten publizistik- und kommunikationswissenschaftlichen Objektbereiches deutlich, und es werden noch andere Problemdimensionen erkennbar. In diesem Sinn möge sich der hier vorgelegte Orientierungsrahmen bewähren.

LITERATUR

Abbott, Eric A. (1978): Effects of a Year-Long Newspaper Energy Series on Reader Knowledge and Action. Paper presented to the Association for Education in Journalism. Seattle, Washington

Abel, Elie (1972): Dialog Programm/Publikum. In: Höfer (Hrsg.) 1972, S. 10–13

Adorno, Theodor W. (1963): Eingriffe. Neun kritische Modelle. Frankfurt/Main: Suhrkamp (8. Aufl. 1974)

Adorno, Theodor W. (1963): Fernsehen als Ideologie. In: derselbe 1963, S. 81–98

Adorno, Theodor W. u. a. (1972): Der Positivismusstreit in der deutschen Soziologie. Darmstadt – Neuwied

Ailes, Roger (1989): You are the Message. New York

Albert, Hans (1973): Probleme der Wissenschaftslehre in der Sozialforschung. In: König 1973/Bd. 1, S. 57–102

Allport, Gordon W. (1937): Personality: A Psychological Interpretation. New York

Altmeppen, Klaus-Dieter (Hrsg.) (1996): Ökonomie der Medien und des Mediensystems. Grundlagen, Ergebnisse und Perspektiven medienölonomischer Forschung. Opladen. Westdeutscher Verlag

Anders, Günther (1956): Die Antiquiertheit des Menschen. Erster Band: Über die Seele im Zeitalter der zweiten industriellen Revolution. München: Beck

Anders, Günther (1956): Die Welt als Phantom und Matrize. Philosophische Betrachtungen über Rundfunk und Fernsehen. In: derselbe 1956, S. 97–211

Andison, Scott F. (1977): TV Violence and Viewer Aggression: A Cumulation of Study Results 1956–1976. In: POQ Vol. 41/3/1977, S. 34–331

Angermann, Erhard/Diem, Peter/Pürer (1990): Heinz, Publikumsforschung in Österreich. In: Pürer 1990(b) (Hrsg.) S. 522–541

Apel, Karl Otto (Hrsg.) (1976): Sprachpragmatik und Philosophie. Frankfurt/Main

Arbeitsgruppe Bielefelder Soziologen (Hrsg.) (1973): Alltagswissen, Interaktion und gesellschaftliche Wirklichkeit. Hamburg

Arndt, Adolf (1966): Die Rolle der Massenmedien in der Demokratie. In: Löffler (Hrsg.) 1966, S. 1–21

Arnim, Gabriele (1972): Einflußmöglichkeiten des Fernsehens auf das Wahlverhalten. In: RuF 3/1972/S. 272–286

Asch, Solomon E. (1973): Änderung und Verzerrung von Urteilen unter Gruppendruck. In: Irle 1973, S. 57–73

Aselmeier, Ulrich (1973): Biologische Anthropologie und Pädagogik. Weinheim – Basel

Atkin, C. K./Galloway, J./Nayman, O. B. (1976): News Media Exposure, Political Knowledge, and Campaign Interest. In: JQ Vol. 53/1976/S. 231–237

Attneave, Fred (1965): Informationstheorie in der Psychologie. Bern (orig.: New York 1959)

Auer, Sepp/Hueber, Peter/Kronberger, Hans (1980): Arbeiter machen Fernsehen. Graz

Aufermann, Jörg/Bohrmann, Hans/Sülzer, Rolf (Hrsg.) (1973): Gesellschaftliche Kommunikation und Information. Forschungsrichtungen und Problemstellungen. Ein Arbeitsbuch zur Massenkommunikation. 2 Bände. Frankfurt/Main

Austin, John Langshaw (1972): Zur Theorie der Sprechakte. Stuttgart. (orig.: Oxford 1962)

Auwärter, Manfred/Kirsch, Edith/Schröter, Manfred (Hrsg.) (1976): Seminar: Kommunikation, Interaktion, Identität. Frankfurt/Main

Avenarius, Horst (2000): Public Relations. Die Grundform der gesellschaftlichen Kommunikation. Darmstadt: Wiss. Buchgesellschaft 2000 (2. Aufl.)

Baacke, Dieter (1971): Kommunikation zwischen Zwang und Freiheit. Ansätze zu einer pädagogischen Kommunikationstheorie. In: Glaser (Hrsg.) 1971, S. 38–87

Baacke, Dieter (1973): Kommunikation und Kompetenz. Grundlegung einer Didaktik der Kommunikation und ihrer Medien. München

Baacke, Dieter (1992): Theorie der Medienpädagogik. In: Burkart/Hömberg 1992, S. 171–190

Baacke, Dieter/Lauffer, Jürgen (Hrsg.) (1988): Familien im Mediennetz. Schriftenreihe der Gesellschaft für Medienpädagogik und Kommunikationskultur in der Bundesrepublik e.V. Band 2. Opladen: Leske und Budrich 1988

Badura, Bernhard (1971): Sprachbarrieren. Zur Soziologie der Kommunikation. Stuttgart – Bad Cannstatt

Badura, Berhard (1992): Mathematische und soziologische Theorie der Kommunikation. In: Burkart/Hömberg (Hrsg.) 1992, S. 16–22

Badura, Bernhard/Gloy, Klaus (Hrsg.) (1972): Soziologie der Kommunikation. Eine Textauswahl zur Einführung. Stuttgart – Bad Cannstatt

Baerns, Barbara (1979): Öffentlichkeitsarbeit als Determinante journalistischer Informationsleistungen. In: P 3/1979/S. 301–316

Baerns, Barbara (1991): Öffentlichkeitsarbeit oder Journalismus? Zum Einfluß im Mediensystem. Köln: Berend von Nottbeck 1985, 2. Auflage 1991

Baerns, Barbara/Raupp, Juliana (Hrsg.) (2000): Information und Kommunikation in Europa. Forschung und Praxis. Transnational Communication in Europe. Practice and Research. Berlin: Vistas

Baerns, Barbara (Hrsg.) (1995): PR-Erfolgskontrolle. Messen und Bewerten in der Öffentlichkeitsarbeit. Verfahren, Strategien, Beispiele. Frankfurt am Main: IMK

Bandura, Albert (1979): Aggression. Eine sozial-lerntheoretische Analyse. Stuttgart

Bangemann, Martin et al. (1994): Europe and the global information society. Recommendations to the European Council. Brussels

Bangemann, Martin u. a. (1996): Europa und die globale Informationsgesellschaft. In: Bollmann (Hrsg.) 1996[2], S. 263–279
Barth, Bertram (1988): Fernsehnutzung und Realitätswahrnehmung: Zur Überprüfung der Kultivierungshypothese. In: RuF 1/1988/S. 67–79
Barth, Henrike/Donsbach, Wolfgang (1992): Aktivität und Passivität gegenüber Public Relations. Fallstudie am Beispiel von Pressekonferenzen zu Umweltthemen. In: P/2/1992/S. 151–165
Baudrillard, Jean (1978): Agonie des Realen. Berlin
Bauer, Raymond A. (1973): The Obstinate Audience: The Influence Process from the Point of View of Social Communication. In: American Psychologist Vol. 19/1964/S. 319–328. Gekürzte deutsche Version: Das widerspenstige Publikum. Der Einflußprozeß aus der Sicht sozialer Kommunikation. In: Prokop (Hrsg.) 1973, Bd. 2, S. 152–166
Bauer, Thomas A. (1979): Medienpädagogik. Einführung und Grundlegung. Band 1. Theorie – Diskussion: Der Kommunikationssinn. Graz: Böhlau
Bauer, Thomas A. (1979): Medienpädagogik. Einführung und Grundlegung. Band 2. Didaktische Modelle: Politik in Massenmedien. Wien: Böhlau
Bauer, Thomas A. (1980): Medienpädagogik. Einführung und Grundlegung. Bd. 3. Didaktische Modelle: Unterhaltung durch Massenmedien. Wien: Böhlau
Baum, Achim/Hachmeister, Lutz (1982): Zur Soziologie der Kommunikationswissenschaft. In: RuF 2/1982/S. 204–215
Baum, Achim / Schmidt, Siegfried J. (Hg.) (2002): Fakten und Fiktionen. Über den Umgang mit Medienwirklichkeiten. Schriftenreihe der Deutschen Gesellschaft für Publizistik- und Kommunikationswissenschaft, Band 29. Konstanz: UVK
Baum, Achim (1994): Journalistisches Handeln. Eine kommunikationstheoretische Kritik der Journalismusforschung. Opladen: Westdeutscher Verlag
Beaugrand, Günter (1971): Fernsehmord für Millionen. Brutalität auf dem Bildschirm als Massenkonsum. Hamm: Hoheneck-Verlag
Beck, Klaus (2000): Entgrenzung durch Computernetze? Medienintegration und Mediendifferenzierung an der Schwelle zum 21. Jahrhundert. In: Brosius (Hg.) 2000, S 173–186
Beck, Klaus/Glotz, Peter/Vogelsang, Gregor (2000): Die Zukunft des Internet. Internationale Delphi-Befragung zur Entwicklung der Online-Kommunikation. Reihe: Forschungsfeld Kommunikation, Bd. 11 (hrsg. v. Walter Hömberg, Heinz Pürer und Ulrich Saxer). Konstanz: UVK-Medien
Beck, Klaus/Vowe, Gerhard (1995): Multimedia aus der Sicht der Medien. Argumentationsmuster und Sichtweisen in der medialen Konstruktion. In: RuF 3/4/1995/S. 549–563
Beck, Ulrich (1986): Risikogesellschaft. Auf dem Weg in eine andere Moderne. Frankfurt am Main: Suhrkamp
Beck, Ulrich (1988): Gegengifte. Die organisierte Unverantwortlichkeit. Frankfurt am Main: Suhrkamp
Beißwenger, Michael (Hrsg.) (2001): Chat-Kommunikation. Sprache, Interaktion, Sozialität & Identität in synchroner computervermittelter Kommu-

nikation. Perspektiven auf ein interdisziplinäres Forschungsfeld. Stuttgart: ibidem

Bell, Daniel (1975): Die nachindustrielle Gesellschaft. Frankfurt: Campus

Bell, Daniel (1976): Welcome to the post-industrial society. In: Physics Today/February 1976/S. 46–49

Bentele, Günter (1985): Wissenskluft-Konzeption und Theorie der Massenkommunikation. In: Saxer (Hrsg.): 1985, S. 87–104

Bentele, Günter (1992): Symbolische Politik im Fernsehen: ein Analysemodell. In: Hess-Lüttich (Hrsg.): 1992, S. 215–232

Bentele, Günter/Ruoff, Robert (Hrsg.) (1982): Wie objektiv sind unsere Medien? Frankfurt am Main: Fischer

Bentele, Günter/Rühl, Manfred (Hrsg.) (1993): Theorien öffentlicher Kommunikation. Problemfelder, Positionen, Perspektiven. Berichtsband der Arbeitstagung der Deutschen Gesellschaft für Publizistik- und Kommunikationswissenschaft (DGPuK) vom 8.–10. Mai 1991 in Bamberg. München: Ölschläger

Bentele, Günter/Steinmann, Horst/Zerfaß, Ansgar (Hrsg.) (1996): Dialogorientierte Unternehmenskommunikation: Grundlagen – Praxiserfahrungen – Perspektiven. Berlin: Vistas

Bentele, Günter/Haller, Michael (Hg.) (1997): Aktuelle Entstehung von Öffentlichkeit: Akteure – Strukturen – Veränderungen. Schriftenreihe der Deutschen Gesellschaft für Publizistik- und Kommunikationswissenschaft; Band 24. Konstanz: UVK-Medien

Bentele, Günter/Liebert, Tobias/Seeling Stefan (1997): Von der Determination zur Intereffikation. Ein integriertes Modell zum Verhältnis von Public Relations und Journalismus. In: Bentele/Haller (Hrsg.) 1997, S. 225–250

Bentele, Günter (1999): Gegenstands- und Problembereiche, Systematiken, Theorien und Methoden unseres Fachs. In: Aviso (Infos aus der DGPuK) Nr. 24/April 1999, S. 4–8

Berelson, Bernard/Steiner, Gary A. (1969): Menschliches Verhalten. Grundlegende Ergebnisse empirischer Forschung. Band I: Forschungsmethoden/Individuelle Aspekte. Weinheim – Berlin – Basel

Berelson, Bernard/Steiner, Gary A. (1972): Menschliches Verhalten. Grundlegende Ergebnisse empirischer Forschung. Band II: Soziale Aspekte. Weinheim – Basel

Berger, Peter L./Luckmann, Thomas (1970): Die gesellschaftliche Konstruktion der Wirklichkeit. Eine Theorie der Wissenssoziologie. Frankfurt/Main.

Berghaus, Margot (1994): Multimedia-Zukunft. Herausforderung für die Medien- und Kommunikationswissenschaft. In: RuF 3/1994/S. 404–412

Berghaus, Margot (1994): Wohlgefallen am Fernsehen. Eine Theorie des Gefallens in Anlehnung an Immanuel Kant. In: P 2/1994/S. 141–159

Bergler, Reinhold/Six, Ulrike (1979): Psychologie des Fernsehens. Wirkungsmodelle und Wirkungseffekte unter besonderer Berücksichtigung der Wirkung auf Kinder und Jugendliche. Bern: Huber

Berkowitz, Leonard (1970): The Contagion of Violence: An S-R Mediational Analysis of Some Effects of Observed Aggression. In: Nebraska Symposion on Motivation. Vol. 18/1970/S. 95–135

Berkowitz, Leonard (ed.) (1975): Advances in experimental social psychology. New York

Bernsdorf, Wilhelm (Hrsg.) (1969[2]): Wörterbuch der Soziologie, Berlin

Bernstein, Basil (1967): Sprache und Lernen im Sozialprozeß. In: Flitner/Scheuer (Hrsg.) 1967, S. 53 ff.

Bernstein, Basil (1972): Studien zur sprachlichen Sozialisation. Düsseldorf (orig.: London 1971)

Bertalanffy, Ludwig von (1951): General Systems Theory. In: Human Biology Vol. 23/1951/S. 302–312

Bertalanffy, Ludwig von (1972): Vorläufer und Begründer der Systemtheorie. In: Kurzrock (Hrsg.) 1972, S. 17–28

Bethge, Herbert (1996): Der Grundversorgungsauftrag des öffentlich-rechtlichen Rundfunks in der dualen Rundfunkordnung. Eine verfassungsrechtliche Analyse. In: MP 2/96/S. 66–72

Bettinghaus, Erwin P. (1980): Persuasive Communication. (Third Edition) New York: Holt, Rinehart and Winston

Binkowsky, Johannes (1963): Die Wahrheit in den Massenmedien. In: P 2/1963, S. 67–74.

Biser, Eugen et al. (Hrsg.) (1986): Die Medien – das letzte Tabu der offenen Gesellschaft. Die Wirkungen der Medien auf Politik und Kultur. Mainz: v. Hase & Koehler

Bisky, Lothar (1976): Zur Kritik der bürgerlichen Massenkommunikationsforschung. Berlin(-Ost): VEB

Bismarck, Klaus von (1970): Die Nachricht und die Wirklichkeit. In: P 1970/4, S. 284–294.

Bledjian, Frank (1969): Ergebnisse und neuere theoretische Ansätze über die Wirkungen der Massenkommunikation auf die Einstellungen der Rezipienten. Nürnberg

Bledjian, Frank/Stosberg, Krista (1972): Analyse der Massenkommunikation: Wirkungen. Düsseldorf

Blumer, Herbert (1973): Der methodologische Standort des symbolischen Interaktionismus. In: Arbeitsgruppe Bielefelder Soziologen (Hrsg.) 1973, S. 80–146

Blumler, Jay G./Katz, Elihu (Eds.) (1974): The Uses of Mass Communications. Current Perspectives on Gratifications Research. Beverly Hills – London

Bobrowsky, Manfred/Duchkowitsch, Wolfgang/ Haas, Hannes (Hrsg.) (1987): Medien- und Kommunikationsgeschichte. Ein Textbuch zur Einführung. Studienbücher zur Publizistik- und Kommunikationswissenschaft (hrsg. v. W. R. Langenbucher): Bd. 6. Wien

Bobrowsky, Manfred/Langenbucher, Wolfgang R. (Hrsg.) (1987): Wege zur Kommunikationsgeschichte. Band 13 der Schriftenreihe der Deutschen Gesellschaft für Publizistik- und Kommunikationswissenschaft. München: Ölschläger

Bock, Irmgard (1978): Kommunikation und Erziehung: Grundzüge ihrer Beziehungen. Darmstadt

Böck, Margit (1998): Leseförderung als Kommunikationspolitik : zum Mediennutzungs- und Leseverhalten sowie zur Situation der Bibliotheken in Österreich. Wien: Österr. Kunst- u. Kulturverlag

Böckelmann, Frank (1975): Theorie der Massenkommunikation. Das System hergestellter Öffentlichkeit, Wirkungsforschung und gesellschaftliche Kommunikationsverhältnisse. Frankfurt/Main

Böckelmann, Frank/Mahle, Walter A. (2000): Die politische und kulturelle Orientierung des Individuums als Nutzer in der Angebotsflut der Informationsgesellschaft. In: Mahle 2000, S. 25–29

Boeckmann, Klaus (1991): Wirklichkeitsverlust durch Medien? In: Klagenfurter Projektgruppe Medienerziehung (Hrsg.): 1991, S. 102–108

Boeckmann, Klaus (1994): Unser Weltbild aus Zeichen. Zur Theorie der Kommunikationsmedien. Wien: Braumüller.

Boeckmann, Klaus/Hipfl, Brigitte (1989): Fernsehen. Sucht oder Bereicherung? Untersuchungen zum kindlichen Fernsehverhalten im Kabelzeitalter. Unter Mitarbeit von Günther Stotz und Hannes Stückler. Wien: Braumüller

Boeckmann, Klaus/Hipfl, Brigitte/Stückler, Hannes (1990): Werden Kinder durch vermehrtes Programmangebot zu mehr Fernsehen verleitet? Ergebnisse einer Untersuchung zum Kabelfernsehen in Klagenfurt. In: P 2/1990/S. 190–199

Bogart, Leo (1974): Vorsicht: Es gibt Untersuchungen, die den Einfluß von Gewaltdarstellungen im Fernsehen verharmlosen. In: RuF 1/1974, S. 3–36

Bollmann, Stefan (1996²) (Hrsg.): Kursbuch Neue Medien. Trends in Wirtschaft und Politik, Wissenschaft und Kultur. Mannheim: Bollmann

Bonfadelli, Heinz (1981): Die Sozialisationsperspektive in der Massenkommunikationsforschung. Neue Ansätze, Methoden und Resultate zur Stellung der Massenmedien im Leben der Kinder u. Jugendlichen. Berlin: Volker Spiess

Bonfadelli, Heinz (1983): Der Einfluß des Fernsehens auf die Konstruktion der sozialen Realität: Befunde aus der Schweiz zur Kultivierungshypothese. In: RuF 3–4/1983/S. 415–430. Wiederabgedruckt in: Burkart 1992(a): S. 154–169

Bonfadelli, Heinz (1985): Die Wissenskluft-Konzeption: Stand und Perspektive der Forschung. In: Saxer (Hrsg.) 1985, S. 65–86

Bonfadelli, Heinz (1987): Die Wissenskluftforschung. In: Schenk 1987, S. 305–323

Bonfadelli, Heinz (1994): Die Wissenskluft-Perspektive. Massenmedien und gesellschaftliche Information. Konstanz: UVK-Medien/Ölschläger

Bonfadelli, Heinz / Rathgeb, Jürg (Hrsg.) (1997): Publizistikwissenschaftliche Basistheorien und ihre Praxistauglichkeit. Zürcher Kolloquium zur Publizistikwissenschaft. Dokumentation. Reihe: Diskussionspunkt Band 33 (Seminar für Publizistikwissenschaft der Universität Zürich). Zürich

Bonfadelli, Heinz (1999): Medienwirkungsforschung I. Grundlagen und theoretische Perspektiven. Konstanz: UVK

Bonfadelli, Heinz (2000): Medienwirkungsforschung II. Anwendungen in Politik, Wirtschaft und Kultur. Konstanz: UVK

Boorstin, Daniel J. (1964): The Image: A Guide to Pseudo-Events in America. New York 1961. Deutsche Ausgabe: Das Image. Der Amerikanische Traum. Reinbek bei Hamburg: Rowohlt (Neuausgabe: 1987).

Booz/Allen & Hamilton (Hrsg.): Zukunft Multimedia. Grundlagen, Märkte und Perspektiven in Deutschland. Frankfurt am Main: IMK 1995

Bork, Siegfried (1970): Mißbrauch der Sprache. Tendenzen nationalsozialistischer Sprachregelung. Bern – München

Börnsen, Gert (1979): Verführt und vermarktet. Die Droge Fernsehen als Gefahr für Kinder und Familien. In: Die Feder 11/1979/S. 1–4

Bosshart, Louis / Hoffmann-Riem, Wolfgang (Hrsg.) (1994: Medienlust und Mediennutz. Unterhaltung als öffentliche Kommunikation. Bd. 20 der Schriftenreihe der Deutschen Gesellschaft für Publizistik- und Kommunikationswissenschaft. München: Ölschläger

Bostian, Lloyd R. (1970): The Two-Step Flow Theory: Cross Cultural Implications. In: JQ Vol. 47/1970, S. 109–117

Bouissac, Paul (1993): Semiotisches Wettrüsten: Zur Evolution artübergreifender Kommunikation. In: Zeitschrift für Semiotik (Themenheft: Kommunikation zwischen Mensch und Tier): Heft 1–2/1993/S. 3–21

Boventer, Hermann (1992): Der Journalist in Platons Höhle. Zur Kritik des Konstruktivismus. In: Communicatio Socialis 2/1992/S. 157–167

Boventer, Hermann (1993): Sind Journalisten die Vierte Gewalt? Demokratie und Medien. In: Boventer (Hrsg.) 1993, S. 127–143

Boventer, Hermann (Hrsg.) (1993): Medien und Demokratie. Nähe und Distanz zur Politik. Reihe: Journalismus, Band 34 (neue Folge) der Stiftervereinigung der Presse (Hrsg.: Franz Ronneberger und Claudia Mast). Konstanz: Univ. Verlag

Braddock, Richard (1958): An Extension of the Lasswell-Formula. In: Journal of Communication Vol. 8/1958/S. 88–93

Braun, Gabriele (1990): Massenmedien und Gesellschaft. Eine Untersuchung über die institutionelle Ordnung eines Kommunikationsprozesses freier Meinungsbildung. Tübingen: Mohr

Brecht, Bert (1932/1968): Der Rundfunk als Kommunikatonsapparat. In: derselbe, Gesammelte Werke, Bd. 18. Frankfurt/Main 1968, S. 127–134

Bresch, Carsten (1977): Zwischenstufe Leben. Evolution ohne Ziel. München

Bretschneider, Rudolf (1989): Der Markt der Zukunft. In: Anzeiger d. Österreichischen Buchhandels Nr. 11/12, Anfang Juni 1989, S. 136 ff.

Brosius, Hans-Bernd (1991): Schema-Theorie – ein brauchbarer Ansatz in der Wirkungsforschung? In: P 3/1991/ S. 285–297

Brosius, Hans-Bernd/Staab, Joachim Friedrich (1989): Messung und Wahrnehmung politischer Tendenzen in der Berichterstattung der Massenmedien. In: P 1/1989/S. 46–61

Brosius, Hans-Bernd/Staab, Joachim Friedrich/Gassner, Hans-Peter (1991): Stimulusrezeption und Stimulusmessung. Zur dynamisch-transaktionalen Rekonstruktion wertender Sach- und Personendarstellungen in der Presse. In: Früh 1991, S. 215–235

Brosius, Hans-Bernd (1994): Agenda-Setting nach einem Vierteljahrhundert Forschung: Methodischer und theoretischer Stillstand? In: P 3/1994/ S. 269–288

Brosius, Hans-Bernd (Hrsg.) (2000): Kommunikation über Grenzen und Kulturen. Berichtsband der Jahrestagung der Deutschen Gesellschaft für Publizistik- und Kommunikationswissenschaft (DGPuK) vom Mai 1999 in Utrecht. Konstanz: UVK-Medien

Brosius, Hans-Bernd/Esser, Frank (1998): Mythen in der Wirkungsforschung: Auf der Suche nach dem Stimulus-Response-Modell. In: P 4/1998, S. 341–361

Brosius, Hans-Bernd (2000): Zum Fachverständnis der Kommunikationswissenschaft in Deutschland. In: Medien-Journal 2/2000, S 8–9

Brugger, Walter (1976): Theorie. In: derselbe, Philosophisches Wörterbuch. Freiburg, Basel, Wien 1976, S. 402

Bruns, Thomas/Marcinkowski, Frank (1996): Konvergenz Revisited. Neue Befunde zu einer älteren Diskussion. In: RuF 4/1996/S. 461–478

Buddemeier, Heinz (1975): Die Medienphilosophie McLuhans. Voraussetzungen und Folgen. In: RuF 1–2/1975/ S. 3–20

Buddemeier, Heinz (1987): Illusion und Manipulation: Die Wirkung von Film und Fernsehen auf Individuum und Gesellschaft. Stuttgart: Urachhaus

Bühl, Achim (2000²): Die virtuelle Gesellschaft des 21. Jahrhunderts. Sozialer Wandel im digitalen Zeitalter. Wiesbaden: Westdeutscher Verlag

Bühler, Karl (1934): Sprachtheorie. Die Darstellungsfunktion der Sprache. Jena

Buhr, Manfred/Schuffenhauer, Werner (1972): Materialismus. In: Klaus/Buhr (Hrsg.) 1972, S. 678–684

Bumann, Waltraud (1967): Sprachphilosophie. In: Diemer/Frenzel (Hrsg.) 1967, S. 307–327

Burdach, Konrad (1987): „Violence Profile" und Kultivierungsanalyse: die Vielseherforschung George Gerbners. In: Schenk 1987, S. 344–365

Burghardt, Anton (1972): Einführung in die allgemeine Soziologie. München

Burgoon Michael (ed.) (1982): Communication Yearbook. Vol. 6. Bevery Hills

Burkart, Roland/Gottschlich, Maximilian/Semrau, Eugen/Vogt, Ulrich (1978): Lokale Kommunikation als Bedarfsdeckung. Überlegungen zu einer möglichen Forschungsstrategie an einem österreichischen Beispiel. In: RuF 3/1978, S. 278–294

Burkart, Roland (1979a): Alternative Publikumsforschung: Der Versuch eines kommunikationstheoretisch begründeten Neuansatzes. In: Institut für Publizistik- und Kommunikationswissenschaft der Universtitäten Wien und Salzburg (Hrsg.) 1979, S. 87–103

Burkart, Roland (1979b): Für eine Verdeutlichung der Grundsätze in der Sachpolitik. In: Österreichische Monatshefte 10/1979, S. 14–17

Burkart, Roland (1980): Die individuelle Nutzung von politischen TV-Magazinen. Bd. 3 der ORF-Berichte zur Medienforschung. Wien

Burkart, Roland/Semrau, Eugen (1980): Kommunikationsverhalten, Fernsehforschung und soziale Wirklichkeit. Ein alternativer Ansatz für Publikumsforschung. In: Heintel (Hrsg.) 1980, S. 43–68

Burkart, Roland (1983a): Politikerdiskussionen im Fernsehen. Eine Rezeptionsanalyse der TV-Diskussion zwischen Bruno Kreisky und Alois Mock aus Anlaß der Nationalratswahlen 1983. Beiträge zur Kommunikationswissenschaft (Hrsg. Roland Burkart/Alois Soritsch), Band 1. Wien: Literas

Burkart, Roland (1983b): Kommunikationswissenschaft – Gedanken zur Identitätsfindung eines Faches. In: Medien-Journal 2/1983/S. 31–34

Burkart, Roland (1985): Medienereignis „TV-Duell": Die Entlarvung eines Mythos. In: Plasser/Ulram/Welan (Hrsg.): Demokratierituale. Wien: Böhlau 1985, S. 75–92

Burkart, Roland/Fritz, Angela (1988): Informationsvermittlung im Wahlkampf. Das Kommunikationsverhalten der Österreicher im Nationalratswahlkampf 1986 am Beispiel der grün-alternativen Bewegung. Unter Mitarbeit von Andreas Eisl. Beiträge zur Kommunikationswissenschaft (Hrsg. Roland Burkart/Alois Soritsch) Band 7. Wien: Literas

Burkart, Roland/Probst, Sabine (1991): Verständigungsorientierte Öffentlichkeitsarbeit: eine kommunikationstheoretisch begründete Perspektive. In: P 1/1991/S. 56–76

Burkart, Roland (Hrsg.) (1992): Wirkungen der Massenkommunikation. Theoretische Ansätze und empirische Ergebnisse. Studienbücher zur Publizistik- und Kommunikationswissenschaft (Hrsg. W. R. Langenbucher), Band 5. Wien: Braumüller (3. Aufl.)

Burkart, Roland/Hömberg, Walter (Hrsg.) (1992): Kommunikationstheorien. Ein Textbuch zur Einführung. Studienbücher zur Publizistik- und Kommunikationswissenschaft (hrsg. v. W. R. Langenbucher): Bd. 8. Wien: Braumüller (2. Aufl. 1995)

Burkart, Roland/Lang, Alfred (1992): Die Theorie des kommunikativen Handelns von Jürgen Habermas – eine kommentierte Textcollage. In: Burkart/Hömberg 1992, S. 40–68

Burkart, Roland (1993a): Public Relations als Konfliktmanagement. Ein Konzept für verständigungsorientierte Öffentlichkeitsarbeit. Untersucht am Beispiel der Planung von Sonderabfalldeponien in Niederösterreich. Wien: Braumüller

Burkart, Roland (1993b): Verständigungsorientierte Öffentlichkeitsarbeit – Ein Transformationsversuch der Theorie des kommunikativen Handelns. In: Bentele/Rühl (Hrsg.) 1993, S. 218–227

Burkart, Roland (1994): Consensus oriented Public Relations as a solution to landfill conflict. In: Waste Management & Research Vol. 12/1994/pp. 223–232

Burkart, Roland (1996): Verständigungsorientierte Öffentlichkeitsarbeit. Der Dialog als PR-Konzeption. In: Bentele/Steinmann/Zerfaß (Hrsg.) 1996, S. 245–270

Burkart, Roland (1997): Verständigungsorientierte Public Relations-Kampagnen. Eine kommunikationswissenschaftlich fundierte Strategie für Kampagnenarbeit. In: Röttger (Hrsg.) 1997, S. 285–300

Burkart, Roland (1997a): Publizistikwissenschaftliche Basistheorien: Eine Annäherung aus drei Perspektiven. In: Bonfadelli / Rathgeb (Hrsg.) 1997, S. 51–66

Burkart, Roland/Hömberg, Walter (1998): Elektronisch mediatisierte Gemeinschaftskommunikation. Eine Herausforderung für die kommunikationswissenschaftliche Modellbildung. In: Pfammatter (Hrsg.) 1998, S. 19–36. Überarbeitete und gekürzte Fassung unseres Aufsatzes aus der Festschrift für Gerhard Maletzke: Fünfgeld/Mast (Hrsg.) 1997, S. 71–88

Burkart, Roland (1998): Von verständigungsorientierter Öffentlichkeitsarbeit zum diskursiven Journalismus. In: Duchkowitsch / Hausjell / Hömberg / Kutsch / Neverla (Hrsg.) 1998, S. 163–172

Burkart, Roland (1999): Was ist eigentlich ein Medium? Überlegungen zu einem kommunikationswissenschaftlichen Medienbegriff angesichts der Konvergenzdebatte. Anmerkungen zu den Beiträgen von Werner A. Meier und Joachim R. Höflich. In: Latzer/Maier-Rabler/Siegert/Steinmaurer (Hrsg.) 1999, S. 61–71

Burkart, Roland (2000): Online-Dialoge: eine neue Qualität für Konflikt-PR? In: Baerns/Raupp (Hrsg.) 2000, S. 222–230

Buss, Michael (1985): Die Vielseher. Fernseh-Zuschauerforschung in Deutschland. Theorie-Praxis-Ergebnisse. Schriftenreihe Media Perspektiven, Bd. 4. Frankfurt am Main: Metzner

Campbell, Bernard G. (1972): Entwicklung zum Menschen. Stuttgart

Cantril, Hadley (1973): Die Invasion vom Mars. In: Prokop 1973, S. 198–212

Cardwell, Jerry (1976): Sozialpsychologie. Ein Studienbuch zur Sozialisation durch symbolische Interaktion. Freiburg im Breisgau

Casty, Alan (1968): Mass Media and Mass Man. New York/Chicago/San Francisco: Holt, Rinehart and Winston

Catton, William Robert jr. (1973): Massenmedien als Ursache von Wirkungen: Bericht über den Stand der Forschung. In: Aufermann et al. (Hrsg.) 1973, S. 64–82

Childs, Harwood L. (1965): Public Opinion: Nature, Formation, and Role. Princeton

Claessens, Dieter (1962): Familie und Wertsystem. Berlin

Clark, Ruth Anne (1984): Persuasive Messages. New York: Harper & Row

Clarke, Peter/Kline, Gerald F. (1974): Medienwirkungen neu überdacht: Einige Strategien zur Kommunikationsforschung. In: RuF 1/1974, S. 37–52

Clausse, Roger (1962): Publikum und Information. Entwurf einer ereignisbezogenen Soziologie des Nachrichtenwesens. Köln

Cohen, Arthur R. (1964): Attitude Change and Social Influence. New York

Cohen, Bernard C. (1963): The Press and Foreign Policy. Princeton

Cramond, J. (1979): Auswirkungen des Fernsehens auf das Alltagsleben der Kinder. In: Sturm/Brown (Hrsg.) 1979, S. 287–305

Cranach, Mario von (1975): Die nichtverbale Kommunikation im Kontext des kommunikativen Verhaltens. In: Moscovici (Hrsg.) 1975, S. 307–343

Cutlip, Scott M./Center, Allen H. (1978): Effective Public Relations. Englewood Cliffs/New York: Prentice Hall 1978

Dahm, Hermann/Rössler, Patrick/Schenk, Michael (1998): Vom Zuschauer zum Anwender. Akzeptanz und Folgen digitaler Fernsehdienste. Münster: Lit

Dahrendorf, Ralf (1974[3]): Pfade aus Utopia. Zur Theorie und Methode der Soziologie. München

Dahrendorf, Ralf (1974): Homo soziologicus: Versuch zur Geschichte, Bedeutung und Kritik der Kategorie der sozialen Rolle. In: derselbe 1974, S. 128–194

Dallmayr, Winfried (Hrsg.) (1974): Materialien zu Habermas' „Erkenntnis und Interesse". Frankfurt/Main

Darlington, Cyril D. (1971): Die Entwicklung des Menschen und der Gesellschaft. Düsseldorf – Wien

Darschin, Wolfgang (1987): Publikumssuche. Über „Ansichten des Menschen als Medienbenutzer". In: epd/Kirche und Rundfunk Nr. 90/91 v. 21. 11. 1987, S. 6–9

Davison, Phillips W./George, Alexander L. (1952): An Outline for the Study of International Political Communications. In: POQ Vol. 16/1952/ S. 501–511

Davison, W. Phillip (1959): On the Effects of Communication. In: POQ Vol. 23/1959/S. 343–360

De Fleur, Melvin (1966): Theories of Mass Communication. New York

Dernbach, Beatrice / Rühl, Manfred / Theis-Berglmair, Anna Maria (Hrsg.) (1998): Publizistik im vernetzten Zeitalter. Berufe – Formen – Strukturen. Opladen / Wiesbaden: Westdeutscher Verlag

Deisenberg, Anna Maria (1986): Die Schweigespirale. Die Rezeption des Modells im In- und Ausland. Mit einem Nachwort von Elisabeth Noelle-Neumann. München: Minerva

Deutsch, Karl W. (1952): On Communication Models in the Social Sciences. In: POQ Vol. 16/1952, S. 356–380

Deutsch, Martin (1972): Die Rolle der sozialen Schicht in Sprachentwicklun und Kognition. In: Klein/Wunderlich (Hrsg.) 1972, S. 36–52

Deutsche Gesellschaft für Publizistik- und Kommunikationswissenschaft (DGPuK) (2001): Die Mediengesellschaft und ihre Wissenschaft. Herausforderungen für die Kommunikations- und Medienwissenschaft als akademische Disziplin. – Selbstverständnispapier. Erarbeitet unter der Leitung von Anna M. Theis-Berglmair und Günter Bentele. München. Online unter: http://www.dgpuk.de

Deutsches Institut für Fernstudien an der Universität Tübingen (Hrsg.) (1990): Medien und Kommunikation, Konstruktionen von Wirklichkeit. Einführungsbrief und Studienbriefe 1–12. Weinheim und Basel: Beltz 1990/91

Deutsche Lesegesellschaft (Hrsg.) (1978): Buch und Lesen. Bertelsmanntexte, Bd. 7, Gütersloh

Dexter, Lewis Anthony/White, David Manning (Eds.) (1964): People, Society and Mass Communications. New York

Diem, Peter (1993): Die Praxis der ORF-Medienforschung. In: MP 9/1993/ S. 417–431

Diemer, Alwin/Frenzel, Ivo (Hrsg.) (1967): Philosophie. Frankfurt/Main

Dienelt, Karl (1970): Pädagogische Anthropologie. Wien

Diener, E./DeFour, D. (1978): Does television violence enhance programme popularity? In: Journal of Personality and Social Psychology Vol. 36/1978

Dittmar, Norbert/Klein, Wolfgang (1972): Die Codetheorie Basil Bernsteins. In: Klein/Wunderlich (Hrsg.) 1972, S. 15–35

Dittmers, Manfred (1990): Medienökonomische Aspekte des Wettbewerbs im dualen Rundfunksystem. In: Media Perspektiven 6/1990/S 390–403

Doelker, Christian (1979): „Wirklichkeit“ in den Medien. Zug

Doelker, Christian (1989): Kulturtechnik Fernsehen. Analyse eines Mediums. Stuttgart: Klett-Cotta

Domsich, Johannes (1991): Visualisierung – Ein kulturelles Defizit? Der Konflikt von Sprache, Schrift und Bild. Wien: Böhlau

Döhn, Lothar (1979): Manipulation. In: Döhn/Klöckner (Hrsg.) 1979, S. 135 f.

Döhn, Lothar (1979): Massenmedien. In: Döhn/Klöckner (Hrsg.) 1979, S. 14 f.

Döhn, Lothar (1979): Sprache. In: Döhn/Klöckner (Hrsg.) 1979, S. 206 f.

Döhn, Lothar/Klöckner, Klaus (Hrsg.) (1979): Medienlexikon, Kommunikation in Staat und Gesellschaft, Baden-Baden

Donohue, George A./Tichenor, Phillip J./Olien, Clarice N. (1973): Mass Media Functions, Knowledge and Social Control. In: Journalism Quarterly (JQ): Vol. 50/4/1973/S. 652–659

Donsbach, Wolfgang (1987): Die Theorie der Schweigespirale. In: Schenk 1987, S. 324–343

Donsbach, Wolfgang (1989): Selektive Zuwendung zu Medieninhalten. Einflußfaktoren auf die Auswahlentscheidungen der Rezipienten. In: Kaase/Schulz (Hrsg.) 1989, S. 392–404

Donsbach, Wolfgang (1990): Objektivitätsmaße in der Publizistikwissenschaft. In: P 1/1990/S. 18–29

Donsbach, Wolfgang (1991): Medienwirkung trotz Selektion. Einflußfaktoren auf die Zuwendung zu Zeitungsinhalten. Köln: Böhlau

Doob, A. N./McDonald, G. E. (1979): Television Viewing and Fear of Victimization: Is the Relationship Causal? In: Journal of Personality and Social Psychology 2/1979/S. 170–179

Dorer, Johanna/Lojka, Klaus (Hrsg.) (1991): Öffentlichkeitsarbeit. Theoretische Ansätze, empirische Befunde und Berufspraxis der Public Relations. Studienbücher zur Publizistik- und Kommunikationswissenschaft (Hrsg. W. R. Langenbucher), Band 7. Wien: Braumüller

Dorsch-Jungsberger, Petra E. (1982): Verlautbarungsjournalismus – eine notwendige Medienfunktion. In: P 4/1982/S. 530–540. Wiederabgedruckt in: Dorer/Lojka (Hrsg.) 1991, S. 50–59

Dostal, Werner (1998): Multimedia: Entwicklung der Kommunikationsberufe und ihrer Märkte. In: Dernbach/Rühl/Theis-Berglmair (Hrsg.) 1998, S. 43–51

Drabczynski, Michael (1982): Motivationale Ansätze in der Kommunikationswissenschaft. Theorien, Methoden, Ergebnisse. Berlin: Volker Spieß

Dreitzel, Hans Peter (1980): Die gesellschaftlichen Leiden und das Leiden an der Gesellschaft – Vorstudien zu einer Pathologie des Rollenverhaltens. Stuttgart

Dress, A. et al. (Hrsg.) (1986): Selbstorganisation. Die Entstehung von Ordnung in Natur und Gesellschaft. München: Piper

Dröge, Franz (1972): Wissen ohne Bewußtsein – Materialien zur Medienanalyse. Frankfurt/Main

Dröge, Franz/Lerg, Winfried B. (1965): Kritik der Kommunikationswissenschaft. In: P 3/1965, S. 251–284

Duchkowitsch, Wolfgang (Hrsg.) (1985): Mediengeschichte. Forschung und Praxis. Festgabe für Marianne Lunzer-Lindhausen zum 65. Geburtstag. Wien: Böhlau

Duchkowitsch, Wolfgang/Hausjell, Fritz/Hömberg, Walter/Kutsch, Arnulf/Neverla, Irene (Hrsg.) (1998): Journalismus als Kultur. Analysen und Essays. Festschrift für Wolfgang R. Langenbucher zum 60. Geburtstag. Opladen/Wiesbaden: Westdeutscher Verlag

Duden-Lexikon (1972): Herausgegeben und bearbeitet von der Lexikonredaktion des bibliographischern Instituts. 3. Bd. Mannheim

Dünser, Felix (1980): Demokratie und Medienvielfalt. Medienpolitik in Österreich am Beispiel staatlicher Presseförderung. Phil. Diss. Wien

Edelman, Murray (1971): Politics as Symbolic Action: Mass Arousal and Quiescence. New York: Academy Press

Edelman, Murray (1976): Politik als Ritual. Die symbolische Funktion staatlicher Institutionen und politischen Handelns. Frankfurt/New York: Campus

Edelstein, Alex (1983): Agenda-Setting – Was ist zuerst? Menschen oder Medien? In: MP 7/1983/S. 469–474

Ehlers, Renate (1983): Themenstrukturierung durch Massenmedien. Zum Stand der empirischen Agenda-Setting-Forschung. In: P 2/1983/S. 167–186. Wiederabgedruckt in: Burkart (Hrsg.): 1992, S. 106–126

Eichhorn, Wolfgang P. (1972): Gesellschaft. In: Klaus/Buhr (Hrsg.) 1972, S. 418–422

Eimeren, Birgit van/Gerhard, Heinz/Frees, Beate (2001): ARD/ZDF-Online-Studie 2001: Internetnutzung stark zweckgebunden. Entwicklung der Onlinemedien in Deutschland. In: Media Perspektiven 8/2001, S. 382–397

Einführung in die Kommunikationswissenschaft (1976): herausgegeben von der Projektgruppe am Institut für Kommunikationswissenschaft der Universität München. München

Eisenstein, Cornelia (1994): Meinungsbildung in der Mediengesellschaft. Eine Analyse zum Multi-Step Flow of Communication. Opladen: Westdeutscher Verlag

Elliot, Philip (1974): Uses and Gratifications Research: a critique and a sociological alternative. In: Blumler/Katz (Eds.) 1974, S. 249–268

Ellwein, Thomas (Hrsg.) (1980): Politikfeld-Analysen. Opladen

Emmerich, Andreas (1984): Nachrichtenfaktoren: Die Bausteine der Sensationen. Eine empirische Studie zur Theorie der Nachrichtenauswahl in den Rundfunk- und Zeitungsredaktionen. Saarbrücken

Enzensberger, Hans Magnus (1970): Baukasten zu einer Theorie der Medien. In: Kursbuch 20. Frankfurt/Main 1970, S. 159–186

Enzensberger, Hans Magnus (1988): Mittelmaß und Wahn. Gesammelte Zerstreuungen. Darin insb.: Das Nullmedium oder Warum alle Klagen über das Fernsehen gegenstandslos sind (S. 98–103): sowie: Lob des Analphabetentums (S. 61–73). Frankfurt/Main: Suhrkamp 1988

Escher, Ronald (1978): Familiensozialisation durch Fernsehwerbung. Phil. Diss. Salzburg. Vgl. auch eine Kurzdarstellung. In: Information und Meinung 3/1978, S. 13

Ettema, James S./Brown, James W./Luepker, Russell V. (1983): Knowledge Gap Effects in a Health Informations Campaign. In: POQ Vol. 47/1983/ S. 516–527

Ettema, James S./Kline, Gerald (1977): Deficits, Differences, and Ceilings. Contingent Conditions for Understanding the Knowledge Gap. In: Communications Research (CR) 4/1977/ S. 179–201

Eurich, Claus (1976): Politische Meinungsführer. Theoretische Konzeptionen und empirische Analysen der Bedingungen persönlicher Einflußnahme im Kommunikationsprozeß. München

Eurich, Claus (1977): Kritik der empirischen Kommunikationsforschung. In: RuF 4/1977/S. 341–354

Eurich, Claus (1981): Feedback, In: Koszyk/Pruys 1981, S. 5–57

Fabris, Hans Heinz (1974): Der Politiker als Kommunikator. In: Langenbucher (Hrsg.) 1974, S. 110–131

Fabris, Hans Heinz (1979): Journalismus und bürgernahe Medienarbeit. Formen und Bedingungen der Teilhabe an gesellschaftlicher Kommunikation. Salzburg: Neugebauer

Fabris, Hans Heinz (1981): Objektivität und Parteilichkeit in den Sozialwissenschaften und im Journalismus. In: P 1/1981/S. 16–24

Fabris, Hans Heinz (1985): Der Mythos der Massenkommunikation oder das Dilemma der Kommunikationswissenschaft. Plädoyer für die Entwicklung der Medien- zur allgemeinen Kommunikationswissenschaft. In: Österreichisches Jahrbuch für Kommunikationswissenschaft 1985, S. 125–137

Fabris, Hans Heinz/Luger, Kurt (1982): Politiker Images: Auch Stars sind sterblich. Ergebnisse inhaltanalytischer Untersuchungen der Politikerberichterstattung österreichischer Massenmedien. In: Journal für Sozialforschung 4/1982, S. 447–461

Fahrenbach, Helmut (Hrsg.) (1973): Wirklichkeit und Reflexion. Festschrift für Walter Schulz zum 60. Geburtstag. Pfullingen

Faris, R. E. (Ed.) (1964): Handbook of Modern Sociology. Chicago

Faulstich, Werner (1992): Öffentlichkeitsarbeit. Grundwissen: kritische Einführung in Problemfelder. Bardowick: Wissenschaftler-Verlag

Faulstich, Werner (1991): Medientheorien. Einführung und Überblick. Göttingen: Vanderhoeck und Ruprecht.
Faulstich, Werner (1998): Medium. In: Faulstich (Hrsg.) 1998, S. 21–105
Faulstich, Werner (Hrsg.) (1998³): Grundwissen Medien. München: Fink
Fearing, Franklin (1947): Influence of the Movies on Attitudes and Behavior. In: Annuals of the American Academy of Political and Social Science 1947, S. 70–80
Feldman, Shel (Ed.) (1966): Cognitive Consistency. New York
Feshbach, Seymor/Singer, Robert D. (1971): Television and aggression. San Francisco
Festinger, Leon (1957): A Theory of Cognitive Dissonance. Evanston
Filbinger, Hans (1986): Die Medien – Elemente der Kulturzerstörung oder des Aufbaus einer neuen Kultur? In: Biser et al. (Hrsg.) 1986, S. 7–12
Filzmaier, Peter/Plasser Fritz (1997): Die amerikanische Demokratie. Regierungssystem und politischer Wettbewerb in den USA. Wien: Manz
Fishbein, Martin (1963): An Investigation of the Relationships between Beliefs About an Object and the Attitude toward that Object. In: Human Relations. Vol. 16/1963/S. 233–240
Fishbein, Martin (1979): Einstellung und die Vorhersage des Verhaltens. In: Hormuth (Hrsg.) 1979, S. 148–173
Flechtner, Hans-Joachim (1967): Grundbegriffe der Kybernetik. Eine Einführung. Stuttgart
Flitner, A./Scheuerl, H. (Hrsg.) (1967): Einführung in pädagogisches Sehen und Denken. München
Foerster, Heinz von (1984): Das Konstruieren einer Wirklichkeit. In: Watzlawick 1984, S. 39–60
Foerster, Heinz von (1987): Erkenntnistheorien und Selbstorganisation. In: Schmidt (Hrsg.) 1987, S. 133–158
Freidson, Eliot (1971): Communications Research and the Concept of the Mass. In: Schramm/Roberts (Eds.) 1971, S. 197–208
Friedrich, Heinz (1989): Interview. In: Börsenblatt für den Deutschen Buchhandel Nr. 38 v. 12. 5. 1989, S. 1660
Friedrich, Jürgen/Sens, Eberhard (1976): Systemtheorie und Gesellschaft. Zur gegenwärtigen Kybernetik-Rezeption in den Sozialwissenschaften. In: KZfSS 28. Jg./1976/1, S. 27–47
Fritz, Angela (1984): Die Familie in der Rezeptionssituation. Grundlage zu einem Situationskonzept für die Fernseh- und Familienforschung. München: Minerva
Fritz, Angela (1987): Was ist Lesen? Orientierungsstudie zur Analyse des Leseverhaltens in Österreich. Unter Mitarbeit von Andreas Eisl. Beiträge zur Kommunikationswissenschaft (Hrsg. Roland Burkart/Alois Soritsch), Band 6. Wien: Literas
Fritz, Angela (1989): Lesen in der Mediengesellschaft. Standortbeschreibung einer Kulturtechnik. Wien: Braumüller
Fritz, Angela/Suess, Alexandra (1986): Lesen. Die Bedeutung der Kulturtechnik Lesen für den gesellschaftlichen Kommunikationsprozeß. Konstanz: Universitätsverlag Konstanz

Fröhlich, Werner D./Zitzlsperger, Rolf/Franzmann, Bodo (Hrsg.) (1988): Die verstellte Welt. Beiträge zur Medienökologie. Mit einer Einführung von Neil Postman. Frankurt/Main: Fischer

Fromm, Erich (1974[7]): Der moderne Mensch und seine Zukunft. Eine sozialpsychologische Untersuchung. Frankfurt/Main

Früh, Werner (1980): Lesen, Verstehen, Urteilen. Untersuchungen über den Zusammenhang von Textgestaltung und Textverständlichkeit. Freiburg/ München: Alber

Früh, Werner (1991): Medienwirkungen: Das dynamisch-transaktionale Modell. Theorie und empirische Forschung. Opladen: Westdeutscher Verlag

Früh, Werner (1992): Realitätsvermittlung durch Massenmedien. Abbild oder Konstruktion? In: Schulz (Hrsg.) 1992, S. 71–90

Früh, Werner/Schönbach, Klaus (1982): Der dynamisch-transaktionale Ansatz. Ein neues Paradigma der Medienwirkungen. In: P 1–2/1982, S. 74–88. Wiederabgedruckt in: Burkart (Hrsg.) 1992, S. 86–100

Fuchs, Dieter/Gerhards, Jürgen/Neidhardt, Friedhelm (1991): Öffentliche Kommunikationsbereitschaft. Ein Test zentraler Bestandteile der Theorie der Schweigespirale. Berlin: Wissenschaftszentrum Berlin (WZB) Mai 1991

Fuchs, Werner (1975): Kultur. In: Fuchs et al. (Hrsg.) 1975, S. 756

Fuchs, Werner/Klima, Rolf/Lautmann, Rüdiger u. a. (Hrsg.) (1975): Lexikon zur Soziologie, 2. Bde. Opladen

Fünfgeld, Hermann/Mast, Claudia (Hrsg.) (1997): Massenkommunikation. Ergebnisse und Perspektiven. Gerhard Maletzke zum 75. Geburtstag. Opladen: Westdeutscher Verlag

Funkhouser, G. R. (1973): The Issues of the Sixties: An Exploratory Study in the Dynamics of Public Opinion. In: POQ Vol. 37/1973/S. 62–75

Fürstenberg, Friedrich (1974): Soziologie. Hauptfragen und Grundbegriffe. Berlin

Gadamer, Hans Georg/Vogler, Paul (Hrsg.) (1972): Biologische Anthropologie. Zweiter Teil (Neue Anthropologie, Bd. 2). Stuttgart

Gadamer, Hans Georg/Vogler, Paul (Hrsg.) (1973): Kulturanthropologie. (Neue Anthropologie, Bd. 4), Stuttgart

Galtung, Joan/Ruge, Marie Holomboe (1965): The Structure of Foreign News. The Presentation of the Congo, Cuba an Cyprus Crises in Four Norwegian Newspapers. In: Journal of Peace Research 2/1965/S. 64–91. Wiederabgedruckt (gekürzt) in: Gottschlich (Hrsg.) 1987, S. 129–137

Gauger, Jörg-Dieter/Stagl Justin (Hrsg.) (1992): Staatsrepräsentation. Berlin: Reimer

Gaziano, Cecilie (1984): The Knowledge Gap: An Analytical Review of Media Effects. In: Communication Research (CR) Vol. 10/4/1984/ S. 447–486

Gehlen, Arnold (1949): Die Seele im technischen Zeitalter. Sozialpsychologische Probleme in der industriellen Gesellschaft. Tübingen 1949, Neubearbeitung: Hamburg: Rowohlt 1957

Gehlen, Arnold (1961): Anthropologische Forschung. Zur Selbstbegegnung und Selbstentdeckung des Menschen. Hamburg

Gehlen, Arnold (1961): Über instiktives Ansprechen auf Wahrnehmungen. In: derselbe 1961, S. 104–126

Gehlen, Arnold (1966[8]): Der Mensch. Seine Natur und seine Stellung in der Welt. Frankfurt – Bonn

Gehmacher, Ernst (1980): Trends der TV-Nutzung in Österreich. Berichte zur Medienforschung. Bd. 6. Wien: ORF

Geißler, Rainer (1973): Massenmedien, Basiskommunikation und Demokratie – Ansätze zu einer normativ-empirischen Theorie. Tübingen

Geißler, Rainer (1976): Bedürfnisvermittlung und Kommunikation. Voraussetzungen und Hindernisse für kommunikative Chancengleichheit. In: RuF 1–2/1976, S. 3–14

Geißler, Rainer (1979): Partizipatorisch-pluralistische Demokratie und Medieninhalte. Ein Bezugsrahmen zur Analyse politischer Massenkommunikationsaussagen. In: P 2/1979, S. 71–187

Geißler, Rainer (1979): Die Sozialisationstheorie von Talcott Parsons. Anmerkungen zur Parsons-Rezeption in der deutschen Soziologie. In: KZfSS 31. Jg./1979, S. 267–281

Geissler, Rainer (1981): Wandel durch Massenmedien. Die Verstärker-Doktrin neu durchdacht. In: Communications. Internationale Zeitschrift für Kommunikationsforschung 7/1981/S. 169–185. Wiederabgedruckt in: Burkart 1992, S. 23–35

Genova, Bistravapka K. L./Greenberg, Bradley S. (1979): Interests in News and the Knowledge Gap. In: POQ Vol. 43/1979/S. 79–91

Gerbner, G./Gross, L. (1976): The scary world of TVs heavy viewer. In: Psychology today 4/1976/S. 41–45

Gerbner, G./Gross, L./Signorelli, N. & Morgan, M. (1980): The „mainstreaming" of America: Violence profile No. 11. In: Journal of Communication 3/1980/S. 10–29

Geretschläger, Ingrid (1979): Medienpädagogik – ein interdisziplinärer Wissenschaftsbereich? In: Wodraschke (Hrsg.) 1979, S. 126–137

Gerhards, Jürgen (1996): Reder, Schweiger, Anpasser und Missionare: Eine Typologie öffentlicher Kommunikationsbereitschaft und ein Beitrag zur Theorie der Schweigespirale. In: P 1/1996/S. 1–14

Gerhards, Jürgen (1997): Diskursive versus liberale Öffentlichkeit. Eine empirische Auseinandersetzung mit Jürgen Habermas. In: KZfSS 1/1997, S. 1–34

Gerold, Edward J. (1963): The Social Responsibility of the Press. Minneapolis

Geulen, Dieter (1973): Thesen zur Metatheorie der Sozialisation. In: Walter (Hrsg.) 1973, I, S. 85–101

Geulen, Dieter (1977): Das vergesellschaftete Subjekt. Zur Grundlegung der Sozialisationstheorie. Frankfurt/Main

Gibson, William (1984): Neuromancer (dt. Übersetzung: München: Heyne 1987)

Giesen, Bernard (1975): Funktionalismus und Systemtheorie. In: Reimann u. a. (Hrsg.) 1975, S. Æ–174

Gipper, Helmut (1972): Gibt es ein sprachliches Relativitätsprinzip Untersuchungen zur Sapir-Whorf-Hypothese. Stuttgart

Glanvill, Joseph (1661): The Vanity of Dogmatizing: or Confidence in Opinions. London 1661

Glaser, Hermann (Hrsg.) (1971): Kybernetikon. Neue Modelle der Information und Kommunikation. München

Glasersfeld, Ernst von (1987): Wissen, Sprache und Wirklichkeit. Arbeiten zum radikalen Konstruktivismus (Autorisierte deutsche Fassung von Wolfram K. Köck). Braunschweig – Wiesbaden: Vieweg

Glotz, Peter (1990): Von der Zeitungs- über die Publizistik- zur Kommunikationswissenschaft. In: P 3/1990/S. 249–256

Glotz, Peter/Langenbucher, Wolfgang R. (1969): Der mißachtete Leser. Zur Kritik der deutschen Presse. Köln – Berlin

Gloy, Klaus (1973): Bernstein und die Folgen – Zur Rezeption der soziolinguistischen Defizithypothese in der BRD. In: Walter (Hrsg.) 1973, S. 139–171

Glynn, Eugene David (1968): Television and the American Character – A Psychiatrist Looks at television. In: Casty (ed.) 1968, S. 76–82

Goffman, Erving (1969): Wir alle spielen Theater (amerik. orig.: The Presentation of Self in Everyday Life). München

Goffmann, Erving (1977): Stigma – Über die Techniken der Bewältigung beschädigter Identität. Frankfurt/Main

Göppner, Hans-Jürgen (1978): Sozialisation durch Sprache. Interdisziplinäre Aspekte erzieherischen Handelns. Bad Heilbrunn/Obb.

Gorham, Maurice (1949): Television. Medium of the future. London: Percival Marshall & Co Ltd.

Goertz, Lutz (1995): Wie interaktiv sind Medien? Auf dem Weg zu einer Definition von Interaktivität. In: RuF 4/1995/S. 477–493

Göpfert, Herbert G. u. a. (Hrsg.) (1975): Lesen und Leben: eine Publikation des Börsenvereins des Deutschen Buchhandels in Frankfurt am Main zum 150. Jahrestag der Gründung des Börsenvereins der Deutschen Buchhändler am 30. April 1825 in Leipzig – Frankfurt am Main: Buchhändler-Vereinigung

Gottschlich, Maximilian (1980): Journalismus und Orientierungsverlust. Grundprobleme öffentlich-kommunikativen Handelns. Wien

Gottschlich, Maximilian (1985): Ökologie und Medien. Ein Neuansatz zur Überprüfung der Thematisierungsfunktion von Medien. In: P 2–3/1985/S. 314–329

Gottschlich, Maximilian (Hrsg.) (1987): Massenkommunikationsforschung. Theorieentwicklung und Problemperspektiven. Wien: Braumüller

Götzenbrucker, Gerit (2001): Soziale Netzwerke und Internet-Spielewelten. Eine empirische Analyse der Transformation virtueller in realweltliche Gemeinschaften am Beispiel von MUDs (Multi User Dimensions). Wiesbaden: Westdeutscher Verlag

Götzenbrucker, Gerit/Hummel, Roman (2000): Zwischen Vertrautheit und Flüchtigkeit. Beziehungsdimensionen in computervermittelten Konversationen – am Beispiel von Chats, MUDs und Newsgroups. In: Beißwenger 2001, S. 201–224

Graber, Doris (1984): Processing the News. How People Tame the Information Tide. New York

Graumann, Carl Friedrich (1966): Bewußtsein und Bewußtheit. Probleme und Befunde der psychologischen Bewußtseinsforschung. In: Metzger (Hrsg.) 1966, S. 79–127

Graumann, Carl Friedrich (Hrsg.) (1972): Handbuch der Psychologie. Bd. 7: Sozialpsychologie, 2. Hbb. Göttingen

Graumann, Carl Friedrich (1972): Interaktion und Kommunikation. In: derselbe (Hrsg.) 1972, S. 1109–1262

Grefe, Rolf/Müller, Siegfried (1976): Die Entwicklung des „Opinion-Leader"-Konzeptes und der Hypothese vom zweistufigen Kommunikationsprozeß. In: Zeitschrift für Markt-, Meinungs- und Zukunftsforschung 19. Jg./1976/1–, S. 4011–4034

Griese, Hartmut M. (1976): Soziologische Anthropologie und Sozialisationstheorie. Weinheim – Basel

Groebel, Jo (1988): Sozialisation durch Fernsehgewalt. Ergebnisse einer kulturvergleichenden Studie. In: P 2–3/1988/S. 468–480

Grossenbacher, René (1986): Die Medienmacher. Eine empirische Untersuchung zur Beziehung zwischen Public Relations und Medien in der Schweiz. Solothurn

Grossenbacher, René (1986a): Hat die „Vierte Gewalt" ausgedient? Zur Beziehung zwischen Public Relations und Medien. In: MP 11/1986, S. 725–731. Wiederabgedruckt in: Dorer/Lojka (Hrsg.) 1991, S. 42–49

Groth, Otto (1960): Die unerkannte Kulturmacht. Bd. 1. Berlin

Groth, Otto (1998): Vermittelte Mitteilung. Ein journalistisches Modell der Massenkommunikation. Reihe: ex libris kommunikation. Band 7. Hrsg. v. Wolfgang R. Langenbucher. München: R. Fischer

Guggenberger, Bernd (1987): Vor uns die Freizeit-Katastrophe? Vom Bürger zum Zerstreuungspatienten. In: Neue Rundschau 3/1987/S. 132–146

Guggenberger, Bernd (1997): Das digitale Nirwana. Hamburg: Rotbuch-Verlag

Gutt, Armin/Salffner, Ruth (1972^2): Sozialisation und Sprache. Didaktische Hinweise zu emanzipatorischer Sprachschulung. Frankfurt/Main

Haas, Hannes (Hrsg.) (1987): Mediensysteme. Struktur und Organisation der Massenmedien in den deutschsprachigen Demokratien. Studienbücher zur Publizistik- und Kommunikationswissenschaft (hrsg. v. W. R. Langenbucher): Bd. 3. Wien: Braumüller

Haas, Hannes/Pürer, Heinz (1996): Berufsauffassungen im Journalimus. In: Pürer (Hrsg.) 1996, S. 355–365

Haase, Henning (1981): Kinder, Jugendliche und Medien. In: Kinder, Medien, Werbung. Ein Literatur- und Forschungsbericht. Schriftenreihe Media Perspektive, Band 1. Frankfurt/Main 1981

Habermas, Jürgen (1962): Strukturwandel der Öffentlichkeit. Untersuchungen zu einer Kategorie der bürgerlichen Gesellschaft. Darmstadt

Habermas, Jürgen (1968): Technik und Wissenschaft als „Ideologie". Frankfurt/Main

Habermas, Jürgen (1968): Erkenntnis und Interesse. In: derselbe 1968, S. 146–168

Habermas, Jürgen (1971a): Vorbereitende Bemerkungen zu einer Theorie der kommunikativen Kompetenz. In: Habermas/Luhmann 1971, S. 101–141

Habermas, Jürgen (1971b): Theorie der Gesellschaft oder Sozialtechnologie? Eine Auseinandersetzung mit Niklas Luhmann. In: Habermas/Luhmann 1971, S. 142–290

Habermas, Jürgen (1973): Kultur und Kritik. Verstreute Aufsätze. Frankfurt/Main

Habermas, Jürgen (1973a): Philosophische Anthropologie. In: derselbe 1973, S. 89–111

Habermas, Jürgen (1973b): Wahrheitstheorien. In: Fahrenbach (Hrsg.) 1973, S. 211–265

Habermas, Jürgen (1973c): Legitimationsprobleme im Spätkapitalismus. Frankfurt/Main: Suhrkamp 1973

Habermas, Jürgen (1976): Zur Rekonstruktion des Historischen Materialismus. Frankfurt/Main

Habermas, Jürgen (1976a): Zur Rekonstruktion des Historischen Materialismus. In: derselbe 1976, S. 144–199

Habermas, Jürgen (1976b): Was heißt Universalpragmatik? In: Apel (Hrsg.) 1976, S. 174–272

Habermas, Jürgen (1981): Theorie des kommunikativen Handelns. Band 1: Handlungsrationalität und gesellschaftliche Rationalisierung. Band 2: Zur Kritik der funktionalistischen Vernunft. Frankfurt am Main: Suhrkamp 1981

Habermas, Jürgen (1982): Theorie und Praxis. Sozialphilosophische Studien. Frankfurt/Main: Suhrkamp (3. Auflage)

Habermas, Jürgen (1984): Vorstudien und Ergänzungen zur Theorie des kommunikativen Handelns. Frankfurt/Main: Suhrkamp

Habermas, Jürgen (1990): Strukturwandel der Öffentlichkeit. Untersuchungen zu einer Kategorie der bürgerlichen Gesellschaft. Mit einem Vorwort zur Neuauflage. Frankfurt/Main: Suhrkamp

Habermas, Jürgen/Luhmann, Niklas (1971): Theorie der Gesellschaft oder Sozialtechnologie – Was leistet die Systemforschung? Frankfurt/Main

Hachmeister, Lutz (1987): Theoretische Publizistik. Studien zur Geschichte der Kommunikationswissenschaft in Deutschland. Berlin: Volker Spiess 1987

Hachmeister, Lutz (1992): Das Gespenst des Radikalen Konstruktivismus. Zur Analyse des Funkkollegs „Medien und Kommunikation". In: RuF 1/1992/S. 5–21

Hackforth, Josef (1976): Massenmedien und ihre Wirkungen. Kommunikationspolitische Konsequenzen für den publizistischen Wandel. Literaturexpertise – Bibliographie. Göttingen

Hagen, Lutz M. (1998): Online-Nutzung und Nutzung von Massenmedien. In: Rössler (Hrsg.) 1998, S. 105–122

Handbuch der Linguistik (1975): Allgemeine und angewandte Sprachwissenschaft. Unter Mitarbeit von Hildegard Janssen, zusammengestellt von Harro Stammerjohann. München

Haensel, Carl (1952): Fernsehen – Nah gesehen. Technische Fibel. Dramaturgie. Organisatorischer Aufbau. Frankfurt/Main, Berlin: Metzner 1952

Haller, Michael (1994): Recherche und Nachrichtenproduktion als Konstruktionsprozesse. In: Merten/Schmidt/Weischenberg (Hrsg.) 1994; S. 276–290

Halloran, James D./Elliott, Philip/Murdock, Graham (1970): Demonstrations and Communication: A Case Study. Harmondsworth: Penguin Books

Hansen, Jochen (1982): Das Panel. Zur Analyse von Verhaltens- und Einstellungswandel. Opladen: Westdeutscher Verlag

Hartmann, Heinz (Hrsg.) (1967): Moderne amerikanische Soziologie. Stuttgart

Hartmann, Nicolai (1966): Teleologisches Denken. Berlin (2. Aufl.)

Hasebrink, Uwe (2000): Vom aktiven zum überforderten Publikum? Überlegungen zur Mediennutzung in der Informationsgesellschaft. In: Mahle 2000, S. 113–130

Hasitschka, Dorit (1992): Fernsehen: Erwartungen, Ängste oder Hoffnungen. Eine Sammlung von Kritikpunkten über den Einfluß des Fernsehens auf die Gesellschaft. Unveröffentlichte Diplomarbeit zur Erlangung des Magistergrades der Philosophie an der grund- und integrativwissenschaftlichen Fakultät der Universität Wien.

Hayakawa, S. I. (1967): Semantik. Sprache im Denken und Handeln. (Ins Deutsche übertragen und herausgegeben von Günther Schwarz.) Darmstadt

Hayakawa, S. I. (1967): Wort und Wirklichkeit. Beiträge zur Allgemeinen Semantik. (Ins Deutsche übertragen und herausgegeben von Günther Schwarz.) Darmstadt

Heider, Fritz (1946): Attitude and Cognitive Organization. In: Journal of Psychology Vol. 21/1964, S. 107–112

Heider, Fritz (1958): The Psychology of Interpersonal Relations. New York

Heinrich, Jürgen (1994): Medienökonomie. Bd. 1: Mediensystem, Zeitung, Zeitschrift, Anzeigenblatt. Opladen: Westdeutscher Verlag

Heinrich, Jürgen (1996): Qualitätswettbewerb und/oder Kostenwettbewerb im Mediensektor? In: Rundfunk und Fernsehen 2/1996/S. 165–184

Heinrich, Jürgen (1999): Medienökonomie. Bd. 2: Hörfunk und Fernsehen. Opladen: Westdeutscher Verlag

Heintel, Erich (Hrsg.) (1980): Wiener Jahrbuch für Philosophie. Band XII/1979. Wien

Helle, Horst Jürgen (1968): Symbolbegriff und Handlungstheorie. In: KZfSS 1968/1, S. 17–37

Helle, Horst Jügen (1977): Verstehende Soziologie und Theorie der Symbolischen Interaktion. Stuttgart

Hennig, Jörg/Huth, Lutz (1975): Kommunikation als Problem der Linguistik. Göttingen

Hensel, Matthias (1990): Die Informationsgesellschaft. Neuere Ansätze zur Analyse eines Schlagwortes. München: R. Fischer

Hentig, Hartmut von (1987): Das allmähliche Verschwinden der Wirklichkeit. Ein Pädagoge ermutigt zum Nachdenken über die Neuen Medien. München: Hanser

Herkner, Werner (1975): Einführung in die Sozialpsychologie. Bern: Huber

Hermanns, Arnold (1972): Sozialisation durch Werbung. Düsseldorf

Hermanns, Arnold (1972a): Sozialisation durch Wirtschaftswerbung in den Massenmedien. In: P 3–4/1972, S. 269–274

Herzog, Herta (1944): What do We Really Know About Daytime Serial Listeners. In: Lazarsfeld/Stanton (Eds.) 1944

Hess, Henner (1969): Ein soziologischer Bezugsrahmen für die Massenkommunikationsforschung. In: P 3/1969, S. 277–286

Hess-Lüttich, Ernest W. B. (Hrsg.) (1992): Medienkultur-Kulturkonflikt. Massenmedien in der interkulturellen und internationalen Kommunikation. Opladen: Westdeutscher Verlag

Heyden, Günter (1972): Arbeit. In: Klaus/Buhr (Hrsg.) 197, S. 99–102

Heyden, Günter (1972): Produktionsmittel, Produktionsverhältnisse, Produktionsweise, Produktivkräfte. In: Klaus/Buhr (Hrsg.) 1972, S. 878–880

Hiebel, Hans Helmut (Hrsg.) (1997): Kleine Medienchronik. Von den ersten Schriftzeichen zum Mikrochip. München: Beck

Höfer, Werner (Hrsg.) (1970): Blick ins nächste Jahrtausend. Prognosen für die audiovisuelle Zukunft des Menschen. Düsseldorf, Wien: Econ

Höfer, Werner (Hrsg.) (1972): Fernsehen im Glashaus. Zur Kommunikation zwischen Programm und Publikum. Düsseldorf, Wien: Econ

Hoffmann, Michael / Keßler, Christine (Hrsg.)(1998): Beiträge zur Persuasionsforschung. Unter besonderer Berücksichtigung textlinguistischer und stilistischer Aspekte. Frankfurt/Main, New York: P.Lang

Höflich, Joachim R. (1996): Technisch vermittelte interpersonale Kommunikation. Grundlagen, organistorische Medienverwendung, Konstitution „elektronischer Gemeinschaften". Opladen: Westdeutscher Verlag

Höflich, Joachim R. (1995): Vom dispersen Publikum zu „elektronischen Gemeinschaften". Plädoyer für einen erweiterten kommunikationswissenschaftlichen Blickwinkel. In: RuF 4/1995/S. 518–537

Hofstätter, Peter R. (Hrsg.) (1972): Psychologie. Frankfurt/Main

Hohlfeld, Ralf (2002): Distinktionsversuche im Fernsehjournalismus. Das Verschwinden von Journalismus durch Inszenierung. In: Baum / Schmidt (Hg.) 2002, S. 101–113

Holtz-Bacha, Christina (1990): Ablenkung oder Abkehr von der Politik? Mediennutzung im Geflecht politischer Orientierungen. Opladen: Westdeutscher Verlag

Holtz-Bacha, Christina (1994a): Massenmedien und Politikvermittlung – Ist die Videomalaise-Hypothese ein adäquates Konzept? In: Jäckel/Winterhoff-Spurk (Hrsg.) 1994, S. 181–191

Holtz-Bacha, Christina (1994b): Entfremdung von der Politik durch „Fernseh-Politik"? – Zur Hypothese der Videomalaise. In: Jarren Otfried (Hrsg.) 1994, S. 123–133

Holz, Hans-Heinz (1976): Aufklärung. In: Wulf (Hrsg.) 1976, S. 40–44

Holzer, Horst (1973): Kommunikationssoziologie. Hamburg

Holzer, Horst (1975): Theorie des Fernsehens. Fernsehkommunikation in der Bundesrepublik Deutschland. Hamburg

Holzer, Horst (1989): Die Privaten. Kommerz in Funk und Fernsehen. Köln: Pahl-Rugenstein

Holzer, Horst (1994): Medienkommunikation. Einführung in handlungs- und gesellschaftstheoretische Konzeptionen. Opladen: Westdeutscher Verlag

Holzer, Horst/Steinbacher, Karl (Hrsg.) (1972): Sprache und Gesellschaft. Hamburg

Homans, George Caspar (1969): Was ist Sozialwissenschaft? Köln – Opladen

Hömberg, Walter/Schmolke, Michael (Hrsg.) (1992): Zeit, Raum, Kommunikation. Schriftenreihe der Deutschen Gesellschaft für Publizistik- und Kommunikationswissenschaft, Bd. 18. München: Ölschläger

Hömberg, Walter (1990): Zeit, Zeitung, Zeitbewußtsein. Massenmedien und Temporalstrukturen. In: P 1/1990/S. 5–17. Wiederabgedruckt in: Langenbucher 1994, S. 31–44

Hömberg, Walter (1996): Von Falschmeldungen und Medienfälschungen. In: Schütz, Arthur, Der Grubenhund. Experimente mit der Wahrheit. Nachdruck der Erstausgabe v. 1931 (hrsg. v. Walter Hömberg). München: Fischer 1996, S. 107–117

Hömberg, Walter / Hackel-de-Latour, Renate (2000): Studienführer Journalismus, Medien, Kommunikation mit Karikaturen von Olaf Rademacher 2., völlig überarbeitete Auflage. Konstanz: UVK

Hondrich, Karl Otto (1976): Entwicklungslinien und Möglichkeiten des Theorievergleichs. In: Lepsius (Hrsg.) 1976, S. 14–36

Hormuth, Stefan E. (Hrsg.) (1979): Sozialpsychologie der Einstellungsänderung. Königstein/Ts.

Horstmann, Reinhold (1991): Medieneinflüsse auf politisches Wissen. Zur Tragfähigkeit der Wissensklufthypothese. Wiesbaden: Dt. Univ.-Verlag

Horton, Donald/Wohl, Richard L. (1956): Mass Communication and Para-Social Interaction. In: Psychiatry Vol. (19/1956, S. 215–229

Hovland,, Carl I. (1959): Reconciling Conflicting Results Derived from Experimental and Survey Studies o Attitude Change. In: The American Psychologist Vol. 14/1959, S. 8–17. Deutsch: Über die Vereinbarkeit widersprechender Ergebnisse aus der massenmedialen und der experimentellen Wirkungsforschung. In: Badura/Gloy (Hrsg.) 1972, S. 57–77

Hovland, Carl I./Janis, Irving L. (1970): An overview of persuasibility research. In: Sereno/Mortensen (Eds.) 1970, S. 222–233

Hovland, Carl I./Janis, Irving L./Kelley, Harold H. (1953): Communication and Persuasion. New Haven

Hovland, Carl I./Lumsdaine, Arthur A./Sheffield, Fred D. (1949): Experiments on Mass Communication. Princeton

Hovland, Carl I./Mandell, Wallace (1952): An Experimental Comparison of Conclusion Drawing by the Communicator and by the Audience. In: JASP Vol. 47/1952, S. 581–588

Hovland, Carl I./Rosenberg, Milton J. (1960): Attitude Organization and Change. New Haven

Hovland, Carl I./Weiss, Walter (1952): The Influence of Source Credibility on Communication Effectiveness. In: POQ Vol. 15/1952, S. 635–650

Huch, Kurt Jürgen (1974): Interesse an Emanzipation. Jürgen Habermas und das Problem einer materialistischen Erkenntnistheorie. In: Dallmayr (Hrsg.) 1974, S. 22–40

Hügel, Rolf/Degenhardt, Werner/Weiss, Hans-Jürgen (1992): Strukturgleichungsmodelle für die Analyse des Agenda Setting-Prozesses. In: Schulz (Hrsg.) 1992, S. 143–159

Hull, C. L. (1943): Principles of Behavior. New York

Hull, C. L. (1951): Essentials of Behavior. New Haven

Hummel, Roman (1988): Abschied von der Fernsehgeneration. In: Medien Journal 3/1988/S. 117–128

Hummel, Roman (1996): Neue Medien/Multimedia in Österreich. In: Pürer (Hrsg.) 1996, S. 463–466

Hummel, Roman/Götzenbrucker, Gerit (1997): Wenig lernen – alles können. Empirische Ergebnisse zur Entwicklung von Multimediaberufen in Österreich. In: SWS-Rundschau 2/1997/S. 191–204

Hummel, Roman (1996): Integration als publizistische Aufgabe. Ansichten von Kommunikationswissenschaftlern und Medienmachern. In: Mast 1996, S. 283–298

Hund, Wulf D. (1976): Ware Nachricht und Informationsfetisch. Zur Theorie der gesellschaftlichen Kommunikation. Darmstadt – Neuwied

Hund, Wulf D./Kirchhoff-Hund, Bärbel (1980): Soziologie der Kommunikation. Arbeitsbuch zu Struktur und Funktion der Medien. Grundbegriffe und exemplarische Analysen. Hamburg

Hundertmark, Gisela (1976): Politisches System und Massenkommunikationssystem. In: Einführung in die Kommunikationswissenschaft 1976, S. 193– 224

Hundhausen, Carl (1951): Werbung um öffentliches Vertrauen (Public Relations). Essen

Hunziker, Peter (1976): Fernsehen und interpersonelle Kommunikation in der Familie. In: RuF 2/1976, S. 180–195

Hunziker, Peter (1977): Fernsehen in der Familie. Eine Analyse der Gruppenstrukturen. In: Fernsehen und Bildung 3/1977/S. 269–285

Hurrelmann, Bettina (1988): Familie und Medien – Ergebnisse und Beiträge der Forschung. In: Baacke/Lauffer (Hrsg.) 1988, S. 16–33

Hurrelmann, Bettina (1989): Fernsehen in der Familie. Auswirkungen der Programmerweiterung auf den Mediengebrauch. Weinheim/München: Juventa

Hurrelmann, Klaus (Hrsg.) (1976): Sozialisation und Lebenslauf. Empirie und Methodik sozialwissenschaftlicher Persönlichkeitsforschung. Hamburg

Hurrelmann, Klaus (1976): Gesellschaft, Sozialisation und Lebenslauf. Zum theoretischen Stand der sozialwissenschaftlichen Sozialisationsforschung. In: derselbe (Hrsg.) 1976, S. 15–33

Insko, Chester A. (1967): Theories of Attitude Change. New York

Institut für Publizistik und Kommunikationswissenschaft der Universität Salzburg (Hrsg.) (1986): Massenmedien in Österreich. Medienbericht III. Salzburg, Wien: Internationale Publikationen Ges.m.b.H.

Institut für Publizistik und Kommunikationswissenschaft der Universität Salz-

burg (Hrsg.) (1993): Massenmedien in Österreich. Medienbericht 4. Wien: Buchkultur
Institute für Publizistik und Kommunikationswissenschaft der Universitäten Wien und Salzburg (Hrsg.) (1979): Österreichisches Jahrbuch für Kommunikationswissenschaft. Salzburg
Irle, Martin (1973): Texte aus der experimentellen Sozialpsychologie. Neuwied und Darmstadt: Luchterhand
Irle, Martin (1975): Lehrbuch der Sozialpsychologie. Göttingen.
Issing, Ludwig J. (Hrsg.) (1987): Medienpädagogik im Informationszeitalter. Weinheim: Deutscher Studien Verlag

Jäckel, Michael (1991): Politisches Desinteresse und Fernsehverhalten. Welchen Einfluß hat die Programmvermehrung auf politische Einstellungen? In: MP 10/91/S. 681–698
Jäckel, Michael/Winterhoff-Spurk, Peter (Hrsg.): Politik und Medien. Analysen zur Entwicklung der politischen Kommunikation. Berlin: Vistas 1994
Jäckel, Michael (1995): Interaktion. Soziologische Anmerkungen zu einem Begriff. In. RuF 4/1995/S. 463–476
Janowitz, Morris/Schulze, Robert (1960): Neue Richtungen in der Massenkommunikationsforschung. In: RuF 1/1960, S. 1–20.
Jarren, Otfried (1988): Politik und Medien im Wandel: Autonomie, Interdependenz oder Symbiose? In: P 4/1988/S. 612–632
Jarren, Otfried (Hrsg.): Politische Kommunikation in Hörfunk und Fernsehen. Elektronische Medien in der Bundesrepublik Deutschland. Opladen: Westdeutscher Verlag 1994
Jarren, Otfried/Krotz, Friedrich (1997): Öffentliche Kommunikation unter „Vielkanalbedingungen“. Baden-Baden: Nomos
Jarren, Otfried (2000): Gesellschaftliche Integration durch Medien? Zur Begründung normativer Anforderungen. In: Medien und Kommunikationswissenschaft/M&K 1/2000, S. 22–41
Jarren, Otfried/Bonfadelli, Heinz (Hrsg.) (2001): Einführung in die Publizistikwissenschaft. Bern: Haupt/UTB
Jensen, Stefan (1975): System. In: Fuchs et al. (Hrsg.) 1975, S. 671.
Jourdan, Manfred (1989): Pädagogische Kommunikation. Eine integrative Systematisierung der Dimensionen menschlicher Kommunikation in Erziehung und Bildung. Bad Heilbrunn/Obb.: Klinkhardt
Jungk, Robert (1970): Blinde werden „fern“sehend. In: Höfer (Hrsg.) 1970, S. 31–35

Kaase, Max/Schulz, Winfried (Hrsg.) (1989): Massenkommunikation. Theorien, Methoden, Befunde. Sonderheft 30 der Kölner Zeitschrift für Soziologie und Sozialpsychologie. Opladen: Westdeutscher Verlag
Kabel, Rainer (1979): Was soll und kann die Medienpädagogik? Anmerkungen aus politischer Sicht. In: Wodraschke (Hrsg.) 1979, S. 103–108
Kainz, Friedrich (1954[2]): Psychologie der Sprache. 1. Band: Grundlagen der allgemeinen Sprachpsychologie. Stuttgart

Kainz, Friedrich (1943): Psychologie der Sprache. 2. Band: Vergleichendgenetische Sprachenpsychologie. Stuttgart

Kainz, Friedrich (1961): Die „Sprache“ der Tiere. Stuttgart

Kant, Immanuel (1956): Kritik der reinen Vernunft. In: Immanuel Kant, Werke, hrsg. von H. Weischedel, Bde. 3 u. 4, Frankfurt/Main

Kant, Immanuel (1969): Beantwortung der Frage: Was ist Aufklärung? In: Weischedel (Hrsg.) 1969, Band 11, S. 53

Karmasin, Matthias (1993): Das Oligopol der Wahrheit. Medienunternehmen zwischen Ökonomie und Ethik. Wien: Böhlau

Karmasin, Matthias/Winter, Carsten (Hrsg.) (2000): Grundlagen des Medienmanagements. München: Fink/UTB

Kästle, Andreas (1996): Multimedia-Initiativen der Europäischen Union. In: Wilke/Imhof (Hrsg.) 1996, S. 47–56

Katz, Elihu (1957): The Two-Step Flow of Communication: An Up-To-Date Report on a Hypothesis. In: POQ Vol. 21/1957, S. 61–78

Katz, Elihu/Blumler, Jay G./Gurevitch, Michael (1974): Ultilization of Mass Communication by the Individual. In: Blumler/Katz (Eds.) 1974, S. 19–32

Katz, Elihu/Foulkes, David (1962): On the Use of the Mass Media As „Escape“: Clarification of a Concept. In: POQ Vol. 26/1962, S. 377–388

Katz, Elihu/Gurevitch, Michael/Haas, Hadassah (1973): On the Use of the Mass Media for Important Things. In: ASR Vol. 38/1973/2, S. 164–181

Katz, Elihu/Lazarsfeld, Paul (1955): Personal Influence: The Part Played by People in the Flow of Mass Communication. New York

Kawa, Rainer (1975): Kapitalismus. In: Fuchs et al. (Hrsg.) 1975, S. 326

Kawa, Rainer (1975): Produktionsverhältnisse, Produktionsweise, Produktivkräfte. In: Fuchs et al. (Hrsg.) 1975, S. 521 f.

Kelman, Herbert C./Hovland, Carl I. (1953):“Reinstatement” of the Communicator in Delayed Measurement of Opinion Change. In: JASP Vol. 48/1953, S. 327–335

Kelmer, O./Stein, A. (1975): Fernsehen: Aggressionsschule der Nation? Die Entlarvung eines Mythos. Bochum

Kepplinger, Hans Mathias (1979): Ausgewogenheit bis zur Selbstaufgabe? Die Fernsehberichterstattung über den Bundestagswahlkampf 1976 als Fallstudie eines kommunikationspolitischen Problems. In: MP 11/1979/ S. 750–755

Kepplinger, Hans Mathias (1980): Optische Kommentierung in der Fernsehberichterstattung über den Bundestagswahlkampf 1976. In: Ellwein 1980, S. 163–179

Kepplinger, Hans Mathias (1984): Instrumentelle Aktualisierung. In: P 1984/S. 94

Kepplinger, Hans Mathias (1989a): Instrumentelle Aktualisierung. (In Zusammenarbeit mit Hans Bernd Brosius, Joachim Friedrich Staab und Günter Linke) Grundlagen einer Theorie publizistischer Konflikte. In: Kaase/Schulz (Hrsg.) 1989a, S. 199–220

Kepplinger, Hans Mathias (1989b): Theorien der Nachrichtenauswahl als

Theorien der Realität. In: Aus Politik und Zeitgeschichte. Beilage zur Zeitschrift Das Parlament (7. April 1989), S. 3–16

Kepplinger, Hans Mathias (1992a): Ereignismanagement. Wirklichkeit und Massenmedien. Zürich: Edition Interform

Kepplinger, Hans Mathias (1992b): (in Zusammenarbeit mit Hans Bernd Brosius, Joachim Friedrich Staab und Günter Linke): Instrumentelle Aktualisierung. Grundlagen einer Theorie kognitiv-affektiver Medienwirkungen. In: Schulz (Hrsg.) 1992, S. 161–189

Kepplinger, Hans Mathias (1993): Erkenntnistheorie und Forschungspraxis des Konstruktivismus. In: Bentele/ Rühl (Hrsg.) 1993, S. 118–125

Kepplinger, Hans Mathias/Donsbach, Wolfgang (1983): Der Einfluß der Kameraperspektiven auf die Wahrnehmung eines Parteiredners durch Anhänger, Gegner und neutrale Zuschauer. In: Schulz/Schönbach (Hrsg.) 1983, S. 406–423

Kepplinger, Hans Mathias/Ehmig, Simone Christine/Ahlheim, Christine (1991): Gentechnik im Widerstreit. Zum Verhältnis von Wissenschaft und Journalismus. Frankfurt/Main

Kernell, Samuel (1986): Going Public. New Strategies of Presidential Leadership. Washington D.C.

Kessler, Ronald C./Stipp, Horst H. (1984): The impact of fictional television suicide stories on U.S. fatalities: a replication. In: American Journal of Sociology Vol. 90/1984

Kiefer, Marie-Luise (1982): Massenkommunikation II: Eine Langzeitstudie zur Mediennutzung und Medienbewertung 1964–1980 (Hrsg. von Klaus Berg und Marie-Luise Kiefer). Schriftenreihe Media-Perspektiven, Bd. 2. Frankfurt am Main, Berlin: Metzner

Kiefer, Marie-Luise (1987): Massenkommunikation III: Eine Langzeitstudie zur Mediennutzung und Medienbewertung 1964–1985 (Hrsg. von Klaus Berg und Marie-Luise Kiefer). Schriftenreihe Media-Perspektiven, Bd. 9. Frankfurt am Main, Berlin: Metzner

Kiefer, Marie-Luise (1992): Massenkommunikation IV: Eine Langzeitstudie zur Mediennutzung und Medienbewertung 1964–1990 (Hrsg. von Klaus Berg und Marie-Luise Kiefer). Schriftenreihe Media-Perspektiven, Bd. 12. Frankfurt am Main, Berlin: Metzner 1992

Kiefer, Marie-Luise (1996): Massenkommunikation V: Eine Langzeitstudie zur Mediennutzung und Medienbewertung 1964–1995. Baden-Baden: Nomos

Kiefer, Marie Luise (2001): Medienökonomik. Einführung in eine ökonomische Theorie der Medien. München, Wien: Oldenburg

Kiesler, Charles A./Collins, Barry E./Miller, Norman (1969): Attitude Change. A Critical Analysis if Theoretical Approaches. New York: John Wiley & Sons

Kiss, Gabor (1975²): Einführung in die soziologischen Theorien II. Opladen

Klagenfurter Projektgruppe Medienerziehung (Hrsg.) (1991): Massenmedien verstehen. Hintergrundwissen für Lehrer und Medienerzieher. Wien: Österreichischer Bundesverlag

Klapper, Joseph T. (1960): Effects of Mass Communications. Toronto

Klapper, Joseph T. (1973): Massenkommunikation – Einstellungskonstanz und Einstellungsänderung. In: Aufermann et al. (Hrsg.) 1973, S. 49–82

Klaus, Georg/Buhr, Manfred (Hrsg.) (1972): Wörterbuch der Philosophie, Hamburg

Klaus, Elisabeth (1997): Konstruktionen der Zuschauerschaft: vom Publikum in der Einzahl zu den Publika in der Mehrzahl. In: RuF 4/1997/S. 456–474

Klein, Wolfgang/Wunderlich, Dieter (Hrsg.) (1972): Aspekte der Soziolinguistik. Frankfurt/Main

Kleinsteuber, Hans J. (1996) (Hrsg.): Der „Information Superhighway". Amerikanische Visionen und Erfahrungen. Opladen: Westdeutscher Verlag

Klima, Rolf (1975): Einstellung. In: Fuchs et. al. (Hrsg.) 1975, S. 156

Klima, Rolf (1975): Primärgruppe. In: Fuchs et. al. (Hrsg.) 1975, S. 516

Klima, Rolf (1975): Soziabilität. In: Fuchs et. al. (Hrsg.) 1975, S. 619

Klima, Rolf (1975): Verhalten. In: Fuchs et. al. (Hrsg.) 1975, S. 724 f.

Klima, Rolf (1975): Wissenschaftssoziologie. In: Fuchs et. al. (Hrsg.) 1975, S. 767 f.

Kniveton, Bromley H. (1978): Angst statt Aggression. In: Fernsehen und Bildung 1/1978/S. 41–48

Knoche, Manfred (1968): Kommentar und Kritik im Lokalteil der Tagespresse in der Bundesrepublik Deutschland. Eine pressestatistische und inhaltsanalytische Untersuchung. In: P 4/1968/S. 348–359

Knoche, Manfred/Schulz, Winfried (1969): Folgen des Lokalmonopols von Tageszeitungen. Eine vergleichende Inhaltsanalyse des Lokalteils von Monopol- und Wettbewerbszeitungen. In: P 3/1969/S. 298–310

Kob, Janpeter (1978): Die gesamtgesellschaftliche Bedeutung der Massenmedien. Kritische Reflexionen zu einem alten Thema. In: RuF 4/1978, S. 391–398

Kob, Janpeter (1979): Der Kommunikationsmythos und die Massenpolitik. In: Zeitschrift für Markt-, Meinungs- und Zukunftsforschung. 1979/1–4, S. 4973–4985

Kollat, David T./Blackwell, Roger D./Engel, James F. (Eds.) (1970): Research in Consumer Behavior. New York

Kölsch, Jochen (1975): Wissenschaft als Feedback-Element in der Fernseh-Kommunkation. In: RuF 3–4/1975, S. 316–324

König, Renee (Hrsg.) (1973): Handbuch der empirischen Sozialforschung. Band 1: Geschichte und Grundprobleme. Stuttgart – Bad Cannstatt: dtv

Kornhauser, W. (1959): The Politics of Mass Society. Glencoe

Koszyk, Kurt/Pruys, Karl Hugo (Hrsg.) (1981): Handbuch der Massenkommunikation. München: dtv 1981

Krämer, Reinhold (1986): Massenmedien und Wirklichkeit. Zur Soziologie publizistischer Produkte. Bochumer Studien zur Publizistik- und Kommunikationswissenschaft (hrsg. v. Heinz-Dietrich Fischer), Band 44. Bochum: Brockmeyer

Krappmann, Lothar (1971): Soziologische Dimensionen der Identität. Strukturelle Bedingungen für die Teilnahme an Interaktionsprozessen. Stuttgart

Kraus, Wolfgang (1989): Neuer Kontinent Fernsehen. Kultur oder Chaos. Frankfurt/Main: Fischer

Krippendorff, Klaus (1994): Der verschwundene Bote. In: Merten/Schmidt/Weischenberg (Hrsg.): 1994, S. 79–113

Kristen, Christian (1969): Nachrichtenangebot und Nachrichtenverwertung. Eine Studie zum Gatekeeper-Problem. Düsseldorf

Krotz, Friedrich (1995): Elektronisch mediatisierte Kommunikation. Überlegungen zur Konzeption einiger zukünftiger Forschungsfelder der Kommunikationswissenschaft. In: RuF 4/1995/S. 445–462

Krotz, Friedrich (2001): Marshall McLuhan Revisited. Der Theoretiker des Fernsehens und die Mediengesellschaft. In: M&K 1/2001, S. 62-81

Krüger, Udo Michael (1996): Tendenzen in den Programmen der großen Fernsehsender 1985 bis 1995. 11 Jahre Programmanalyse im dualen Rundfunksystem. In: MP 8/96/S. 418–440

Krüger, Udo Michael (1997): Unterschiede der Programmprofile bleiben bestehen. Programmanalyse 1996: ARD, ZDF, RTL, SAT.1 und PRO SIEBEN. In: MP 7/97/S. 354–366

Krzeminski, Michael/Zerfaß, Ansgar (Hg.) (1998): Interaktive Unternehmenskommunikation. Internet, Intranet, Datenbanken, Online-Dienste und Business-TV als Bausteine erfolgreicher Öffentlichkeitsarbeit. Frankfurt am Main: IMK

Kubicek, Herbert/Schmid, Ulrich/Wagner, Heiderose (1997): Bürgerinformation durch neue Medien? Opladen: Westdeutscher Verlag

Kunczik, Michael (1975): Gewalt im Fernsehen. Köln: Böhlau

Kunczik, Michael (1977): Massenkommunikation. Eine Einführung. Köln: Böhlau

Kunczik, Michael (1978): Brutalität aus zweiter Hand. Wie gefährlich sind Gewaltdarstellungen im Fernsehen? Köln: Böhlau

Kunczik, Michael (1984): Kommunikation und Gesellschaft. Theorien zur Massenkommunikation. Köln: Böhlau

Kunczik, Michael (1987a): Gewaltforschung. In: Schenk 1987, S. 167–193

Kunczik, Michael (1987b): Gewalt und Medien. Köln: Böhlau 1987. Überarbeitete und aktualisierte 2. Auflage. Köln: Böhlau 1994

Kunczik, Michael (1988): Journalismus als Beruf. Köln: Böhlau

Kunczik, Michael (1993): Public Relations. Konzepte und Theorien. Köln: Böhlau

Kunczik, Michael (1993a): Gewalt im Fernsehen. Stand der Wirkungsforschung und neue Befunde. In: MP 3/1993/S. 98–107

Kunczik, Michael (1993b): Gewaltdarstellungen – ein Thema seit der Antike. Zur Geschichte der Auseinandersetzung um Gewalt in den Medien. In: MP 3/1993/S. 108–113

Kunczik, Michael/Zipfel, Astrid (2001): Publizistik. Ein Studienhandbuch. Köln: Böhlau/UTB

Kunst, Nadja (1996): Der Information Superhighway: Anstöße und Entwicklung in den USA. In: Wilke/Imhof (Hrsg.) 1996, S. 35–46

Kurzrock, Rupert (Hrsg.) (1972): Systemtheorie. Berlin

Kurzrock, Rupert (Hrsg.) (1974): Medienforschung. Berlin
Kutschera, F. v. (1971): Sprachenphilosophie. München

Lang, Kurt/Lang, Gladys Engel (1953): The unique perspective of television and its effect: A pilot study. In: American Sociological Review (ASR) Vol. 18/1953/S. 3–12
Lang, Kurt/Lang, Gladys Engel (1961): Zuschauerreaktionen bei den Kennedy-Nixon-Debatten. In: RuF 2/1961/S. 262–274
Lang, Gladys E./Lang, Kurt (1981): Watergate: An Exploration of the Agenda-Building Process. In: Wilhoit/DeBock (eds.): 1981, S. 447–468
Lang, Norbert (1998): Multimedia. In: Faulstich (Hrsg.) 1998, S. 296–313
Langenbucher, Wolfgang R./Mahle, Walter A. (1973): „Umkehrproporz" und Kommunikative Relevanz. Zur Zusammensetzung und Funktion der Rundfunkräte. In: P 4/1973, S. 322–330
Langenbucher, Wolfgang R. (Hrsg.) (1974): Zur Theorie der politischen Kommunikation. München
Langenbucher, Wolfgang R. (Hrsg.) (1979): Politik und Kommunikation. Über die öffentliche Meinungsbildung. München: Piper
Langenbucher, Wolfgang R. (1985): Der Ausbau des drucktechnischen Kommunikationssystems. Skizzen zu einem „Printkommunikationsbericht". In: Schreiber/Langenbucher/Hömberg (Hrsg.) (1985[2]): S. 269–280
Langenbucher, Wolfgang R. (Hrsg.) (1986): Politische Kommunikation. Grundlagen, Strukturen, Prozesse. Studienbücher zur Publizistik- und Kommunikationswissenschaft. Band 2. Wien: Braumüller
Langenbucher, Wolfgang R. (1987): Fernsehen als epochales Phänomen. Oder: Vom Nutzen der Kulturkritik für kulturanthropologisches Forschen. In: Von der Ohe (Hrsg.) 1987, S. 159–176
Langenbucher, Wolfgang R. (Hrsg.) (1994): Publizistik- und Kommunikationswissenschaft. Ein Textbuch zur Einführung. Studienbücher zur Publizistik- und Kommunikationswissenschaft. Band 1. Wien: Braumüller
Langer, Susanne K. (1965): Philosophie auf neuem Wege. Das Symbol im Denken, im Ritus und in der Kunst. Frankfurt
Lankes, Gertraud (1993): Das Werbejahr 1992. In: Verband Österreichischer Zeitungsherausgeber und Zeitungsverleger (Hrsg.), Pressehandbuch. Wien. S. 14–16
Larsen, O. N. (1964): Social Effects of Mass Communication. In: Faris 1964, S. 348–381
Lasswell, Harold D. (1927): Propaganda Technique in the World War. New York
Lasswell, Harold D. (1971): The Structure and Function of Communication in Society. In: Schramm/Roberts (Eds.) 1971, S. 84–99
Latzer, Michael (1997): Mediamatik – die Konvergenz von Telekommunikation, Computer und Rundfunk. Opladen: Westdeutscher Verlag
Latzer Michael/Maier-Rabler Ursula/Siegert Gabriele/Steinmaurer Thomas (Hg.) (1999): Die Zukunft der Kommunikation. Phänomene und Trends in der Informationsgesellschaft. Innsbruck – Wien: Studien Verlag

Laws, Frederick (ed.) (1947): Made for Millions. A critical study of the new media of information and entertainment. London: Contact Publications Ltd.

Lazarsfeld, Paul/Berelson, Bernhard/Gaudet, Hazel (1948[2]): The People's Choice: How the Voter Makes Up His Mind in a Presidential Campaign. New York. Deutsch: Wahlen und Wähler. Soziologie des Wahlverhaltens. Berlin 1969

Lazarsfeld, Paul/Menzel, Herbert (1964): Massenmedien und personaler Einfluß. In: Schramm (Hrsg.) 1964, S. 117–139

Lazarsfeld, Paul/Stanton, F. N. (Eds.) (1944): Radio Research 1942–1943. New York

Le Bon, Gustave (1950): Psychologie der Massen. Stuttgart (orig.: Paris 1895)

Lenk, Hans (Hrsg.) (1978): Handlungstheorien – interdisziplinär. Bd. 2, München

Lenk, Hans (1978): Handlung als Interpretationskonstruktion. Entwurf einer konstituenten- und beschreibungstheoretischen Handlungsphilosophie. In: derselbe (Hrsg.) 1978, S. 279–350

Lepsius, Rainer M. (Hrsg.) (1976): Zwischenbilanz der Soziologie. Verhandlungen des 17. Deutschen Soziologentages. Stuttgart

Lerg, Winfried (1981): Verdrängen oder ergänzen die Medien einander? Innovation und Wandel in Kommunikationssystemen. In: P 2/1981, S. 193–201. Wiederabgedruckt in: Haas (Hrsg.) 1987, S. 106–114

Lerner, Daniel (1958): The Passing of Traditional Society. Glencoe, Ill.

Lersch, Philip (1965[2]): Der Mensch als soziales Wesen: Ein Einführung in die Sozialpsychologie. München

Lewin, Kurt (1947): Channels of Group Life, Social Planning and Action Research. In: Human Relations 1/1947/S. 143–153

Lewin, Kurt (1951): Field Theory in Social Science. New York. Deutsch: Feldtheorie in den Sozialwissenschaften. Bern 1963

Liessmann, Konrad Paul (1991): Die digitalisierte Welt. In: Strobl (Hrsg.) 1991, S. 35–43

Liessmann, Konrad Paul (1994): Raststätten an der Datenautobahn. Perspektiven der Informationsgesellschaft. Vortrag am 14. Österreichischen PR-Tag am 10. November 1994 in Wien (unveröff. Manuskript)

Lindesmith, Alfred R./Strauss, Anselm L. (1974): Symbolische Bedingungen der Sozialisation. Teil 1, Düsseldorf

Lindesmith, Alfred R./Strauss, Anselm L. (1975): Symbolische Bedingungen der Sozialisation. Teil 2. Düsseldorf

Lippmann, Walter (1922): Public Opinion. New York: The Macmillan Co. New Edition: Macmillan Paperback 1960. Deutsch: Die öffentliche Meinung. München 1964

Liwanec, Willi (1966): Information. Wien

Löffler, Martin (1963): Der Verfassungsauftrag der Presse. Karlsruhe

Löffler, Martin (Hrsg.) (1966): Die Rolle der Massenmedien in der Demokratie. Berlin

Lorenz, Konrad (1960): Über die Bildung des Instinktbegriffes. Wien

Luger, Kurt (1985): Medien im Jugendalltag. Wie gehen die Jugendlichen mit Medien um – Was machen die Medien mit den Jugendlichen? Wien: Böhlau

Luhmann, Niklas (1962): Funktion und Kausalität. In: KZfSS 14. Jg./1962, S. 617–644

Luhmann, Niklas (1970): Soziologische Aufklärung. Aufsätze zur Theorie sozialer Systeme. Opladen

Luhmann, Niklas (1970a): Funktionale Methode und Systemtheorie. In: derselbe 1970, S. 31–53

Luhmann, Niklas (1970b): Soziologie als Theorie sozialer Systeme. In: derselbe 1970, S. 113–136

Luhmann, Niklas (1971): Sinn als Grundbegriff der Soziologie. In: Habermas/Luhmann 1971, S. 25–100

Luhmann, Niklas (1972[2]): Funktionen und Folgen formaler Organisation. Berlin

Luhmann, Niklas (1975): Veränderungen im System gesellschaftlicher Kommunikation und die Massenmedien. In: Schatz (Hrsg.) 1975, S. 13–30

Luhmann, Niklas (1979): Öffentliche Meinung. In: Langenbucher (Hrsg.): 1979, S. 29–61

Luhmann, Niklas (1986): Soziologische Aufklärung 2. Aufsätze zur Theorie der Gesellschaft. Opladen: Westdeutscher Verlag (3. Auflage)

Luhmann, Niklas (1990): Soziologische Aufklärung 5. Konstruktivistische Perspektiven. Opladen: Westdeutscher Verlag

Luhmann, Niklas (1993[3]): Soziologische Aufklärung 3. Soziales System, Gesellschaft, Organisation. 3. Auflage. Opladen: Westdeutscher Verlag

Luhmann, Niklas (1994): Der „Radikale Konstruktivismus" als Theorie der Massenmedien? Bemerkungen zu einer irreführenden Debatte. In: Communicatio Socialis 1/1994/S. 7–11

Lull, James (d.) (1988): World families watch television. Newbury Park/Beverly Hills/London: Sage Publications

Lull, James (1988): The Family and Television in World Cultures. In: derselbe (ed.) 1988, S. 9–21

Lundberg, George (1939): Foundations of Sociology. New York

Lutz, Benedikt/Wodak, Ruth (1987): Information für Informierte. Linguistische Studien zu Verständlichkeit und Verstehen von Hörfunknachrichten. Wien

Mahle, Walter A. (Hrsg.) (1985): Fortschritte der Medienwirkungsforschung? Neue theoretische und methodische Ansätze und Fortschritte der Medienwirkungsforschung. Berlin: Spiess

Mahle, Walter A. (Hrsg.) (2000): Orientierung in der Informationsgesellschaft. Bd. 43 der Schriftenreihe der AKM (Arbeitsgruppe Kommunikationsforschung) München: UVK-Medien

Maier-Rabler, Ursula (1995): Die neuen Informations- und Kommunikationstechnologien als gesellschaftspolitische Herausforderung. In: Informatik Forum Bd. 9/4/1995/S. 157–168

Maier-Rabler, Ursula/Latzer, Michael (Hg.) (2001): Kommunikationskulturen zwischen Kontinuität und Wandel. Universelle Netzwerke für die Zivilgesellschaft. Konstanz: UVK

Maisel, Richard (1973): The Decline of Mass Media. In: POQ Vol. 37/1973/S. 159–170

Maletzke, Gerhard (1963): Psychologie der Massenkommunikation. Hamburg

Maletzke, Gerhard (1972): Massenkommunikation. In: Graumann (Hrsg.) 1972, S. 1511–1536

Maletzke, Gerhard (1972): Einführung in die Massenkommunikationsforschung. Berlin

Maletzke, Gerhard (1980): Kommunikationsforschung als empirische Sozialwissenschaft. Anmerkungen zur Situation und Problematik. Berlin: Volker Spiess

Maletzke, Gerhard (1980): Integration – eine gesellschaftliche Funktion der Massenkommunikation. In: P 2–3/1980/S. 199–206. Wiederabgedruckt in: Maletzke 1984, S. 137–146

Maletzke, Gerhard (1984): Bausteine zur Kommunikationswissenschaft. 1949–1984. Berlin: Volker Spiess

Maletzke, Gerhard (1988): Kulturverfall durch Fernsehen? Berlin: Volker Spiess

Maletzke, Gerhard (1998): Kommunikationswissenschaft im Überblick. Grundlagen, Probleme, Perspektiven. Opladen/Wiesbaden: Westdeutscher Verlag

Mandel, Anita/Mandel, Karl Herbert/Stadter, Ernst/Zimmer, Dirk (1971): Einübung in Partnerschaft durch Kommunikationstherapie und Verhaltenstherapie, Band 1, München

Mander, Jerry (1979): Schafft das Fernsehen ab! Eine Streitschrift gegen das Leben aus zweiter Hand. Reinbek bei Hamburg: Rowohlt

Marcinkowsky, Frank (1993): Publizistik als autopoietisches System. Politik und Massenmedien, Eine systemtheoretische Analyse. Opladen: Westdeutscher Verlag

Marschall, Stefan (1997): Politik „online" – Demokratische Öffentlichkeit dank Internet? In: P 3/1997/S. 304–324

Marx, Karl (1967): Das Kapital II. Frankfurt

Marx, Karl/Engels, Friedrich (1960): Die deutsche Ideologie. Berlin

Maslow, Abraham H. (1977): Motivation und Persönlichkeit. Olten

Mast, Claudia (1985): Medien und Alltag im Wandel. Eine Literaturstudie zu Akzeptanz und Nutzung alter und neuer Medien. Konstanz: Universitätsverlag Konstanz

Mast, Claudia (Hrsg.) (1996): Markt – Macht – Medien. Publizistik im Spannungsfeld zwischen gesellschaftlicher Verantwortung und ökonomischen Zielen. Konstanz

Maturana, Humberto R. (1985): Erkennen: Die Organisation und Verkörperung von Wirklichkeit. Braunschweig/Wiesbaden: Vieweg (2. Aufl.)

McClure, Robert D./Patterson, Thomas E. (1976): Print Vs. Network News. In: Journal of Communication Vol. 26/1976/S. 23–28

McCombs, Maxwell E. (1977): Newspaper Versus Television: Mass Communication Effects Across Time. In: Shaw/McCombs 1977, S. 89–106

McCombs, Maxwell E./Shaw, Donald L. (1972): The Agenda-Setting Function of Mass Media, In: POQ Vol. 36/1972/S. 176–187

McLuhan, Marshall (1968a): Die Gutenberg-Galaxis. Das Ende des Buchzeitalters. Düsseldorf, Wien: Econ

McLuhan, Marshall (1968b): Die magischen Kanäle. Düsseldorf, Wien: Econ (amerikanische Erstausgabe: „Understanding Media“. 1964)
McQuail, Denis (Ed.) (1972): Sociology of Mass Communications. Harmondsworth
McQuail, Denis (1973): Soziologie der Massenkommunikation. Berlin
McQuail, Denis (1983): Mass Communication Theory. An Introduction. London.
McQuail, Denis/Blumler, Jay/Brown, J. (1972): The Television Audience: A Revised Perspective. In: McQuail (Ed.) 1972, S. 135–165
Mead, George Herbert (1968): Geist, Identität, Gesellschaft (Hrsg. Charles Morris). Frankfurt/Main
Media control (1985): Gewalt im Fernsehen. Untersuchung im Auftrag des Stern. Dezember 1985.
Mehrabian, Albert (1972): Nonverbal Communication. Chicago – New York
Meier, Werner A. (1997): Zwischen traditioneller Medienökonomie und politischer Ökonomie gesellschaftlicher Kommunikation. In: Bonfadelli/ Rathgeb 1996, S. 173–183
Meier, Werner A./Trappel, Josef (2001): Medienökonomie. In: Jarren/Bonfadelli 2001, S. 161–196
Mendelsohn, H. (1964): Sociological Perspectives on the Study of Mass Communication. In: Dexter/White (Eds.) 1964, S. 29–35
Menne, Albert (1973²): Einführung in die Logik. München
Menningen, Walter (1971): Fernsehen – Unterhaltungsindustrie oder Bildungsinstitut. Stuttgart: Kohlhammer
Merkert, Rainald (1968): Erziehung zum Fernsehen. Versuch eines pädagogischen Entwurfs. Münsterische Beiträge zu pädagogischen Zeitfragen. Hrsg. im Auftrage des Dt. Inst. für wissenschaftliche Pädagogik von Josef Speck. Heft 10. Münster: A. Laumann
Merrill, John C./Lowenstein, Ralph L. (1971): Media Message and Men. New Perspectives in Communication. New York 1971
Merten, Klaus (1974): Vom Nutzen der Lasswell-Formel – oder Ideologie in der Kommunikationsforschung. In: RuF 2/1974, S. 143–165
Merten, Klaus (1977): Kommunikation. Eine Begriffs- und Prozeßanalyse. Opladen
Merten, Klaus (1980): Personale oder mediale Kommunikation? Soziale Auswirkungen der Neuen Medien. In: Bertelsmann Briefe/Heft 102/1980/ S. 10–19
Merten, Klaus (1982): Der wahlentscheidende Einfluß des Fernsehens auf die Bundestagswahl 1976 – oder Alchemie in der empirischen Sozialforschung. In: Schatz/Lange (Hrsg.) 1982, S. 121–139
Merten, Klaus (1983): Wirkungen der Medien im Wahlkampf. Fakten oder Artefakte? In: Schulz/Schönbach (Hrsg.) 1983, S. 424–441
Merten, Klaus (1984): Vom Nutzen des „Uses and Gratifications Approach“. Anmerkungen zu Palmgreen. In: RuF 1/1984/S. 66–72
Merten, Klaus/Teipen, Petra (1991): Empirische Kommunikationsforschung. Darstellung, Kritik, Evaluation. München: Ölschläger
Merten, Klaus/Schmidt, Siegfried J./Weischenberg, Siegfried (Hrsg.)

(1994): Die Wirklichkeit der Medien. Eine Einführung in die Kommunikationswissenschaft. Opladen: Westdeutscher Verlag
Merten, Klaus (1988): Aufstieg und Fall des „Two-Step-Flow of Communication“. Kritik einer sozialwissenschaftlichen Hypothese. In: Politische Vierteljahresschrift 29, S. 610–635
Merten, Klaus (1999): Einführung in die Kommunikationswissenschaft. Bd. 1: Grundlagen der Kommunikationswissenschaft. Münster: Lit
Merton, Robert K. (1967): Funktionale Analyse. In: Hartmann (Hrsg.) 1967, S. 171–214
Merton, Robert K. (1968): Social Theory and Social Structure. New York
Merton, Robert K./Broom, Leonard/Cottrell, Leonard S. (Eds.) (1959): Sociology Today: Problems and Prospects. New York
Metzger, W. (Hrsg.) (1966): Handbuch der Psychologie, 1. Bd. Allgemeine Psychologie 1. Hbb. Göttingen
Meyer, Paul W./Koller, Barbara (1971): Die Rolle der Wirtschaftswerbung bei der Sozialisation. In: Ronneberger (Hrsg.) 1971, S. 378–398
Meyrowitz, Joshua (1987): Die Fernsehgesellschaft. Wirklichkeit und Identität im Medienzeitalter. Weinheim/Basel: Beltz (dt. Übersetzung von: No Sense of Place. The Impact of Electronic Media on Social Behaviour. Oxford 1985)
Minte-König, Bianka (1981): Medienpädagogik. In: Koszyk/Pruys (Hrsg.) 1981, S. 183–190
Miller, George A./Galanter, Eugene/Pribram, Karl H. (1960): Plans and the Structure of Behavior. New York
Moll, Gabriele (2002): Wertkommunikation im unternehmerischen Kontext. Ein handlungsorientierter Ansatz. Zürich: Versus
Mollenhauer, Klaus (1972): Theorien zum Erziehungsprozeß. Zur Einführung in erziehungswissenschaftliche Fragestellungen. München
Morris, Charles W. (1938): Foundations of the Theory of Signs. Chicago. Deutsch: Grundlagen der Zeichentheorie. München 1972
Moscovici, Serge (Hrsg.) (1975): Forschungsgebiete der Sozialpsychologie 1. Eine Einführung für das Hochschulstudium. Frankfurt/Main
Mühlbauer, Karl Reinhold (1980): Sozialisation. Eine Einführung in Theorien und Modelle. München
Mühlmann, W. E. (1966): Umrisse und Probleme einer Kulturanthropologie. In: Mühlmann/Müller (Hrsg.) 1966
Mühlmann, W. E./Müller, E. W. (Hrsg.) (1966): Kulturanthropologie. Köln – Berlin
Müller, Peter (1970): Die soziale Gruppe im Prozeß der Massenkommunikation. Stuttgart
Mullins, L. E. (1977): Agenda Setting and the Young Voter. In: Shaw/McCombs 1977, S. 133–148
Münch, Richard (1991): Dialektik der Kommunikationsgesellschaft. Frankfurt/Main: Suhrkamp 1991
Münch, Richard (1993): Journalismus in der Kommunikationsgesellschaft. In: P 3/1993/S. 261–279

Mundzeck, Heike (1973): Kinder lernen Fernsehen. Was, wann, wie lange und wozu? Reinbek bei Hamburg: Rowohlt 1973

Narr, K. J. (1973): Beiträge der Urgeschichte zur Kenntnis der Menschennatur. In: Gadamer/Vogler (Hrsg.) 1973, Bd. 4, S. 3 ff.

Narr, Wolf-Dieter (1969): Theoriebegriffe und Systemtheorie. Stuttgart

Naschold, Frieder (1973): Kommunikationstheorien. In: Aufermann et al. (Hrsg.) 1973, S. 11–48

Negroponte, Nicholas (1995): Total digital. Die Welt zwischen 0 und 1 oder Die Zukunft der Kommunikation. München: Bertelsmann (original: New York: Knopf)

Nelson, Katherine (1973): Structure and strategy in learning to talk. Monographs of the Society for Research in Child Development. 149/Vol. 38

Nessmann, Karl (1988): Gestaltung und Wirkung von Bildungsfilmen. Ergebnisse der empirischen Forschung. Frankfurt am Main/Bern/New York/Paris: Lang

Neuberger, Christoph (1996): Journalismus als Problembearbeitung. Objektivität und Relevanz in der öffentlichen Kommunikation. Konstanz: UVK Medien

Neuberger, Christoph (1997): Was ist wirklich, was ist wichtig? Zur Begründung von Qualitätskriterien im Journalismus. In: Bentele/Haller (Hrsg.) 1997, S. 311–322

Neuberger, Christoph (2000): Massenmedien im Internet 1999. Angebote, Strategien, neue Informationsmärkte. In: Media Perspektiven 3/2000, S. 102–109

Neuberger, Christoph (2001): Strategien der Tageszeitungen im Internet. Ergebnisse einer Redaktionsbefragung. In: Maier-Rabler/Latzer (Hrsg.) 2001, S. 237–254

Neverla, Irene (1990): Der soziale Zeitgeber Fernsehen. Das elektronische Medium als Komponente und Agens der abstrakt-linearen Zeit unserer Gesellschaft. In: Medien & Zeit 1/1990/S. 3–11

Neverla, Irene (1992): Fernseh-Zeit. Zuschauer zwischen Zeitkalkül und Zeitvertreib. Eine Untersuchung zur Fernsehnutzung. Reihe: Forschungsfeld Kommunikation, Bd. 1 (Hrsg. Walter Hömberg/Heinz Pürer/Ulrich Saxer) München: Ölschläger

Neverla, Irene (1998): Das Medium denken: zur sozialen Konstruktion des Netz-Mediums. In: dieselbe (Hrsg.) 1998, S. 17–35

Neverla, Irene (Hrsg.) (1998): Das Netz-Medium. Kommunikationswissenschaftliche Aspekte eines Mediums in Entwicklung. Opladen/Wiesbaden: Westdeutscher Verlag.

Nickl, Milutin Michael (1998): Einige Entwürfe und Erträge in der neueren kommunikationswissenschaftlichen Persuasionsforschung. In: Hoffmann/Keßler (Hrsg.) 1998, S. 21–53

Niepold, Wulf (1972): Sprache und soziale Schicht. Darstellung und Kritik der Forschungsliteratur seit Bernstein. Berlin

Nissen, Peter/Menningen, Walter (1977): Der Einfluß der Gatekeeper auf die Themenstruktur der Öffentlichkeit. In: P 2/1977/S. 159–180

Noelle-Neumann, Elisabeth (1971): Propaganda. In: Noelle-Neumann/Schulz (Hrsg.) 1971, S. 304–311

Noelle-Neumann, Elisabeth (1973): Kumulation, Konsonanz und Öffentlichkeitseffekt. In: P 1/1973/S. 26–55

Noelle-Neumann, Elisabeth (1975): Publizistik- und Kommunikationswissenschaft: ein Wissenschaftsbereich oder ein Themenkatalog? In: P 3/1975/S. 743–748; wiederabgedruckt in: dieselbe, (hrsg.v. Jürgen Wilke) 1977, S. 245–252

Noelle-Neumann, Elisabeth (1977a): Öffentlichkeit als Bedrohung. Beiträge zur empirischen Kommunikationsforschung (hrsg. v. Jürgen Wilke). Freiburg/München: Alber

Noelle-Neumann, Elisabeth (1977b): Der getarnte Elefant. In: dieselbe, (hrsg. v. Jürgen Wilke) 1977, S. 115–126. Zuerst veröffentlicht unter anderem Titel in: Stolte/Heygster/Frank 1970, S. 79–90. Wiederabgedruckt in: Burkart 1992(a): S. 170–177

Noelle-Neumann, Elisabeth (1977c): Die Schweigespirale. Über die Entstehung der öffentlichen Meinung. In: dieselbe, (hrsg.v. Jürgen Wilke) 1977, S. 169–203

Noelle-Neumann, Elisabeth (1979): Massenmedien und sozialer Wandel – Methodenkombination in der Wirkungsforschung. In: Zeitschrift für Soziologie 8/1979/S. 164–182

Noelle-Neumann, Elisabeth (1982a): Der Konflikt zwischen Wirkungsforschung und Journalisten. Ein wissenschaftsgeschichtliches Kapitel. In: P 1/1982/S. 114–128

Noelle-Neumann, Elisabeth (1982b): Die Schweigespirale. Öffentliche Meinung – unsere soziale Haut. Frankfurt/Main: Ullstein

Noelle-Neumann, Elisabeth (1983): Neue Forschungen im Zusammenhang mit der Schweigespiralen-Theorie. In: Saxer 1983, S. 133–144

Noelle-Neumann, Elisabeth (1986): Nachwort in: Deisenberg 1986, S. 301–326

Noelle-Neumann, Elisabeth (1988): Das Fernsehen und die Zukunft der Lesekultur. In: Fröhlich/Zitzlsperger/Franzmann (Hrsg.) 1988, S. 222–254

Noelle-Neumann, Elisabeth (1989a): Öffentliche Meinung. In: Noelle-Neumann/Schulz/Wilke (Hrsg.) 1989, S. 255–266

Noelle-Neumann, Elisabeth (1989b): Wirkung der Massenmedien. In: Noelle-Neumann/Schulz/Wilke (Hrsg.) 1989, S. 360–400

Noelle-Neumann, Elisabeth/Schulz, Winfried (Hrsg.) (1971): Publizistik. Frankfurt/Main

Noelle-Neumann, Elisabeth/Schulz, Winfried/Wilke, Jürgen (Hrsg.) (1989): Das Fischer Lexikon Publizistik Massenkommunikation. Frankfurt/Main: Fischer 1989

Noelle-Neumann, Elisabeth / Schulz, Winfried / Wilke, Jürgen (Hrsg.) (1994): Publizistik. Massenkommunikation. Frankfurt/Main: Fischer Taschenbuch Verlag

Nuissl, Ekkehard (1975): Massenmedien im System bürgerlicher Herrschaft. Berlin

Nutz, Walter (1971): Die Regenbogenpresse. Opladen

Oeckl, Albert (1964): Handbuch der Public Relations. München

Oberhauser, Otto (1976): Interpersonale Kommunikation im Massenkommunikationsprozeß. Kritik des Zweistufenkonzeptes und empirische Überprüfung alternativer Hypothesen. Phil. Diss. Wien

Oehmichen, Ekkehardt/Schröter, Christian (2001): Information: Stellenwert des Internets im Kontext klassischer Medien. Schlussfolgerungen aus der ARD/ZDF-Online-Studie 2001. In: Media Perspektiven 8/2001, S. 410–421

Opp, Karl-Dieter (1970): Methodologie der Sozialwissenschaften. Einführung in Probleme ihrer Theoriebildung. Hamburg

Ortega y Gasset, José (1973): Der Aufstand der Massen. Hamburg (orig.: Madrid 1930)

Österreichischer Rundfunk (Hrsg.) (1992): ORF-Almanach 1991/92. Wien

Österreichischer Rundfunk (Hrsg.) (1996): ORF-Almanach 1995/96. Wien

Österreichisches Jahrbuch für Kommunikationswissenschaft (1985): Hrsg.: Institute für Publizistik- und Kommunikationswissenschaft der Universitäten Wien und Salzburg, Österreichische Gesellschaft für Publizistik- und Kommunikationswissenschaft. Wien: Böhlau

Östgaard, Einar (1965): Factors Influencing the Flows of News. In: Journal of Peace Research 2/1965/S. 39–63

Osgood, Charles/Tannenbaum, Percy H. (1955): The Principle of Congruity in the Prediction of Attitude Change. In: Psychological Review Vol. 62/1955, S. 42 ff.

Palmgreen, Philip (1984): Der „Uses and Gratifications Approach“ Theoretische Perspektiven und praktische Relevanz. In: RuF 1/1984/S. 51–62

Palmgreen, Philip/Rayburn, J. D. (1985): An Expectancy-Value Approach to Media Gratifications. In: Rosengren/Wenner/Palmgreen (Eds.) 1985, S. 61–72

Palmgreen, Philip/Wenner, Lawrence A./Rosengren, Karl Erik (1985): Uses and Gratifications Research: The Past ten Years. In: Rosengren/Wenner/Palmgreen (Eds.) 1985, S. 11–37

Parsons, Talcott (1967). Einige Grundzüge der allgemeinen Theorie des Handelns. In: Hartmann (Hrsg.) 1967, S. 218–244

Parsons, Talcott (1971): Evolutionäre Universalien der Gesellschaft. In: Zapf (Hrsg.) 1971, S. 55–74

Parthey, Heinrich/Wittich, Dieter (1972): Problem. In: Klaus/Buhr (Hrsg.) 1972, S. 875 f.

Peiser, Wolfram (1996): Die Fernsehgeneration: eine empirische Untersuchung ihrer Mediennutzung und Medienbewertung. Opladen: Westdeutscher Verlag

Pelz, Heidrun (1975): Linguistik für Anfänger. Hamburg

Pepitone, Albert (1966): Some Conceptual and Empirical Problems of Consistency Models. In: Feldman (Ed.) 1966, S. 257–297

Pfammatter, René (Hrsg.) (1998): Multi Media Mania. Reflexionen zu Aspekten Neuer Medien. Konstanz: UVK Medien

Pfeiffer, Karl Heinz (1974): Unsere Kinder vor dem Bildschirm. Ratschläge für die pädagogische Nutzung von Fernsehen, Film und Funk. Freiburg im Breisgau: Herder

Pfetsch, Barbara (1991): Politische Folgen der Dualisierung des Rundfunksystems in der Bundesrepublik Deutschland. Konzepte und Analysen zum Fernsehangebot und zum Publikumsverhalten. Baden-Baden: Nomos.

Pfetsch, Barbara (1993): Konvergente Fernsehformate in der Politikberichterstattung? Eine vergleichende Analyse öffentlich-rechtlicher und privater Programme 1985/86 und 1993. In: RuF 4/1996/S. 479–498

Phillips, David P. (1974): The influences of suggestion on suicide: substantive and theoretical implications of the Werther effect. In: American Sociological Review Vol. 39/1974

Phillips, David P. (1982): The impact of fictional television stories on U.S. adult fatalities: new evidence on the effect of the mass media on violence. In: American Journal of Sociology Vol. 87/1982

Piaget, Jean (1975): Der Aufbau der Wirklichkeit beim Kinde. Gesammelte Werke, Bd. 2. Stuttgart

Plasser, Fritz (1985): Elektronische Politik und politische Technostruktur reifer Industriegesellschaften – Ein Orientierungsversuch. In: Plasser/Ulram/Welan (Hrsg.) 1985, S. 9–31

Plasser, Fritz (1987): Parteien unter Streß. Zur Dynamik der Parteiensysteme in Österreich, der Bundesrepublik Deutschland und den Vereinigten Staaten. Wien: Böhlau

Plasser, Fritz/Sommer, Franz (1991): Politische Öffentlichkeitsarbeit in informationsgesellschaftlichen Demokratien. In: Dorer/Lojka (Hrsg.): 1991, S. 93–110

Plasser, Fritz/Ulram, Peter A./Welan, Manfried (Hrsg.) (1985): Demokratierituale (Studien zu Politik und Verwaltung; Bd. 9). Wien: Böhlau

Plessner, Helmuth (1964): Conditio Humana. Pfullingen

Pluch, Thomas (1984): Goßer Bruder Fernsehen. Die elektronische Kulturrevolution. Wien: Österr. Bundesverlag

Polaczek, Dietmar (1990): Die armen Reichen vor dem Bildschirm. Italiens Fernsehen: Verdummung oder Befreiung. In: Freibeuter. Vierteljahresschrift für Kultur und Politik. Nr. 44/1990/S. 59–68

Popp, Walter (Hrsg.) (1976): Kommunikative Didaktik. Soziale Dimensionen des didaktischen Feldes. Weinheim – Basel

Popper, Karl (1972): Die Logik der Sozialwissenschaften. In: Adorno u. a. 1972, S. 103–123

Popper, Karl (1973): Logik der Forschung. Tübingen: Mohr (5. Auflage)

Popper, Karl (1974): Objektive Erkenntnis. Ein evolutionärer Entwurf. Hamburg: Hoffman und Campe (2. Auflage)

Popper, Karl (1975[4]): Die offene Gesellschaft und ihre Feinde I. Der Zauber Platons. München: Francke

Popper, Karl (1979[5]): Das Elend des Historizismus. Tübingen: Mohr

Portmann, Adolf (1956): Zoologie und das neue Bild vom Menschen. Hamburg

Portmann, Adolf (1972): Biologie und Geist. In: Roùek/Schatz (Hrsg.) 1972, S. 115–129

Postman, Neil (1983): Das Verschwinden der Kindheit. Frankfurt/Main: S. Fischer (dt. Übersetzung von: The Disappearance of Childhood. New York 1982)

Postman, Neil (1985): Wir amüsieren uns zu Tode. Urteilsbildung im Zeitalter der Unterhaltungsindustrie. Frankfurt/Main: S. Fischer (dt. Übersetzung von: Amusing Ourselves to Death. Public Discourse in the Age of Show Business. New York 1985)

Prakke, Henk (1965): Die Lasswell-Formel und ihre rhetorischen Ahnen. In: P 3/1965/S. 285–291

Premack, D. (1973): Sprache bei Schimpansen? In: Schwidetzky (Hrsg.) 1973, S. 93 ff.

Prewo, Rainer/Ritsert, Jürgen/Stracke, Elmar (1973): Systemtheoretische Ansätze in der Soziologie. Eine kritische Analyse. Hamburg

Prim, Rolf/Tilmann, Heribert (1973): Grundlagen einer kritisch-rationalen Sozialwissenschaft. Studienbuch zur Wissenschaftstheorie. Heidelberg

Prokop, Dieter (Hrsg.) (1972/1973/1977): Massenkommunikationsforschung. Band 1: Produktion. Frankfurt/Main: Fischer 1972, Band 2: Konsumtion. 1973, Band 3: Produktanalysen. 1977

Pross, Harry (1972): Medienforschung. Darmstadt

Pross, Harry (1974): Politische Symbolik. Theorie und Praxis der öffentlichen Kommunikation. Stuttgart: Kohlhammer

Pross, Harry (1977): Kommunikationspolitik und neue Medien. In: Reimann/Reimann (Hrsg.) 1977, S. 21–36

Pürer, Heinz (1990): Einführung in die Publizistikwissenschaft. Systematik, Fragestellungen, Theorieansätze, Forschungstechniken. München: Ölschläger (4. Auflage, erstmals: 1978)

Pürer, Heinz (1990a): Presse in Österreich. Unter Mitarbeit von Benno Signitzer. Schriftenreihe Medien & Praxis, Bd. 2. (hrsg. v. Verband Österreichischer Zeitungsverleger/VÖZ). Wien

Pürer, Heinz (1992): Ethik in Journalismus und Massenkommunikation. Versuch einer Theorien-Synopse. In: P 3/1992/S. 304–321

Pürer, Heinz (Hrsg.) (1996[4]): Praktischer Journalismus in Zeitung, Radio und Fernsehen. Mit einer Berufs- und Medienkunde für Journalisten in Österreich. Salzburg: Kuratorium für Journalistenausbildung. 4. überarb. u. erw. Auflage

Pürschel, Antje/Wilke, Jürgen (1996): Politische Vorsaussetzungen: Liberalisierung des Telekommunikationsmarktes. In: Wilke/Imhof (Hrsg.) 1996, S. 23–32

Raiser, Konrad (1971): Identität und Sozialität. George Herbert Meads Theorie der Interaktion und ihre Bedeutung für die theologische Anthropologie. München

Rammstedt, Otthein (1973): Evolution. In: Fuchs et al. (Hrsg.) 1973, S. 187

Ranney, Austin (1983): Channels of Power. The Impact of Television on American Politics. New York

Rapoport, Anatol (1968): Was ist Semantik? In: Hayakawa 1968, S. 1–26

Reardon, Kathleen Kelley (1981): Persuasion. Theory and Context. Bevery Hills: Sage

Reck, A. J. (1963): The Philosophy of Georg Herbert Mead. In: Tulane Studies in Philosophy 12/1963, S. 5–51

Reimers, Karl Friedrich/Schmid, Hermann (Hg.) (1998): Das wollen die Leute sehen. Unterhaltung und Aktualität im kommerziellen Fernsehen. Konstanz: UVK-Medien

Reimann, Horst (1968): Kommunikationssysteme. Umrisse einer Soziologie der Vermittlungs- und Mitteilungsprozesse. Tübingen

Reimann, Horst/Giesen, Bernard/Goetze, Dieter/Schmid, Michael (Hrsg.) (1975): Basale Soziologie: Theoretische Modelle. München

Reimann, Helga/Reimann, Horst (Hrsg.) (1977): Information. München

Renckstorf, Karsten (1970): Zur Hypothese des „Two-Step-Flow" der Massenkommunikation. In: RuF 3–4/1970, S. 316–333

Renckstorf, Karsten (1973): Alternative Ansätze der Massenkommunikationsforschung: Wirkungs- vs. Nutzenansatz. In: RuF 2–3/1973, S. 183–197

Renckstorf, Karsten (1975): Zum Modell zukünftiger Massenkommunikationsforschung. In: Renckstorf 1977, S. 167–176

Renckstorf, Karsten (1977): Neue Perspektiven in der Massenkommunikationsforschung. Beiträge zur Begründung eines alternativen Forschungsansatzes. Berlin

Renckstorf, Karsten (1989): Mediennutzung als soziales Handeln. Zur Entwicklung einer handlungstheoretischen Perspektive der empirischen (Massen-)Kommunikationsforschung. In: Kaase/Schulz (Hrsg.): 1989, S. 314–336

Renckstorf, Karsten/Teichert, Will (Hrsg.) (1984): Empirische Publikumsforschung. Fragen der Medienpraxis – Antworten der Medienwisenschaft. Hamburg: Verlag Hans-Bredow-Institut

Renckstorf, Karsten/Wester, Fred (1992): Die handlungstheoretische Perspektive empirischer (Massen-)Kommunikationsforschung. Theoretischer Ansatz, methodische Implikationen und forschungspraktische Konsequenzen. In: Communications 2/1992/S. 177–195

Renger, Rudi/Siegert, Gabriele (Hg.) (1997): Kommunikationswelten. Wissenschaftliche Perspektiven zur Medien- und Informationsgesellschaft. Band 1 der Reihe: Beiträge zur Medien- und Kommunikationsgesellschaft (hrsg. von der Österreichischen Gesellschaft für Kommunikationsfragen/ÖGK). Innsbruck – Wien: Studien Verlag

Rheingold, Howard (1992): Virtuelle Welten. Reisen im Cyberspace. Hamburg: Rowohlt. (Original: Virtual Reality. New York 1991)

Rheingold, Howard (1994): Virtuelle Gemeinschaft. Soziale Beziehungen im

Zeitalter des Computers. Bonn: Addison Wesley (original: The Virtual Community. New York 1993)

Rheingold, Howard (1996): Die Zukunft der Demokratie und die vier Prinzipien der Computerkommunikation. In: Bollmann (1996[2]) (Hrsg.): S. 189–197

Riepl, Wolfgang (1913): Das Nachrichtenwesen des Altertums. Mit besonderer Rücksicht auf die Römer. Leipzig und Berlin: B. G. Teubner 1913. S. dazu auch die wiederabgedruckte Einleitung („Das Gesetz von der Komplementarität") in: Bobrowsky/Duchkowitsch/Haas (Hrsg.) (1987): S. 144–148

Riley, John W./Riley, Mathilda W. (1959): Mass Communication and the Social System. In: Merton et al. (Eds.) 1959, S. 537–578

Rings, Werner (1962): Die 5. Wand: Das Fernsehen. Wien/Düsseldorf: Econ

Robes, Jochen (1990): Die vergessene Theorie: Historischer Materialismus und gesellschaftliche Kommunikation. Zur Rekonstruktion des theoretischen Gehalts und der historischen Entwicklung eines kommunikationswissenschaftlichen Ansatzes. Stuttgart: Silberburg

Robinson, Gertrude Joch (1970): Foreign News Selection is Nonlinear in Yugoslavias Tanjug Agency. In: Journalism Quarterly Vol. 47/1970/ S. 340–351

Robinson, Gertrude Joch (1973): Fünfundzwanzig Jahre „Gatekeeper"-Forschung: Eine kritische Rückschau und Bewertung. In: Aufermann/Bohrmann/Sülzer (Hrsg.): Bd. 1/1973/S. 344–355

Robinson, Michael J. (1976): Public affairs television and the growth of political malaise: The case of "The Selling of the Pentagon". In: American Political Science Review 70, S. 409–432

Roùek, Roman/Schatz, Oskar (Hrsg.) (1972): Philosophische Anthropologie heute. München

Rödel, Ulrich/Frankenberg, Günter/Dubiel, Helmut (1989): Die demokratische Frage. Ein Essay. Frankfurt/Main: Suhrkamp

Roegele, Otto B. (1966): Die Zeitungswissenschaft im Streite der Fakultäten. In: P 3–4/1966/S. 390–398

Rogers, Everett M. (1973): Mass Media and Interpersonal Communication. In: Schramm/Pool (Eds.) 1973, S. 290–310

Rogge, Jan Uwe (1988): „... manchmal halt' ich das nicht mehr aus ...". Über innerfamiliäre Konfliktkonstellationen mit den Medien. In: Baacke/Lauffer (Hrsg.) 1988, S. 46–59

Rollka, Bodo (1971): Bertold Brechts Radiotheorie. In: RuF 2/1971, S. 145–154

Ronge, Volker (1984): Massenmedienkonsum und seine Erforschung – eine Polemik gegen „Uses and Gratifications". In: RuF 1/1984/S. 73–82

Ronneberger, Franz (1964): Die politischen Funktionen der Massenkommunikationsmittel. In: P 4/1964, S. 291–304

Ronneberger, Franz (Hrsg.) (1971): Sozialisation durch Massenkommunikation. Stuttgart

Ronneberger, Franz (1971): Sozialisation durch Massenkommunikation. In: derselbe (Hrsg.) 1971, S. 32–101

Ronneberger, Franz (1974): Die politischen Funktionen der Massenkommunikation. In: Langenbucher (Hrsg.) 1974, S. 193–205

Ronneberger, Franz (1978a): Zur Lage der Publizistikwissenschaft. In: Steindl (Hrsg.) 1978, S. 11–19

Ronneberger, Franz (1978b): Kommunikationspolitik. Teil I: Institutionen, Prozesse, Ziele. Mainz: v. Hase & Koehler

Ronneberger, Franz (1979): Leistungen und Fehlleistungen der Massenkommunikation. In: Langenbucher (Hrsg.) 1979, S. 127–142

Ronneberger, Franz (1980): Kommunikationspolitik. Teil II: Kommunikationspolitik als Gesellschaftspolitik. Mainz: v. Hase & Koehler

Ronneberger, Franz (1985): Integration durch Massenkommunikation. In: Saxer (Hrsg.) 1985, S. 3–18

Ronneberger, Franz (1986): Kommunikationspolitik. Teil III: Kommunikationspolitik als Medienpolitik. Mainz: v. Hase & Koehler

Rose, Arnold M. (1967): Systematische Zusammenfassung der Theorie der symbolischen Interaktion. In: Hartmann (Hrsg.) 1967, S. 266–282

Rosenberg, Milton J. (1960): A Structural Theory of Attitude Dynamics. In: POQ Vol. 24/1960, S. 319 ff.

Rosenberg, Milton J./Abelson, Robert P. (1960): An Analysis of Cognitive Balancing. In: Hovland/Rosenberg (Eds.) 1960

Rosengren, Karl Erik/Wenner, Lawrence A./Palmgreen, Philip (Eds.) (1985), Media Gratifications Research. Current Perspectives. Bevery Hills: Sage

Rosengren, Karl Erik/Windahl, Swen (1972): Funktionale Aspekte bei der Nutzung der Massenmedien. In: Maletzke 1972, S. 169–187

Rossi-Landi, F. (1972): Sprache als Arbeit und als Markt. München

Rössler, Patrick (1997): Agenda-Setting: Theoretische Annahmen und empirische Evidenzen einer Medienwirkungshypothese (Reihe: Studien zur Kommunikationswissenschaft, Bd. 27) Opladen: Westdeutscher Verlag

Rössler, Patrick (Hrsg.) (1998): Online-Kommunikation. Beiträge zur Nutzung und Wirkung. Opladen/Wiesbaden: Westdeutscher Verlag

Rössler, Patrick (Hrsg.) (1998): Online-Kommunikation. Opaden/Wiesbaden Westdeutscher Verlag

Rössler, Patrick/Wirth, Werner (Hrsg.) (1999): Glaubwürdigkeit im Internet. Fragestellungen, Modelle, empirische Befunde. München: R. Fischer

Rossmann, Torsten (1993): Öffentlichkeitsarbeit und ihr Einfluß auf die Medien. Das Beispiel Greenpeace. In: MP 2/1993/S. 85–94

Roth, Gerhard (1986): Selbstorganisation – Selbsterhaltung – Selbstreferentialität: Prinzipien der Organisation der Lebewesen und ihre Folgen für die Beziehung zwischen Organismus und Umwelt. In: Dress, A. et al. (Hrsg.) 1986, S. 149–180

Roth, Gerhard (1987): Erkenntnis und Realität: Das reale Gehirn und seine Wirklichkeit. In: Schmidt (Hrsg.): 1987, S. 229–255

Röttger, Ulrike (Hrsg.) (1997): PR-Kampagnen. Über die Inszenierung von Öffentlichkeit. Opladen: Westdeutscher Verlag

Rubin, Alan M. (2000): Die Uses-And-Gratifications-Perspektive in der Medienwirkungsforschung. In: Schorr (Hrsg.) 2000, S. 137–152

Rühl, Manfred (1969a): Systemdenken in der Kommunikationswissenschaft. In: P 2/1969, S. 185–206

Rühl, Manfred (1969b): Die Zeitungsredaktion als organisiertes soziales System. Bielefeld

Rühl, Manfred (1980): Journalismus und Gesellschaft. Bestandsaufnahme und Theorieentwurf. Mainz: Hase & Koehler

Rühl, Manfred (1985a): Kommunikationswissenschaft zwischen Wunsch und Machbarkeit. Einige Betrachtungen zu ihrer Identität heute. In: P 2–3/1985/S. 229–246

Rühl, Manfred (1985b): Integration durch Massenkommuniktion? kritische Anmerkungen zum klassischen Integrationsbegriff. In: Saxer (Hrsg.) 1985, S. 19–32

Rühl, Manfred (1989): Organisatorischer Journalismus. Tendenzen der Redaktionsforschung. In: Kaase/Schulz (Hrsg.) 1989, S. 253–269

Rühl, Manfred (1992): Theorie des Journalismus. In: Burkart/Hömberg (Hrsg.) 1992, S. 117–133

Rühl, Manfred (1998): Von fantastischen Medien und publizistischer Medialisierung. In: Dernbach/Rühl/Theis-Berglmair (Hg.) 1998, S. 95–107

Ruhrmann, Georg (1989): Rezipient und Nachricht. Struktur und Prozeß der Nachrichtenrekonstruktion. Opladen: Westdeutscher Verlag

Rusch, Gebhard (Hrsg.)(1999): Konstruktivismus in der Medien- und Kommunikationswissenschaft. Frankfurt am Main: Suhrkamp

Russ-Mohl, Stephan (1988): Öffentlichkeitsarbeit ante portas. In: derselbe (Hrsg.) 1988, S. 11–22. Gekürzt wiederabgedruckt in: Dorer/Lojka (Hrsg.): 1991, S. 193–196

Russ-Mohl, Stephan (1990): Wissenschaftsjournalismus und Öffentlichkeitsarbeit. Tagungsbericht zum 3. Colloquium Wissenschaftsjournalismus vom 4./5. November 1988 in Berlin. Gerlingen: Bleicher

Russ-Mohl, Stephan (1994): Der I-Faktor. Qualitätssicherung im amerikanischen Journalismus. Modell für Europa? Osnabrück: Fromm

Rust, Holger (1977): Massenmedien und Öffentlichkeit. Eine soziologische Analyse. Berlin

Saffarnia, Pierre A. (1993): Determiniert Öffentlichkeitsarbeit tatsächlich den Journalismus? Empirische Belege und theoretische Überlegungen gegen die PR-Determinierungsannahme. In: P 3/1993/S. 412–425

Sapir, Edward (1951): The Status of Liguistics as a Science. In: Sapir 1951, S. 160–166

Sapir, Edward (1951): Selected Writings of Edward Sapir. Univ. of California Press

Sarcinelli, Ulrich (1986): Politikvermittlung in der Demokratie. Zwischen kommunikativer Sozialtechnik und Bildungsauftrag. In: Aus Politik und Zeitgeschichte (Beilage zur Wochenzeitung „Das Parlament"): B 50/1984 v. 15. 12. 1984, S. 3–13. Wiederabgedruckt in: Langenbucher (Hrsg.) 1986, S. 92–105

Sarcinelli, Ulrich (1987): Symbolische Politik. Opladen 1987.

Sarcinelli, Ulrich (1992): „Staatsrepräsentation“ als Problem politischer Alltagskommunikation: Politische Symbolik und symbolische Politik. In: Gauger/Stangl (Hrsg.) 1992, S. 159–174

Sarcinelli, Ulrich (Hrsg.) (1998): Politikvermittlung und Demokratie in der Mediengesellschaft. Beiträge zur politischen Kommunikationskultur. Opladen/Wiesbaden: Westdeutscher Verlag

Savigny, Elke von (1972): J. L. Austins Theorie der Sprechakte. In: Austin 1972, S. 7–20

Saxer, Ulrich (1968): Messianismus und Wissenschaft bei Marshall McLuhan. In: Communicatio Socialis 2/1968/S. 81–93

Saxer, Ulrich (1974a): Funktionen der Massenmedien in der modernen Gesellschaft. In: Kurzrock (Hrsg.) 1974, S. 22–33

Saxer, Ulrich (1974b): Die Objektivität publizistischer Information. In: Langenbucher (Hrsg.) 1974, S. 206–235

Saxer, Ulrich (1975): Das Buch in der Medienkonkurrenz. In: Göpfert Herbert G. u. a. (Hrsg.) 1975, S. 206–243

Saxer, Ulrich (1978): Medienverhalten und Wissensstand – zur Hypothese der wachsenden Wissenskluft. In: Deutsche Lesegesellschaft (Hrsg.) 1978, S. 35–70. Wiederabgedruckt in: Burkart (Hrsg.) 1992 (3. Auflage): S. 127–148

Saxer, Ulrich (1980a): Führt ein Mehrangebot an Programmen zu selektivem Rezeptionsverhalten? In: Media Perspektiven 6/1980/S. 395–406

Saxer, Ulrich (1980b): Grenzen der Publizistikwissenschaft. Wissenschaftswissenschaftliche Reflexionen zur Zeitungs-/Publizistik-/Kommunikationswissenschaft seit 1945. In: P 4/1980/S. 525–543

Saxer, Ulrich (Hrsg.) (1983): Politik und Kommunikation. München

Saxer, Ulrich (Hrsg.) (1985): Gleichheit oder Ungleichheit durch Massenkommunikation? Homogenisierung – Differenzierung der Gesellschaft durch Massenkommunikation. München: Ölschläger

Saxer, Ulrich (1987): Kommunikationswissenschaftliche Grundlagen der Medienpädagogik. In: Issing 1987, S. 117–141

Saxer, Ulrich (1987a): Der gesellschaftliche Ort der Massenkommunikation. In: Haas (Hrsg.) 1987, S. 8–20

Saxer, Ulrich (1992): Thesen zur Kritik des Konstruktivismus. In: Communicatio Socialis 2/1992/S. 178–183

Saxer, Ulrich (1992a): Systemtheorie und Kommunikationswissenschaft. In: Burkart/Hömberg (Hrsg.) 1992, S. 91–110

Saxer, Ulrich (1993): Fortschritt als Rückschritt? Konstruktivismus als Epistemologie einer Medientheorie. Kommentar zu Klaus Krippendorff. In: Bentele/Rühl (Hrsg.) 1993, S. 65–73

Saxer, Ulrich/Langenbucher, Wolfgang R./Fritz, Angela (1989): Kommunikationsverhalten und Medien. Lesen in der modernen Gesellschaft. Eine Studie der Bertelsmann Stiftung. Gütersloh: Verlag Bertelsmann Stiftung 1989

Saxer, Ulrich (1998): Der Forschungsgegenstand der Medienwissenschaft. Beitrag für ein Handbuch von Erich Strassner (Hrsg.): in Vorbereitung (S. 1–38)

Saxer, Ulrich (1998): Mediengesellschaft: Verständnisse und Mißverständnisse. In: Sarcinelli (Hrsg.) 1998, S. 52–73

Schäfer, Karl Hermann (1972): Partizipation und Identität im Schulfeld. In: Popp (Hrsg.) 1972, S. 55–76

Schaff, Adam (1968): Essays über die Philosophie der Sprache. Wien – Frankfurt – Zürich

Schaff, Adam (1968a): Über die Eigenart des sprachlichen Zeichens. In: derselbe 1968, S. 26–45

Schaff, Adam (1968b): Die Sprache der Menschen und die „Sprache" der Tiere. In: derselbe 1968, S. 46–64

Schaff, Adam (1968c): Die Sprache und das menschliche Handeln. In: derselbe 1968, S. 95–116

Schaff, Adam (1969): Marxismus und das menschliche Individuum. Wien

Schaff, Adam (1973): Einführung in die Semantik. Hamburg

Schaff, Adam (1974): Sprache und Erkenntnis. Hamburg

Schantel, Alexandra (2000): Determination oder Intereffikation? Eine Metaanalyse der Hypothesen zur PR-Journalismus-Beziehung. In: Publizistik 1/2000/S. 70–88

Scharf, Wilfried (1981): Objektivität und Ausgewogenheit – Bedingungen für die Erfüllung der Integrationsfunktion des Fernsehens. In: P 2/1981/ S. 202–223

Scharf, Wilfried/Schlie, Otto (1973): Zur Diskussion wissenschaftstheoretischer Probleme in Publizistik- und Kommunikationswissenschaft. In: RuF 1/1973/S. 54–71

Schatz, Heribert/Lange, Klaus (Hrsg.) (1982): Massenkommunikation und Politik. Frankfurt/Main

Schatz, Oskar (Hrsg.) (1975): Die elektronische Revolution. Wie gefährlich sind die Massenmedien? Graz

Schelsky, Helmut (1965): Auf der Suche nach Wirklichkeit. Gesammelte Aufsätze. Düsseldorf – Köln

Schelsky, Helmut (1965): Der Mensch in der wissenschaftlichen Zivilisation. In: derselbe 1965, S. 439–471

Schelsky, Helmut (1983): Politik und Publizität. Stuttgart-Degerloch: Seewald

Schenk, Michael (1978): Publikums- und Wirkungsforschung. Tübingen

Schenk, Michael (1987): Medienwirkungsforschung. Tübingen: Mohr

Schenk, Michael (1987): Medienwirkungen. Kommentierte Auswahlbibliographie der anglo-amerikanischen Forschung. Tübingen: Mohr

Schenk, Michael (1995): Soziale Netzwerke und Massenmedien. Untersuchungen zum Einfluß der persönlichen Kommunikation. Tübingen: Mohr

Schenk-Danzinger, Lotte (1969): Entwicklungspsychologie. Wien

Schlaff, Susanne (1980): Kinder und Fernsehen. ORF-Berichte zur Medienforschung, Bd. 21. Wien

Schlieben-Lange, Brigitte (Hrsg.) (1975): Sprachtheorie. Hamburg

Schlieben-Lange, Brigitte (1975a): Linguistische Pragmatik. Stuttgart

Schlieben-Lange, Brigitte (1975b): Metasprache und Metakommunikation. In: dieselbe (Hrsg.) 1975, S. 189–205

Schmidt, Siegfried J. (1969): Bedeutung und Begriff. Zur Fundierung einer sprachphilosophischen Semantik. Braunschweig

Schmidt, Siegfried J. (Hrsg.) (1987): Der Diskurs des Radikalen Konstruktivismus. Frankfurt/Main: Suhrkamp

Schmidt, Siegfried J. (1987): Der Radikale Konstruktivismus: Ein neues Paradigma im interdisziplinären Diskurs. In: derselbe 1987, S. 11–88

Schmidt, Siegfried J. (1990a): Medien, Kommunikation und das 18. Kamel. In: Deutsches Institut für Fernstudien an der Universität Tübingen (Hrsg.): Funkkolleg: Medien und Kommunikation, Einführungsbrief. Weinheim: Beltz 1990, S. 33–38

Schmidt, Siegfried J. (1990b): Medien, Wir verstehen uns doch? Von der Unwahrscheinlichkeit gelingender Kommunikation. In: Deutsches Institut für Fernstudien an der Universität Tübingen (Hrsg.): Funkkolleg: Medien und Kommunikation, Studienbrief 1. Weinheim: Beltz 1990, S. 50–78

Schmidt, Siegfried J. (1993): Kommunikation – Kognition – Wirklichkeit. In: Bentele/Rühl (Hrsg.) 1993, S. 105–117

Schmidt, Siegfried J. (1994a): Die Wirklichkeit des Beobachters. In: Merten/Schmidt/Weischenberg (Hrsg.): Opladen: 1994, S. 3–19

Schmidt, Siegfried J. (1994b): Konstruktivismus in der Medienforschung: Konzepte, Kritiken, Konsequenzen. In: Merten/Schmidt/Weischenberg (Hrsg.): Opladen: 1994, S. 592–623

Schmidt, Siegfried J./Weischenberg, Siegfried (1994): Mediengattungen, Berichterstattungsmuster, Darstellungsformen. In: Merten/Schmidt/Weischenberg (Hrsg.): Opladen: 1994, S. 212–236

Schmolke, Michael (1982): Elisabeth Noelle-Neumann: Die Schweigespirale. Eine Buchbesprechung. In: P 1982/S. 431

Schmolke, Michael (1997): Kommunikationsgeschichte. In: Renger/Siegert (Hg.) (1997): S. 19–44

Schmutzer, Rupert (1995): Erhellung oder Verblendung durch „interaktive“ Medien? Überlegungen zu einem angemessenen Kommunikationsmodell. In: Fakten Daten Zitate (FDZ): hrsg. v. der Österr. Gesellschaft für Öffentlichkeitsarbeit des Informationswesens und der Vereinigung österr. Bibliothekarinnen und Bibliothekare 15. Jg./Nr. 1–2/1995/S. 1–10

Schoch, Agnes (1979): Vorarbeiten zu einer pädagogischen Kommunikationstheorie. Frankfurt/Main

Scholl, Armin (Hrsg.)(2002): Systemtheorie und Konstruktivismus in der Kommunikationswissenschaft. Konstanz: UVK

Schöllgen, Werner (1960): Integrierende Wissenschaften als neuer Typ von Wissenschaft. In: P 4/1960/S. 195–204

Schönbach, Klaus (1981): Buchmarktforschung in den USA. Zur Situation von Buch und Lesen in den USA. In: Bertelsmann-Briefe Nr. 107/108. Gütersloh

Schönbach, Klaus (1989): Die Bekanntheit des Dr. Eiteneyer. Eine exemplarische Analyse der Erklärungskraft von Medienwirkungsmodellen. In: Kaase/Schulz (Hrsg.) 1989, S. 459–472

Schönbach, Klaus (1984): Ein integratives Modell? Anmerkungen zu Palmgreen. In: RuF 1/1984/S. 63–65

Schönbach, Klaus/Früh (1984): Werner, Der dynamisch-transaktionale Ansatz II: Konsequenzen. In: RuF 3/1984, S. 314–329

Schönbach, Klaus/Semetko, Holli A. (1992): Agenda Setting, Agenda Reinforcing or Agenda Deflating? A Study of the 1990 German National Election. In: JQ Vol. 69/4/1992/S. 837–846

Schönhagen, Philomen (2000): Evaluation des Integrationspotenzials von Massenmedien – theoretische und methodische Überlegungen. In: Medien und Kommunikationswissenschaft/M&K 4/2000, S. 554–570

Schorr, Angela (Hrsg.)(2000): Publikums- und Wirkungsforschung. Ein Reader. Wiesbaden: Westdeutscher Verlag

Schraml, Walter J. (1972): Einführung in die moderne Entwicklungspsychologie für Pädagogen und Sozialpädagogen. Stuttgart

Schramm, Wilbur (1959): Comments on "The State of Communication Research" by B. Berelson. In: POQ Vol. 23/1959/1

Schramm, Wilbur (Hrsg.) (1964): Grundfragen der Kommunikationsforschung. München

Schramm, Wilbur (1971): The Nature of Communication Between Humans. In: Schramm/Roberts (Eds.) 1971, S. 3–53

Schramm, Wilbur/Pool, Ithiel de Sola (Eds.) (1973): Handbook of Communications. Chicago

Schramm, Wilbur/Roberts, Donald F. (Eds.) (1971): The Process and Effects of Mass Communication. Urbana

Schreiber, Erhard (1984): Kritik der marxistischen Kommunikationstheorie. München: Saur 1984

Schreiber, Erhard (1990): Repetitorium Kommunikationswissenschaft. München: Ölschläger 1990 (3. Auflage, erstmals: 1980)

Schreiber, Erhard/Langenbucher, Wolfgang/Hömberg Walter (Hrsg.) (1985[2]): Kommunikation im Wandel der Gesellschaft. Festschrift für Otto B. Roegele. Konstanz: Universitätsverlag

Schülein, Johann August (1976): Psychotechnik als Politik. Zur Kritik der Pragmatischen Kommunikationstheorie von Watzlawick et al. Frankfurt/Main

Schulz, Rüdiger (1989): Mediaforschung. In: Noelle-Neumann/Schulz/Wilke (Hrsg.) 1989, S. 133–156

Schulz, Winfried (1971): Informationstheorie. In: Noelle-Neumann/Schulz (Hrsg.) 1971, S. 44–51

Schulz, Winfried (1971): Kommunikationsprozeß. In: Noelle-Neumann/Schulz (Hrsg.) 1971, S. 89–109

Schulz, Winfried (1974): Bedeutungsvermittlung durch Massenkommunikation. Grundgedanken zu einer analytischen Theorie der Medien. In: P 2/1974, S. 148–164

Schulz, Winfried (1976): Die Konstruktion von Realität in den Nachrichtenmedien. Analyse der aktuellen Berichterstattung. Freiburg/München (2. Aufl. 1991)

Schulz, Winfried (1985a): Information und politische Kompetenz. Zweifel am Aufklärungsanspruch der Massenmedien. In: Saxer (Hrsg.): 1985, S. 105–120

Schulz, Winfried (1985b): Fortschritte der Medienwirkungsforschung. In: Mahle 1985, S. 67–70

Schulz, Winfried (1989a): Massenmedien und Realität. Die „ptolemäische" und die „kopernikanische" Auffassung. In: Kaase/Schulz (Hrsg.) 1989, S. 135–149

Schulz, Winfried (1989b): Kommunikationsprozeß. In: Noelle-Neumann/Schulz/Wilke (Hrsg.) 1989, S. 98–123

Schulz, Winfried (1990): Der Kommunikationsprozeß – neubesehen. In: Wilke (Hrsg.) 1990, S. 25–37

Schulz, Winfried (Hrsg.) (1992): Medienwirkungen. Einflüsse von Presse, Radio und Fernsehen auf Individuum und Gesellschaft. Untersuchungen im Schwerpunktprogramm „Publizistische Medienwirkungen". Forschungsbericht der DFG (Deutsche Forschungsgemeinschaft). Weinheim: VCH, Acta Humaniora

Schulz, Winfried/Schönbach, Klaus (Hrsg.) (1983): Massenmedien und Wahlen. München: Ölschläger

Schulz, Winfried (1997a): In der expandierenden Medienöffentlichkeit verdüstert sich das Bild von der Politik. Folgen der Informationsnutzung unter Vielkanalbedingungen. In: Jarren/Krotz (Hrsg.) 1997

Schulz, Winfried (1997b): Politische Kommunikation. Theoretische Ansätze und Ergebnisse empirischer Forschung. Opladen/Wiesbaden: Westdeutscher Verlag

Schulz von Thun, Friedemann (1994): Miteinander Reden. Bd. 1: Störungen und Klärungen. Allgemeine Psychologie der Kommunikation. Reinbek bei Hamburg: Rowohlt (Erstausgabe 1981)

Schwarzkopf, Dietrich (1978): Verlust der Integrationsfunktion würde Verlust der Legitimation bedeuten. In: Funk-Korrespondenz, Nr. 11–12/1978

Schweiger, Wolfgang (1998): Wer glaubt dem World Wide Web? Ein Experiment zur Glaubwürdigkeit von Nachrichten in Tageszeitungen und im World Wide Web. In: Rössler (Hrsg.) 1998, S. 123–145

Schwidetzky, Ilse (Hrsg.) (1973): Über die Evolution der Sprache. Frankfurt/Main

Searle, John R. (1971): Sprechakte. Ein sprachphilosophischer Essay. Frankfurt/Main

Segal, Lynn (1988): Das 18. Kamel oder die Welt als Erfindung. Zum Konstruktivismus Heinz von Foersters. München

Segeth, Wolfgang (1972): Terminus (technicus). In: Klaus/Buhr (Hrsg.) 1972, S. 1082

Seiffert, Helmut (1971): Informationen über die Information. Verständigung im Alltag – Nachrichtentechnik – Wissenschaftliches Verstehen – Informationssoziologie – Das Wissen des Gelehrten. München: C. H. Beck

Seiffert, Helmut (1973[6]): Einführung in die Wissenschaftstheorie. 1. Bd.: Sprachanalyse – Deduktion – Induktion in Natur- und Sozialwissenschaften. München

Selg, Herbert (1976): Die Entlarvung von „Entlarvern“. Rezension von Kelmer und Stein. In: Medien- u. Sexualpädagogik 4/1976

Selg, Herbert (1984): Irreführungen über die Wirkungen von Gewaltdarstellungen. In: BPS-Report, Juli 1984

Semrau, Eugen (1979): Kriminalität als gemachte Wirklichkeit und gesellschaftliche Realität. Funktionen, Darstellungsweisen und mögliche Auswirkungen von Gewaltdarstellungen im Fernsehen. In: Institute für Publizistik- und Kommunikationswissenschaft der Universitäten Wien und Salzburg (Hrsg.) 1979, S. 137–152

Sereno, Kenneth K./Mortensen, David C. (Eds.) (1970): Foundations of Communication Theory. New York

Shaffer, Laurance Frederic (1936): The Psychology of Adjustment. New York

Shannon, Claude/Weaver, Warren (1976): Mathematische Grundlagen der Informationstheorie. München (orig.: Illinois 1949)

Shaw, Donald L./McCombs, Maxwell E. (1977): The Emergence of American Political Issues. The Agenda-Setting Function of the Press. St. Paul usw.

Sichtermann, Barbara (1994): Fernsehen. Berlin: Wagenbach

Siegel, Alberta E. (1973): Auswirkungen von Gewaltdarstellungen in Massenmedien und soziales Lernen. In: Aufermann et al. (Hrsg.) 1973, S. 425–446

Sigal, Leon V. (1973): Reporters and Officials. Lexington

Signitzer, Benno (1987): (verantwortliche Gestaltung) Non-Profit-PR. Medien Journal 2/1987 (hrsg. v. Österreichische Gesellschaft für Kommunikationsfragen/ÖGK)

Signitzer, Benno (1997): Einige Linien der aktuellen Public Relations-Theorieentwicklung. In: Renger/Siegert (Hg.) (1997): S. 183–211

Silbermann, Alphons (1969): Massenkommunikation. In: Berndorf (Hrsg.) 1969, S. 673–682

Singer, Gerwulf (1976): Person, Kommunikation, soziales System. Paradigmata soziologischer Theoriebildung. Graz

Singer, J. C./Singer, D. G./Rapaczynski, W. S. (1984): Family Patterns of Television Viewing as Predictors of Children's Beliefs and Aggression. In: Journal of Communication. Vol. 34/1984/S. 73–89

Smith, Mary John (1982): Cognitive Schemata and Persuasive Communication: Toward a Contingency Rules Theory. In: Burgoon (ed.): 1982, S. 330–362

de Sola Pool, Ithiel (1964): Die Auswirkungen der Kommunikation auf das Wählerverhalten. In: Schramm (Hrsg.): 1964, S. 155–166

Soritsch, Alois (1974): Die Bedeutung der Werkzeuglichkeit für die Kommunikationsfähigkeit des Menschen. In: Österreichische Monatshefte für ärztliche Fortbildung 11/12/1974, S. 275–280

Soritsch, Alois (1975): Ein Versuch zum Thema: Warum verbale Kommunikation? In: Österreichische Monatshefte für ärztliche Fortbildung 1/1975, S. 13–19

Spangenberg, Peter M. (1992): Ereignisse und ihr Medium. Über das Verhältnis von Wahrnehmung, Interaktion und audiovisueller Kommunikation. Manuskript, Universität Siegen (zit. n. Schmidt 1994a)

Speed, Gilmer J. (1893): Do Newspapers Now Give the News? In: Forum 15/1893, S. 705–711

Spencer Brown, George (1972): Laws of Form. (2. Aufl.) New York: Julian

Spiering, Theo/Bosch, Eva/Fürstenberg, Isabelle von (1979): Auswahlbibliographie zur Medienpädagogik. In: Wodraschke (Hrsg.) 1979, S. 277–286

Spinner, Helmut F. (1994): Die neue Wissensordnung des Informationszeitalters. Von der klassischen Wissensordnung zur fünften Verkehrsfreiheit der Europäischen Union. In: Bertelsmann Briefe, Heft 131/Juni 1994/S. 11–17

Spitz, Reneé A. (1980[6]): Vom Säugling zum Kleinkind. Stuttgart (orig.: New York 1965)

Staab, Joachim Friedrich (1990): Nachrichtenwert-Theorie. Formale Struktur und empirischer Gehalt. Freiburg/München: Alber

Starkulla, Heinz (1963): Publizistik und Kommunikation. In: P 5/1963, S. 562–571

Stegbauer, Christian (2001): Grenzen virtueller Gemeinschaft. Strukturen internetbasierter Kommunikationsforen. Wiesbaden: Westdeutscher Verlag

Steindl, Gertraude (Hrsg.) (1978): Publizistik aus Profession. Festschrift für Johannes Binkowsky aus Anlaß der Vollendung seines 70. Geburtstkges. Düsseldorf 1978

Steinmüller, Ulrich (1977): Kommunikationstheorie. Eine Einführung für Literatur- und Sprachwissenschaftler. Stuttgart

Stipp, Horst (1989): Neue Techniken, Neue Zuschauer? Zum Einfluß von Fernbedienung und Programmangebot auf das Zuschauerverhalten. In: MP 3/1989/S. 164–167

Stipp, Horst (1990): Research at a Commercial Television Network in the United States. In: Medienpsychologie 2/1990/S. 85–99

Stipp, Horst (1998): Wird der Computer die traditionellen Medien ersetzen? Wechselwirkungen zwischen Computer- und Fernsehnutzung am Beispiel USA. In: MP 2/1998/S. 76–82

Stock, Martin (1985): Medienfreiheit als Funktionsgrundrecht. Die journalistische Freiheit des Rundfunks als Voraussetzung allgemeiner Kommunikationsfreiheit. München: C. H. Beck

Stock, Martin (1987): Ein fragwürdiges Konzept dualer Rundfunksysteme. In: RuF 1/1987/S. 5–24

Stock, Wolfgang (Hrsg.) (1986): Ziviler Ungehorsam in Österreich. Wien

Stolte, Dieter (1970) unter Mitwirkung von Heygster, Anna-Luise und Frank, Bernward (Hrsg.): Fernseh-Kritik. Die gesellschaftliche Funktion des Fernsehens. Mainz

Stone, V. A./Chaffee, St. (1970): Family Communication Patterns and Source-Message Orientation. In: JQ Vol. 47/1970/ pp. 239–246

Störig, Hans Joachim (1981): Kleine Weltgeschichte der Philosophie in zwei Bänden. Band 1. Frankfurt/Main: Fischer

Strassner, Erich (1982): Fernsehnachrichten. Eine Produktions-, Produkt- und Rezeptionsanalyse. Tübingen: Niemeyer

Strobl, Walter (Hrsg.) (1991): Schule und Zukunft. Jahrbuch der Wiener Gesellschaft für Bildungspolitik und Schulmanagement. Wien

Stromberger, Peter (1978): Wissenschaftliche Aussagen. In: Stromberger/Teichert 1978, S. 29–54

Stromberger, Peter/Teichert, Will (1978): Einführung in soziologisches Denken. Weinheim – Basel

Stryker, Sheldon (1976): Die Theorie des Symbolischen Interaktionismus. In: Auwärter et al. (Hrsg.) 1976, S. 257–274

Stuke, Franz R. (1979): Kommunikationswissenschaft als Grundlagendisziplin der Medienpädagogik und Kommunikationslehre? In: Wodraschke (Hrsg.) 1979, S. 66–84

Sturm, Herta/Brown, J. R. (Hrsg.) (1979): Wie Kinder mit dem Fernsehen umgehen. Stuttgart 1979

Sturm, Herta (1991): Fernsehdiktate: Die Veränderung von Gedanken und Gefühlen. Ergebnisse und Folgerungen für eine rezipientenorientierte Mediendramaturgie. Gütersloh: Bertelsmann

Szyszka, Peter (1996): Kommunikationswissenschaftliche Perspektiven des Dialogbegriffs. In: Bentele/Steinmann/Zerfaß (Hrsg.) 1996, S. 81–106

Szyszka, Peter (1997): Bedarf oder Bedrohung? Zur Frage der Beziehungen des Journalismus zur Öffentlichkeitsarbeit. In: Bentele/Haller (Hrsg.) 1997, S. 209–224

Tannenbaum, Percy H./Zillmann, Dolf (1975): Motional arousal in the faciliation of aggression through communication. In: Berkowitz (ed.)

Teichert, Will (1972): „Fernsehen“ als soziales Handeln. Zur Situation der Rezipientenforschung: Ansätze und Kritik. In: RuF 4/1972, S. 421–439

Teichert, Will (1973): „Fernsehen“ als soziales Handeln (II). Entwürfe und Modelle zur dialogischen Kommunikation zwischen Publikum und Massenmedien. In: RuF 4/1973, S. 356–382

Teichert, Will (1975): Bedürfnisstruktur und Mediennutzung. Fragestellung und Problematik des „Uses and Gratifications Approach“. In: RuF 3–4/1975, S. 269–283

Teichert, Will (1978): Vom sozialen zum soziologischen Problem. In: Stromberger/Teichert 1978, S. 9–28

Theis-Berglmair, Anna-Maria / Kohring, Matthias (2000): Gesellschaftliche Relevanz, Situation und Perspektiven. Kommunikations- & Medienwissenschaft in Deutschland. In: Medien-Journal 2/2000, S. 28–35

Theunert, Helga (1987): Gewalt in den Medien – Gewalt in der Realität. Gesellschaftliche Zusammenhänge und pädagogisches Handeln. Opladen: Leske + Budrich

Thomas, M. H. et al. (1977): Desensitization to Portrayals of Real-Life Aggression as a Function of Exposure to Televised Violence. In: Journal of Personality and Social Psychology Vol. 35/1977/S. 450–458

Tichenor, Phillip J./Donohue, George A./Olien, Clarice N. (1970): Mass

Media and the Differential Growth in Knowledge. In: POQ Vol. 34/2/1970/ S. 159–170
Tietz, Bruno (1987): Wege in die Informationsgesellschaft: Szenarien und Optionen für Wirtschaft und Gesellschaft. Ein Handbuch für Entscheidungsträger. Stuttgart: Poller
Tocqueville, Alexis de (1856): L'Ancien Regime et la Revolution. 1856. Deutsch: Das alte Staatswesen und die Revolution. Leipzig: Mendelssohn 1857
Tonnemacher, Jan (1998): Multimedial, online und interaktiv: Die Zukunft des Journalismus? In: Pfammatter (Hrsg.) 1998, S. 173–180
Topitsch, Ernst (Hrsg.) (1972[8]): Logik der Sozialwissenschaften. Köln
Trappel, Josef (2001): Onlinestrategien von ORF und SRG/SSR. Konträre Konzepte in Österreich und der Schweiz. In: Media Perspektiven 8/2001, S. 422–429
Treiber, Hubert (1975): Norm. In: Fuchs et al. (Hrsg.) 1975, S. 470
Treinen, Heiner (1965): Symbolische Ortsbezogenheit. In: KZfSS 17. Jg./1965, S. 73–97, S. 254–297
Triandis, Harry C. (1975): Einstellungen und Einstellungsänderungen. Weinheim – Basel
Tröger, Walter (1963): Gefahren und positive Seiten des Fernsehens aus der Sicht des Pädagogen. In: RuF 3/1963/S. 284–288
Troldahl, Verling C./Van Dam, Robert (1965): Face-to-Face Communication About Major Topics in the News. In: POQ Vol. 29/1965, S. 626–634
Tuchman, Gaye (1971): Objectivity as strategic ritual: An examination of newsmens notions of objectivity. In: American Journal of Sociology 77/1971/S. 660–679
Tuchman, Gaye (1978): Making news. A study in the construction of reality. New York

Uekermann, Heinz R./Weiss, Hans Jürgen (1980): Die Themenstrukturierungsfunktion der Massenmedien. (Unveröff. Forschungsbericht für das Presse- und Informationsamt der Bundesregierung) München und Göttingen
Uekermann, Heinz R./Weiss, Hans Jürgen (1983): Agenda-Setting: Zurück zu einem medienzentrierten Wirkungskonzept? In: Saxer (Hrsg.): 1983, S. 69–79
Ulram, Peter A. (1990): Hegemonie und Erosion. Politische Kultur und politischer Wandel in Österreich. Wien: Böhlau
Vanberg, Viktor (1975): Reziprozität. In: Fuchs et al. (Hrsg.) 1975, S. 570
Vitouch, Peter (1993): Fernsehen und Angstbewältigung. Zur Typologie des Zuschauerverhaltens. Opladen: Westdeutscher Verlag
Vogt, Ulrich (1979): Evolution und Kommunikation. Eine anthropologische Begründung von Kommunikationsforschung. In: Institute für Publizistik und Kommunikationswissenschaft der Universitäten Wien und Salzburg (Hrsg.) 1979, S. 67–85
Von der Ohe, Werner (Hrsg.) (1987): Kulturanthropologie. Beiträge zum Neubeginn einer Disziplin. Festgabe für Emerich K. Francis zum 80. Geburtstag. Berlin: Duncker & Humblot

Voort van der, Tom H. A. (1982): Kinderen en TV-gewld. Waarnehming en Beleving. Lisse

Wagner, Hans (1991): Medien-Tabus und Kommunikationsverbote. Die Manipulierte Wirklichkeit. München: Olzog

Wagner, Hans (1993): Kommunikationswissenschaft – ein Fach auf dem Weg zur Sozialwissenschaft. In: P 4/1993/S. 491–526

Wagner, Hans (1978): Kommunikation und Gesellschaft. Teil I: Einführung in die Zeitungswissenschaft. München

Wagner, Hans (1995): Das Fach-Stichwort: Massenkommunikation. In: Groth 1998, S. 187–240

Wallner, Fritz (1990): Acht Vorlesungen über den Konstruktiven Realismus. Wien: WUV

Walter, Heinz (Hrsg.) (1973): Sozialisationsforschung. Bd. 1: Erwartungen, Probleme, Theorieschwerpunkte. Stuttgart – Bad Cannstatt

Walters, J. K./Stone, V. A. (1971): Television and Family Communication. In: Journal of Broadcasting Vol. 15/1971/pp. 409–414

Watzlawick, Paul (1977): Die Möglichkeit des Andersseins. Zur Technik der therapeutischen Kommunikation. Bern

Watzlawick, Paul (Hrsg.) (1984): Die erfundene Wirklichkeit. Wie wissen wir, was wir zu wissen glauben? Beiträge zum Konstruktivismus. München, Zürich: Piper

Watzlawick, Paul/Beavin, Janet H./Jackson, Don D. (1969): Menschliche Kommunikation. Formen, Störungen, Paradoxien. Bern – Stuttgart

Watzlawick, Paul/Weakland, John H./Fisch, Richard (1974): Lösungen. Zur Theorie und Praxis menschlichen Wandels. Bern

Weaver, David (1980): Audience Need for Orientation and media Effects. In: Communication Research (CR) Vol. 7/1980/S. 361–376

Weaver, Warren (1976): Ein aktueller Beitrag zur mathematischen Theorie der Kommunikation. In: Shannon/Weaver 1976, S. 11–39

Weber, Max (1956): Wirtschaft und Gesellschaft. Grundriß der verstehenden Soziologie. Tübingen

Weber, Max (1968): Die ‚Objektivität' sozialwissenschaftlicher und sozialpolitischer Erkenntnis. In: Weber 1968, S. 146–214

Weber, Max (1968[3]): Gesammelte Aufsätze zur Wissenschaftslehre. Hrsg. v. Johannes Winckelmann. Tübingen: Mohr

Weischedel, W. (Hrsg.) (1969): Immanuel Kant, Werke in zwölf Bänden. Frankfurt/Main: Suhrkamp

Weischenberg, Siegfried (1992): Der blinde Fleck des Kritikers. Zu den „Wahrheiten" einer Konstruktivismus-Rezeption. In: Communicatio Socialis 2/1992/S. 168–177

Weischenberg, Siegfried (1998): Pull, Push und Medien-Pfusch. In: Neverla (Hrsg.) 1998, S. 37–61

Weiß, Ralph/Hasebrink, Uwe (1997): Hörertypen und ihr Medienalltag. Plädoyer für eine hörerzentrierte Nutzungsanalyse. In: Publizistik 2/1997, S. 164–180

Wember, Bernward (1976): Wie informiert das Fernsehen? Ein Indizienbeweis. München: List 1976 (3. erweiterte Auflage 1983)

Wenturis, Nikolaus/Van Hove, Walter/Dreier, Volker (1992): Methodologie der Sozialwissenschaften. Eine Einführung. Tübingen: Francke/UTB

Wersig, Gernot (1985): Die kommunikative Revolution. Strategien zur Bewältigung der Krise der Moderne. Opladen

Westley, Bruce H./MacLean, Malcolm S. (1955): A Conceptual Model for Communications Research. In: Audio-Visual Communication Review 3/1955/S. 3–12

Westley, Bruce H./MacLean, Malcolm S. jr. (1957): A Conceptual Model For Communication Research. In: JQ Vol. 34/1957, S. 31–38

Wezler, K. (1972): Menschliches Leben in der Sicht des Physiologen. In: Gadamer/Vogler (Hrsg.) 1972, S. 292–385

White, David Manning (1950): The "Gate Keeper": A Case Study in the Selection of News. In: Journalism Quarterly Vol. 27/1950/S. 383–390

Whorf, Benjamin Lee (1963): Sprache Denken Wirklichkeit. Beiträge zur Metalinguistik und Sprachphilosophie. Hamburg

Wicker, Allen W. (1979): Einstellungen versus Handlungen: Der Zusammenhang verbaler und offener Verhaltensreaktionen und Einstellungsobjekte. In: Hormuth (Hrsg.) 1979, S. 191–227

Wiener, Norbert (1958): Mensch und Menschmaschine. Frankfurt/Main

Wiener, M./Mehrabian, A. (1968): Language within Language: Immediacy, a Channel in Verbal Communication. New York

Wienold, Hanns (1975): Modell. In: Fuchs et al. (Hrsg.) 1975, S. 452

Wildenmann, Rudolf/Kaltefleiter, Werner (1965): Funktionen der Massenmedien. Frankfurt/Main – Bonn

Wilhoit, G. C./DeBock, H. (eds.) (1981): Mass Communication Review Yearbook. Vol. 2. Bevery Hills

Wilke, Jürgen (1984): Nachrichtenauswahl und Medienrealität in vier Jahrhunderten. Eine Modellstudie zur Verbindung von historischer und empirischer Publizistikwissenschaft. Berlin, New York: de Gruyter

Wilke, Jürgen (Hrsg.) (1990): Fortschritte der Publizistikwissenschaft. Freiburg/München: Alber

Wilke, Jürgen/Imhof, Christiane (Hrsg.) (1996): Multimedia. Voraussetzungen – Anwendungen – Probleme. Berlin: Vistas

Williams, P. A./Haertel, E. H./Haertel, G. D. & Walberg, H. J. (1982): The impact of leisure-time television on school-learning: A research synthesis. In: American Educational Research Journal 19/1982/S. 19–50

Wilson, Thomas P. (1973): Theorien der Interaktion und Modelle soziologischer Erklärung. In: Arbeitsgruppe Bielefelder Soziologen (Hrsg.) 1973, S. 54–79

Winkler, Hartmut (1990): Eins, zwei, eins, vier, x; Switching: Die Installation der Tagtraummaschine. In: epd/Kirche und Rundfunk/Nr. 85 v. 27. 10. 1990, S. 5–8

Winn, Marie (1979): Die Droge im Wohnzimmer. Reinbek bei Hamburg: Rowohlt

Winter, Carsten (1998): Internet/Online-Medien. In: Faulstich (Hrsg.) 1998, S. 274–295

Winterhoff-Spurk, Peter (1983): Fiktionen in der Fernsehnachrichtenforschung. Von der Text-Bild-Schere, der Überlegenheit des Fernsehens und vom ungestörten Zuschauer. In: MP 10/1983/S. 722–727

Winterhoff-Spurk, Peter (1986): Fernsehen. Psychologische Befunde zur Medienwirkung. Bern: Huber

Winterhoff-Spurk, Peter (1989): Fernsehen und Weltwissen. Der Einfluß von Medien auf Zeit-, Raum- und Personenschemata. Opladen: Westdeutscher Verlag

Wirth, Louis (1938): Urbanism as a Way of Life. In: AJS/1938, S. 20 f.

Wirth, Werner (1997): Von der Information zum Wissen. Die Rolle der Rezeption für die Entstehung von Wissensunterschieden. Ein Beitrag zur Wissenskluftforschung. Opladen/Wiesbaden: Westdeutscher Verlag

Wirth, Werner/Schweiger, Wolfgang (Hrsg.) (1999): Selektion im Internet. Empirische Analysen zu einem Schlüsselkonzept. Opladen/Wiesbaden: Westdeutscher Verlag

Wirth/Schweiger (1999): Selektion neu betrachtet: Auswahlentscheidungen im Internet. In: dieselben (Hrsg.) 1999, S. 43–74

Wiswede, Günter (1977): Rollentheorie. Stuttgart

Wittgenstein, Ludwig (1967): Philosophische Untersuchungen. Frankfurt (orig.: London 1958)

Wolling, Jens/Wünsch, Carsten/Gehrau, Volker (1998): Was ich nicht weiß, macht mich nicht heitß? Eine Agenda-Setting-Untersuchung aus schematheoretischer Perspektive. In: RuF 4/1998, S. 447–462

Wössner, Jakobus (1970): Soziologie. Einführung und Grundlegung. Wien

Wright, Charles R. (1963): Mass Communication. A Sociological Perspective. New York

Wright, Charles R. (1964): Functional Analysis and Mass Communication. In: Dexter/White (Eds.) 1964, S. 91–109

Wright, Charles R./Cantor, Muriel (1970): The Opinion Seeker and Avoider: Steps Beyond the Opinion Leader Concept. In: Kollat et al. (Eds.) 1970, S. 480–501

Wulf, Christoph (Hrsg.) (1976): Wörterbuch der Erziehung. München

Wunderlich, Dieter (1976): Studien zur Sprachakttheorie. Frankfurt/Main

Wurster, Anette (1996): Das Internet. In: Wilke/Imhof (Hrsg.) 1996, S. 59–73

Wüstneck, Klaus Dieter (1972): Modell. In: Klaus/Buhr (Hrsg.) 1972, S. 729–733

Wygotski, Lew Semjonowitsch (1969): Denken und Sprechen. Stuttgart (orig.: Moskau 1934)

Wyndham Goldie, Grace (1947): Television. In: Laws (ed.) 1947, S. 56–62

Wyss, Vinzenz (2000): Medienmanagement als Qualitätsmanagement. In: Karmasin/Winter 2000, S 149-171

Zacharias-Langhans, Garleff (1977): Bürgermedium Video. Ein Bericht über alternative Medienarbeit. Berlin: Volker Spiess

Zapf, Wolfgang (Hrsg.) (1971): Theorien des sozialen Wandels. Köln – Berlin

Zdarzil, Herbert (1978[2]): Pädagogische Anthropologie. Graz

Zehnder, Matthias W. (1998) Die Dekonstruktion der Journalisten. In: Pfammatter (Hrsg.) 1998, S. 181–190

Zerfaß, Ansgar/Fietkau Karen (1997): Interaktive Öffentlichkeitsarbeit. Der Einsatz von Internet und Online-Diensten im PR-Management. Lehrstuhl für Allgemeine Betriebswirtschaftslehre und Unternehmensführung der Universität Erlangen-Nürnberg. Diskussionsbeitrag Nr. 89. Nürnberg 1997

Zerfaß, Ansgar (1996): Unternehmensführung und Öffentlichkeitsarbeit. Grundlegung einer Theorie der Unternehmenskommunikation und Public Relations. Opladen: Westdeutscher Verlag

Ziegler, Jürgen (1978[2]): Kommunikation als paradoxer Mythos. Analyse und Kritik der Kommunikationstheorie Watzlawicks und ihrer didaktischen Verwertung. Weinheim – Basel

Zijderveld, Anton (1975): Elektronische Interaktion. In: Schatz (Hrsg.) 1975, S. 97–113

VERWENDETE ABKURZUNGEN

AJS = American Journal of Sociology
ASR = Americal Sociological Review
JASP = Journal of Abnormal and Social Psychology
JQ = Journalism Quarterly
KZfSS = Kölner Zeitschrift für Soziologie und Sozialpsychologie
M&K = Medien & Kommunikationswissenschaft (ehemals – bis 1999 – Rundfunk und Fernsehen)
MP = Media Perspektiven
P = Publizistik
POQ = Public Opinion Quarterly
RuF = Rundfunk und Fernsehen

STICHWORTVERZEICHNIS

Das Stichwortverzeichnis verweist mehrheitlich auf Begriffe, die nicht über das Inhaltsverzeichnis auffindbar sind. Begriffe, wie etwa „Kommunikation“, „Fernsehen“, „Medien“, „Wirkung“, „Theorie“ u. ä., zu denen ohnhin problemlos nachgeschlagen werden kann, sind daher in die Stichwortesammlung nicht aufgenommen worden.

ABBILDUNGSVERZEICHNIS